ミャンマー
国家と民族

阿曽村邦昭・奥平龍二編著

読書を楽しむ少年僧たち
（カイン・カイン・チョー・レストラン所蔵）

はじめに

阿曽村邦昭

「メコン地域研究会」も創立以来八年半を経た。この間、三・一一以外には一度も休まず、毎月、例会を行ってきた。よく続いたものだと思う。これだけの長い期間、まじめに勉強会をやっていると、当然、ミャンマーに関してもいろいろな報告が出てくるわけで、これを「メコン研」だけの知見にとどめておくのはもったいないではないかという考えが生じてもおかしくないであろう。

例えば、昨二〇一五年に「メコン研」は八月の夏休みと一二月の忘年会を除いて一〇回の研究会を行ったが、ミャンマー関係は次の通り三回であった。

（1）四月二〇日

報告者　奥平龍二　東京外国語大学名誉教授

テーマ　激変するミャンマー情勢—国民教育法改正法案をめぐって—

（2）一〇月一九日

報告者　今村宣勝　（財）世界政経調査会第三部主任研究員

テーマ　ミャンマー情勢、総選挙をめぐる動き

（3）一一月一九日

報告者　根本敬　上智大学総合グローバル学部教授

テーマ　ミャンマー総選挙の結果と課題

前回、筆者（「メコン研」会長）が専任の編著者として例会での報告者のレポートを中心に八〇〇ページ弱に上る『ベトナム—国家と民族—』上下二巻を刊行したのは、二〇一三年八月のことであった。上下二巻の価格が税別

で一万一六〇〇円というのだから、これは売れないだろうと思ったところ、まずまずの売れ行きでほっとした。

そこで、その年の暮れに、「メコン研」のミャンマー専門家である奥平龍二教授に聞いてみると、「今度はミャンマーをやりましょうよ」という積極的な反応であったので、奥平教授も共編著者になってもらうことにし、本のタイトルは、『ミャンマー―国家と民族―』ということにした。

前回の『ベトナム―国家と民族―』ではやや「民族」の扱いが少なく、「国家」中心であったことなどをも大いに反省して、今度は特に宗教と民族の問題とにかなりの力を入れようということで二人の編著者が一致した。そのうえで二〇一三年末から本の構成案作りに取り掛かり、二〇一五年後半に行われるというミャンマーの総選挙後、なるべく早く、出版するようにしようということで執筆候補者への依頼やら転載の許可取り付け、写真探しなどの作業をはじめたのである。出版社は刊行した本が何ほどかは売れなければ困るので、なるべくは世間の関心がミャンマーに集まっている時期を狙ったわけだ。

『ミャンマー―国家と民族―』は、「メコン研」での報告者による論考を含む地域研究書であることは、前作の『ベトナム―国家と民族―』と同一である。対象は、一応、基本的な知識がある読者である。ただ、なるべく取り付きやすいように、二三もの「コラム」を盛り込み、どこから読んでもある程度は「面白い」という構成にしてある。それだけに、執筆者の数も増え、ミャンマー研究の老大家から新進気鋭の研究者、熟練の実務家を網羅するようになったことも事実である。

ただ、この本を読めば、ミャンマーのことが何でも分かるというような性質の本ではないので、そういう本を求められる方は、ほかのその手の本を読んでいただきたい。

内容の解説を少ししておくと、本書は第Ⅰ部から第Ⅶ部までであり、いろいろな付属参考資料までついている大部の図書である。付属参考資料の中では、第Ⅰ部第2章付属の「ミャンマーの王権神話」は本邦初の完訳で、内容それ自体が実に面白いのみならず、ミャンマー国民の主流であるビルマ族のものの考え方を学ぶのに役に立つであろう。第Ⅱ部第2章付属の、「日本におけるビルマ像形成史―国民国家形成史における他者認識の一例として―」も長編（転載）ではあるが、是非読んでいただきたい論考である。巻末の「付属参考基本資料」には、戦時中にビルマの国家元首兼首相をつとめたバ・モーの回想録のいわば「さわり」の部分、ビルマ式社会主義を推進したネー・ウィンの重要演説、アウン・サン・スー・チー女史の有名な“*Freedom from Fear*”の新訳、日本の財界人の現地での生の声を伝えている訪問記録を収録している。

とにかく、この本は中身が充実しすぎているため、全部読むのは大変だから、どこか関心のあるところを見つけて、読み始めていただければ、それでよい。それで更なる興味がわいたら、もっと読み進めばいいのだ。研究を始めようとするならば、巻末に「参考文献一覧」が掲載されているから、これを参考にして手に入りやすい文献からどんどん読み進めればよいのである。

第Ⅰ部は、「東南アジア史におけるミャンマー」である。日本人は「ミャンマーの人々は上座仏教の篤信者で、お坊さんがやたらに多い」ということくらいは知っているが、それ以上に、中国の影響が圧倒的に強いベトナムを除く東南アジアの「インド化」という「通説」が実は適切ではなく、バラモン教とかヒンドゥー教は東南アジアに入ってきたが、カースト制度など東南アジアでは受け入れがたい社会制度をも内容とするため、決定的に重要な影響を与えたのはスリランカで大成したパーリ語を聖典用語とする上座仏教の影響であることが故石井米雄教授の弟子である奥平龍二論文等によって明快に解き明かされている。英国植民地支配下のミャンマーが辿った社会経済変動や日本占領下のミャンマーの状況や戦後ミャンマーが独立当初に目指した議会制民主主義国家形成の頓挫、国軍が作り上げようとした名目的な連邦制による社会主義国家形成への努力と国軍の政治関与の結果も論じられているから、読者は、一応、古代から最近までのミャンマーの歴史をも学べるようになっている。

第Ⅱ部「日本とミャンマー交流の歴史と伝統」では、一七世紀初頭、ミャンマーの西側に存在したアラカン王国で日本人の」キリスト教徒の一団が護衛隊を形成していた事実から始まって、日本人のビルマ「進出」は「からゆきさん」追随では必ずしもなかったのであるが、にもかかわらず、「からゆきさん」先導型パラダイムが形成されたのは、ビルマなどアジアを経済進出の対象としてしか考えない文脈においてであるという批判、竹山道雄の「ビルマの竪琴」はヒューマニズムに満ちた作品として日本でよく売れているばかりではなく、諸外国でも翻訳されているが、正にそれゆえに歪んだビルマのイメージを広汎に伝えているという論文、故会田雄次教授の『アーロン収容所』と『アーロン収容所再訪』などに見られるミャンマー観の紹介など、かなり重厚な論策が並んだ後で、「戦後の日本・ミャンマー関係」を扱った総括的な論考が出てくる。

第Ⅲ部の大作「大東亜戦争におけるビルマ―南機関と藤原機関―」は、日本軍のビルマ進出に先立つ日本の「南進」についてまず論じ、ついで大東亜戦争における「南進」が事前の準備もろくになく、追い詰められた日本が止む無くバタバタと決めた結果であり、ビルマ独立義勇軍の創設を担った南機関長鈴木大佐もインド国民軍の創設に関与した藤原機関長藤原少佐も全くの泥縄式にその使命を果たしたことを論述している。彼等のビルマやインドの民族自決的な「独立」支持は、必ずしも軍中枢の見解を反映するものではなかったが、正にそれゆえに今日なおビルマやインドで高い評価を得ているというもので、インパール作戦に自ら進んで参加したチャンドラ・ボースの率いるインド国民軍とアウン・サンのビルマ国軍との比較、南機関長鈴木大佐と藤原機関長藤原少佐との比較論評など他では見受けられない分析が行われている。

ミャンマーを考えるときに、その独立との関連一つをとっても大東亜戦争は避けることのできない問題である。また、日本にとってビルマ戦線は、厚生省社会援護局監修資料（『援護五〇年史』一九九八年）によれば、二三万八〇〇〇の将兵を送り込んで、そのうち一六万七〇〇〇人が戦没し故国に帰還することのなかった悲劇の地でもある。第Ⅲ部を読めば、このような戦争の重みをずっしりと味わうことができるであろう。

第Ⅳ部では、ミャンマーという連邦国家の内政と外交を扱っており、国軍の政治的地位、ミャンマーが連邦国家となならざるを得ない多様で、深刻な民族問題の存在、現在の二〇〇八年憲法の概要と憲法改正への動き、ミャンマーの憲法における仏教の位置付け、現代文学から見たミャンマーの政治・社会などを論じている。

ミャンマーは、ビルマ族が多数を占めるとはいえ、ASEAN諸国の中で内戦を含む「民族問題」に最も苦しんできた国家であり、このあたりは日本人一般、特に現場に暮らしていない日本人には理解が難しいのだが、第Ⅳ部第3章の「ミャンマーと民族問題」を読めば、エスニック・マイノリティが多様・複雑な構造になっており、今後、民族自治の容認だけでは済まず、地域開発による生活の向上を〝平等に〟行わなければ「連邦国家」を安定的に維持し難いということについて、理解が深まるであろう。

第Ⅴ部は、経済問題を扱っている。

まず、「メコン地域協力と中国、日本、米国の対応」は、メコン地域に対する協力について、中国、日本、米国との間には、それぞれの思惑と特徴があり、それがミャンマーに対する協力にも反映されていることを論じている。日本とミャンマーというような二国間だけの関係ではなく、メコン地域開発というより大きな枠組みの中で中国、日本、米国がミャンマーの開発にどう取り組んでいるのかを学ぶことは、中国の対外的な進出が盛んに報道されている今日、時宜にかなうものであろう。

その次が、ミャンマーの軍事政権下の対外開放政策が欧米市場へのアクセスの有無によりベトナムに大きく遅れを取ったこと、逆に言えば、今後、ミャンマーに期待が持てることなどを論じた第2章である。この章の付属資料1「ミャンマー経済概況」と付属資料2「ミャンマーの統計」は、最新のデータを活用して作成されたもので、殊に付属資料2ではミャンマーの経済統計を通ずる同国のマクロ経済の解説が行われており、更に二〇一四年四月、一九八三年以来、三一年ぶりに行われた国勢調査の概要を知ることができる。ミャンマーでは、既に少子化が進んでいると聞けば驚く人々もおおいのではないだろうか。人口ボーナス期間があまり長くないとなれば、経済の成長に専心し、成功しなければ、今後、容易ならざる社会・経済問題に直面するであろうとも考えられる。

最近、ミャンマーへの日本企業の進出が報道されることが少なくないが、過去と現在の状況を簡明に説明したのが、「ミャンマーと日本企業」と題する論考である。

最後は、ミャンマーの農村社会と日本の農村社会を比較すると、日本の村は「生産と生活の共同体」であり、他方、ミャンマーの村は「生活のコミュニティ」であるという興味深い「比較」を試みた論文を掲載している。執筆者は軍政下のミャンマー農村に実際に居住した経験のある―それ自体稀有の例であるが―農業経済研究者であることを付記しておこう。

第Ⅵ部は、「日本外交官が見たミャンマー」。第1章と第2章は元大使の論考で、第3章は国際機関に勤務していた日本外交官の体験記である。日本の外交官がどのようにミャンマーを見ていたのか、どのようなことをやっていたのかを知るうえで、参考になるであろう。

第Ⅶ部では現代ミャンマーの様々な社会問題を取り扱っている。仏教徒とイスラーム教徒間の問題、ジェンダー、仏教徒の死生観、筆者が顧問を務めているある国際NGOの現場報告、難民や医療問題と続いて、最後が「ミャンマーにおける日本語教育と有識者の対日理解」という若手研究者の論文である。

同じ仏教徒でも、日本人は朝鮮半島、中国経由の大乗仏教徒で、しかも神道の信者でもあるが、宗教の日常生活への現実的な影響が余り大きくないという特殊な俗世的民族であるのに対し、ミャンマーの主流をなすビルマ族はおおむね上座仏教徒で、輪廻転生の考え方をはじめ日常生活への宗教的戒律の影響が大きいという根本的な違いがある。日本では仏僧のかなり多くが妻帯し、飲酒肉食も行い、お寺の住職も世襲がかなり多い。ミャンマーの仏教徒から見ればこれは「破戒僧」でしかない。妻帯の結果、お寺の住職ポストを息子が継承することなど日本では当たり前に行われているが、ミャンマーの仏教徒から見れば、これは正に末法の世の現象である。「仏法が廃れ末法になると、首に衣で作った紐を巻いて袈裟とし、自分の子供の手を引いて飲み屋に行く」というミャンマー仏教の言い伝えがある由であるが、日本ではこれが現実化し、社会常識となっている。つまり、同じ「仏教徒」とはいえ、日本人仏教徒とビルマ仏教徒との間には大きな違いがある。これを認識しなければ、「仏教徒」であることが、かえって誤解、不和を生み出しかねない。

ミャンマーに対する日本語教育について一言すると、筆者は、自分が特別顧問を務めている某日本語学校でヤンゴン外国語大学日本語科卒の学生三名を含む日本語学習のための留学生（N２以上の日本語資格を有する者）で大学院への進学を希望する者など約一二―一三名に対して「日本社会入門」などをテーマに月に四コマの講義を行ってきたが、ミャンマーの学生の最大の問題はやはり「漢字」のようである。文法や語順はよく似ているから、話すのはかなり早くうまくなるが、読み書きは全く別物で、大変である。この点では、中国人の学生には「漢字」の問題が読み方を除けばあまりないのと大違いだ。ベトナム人留学生も「漢字」では苦労する。ただ、ミャンマーの学生は英語力が中国やベトナムからの留学生よりもはるかに優れており、これは将来プラスになるであろうと思う。

ミャンマーでは進出日本企業の増加＝雇用機会の増加に伴って、日本語学習意欲が高まっているが、日本から優秀な日本語教員をどの程度送り込めるかが問題である。また、ミャンマーの介護士に対して日本語の訓練を行い、日本で介護士をして勤務していただくようにしたいものである。

以上が、本書の内容と特徴である。前作の『ベトナム―国家と民族―』と同様、「一読して、決して損をしない本」であるという評価が得られれば本望である。

最後になったが、本書の刊行に当たり万事お世話になった関田伸雄氏をはじめとする古今書院編集部、編著者側のあれこれの注文に対して快く応じていただいた執筆者の方々、既刊論考の転載許可をいただいた版権所有者の皆様に心から感謝の意を表したい。別して、共編者である奥平龍二教授には、本書の構成の段階から始まる細目作業に関し絶大なる協力をしていただいた。同教授の関与なしには本書は生まれなかったであろうというのが、筆者の実感である。

（阿曽村邦昭、二〇一六年一月末日記す）

凡例

外国語（ビルマ語・欧語）の表記方法について

1　国名の変遷

本書で取り扱う国を邦語で「ミャンマー」とするか「ビルマ」とするかの問題は、日本人にとって単に馴染み深いという理由だけではなく政治的意味合いも込めて、以下の軍事政権下での国名の変更後も、「ビルマ」を使用すべきだという見解も根強く、長らく識者の間で論争の的になってきた。ただ、この国は一九四八年の独立以来、現地語では今日まで一貫してミャンマー（Myanma）［国名は *Pyidaunzu Myanma Naingandaw*　対外呼称 Union Of Burma、邦語国名「ビルマ連邦」］を使用してきたことに留意しておく必要があろう。

一九八九年六月、当該国ソー・マウン軍事政権は、正式国名を、一九七四～一九八八年まで続いた「ビルマ連邦社会主義共和国」（現地語名 *Pyidaunzu Soshalit Thamada Myanma Naingan-daw*　対外呼称 Socialist Republic of the Union of Burma、邦語呼称「ビルマ連邦社会主義共和国」）崩壊後、使用してきた「ピィーダウンズ・ミャンマーナインガンドー」（*Pyidaunzu Myanma Naingan-daw*、対外呼称 Union of Burma）の現地語呼称を *Pyidaunzu MyanmarNaingan-daw*　対外呼称を ,Union of Myanmar に改称する旨の公式発表を行った。ただし、*Myanma* から *Myanmar* への変更は現地語表記では全く変わらず（r）の挿入は長母音の記号を意味するだけで実質的な変更はない。

この措置に伴い、国名 Burma, 主流民族名 Burman, Burmese、多数派言語名 Burmese は、これら全てが Myanmar に変更された。これに呼応して、わが国政府は、当該国の国名を邦語で「ビルマ連邦」から「ミャンマー連邦」に変更した。この変更に従えば、ビルマ語はミャンマー語へ、ビルマ人、ビルマ族はミャンマー人（族）となるが、ミャンマー政府は、この発表に際し、「ミャンマー」は当国に居住するすべての民族の総称であるとも説明したため、一民族名の言語として「ミャンマー語」を使用することは理論的には、ビルマ語、ビルマ族（人）となる。さらに、従来、併用されてきた都市、州・管区、河川、街路・通りなどの対外呼称を現地語の呼称に一本化し、これに伴い、ローマ字表記も改めた。例えば、*Pegu* は *Bago* に、古都 *Pagan* は *Bagan* に、*Moulmein* は *Mawlamyine* に、*Arakan* は *Rakhine(Yakhaine)* に、それぞれ改称された。

因みに、二〇〇八年五月採択された新憲法に基づき二〇一一年三月成立したテイン・セイン政権下では、国名は、ビルマ語で *Pyidaunzu Thamada Myanmar Naingan-daw*、対外呼称は Republic of the Union of Myanmar、その邦語呼称は

「ミャンマー連邦共和国」である。

本書では、原則として、国名には「ミャンマー」、個別の民族名としては、ビルマ族（人）、カレン族（人）、シャン族（人）、などを使用し、それに応じて言語もビルマ語、カレン語、シャン語などと使用することとする。しかし、邦語として歴史的に定着している表現、一九八九年の上記政府決定以前の時代に書かれた文献の引用、例えば、「ビルマの竪琴」、「英領ビルマ」、「ビルマ式社会主義」「ビルマ共産党」「上・下ビルマ」などのわが国で馴染み深い歴史性を伴う表現は、執筆者の意向に従うこととした。

2 ビルマ語の片仮名表記

一般的に、外国語をカナ表記する際には、いずれの国からの用語であれ、それなりの苦心が必要であろう。しかし、ビルマ語のように古来、一度も、言文一致の運動が起こらなかった国の言語をカタカナ表記するほど困難を伴うことはない。ミャンマーでは、「書くときは正しい綴りで、読むときは音に従って」（*ye-daw. ahman,pat taw. athan*）という原則があり、現在に至るまで書物の大半は、古くに確立された『正書法』に則って「書き言葉」（文語）で書かれている。しかし、話すときは、慣れに従って「話し言葉」（口語）で話すのが慣わしになっている。文語体と口語体がどんどん離れて行った訳である。例えば、日本人に馴染み深い古都バガンはビルマ語表記で *Pugan* と綴り、*Bagan* と発音する。かつてのモン族の都ペグーは *Pehkū* と書いて *Bago*（バゴー）と読む。ミャンマーを南北に縦断するイラワジ川は実際には、*Eyarwadi* と綴りエーヤーワディーと読む。ミャンマー最大の都市ヤンゴンはビルマ語では *Yankon* と綴るが、発音は *Yangon* となる。

つまるところ、ビルマ語を片仮名にする場合、綴りに従って表記するのか、原音に近い音で表記するのか、また、日本語にないビルマ語の発音（気音など）を片仮名でどのように表記するのか、といった問題に対する統一表記や規則は、言語学的に標準的表記はあるにしても、一般化されていない。このような次第であるので、本書においては、執筆者各位に一応の標準的な表記を示してはあるものの、余り厳密に統一するのはかえって混乱を招くと思われるので、それぞれの執筆者の意向も酌み、柔軟に対応することとした点お断りしておく。

3 ローマ字表記の方法

本書では、各論考の本文中の英語以外の言語（ビルマ語、パーリ語、サンスクリット語、ラテン語など）をローマ字で表記する際は、原則として、イタリック体〈斜体〉とする。また、ローマ字表記の文献も慣例に従い、イタリック体で表記するものとする。

（奥平龍二）

本書中の風景写真は、特に撮影者が記載されてないものは奥平龍二撮影。

ミャンマー連邦共和国略図

執筆者紹介

赤阪清隆　あかさか　きよたか

一九四八年、大阪府生まれ。京都大学法学部、英国ケンブリッジ大学経済学部各卒業。一九七一年に外務省入省。入省後は国際機関での勤務が長く、一九八八年、GATT（WTOの前身）事務局、一九九三年、世界保健機関（WHO）事務局に各々勤務。一九九七年、外務省国際協力部参事官（のちに審議官）として地球温暖化防止のための京都議定書の交渉にあたる。二〇〇〇年、国連日本政府代表部大使を務める。二〇〇三年、経済協力開発機構（OECD）事務次長に就任。二〇〇七年四月から二〇一二年三月までは国連広報担当事務次長（広報局長）として、世界中の国連広報センターや既存のメディア、ソーシャルメディアなどを活用した国連の広報強化に努めた。二〇一二年八月より公益在団法人フォーリン・プレスセンター理事長。近著に、『世界のエリートは人前で話す力をどう身につけるか』（河出書房新社、二〇一五年）がある。

阿曽村邦昭　あそむら　くにあき

一九三五年、秋田市生まれ。東京大学農業経済学科および（米国）Amherst大学政治学科各卒業。外務省に入り、駐ベトナム、チェコスロバキア、ベネズエラ各大使歴任後、富士銀行顧問、麗澤大外国語学部学客員教授、吉備国際大学大学院国際協力研究科科長（教授）、（秋田市所在）ノースアジア大学法学部教授、（特活）日本紛争予防センター所長、（特活）ジャパン・プラットフォームNGOユニット理事、（社）ラテンアメリカ協会理事、日本ベネズエラ協会会長、（株）インターナショナル映画取締役会長等を経て、現在、（岡山県）公設国際貢献大学校教授、法務省認定倉敷外語学院特別顧問兼教授（大学院進学コース科長）、日本教育再生機構代表委員、認定NPO法人「難民を助ける会」顧問、「メコン地域研究会」会長。専門は、政治学、開発経済学。

主著に、『アジアの開発を巡るメカニズム』（共著、アジア経済研究所、一九七一年）、『西欧の農業』（共訳、農業調査会、一九六六年）、『文化観光論』上下二巻（共訳、古今書院、二〇〇九年）、『宗教と開発』（共訳、麗澤大学出版会、二〇一〇年）、『発展途上世界の観光と開発』（共訳、古今書院、二〇一一年）、『紛争と開発』（訳・注書、たちばな出版、二〇一一年）、『メコン地域経済開発論』（訳・注書、古今書院、二〇一二年）、『ベトナム―国家と民族―』上下二巻（編著、古今書院、二〇一三年）。

阿曽村智子　あそむら　ともこ

一九五二年、東京生まれ。お茶の水女子大学大学院修士および博士課程を経て、同大学院研究助手（文部教官）、オクスフォード大学聖アントニーズカレッジ研究助手（日本学術振興会特別研究員）、パリユネスコ本部文化局勤務、UNDPハノイ事務所文化教育顧問など歴任。一九九四年、チェコ共和国国立カレル大学にて博士号（歴史学）、一九九六～九八年、ベネズエラ国立中央大学客員教授を経て一九九九年より学習院女子大学国際文化交流学部および二〇〇四年より同大学大学院国際文化交流研究科非常勤講師。文京学院大学（および大学院）非常勤講師兼任。（有）比較文化研究センター代表・所長、倉敷外語学院顧問、日本地域資源学会理事。専門は文化政策、国際機構論。

著書に、『新国際機構論』（共著、国際学院、二〇〇五年）、『日本の知的、文化的国際戦略に関する総合戦略一～二』（東京財団、二〇〇六年、二〇〇七年）、『文化観光論』上下巻（共訳、古今書院、二〇〇九年）、『宗教と開発』（共訳、麗澤大学出版会、二〇一〇年）。

飯國有佳子　いいくに　ゆかこ

島根県生まれ。一九九五年大阪外国語大学ビルマ語学科卒業。二〇〇七年、ミャンマー研究総合研究大学院大学文化科学研究科博士課程修了。博士（文学）。在ミャンマー日本大使館専門調査員、ミャンマー連邦大学歴史研究センター客員研究員、国立民族学博

物館外来研究員を経て、大東文化大学国際関係学部講師。専門は文化人類学。
　著書に、『現代ビルマにおける宗教的実践とジェンダー』（風響社）、『ミャンマーの女性修行者ティーラシン：出家と在家のはざまを生きる人々』（風響社）、『ミャンマーを知るための60章』（明石書店）などがある。

伊東利勝　いとう　としかつ
　一九四九年、佐賀県生まれ。成城大学経済学部卒、一九七八年同大学院経済学研究科経済史専攻博士課程修了。現在、愛知大学文学部教授。歴史学専攻。一九八五年から一九八七年まで外務省在ミャンマー日本大使館付専門調査員としてヤンゴンに滞在。
　著書に『多民族共生社会のゆくえ　昭和初期・朝鮮人・豊橋』（あるむ、二〇〇七年）、編著『ミャンマー概説』（めこん、二〇一一年）など。社会経済史関係のミャンマー古文書パラバイを http://taweb.aichi-u.ac.jp/DMSEH/index.html で公開している。

井上さゆり　いのうえ　さゆり
　一九七二年生まれ。鹿児島県出身。一九九四年、東京外国語大学外国語学部ビルマ語専攻卒業。二〇〇七年、東京外国語大学地域文化研究科より博士（学術）取得。現在、大阪大学大学院言語文化研究科准教授。
　博士論文「ビルマ古典歌謡におけるジャンル形成―18―19世紀のウー・サの創作を中心として」が二〇〇七年第七回井植記念アジア・太平洋研究賞を受賞。主な著書に『ビルマ古典歌謡の旋律を求めて―書承と口承から創作へ』（風響社、二〇〇七年）、『ビルマ古典歌謡におけるジャンル形成』（大阪大学出版会、二〇一一年）、*The Formation of Genre in Burmese Classical Songs*（大阪大学出版会二〇一四年）がある。

伊野憲治　いの　けんじ
　一九五九年、埼玉県生まれ。一九九二年一橋大学大学院社会学研究科博士課程単位取得退学。二〇〇一年同大学より博士（社会学）取得。北九州市立大学法学政策科学科教授を経て、二〇〇八年より同大学基盤教育センター教授。専門は、ミャンマー地域研究、近現代社会史。
　主著『ビルマ農民大反乱（1930～1932年）―反乱下の農民像―』（信山社、一九九八年）、『アウンサンスーチーの思想と行動』（財）アジア女性交流・研究フォーラム、二〇〇一年、編訳『アウンサンスーチー演説集』（みすず書房、一九九六年）。

岩城高広　いわき　たかひろ
　一九六五年生まれ。東京都出身。一九八八年、東京外国語大学外国語学部インドシナ語学科（ビルマ語専攻）卒業。二〇〇三年、東京大学人文社会系研究科より博士（文学）の学位を取得。現在、千葉大学文学部史学科准教授。
　主な論文に「コンバウン朝の成立―「ビルマ国家」の外延と内実―」桜井由躬雄編著『岩波講座東南アジア史　第四巻　東南アジア近世国家群の展開』（岩波書店、二〇〇一年）所収、「ビルマ―問い直される通説―」東南アジア学会監修『東南アジア史研究の展開』（山川出版社、二〇〇九年）所収、がある。

大野　徹　おおの　とおる
　一九三五年、長崎県に生まれる。大阪外国語大学ビルマ語学科卒業。京都大学大学院言語学科博士課程修了。大阪外国語大学講師を経て、コロンボ計画に基づく語学教育専門家としてビルマ国立ラングーン外国語学院（現大学）に派遣され、日本語教育を担当（一九六七年―一九六九年）。大阪外国語大学助教授（一九七〇年～一九八〇年）、同教授（一九八〇年～二〇〇一年）、この間、京都大学東南アジア研究センター教授（一九八九年）、大阪外国語大学学生部長（一九九二年）をそれぞれ併任。二〇〇一年、定年退職、同名誉教授、現在に至る。
　主要著書に、『知られざるビルマ』（芙蓉書房、一九七〇年）、『ビルマの社会と経済』（アジア経済研究所、一九七二年）、『ビルマ―

社会と価値観─』（共著、現代アジア出版会、一九七五年）、『文化誌・世界の国三・東南アジア1』（共編、講談社、一九七五年）、『パガンの仏教壁画』（講談社、一九七八年）、『ビルマの仏塔』（世界の聖域一〇、講談社、一九八〇年）、*BURMESE RAMAYANA, with an English Translation*. Delhi: B.R. Publishing Corporation, 2000.『謎の仏教王国パガン─碑文の秘めるビルマ千年史─』（日本放送出版教会、二〇〇二年）など。その他、論文・エッセイ・翻訳書など多数著述。

奥平龍二　おくだいら　りゅうじ

一九四〇年、兵庫県生まれ。大阪外国語大学外国語学部インド語学科（ヒンディー語専攻）卒業。一九六五年、外務省入省、同年在ビルマ日本国大使館に配属、ヤンゴン文理科大学（現ヤンゴン大学）に二年八か月在籍し、ビルマ語・文学科および史学科に学ぶ。一九六八年～八一年外務省アジア局（南西アジア課）、在ビルマ日本国大使館、外務省アジア局（南東アジア第二課）、在連合王国日本国大使館に各々勤務、一九八一年文部省に出向、東京外国語大学外国語学部助教授として赴任、一九八五年～教授、二〇〇二年定年退職、名誉教授の称号授与、現在に至る。この間、一九九八年から一年間、英国・ロンドン大学東洋アフリカ研究学院（SOAS）に研究留学。また、二〇一五年一月から三か月間、ヤンゴン大学において、東京外国語大学特任教授として、同大学グローバル・ジャパン・オフィス（GJO）の開設に携わる。「メコン地域研究会」会員。

専門分野は歴史：ミャンマー史（特に、前近代史）・法制史・上座仏教国家論。主要著書には、Burmese Dhammathat in *Laws of Southeast Asia(Vol.1):Pre-modern Texts* edited by M. B. Hooker (1986) Singapore: Butterworth & Ltd.pp.23-142.『ミャンマー：慈しみの文化と伝統』（監修・共著、東京美術、一九九七年）、『ビルマ法制史研究入門』（単著、日本図書刊行会、二〇〇二年）がある。

長田紀之　おさだ　のりゆき

一九八〇年生まれ。東京都出身。二〇〇四年、東京大学文学部東洋史学専修課程卒業。二〇一三年、東京大学大学院人文社会研究科より博士（文学）号取得。現在、日本貿易振興機構アジア経済研究所リサーチ・アソシエイト。

主な著作に、「植民地期ビルマ・ラングーンにおける華人統治─追放政策の展開を中心に─」（『華僑華人研究』第十一号、二〇一四年）、An embryonic border: Racial discourses and compulsory vaccination for Indian immigrants at ports in colonial Burma, 1870-1937 (Moussons: Recherche en sciences humaines sur *l'Asie du Sud-Est* 17, 2011) がある。博士論文「インド人移民の都市からビルマの首都へ：植民地港湾都市ラングーンにおけるビルマ国家枠組みの生成」（東京大学大学院人文社会系研究科、二〇一三年）が第一四回アジア太平洋研究賞を受賞。また、共著書籍に『アジア動向年報二〇一四』（アジア経済研究所、二〇一四年）、『ミャンマーを知るための60章』（明石書店、二〇一三年）がある。

柿崎一郎　かきざき　いちろう

一九七一年、静岡県生まれ。一九九九年、東京外国語大学大学院地域文化研究科博士後期課程修了。横浜市立大学国際文化学部専任講師、同助教授を経て、現在国際総合科学部准教授。東京外国語大学より博士号（学術）取得。

主な著書に、『タイ経済と鉄道　一八八五～一九三五年』（日本経済評論社、二〇〇〇年）、本書は第一七回大平正芳記念賞、『鉄道と道路の政治経済学　タイの交通政策と商品流通　一九三五～一九七五年』（京都大学学術出版会、二〇〇九年）、本書は第二回鉄道史学会住田奨励賞を受賞。『都市交通のポリティクス　バンコク　一八八六～二〇一二年』（京都大学学術出版会、二〇一四年）、他に、*Laying the Tracks: The Thai Economy and its Railways, 1885-1935* (Kyoto University Press, 2005)、『物語　タイの歴史』（中公新書、二〇〇七年）、『王国の鉄路　タイ鉄道の歴史』（京都大学学術出版会、二〇一〇年）、本書は第四〇回交通図書賞を受賞。*Rails of the Kingdom: The History of Thai Railways* (White Lotus, 2012)、*Trams, Buses, and Rails: the History of Urban Transport in Bangkok, 1886-2010*

(Silkworm Books, 2014) など。

春日尚雄　かすが　ひさお

一九五七年生まれ、東京都出身。慶應義塾大学経済学部卒業、カリフォルニア大学大学院政治学部修士課程修了後、電機部品メーカー代表取締役社長などを歴任。亜細亜大学にて博士号（経済学）取得。現在、福井県立大学地域経済研究所教授、「メコン地域研究会」会員。専門は、アジア・ASEAN経済、メコン地域開発、インフラと企業立地行動。

著書に、『ASEANシフトが進む日系企業―統合一体化するメコン地域―』（文眞堂、二〇一四年）、（共著）石川幸一・清水一史・助川成也編著『ASEAN経済共同体と日本』（文眞堂、二〇一三年）など。

岸　直也　きし　なおや

一九七一年、岐阜県高山市生まれ。一九九四年、外務省に入り、一九九五年～二〇〇〇年、在ミャンマー日本大使館員として駐在。一九九七年、ヤンゴン外国語大学ディプロマ課程修了。二〇〇〇～〇四年と二〇一一年末から現在まで、外務省アジア大洋州局南東アジア第一課で日本・ミャンマー関係に係る業務を担当。

主著に、「第四八章 日本の対ミャンマー外交」『ミャンマーを知るための60章』田村克己・松田正彦編著（二〇一三年、明石書店）（二六三―二六八頁）。

工藤年博　くどう　としひろ

一九六三年、東京都生まれ。政策研究大学院大学（GRIPS）教授。一九九四年 ケンブリッジ大学院修士課程修了（M.Phil）。同年、アジア経済研究所入所。二〇〇〇年―〇二年ヤンゴン経済大学、二〇〇三年ミャンマー農業灌漑省に赴任。新領域研究センター長、研究企画部長を経て、二〇一五年より現職。専門は、ミャンマー地域研究、開発経済論。

著書に『ポスト軍政のミャンマー―改革の実像―』（編著、アジア経済研究所、二〇一五年）、『ミャンマー政治の実像―軍政二三年の功罪と新政権のゆくえ―』（編著、アジア経済研究所、二〇一二年）、『ミャンマー経済の実像―なぜ軍政は生き残れたのか―』（編著、アジア経済研究所、二〇〇八年）など。

熊谷　聡　くまがい　さとる

一九七一年、島根県生まれ。日本貿易振興機構アジア経済研究所新領域研究センター上席主任調査研究員。一九九四年慶應義塾大学総合政策学部卒、一九九六年慶應義塾大学大学院政策・メディア研究科より修士号（政策・メディア）取得、二〇〇四年 London School of Economics and Political Science より MSc in Global Market Economics 取得。一九九六年アジア経済研究所入所、二〇〇二年―〇四年在ロンドン海外派遣員、二〇一三年―一五年在クアラルンプール海外調査員、二〇一五年より現職。専門は、国際経済学（貿易）およびマレーシア経済。

著書に、『多国間交渉の理論と応用』（共訳、慶應義塾大学出版会、二〇〇〇年）、"*The Economics of East Asian Integration: A Comprehensive Introduction to Regional Issues*"（共編・共著、Edward Elgar, 2011年）、『経済地理シミュレーションモデル：理論と応用』（共編・共著、アジア経済研究所、二〇一五年）など。

小林英夫　こばやし　ひでお

一九四三年、東京都生まれ。一九六六年東京都立大学法経学部卒。一九七一年同大学院博士課程満期退学、同経済学部助手を経て駒沢大学経済学部助教授、教授。一九九七年、早稲田大学大学院アジア太平洋研究科教授。二〇一四年、同名誉教授。専攻は、日本近現代経済史、アジア経済論、植民地経済論。

著書及び論文に、『戦後日本資本主義と「東アジア経済圏」』（お茶の水書房、一九八三年）、『東南アジアの日系企業』（日本評論社、一九九二年）『日本軍政下のアジア』（岩波新書、一九九三年）、『戦後アジアと日本企業』（岩波新書、二〇〇一年）「ミャンマーと日本企業」（『ワセダ　アジアレビュー』No.12 二〇一二年）など。

斎藤紋子　さいとう　あやこ

一九七〇年、東京都生まれ。一九九二年、東京外国語大学外国語学部（ビルマ語）卒業。二〇〇七年三月、東京外国語大学大学院地域文化研究科博士後期課程単位取得退学。二〇〇八年二月、博士（学術）取得。一九九四年三月～一九九六年二月、外務省専門調査員として在ミャンマー日本国大使館勤務。二〇〇二年九月～二〇〇四年九月、松下国際財団松下アジアスカラシップ（現・松下幸之助財団松下幸之助国際スカラシップ）奨学金にてミャンマー・大学歴史研究センター留学。現在、東京外国語大学、上智大学、津田塾大学、拓殖大学非常勤講師。

主な著作、翻訳には、『短編集　買い物かご』キンキントゥー著、アジアの現代文芸、（大同生命国際文化基金、二〇一四年）、「第十章　ムスリムとミャンマーの関係—宗教を越えたつながりを模索して」田村克己・松田正彦編『ミャンマーを知るための六〇章』（明石書店、二〇一三年）、『ミャンマーの土着ムスリム：仏教徒社会に生きるマイノリティの歴史と現在』ブックレットアジアを学ぼう二一、（風響社、二〇一〇年）がある。

斎藤照子　さいとう　てるこ

一九四四年、東京都生まれ。東京大学経済学部卒業後、アジア経済研究所調査研究員。東京外国語大学東南アジア課程講師、助教授、教授、オーストラリア国立大学およびシンガポール東南アジア研究所客員研究員を経て、現在東京外国語大学名誉教授。専攻はビルマ社会経済史。

著書に、『岩波講座東南アジア史5　東南アジア世界の再編』（編著、岩波書店、二〇〇一年）『東南アジアの農村社会』世界史リブレット（山川出版社、二〇〇八年）*Statistics on the Burmese Economy; the 19th and 20th centuries.*（共編著 ISEAS 1999）*Enriching the Past: Preservation, Conservation and Study of Myanmar Manuscripts.*（共編著、東京外国語大学大学院 C-DATS　研究叢書、二〇〇六年）。論文に"The State of Money in Circulation and Its Reform in Konbaung Burma: the 1790s -1860s"（Transactions of the International Conference of Eastern Studies, No. LVII 2012）、「人身抵当証文から見る19世紀ビルマの債務奴隷—サリン地方の事例—」（『東南アジア—歴史と文化—』38号、二〇〇九年）「ビルマにおける米輸出経済の展開」（『岩波講座東南アジア史6植民地経済の繁栄と凋落』二〇〇一年）"Rural Monetization and Land-Mortgage Rural Monetization and Land-Mortgage Thet-kayits in Konbaung Burma" (A. Reid ed., *The Last Stand of Asian Autonomies*, Macmillan, 1997) など。

白石昌也　しらいし　まさや

一九四七年、東京都生まれ。米国コーネル大学大学院留学の後、東京大学社会学研究科博士課程（国際関係論）満期退学、九二年に東京大学博士（学術）。大阪外国語大学講師、助教授、パリ第七大学客員研究員、横浜市立大学助教授、教授を経て一九九九年より早稲田大学大学院アジア太平洋研究科教授。「メコン地域研究会」会員。専門は、ベトナム近現代史、日本・インドシナ関係など。

主著『ベトナム：革命と建設のはざま』（東京大学出版会、一九九三年）、『ベトナム民族運動と日本・アジア：ファン・ボイ・チャウの革命思想と対外認識』（厳南堂書店、一九九三年）、『日本をめざしたベトナムの英雄と皇子：ファン・ボイ・チャウとクオン・デ』（彩流社、二〇一二年）、『日本の「戦略的パートナーシップ」外交：全体像の俯瞰』（早稲田大学アジア太平洋研究センター、二〇一四年）。編著に『ベトナムの国家機構』（明石書店、二〇〇〇年）、『ベトナムの対外関係：二一世紀の挑戦』（暁印書館、二〇〇四年）、『第二次世界大戦期のインドシナ・タイ、そして日本・フランスに関する研究蓄積と一次資料の概観：研究の更なる進展を目指して』（早稲田大学アジア太平洋研究センター、二〇一五年）など。

白川千尋　しらかわ　ちひろ

一九六七年、東京都生まれ。総合研究大学院大学文化科学研究科地域文化学専攻修了。博士（文学）。川崎医療福祉大学医療福祉学部医療福祉学科助教授、新潟大学人文学部助教授、国立民族学

博物館先端人類科学研究部助教授などを経て、現在大阪大学人間科学研究科准教授。専門は文化人類学。
　著書に『南太平洋の伝統医療とむきあう―マラリア対策の現場から』（臨川書店、二〇一五年）、『テレビが映した「異文化」―メラネシアの人々の取り上げられ方』（風響社、二〇一四年）、『南太平洋における土地・観光・文化―伝統文化は誰のものか』（明石書店、二〇〇五年）、『カストム・メレシン―オセアニア民間医療の人類学的研究』（風響社、二〇〇一年）などがある。

鈴木　孝　すずき　たかし
　一九一一年、東京に生まれる。一九三五年、東京帝国大学法学部政治学科卒業。ジャーナリストを経て一九三九年、外務省入省。アジア局賠償部調整課長、日本ビルマ合同委員会政府代表代理、情報文化局及び経済局参事官を歴任。一九六〇年、在カナダ日本国大使館参事官、在プレトリアプレトリア日本国総領事、一九六六年、帰国後、外務省大臣官房国際資料部（のち、調査部）部長を経て、ビルマ駐箚日本国大使（一九七〇年～七四年）、同メキシコ駐箚・ハイティ兼任大使（一九七四年～七六年）、同インド大使（一九七六年～七七年）を歴任し、外務省を退官。一九八一年没。主要著書に、『ビルマという国』（国際ＰＨＰ研究所、一九七七年）がある。

髙橋昭雄　たかはし　あきお
　一九五七年、千葉県生まれ。一九八一年、京都大学経済学部卒業後、アジア経済研究所入所。八六～八八年ラングーン外語学院学生、九三～九五年農業省上級研究員として、ビルマに滞在して農村を調査。九六年アジア経済研究所退職、東京大学東洋文化研究所助教授。二〇〇二年同教授。現在に至る。博士（経済学）。専門は経済学。主要著作『ビルマ・デルタの米作村―「社会主義」体制下の農村経済―』（アジア経済研究所 一九九二年）、『現代ミャンマーの農村経済―移行経済下の農民と非農民―』（東京大学出版会二〇〇〇年）、『ミャンマーの国と民―日緬比較村落社会論の試み―』（明石書店二〇一二年）。他に論文多数。
URL: http://www.ioc.u-tokyo.ac.jp/faculty/prof/takahashi.html

高橋ゆり　たかはし　ゆり
　一九五七年、東京生まれ。一九九〇年、東京外国語大学大学院卒業（ビルマ語・文学専攻、文学修士）。外務省にミャンマー語専門家として七年間勤務した後、シドニー大学へ。現在まで同大学で日本語教育の非常勤講師を務める傍ら二〇〇四年に同大学歴史学科大学院卒業（ミャンマー近代思想史専攻、哲学修士）。二〇一三年には同大学に初めて開設されたミャンマー語講座を主宰。目下、同大学博士課程在籍中（ミャンマー近代思想史）。ミャンマー伝統音楽歌手としても二十年あまり活動。
　主な翻訳書は、ミンテインカ『マヌサーリー』（てらいんく、二〇〇四年）、テイッパン・マウン・ワ『変わりゆくのはこの世のことわり―マウン・ルーエイ物語』（てらいんく、二〇〇一年）。近年の著作は、「出版事情―検閲廃止とジャーネー」（田村克己・松田正彦編著『ミャンマーを知るための60章』、明石書店、二〇一三年）など。

高原友生　たかはら　ともお
　一九二五年、岡山県生まれ。東京陸軍幼年学校（四二期）および陸軍士官学校（五七期）各卒業。歩兵五八連隊（新潟・高田）に所属。ビルマに赴き、連隊旗手、中隊長（中尉）。一九四六年復員後、東京大学法学部卒、伊藤忠商事入社。常務取締役（海外担当）、中近東総支配人を経て、㈱ＣＲＣ総合研究所（現伊藤忠テクノソリューションズ）社長となり、のちに名誉顧問。情報サービス産業協会会長を長く務めたのち、日本・ミャンマー商工会議所ビジネス協議会会長。二〇〇九年没。
　著書に『悲しき帝国陸軍』（中央公論新社、二〇〇〇年）、『商戦―伊藤忠火の玉社員の半生記―』（中央公論新社、二〇〇二年）。

田島高志　たじま　たかし
一九三五年、群馬県出身。一九五九年、東京大学教養学部教養学科卒、外務省入省。台湾、香港にて中国語研修、各国勤務を経て、外務省南西アジア課長、中国課長、国際協力事業団総務部長、外務省文化交流部長、駐ブルガリア、ミャンマー、カナダ各大使を歴任。退官後、国際機関アジア生産性機構（ＡＰＯ）事務総長、東洋英和女学院大学院客員教授、国際教養大学客員教授等を経て、現在、ＮＰＯ法人日本カナダ検定協会理事長、一般財団法人霞山会、同放送番組国際交流センター、同日本語教育振興協会、一般社団法人日中協会、同日本ミャンマー協会、日本ブルガリア協会、国際俳句交流協会、ASJA International の各理事、評議員または顧問。
著書に、*China and South-east Asia: Strategic Interests and Policy Prospects* (IISS, 1981)、『ブルガリア駐在記』（恒文社、一九九三年）、『ミャンマーが見えてくる』（サイマル出版会、一九九七年）、『改訂版　ミャンマーがみえてくる』（有朋書院、二〇〇二年）、（共著）『国際情勢分析（２）』（鹿島平和研究所、二〇〇四年）、の他に評論文多数。

田辺寿夫　たなべ　ひさお
一九四三年、京都市生まれ。大阪外国語大学ビルマ語学科卒業。一九六六年～二〇〇三年、ＮＨＫ国際局で国際放送ビルマ語ラジオ番組の制作を担当。現在、フリージャーナリスト。ビルマ市民フォーラム運営委員。シュエバ（ビルマ名）として在日ビルマ人とともにビルマ民主化をめざして活動している。
主な著書に、『ビルマ民主化運動一九八八』（一九八九年、梨の木舎）、『ビルマ　「発展」のなかの人びと』（一九九六年、岩波書店）、『負けるな！　在日ビルマ人』（二〇〇八年、梨の木舎）

玉生　肇　たまにゅう　はじめ
一九六四年、東京都生まれ。明治大学商学部商学科卒業。平成元年、伊藤忠商事株式会社入社、一九九六年伊藤忠タイ会社駐在、二〇〇二年、伊藤忠商事ミャンマー代表・ヤンゴン事務所長、ＪＣＣＹ（日本商工会議所ヤンゴン）総務理事。二〇〇七年、伊藤忠商事木材・建材部木質建材課長を経て、二〇一二年より伊藤忠シンガポール会社駐在し、現在、アジア・太洋州ブロック住生活・情報グループ長兼伊藤忠シンガポール会社住生活・情報部長。「メコン地域研究会」会員。

寺井　融　てらい　とおる
一九四七年、北海道生まれ。中央大学卒業、日本大学大学院前期課程修了。民社党広報局次長、新進党広報企画委員会事務局長、西村真悟衆院議員政策秘書、産経新聞記者、「世界と日本」編集長を経て現在、アジア母子福祉協会常務理事、尚美学園大学・中央大学兼任講師などを務めている。『ミャンマー百楽旅荘（パラダスホテル）』（三一書房、一九九六年）、山口洋一元ミャンマー大使との対談『アウン・サン・スー・チーはミャンマーを救えるか？』（マガジンハウス、二〇一二年）、『民社育ちで、日本が好き』（展転社、二〇一五年）ほか著書多数。近刊予定は『本音でミャンマー』（カナリアコミュニケーションズ、二〇一六年）。

土佐桂子　とさ　けいこ
大阪外国語大学（修士）、総合研究大学院大学比較文化学博士課程（国立民族学博物館）修了。博士（文学）。神戸大学助教授を経て、二〇〇二年一〇月より東京外国語大学外国語学部教授。専門は文化人類学、地域研究（ミャンマーの宗教）。
主著『ビルマのウェイザー信仰』（勁草書房、二〇〇〇年）、共著に *Champions of Buddhism: Weikza Cults in Contemporary Burma*, Bénédicte Brac de la Perrière, Guillaume Rozenberg and Alicia Turner eds. (Singapore: National University of Singapore Press,2014)、『ミャンマー政治の実像 - 軍政二三年の功罪と新政権のゆくえ』工藤年博編（アジア経済研究所、二〇一二年）、『時間の人類学―情動・自然・社会空間』西井涼子編（世界思想社、二〇一三年）*Burma: At the Turn of the 21st Century*. Skidmore, Monique ed..(Honolulu;University

of Hawai'i Press, 2005). 等、訳書にアウンサンスーチーアウンサンスーチー『増補復刻版　ビルマからの手紙　1995-1996』永井浩と共訳（毎日新聞出版社、二〇一二年）『新ビルマからの手紙 1997~1998／2011』永井浩、毎日新聞出版社外信部と共訳（毎日新聞出版社、二〇一二年）ウー・ペィマウンティン『ビルマ文学史』大野徹監訳、池田正隆、コウン・ニュン、原田正美と共訳（井村文化事業社一九九二年）等がある。

中川善雄　なかがわ　よしお

一九八三年、神奈川県生まれ。立教大学理学部物理学科修了（物理学学士）。日本赤十字社を経て、難民を助ける会へ。タジキスタン、ミャンマーパアン事務所各代表代行を務めた後、現在ミャンマーヤンゴン事務所代表。

中西　修　なかにし　おさむ

一九六一年六月二一日に広島に生まれる。東京外国語大学インドシナ学科ビルマ語専攻卒業。日本の農業機械関係のメーカー（六年）、印刷会社勤務（五年）を経て、一九九七年一月一日から在ヤンゴン・ウイン日本語学校を設立、現在に至る。

中西嘉宏　なかにし　よしひろ

一九七七年、兵庫県生まれ。二〇〇七年京都大学アジア・アフリカ地域研究研究科修了。博士（地域研究）。京都大学東南アジア研究所機関研究員、日本貿易振興機構・アジア経済研究所を経て、二〇一三年より京都大学東南アジア研究所准教授。専門は、ミャンマー政治研究、比較政治学。

主著に、*Strong Soldier, Failed Revolution: The Military and State in Burma, 1962-1988* (Singapore: National University of Singapore Press, 2013)、「民政移管後のミャンマーにおける新しい政治―大統領・議会・国軍―」工藤年博編『ポスト軍政のミャンマー―改革の実像―』（日本貿易振興機構・アジア経済研究所、二〇一五年）、「戦略的依存からバランス志向へ―ミャンマー外交と対中国関係の現在」『国際問題』（二〇一五年七・八月合併号）、「パーリア国家の自己改革―ミャンマーの外交「正常化」と米国、中国との関係」『国際政治』（第一七七号、二〇一四年）、『軍政ビルマの権力構造：ネー・ウィン体制下の国家と軍隊　一九六二―一九八八』（京都大学学術出版会、二〇〇九年）など。

根本　敬　ねもと　けい

一九五七年生まれ。一九八〇年、国際基督教大学教養学部卒業。一九八五年、同大学大学院比較文化研究科博士前期課程修了（文学修士）。一九八五～一九八七年文部省アジア諸国等派遣留学生としてビルマ連邦社会主義共和国に研究留学。一九八九年一〇月、東京外国語大学アジア・アフリカ言語文化研究所助手、その後、同研究所助教授、教授を経て、二〇〇七年四月に上智大学外国語学部教授。二〇一四年四月より同大学総合グローバル学部教授。専門はビルマ近現代史。

主要著書に『アウン・サン―封印された独立ビルマの夢』（岩波書店、一九九六年）、『抵抗と協力のはざま―近代ビルマ史のなかのイギリスと日本』（岩波書店、二〇一〇年）、『ビルマ独立への道―バモオ博士とアウンサン将軍』（彩流社、二〇一二年）、『物語ビルマの歴史―王朝時代から現代まで』（中央公論社、二〇一四年）、『アウンサンスーチーのビルマ―民主化と国民和解への道』（岩波書店、二〇一五年）など。他に編著、共著、論文多数。

野口　昇　のぐち　のぼる

一九三九年、岐阜県生まれ。東京大学教育学部卒。一九六一年、文部省入省。一九六九年、国連のフェローシップ（奨学金）により米・英に短期留学。一九七一～七六年、ユネスコ（UNESCO）本部（パリ）学校教育局勤務。帰国後、文部省学術国際局課長補佐およびユネスコ担当企画官。一九八六～八九年、国連大学特別連絡官。その後、日本学術振興会事業部長を経て、一九九二年より再びユネスコ本部に赴任、一九九七年まで奨学金部長。続いて、一九九七～二〇〇一年、ユネスコ北京事務所長（中国、モンゴル、北朝鮮へのユネスコ代表を兼ねる）。二〇〇一年四月帰国後、文京学院大学教授・副学長。二〇〇一年六月、日本ユネスコ協会連盟理事長。このほか、ユネスコ本部アドバイザー、早稲田大学平山郁夫記念ボランティア・センター客員教授、日本ユネスコ国内委員会委員、日本私立大学協会国際交流委員会委員、国立文化財機構外部評価委員、等歴任。現在、（公益社団法人）日本ユネスコ協会連盟理事長、文京学院大学名誉教授。著書に、『ユネスコ50年の歩みと展望』（シングルカット社　一九九六年）、『パリ四季と生活』（高山市民時報社、一九九七年）など。

吹浦忠正　ふきうら　ただまさ

一九四一年、秋田市生まれ。早稲田大学大学院政治学研究科修了（政治学修士）。日本赤十字中央女子短大助教授、国際赤十字東パキスタン、インドシナ各駐在代表、難民を助ける会代表幹事・副会長、埼玉県立大学教授、東京財団常務理事などを経て、現在、NPO法人「ユーラシア21研究所」、社会福祉法人「さぽうと21」各理事長、NPO法人「東京コミュニティカレッジ」理事、認定NPO法人「難民を助ける会」特別顧問、NPO法人「世界の国旗研究協会」会長、「メコン地域研究会」特別顧問、拓殖大学客員教授、法務省入国管理局難民審査参与員。この間、一九六二年～六五年にオリンピック東京大会組織委員会専門職員（国旗担当）、一九九七年～九八年に長野冬季オリンピック組織委員会顧問（儀典担当）を務めた。

著書として、『難民―世界と日本』（日本教育新聞社、一九八九年）、『NGO海外ボランティア入門』（自由国民社、二〇〇一年）のほか、『世界の国旗ビジュアル大事典』（学研、二〇一二年、二〇一四年（改訂版））、『国旗総覧』（古今書院、二〇〇二年）、『知っておきたい日の丸の話』（学研新書、二〇一一年）など、国旗関連の著作は四〇点を超える。

丸山静雄　まるやま　しずお

一九〇九年、神奈川県生まれ。一九三六年、東京外国語学校英語科（現東京外国語大学欧米第一課程英語専攻）卒、朝日新聞入社。一九四四年、インパール作戦従軍記者としてビルマ派遣。従軍記者として辛酸を嘗めたのち、一九四五年にサイゴン転勤。ホー・チ・ミンが主導する八月革命後、日本人収容所生活を経て帰国。朝日新聞外報部勤務、同紙論説委員として二一年にわたり東南アジア、ベトナム戦争、東南アジア開発（南北問題）などについてナショナリズムを認め、理解せよとの立場から社説を書く。朝日新聞退社後、一九七八～八六年、国際商科大学（一九八六年、東京国際大学と改称）客員教授。二〇〇六年没。

著書は多数に上るが、『ベトナム戦争』（筑摩書房、一九六九年）、『アジアを考える』（アジア経済研究所、一九七一年）、『新生ベトナムと日本』（ダイアモンド社、一九七八年）、『インドシナ物語』（講談社、一九八一年）、『インド国民軍―もう一つの太平洋戦争』（岩波新書、一九八五年）、『インパール作戦従軍記』（岩波新書、一九八四年）、『アジア特派員50年―国造りへの挑戦と蹉跌のドラマを見る』（青木書店、一九八八年）、『アジアの開発と援助―取材50年の体験的考察』（新日本出版社、一九九一年）、『アジアが燃えた日々―「民族独立」50年のドラマ』（ダイアモンド社、一九九二年）、『典範令と日本の戦争―新聞人のジャーナリズム精神』（新日本出版社、二〇〇二年）など。

水野明日香　みずの　あすか

一九七三年、神奈川県生まれ。一九九五年、東京外国語大学外国語学部卒業（ビルマ語専攻）。一九九九年から二〇〇一年、大学歴史研究センター（ミャンマーの全国大学共同利用機関）留学を経て、二〇〇三年、東京大学大学院経済学研究科博士課程単位取得退学。二〇〇七年、東京大学経済学研究科より博士（経済学）取得。二〇〇六年より亜細亜大学経済学部講師を経て、現在同大学准教授。専門分野はミャンマー経済史、特に植民地時代から一九五〇年代の経済史。

主要著書・論文 Identifying the 'agriculturists' in the Burma Delta in the colonial period: A new perspective on agriculturists based on a village tract's registers of holdings from the 1890s to the 1920s. 2011. *Journal of Southeast Asian Studies*, Vol. 42, Issue 3, pp.405-34. Singapore: Cambridge Univ. Press.「独立後の経済政策の理念と植民地時代の残滓—フラーミンの「余剰のはけ口論」—」尾高煌之助、三重野文晴編著『ミャンマー経済の新しい光』勁草書房、二〇一二年、第二章。「戦後初期から一九五〇年代におけるビルマの米輸出の変化—国際緊急食糧委員会による輸出管理の問題を中心に」『東洋文化』第八八号、二〇〇八年三月、東京大学東洋文化研究所。

水野敦子　みずの　あつこ

一九七二年、大阪市生まれ。大阪市立大学大学院経済学研究科修了、博士（経済学）。甲南大学非常勤講師、在ミャンマー日本国大使館専門調査員などを経て、現在、九州大学大学院経済学研究院准教授。著作として、「ミャンマーの関税制度改革—AFTA/CEPT協定の実施との関連において—」（大阪市立大学経済学会『経済学雑誌』、日本評論社、第一〇八巻、第一号、二〇〇七年）、「ミャンマーの対中経済関係—強まる経済依存の行方」（尾高煌之助、三重野文晴編著『ミャンマー経済の新しい光』、勁草書房、二〇一二年、所収）、「ミャンマー中央乾燥地域における農村労働力流出の決定要因—ニャンウー県一農村調査より」（『地域研究』一〇巻一号、二〇一五年）Economic Relations Between Myanmar and China, in Odaka, K.ed., *The Myanmar Economy : Its Past, Present and Prospects*, pp. 195-224. Springer, 2015

南田みどり　みなみだ　みどり

一九四八年、兵庫県伊丹市生まれ。大阪外国語大学大学院外国語研究科南アジア語学専攻修了。大阪外国語大学教授、同大学副学長兼務、大阪大学世界言語研究センター教授、同大学同センター長兼務、同大学言語文化研究科教授を経て、現在、大阪大学名誉教授、日本翻訳家協会理事。専門は、ビルマ現代文学。

主著に、『女たちの世界文学　ぬりかえられた女性像』（共著、松香堂、一九九一年）、『もっと知りたいミャンマー』（共著、弘文堂、一九九四年）、『アジアの女性指導者たち』（共著、筑摩書房、一九九七年）、『東南アジア文学への招待』（共著、段々社、二〇〇〇年）、『変動の東アジア社会』（共著、青木書店、二〇〇一年）。論文に、「一九三八～四九年のテインペーミン—闇と光のはざまで—」（『アジア太平洋論叢』第一〇号、二〇〇〇年）、「雑誌『女性問題』に見る小説の役割について」（『世界言語研究センター論集』第一号、二〇〇九年）、「ルードゥ・ドー・アマーとは何者か」（『アジア現代女性史』第七号、二〇一二年）、「文学に見るビルマのデルタ農民—『開けゆく道』から『裏切り者だと！』へ」（『世界文学』No.一一六、二〇一二年）など。訳書に、『路上にたたずみむせび泣く』（マウン・ターヤ著、井村文化事業社、一九八二年）、『テインペーミン短編集』（編・訳、大同生命国際文化基金、二〇一〇年）、『二十一世紀ミャンマー作品集』（編・訳、大同生命国際文化基金、二〇一五年）など。

Myat Kalayar　ミャッカラヤ

一九七一年、ミャンマー生まれ。九州工業大学大学院（情報工学博士）・長崎国際大学大学院（地域マネジメント博士）を経て、現在、日本経済大学東京渋谷キャンパス教授・国際交流センター長。経営情報システムおよびミャンマーにおける地域全般に関する研究を行う。

主な論文には、「ミャンマーの観光産業の現状と発展可能性」『日本経済大学大学院紀要』一（一）（二〇一三年）がある。その他に、「ミャンマーに現代社会における上座部仏教の役割—都市部の瞑想センターを事例に—」『長崎国際大学国際観光学会』第三巻（二〇〇八年）、「仏教と社会開発—西北ミャンマーの開発僧を事例に—」『長崎国際大学国際観光学会』第四巻（二〇〇九年）など。

宮本雄二　みやもと・ゆうじ

一九四六年、福岡県生まれ。六九年、京都大学法学部卒業後、外務省入省。七八年国際連合日本政府代表部一等書記官、八一年在中華人民共和国日本国大使館一等書記官、八三年欧亜局ソヴィ

エト連邦課首席事務官、八五年国際連合局軍縮課長、八七年大臣官房外務大臣秘書官。八九年情報調査局企画課長、九〇年アジア局中国課長、九一年英国国際戦略問題研究所（ＩＩＳＳ）研究員、九二年外務省研修所副所長、九四年在アトランタ日本国総領事館総領事。九七年在中華人民共和国日本国大使館特命全権公使、二〇〇一年軍備管理・科学審議官（大使）、〇二年在ミャンマー連邦日本国大使館特命全権大使、〇四年特命全権大使（沖縄担当）、二〇〇六年在中華人民共和国日本国大使館特命全権大使。二〇一〇年退官。現在、宮本アジア研究所代表、日中友好会館副会長、日本日中関係学会会長。著書に『これから、中国とどう付き合うか』（日本経済新聞出版社、二〇一一年）、『激変ミャンマーを読み解く』（東京書籍、二〇一二年）、『習近平の中国』（新潮新書、二〇一五年）。

矢間秀行　やざま　ひでゆき

一九六七年、千葉県生まれ。早稲田大学中退後，一九九一年外務省入省。一九九二年から同九四年までヤンゴン外国語学院にてミャンマー語語学研修留学。その後、二回にわたる在ミャンマー日本大使館勤務（一九九四年から一九九九年までと二〇〇四年から二〇〇八年まで）、二回にわたる外務省アジア局（南部アジア部）南東アジア第一課勤務（一九九九年から二〇〇二年までと二〇〇八年から二〇一一年まで）を経て、二〇一二年から外務省国際協力局開発協力総括課課長補佐。

目次

第Ⅰ部
東南アジア史におけるミャンマー

古都バガンの遠景

第1章
総説：上座仏教文化圏の成立

奥平龍二

今日、東南アジア大陸部において国家を形成するミャンマー、タイ、カンボジア、ラオスおよびその周辺地域、例えば、現在中国領雲南にかつて存在したシプソンパンナー王国やインド北部のアッサム王国、さらには、バングラデシュ、ベトナム南部クメール系住民の居住地域などでは、多くの民がスリランカで大成した、いわゆる「上座仏教」(1)を信仰しており、親元であるスリランカを含めた「上座仏教文化圏」と呼びうる一つの文化圏を形成している。これらの国々では、上座仏教は、かつて政治的統合のための基盤として国家形成に大きく関与したのみならず、その伝統が現在の国民国家の形成にも大きな影響を及ぼしている。

1　上座仏教の起源

上座仏教の起源を訪ねると古くインドにおける仏教の根本分裂の時代にまで遡る。この仏教は、紀元前三世紀、インドのマウリア王朝第三代アショーカ王の息子といわれるマヒンダ長老が七名からなる開教使節団の団長としてスリランカを訪問した際伝えた仏教である。この仏教は、マヒンダ長老が西インドの一地方語（俗語、プラークリットの一つといわれ、のちにスリランカでパーリ語〈聖なる言葉〉と呼ばれるようになった言語）で聖典が編まれるようになったことから、パーリ仏教とも呼ばれるゆえんである。この系統の仏教が起った発端は、仏滅百年後に発生した保守派（仏教がのちに起こった西インド）と革新派（早くに仏教が興隆し、その後商工業が発達した東インド）の間に、「一〇事」(2)、特に僧侶の金銭授受をめぐる見解の相違により、前者が「上座部」（テーラヴァーダ *Thēravāda*）、後者が大衆部（マハーサンギカ *Mahāsaṅgīka*）に分裂したことに起因していると考えられている。この分裂は、さらに、上座部が一一部派に、大衆部は九部派に、合計二〇部派に漸次分裂し「部派仏教」の時代を迎える。ただ、この分裂によって生じた分派名が、スリランカの史書ディーパヴァンサ（『島史』）と北伝の「説一切有部」の伝承とで大きく相違する［池田一九九五：一一―一三］が、ここでは、まず、上座部が「本上座部」（雪山部、パーリ系仏教）と「説一切有部」に分裂し、さらに後者が順次一〇派に分裂したなかで、おそらく「本上座部」系の一派がスリランカに伝えられ、スリランカ上座部（ヴィバッジャヴァーディン *Vibajjavādin*）として大成したものと考えられる。

2　スリランカの上座仏教

スリランカの三大史書の一つ、マハーヴァンサ（『大史』）［MV（Geiger 訳）一九一二：八二］によれば、紀元前三世紀インドを統一したアショーカ王はアジア各地からギリシャに至る九地域に開教使節団を派遣したが、その一つであるスリランカには先述したマヒンダ大長老（当時三七歳）以下、随行長老（イッティヤ、ウッティヤ、サンバラ、バッタサーラ）、スマナ沙弥（マヒンダの妹サンガラミッタの息子）および信者バンドカの七名が派遣されたという［MV ibid:88］。マヒンダ長老一行は、当時のスリランカ王デーヴァーナンピヤ・ティッサ（Dēvanampiya Tissa、在位 前二五〇―二一〇）と王都アヌラーダプラの東方一二キロのミッサカ山（ミヒンタレー *Mihintale*）で歴史的邂逅を遂げる。王はマヒンダ長老の説法により仏教に改宗する。マヒンダ長老は王の寄進したマハーメガウナ精舎を中心に布教活動を開始するが、この精舎はのちのマハー・ヴィハーラ（*Mahā Vihāra* 大寺）発祥の地となり、大寺派上座部の拠点となった。こうして、王の仏教への改宗が発端となって家臣がこれにならい、次第に民衆に普く広まって行った。

しかし、紀元前一世紀のヴァッダガーマニー＝アバヤ王の時、「無畏山寺《むいせんじ》」（アバヤギリ・ヴィハーラ *Abayagiri Vihāra*）という新しい仏教寺院を建立したが、「無畏山寺」派は、大乗仏教や密教などの要素を許容したため保守的なマハー・ヴィハーラと相容れず分離独立した。これによって一大変革を迫られたマハーヴィハーラ派は、長らく口承されてきた律・経・論の三蔵聖典とそれらの注釈などの一切の仏典を文字化するとともに、仏典の根本は「学」（パリヤッティ *Pariyatti*）か「行」（パリパッティ *Paripatti*）かの問題が議論され「学」が「行」に優先する伝統が確立された。他方、アバヤギリ・ヴィハーラ派は、三世紀頃伝来した大乗仏教の中で、「般若経」などの経典を拠り所に「空」の思想(3)を強調する「方向」（ヴァイプリヤ *Vaipulya*）と名付けられた一派と合流して勢力を拡大していった。さらに、マハーセーナ王（在位 後二六七―三〇三）は、ダッキナ・ギリ（南寺）のティッサ長老の誘いに乗り、マハーヴィハーラ内にジェータウナ・ヴィハーラ（*Jetavana Vihara*、祇陀林寺《ぎだりんじ》）を建立させたが、ティッサ長老が大寺派の戒律を破る行為にでたため僧団から追放され[Gunawardana 1979:33]、スリランカ上座部第三派である「祇陀林寺派」を樹立した。この分裂状況はその後長く一二世紀後半まで存続した。

この間、五世紀のマハーナーマ王治世（後四一〇―四三二）には、諸外国、特に、中国との仏僧の往来が頻繁に行われた。中国僧法顕がスリランカを訪問したのもこの頃（四一〇―四一二）であり、また、インドのマガダ国出身（有力説）で上座仏教最大の註釈家ブッダ・ゴーサ（仏音）が『ヴィスッディマッガ』（*Visuddhi-magga*「清浄道論」）を著し上座仏教教学を集大成したのもこの頃である。また、七世紀には、既にブッダ・ゴーサが五種のパリッタ（*paritta* 護呪経典）を列挙していたが、招福除厄のパリッタ儀礼が確立し、また、ヒンドゥー教が台頭したが、やがて仏教化していった。さらに、八世紀には秘教的要素の強い密教が隆盛を極めたが、やがて、教義や戒律の伝統を重視する上座仏教の建前と相容れず衰退して行った。スリランカの仏教はタミル人の度々の侵入や内乱によって衰退に向かうが、一一世紀半ば、ヴィジャヤ・バーフ王（在位一〇五五―一一一〇）がチョーラ軍を撃破し、ポロンナルワに遷都し治安を回復して仏教の復興に全力を挙げた。特に、サンガの再建のために、その頃全土の政治的統一を果たしたミャンマー（ビルマ）のアノーヤター王に使者を派遣し、長老僧の招請と仏典を招致した。王亡き後再び乱れた国内を統一したのがパラッカマ・バーフ一世王（在位一一五三―八六）で、スリランカ史上もっとも偉大なる王として知られる。この王は従来の三つの宗派、すなわち、マハー・ヴィハーラ、アバヤギリ・ヴィハーラおよびダッキナ・ヴィハーラを統一し、マハー・ヴィハーラ派を以って、唯一の正統派と定めた。この王は寺院の修理・新築、仏典の結集、カテイカーヴァタ（*Katikavata,* 僧団規約）の作成、サンガ統治制度の確立、サンガラージャ（教団主）なる僧職の制定、など仏教の復興と確立に尽力した。このように、一二世紀のスリランカにおける国王主導の宗教改革の影響はミャンマーの仏教サンガ（教団組織）に大きな影響を及ぼした。このサンガ仏教、すなわち、上座仏教が現在のミャンマー、タイ、カンボジアおよびラオスにもたらされ、東南アジアにおける上座仏教という共通の文化圏を形成し今日まで興隆している。

3　東南アジア大陸部のシンハラ化

では、スリランカの上座仏教が東南アジアの大陸部にもたらされた一一世紀以前の東南アジアの宗教文化事情はどのようなものであったのであろうか。フランスの東南アジア史家セデス（*George Coedès*）は、東南アジア地域に紀元二世紀頃からインド的編成原理を持つ国家が存在したことに着目して、東南アジアの歴史を「インド化」（*hindouisation*）という概念を用いて統一的に説明しようと試みた。ここでセデスがいう「インド化」とは、インド亜大陸からもたらされたサンスクリット語文献を媒体とした文化のことである。しかし、この文化も一三～一四世紀を境に衰退が顕著となり、現在のベトナムの南部の一部を含む東南アジアの大陸部ではスリ

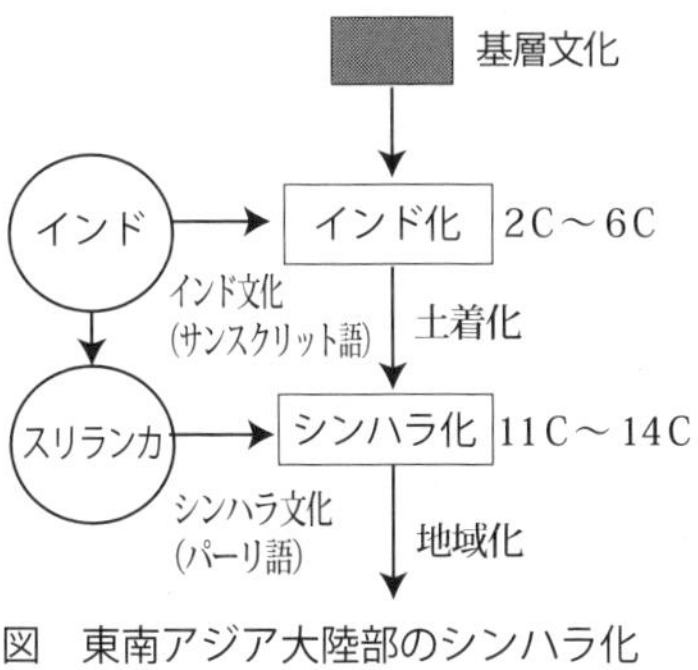

図　東南アジア大陸部のシンハラ化

ランカ系の上座仏教が、また、フイリピン（一六世紀のスペインの征服によりキリスト教化）を除く島嶼部ではイスラーム教が浸透していく。その後のサンスクリット文化はかつて「インド化」されたピュー、モン、クメールなどの先住民族をバイパスとする二次的な影響に留まった。この事実を踏まえて、東南アジア地域研究家石井米雄は、「確かに上座仏教もインド文化の所産の一つではある」と断りつつも、「その中核となる宗教を異にし、言語を異にする東南アジアの上座仏教を「インド化」と称するのは適当ではな」く、「シンハラ化」（Sinhalization）あるいは「パーリ化」（Pali-ization）と呼ぶことによって、「インド化」のあとに発生した意義を明確にしておきたい」とセデスの「インド化」論を批判した［石井一九八三：二一〇］。すなわち、東南アジア大陸部諸国では、インド化の中核としてのバラモン・ヒンドゥー教にかわってスリランカで大成した上座仏教を受容したという新しい文化の様相を「シンハラ化」と称することによって「インド化」と区別すべきであるとする石井論に従えば、早いミャンマーで一一世紀、遅いラオスで一四世紀には、東南アジア大陸部の国々では、「インド化」から「シンハラ化」という一大文化変容が起こった。事実、その後のこの地域における上座仏教の歴史的展開や今日の東南アジア大陸部における上座仏教の興隆は、石井のいう「シンハラ化」の所産であることが証明される。

ところで、「シンハラ化」とは、具体的にどのような現象を指すのであろうか。セデスが「インド化」論を唱えた時の「インド化」とは、東南アジア地域が単にインド文化の影響を受けたことに留まらず、その文化を組織的に受容したことを意味した。すなわち、インド文化の媒体となる言語がサンスクリット語であるという前提に立ち、（一）宗教は、バラモン・ヒンドゥー教および大乗仏教、（二）プラーナ神話の導入、（三）宗教法典ダルマシャーストラ（*Dharmaśāstra*）の受容、という要件を満たした文化の受容を意味した。それに対応するかのように、石井が唱えた「シンハラ化」とは、その文化の媒体となる言語がパーリ語であるという前提に立ち、（一）宗教は、スリランカで大成した上座仏教、（二）上座仏教聖典の長部経典中の「起生本因経」（*Aggañña Sutta*）の内容を彷彿させる創世説話の導入、（三）世俗法ダンマサッタン（*Dhammasatthan*）の受容という要件をセットで受け入れたものを指すと考えられる。東南アジア大陸部の上座仏教を受容したビルマ、タイ、クメールやラオなどの諸民族は、王国を形成するに当たって以上のような要件を具備した国造りをしたのである。しかし、「シンハラ化」という場合、東南アジアの「インド化」がインドの宗教文化のみならず、サンスクリット語を媒体とする世俗社会の文化を含むあらゆるインドの文化的側面の影響を受けたように、「シンハラ化」という場合、古くにインド化され一八分野(4)に及ぶサンスクリット語文献を土台として最初現地語ではなくパーリ語という聖典用語を用いて世俗社会の様々な分野の文物を著したと考えられている。この背景には、ヒンドゥー・バラモンの文化用語であるサンスクリット語の権威に対応する形で、パーリ語で書き表わすことによって権威付けを行ったものと考えられる。その結果、辞典、文法、文学、歴史、法律、実利論、政策論、天文学、占星術、医学、薬学、軍事(兵法)などの文献が上座仏教聖典用語であるパーリ語で書き表されていったのである。それらがやがて、現地語(モン語やビルマ語など)に逐条訳されたり、翻訳されたり、翻案されていった。例えば、サンスクリット語で書かれたダルマシャーストラはカースト制度を基盤とするヒンドゥー・バラモンの宗教法典であるが、それが古くから仏教に改宗していた先住民モン族によって学ばれ、その宗教性やカースト制度を排除し、また、婚姻、相続、財産分与など訴訟を提起せしめる諸項目の形式を参考にして仏教徒モン族のための世俗法に改作したが、その伝統的権威を保持するために、最初、パーリ語という上座仏教の聖典用語で制作したものと考えられている[Bode 1965:89]。

4 ミャンマーの「シンハラ化」以前の状況

ミャンマーの主流民族であるビルマ族が現在のミャンマー領域に移住してきたのは、おおよそ、八~九世紀頃のことである。そのころ、この地域には、紀元前後から移住してきた先住民族である、モン族やピュー族がインドやスリランカの高度な宗教文化を受容し独自の国造りを行っていた。ピュー族のミャンマーへの移住時期は定かではないが、紀元前一世紀から一二世紀頃までエーヤーワディー川流域に居住していたものと考えられている。紀元一〜三世紀には、エーヤーワディー川中流域に南インドの仏教文化の影響を受けたピュー族の王国ベイッタノーが建設され、さらに、四〜九世紀には、下流域の現在のピューの近郊フモーザーにピュー族の国家タイェーキッタヤーが建設された。さらに、エーヤーワディー川上流域のハリン（ヂー）にもピューの国家が並存していたと考えられる。これらの国家が存在したことは、現在もその遺構を留めることから確認されるが、これらは、二〇一四年にはピュー国家遺跡群として世界遺産に登録された。すなわち、ベイッタノーには、アーンドラ様式のストゥーパや僧院跡が現存し、また、死者の埋葬に骨壷に収める習慣（一〜四・五世紀）があったことがタイェーキッタヤー博物館に展示された現存遺物から知れる。また、タイェーキッタヤーでは、パーリ語の碑文（律・経・論の抜粋）が仏像の台座や金版文書（南インドのガタンバ（*Katamba*）文字で書かれた仏典の引用）が発見されている。また、この時代には、上座部仏教、大乗仏教、ヒンドゥー教、根本説一切有部などの多宗教が並存し信仰されていた様が、義浄などの中国仏僧の見聞録から分かる［中村元他一九七六］。このことは、タイェーキッタヤー博物館所蔵の五〜六世紀製作のヴィシュヌ神、シヴァ神などのヒンドゥー神像、仏像、観音菩薩像などからも確認される。

他方、下ミャンマーの沿岸地方を中心に早い時期から居住していたモン族は、一世紀頃から海洋ルートによるインドとの文化交流を活発に行っていたといわれる。ハンターワディー（＝バゴー）、スダンマワディー（＝タトン）、マダマ（＝モウッタマ）、チャイカミー、ムドン、ダゴン（＝ヤンゴン）などの遺物がこれを物語っている。また、バゴーのシュエモードー・パゴダの仏塔史によれば、八二五年兄タマラがハンターワディー・バゴー王朝を開祖し、八二七年、弟ウイマラが継いだ［SMDT 1993:21-22］とある。ハンターワディー・バゴー、マダマおよびスワンナブーミー（スダンマワディー、タトン）はひとつの地域としてラーマニャ王国と理解されるべきである［生野一九八八：七〇］とすると、タトン王国の建国も八二五年ということになる。因みに、当時のモン族の宗教については、タトンのモン族の高僧シン・アラハンが一一世紀半ば、上ミャンマーのビルマ族の都バガンを訪問し、時の王アノーヤターと面会した折、スリランカから伝来した上座仏教を紹介していることから、早くに仏教に改宗していたことが伺えるが、バゴー北東、スィッタウン側東岸クンゼイ村で、七～八世紀頃の南インド文字で書かれた律蔵の抜粋が発見されていることから、既に、モン王国の建国以前に、パーリ仏教がモン族地域に伝えられていたことが確認できる。

5 ミャンマーの上座仏教導入

ビルマ族が八～九世紀頃現在の領域に移住しチャウッセーに一旦定住した後、人口の膨張などにより西方に移動し、ミンブーなどのエーヤーワディー川中流域に移住し、やがて、バガンに定住するまで、彼らが携えてきた固有の信仰以外の宗教との出会いはなかったと想定される。移住先のバガンは、もと、ピューガマ（「ピュー族の村」の意）と呼ばれ、先住民族ピュー族の居住地であったと考えられている。信憑性はともかく、ミャンマー初の欽定年代記フマンナン・マハーヤーザウィン（一九世紀）に基づけば、バガンには、すでに二世紀初頭、タモウッダリッ王が王朝を開祖し、以来、四一代の王がこの地域を支配したとある［HMY1963:183-230参照］。しかし、タモウッダリッ王による建国はもっと時代が下がり、九世紀半ば頃アリマッダナプラ王国を樹立し、以来、タモウッダリッ王の血を引く諸王がティリピッサヤー、タンパワディーを経てバガンに遷都して以降、現在見られるバガンの原型が形作られたともいわれる。第四二代アノーヤター王（在位一〇四四―一〇七七、当時の公称はサンスクリット語名アニルッダ）がバガンを中興しミャンマー全土を支配する統一王朝を樹立したといわれる。ミャンマーの有史がアノーヤター王にはじまるとすれば、それ以前のバガンの王統の歴史は、伝承と呼ぶべく、詳細は不明のままである。いずれにせよ、アノーヤター王がバガンに統一王朝を樹立したことは、同王が「アニルッダ」と記名された「塼仏《せんぶつ》」といわれる誓願版が全国各地から発見されていることから証拠付けられる。その即位年は不詳であるが、第三代チャンスィッター王（在位一〇八四―一一一三）が亡くなる直前、その庶子ヤーザクマー王子が王の厚遇に対し感謝の意を込めて黄金の仏像を鋳造しグービャウッチー寺院に寄進した事実を記した碑文（通称ミャゼーディー碑文）に記載された製作年である仏暦一六二八年（西暦一一一二ないし一一一三年）は重要な手がかりとなろう［大野二〇〇二：一三〇：一七四―一七五］。

バガンでは、アノーヤター王が登場する一一世紀中葉までは、少なくとも、インド亜大陸から古くに伝来していたバラモン・ヒンドゥー教、大乗仏教、密教、上座仏教など様々な外来宗教が信仰されていたと考えられる。これらの中で、特に、北インド伝来の密教系大乗仏教の流れを汲むとも言われ、仏教史の筋書きによれば、ナーガ（大蛇）崇拝や精霊信仰、占星術、飲酒や肉食妻帯、僧の初夜権など、戒の紊乱したアリー僧（アイーヂーと呼ばれる）教団をアノーヤター王が排除するために清浄なる宗教を求めていたところ、下ミャンマーのモン族のタトン王国よりバガンに来訪した高僧シン・アラハンからモン王国で上座仏教が興隆している事実を知り、翌年、一〇五六〜五七年にタトンを攻略し、五百とも一千ともいわれえる上座仏教僧をバガンに招致したというものである。すなわち、「タトンの歴代王が花模様の高脚盆上に宝石がちりばめられた容器に納め礼拝してきた仏舎利、聖遺物およびパーリ語三蔵聖典三〇組をタトン王所有の三二頭の象に載せバガン王国にもたらした。――タトン国から連れてきた清浄な比丘は一〇〇〇僧にも及んだ」［TLS 1956:63］。また、王朝年代記によれば、マヌーハー以下王族、種々の職能人を含む多数の人々をもバガンに拉致してきたとある［HMY1963:248］碑文など同時代の確かな史料が存在しないことから、タトン攻略の真相は詳らかではないが、この時期にバガン王国に、より清浄な南方系の上座仏教がもたらされたことがバガンの宗教事情を一八〇度回転させたことは今日、同地に無数の仏教遺跡が点在していることからも明らかである。ただし、このときもたらされた上座仏教は一説に、南インドのカンチープラムからもたらされたもので、ヒンドゥー・大乗的仏教・密教的な要素を包含していたといわれ、それ故に、スリランカとの交流の深かったアノーヤター王は、スリランカ直伝の仏典をも導入し［TL1956:63-64］、それとタトン経由の仏典と比較しながら活用した。

6　ミャンマーの「シンハラ化」

先に述べたとおり、「シンハラ化」とは、東南アジア大陸部の諸民族が、ただ単に、スリランカの上座仏教文化の影響を受けたことに留まらない。それは、パーリ語という聖なる言語を媒体として、スリランカの政治文化、すなわち、政治風土なり政治体質全体を受容することを意味した。インドから上座仏教の一派がスリランカに伝えられて以来、王権の庇護の下で培われ大成した上座仏教文化そのものを継受したのである。その根幹を成すものは、王権と上座仏教実践を行う教団組織（サンガ）との強力な絆であり互恵関係であった。その関係が東南アジア大陸部の諸民族による王国の形成に大きく寄与したのである。しかし、このような政治文化は、一夜にして成し遂げられたものではなく、長い年月をかけて次第に醸成されていったのである。

ミャンマーの場合、先に見たバガン統一王朝の開祖アノーヤター王がそのよう政治体制の基礎を打ち立てたものの、その時代のバガンは、アリマッダナプラというサンスクリット語で呼称されていた通り、インドの雅語であるサンスクリット語が公用語として使用されていたし、パーリ語、ピュー語およびモン語も使われていた。第三代チャンスィッター王の時代には、サンスクリットに加えモン語が重視され公用語として使用されていた。また、第四代アラウンスィドゥー王治世（在位一一一二―一一六七）には、モン語、サンスクリット語、パーリ語およびピュー語、宗教もタトン経由の上座仏教のみならず、インド伝来のヒンドゥー教、大乗仏教や密教などが信仰されていた。やがて、ビルマ族は、先住民のモン族やピュー族から書く技術を学び、一二世紀初めになると、自身の言葉をインド借用の文字で表記するようになったと考えられている。書く技術を習得したビルマ族の最大の関心事はパーリ語聖典をビルマ語に翻訳することであり、そのためには、パーリ語文法の知識が不可欠であった。こうして、王都バガンでは、アーチャーリヤ・ダンマセーナパティ（*Acariya Dhammasenapati*）著の「カーリカ」（*Kārika*）などの文法書が書かれたが、その後、特に、第七代ナラパティスィードゥー王治世（在位一一七四―一二一一）にウッタラズィーヴァに随行してスリランカに派遣され一〇年間の研鑽を終えて一一九〇頃、四僧の長老僧達とバガンに帰国したチャパタ（＝サッパタ）が、タトン経由の上座部（マランマ・サンガ）の正統性を否定しマハーヴィハーラ（大寺派）を正統派とし、スリランカ教団（＝シーハラ・ビク・サンガ）を設立して以来、仏教僧院における教学（パリヤッティ *Pariyatti*）研究が隆盛を極め、パーリ語聖典の学習が盛んとなり、それに伴いパーリ語文法書が著わされた。また、この頃から、アビダンマ（＝論蔵）などの教学研究が盛んとなり［池田一九九五：二〇〇］、今日のミャンマー仏教研究の伝統を築いた。マハーヴィハーラ派の上座仏教がバガンにもたらされて上座仏教化がさらに進み、上座仏教によるバガン後期の諸王の支配の正統性の基盤が徐々に確立されていく一方で、家臣や民衆は、祖先伝来の固有の信仰はもとよりヒンドゥー教、大乗仏教や密教などの外来宗教も排除しない王の宗教政策の中で、王に倣い次第に上座仏教の信仰に傾斜していったのである。

しかし、チャパタに同行しスリランカから帰国した長老達は、チャパタの死後、見解の相違からティーワリ派、アーナンダ派およびターマリンダ派の三派に分裂し、上座部はマランマ派とあわせ四派となった。他方、ナラパティスィードゥー王治世、ダンマウィラータ僧正などにより、シーハラ・ビク・サンガが下ミャンマーのモン族のラーマンニャ王国やマダマ（＝マルタバン）などに伝えられた。また、マダマの王妃の師僧、ブッダウンサおよびマハーナーガがスリランカのマハーヴィハーラで正受戒し、独立サンガを設立した結果、さらに上座部は分立と抗争を繰り返した。また、先にみたパラッカマバーフ一世王治世に上座部のマハーヴィハーラ派への統一に貢献したマハーカッサパ長老の門下アヌマティ長老（マハーサーミー）は、スリランカで正受戒し仏典を研究していたモン・ビルマ混成僧達とともに、一三三一年マダマを訪問し仏教センターを開設した［Hazra1982：144］。他方、バガン王朝崩壊後成立したピンヤ、ザガインおよびインワなどのシャン族の王朝下で、王都周辺やシャン族などの高地諸民族に仏教が広域に伝播した。特に、インワ王国（一三六四―一五三一）では、スリランカ僧ダンマアランカーラおよびシーハラマハサーミーによりピッシマ・ガインを設立し、上座仏教の清浄化運動が起こった。この時代はアビダマー（論蔵）の注釈書、パーリ・ビルマ語への逐条形式（ニッサヤ）の仏教研究書、ジャータカに取材した僧籍文人による仏教文学作品などが書かれた。

　上述の通り、下ミャンマーのモン王国では、上座部の派閥抗争が絶えなかったが、サンガの状況を憂慮したダンマゼーディー王（在位一四七二―一四九二）は一四七五年、スリランカへ仏教使節団（二二名からなる長老僧と随員）を派遣し、コロンボ郊外のキラニヤ川の船上で正受戒させた。帰国後は、同王の財政的支援を得て、バゴー西郊外のザイン・ガナインに長老達が仏教センターを開設し、国内の破戒僧を粛清するとともに優秀な青年に出家（正受戒）を要請し、マハーヴィハーラの純粋な伝統に統一し、カルヤーニ戒壇を設けて清浄で正統な受戒作法を確立して上座仏教の一大中心地となった。このダンマゼーディーの一大宗教改革によって、一六世紀に始まるタウングー王国、第二タウングー王国およびコンバウン王国末期に至る四世紀に亘りミャンマーにおける上座仏教化、すなわち、「シンハラ化」が加速化していくと同時に、王権とサンガとの相即不離の関係が確立していく。すなわち、一一世紀半ばに、アノーヤター王がタトン王国から始めて上座仏教を導入して以来、ナラパティスィードゥー王時代のスリランカ教団（シーハラ・ビク・サンガ）の設立やマダマにおける仏教センターの開設を経て、ダンマゼーディー王の時代モン王国において、はじめて、マハーヴィハーラ（大寺）派の上座仏教を基軸にした政治的統合が実現し、その後のミャンマーにおける仏教王国の支配体制が確立していったと見ることができよう。

注

（１）テーラーヴァーダ〈長老僧の言説〉、インドにおける部派仏教時代の一部派がスリランカで大成した宗教で「南方上座仏教」とも称せられ、パーリ語三蔵聖典を信奉する。

（２）一〇項目にわたる戒律に反する行為を唱えたために、第二結集においてそれらが非法であると決議された。

（３）「大乗仏教の最初期の経典である般若心経は、仏陀の本質を般若あるいは一切智と呼ばれる智慧にみたが、同経は、悟りや涅槃を含むあらゆる物事に対する無執着のあり方を（空）と呼ん」だ［『岩波 仏教辞典 第二版』二〇〇二：二三八］。因みに「方向」派は、大乗仏教徒でありながら、「空」の定義を知らず、無（虚無）と誤解している一派である。

（4）作家Thukaが収録したパーリ語による一八分野として、*Veda*哲学、法律学、算数、建築学、政策論、サンスクリット文典学、詩歌論、算術、弓術、古語学、医薬学、歴史学（伝承学）、占星術、幻術、韻律学（作詩法）、外交術、曼荼羅学、文法学が挙げられている［Thukha – *hmat-su* 1970:262］。

引用参考文献

池田正隆　一九九五年『ビルマ仏教』法蔵館。

生野善應　一九八〇年『ビルマ上座仏教史』山喜房佛書林。

石井米雄　一九八七年「タイの伝統法―『三印法典』の性格をめぐって」『国立民俗学博物館報告』八巻一号。

伊藤利勝　二〇〇一年『エーヤーワディ流域における南伝上座仏教政治体制の確立』『岩波講座 東南アジア史』（第二巻）所収　岩波書店。

大野　徹　二〇〇二年『謎の仏教王国パガン―碑文の秘めるビルマ千年史―』日本放送協会。

中村　元・笠原一男・金岡秀友（監修・編集）　一九七六年『アジア仏教史インド編Ⅵ－東南アジアの仏教―伝統と戒律の教え―』佼成出版社。

蔵本龍介　二〇一一年「第四章ミャンマーにおける仏教の展開」奈良康明・下田正弘編『静と動の仏教』（スリランカ・東南アジア）佼交社、一六七―二〇五ページ。

Bode, Mabel Haynes. *The Pali Literature of Burma*. Rangoon: Burma Research Society.

Gunawardana, R.A.L.H. 1979. *Robe and Plough- Monasticism and Economic Interest in Early Medieval Sri Lanka*. Arizona: University of Arizona Press.

Hazra, Kanai Lal.1982.*History of Theravāda Buddhism in Southeast Asia*. New Delhi:Munshiram Manohalal Publishers Pvt. Ltd.

Hmannan Mahāyazawin-daw-gyi. Vol.I. 1963. Mandalay:Mya Zaw Poun-hneik Taik.

Shwemawdaw-myat-kyi Thamain [SMDT].1990. Yangon:Thudhammawaddi Sa-poun - hneit-taik.

Thathana Lingaya Sadan.[TL] 1956.Yangon:Hanthawaddy Pou-hneit-taik.

Vella, Water F.(Edited);Cowing, Susan Brown(Trl.)1968 *The Indianized States of Southeast Asia* (by G. Coedes.) Honolulu:An East –west Center Book.

Wilhelm Geiger. 1950. (Translated into English) *Mahāvaṃsa [MV]*. Colombo: The Celon Government Information Department.

コラム1　奥平龍二　ミャンマーの仏塔と僧院

ミャンマーには、今日、仏教信仰の実践される公共の宗教施設には、僧侶が在家者を指導する「瞑想センター」のような近代的施設は別として、伝統的には、「仏塔」（パゴダ）と「僧院」という二つの大きな流れがある。この二つの宗教施設の関係は、タイ、ラオス、カンボジア等の東南アジアのいわゆる「寺院」とか日本の「寺」の形式を見慣れた者には分かりにくく、時に誤解を招きさえする。もっとも、「寺院」とか「寺」とは何か、という定義の問題にも関わる。『広辞苑』によれば、「寺院」とは、「①寺、②一定の宗派に属し，本堂・庫裡（注：台所のこと）を具え、本尊を安置し、教義の宣布、儀式の執行を目的とする設備。通常は檀徒信徒を有する。」とあり、また、「寺」とは、「仏像を安置し、仏道修行のために僧尼の居住する家」とある。一般には寺院＝寺と見なされている。

この定義に従えば、例えば、ミャンマー最大都市ヤンゴンにある同国最大の仏塔シュエダゴン・パゴダの場合は、大仏塔を中心に、境内には、拘留孫《くるそん》、拘那含牟尼《くながんむに》、迦葉《かしょう》という過去三仏に第四仏である釈迦牟尼《しゃかむに》の仏殿がそれぞれ東南西北に配置され、境内隅には菩提樹の木が植えられており、その外見からは、一見、「寺院」（「寺」）の装いを呈している。しかし、ミャンマーの仏塔には、基本的に僧侶が止住していない。これは決定的に、「寺院」の要件を満たしていない。これは、仏教学者生野善應がミャンマーの「仏塔」と「僧院」の関係を、「似て非なるものである。前者は、仏教徒の信仰の場であり、後者は、出家者の修行の場である。また、担い手も夫々在家と出家に分けられうるものである。」［生野一九七五：四四］と述べている通りである。すなわち、ミャンマーにおけるパゴダ仏教（仏塔信仰）と僧院仏教（出家者の仏教修業）は、起源的に異なる信仰形態であると見なすことができる。

写真１　仏塔の例

仏塔信仰は、起源的には釈尊の仏舎利（身体の遺物）を祀るブッダの象徴的存在であった。一一世紀初頭にスリランカ系の出家者仏教（南方上座仏教）が下ミャンマーのモン族の地域に伝来するはるか以前のエーヤーワディー川流域のピュー族の諸国家（一—九世紀、ベイタノー、タイェーキッタヤー、ハリンなど）では、南インドなどの仏教文化を受容してストゥーパ形式の仏塔が建立されていた伝統がある［Soni1991:12-21］。このことは、ミャンマーの仏塔が、スリランカで大成したパーリ三蔵聖典を戴く出家者仏教（上座仏教）とは無関係に存続してきた在家者仏教の聖域であることを意味する。そこは、一仏教徒が人間ブッダの涅槃への到達という偉業を讃え尊崇し自身もそうなりたいと願う素朴な祈りの場であり、「やわらかな世俗的空気の中の聖域なの」［生野 前掲書：四八］であり、基本的には自分自身とブッダだけの世界である。

他方、僧院は、本来的に、出家者の修行の場であり、パーリ三蔵聖典（注１）の学習と実践、すなわち、厳格な戒律（正僧＝にあっては二二七戒、見習僧にあっては、十戒）を遵守する、パーリ聖典が伝授され学ばれる出家者（サンガ）「エリート」の道場であり、基本的には、「緊張した空気の聖域」［生野 前掲書：四九］なのである。ただし、ミャンマーなどの上座仏教圏では、僧侶の妻帯が普通である日本とは異なり、妻帯を認めていないから、当然僧侶の世襲も存在しない。また、家業で寺を継ぐことはなく、一個人が自由に在家か出家の道を選択できるところにその特色がある。しかし、スリランカからモン族経由でバガンの地に伝来したサンガ仏教は、時代が下るとともに、一人山里に籠って庵を結び修行する存在を駆逐し次第に僧団という組織のもとで共同生活を営みながら修行する形態へ発展していき、その組織を財政的に支える在家者の存在を必要とするようになったが、王朝時代に

写真２　僧院の例

あっては国王が最大のパトロンとしての役割を担った。このように僧院とかかわりを持つようになった在家者は、僧院や個々の出家僧に対して頻繁に寄進行為を行うようになった。また、在家者は、僧院で月四回の布薩日（*upouk-ne*）に持戒等の修行に励むことが許され、また、在家者が僧侶ないし僧院に寄進行為を行うと、僧侶はその在家者に通常五戒（注２）を授ける。このほか、僧院への奉仕者（*kappiya*）や成年未成年を問わず、在家者が白衣の修行者（*hpothudaw*）になる機会も与えられている。

両親ないし保護者は、少年が七〜八歳になると得度させ（*shin-pyu*）、見習僧（*koyin=thamane*）として僧院で一週間程度の短期間、仏教とは何かを学ばせながらしつけ教育をさせ、さらに仏教に関心を持つに至った少年には十代後半で自らの意思で再度得度を受け修行させることもできる。また、二十歳になった成年在家者（ただし、男子に限る）は、見習僧の経験をもとに、正受戒（二二七戒）して正式の僧侶（*yahan*、一般的に *u-zin* と呼ばれる）となり、一週間から数ヶ月に及ぶ短期出家者（*dondaba yahan*）の道が開かれている。こうして正僧（＝比丘）になった者のうち、特に、少年期から成人してそのま

ま正僧になった者はゲービュー（*nge byu*）と呼ばれる。さらに、還俗せず終生比丘として僧院に此住する者も少なくないが、圧倒的に短期出家者が多い。すなわち、入門によって僧院に常に在家の新しい息吹を吹き込み、還俗によって出家の模範的行動様式を社会にもたらす還流方式は、在家と出家という二重構造が実は社会全体としては一体となって機能し相乗効果を生み出しうるところにミャンマーはじめ上座仏教圏諸国の仏教の特色が見られる。

以上のように、在家仏教徒は仏塔に参詣する時と僧院に出かける時とでは自ずと気持も姿勢も異なり、一個人在家者が仏教徒として二面性を持つといえるし、その在家男子が出家者となり僧院に此住する間は在家者の時とは比較にならない高い社会的地位を得ることとなる。他方、女性に対しては尼僧（＝比丘尼戒、三一一戒）の機会は与えられていないが、これに代わる「女子修道院」（ティーラシンチャウン）の下で、女性修道者（ティーラシン）の道が開かれており、通常、男子見習僧に相当する（八〜一〇戒）を持戒しながら仏道に専心する。ただ、女性は出産や子育てや家庭での子供の教育など実社会との関わりが多いため、男性のような厳しい仏教修行の機会が少なく、来世で男子に生まれ変わって修行を積まなければ涅槃への到達は難しいと考えられています。

注

（1）僧侶が履行すべき戒を定めた律蔵、ブッダの教えを経典に収められた経蔵及び仏教の理論を解説した論蔵の三つを指す。

（2）生き物を殺さないこと、盗みをしないこと、淫らな行いをしないこと、嘘をつかないこと、飲酒をしないこと、という在家者仏教徒としての五つの戒めをいう。

参考文献

生野善應　一九七五年『ビルマ仏教―ソン実態と修行―』（初版）大蔵出版。

Sony, Sujata. 1991. *Evolution of Stupa in Burma—Pagan Period:11th-13th centuries A.D.*. Delhi: Motilal Banarasidass Publishers PVT. LTD.

第2章
上座仏教国家の成立と崩壊

奥平龍二

ビルマ族によるバガン統一王朝を開祖したアノーヤター王がモン族の王都タトンから南方系の上座仏教を導入するという宗教政策の大転換は今日に至るミャンマーの国家政体に計り知れない影響を及ぼした。この仏教は、仏教信仰を集団で実践するサンガ（教団）組織を中心とする、基本的にサンガ仏教であったところにその大きな特色がある。他方、これほどまでにミャンマーが仏教化した背景には、アノーヤター王が仏教という外来宗教を国家の公的宗教（実質的には王室宗教）として自ら改宗したのち、民の信仰する先祖伝来の固有の信仰を排除せず民が仏教を自然な形で受け入れていくことができるよう配慮した結果、やがてその固有の信仰が仏教という大きな器の中に自然に吸収されていったことによる。アノーヤター王にはじまるバガン統一王朝下では、仏教を基軸に新しい政治的秩序の土台が築かれたとは言え、王権とサンガ組織を結ぶ関係は、まだ王都を中心とする限られた領域でのことであった。しかし、時代が進み、諸王の努力によってサンガ仏教が次第に地方に浸透していくにつれ、王権とサンガを結ぶ関係が揺るぎない強力な関係が築かれていったのである。これが、石井米雄がインド、マウリア王朝第三代アショーカ王のダルマの政治に由来して提唱した、いわゆる大陸部東南アジアの「シンハラ化」によって形成された「仏教国家」の構造である(1)。本稿では、その「仏教国家」概念を敷衍して、上座仏教を受容して形成された政体を「上座仏教国家」と呼ぶこととする。

換言すれば、「上座仏教国家」とは、国王はサンガ（教団組織）によって護持された上座仏教を政治的統合のためのいわば道具として利用し、その宗教原理の中に自らの王国を支配する正統性を見出そうとしたものであり、また、王は上座仏教を民衆に普及させることによって王と社会を結ぶ支配構造を確立しようとした。すなわち、在家仏教徒もまた、仏教の説く崇高な理念を戴き、自らの倫理・道徳の向上を目指したのである〔奥平 一九九八：九六－九八〕。ただし、「上座仏教国家」は仏教の盛衰と大きく関わることだけに、王朝が崩壊すればサンガは存在し続けても、仏教国家体制は一時的にせよ存在しなくなり、また、同じ王朝でも、強力な国家体制が確立された時代と弱体で不安定な国家体制の時代とでは王権とサンガの関係は一様ではなく、また財施主である王権が強靭でサンガに協力的であればサンガも安定し繁栄するが、逆に、王権が脆弱でサンガに対する理解や協力が欠如するような時代にはサンガは王権の支えを十分享受できず、サンガ仏教も衰退するのが常であった。ただ、仏教そのものは、国家の盛衰に関わらず、王朝崩壊による王権の守護がなくても民衆の支えによって存続しその命脈を保ち続けた。すなわち、上座仏教は「為政者の宗教」であると同時にあらゆる信仰を包含する「民衆の宗教」としての側面をもつことになったところに大きな特色がある。

以下、国家が形成されるごとに樹立された上座仏教国家の略史を辿っていく。

1 ミャンマーにおける上座仏教国家の成立

アノーヤター王が上座仏教を基軸に政治的統合を果たした時代からおよそ一二〇年後のパガン後期の初め、すなわち、第七代ナラパティスィードゥー王の時代は、第三代チャンスィッター王治世に全盛を迎えたモン文化が後退し、文化の「ビルマ化運動」(2)が大々的に開始された時代である。また、同時に、同王治世下で、モン僧ウッタラジーヴァがスリランカに派遣され、随行したチャパタ（＝サッパタ）僧がスリランカで一〇年間にわたる研鑽を積み、スリランカから四僧とともに帰国（一一八八頃）し、既にスリランカで上座部正統派と認定されていたマハーヴィハーラ（大寺）派を導入し、シーハラ・ビク・サンガ（スリランカ教団）を設立し、バガン王国により清浄な上座仏教を伝えたことによって、王権の庇護の下に、サンガ組織がより強化された。これにより、保守的な「上座仏教化」が一段と進み、その後のバガン諸王の上座仏教による支配の正統性の基盤がさらに整備されていった。他方、一般大衆は、王に倣い、上座仏教に改宗しながら、本来の固有の信仰やヒンドゥー教、大乗仏教、密教などの外来宗教を排除しない王の宗教政策の中で、次第にパーリ語聖典を戴きサンガが保持する清浄なゴータマ・ブッダの仏教に魅せられていった。

写真　チャンスイッター王により完成したシュエズィーゴン・パゴタ

バガンの王達は、パーリ語で編まれた三蔵聖典を戴く清浄な上座仏教に支配の正統性原理を求め、それ故に、三宝（仏・法・僧）に篤く帰依するとともに、自らをブッダの弟子として、地上界に「生きとし生けるもの」すべてを救済する「ボサツ」（菩薩）の身として慈しみの心を持ち、ブッダの教えに則した政治を実践する。そのためには、三蔵聖典を学習し実践しながら、「正法」を後世に嗣続していくために日夜修行に励む僧侶とその集団組織（サンガ）に修行が滞りなく実践していけるように財施主として財政的支援を行う。それによって、仏教の核に位置する「正法」（パーリ語ダンマ *dhamma*、ビルマ語ダマー＝タヤー）が国王が国家を支配していくための正統な原理として機能する、という「仏教国家」の基本構造が形作られた［石井一九七五：八一―八二］これによって、仏教の繁栄こそが王国の平和と繁栄に繋がり、仏教の盛衰が国運を左右するという図式が出来上がった。宗教というものは、本来、個人の信仰に帰される性格のものであるが、国の支配者である王自らが仏教を信仰したことにより、仏教が王権の宗教となり、公的色彩を帯びた宗教として位置付けられ、やがて、鎮護国家的な宗教として機能するようになった。

勿論、バガンの国王をはじめとするすべての仏教徒は、この世におけるさまざまな煩悩を絶つことによって「苦」からの解放を願い、繰り返される輪廻転生の終焉と涅槃への到達を念じて、ひたすら積徳行為に励む。その功徳行為の最高なる手段は、男子にあっては出家、それが許されない女子(3)にあっては、修道女（ティラシン）となって仏道を極めることであったが、在家仏教徒にあっても、宗教施設や出家者に対して寄進行為を通じて求道し最終的な目標である涅槃への到達を目指す。バガンの王や王族や財力ある者が競って寺院や仏塔などの宗教施設の建立に走った理由はここにあるが、バガン朝が「建塔王朝」の異名を取る所以である。このことは、現存する二二〇〇余の仏塔や寺院群の遺跡が証明している。しかし、このような宗教建造物の乱立は、寺領の増加を促し、王領の減少とそれに伴う税収入の低下を招き王室財政を脅かすに至り、やがて一三世紀中葉に至り、王権とサンガとの間で、王領と寺領の土地をめぐる係争が表面化下した。にもかかわらず、上座仏教が王権の支配の正統性を賦与する手段として機能しているが故に、王権側としては、寺領として寄進された王領を没収することは不可能で、一連の係争は王権側の敗北に終わった(4)。また、バガン後期一三世紀になると、スリランカのマハーヴィハーラ派系統とは別の、「森林住」の流れを汲むアラニャと呼ばれる僧団が土地の購入や開発に手を伸ばし、また、日常的に僧院内で肉食や飲酒をしたり、正午以降に食事を摂るなど、上座仏教の戒律に背く行為を日常的に行いながら勢力を増し、やがてバガン仏教界の中心的存在となったため、王室にとって脅威的な存在となっていった［伊東一九九七：一三一］。

こうして、バガン朝は後期における寺領の拡張と王領の減少によって財政が著しく逼迫し、内部崩壊が進行していった。その最中、フビライ（世祖）の派遣した元軍の侵攻を受けたバガン朝は、第一一代ナラティーハパテ王（俗称タヨウッピエー・ミン「中国から逃げた王」の意）が元朝への朝貢を約束したため元軍は撤退したものの、その後の王権は、実権をシャン族出身の大臣達に奪われて名目に過ぎず、一四世紀初頭には王統が途絶えた。それと同時に、アノーヤター王以来、築かれてきた「上座仏教国家」なる政体は一旦崩壊した。

2　シャン族支配国家と上座仏教

バガン朝崩壊後シャン族の大臣達が樹立したピンヤ朝［一三一二―一三六四］およびザガイン朝［一三一五―一三六四］下でも、王都周辺のみならず、上座仏教は高地諸民族に伝播し広域に拡大していった。ザガインには、スリランカ出身のパラッカマ兄弟長老によりトンダイン（洞穴院）が設立され戒律に厳格な修行生活を実践し、清貧なサンガ組織が再構成されたり、多少のスリランカ文法書や註釈書が編纂されたり、宰相サトゥリンガバラ編といわれるパーリ語による『ローカニティ』（処世訓書）が著述されるなど、上座仏教の進展が見られるものの、政情不安によって、サンガ組織の亀裂も表面化し、確固たる上座教国家が再構築されたとは言いがたい。また、ピンヤ朝およびザガイン朝を糾合した形でシャン族支配者によるインワ（＝アワ）朝［一三六四―一五三一］下でも、歴代王はサンガを庇護しその興隆に寄与した。例えば、第二代ミンジー・ゾワ・ソーケ王［在位一三六八―一四一〇］は持戒堅固なケーマーターラ長老をサンガ指導職に任命した。第三代ミンガウン王［在位一四〇一―一四二二］治世には、モン族ヤーザダリッ王の大軍が王都インワを攻撃した際、サジョー尊者をして和平交渉を成功せしめたり、第四代モーニン・タドー王［在位一四二六―一四三八］治世には、サジョー尊者およびスリランカ僧ダンマアランカーラとシーハラマハーサーミーによる上座仏教確立への努力が払われた。因みに、これらのスリランカ僧はビッシマ・ガイン（*Picchana―gana*）を確立し、上座仏教の浄化運動を行ったことで知られる。加えて、インワ朝ではアビダマー（論蔵）の註釈書、パーリ語著作、ビルマ語初の仏教研究書（マハー・ニッサヤ）、僧籍文人達によるジャータカ（ブッダ前世の物語）に取材したピョウ（仏教叙事詩）などの文学作品が生み出された。さらには、一四世紀末から一五世紀中葉にかけてザガインのゼータウン僧院が隆盛を極め、教学（パリヤッティ）と実践（パリパッティ）が盛んであった。このような状況を考慮すると、第二インワ朝の創始者トーハンブワ王［在位一五二七―一五三一］が多数の僧侶を殺戮し仏塔を破壊し、また仏典を焼却するなど、仏教の弾圧政策を採るに至る［池田一九九五：一一一―一一三］までのシャン族支配の王国においても、支配者の保護のもと上座仏教は興隆していたと考えられ、仏教国家体制も維持されていたと見なされる。

3　モン族の国家

バガン統一王朝創始者アノーヤター王の攻略によってタトンのモン族国家が崩壊してのち、一三世紀末期バガン王朝の崩壊期に、ハンターワディー・バゴーにおいてシャン族出身のワーガル（＝ワレルー）王によってモン族の王朝［一二八七―一五三九］が再興された。モン族は古くに上座仏教を受容した伝統があり、加えて、再興された王国へは、先述した通り、バガンのナラパティスィードゥー王治世にシーハラ・ビク・サンガ（スリランカ教団）がダンマウイラータ僧正等によって伝えられたが、この地域には諸種の上座部が伝えられて抗争と分裂が繰り返されていた。しかし、一五世紀末期第六代ダンマゼーディー王（在位一四七二―一四九二）は、モン族地域における上座仏教の分裂・抗争の繰り返しの状況を憂慮し、二二名の長老僧と随員からなる仏教使節団をスリランカに派遣した。同使節団が帰国後、長老僧達は、王の財政的支援を得て、バゴー西郊外のザイン・ガナインにカルヤーニー戒壇（*Kalyānī-thein*）を設置し一大仏教センターとして、モン王国内の優秀な青年に出家（正受戒）を要請するとともに、既存の比丘達に再受戒を、破戒僧には還俗を要請し、マハーヴィハーラの純正な伝統への統一を促した。この一連の経緯についてはダンマゼーディー碑文に書き遺された［KI 1892:102-103］。ダンマゼーディー王による上座仏教の浄化は一大宗教改革として、その後のミャンマーにおける上座仏教の発展に寄与したばかりでなく、上座仏教を基軸にした国王主導の国造り、すなわち、サンガが王権の庇護のもとで、上座仏教の教えが国王の支配に正統性を賦与するという上座仏教国家の「かたち」が出来上がったと言っても過言ではない。このモン方式の国の「かたち」は、第七代ビニヤラン王（在位一四九二—一五二六)を経て、タカユピ王の時、ビルマ族のタウングー国王ダビンシュエディーがハンターワディー・バゴー王国を征服し、かたや衰退しつつあったインワのシャン族王朝を攻略し、一五四四年、上ミャンマー地方を平定して、バガンにおいて、ラカイン王国を除く全ミャンマーの国王（在位一五四五—一五五一）に即位し、翌一五四五年には、都をタウングーからハンターワディー・バゴーに遷都しモン様式の即位式⑸を挙行しモン国王にも就任した。しかし、ダビンシュエディー王はモン族の叛乱に遭い殺害され、バゴーがモン族に奪回され、ビルマ族は駆逐された。この間、ピェー領主やタウングー領主がビルマ族のタウングー王国からの独立を宣言したが、タウングー王国第三代バインナウン王はポルトガル人の協力を得て両領主の支配地域を奪回し、また、モン族の叛乱も鎮圧し首謀者スミムトーを処刑した。同時に、インワ王国やシャン諸藩王国を征服し、一五五九年、ラカイン王国を除くミャンマー国内全域を平定した。

4　ビルマ族王国の再興

一四八六年、インワ王国から独立しタウングーに都を定めたミンチー・ニョーにはじまるタウングー王統は、先述した通り、第二代ダビンシュエディー王の時代にハンターワディー・バゴーに遷都して新たに全ミャンマー統一王朝を開いたが、その第三代バインナウン王（在位一五五一—一五八一）の時代を迎え、ラカイン王国を除くミャンマー国内諸民族を平定したばかりでなく、北西のアッサム、マニプールを配下に置くとともに、東北のヴィエンチャン王国やチェンマイ王国、さらには東南のアユタヤ王国に至るまで、その勢力範囲を拡大し、実に大小数十に及ぶ諸国を配下に、いわゆる、ミャンマー帝国が築かれた。それゆえに、バガン統一王朝の開祖アノーヤター王、一八世紀半ばに登場する第三次ビルマ王朝の創始者アラウンパヤー王とともに、ミャンマー三大王の一人として今に語り継がれている。この王の治績として注目すべき点を挙げれば、第一に経済や交易の円滑化を図るため支配地域の度量衡を王都とハンタワディー・バゴーで使用されているものに統一し、同時に交通網を整備したこと、第二に広大な支配領域に見合う税収の増大と税内容の多角化を図ったこと、第三に、周辺諸王国からさまざまな商品がバゴーに集積され一大交易センターとして活況を呈したこと、および第四に、一三世紀の成文法ワーガル・ダマタッをマヌターラ・ダマタッとして再編し、また、支配下に置いた諸国に王都バゴーと同様の法を適用するため、ダマタッ・チョーや九つの成文法のダイジェスト版であるコーザウンヂョウッなどの成文法を使用したが、王自らも裁判を行った。さらに王は、判決に不服あるものに、王宮内に「法の鐘や太鼓」を吊らせ、直訴法を採用したこと、第五に、軍隊については、常備軍に王宮や王都の警護に当らしめる一方、その他の軍隊は、戦争の都度、支配域から、万、千、百、十人単位で一般農民を招集して軍隊が組織された。第六は、強力な仏教国家体制を築いたことである。すなわち、王は、精霊への動物供養の因習の禁止など仏教興隆のための阻害要因を排除するとともに、地震によって破損したシュエダゴン・パゴダの修復（一五六四年）を手かける一方、全国の諸々の仏塔を修復・建立、寺領の寄進、僧院の造営、僧侶の修行奨励、三蔵聖典の普及、タッタマサッカターミ長老をシャン地方などに派遣し僻地への仏教の伝道、さらに、スリランカのダンマパーラ王の要請でスリランカ仏教の復興に手を貸した見返りに仏歯を要求しそのレプリカを受領し、バゴーのマハーゼーディーに奉納（一五七六年）するなど、仏教の興隆に尽力し、よって仏教王権の支配を強固なものにした。その結果、三〇年という限られた統治期間ではあったが、堅固な上座仏教国家体制が築かれ、仏教が繁栄した。しかし、バインナウン王は未だ過去のすべての王が果たせなかったラカイン王国征服の夢の実現のためラカイン攻略中病没した〔奥平二六九―二七二参照〕。

バインナウンが築いた大帝国も、その子第四代ナンダバイン王（在位一五八一～一五九九）治世には、アユタヤ太守がタウングー朝に叛きバゴーを攻撃したため、ナンダバイン王はタイ国征服に乗り出しアユタヤ攻略を試みたが失敗し、ナレスエン国王に敗れ退却を余儀なくされた。他方、アユタヤのナレスエン国王軍もバゴーを攻撃するも成功せず、タウングーを攻撃するも敗退した。このころ、ラカイン国王ミン・ラーザヂーもタウングー領主ミンイエーティハドゥと連合し王都バゴーを攻略した。さらに、配下にあったチェンマイ王国もタウングー王国から独立した。最終的にはナンダバイン王がタウングーで処刑されるに及んで、タウングー王国は滅亡した。

タウングー王国が崩壊の一途を辿っていたころ、バインナウン王と王妃キンビとの子ニャウンヤン領主イエーナンダメイッは古都インワにタウングー王国を再興［一五九七―一七五二］した。その後継者である第二代アナウッペッルン王（在位一六〇五―一六一八）は、まず、上ミャンマーを平定し、ついでタウングーを征服しナッシンナウンを領主に任命したが、ラカイン国王ミン・ラーザヂーが任命したタニィン（＝シリアム）領主でポルトガル人デブリトDe Britto の攻撃を受けて陥落したため、アナウッペッルン王がタニィンを攻略しDe Brittoを処刑した。また、南部タニンダーイー（＝テナセリム）の征服に乗り出したが敗退する。また、チェンマイを侵略し征服（一六一五）したが、タイ国との間で停戦協定を結んだ（一六一八年）。しかし、インワよりバゴーに遷都（一六二八年）したアナウッペッルン王は王子ミンイエーデイッバにより暗殺されたため、王弟タールンがミンイエーデイッバを処刑し、バゴーで第三代王（在位一六二九―一六四八）に就任した。その四年後、事実上の王から合法的な王として正式の即位式（ムッダーベイッテイッ）[6]を挙行した王にティリトゥダマヤーザ・マハーディバディーの称号が賦与された。この王に対し王朝年代記が「タールン・ミン」という呼称を用いたのは、その御代が「他より卓越して（タールン）」いたことや、王宮内が「大層平和で快適（ターヤーズワ・ルン）」であったと称賛して名付けられたものである」［*Hmanan* III:252］と記述している。王はハンターワディー・バゴーで四年ほど執政したのち、父王や兄王の「ゆかりの地」であったインワに遷都（一六三三）したが、バゴー周辺は、諸国間の争いが絶えず政情不安や人口減少に伴う労働力の低下に起因する農業生産の減少などがその背景にあったものと考えられている。タールン王はインワで強靭な統治組織を作り、すぐれた統治能力を備えた名君であったといわれる。同王は、全国の人口調査を行い地方行政の整備を図ったが、史上初めて租税台帳を作成した。仏教に篤くザガインにカウンフムードー・パゴダを建立したことでも有名である。王の政策は、一貫して平和と安定を築くことであり、対外関係にも意を用いた。一六二九年以降四回にわたりラカイン王が王都インワに派遣した外交使節を厚遇し、答礼としてラカイン王国に使者を派遣した。一六三三年、アユタヤ王に外交使節を派遣し、一六四一年には、ムガール王朝のアクバル大帝の外交使節を受け入れるなど、近隣諸国との円滑な関係を維持・促進した。しかし、皇太子の継承をめぐる王宮内の内紛が鎮圧された翌年、タールン王は病没した［奥平 二〇〇一：二七七―二七八］。

　タールン王の没後、インワに拠点を置く第二タウングー王国（＝ニャウンヤン王朝）では、王権の弱体化が進行した。タールン王を継いだピンダレー王（在位一六四八―六一）には、ミャンマーと中国との関係が新たな展開を見せたが、中部ミャンマーやシャン地方一帯に越境して破壊活動を行う明朝残党軍に対抗する能力がなかった。また、下ミャンマーの政情が不安定となる中、アユタヤの軍勢が下ミャンマーの民衆とともにタニィンやバゴーに損害を与えていた。王国内の平和に尽力したピェー王亡き後、甥のミンイェーチョーディン王（在位一六七三―一六九八）は国務院（フルットー）の大臣たちに諮りながら統治し、大臣の傀儡化しつつあった。同王の治世、アユタヤ軍が南部ミャンマーを侵害しベイッを占領した。また、マニプール軍が王都インワに危害を加えるようになった。ミンイェー王の死後、その子サネー（在位一六九八―一七一四）は、フランスのタニィン商館開設（一六八九年）、マニプールとの外交関係樹立（一七〇二年）、ムガール帝国への外交使節の派遣（一七一一年）、西洋諸国の商業資本家のビルマへの進出による活発な貿易促進など対外関係が活発であったことは窺えるが、国内では米不足などで経済の悪化を招いていた上、有力な大臣たちを中心として派閥抗争が激化し国政が混乱を極めた。同王の治世、仏教界では、トン村出身のグナーピンカーラ長老が、袈裟の着衣法において、偏袒《へんたん》（*atin*）を採用し、通肩《つうけん》（*ayon*）を主張する長老と対立したが、この対立はその後の着衣論争に発展した(7)。因みに、この時代パーリ語仏教聖典がビルマ語へのネイッタヤ（ニッサヤ、逐条訳）とアヤガウッ（義訳）形式の仏典が多数編纂された［池田 一九九五：一一九―一二二］。

　サネー王の死後、その子タニンガヌエ王（在位一七一四―三三）が継いだが、国内治安が乱れ飢餓が発生する。チェンマイ王やシャン諸王が離反し始める。西方からマニプール軍が王都インワを攻撃したが、その背景にはミョウン（長官）や軍関係者など統治者による重税により国民があえいでいたことが挙げられる。タニンガヌエ王の没後その子マハーダンマヤーザディーバディーが一六歳の若さで王位（在位一七三三―五二）に就いたが、まだ、直面する内外の諸問題を解決する能力を欠いたため、王国のいたるところで叛乱が発生した。王が即位した頃マニプール軍の勢力はさらに増大していたが、その叛乱の背景には、重税にあえぐ国境地域の住民の反感が募っていたことが挙げられる。王は、マニプール軍の侵略に抗戦したが、国内経済を好転させ、また平和と安寧を取り戻す手腕がなく、また王の有能な大臣ウー・プがモン族の拠点ハンターワディー・バゴーで謀反の兆候があり王都インワ攻撃に備えるべしとの折角の進言を行ったにもかかわらず、王がウー・プを謀反の張本人と誤解してウー・プ以下枢密官四名を処刑するという愚行に出たことで王国の崩壊は時間の問題となった。案の定、一七四〇年、スミントー・ブッダケティ王を擁するモン族が下ミャンマーで独立し、ピェーおよびタウングー以南の地域を平定したのち、上ミャンマーに進撃（一七四〇年）し、ついに、一七五二年、ビンヤダーラ王率いるモン族軍勢が王都インワに入城し、王宮内のマハーダンマヤーザディーバディー王および、王国の統治を全面的に委ねられ陪王に任命されたタウングーヤーザ等をハンターワディー・バゴーに拉致した。ここに、ミンチー・ニョー以来二五〇年続いたタウングー王国および第二タウングー王国が崩壊し、ビンニャダラ王が支配する全国統一のモン王国が出現しようとしていたまさにその時、上ミャンマーのモウッソーボウ村（シュエボウ）で代々村長の家系出身のウー・アウンゼーヤ（のちのアラウンパヤー王）が、ビンヤダーラと対決しビルマ・モン両民族の熾烈な争いが展開されることとなった［奥平 二〇〇一：二八五―二八六］。

5　第三次ビルマ王朝―コンバウン朝の成立と崩壊

（1）アラウンパヤー王の全国制覇

アラウンパヤー王はビルマ王を宣言した翌年（一七五三年）陥落寸前であった王都インワを攻め奪回し正式にビル

マ王に就任した。この王国を、アラウンパヤーの出身地コンバウン・シュエボウを王都と定めたことからコンバウン朝とも、また創始者であるアラウンパヤー王の名をとりアラウンパヤー王朝とも称する。王は、ダヌ、カチン、カインおよびシャンなどを支配下に置く一方、モン族を南に追撃し、ピェー（＝プローム）を奪回（一七五五年）したためモン族はその拠点バゴーへ退却したが、アラウンパヤーはヘンザダ経由でダゴンを占拠し、この地での勝利を記念して、「戦いの終結」を意味するヤンゴンと命名した。このころ、北部ミャンマーに進撃してきたカテー（＝マニプール）軍を撃破しその領土を占領した。ついで一七五七年、モン族の王都ハンターワディー・バゴーを占領しその翌年には再度マニプールを制圧した。アラウンパヤー王は翌五九年、タイ国からタニンダーイーを奪回し、六〇年には、モウッタマ（マダマ、＝マルタバン）およびダーウェー（＝ダヴォイ）をミャンマーに編入した。さらに、アラウンパヤー王軍はタイ国に進駐し、王都アユタヤを包囲したが敗退、王は負傷し、帰路、マダマ（＝モウッタマ）近郊のキン村で病死した［AA1967:513］と伝えられる。その死によって王位は息子のナウンドーヂー王（在位一七六〇―六三）に引き継がれた。このように、アラウンパヤー王によるビルマ王朝再興の企ては、その在位期間の大半戦争に明け暮れていたため外見上、多くのことをなしえぬまま、道半ばにして終焉した感は拭えない。しかし、アラウンパヤー王がバゴーを陥落させた一七五七年、王都シュエボウに一旦帰還し王宮を拡張し王国としての体制を整えている。

（2）アラウンパヤー王の正統性

ビルマ王国の再興は、一にアラウンパヤー王個人の資質と大きく関わっていた。詳細なコンバウン朝前史を書いたケーニッヒは、そのような時代の気質がアラウンパヤー王に対して、「メシアニズムという否定しがたい要因を提供した」［Koenig1990：65］と述べている。そのような「メシア」（救世主）の期待を背負ったアラウンパヤー王自身が取り組まなければならなかった焦眉の急の課題は、国内平定に伴う国家統治機構の確立であった。その最大の任務は、ミャンマーに強大な「上座仏教国家」を樹立することであった。そのためにはアラウンパヤー王自身の王としての出自の正当性とコンバウン王朝の正統性を広く内外に宣布する必要があり、また、そのことを何らかの形で記述し表現することであった。その格好の手段は、アラウンパヤー王自身が法律に長けた大臣チュンウン・ボゥンマゼーヤをして成文法マヌヂェ・ダマタッを編纂させたことであった。特にその序章に当たる仏教宇宙の初代王マハータマダ（*Mahāthamada*）王に関する「王権神話」〔全訳：付属資料1参照〕は、アラウンパヤー王の時代との共通性が見られるだけに時宜を得たものであり、広く民に納得させる意味があったといえよう。この神話の概要は、既に、一八世紀初頭のミャンマー最初の本格的通史として知られるウー・カラーの『大王統史』（*Mahā-yazawin-daw-gyi*）の第一章で詳細が語られており特段目新しいものではないが、編者はこの神話をほとんどそのままアラウンパヤー王の大臣チュンウンボンマゼーヤがマヌヂェ・ダマタッの第一章で採用している背景には、国家崩壊の危機に晒された時期に救世主のように出現したアラウンパヤー王を、創世記に悪が蔓延り混沌とした社会から法と秩序を回復し理想的な国家を創造しようとしたマハータマダ王に重ね合わせようとした形跡が見られる［KBZ I:10］。

写真　旧マンダレー王城と濠

因みに、「王権神話」では、王に賦与された五つの資質が取り上げられている。一つは、パヤーラウン（＝パーリ語ボーディサッタ、菩薩）であり、この概念は王に神聖なイメージを与えると同時に王は前世において何人よりももっとも功徳を積んだ結果、人々を救済するためにこの世にボサツ（菩薩）として出現し、ねはん（涅槃）への到達を延期するという自己犠牲が人々の尊崇を勝ち取ることを意味した。二つは、「マハータマダ」（偉大なる合議の意）である。これは、王は人々が集い合意の上で王と認めたが故にこのように呼ばれた。三つは、「カッティヤ」、すなわち、本来この言葉は、サンスクリット語クシャトリア（支配階級）に相当するパーリ語源の言葉で、ミャンマーのような農業社会では「農耕の主」（レーミェード・イ・アディパッティ）を意味した。これは、のちに、コンバウン朝の諸王（バドン、バヂドーおよびミンドンなど）が行ったレートゥン・ミンガラー（耕作儀礼）

［伊東 1979:13 など］の伝統に繋がるものと考えられる。第四は、「ヤーザ」である。この言葉は、サンスクリット語およびパーリ語ラージャ（支配者）からの派生語であり、法に則り人々を裁き諭す能力を有する者を指した。人々は、マハータマダ、カッティヤおよびヤーザと三度掛け声をかけながら王の頭上から灌頂水（ベイッテイッ）を注ぎ祝福したが、これはのちの上座仏教圏諸国の即位儀礼の起源となった。第五は、「ネーミン・イ・アセッアヌエー」（太陽王統の血統）である。アラウンパヤー王をマハータマダ王の太陽の血統であることに重ね合わせ、「太陽王統」の直系であることをことさら強調することによって、自身の、従って、コンバウン王朝の正統性を宣布しようとしたのである［奥平一九九三：二〇］。アラウンパヤー王は、仏・法・僧の三宝を篤く敬い、「正法」（タヤー＝ダンマ）を戴き政治を行うことに忠実であった。統一王朝創設のための戦いは辞さなかったが周辺諸民族との交流をも深めた。例えば、宿敵モン族の王ビンニャダラに対して、仏教を通じ交流が深められるべき旨の書簡の交換を行っている［ROBI II(1756/6/28):32;(1756/10/25:36 など］。アラウンパヤー王は、「すべての傘指す大国の諸王を支配する王」（*taing-gyi pyi-gyi hti-hsaung-min daga-do i ashin*）として諸外国との朝貢関係を結び、「王中の王」（*yaza dhi- yaza*）として対外的威信を高め、国内的には仏教の守護者として、ミャンマーの「上座仏教国家」の再興と確立を目指したのである。

アラウンパヤー王を継いだナウンドーヂー王はわずか三年の統治で病没したが、アラウンパヤー王の第二子スィンビューシンが第三代王（在位一七六三―七六）として就任し四百年続いたアユタヤ王国を殲滅（一七六七年）し、また、四度にわたる清軍のミャンマー侵攻を食い止め、最終的にはビルマ軍は清軍を迎撃しこれに勝利（一七六九年）し、清軍はミャンマー領から退却した。また、ビルマ軍はマニプールを攻略し大守を退位（一七七〇年）せしめ、叛乱を企てたモン族王ビンニャダラも処刑（一七七四年）され、多くのモン人がタイ領へ逃亡した。このようにスィンビューシン王治世のミャンマーは強靭な軍事力で諸外国との戦いに勝利した。スィンビューシン王を継いだアラウンパヤー王の第三子、スィングー王（在位一七七六―八二）はタイとの度重なる戦争状態に終止符を打ったが、ついで王の座に就いた第五代マウン・マウンはわずか一週間で王の座を追われ、アラウンパヤー王の第四子、バドン（＝ボードーバヤー）が第六代王（在位一七八二―一八一九）に就き都をインワからアマラプーラに遷都した。

（3）バドン王のビルマ世界

アラウンパヤー王によって達成された国内統一と勢力範囲拡張政策は、コンバウン王朝前半で益々進められていく。特に、先に見たとおり、スィンビューシン王の治世、アユタヤ王国がビルマ軍の侵攻によって滅亡したことや、中国清軍がミャンマーに攻勢をかけたが、いずれもビルマ軍によって撃退されており、またアラウンパヤー王によって攻略されたマニプールを征服した。こうして、ビルマ王による領土拡張政策はバドン王の治世で一層進められる。特にタウングー王国のダビンシュエディーおよびバインナウンの両王など、かつてのビルマ王が果たせなかったラカイン（＝アラカン）王国征服（一七八四―一七八五年）の夢をバドン王が果たしたのである。一四四三年、ナラメイラがムロハウン（＝ミョウハウン）を建設しラカイン王国の首都として以来、三五〇年続いたラカイン王国が崩壊しビルマ王国の支配下に入ったが、これによって、歴代ビルマ王による領土拡張政策は頂点に達し、かつてない最大版図の領土となり、今日のミャンマー領の原型が形作られた。これを以って、バドン王による「ビルマ世界」(8)が構築されたのである。しかし、一七八五年、清軍に阻まれてタイへの再遠征に失敗したバドン王は、その威信を挽回するかのようにアホム王国の要請に応えてマニプールとアッサムを征服したが、このバドンの西方遠征による領土拡張政策がラカイン王国と隣り合わせのベンガルで植民地体制を確立しつつあったイギリス勢力との利害がもろにぶつかり合い、ビルマ王国の破滅への第一歩となったのである。ラカイン王国遠征を指揮したバドンの実子である皇太子（病死）の直系孫の第七代バヂドー王（在位一八一九―一八三七）治世に、第一次英緬戦争（一八二四―一八二六年）を誘発する結果を招いたのである。

他方、国内政治については、バドン王は、全国の安定した統治のために国民に対する仏教僧の不必要な影響力を容認しなかった。それ故、王は不変の独裁専制君主（*autcrat*）と神権政治家（*theocrat*）であるところの王権と大主教の両方の地位を得ようと試みた［Desai 1961:101］。すなわち、仏教国家ミャンマーに即して言えば、政治権力と宗教権威の地位を統括する上座仏教国家元首であろうとした。それが故に出家と在家の双方から拒否されたが、王自身は未来仏であると宣言したほどである［Htin Aung 1967:187］。王は、サンガに厳しい修行を求めそのために、例えばアルコール性飲料の禁止［ROBIV(20 February., 1782):220］および背信僧の追放［ROB IV(10 March,1783):233］に関する詔勅を発し、また、王の仏教に関する夥しい数にのぼる詔勅が王の崩御の前年(23 May,1818)に一つの記録として纏められた［Than Tun（ROBVII:xv］。特にバドン王は、仏教国家の確立のためにサンガの浄化に取り組み、サンガにヴィナヤ（律）の遵守を求め、また、四百年続いた袈裟の着衣法において偏袒派と通肩派の対立する見解に終止符を打ち、後者をミャンマー上座部の伝統に則る正当な着衣法であるとの断を下した。さらに、サンガ主を長とする一二名からなる「宗教評議会」を設置（一七八八年）し初代サンガ主にマウン・ダウンサヤドーが選ばれた。こうして、バドン王は、サンガの浄化によって仏教の核にあるダンマ（正法）を守護し、それが王権による国家支配のための正統なる原理として機能することを求めた。この政策こそはミャンマーにおける「上座仏教国家」の安定的発展を促進するものであった。

（4）ミンドン王の仏教政策と王朝の崩壊

先に見たとおり、バヂドー王治世に勃発した第一次英緬戦争（一八二四—二六）はミャンマーの敗北に終わり、ヤンダボで開かれた講和条約でミャンマーはアッサム、ラカイン（＝アラカン）およびタニンダーイー（＝テナセリム）を英国に割譲し、加えて、王室財政を揺るがすほどの賠償金一千万ルピーを英国に支払うこととなった。バヂドー王を継いだ第八代ターヤーワディー王（在位一八三七—四五）はヤンダボ条約の無効を宣言しこれを破棄した。ターヤーワディー王を継いだ第九代バガン王治世(在位一八四五—五三)は、バゴー県知事が英国船の船長二名を逮捕したが、インド総督ダルホージーの賠償請求を拒否して、第二次英緬戦争が勃発する。その結果再びミャンマーの敗北に終わり、バゴー地区が英領に編入され、これによって下ミャンマー全域が英国の支配下に入った。バガン王は弟ミンドンによって王位を剥奪され、ミンドンが第十代国王（在位一八五三―七八）となった。同王の時代には、王は外国勢力の浸透と人心の荒廃を憂慮したが、とりわけ、下ミャンマーにおける上座仏教の布教活動を奨励し、また、第五回仏典結集(9)を開催するなど領土復権を意図した。三蔵聖典試験を大々的に行なうなど仏教学の振興政策を行なった。また、ミンドン王はサンガ浄化のための「威儀の粛清、その後の分派を引き起こす原因ともなった」[池田一九九五：一二五]。すなわち、第五回結集において、戒律厳守を主張するウッポウ長老やシュエジン長老が、さらにフンゲティン長老が続き、伝統派であるトゥダマーと対峙することとなった。

他方、独立ミャンマー王国の存在を西欧列強に認めさせるためキンウン・ミンヂー首席大臣を団長とする訪欧使節団を派遣（一八七〇年）したが英国で外交問題を議論する機会すら与えられず失敗に終わり、ミンドン王は失意のうちに他界し、その後継者ティーボー王［在位一八七八―八五］がフランスとの通商条約（一八八五年）を結んだのがきっかけでフランスに傾斜していくミャンマーに対し、ミャンマー王国政府の英国系ボンベイ・バーマ木材会社の脱税不正事件に関して英国政府が調停に付すべき要求や罰金課税の停止など最後通牒を突きつけた。ミャンマー側から回答のないまま英国軍がマンダレーに進軍し第三次英緬戦争に突入し、わずか二週間で王宮を占拠し、ティーボー王と王妃をインドに流刑した結果、ここにコンバウン王朝が崩壊するとともに、バガン朝以来、ビルマ族、シャン族、モン族、およびラカイン族が上座仏教を受容して築いてきた歴代王国が終焉を迎えた。このことは、王権とサンガとの互恵関係が断ち切られ、上座仏教を導入して政治的統合を行い築いてきた「上座仏教国家」体制の瓦解を意味した。翌年（一八八六年）当初から、ミャンマーは植民地インドの一州として、英国植民地体制に組み込まれ完全に自治権を喪失した。英国植民地体制下では、植民地政府は宗教に対して基本的に不介入政策を採ったが、それは弾圧も支援もしない不干渉の立場をとるものであった［蔵本二〇一一：一八三］。仏教国家体制が崩壊したことは、サンガが王権の庇護を失い路頭に迷うことを意味した。それはサンガ自体が日々の清浄な修行を行うことが出来なくなり堕落的傾向を助長するものであった。他方で、植民地支配を「非法」（アダンマ＝*adhamma*）の統治であると見做しウー・オウッタマなどの政治活動を行う僧侶を生みだしたが、在家仏教徒の間にくすぶる根強い反植民地感情に支えられ反英ナショナリズム運動へと発展していくのである。特に、ウー・オウッタマは、日露戦争に勝利した日本に刺激され、度々訪日（一九〇七年、一九一二年）し、また、日本の紹介書を刊行（一九一四年）している。

注

（1）紀元前三世紀のインド・マウリヤ王朝代三代アショーカ王は、「普遍的社会倫理（ダルマ）を人民に示しその実践を命ずることにより、王の義務としての社会的秩序維持を実現させせようと試み」［山崎一九九四：二二五］たが、この考え方は、「ダルマの政治」といわれ、東南アジアの王権思想にも影響を与えた［石井一九八六：一三一－一三三、「正法王」の項参照］

（2）Than Tun は、*History of Burma(AD.1000-1300)* において、a burmanising movement (p.15) ないし burmanizition(p.17) という表現を使いている。

（3）伊藤は、「［上座部仏教］として継承されていった仏教の歴史において、比丘尼サンガの継承は途絶え、比丘サンガのみが今日まで伝えられてきた」と解説している［伊藤二〇〇九：六四］。ただ、歴史的には、ミャンマーでは、バガン王朝時代［ThanTun 1959:69 参照］や一五世紀後半の下ミャンマーのモン国家［KI1892:13 参照］に比丘尼の存在が認められるが、どの程度の規模であったかは不詳である。

（4）バガン時代の西暦一二三九年、一二四五年および一二五五年の三度にわたる僧侶の所有地に関して僧侶側と国王の間で争われた訴訟において、いずれも国王側の敗北に終わったこと［Than Tun1959:62 参照］

（5）元ヤンゴン大学歴史学科教授チョー・ウィン博士（現ミャンマー歴史委員委員長）は（二〇一五年六月四日ヤンゴン大学歴史学科における座談会）よれば、最近、タウングー王国バインナウン王のモン形式による戴冠式に関するモン語の折畳み写本が発見されたので、近い将来、同文献がビルマ語訳されて明かにされるものと期待されると語るところがあった。

（6）インド・マウリヤ王朝第三代アショーカ王が国内平定後四年経って始めて、合法的な即位式行なったことに倣ったといわれる［HMY III :212］。

（7）偏袒派とは、慣行から特に外出時、片方の肩肌を露出してもよいとする考え方の一派であり、通肩派とは、特に外出時に仏典に依拠して両肩を袈裟で覆うしきたりを遵守する一派のことである。

（8）渡辺佳成は、コンバウン朝前期の歴代王は諸々の王国の上に立つ王であり、これを「ビルマ世界」と呼んだ。［渡辺二〇〇一：一四〇－一四一参照］

（9）この結集において、三蔵聖典を校合し編集したものを七二九枚の大理石版に刻み、各石版を個別の屋根付建物にして、クゥドードー・パゴダに奉納したもので、現存し、「世界最大の本」の異名を持つ。

引用参考文献

池田正隆　一九九五年『ビルマ仏教』法蔵館。
石井米雄　一九七五年『上座部仏教の政治社会学』創文社。
石井米雄・高谷好一・前田成文他　一九八六年『東南アジアを知る事典』平凡社。
伊東利勝　一九七九年「ビルマの始耕祭とその東南アジアにおける特質―農業技術史的観点から―」（一）『愛知大学文学会文学論叢』（第七六輯）一―三四ページ。
伊東利勝　一九九九年「第五章 イラワジ川の世界」『石井米雄・桜井由　雄編『東南アジア史Ⅰ』山川出版社、一一一―一三二ページ。
伊東利勝　二〇〇一年「エーヤーワディ流域における南伝上座仏教政治体制の確立」『岩波講座東南アジア史２』（東南アジア古代国家の成立と展開）岩波書店、二八七―三一六ページ。
伊藤友美　二〇〇九年「現代タイ上座仏教における女性の沙弥尼と比丘尼受戒―理念のアピールと語られない現実」『東南アジア―歴史と文化―』No.38、山川出版社。
奥平龍二　一九九三年「コンバウン王朝ビルマの成立と成文法『マヌヂェ・ダマタッ』の編纂―第一編「王権神話」の創作をめぐって―」『東洋学報』第七四号・第一・二号　一―二九ページ。
奥平龍二　一九九八年「3．上座仏教国家」池端雪浦編『変わる東南アジア史像』（改訂版）山川出版社、九〇―一〇八ページ。
奥平龍二　二〇〇一年「ペグーおよびインワ朝からコンバウン朝へ」『岩波講座東南アジア史３』（東南アジア近世の成立）岩波書店二六一―二九〇ページ。
蔵本龍介　二〇一一年「第4章 ミャンマーにおける仏教の展開」奈良康明・下田正弘編『静と動の仏教』佼成出版社、一六六―二〇五ページ。
G.E. ハーヴェイ著・東亜研究所（訳）一九七六年『ビルマ史』原書房（原著 Harvey, G.E. 1925. *History of Burma, from the earliest time to 10 March*. London: Frank Cass & Co. Ltd.（New impression 1967）
山崎元一　一九九四年『古代インドの王権と宗教―王とバラモン―』刀水書房。
渡辺佳成　「コンバウン朝ビルマと「近代」世界」『岩波講座 東南アジア史５』（東南アジア世界の再編）一二九 ― 一六〇ページ。
Alaungmintaya-gyi Ayedawbon[AA] (in) *Myanmamin Ayedawbon*. 1967. Yangon: Nan-tha-taik.
Geiger, Wilhelm(ed.& trl). 1986(Reprint of 1950). *The Mahāvamsa or The Great Chronicle of Ceylon* [MV]. Colombo:The Ceylon Government Infromation Department.
Hmannan Mahayazawin-daw-gyi [HMY]Vol.I(1963) II(,1957) III(1955) Mandalay: Pitaka Saouk-taik.
Konbaung-zet Mahā Yazawin-daw-gyi [KBZ]. 1967. Vol. I & II. Yangon:Laydi Mandain Pounhneit-taik.
Maung Htin Aung.1967. *A History of Burma*. New York: Columbia University Press.
Than Tun. 1959. Religion in Burma A.D.1000-1300. *Journal of the Burma Research Society*. Vol.XLII (pt.2) pp.47-69.
Than Tun. 1978. History of Buddhism in Burma A.D.1000-1300. *Journal of The Burma Research Society*. Vol. LX pt. I & II
Than Tun. (ed.) *The Royal Orders of Burma A.D.1598-1885* [ROB] Vol.III(1985) & Vol.IV (1986). Kyoto: The Center for Southeast Asian Studies, Kyoto University.
The Kalyānī Inscriptions[KI]. Elected by King Dhammaceti at Pegu in 1476 AD. Rangoon: Government Printing.

付属資料　ミャンマーの王権神話

以下の「王権神話」は、南伝仏教のみならず北伝仏教にも伝わる神話であるが、南伝仏教の中心的存在である上座仏教の場合、そのパーリ経典の『長部経典』(*Dīgha-nikāya*)の中の「起生本因経」(「世起経」、*Aggañña Sutta*)の「マハーサンマタ(Mahāsammata)王伝」を彷彿させる。この王伝は上座仏教文化圏諸国に広く伝わるものであり、かつての「上座仏教国家」の成立過程を描写すると共に、今日の同文化圏に共通する政治文化の枠組みである。

(マヌヂエ・ダマタッ第一章)「王権神話」

奥平龍二(訳)

賢劫《げんごう》(現世界)の創世初期、マハータマダという王に始まり、伝説上の牧童によって判決された一二の法、マハータマダ王に身を預けた少年が大臣になり判決した法、第七日目の判決において誤審しその少年は苦行者となり、世界の飾りであるダマタッ法典を暗記し携え、マハータマダ王に金版文書に刻んで献上するマヌ・ダマタッ第一巻を語ろう。

賢劫は火で七度(破滅した)あと、水で一度破滅したのちに創られた劫(世界)であると「ミリンダ王問い経」は語る(1)。

全ての生き物の場所である自然界が必要であったところ、水や山が退化して行き、破壊され尽した梵天界は上部から連続して天界の四界が現れた。そのあと、大地の創られる場所に移り、その水を風で管理して、水濾しの口を閉めたときのじっとした水のような、香ばしい匂いと味で充ちたナッ・オーザ(「天」の食べ物)のような、水の混ざらない牛乳ご飯の外面のような、水のなかに蓮の葉の形が現われた。そのように現れた時、ブッダ達が悟りを開いたところの菩提樹の台座が存在する大地が最初に生じた。劫が壊れた時にも、のちにまた、壊れるであろうその大地に、予兆である蓮の小さな葉が現われた。その劫では偉大なるブッダが生まれるであろう。その蓮の葉には蕾がなかった。その劫では悟りが開かれるであろう。その蓮の葉はブッダの数と同じだけ蕾を開いた。その蓮の葉に因んで、梵天達はターラ劫、マンダ劫、ワラ劫、ターラマンダラ劫、バッダ劫、であることを知った(2)。

ブッダが生まれた劫で蓮の蕾に含まれた八種法器(3)を梵天達が摘んでおいた。

その時、梵天国から梵天達の命が絶え、功徳運が尽きたことで死滅し、人間の国で妊娠し自身を顕現するようになった。彼らは自身の光で輝きながら、梵天国においてと同じように喜悦するだけで滋養を満たしながら、天空を鳥の如く飛び交い楽しんでいた。男女の形はしていなかった。ダダワー（生き物）と呼ばれた。その生き物達は風味ある大地を食べるために精魂を傾けていたところ、自身の身体の輝きがなくなってしまった。しかし、彼らの威徳と功徳運故に、また、自然の法則によって、内部が金、外部が純ガラスで細工された直径五十由旬[4]、周囲一五〇由旬あるバーヌヤーザという名の一千の光線を携えた太陽がダバウン月の日曜日、東部ウイデハー島[5]において、中央の山頂から出てきたので明るくなった。原初人たちは、怖れがなくなり勇敢になったので、トゥーリヤと呼称した。出現した太陽は三〇時間巡って、ユーガンドー[6]の山に隠れてしまって真っ暗闇になったので、原初人達は、もう一つの光が欲しいと憧れたところ、内部がルビー、外部が銀で細工された直径四九由旬、周囲が一四七由旬ある、平静な光を携えた月が二七星宿[7]をはじめ星の全てを随えて、乾季に一三の星座に乗って、東の空から現れると、原初人達は嬉しくなりうきうきして喜びに溢れた。我々の希望通り得られたのでサンダヤと叫んだ。[8]かくのごとく、太陽と月が現れたので、須弥山、七つの山脈、河、四つの海溝、四つの大島、二〇〇〇の小島、ヒマウンタ森林、大河、太湖、鉄囲山（てっちせん）、自然の法則によって、いずれが前後することなく、ダバウン月の満月の日に、同時に出現した。その時、原初人達は風味ある大地を食べ（尽くし）た。ある者は容姿が美しく、ある者は美しくなかった。彼らの間では、容姿の美しい者が容姿の美しくない者達を知らず知らずのうちに堪えられぬほどに侮辱した。彼らは大地層を食べ尽くした。長期にわたったため、貪欲が多くなり大地層がなくなってしまった。大地層がなくなったところ、パダラタという名の芳香と味覚で満ち溢れた蔦が現れた。その蔦は昔と同様に無くなってしまったが、芳香と味覚で満ち溢れた糟の付いていないタレー米の稲が現れた。

その時、原初人はタレー米稲の夕食を食べるために夜刈り入れた。朝食を食べるために朝に刈り入れた。収穫しても少なくならず同じ量がその場所に現れた。そのタレー米を石碗に保存して置くと自動的に料理された。そのご飯はマレー[9]の蕾の形のようだった。果実や食物は彼らの望み通りになった。昔の食べ物は神食の如く飢えをなくし滋養を運んだ。ものが繊細なので大便や小便が生じなかった。（しかし）タレー米を食べているうちに、ものが粗野になり肛門と尿道が生じた。そこから男の象徴と女の象徴が生じた。その時、男と女が現われた。その時、男が女を眺めた。女も男を眺めた。かくのごとく眺めあったので性的欲求が生じた。肉体的に交渉するという性交渉が起こった。そのようなことは尊者にあるまじき良くない実践であるため、見識を備えた人達はそれを嫌悪し抑圧した。嫌悪し抑圧しているうちに、良くない実践を覆い隠すため寝る場所を建て囲い塀をして住んだ。そのような慣わしで住む人達は見る回数が多くなり真似るようになりお互いの慣わしに従うようになった。そのように実践しているうちに、タレー米に細かいぬかや荒いぬかが付着した。さらに刈場所や採集場所に生育しなくなった。その後原初人達はこのように述べた。昔は我々は超能力の心で満足していた。ただただ幸福で食べ物があり自身の光だけで輝きながら天空を行き来していた。お互いに慣例に従い大地やパダラタ蔦を食べていたのだった。それらの食べ物が悪業故に無くなってしまった。その後自然に生育してきたタレー米が現れた。今ではそのタレー米が夕食や朝食用に仕舞い込み貯蔵してしまうために、刈り取り場所や受け取り場所には新しいものが生育しなくなった。荒廃してしまった。そのタレー米穀を区画して配分するのが良いと相談し合い区画し分配した。

その後、気ままな一人の男が自身の分け前が無くなるのを怖れて、他人の分を盗み食べてしまった。一度、二度までは非難はしたが釈放した。（しかし）三度目には殴打した。そのときに始まり他人の財を盗むこと、中傷すること、偽ること、罰を与えることなどが生じた。そのようなことが生じたので、原初人達は会合しこのように相談し合った。現在、いろいろと邪悪なことごとが現われてきたので、戒と定の備わった一人の人物を（世の中を）支配する王として、原初人たちが集会を開き、忌み嫌い非難すべき人間を忌み嫌い非難し追放すべき人間を追放するよう諮った。（その人物に）我々のタレー米の一〇分の一を与えようと相談して、現劫の創世期に、ボサツ（菩薩）であり、容姿の備わった、威徳もあり権力もあり、抑圧したり任官したりできる力のある一人の人物がいた。その人物に近づき懇請した。三種の潅頂水を注いだ。このように、原初人は集ったので、マハザネーナタンマトーマハタンマトーというワサンタ（語義）[10]、に相応しく大衆が集った故に、マハータマダという名で、また、キッタナンアディパティカッティヨーという、語義に相応しく農耕地の主、カッティヤという名で、また、ダンメナタメーナタッテインゼーーティーティヤーザという語義に相応しく、生きとし生けるものを諭すことができる故にヤーザと名付けた。このように、マハータマダ、カッティヤ、およびヤーザという三種の名称で現われた。そのことを意図して、太陽王の血統であるところの、清浄な恩恵を与えることができ威徳と威力のある、マハータマダ王は人々の目の如くであり、第二の太陽として暗黒を振り払い光り輝くがごとく、栄光という光で輝く。マハータマダは（行政）区画を設置したので、人々は、その区画を決して侵犯しようとはしなかった。あらゆる歴代王たちの中で、最初の王をマヌ (Manu) と称した。

人間の国で、驚くべき勇者であるボサツは初代の王として現われた。そのとき、ある者は他人の財を盗むこと、他人を非難すること、傷つけることなどの邪悪なことが生じてきたので、戒と定と慧を具備した人達は、その悪業をなくすため、森で木の枝や木の葉で僧房を作り住み、村、町、小村落や王都で托鉢して生計を立てた。かくのごとく、悪業を除去した人達は、――――ブラフマナ（バラモン）に相応しく、悪業を排除することができた。このように、悪業を取り除くことができる勇気故に、ブラフマナと名付けられた。ポンナーといわれた。ある人達は家を建て農作業をしたり商業活動をしたりしたので、その人達に沢山の財が生じた。その人達をタテーダジュエ（富豪）と称した。徳の低いある者達は、他人の抑圧を受け、貧しい状況にあった。そのような彼等をトゥスィンエー（貧者）と呼ばれた。現劫の創世記以来、王族、バラモン層、富豪層及び貧者層の四階層が出現した。そのような時、マヌという名のマハータマダ大王が（行政）区画し記録せよと仰せられたので記録した。（しかし）円滑に行かなかったため、梵天界で没し（現世界に）誕生したおよそ七歳になる牧童[11]は同時代の少年をはじめ、小村落で老若男女の心を円満にさせるように和解させることができた。その中に、争いが起こって（彼のもとに）人達がやってきたときに下した一二の判決は次の通りである。

一．土地の区画を述べる法
二．土地の区画の破壊に対し判決した法
三．ある者が他人の物を盗んだことに対し判決した法
四．ある者が他人の所有している物を奪ったことに対し判決した法
五．所有者が明白であるのにナッ（精霊）同士が奪いあったことに対し帝釈天が判決した通り判決した法
六．シン（リスの一種）、キンテイッ（鳥の一種）、蛙の言葉の一つの法
七．シン、鼠の言葉の法
八．姦通の法
九．合法的であるなしに関わらず、目上に目下が敬意を払わなければならない法
一〇．非生物である穀物を敬わなければならない法
一一．銀を1ポーという法
一二．証拠を個別に検証すべき法
以上が、一二の法である。

一．土地の区画

一二の法のうち、土地の区画を述べる法（とは次の通り）。軍団が一人一人争奪し合って紛争になったので、彼が主、我が主というのを王が殴打したり非難したりして判決するが収拾がつかない。（そこで）今、われのところにやってきた。紛争になっているその喧嘩をなくせ。可能な限り人間をグループに、村落をグループに区分したので、（彼らは）気に入って喜び帰って行った。（しかし）また、（彼らの間で）紛争が起りやってきた。（彼らに）何の罪もない。一方が区画したのを他方が知らないため判決を下しえない。それ故に牧童は答えて言った。今回はこのケースについては判決しない。今日から、各々一〇人の中から一人を頭領に選びなさい。過ちも取り除かせるように。長老達が言うことを受け入れなさい。長老同士で相談しおえてあれば、あとはお互いに境界を知らしめるよう区画しておかなければならない。精霊廟、井戸、水槽、ため池、洞穴、僧院、礼拝堂、主な（アディカラナ）[12]大木、石碑、レンガ、石、牛頭、人骨、籾殻、灰、炭、タレー米、壷、小川、運河、山の嶺、木柱、竹やぶ、旅道、山、（など）で、これらの場所を区画して（杭）を打って置くように、と述べた。

このように述べたので、（人々は）同意し喜び歓声をあげた。森の守り神、水の守り神をはじめ、樹木を支配する神、大地を支配する神達は賞賛し宣伝した。これが基本判決の一つなり。

二．土地の区画を破壊したことに対し判決した法

土地の区画をし終えたが穏やかでない。奪取し破壊し合い牧童の下で報告しあった際、目下、区画してある地域において、町壕、木柵の砦を作り、人々を一〇〇人、一〇〇〇人、及び一万人、一〇万人、及び一〇〇万人単位に分けて区分し、これが町長、これが村長、これが大臣、カラン(13)、タンビィン(14)、これがピエソー（村落領主）、測量官、クラーク、頭領と名付けて配置させよ。今、奪取したり係争したりすることを除去させよ。それ以外に、地方において、各々の働くグループ、所有するグループをも、畦（あぜ）土手、樹木、水槽、竹林、土地のグループ、石のグループに可能な限り、くいを打ち込ませよ。このように記録しておいたところ、一つの町と一つの町、一つの村と一つの村が、農地を破壊して、内部で奪取し合うと、先に述べた長老達が判決しなければならないことは、区画をしてありながら破壊したから、その場所で、破壊者を首に至るまで地面に埋めて、七日間、（あるいは）半月そのままにしたあと、村落から追放し、また一〇〇金を弁償させよ。（同人をして）象の糞や馬の糞を取り片付けさせよ。ドゥンサダー(15)階層に赴かせよ。この罪を適切に熟考して判決しなければならない。ある町や村では、売買を記録した。測量官が敷いたところを記録にとどめた。（売買を）行う人間を記録した。先に述べた境界線の印を知りつつ何かほしいために破壊した場合は、王によって罰せしめよ。三〇チャットを弁償させよ。畦土手を破壊した場合には、代わりを作らせよ。牝牛を一頭弁償せしめよ。叶わない場合は、五チャットの銀（を支払う）罰を与えよ。先に述べたことを知らずに破壊した場合は、代わりを作らせよ。（しかし）王罰による弁償は免れさせよ。そのうち、石柱、木柱、精霊祠、井戸、水槽、小川、運河、丘陵、洞穴、仏塔、往来道路、牛頭、糠、灰などを他人のものかどうかを知らずに破壊した場合にも、明らかに係争になる。本格的な罰を与えよ。その町村でうっかり区画しておかなかったために当事者双方が争奪した場合は、森を行く狩人、蛇を捕獲する者、木の根を掘る人、竹伐人、人雑草刈、赤土、白土、黄土のどれかあるものを取る人間、焼炭、袋地麻布、修理された小船、蒸留石油、蜂を飼育し常に維持している人間、苦行僧、歳を取り慣例を知る人、四方から来る人、村落に住む人など一六人の人々のことをトーユワナメーヂー（村落の有名人）と名付けた。このように述べてきた限りの大境界は一六箇所以外には言及されていない。審査して判決しなければならない。見当を付けておいて判決する一つの法である。

三．ある者が他者の物を盗んだ際判決された法

ある者の一束の穀物を一人の人間が盗んだ。盗んだ人間を泥棒と呼んで尋問したところ、彼は、つい盗んでしまったのは間違いないと言った。夜盗んだのか、昼間盗んだのかを尋ねたところ、夜盗んだと言ったので、一束につき五束償って解決せよ、と命じた。生物、非生物を後に盗んだ場合には、大量の償いをしなければならないと判決した。

四．ある者の所有物をある者が強奪した際判決した法

ある者が、他のある者が運んでいた穀物を強奪した。夜に（盗んだの）か昼間に（盗んだの）かを尋問して、昼間であることが分かれば、二倍を弁償させよ、と命じた。もし、彼がのちに、生物や非生物を強奪した場合は、大量の償いをさせなければならないと判決したのも一つの法である。

五．財の所有者が明白であるにも拘らず、ナッ同士が強奪しあった際、帝釈天が判決した通りに判決した法

天空と大地及び農耕地を所有していたある者が、多くの人々が承知でその土地を耕してきたと申すので尋問したところ、その者が全く中断することなく、一〇年間働いてきたことが分かった。昔、山薔薇（ばら）を守るナッ（精霊）がいたが、その山薔薇のところに菩提樹が生じた。生育するや否や、今度は別のナッ（精霊）が（菩提樹）を守った。時間が経ったので菩提樹が繁茂し、山薔薇が死んでしまった。二つのナッ（守り神）が住んでいたところ、山薔薇の守り神が、これは元々わが館（やかた）である、（だから）汝は出て行け（と言って）菩提樹の守り神を追い出した。（これに対して）わが樹木の館だけが残っている。（だから）汝出て行け（といって）菩提樹の守り神が（山薔薇の守り神）を追い出した。（両者が）帝釈天のもとに赴き報告し合うと、（山薔薇の守り神が）最初は（菩提樹を）抜こうとしたが抜けず捨てられなかったし、（菩提樹）を守護すべきでないとは言わなかった。しかし、別のナッが（菩提樹）を守護した。（そこで）菩提樹が繁茂し大きくなって山薔薇を呑み込んでしまった。お前（山薔薇の守り神）は菩提樹を守護しなかった。菩提樹の守り神だけが守護した。お前の館は直ぐになくなってしまった。今さら追い出そうにも追い出せない。菩提樹はその守り神が住む館なのだ。山薔薇（の守神）よ、出て行きなさい、帝釈天が判決したように、（牧童が）判決した一つの法なり。

六．リス、ふくろうおよび蛙の法

キンデイッ（ふくろう）と呼ばれた鳥は、山が崩れ雑草がなくなってしまったとき、長い紛争が起きるぞ、と啼いた。山の頂上に生育した樹木の中にいた一匹のリスが、心地よいその啼き声がする近くで休んでいたところ、木の枝が折れ顔をしかめている蛙の上に落ちたので、肋骨が折れてしまった。蛙とりすとふくろうが賢者の前で、取調べを受けたところ、ふくろう自身、いつものようには心地よい啼き方ではな

く妙な啼き方をした。リスも自ら啼いたが、休まず仕事に行かなければならないのに行かずに休んでいた。木の枝をたずさえた時、休まなければならないのに朽ち果てた木の枝をかじりながら、ただただじっと休んでいた。その朽ち果てた木の枝をリスがかじって折ってしまった。それが蛙の上に落ちて蛙の肋骨が折れた。リスこそが主犯だと言われた。三〇チャット償わせよ。ふくろうは野蛮な罪を犯したのだ。その半分（一五チャット位）を償わせよ、と判決したのが一つの法なり。その中で、りす、ふくろう及び蛙は、動物ではなく、森の守り神、山の守り神、及び樹木を支配する神の三者が動物の姿で顕現して智慧を試したのだった。人間達の間で起こったなら、古くからの慣例に照らして、主犯は三〇チャット、共犯者は一五チャット、と判決したのは正しく、精霊達は称賛した。

七．リスと鼠の主人たちの法

　鼠の育て主、リスの育て主の二人がいた。鼠の育て主が報告したことは、相手が育てたリスがかじったので、わしが育てた雌鼠がお腹に宿している胎児が死んでしまった。二人を尋問したところ、リスの主人が動物同士で起こったことだ。わしは仕向けなかったと言ったのは正しい。動物同士起こったことゆえ、罪にはならないとしたとき、精霊達が称賛しなかったので、いつかじったのか、どこでかじったのか、と尋問したところ、夜、樹の枝を歩いていて起こった。夜であったこと、場所は木の枝であったことに両者は同意した。木の枝はリスの場所である。それは正しいが、鼠はあえて夜に食べ物を求める。リスは昼夜を問わず、食料を求める。夜二回は鼠の時間、木の枝は鼠の場所である。リスの主人に三胎児分、一胎児につき、一ユエー[16]銀ずつ償わせよ、と判決を下したところ、精霊達は称賛を送った。

　それ故、時期、場所、価値と財産という四種[17]があると賢者である少年が述べた。「時期」には八種ある。「場所」には、一二種類ある。「価値」には、四種類ある。「財産」には四種類ある。

　そのうち、八種の「時期」とは、一つは夜の時、一つは戦時、一つは飢餓の時期、一つには大病になった時期、一つはある人がある人を支配せしめる時期、一つは昼間、一つは平和・安泰の時期、一つには市町村の建設開始時期、これが八種の時期なのだ。そのような方法に拠れば、一つには突然の時、一つには毎年という時期、一つには星宿の時期、町が破壊していく時期、このように熟慮して記録しておくように。

　一二種の場所というのは、一つに国家（ナインガン）、一つに国（ピィー）、一つに町、一つに地方（タイン）、一つに村、一つに小村落（ザナポウッ）、一つに（更なる）小村の七つに加えて、一つに市場、一つに大集会場、一つに波止場、一つに船着場、一つに仮小屋、以上が一二種の「場所」である。同様に、一つに関所、一つに祭宴、一つに森林、一つには閑静な場所を区画しておきなさい。

　四種の「価値」とは、一つに生物である象と馬、一つに非生物である九宝[18]、一つに一二種の金、一つに四種の銀、以上の三つのほかに、生物としての水牛、牛の類、無生物として、一つに土と銅、これが四種の「価値」である。同様に、生物として、一つにカモシカ（バンテン）、水シカ（サッ）、タミンダイエー（鹿）、ジー（鹿の一種）など、四つ足の動物全て、孔雀、鶴、アヒル、など羽根のある全ての類、同様に、無生物の類には、穀物、樹木、竹、チガナも同様に、区画して、「価値」を付けておかなければならないことを記録に留めておきなさい。

四種の「財産」とは、一つに生物（として）象及び馬、非生物（としての）九宝、一二種の金、四種の銀、（それら三種のほか）、（もう一種は）一つには生物（として）水牛及び牛の類であり、これが「四種の財産」である。以上言及してきた限りの生物、非生物、脚足のあるなし、穀物、とうもろこし、ゴマ、ワールー（稲の一種）、水鹿、全てを所有するに値する全ての財産である。この四種類を言う場合、同様にみなして、判決しなければならない。それ故、鼠とリスの係争とは、時期、場所、価値、財産というと賢者が規定した話なのだ。

八．女性を奪取する（姦通の）法

ある二人の者が彼我の妻だと奪い合っていた。その賢者が尋問すると、二人とも（それぞれ）自分の妻だと言う。女に尋問すると、一人の男だけが夫という。女が言う男だけが妻を得るべきだ。（しかし）そんな風に、女が言っただけでは本当のことははっきりしない。三人個別に尋問したところ、皆同じ町村（の者）であり、一人が申すように、祖父母、両親、名前や資格、財、血筋、伝統が同じであった。君達三人を普通の人間が尋問してもはっきりしない。水、穀物、火、石という「四つの世界」[19]の、どれか一つで、判決しなければならないといって、彼らの両親、同胞、親戚、町内会の人達を呼んで尋問したところ、彼ら全てがそのうちの一人の男の妻だと（意見が）一致した。「四つの世界」に行く前に、みなの意見が一致した者を妻とさせよ。判決において、女が（自分の）夫ではないと言った男が女を獲得した。もう一人の男は首を切らねばならない。首代として汝の身体価に相当する銀三〇チャットを弁償すること。女が実の夫でありながら、（一緒に）住みたくないなら身体価銀二〇チャットを償うこと。汝等二人とも社会規範を無視している。村から出て行きなさい。遺産も与えてはならない。血統の恥であり忠誠を誓わない人間だ、と判決したのを考慮して、森の守護霊、山の守護霊達は称賛したのも一つの法なり。

九．合法か非合法か、シニアをジュニアが尊重しなければならない言葉の法

二人の人間が争い喧嘩し殴打し非難し合っていた。（賢者の）御前に参上したので、尋問したところ、少年が責任ある年齢に達していなかったので、この少年には罪はなかった。

この少年故に老人は亡くなったのだ。葬式費用及びこの少年故に生じた全てのことも代償させよ。今日から、子供の罪はその子の両親が被らなければならないと諭したのだった。原初人達は、伝統的な梵天の息子、孫、曾孫であると判決したのが法。

一〇．非生物（である）穀物を四季にと言う言葉の法

ある二人の人間同士で穀物一〇バスケットに付き二〇バスケット返納しなければならないと貸主が頼んだが借主が実った時期（収穫期）に返納することが出来なかったため、第二回目の収穫期が近づいた際（返納するよう）貸主が頼んだところ、穀物一〇バスケットに付き二〇バスケットを返納するのでよいかと借主が申し入れたところ、「時期が過ぎてしまった。我のものは種穀類である。一バスケットから出てくるたくさんの黒い籾殻を四分の一欲しい」、と穀物主が言った。もともと二倍を返納することになっていたと言った。黒い籾殻のでるものを四分の一与える必要はないと借主が申したところ、汝等二人の言い分には貪欲が伴っている。その貪欲故にだめになり量が減ってしまった。一年に三回、実らなければ二回、暑季と雨季である。上手くいけばたくさん取れる。上手くいかなければ少ししか取れない。二人の言葉を取り消させせよ。穀物一〇バスケットを四倍四季で得られるものを、四倍四季で返納しなさい。四倍四季以外に時の経過にはクレームをつけないこと。四季で解決せよ。七種の穀類に始まり、一〇二種類と言われる全て（穀類）につき同様に判決せよと判決したのも一つの法なり。

一一．銀を倍にするという言葉の法

ある二人の間で一方が銀一チャットを借りた。銀の貸主が数年間借人と出会わなかったので（返済を）依頼出来なかったために、長い年が経つにつれ利子が増え（その分）を得る必要があると銀の貸主が言った。借主は、借りた時の銀一チャットを元本として倍にして返す、何年も経ってしまったことは確かだから、と言った。汝等二人は争っている。銀であって商品ではない。年がかなり経ってはいるが銀で返済するのだから二倍で受取らせせよ。銀の類、金の類、鉛、錫、赤銅、真鍮と混ぜ合わされた銅の類も、同様にさせよ、と判決したのも一つの法なり。

一二．証人達を個別に尋問した法

マハータマダ大王の国においては、四僧のバラモン達が寄進を受け、銀一片百チャットを得たが、四〇〇チャットはまだ手にしていなかった。若いバラモンを見張りとして残して大バラモン三僧が寄進を受けに出かけた後、蜂の巣を洗浄しに森に出かけた四人の狩人に若いバラモンが相談し持ちかけたのは、百チャットの銀片を均等に受取ろうということであった。（その後）大バラモン達が戻ってきて（その銀片を返

却するよう）頼んだ際には、犬が（口に）くわえ高く掲げて、逃げていくのが見えた、とわしが言うから、汝等（蜂の巣を洗いに行った四人の狩人）も犬がくわえて逃げていくのが見えたと申すように、と若いバラモンと蜂の巣を洗いに行く四人（の狩人）が打合せ協議した後、三僧の大バラモン達が帰ってきた。銀片四〇〇チャットを分配するので、汝（若バラモン）に預けていった銀片百チャットを受け取りたい。我々は、一人百チャットずつ頂戴する（と言ったところ）、汝等（大バラモン）三人はその銀片を分配されるように。わたしのところに置いていった銀片は、肉と魚を包む布に包んで入れてしまったので犬がくわえて持っていってしまった。蜂の巣を洗う四人（の狩人）について行ったが取り戻せなかった、と若バラモンが言ったので、町長にことの次第を報告した際、森に行く四人を尋問したところ、犬がくわえてもっていくのを我々もつけていったがだめだった、と四人が証言した。この若バラモンは（百チャットの銀片を）隠してはいない。失われたものと考えるべきだ。三僧の大バラモン達は（得てきた）財を若バラモンにも分け与えよ、と町長が判決したのを大バラモン達が満足せず、さらに、戦争大臣（軍司令官）の下に参上したところ、同様の判決を下した。大バラモン達は満足せず、さらに、皇太子の下へ参上したが、同様の判決を下した。大バラモン達は満足せず、王妃の下へ参上したが同様の判決を下した。大バラモン達は、満足せず、王の下には せ参じたが、同様の判決をした。大バラモン達の意向で、若バラモン、森に出かけた四人の狩人、三僧の大バラモン達は一か所に集まり話し合ったところ、いずれの裁判でも我等三人は敗北した。（そこで）小さな町のひとつの村では、一人の少年が全すべての係争をことごとく正しく判決するので、森の守り神、山の守り神、樹木の支配神、大地の守り神、人間、鳥、などが歓声を上げる。正しくなかったり、真実でなければ彼らは決して喝采は送らない。（この話）汝等は聞いたことがあるか、と尋ねたところ、彼らは既に聞いていた。その少年は（我々の係争に）結審するだろうと誓って出かけた。少年がいる場所に出かけた時は、（すでに）七ヶ月たっていた。その家に少年を尋ねたところ、父が耕作している場所にいることが分かった。（少年は）父と耕作している場所から上がってきて、泥を洗い、身体を出来る限り清潔に洗い流し終わった時、バラモン達がやってきたので、（少年は）彼らには判決すべき係争があるに違いないと心にとどめ、畦にある父の衣類を纏って、一つの枝を折って、木の下に置いていた。その時、汝等バラモン達は何の用件があってやってきたのだね、と賢者である少年が尋ねたところ、（これまで）述べてきた限りの言葉通り、双方が全部述べ合った。賢者と言われる少年は、汝等バラモン四人達はここに居なさい。森に出かけた四人達は遠く離れた四方に居なさいと言ったので、（そのように）居らせた。

そこから、一方角にいる男に（賢者が）尋ねたところ、現劫の創世期に（人々は）嘘をつかなかったので、貧しいということがなかった。死んでも天国にいけた。正しくないことを言うものだからこの世でも貧乏である。転生しても地獄に落ちることが避けられない。本当のことを言わなければならないと尋問したところ、犬が咥えて逃げた、追っかけたが叶わなかったと述べた。どちらの方面へ逃げたのか、犬の毛はどのようだったか、と尋ねたのに対して、東の方角に白犬が咥えて、走っていったのを見たと証言した。もう一人に尋ねたところ、南の方角に赤犬が咥えて走っていったのが見えたと証言した。もう一人に尋ねたところ、西の方角に黒犬が咥えて走っていくのが見えたと証言した。もう一人に尋ねたところ、北の方角に縞模様の犬が咥えて走っていくのが見えたと証言した。これら四人に同様に、善悪を誓わせて尋問した。それから、汝等四人は相談し合って隠し嘘をついた。国王に奉納すると言いながら敢えて送らず、隠してあった銀はお互いのうちにまだ所持している。井戸に埋めたものを出し元の通りに差し出すこと。森に行った四人は自身の舌を制御できない人達だ。王の下に赴いて、（刃物で）切断し、（のこぎりで）切り、（口を）切り裂くことになろう。頭の四隅の切り傷に絆創膏（ばんそこう）を貼って、裁判所と家を行き来しながら隠れて食事をせざるを得ないだろう。町村から追放されねばならないであろう。象の糞や馬の糞をきれいにしなければならない。ドンサンダー（訳者注：バラモン出身の下層階級）に貶められることになる。今は、汝等四人のバラモン達は、（怒りを）こらえなさい。後進達には、私が裁判した通りに、公共の場で公正に裁判させなさい。（賢者）がかく判決したところ、森の守り神、樹木や大地を支配する神は鳥の形をして、喝采を送った。大バラモン達も、喝采を送り、無病であれ、ご長寿あれ、徳高くあれ、ザブディーパ（南の島）で比類なき学識者であることよ、（賢者に）ほら貝に清水をふりかけ芝の芽とふともも の木を与えたのだった。

王に（裁判が）終了したことをバラモン達が申し上げた時、誰が判決したかと、お尋ねになられた折、結審したのは何と比類なき学識者であることか、とその少年をお呼びになり、参上した時、大臣と司令官（の地位）をお与えになられた。王よ、係争を判決しているとき、国王は国事を裁判しなければならないことを私は怖れる。人間には避けるべき地獄、畜生、餓鬼、阿修羅の四悪道があります。人間は、過ちを犯すことから逃れられない、と懇願した。国王は、年、月、単位で裁判をして頂けないかと、請願した。（少年は）国王に拝礼して、七日間、法廷に入って裁判を致します。（古き判決の正しい道が何であるかを議論させてください。そのあと、法廷に入って裁判をした。もたらされた七つの係争は司令官達が判決しても終わらなかったので、賢者を法廷に国王の権限で入廷させて判決した法というのは以下の通りなり。

一．第一日目は古い穀類と新しい穀類の一つの法
二．第二日目に判決したのは牡牛と牝牛の一つの法
三．第三日に判決したのは大小の鶏の一つの法
四．第四日目に判決したのは、子供を奪った一つの法
五．第五日目に判決したのは、農民による庭の手入れと樹木の切断の一つの法
六．第六日目に判決したのは、金壺を得た人妻と四人で

均等配分した一つの法

七．第七日目に判決したのは、瓜《うり》の一つの法

一．旧種と新種の法

これらは七つ（の法）である。その七つのうち、最初に判決したのは（次の通りである）。ある二人の人間が穀物を担いでやってきた。水の（流れる）橋の上にやってきた時、お互いに避けることが出来ずぶつかってしまった。二人が担いでいた穀物が水に落ちて沈んでしまった。二人は喧嘩になって、橋に先にやってきた、後からやってきた、と言い合った。彼らは同時に渡ってきた。汝等はばかげている。二人は、我先に渡るというべきだったのに言わなかった。橋の上を急いで渡り合い争いになり穀物が失われてしまった。（両者に）落度はない、と王のもとにいる大臣達が判決した。いまだに結審できていないため、賢者マヌ大臣が尋問したのは、二人とも同じように旅を急いでいたのだが、汝等は穀物のことを話し合っていた。尋ねると、一人が旧種であると言った。もう一人は新種だと言った。旧種は生育せず、単に食用としてだけに適している。新種は再度生育するのでお金になる。それの方は利益が確かにあがる。旧種の主は新種の主に弁償せよ。もし二人が同じでお互いにののしりあい手を出した場合は、劣った方が優れた方に献納しなければならない、と賢者が判決したので精霊も人も喝采した。小鳥がさえずり、人々は楽しく笑みを浮かべたので、旧種の主が新種の主に対して喜んで食物を与え、それを受け取ったという法なり。

二．牝牛と牡牛の法

第二回目に判決した法は（つぎのとおり）。牝牛と牡牛の二頭の（所有）主が別々であった。牝牛には、牡牛と牝牛が沢山生まれたので、わしの牡牛ゆえにお前の牝牛が妊娠できた。生まれた牛を平等に手に入れるのがよい、と牡牛の主が言った。（しかし）牝牛の主は与えようとしない。わが牝牛から生まれた牡牛、子牝牛だからだ、と。（両者の）争いになったので、大臣達はその牝牛に生まれた牡牛を牡牛の主に取らせよ。子牝牛を牝牛の主に取らせよ、と判決したが、それで事は済まなかった。賢者が尋問したのは、動物が生まれた二人の子供を分け合うことが出来るなら言うことはない。人間の場合、男奴隷と女奴隷をその主人同士が結婚させたとすると、（その子供を）平等に手に入れさせるのが望ましい。（しかし）結婚させず相応しい自分の部屋を持たない場合は、生まれた息子や娘たちを男奴隷は手に入れることは出来ない。生まれた限り（の子供達を）を女奴隷に手に入れさせるべきであるから、その奴隷の話と比較すると、今動物同士が性行為に及んだ。牡牛が産んだ子、子牡牛、子牝牛を手にいれることは出来ない。牝牛の主に子供達を得させよ、と（賢者が）判決したところ、精霊も人間も喝采を送った。鳥はさ

えずり啼いた。両者が満足して終ったというのも一つの法なり。

三．若鶏と年配の鶏の法

第三回目に判決したのは（以下の通り）。ある人が、わしの（所有する）年配の鶏をお前の若鶏が蹴ったため目が見えなくなってしまった，と若鶏の主に訴えたため両者が法廷に出向いた際、若鶏の主に対して、年配の鶏の目を見えなくしてはならない。代償を与えよ、と大臣達が判決した。（これに対し）賢者は、人間社会では当たり前のことだが，鶏のオリ、鶏の家、鳩のオリ、アヒルの囲い、牛、水牛、羊たちは、いつも園に置かれているのか審査したところ、鶏のオリ、鶏の家、と飼育場が同じであることが分かった。それぞれ、ねぐら、家、飼育場は違っているのだが、正しく飼育されている場所へ正しく飼育されていない動物が現れて決闘した場合、大きさは同じではないが、飼育主の動物たちは折れず、目が見えなくならず、切断されず、つぶれなかった。折れ、目が見えなくなり、つぶれた場合は、飼育主にその替わりを与えなさい。関係のないところにやってきた動物たちが死んでも、折れても、切れても、壊れても、目が見えなくなっても、（飼育主に）罪はない。他人の飼育場を侵害したと判決しなければならない。（しかし）今は、飼育も同じ、飼育場も同じ、鶏を検証すると、鶏の背丈と大きさが同じである。汝等の二匹の鶏を決闘させたところ、年配の鶏は自分の目を自身の蹴《け》爪《づめ》で蹴ったのが大衆に見えた。若鶏は、蹴爪は長くなく、とうもろこしの種ぐらいしかなかった。汝（年配の鶏）のけずめの骨で目が見えなくなったのだ。（だから）若鶏に罪はない、と賢者が判決したのを、精霊も人々も喝采を送った一つの法なり。

四．子供を盗む法

第四回目に判決したのは、ある一人の少女が生んだ息子の父親をめぐって、二人の男が論争した。少女を尋問すると、二人はともに夫ではない。（少女は）性欲にかられて、前後見境がなくなり二人の男と関係を持った、と述べたので、本大臣達が、二人とも（彼女と）関係を持ったいずれか一方の息子であると判断できなかったので、二人の息子であると、と判決した。（しかし）賢者は、二人の男は、同じ月に関係を持ったが、別々の日に関係を持ったことは確かだ。（そこで）女性達の月経時期が白分（訳者注：満月から新月までの間）か黒分（同注：新月から満月までの期間）かを調査した。一人の男は白分に性欲がやってきた。もう一人の男は黒分に性欲がやってきた。二人とも性の奴隷になって快楽に耽っただけで、夫ではないことが分かった。女性の月経期を考慮すると、白分にやって来た男と性交して妊娠したのだ。一般的に言われることだが、外見でも分かる。外見を見れば白分に性交した人間の形と似ていることを大衆が知っている。白分に性交した人間の子供である。性交をするたびに妊娠するわけではない。三つの原因が合わさって初めて妊娠する。少女も（その男を）愛したことを明らかにした、と（賢者が）判決した際、精霊も人間も喝采を送ったというのが一つの法なり。

五．農民と樹木を支配する法

第五回目に判決した法は（以下の通り）。農園の仕事をする年配の畑作農民が慣例通り、自分の所有する土地に生育した芝生、蔦、藪、樹木等を刃物や刺股（ナイフ）で切っていたところ、若い樹木を切断してしまった。その樹木を守り支配する神が顕現して申すには、この樹木に三枚の葉が生育したとき、わしはそれを住みかとした。今は、象の高さ位あるが、わしの樹木を汝は切断した。わしは汝の首を切り落とす、と樹木支配の神が言った。畑作農民も、わしが所有している土地に生育する全ての樹木、蔦、藪、を切断する前から住んでいる。わしが所有しているから、わしが切断できるし、両親の財産もわしが管理している。汝は精霊、わしは人間である。森の中でのことでもある。王の下に行って、わしに殺す権利があるかないか判断を仰ごう。今、法に長けた賢者が大臣のポストに就いたという。畑作農民長老と樹木を守り支配する神が係争となり、先に言い合った通り陳述したところ、耕地を所有している者が（若い樹を）切断したとのこと、切断する権利を与えよ、と本大臣達が述べた。これに対して賢者が申したのには、汝達が述べた通り、道理としては正しい。しかし、双方が気づかず何も言わないでいたならば、これ以外の判決はなかったであろう。今は、人間と精霊が適切な所有権を争っている。耕作している畑作農民は、土地や土地の上に現れた生産物を所有している。樹木を支配する神も、樹木に最初に生育した葉を摘んで、それらをウェッタンタワン始め大精霊達に献上しなければならない慣わしになっている。夜叉や精霊達に奉納する時期に、（畑作農民が）樹木のもとへやってきて、若木を切り落とし、軽率に入園したことで（樹木の神）に対して供養《くよう》せよ。さもなければ、（樹木の神をして）そこに入った人間を食べる権利を与えるのが代々からの慣例である。今、畑作農民が所有している土地で起こった。彼に切断した（若樹）を所有させよ。（他方、）樹木の支配神には怒って畑作農民の首を切断する権利がある。しかしながら、最初に過ちを犯したものより、あとで過ちを犯した者がより罪が深い。汝は精霊、汝が人間である。両者が共に感謝して、家の前でも、木の柱を地中に埋めて、人間の高さの小さな棚を作り、その食物の最初のものを精霊に供養せよ。汝、樹木の支配神も怒りが収まり、汝を尊崇している人間を助けたまえ、と判決したところ、精霊も人間も喝采を送ったのも一つの法なり。

六．黄金の壺を得た法

第六回目に判決した法というのは（次の通り）。ある四人の人物が同意の上森に出かけたところ、毒蛇に出会い、後を付けたところ、蛇が咬んだため一人が死んだ。三人が叩いたため、蛇は死んだ。皮を剥いだところ、黄金の壺が手に入った。死んだ者の妻も黄金の壺の半分は関わりがあるといって、大臣の家にやってきた時、最初に言っていた通り述べ合った。命を失ったのだから妻が半分手に入れるべきだ、と本大臣達は判決した。これに対して賢者が判決したのは、この蛇に出会わない前、森に出かけるとき、良いものも悪いものも等しく分けるという了解のもとに出かけた。虎や獣達が咬んだためにある者が死んだが、人が替わりに償うべき理由はない。運が悪かったのだ。お前達は、助け、埋葬すべきであるだけだ。死ぬことも運が悪いために、死ぬことから逃れられない。三人ゆえに死ぬのではない。毒蛇に咬まれて死んだのだ。それからその蛇を三人が殺したので死んだ。黄金の壺を手に入れたのだから、死んだ人間の妻も一部を手に入れさせよ。均等に手に入れさせよ。戦場で兵士達が協力して得たものと同様である、と判決したので、精霊も人間も喝采を送ったというのも一つの法なり。

七．瓜の法

第七回目に判決した法は、ある村に、相隣合う二人が庭園を塀で仕切っていた。一方のもとで瓜の木が生育した。（その木が）もう一方の庭園に伝って実がなった。（その主は）実を摘んだ。瓜の主が、その実の根っこはわれの木だ。（いや）それがわが庭園に入ってきて実がなったのだからわれの所有（物）だから、われは摘み取ったのだ。（と言って）争いになった。二人が賢者のところに赴いた。言い争っていた通り、陳述し合った際、彼の庭園に入って実がなったのだから庭園の主に所有せしめよ、と（賢者が）判決したのを精霊も人間も喝采を送らなかった。（賢者は）人間も精霊も判決を好まないのを知って、間違を犯した。少し熟慮してみる、と言った。七日間のうちで、六日（間）、精霊達が喝采を送っていたのを知って、人々も喝采を送った。（しかし、）今回は人間も精霊達も喝采を送らないので、（自分の判断が）正しくないと智慧で悟った。天界に赴くすべての者は誠心誠意の布施行為を行ったが故である。大菩提樹も元は小さな種から大きくなったのだ。この人間界で恩恵に浴し天国に赴いた者は全て、真の布施ゆえであった。大きな菩提樹も小さな種から大きくなるのだ。（今回の場合も）根っこのある主の主張が正しい。もう一方の庭園主が摘み取ってはならないのだ。木の根っこの所有者の物とせよ、と判決してはじめて、精霊・人間が喝采を送ったという一つの法なり。

かくの如く、七日（間）判決したところ、瓜の法において誤ったが故に、マヌ大臣は裁判官を続けることを畏れた。（また、）世帯を持つことに縛られたくなかったので、苦行・出家僧となり暮らしたいとマハータマダ王に大臣のお暇を乞うた。そのとき初めて、王はマヌ大臣に苦行者・出家僧になることを許し賜われた。何度も何度も恭しく拝礼しあそばされた。マヌ大臣が赴くところまで見送って何度も何度も拝礼しあそばされ、残念がり嘆かれながらも、よい結果が得られますように、と申し上げた。マヌ大臣はどんどん歩みながら、他の苦行者が楽しく修行しているところの、マンダケインイー湖近くの石だらけの山の洞穴近くにある洞穴内で、煩悩に悩まされていた。その場所で、日々、一掌尺と四本の指の長さのあるのぼり来る若々しい朝の太陽の姿に似た大地をカタイン・シュ（大地に目を定め）瞑想[20]し、大地よ、大地よ、と黙想しているうちに、最初のザーン（超能力）を順番に会得して、天空へ昇った。宇宙の果ての境界に象、馬、水牛、牛と等身大の、文字のある、豊富で大きい学識者が愛好する立派で清浄さを起させるところの、幸福をもたらすところの、深遠な判決の含まれた格別で新鮮味ある方法で飾られたところの、学識ある尊者達が依拠し判決しあそばされるところの、ダマタッ[21]を記憶して帰り（金版文書）に書き写し、全世界で将来にわたって繁栄がもたらされるように、との願いを込めて、マハータマダ王に献上した。これが、マヌ・アチエー（＝マヌヂエ）の第一章に含まれた法である。このマヌ聖典は生涯読む者の全ての知識として暗誦し記憶しおかなければならない。いつも確実に携行し記憶しおかなければならない。かくのごとくきちんと携行し、いつも正しく、思料深い学識者たちの財と知の備わった威厳は消滅せず、長い輪廻の繰り返しのなかでも記憶しなければならない。学が備わり知識が豊富となり、学の真髄で満ち溢れるであろう。

［本文中の（　）内は、訳者による補足］

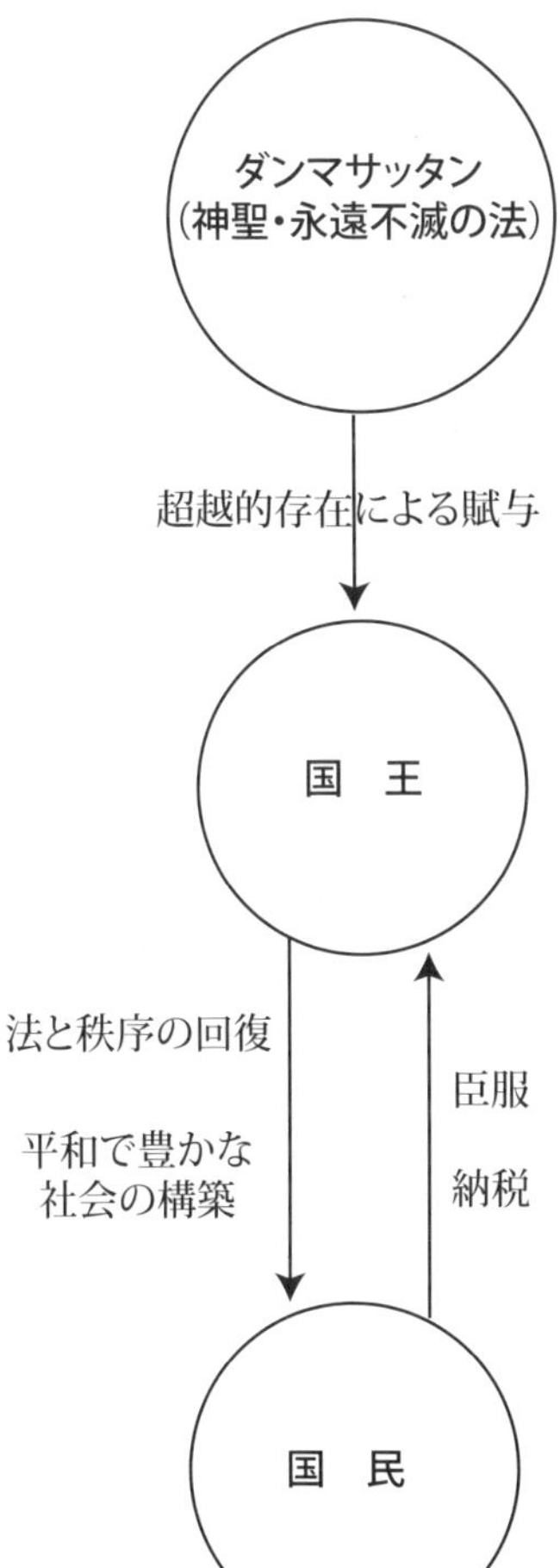

図　伝統法と国王と国民の関係

訳者注

（1）この記述は、実際は、『ミリンダ王問い経』ではなく、『未来史』（*Anagatavamsa Attakatha*）にみられる。
（2）現劫（世界）に至る過去の五つの劫を指す。
（3）比丘（びく＝正僧）が携帯する八の資具で、内衣、上衣、複衣（マント）、帯、水濾し（托）鉢、剃刀、針を指す。
（4）ビルマ語 *yuzana*〈サンスクリット語 *yojana*〉（「くびきにつける」の意）借用語、漢語への音写「由旬」、「牛に車をつけて一日引かせる行程」で一説に約七キロメートルとの説あり。［『岩波仏教辞典　第二版』（二〇〇二 五一一〇〇二六頁）］
（5）仏教宇宙の中心に聳える須弥山の周辺に浮かぶ東西南北の島のうち、東の島を指し、「東勝見州」と称する。
（6）ビルマ語 *Yuganndo*＜パーリ語 *Yugandhara* の借用語で須弥山の周囲の九山の一つで、「持双山」と訳される。
（7）月が一つの星座を起点と天球を一周してもとの星座に戻ってくる日数は大よそ二七日余であるが、この月が宿泊する星座に名前を付けたものが二七宿である。
（8）hsanda ya（望みを得る）と *sanda ya*（月を得る）の、「望み」と「月」という言葉をかけたもの。
（9）male という植物はジャスミン（jasmine）を意味すると思われる。
（10）パーリ語 *vacana-attha*（語義の意）のビルマ語借用語
（11）nwa-kaunthaは、マホーサダ・ジャータカ（*Mahosada Jataka*）［仏陀前世物語の一つ］において、七歳で村落社会で名裁定して登場する賢者少年を彷彿させる。
（12）*athikara*「傑出した」の意。
（13）*kalan* 王朝時代の下級官史
（14）*thanpyin* 王朝時代の官吏
（15）*dunsada* アウトカーストのこと。
（16）貨幣の単位と考えられる。
（17）*kalan, dethan, aggan, danan* の四つを指す。
（18）yadana koba（九種の宝石のこと。すなわち、ダイアモンド、エメラルド、黄玉、サファイア、ルビー、真珠、猫目石、珊瑚、柘榴（ざくろ）石を指す。
（19）裁判の決着が付かない場合に用いられた4種の結審方法。通常は、潜水競争、口内穀物噛競争、耐火持続競争、鉛火耐久競争、の四つであるが、一般的には裁判官の前で、当事者双方が、水に潜り、長く潜っていた方を裁判での勝者とした。
（20）ビルマ語でカタイン・シュ・デー（*Kathain shu de*）と呼ばれるものである。
（21）仏教宇宙の果ての鉄囲山（てっちせん）に何者かによって書きおかれた聖なる法。

出典

Manukye Dhammathat 1903. Yangon:Hanthawaddy Poun-hneit Taik.（ビルマ語テキスト）

THE DAMATHAT, or THE LAWS OF MENOO Burmese Text with English Translation by Dr. D. Richardson. 1896（4th Edition）. Rangoon: Hanthawady Press

コラム2　岩城高広　ミャンマーの三大王と東南アジアの歴史

ヤンゴンにある国立博物館を訪れると、大通りに向いた三体の大きな像をみることができる。本コラムのテーマになっている三人の王、すなわちアノーヤター王、バインナウン王、アラウンパヤー王の像である。また筆者は未見であるが、首都ネーピードーにも同様の巨大な像がある。映像などでよく紹介されるのはこちらであろう。この三者はいずれも、王国の時代の歴史を語る際には欠かせない存在なので、本コラムでは「三大王」と呼んでいる。はじめに、三大王のプロフィールを簡単に紹介しよう。

アノーヤター王（在位 一〇四四〜七七）は、ミャンマーにおける公式の歴史叙述によると、バガン王国（一一〜一三世紀）の初代王である。一〇五七年、南部にあったモン族の都タトンを攻め、同地の僧侶や仏典を王都バガンにもたらしたとされる。バガンでは人びとの間に上座仏教が広まり、信仰のあかしとしておびただしい数の寺院や仏塔が建立されることになる。こうしてアノーヤター王は、今日のミャンマー中央部において、王国支配をかためるとともに、仏教国としての基礎を築いた。ただし、王の事績にかんしては、よくわかっていない点も多い。

バインナウン王（在位 一五五一〜八一）は、タウングー王国（一五〜一八世紀）の第三代王（全国統一を果たしたダビンシュエーディー王を初代、バインナウン王を第二代とする説もある）である。即位前からダビンシュエーディー王（在位 一五三一〜五〇）に仕える武将として力を発揮した。即位後はラカインをのぞくミャンマーの大部分をおさえたあと、アユタヤ王国を服属させるなど、今日のインド北西部からラオスにかけての地域に勢力を広げ、大陸東南アジアで覇をとなえた。この過程で、アユタヤではミャンマーの暦（タイでは小暦と呼ばれる）が、タンルイン川以西の地域ではミャンマー仏教が受け入れられている。また王が都としたバゴーは、要港として繁栄した。

写真　ミャンマーの三大王
（バゴー・カンボーザターディー旧王宮内博物館内展示）

　アラウンパヤー王（在位一七五二～六〇）は、コンバウン王国（一八～一九世紀）の初代王である。バゴーに拠った勢力の北上によって、タウングー王国が崩壊したあと、現在のシュエーボウ（別名コンバウン）で自立した。王は、タウングー王国の都インワをおさえると、南部へ進み、ダゴン（王によって、ヤンゴン＝敵の殲滅、と改名された）、バゴーなどを制圧、短期間で今日のミャンマーの大部分を勢力下においた。その後、アユタヤ攻略を試みたが果たせず、撤退の途上で死去したと伝わる。王の治世には、ミャンマーの慣習法を網羅した『マヌヂェ・ダマタッ』と呼ばれる法典が編纂されている。

　三大王のことがさかんにとりあげられたり、巨大な像が造られたりしたのは、近年では国軍が政権にあった時期（一九八八～二〇一一年）である。三大王には、仏教国としての礎を築き、大陸東南アジアで権勢をふるい、今日の国家の枠組をつくりあげた、という歴史的役割が与えられている。さらに、これをなしとげたのは、多民族国家ミャンマーにおける多数派（ビルマ族）であったことも含意されている。国民の結束や国家分裂阻止を使命とした軍事政権は、三大王の事績をとおして、その主張を歴史的文脈からも正当化しようとしたのである。

もっとも、三大王とビルマ族を中心とする政治統合のストーリーは、最近のものというわけではない。一例として、半世紀ほど前に米国で出版された、ヤンゴン（ラングーン）大学元学長ティン・アウン（Htin Aung）による『ビルマの歴史』（*A History of Burma*, 一九六七年）をあげることができよう。これは、ビルマ族が築いた三大帝国（第一ビルマ帝国＝バガン、第二＝タウングー、第三＝コンバウン）と三大王とを活写したものである。このように、三大王は王国の時代だけに存在したわけではなく、現代史のなかにも生きている。ただし、三大王が語られる文脈によっては、ときの政権の政策にそったかたちで、その事績なり人物像なりが誇張されてしまう可能性があることには注意を要する。

歴史研究の面からいえば、ミャンマー史上のキーパーソンである三大王について、おのおのの事績や治世下の政治統合の内実を明らかにすることは、重要な課題である。他方、ミャンマーから視野をやや広げ、東南アジアの歴史のなかで三大王を位置づけてみることも有意義であろう。三大王とその王国を、相対的にながめることによって、気づかされることも少なくないからである。そこで本コラムでは、三大王とその王国が登場してくる歴史的背景を、東南アジアの状況に照らしながら述べてみよう。

アノーヤター王の登場にはかなり先立つが、紀元後数世紀から、東南アジアの国ぐには、東西両世界を結ぶ海の道が発展したことを背景に、ヒンドゥー教や仏教とそれにまつわる神話や王権思想、法や語彙など、インド由来の文物をさかんにとりいれていた。ちょうど日本が中国の文物をとりいれたのと同じで、例えば、現在のミャンマー文字をはじめ東南アジアの文字の多くは、南インドの文字をもとにしてつくられた。こうしたインドの文物のとりいれを、東南アジア史では「インド化」と呼んでいる。ただし、何でもとりいれたわけではなく、例えばカースト制度は、社会のあり方が異なる東南アジアでは、実質的に受けいれられなかったと考えられる。

東南アジアの支配者層にとって、とりいれた宗教思想や王権概念を利用することは、みずからの地位や権力を正当化するために好都合であったと考えられる。他方、政治的利用の問題とはべつに、東南アジア史における「インド化」を考える場合には、インドのたんなる模倣ではなく、とりいれたものを長い時間をかけて現地の文脈にあわせて発展させていった点にも眼を向ける必要がある。バガン王国のもとで建てられた多数の寺院・仏塔建築を、時間を追ってみていくと、ミャンマー的な様式ができあがっていくさまがわかる。アノーヤター王個人の事績には不明な点があるとしても、その後のバガン王国下のミャンマーは、スリランカ系上座仏教文化をとりいれて「くに」としての枠組みをととのえながら、文化的独自性も生み出していった。こうした過程は、おもな宗教がヒンドゥー教であるという点では異なるものの、大建築群をのこしたアンコール王国などでも同様に経験された。

バインナウン王が登場した一六世紀は、世界的規模で海上交易が発展していた時期で、東南アジア史では「商業の時代」と呼ばれる。東南アジアの国ぐには、さまざまな手段でこの交易世界に対応した。海域では、イスラームを受け入れることによって、交易のおもな担い手であったムスリム商人をひきつけた。世界各地から商船が訪れたアユタヤ王国では、王室が貿易の利を独占するシステムが整えられた。ダビンシュエーディー王、バインナウン王治世の勢力拡大の背景にも、海上交易への関与があったと考えられる。王都が南部のバゴーに移されたことは、なによりの証左であろう。戦闘に際して火器やポルトガル人傭兵が駆使されたといわれるのも、この時期ならではのことである。タウングー王国の拡大は、王個人の武勇だけでなく、交易の富や新たな戦術、勢力下においた地域で動員された人力が支えていた。

ところで、この時期の東南アジアの輸出品といえば、香料・香辛料が有名であるが、ミャンマーの場合は米や船舶用のチーク材が重要であった。さらに最近の研究では、南部での陶磁器生産がさかんであったことがわかってきた。ミャンマー製陶磁器の出土例は、西はアラビア半島、日本では沖縄、長崎、堺などにあり、この時期の交易網の広がりを示唆する。「商業の時代」における広範な地域間交流の活発化は、タウングー王国の拡大を促し、王国の拡大がまた、地域の人的・文化的交流を促したといえよう。

アラウンパヤー王が登場した一八世紀はどのような状況だったろうか。海域では、オランダ、スペインなどによる植民地化が進展していたが、大陸では、一九世紀にかけて、今日の国家につながる政治統合が形成された。ベトナムでは一九世紀初めにグエン朝が興り、タイではアユタヤ王国が滅んだあと、一七八二年代にバンコクを首都とするラタナコーシン朝が成立した。ミャンマーとタイとの抗争もその後終息し、今日の国境線とは異なるものの、領域的なまとまりが明確になった。

ミャンマーでは、一七世紀後半、バゴーから内陸のインワに遷都されて以降、コンバウン王国下でも内陸に王都がおかれつづけた。このため、一見すると閉鎖的な体制が、植民地化をまねく遠因となったと評されることもある。たしかにバンコクなどと比べてみると、ミャンマーの都は外界との接触は限定されたであろうが、エーヤーワディー川を利用すれば、海陸両方に目配りが可能である。実際、コンバウン王国下においても、河川や港の管理は王の関心事であったし、陸路を用いた中国との交易は活発に行われていた。また、コンバウン王国の都には、ヨーロッパをふくめた各地の商人、宗教者が来住していた。例えば、王室に出入りして、ミャンマーの支配者層に海外の情報や知識を伝達した宣教師は少なくない。ミャンマー側も、こうした人びとを利用して、交易品を得たり、対外交渉にあたらせたりした。同様に、王国の外交・貿易を担当する王国政府の役人には、外国生まれの商人が任命されることが多かった。アラウンパヤー王が原型を築いた体制は、必ずしも閉鎖的・孤立的だったわけではなく、そのなかでは多様な背景をもった人びとが行き交っていたといえる。

このようにみると、ミャンマーの歴史は、すぐれた君主だけではなく、内外のさまざまな人びとの営み、活動によってつくりあげられてきたことがわかる。わたしたちが歴史にふれるとき、リーダーの存在にまず眼が向いてしまうのは、自然なことである。一方、リーダーが登場した歴史的背景や時代状況にも眼を向けてみると、それが必ずしも一国だけの事象ではなく、東南アジアあるいは世界の動きともつながっていることに気づかされ、わたしたちの歴史的な視野は広がっていく。この意味で、ミャンマーの三大王は、歴史的想像力を豊かにするヒントを、わたしたちに示してくれているのである。

第3章
英国植民地支配下のミャンマー
―植民地支配下の社会経済変動―

斎藤照子

1　植民地支配と東南アジアの近代

一八二六年、第一次英緬戦争での敗北の結果、沿海地方のラカインとタニンダーイーを失い、一八五二年には、第二次英緬戦争によって下ビルマ一帯を失ったビルマ王国は、一八八五年の末に、ほとんど戦闘らしい戦闘もないまま、最後の対英戦争に敗れた。翌年の一月一日、インド総督は「従来ティーボー王の支配下にあった領土は女王陛下の領土となる」として、上ビルマ一帯の英領インドへの併合を宣言、英領インド・ビルマ州として全土が植民地支配下におかれるようになった。

コンバウン王朝最後のティーボー王の時代は、中央王権の権威が低下し、シャン地方では複数の藩王がティーボー王政府の増税措置に反発して反旗を翻し、中にはティーボーに代るべきビルマ王候補を担ぐ運動を展開する者たちも出るなど、各地の情勢は混沌としており、［Sai Aung Tun 2009：125-130］英国は上ビルマ平定にそれから数年を要した。

当初、英国は併合後の上ビルマを保護国として間接統治下に置く可能性も検討していたが、中央王権、在地権力ともに有効な統治能力を失効しているという判断を下し、［Thant Myint-U 2001: 190-218］すでに英領支配下に置かれている下ビルマと併せて上ビルマ中央平野部一帯を直接統治下に置いた。しかし平野を取り巻く山岳地域では、従来の藩王、土侯などに対し、英国統治に従うことを条件としてその地位の存続を認め、間接統治を行うこととした。このように異なった政治制度が併存する形で、植民地ビルマが統治されたことは、その後ビルマのナショナリズム運動や、独立後の政治にも深い影響を及ぼすことになった。

本章では、社会経済史の観点から一九世紀後半から二〇世紀の前半にかけてビルマに起きた変化を辿り、それが独立後にどのような影響を及ぼしたかということを考えてみる。欧米による植民地支配が東南アジアにどのような影響を与えたかという問題は、前植民地時代のこの地域の歴史研究が深まるにつれ、大きく書き換えられてきた。長い間疑われることがなかった一つの見方、すなわちヨーロッパによる植民地支配によって東南アジアに近代的な政治・経済制度、文化などが移植されたと考える歴史観は、過去のものになりつつある。例えば、V・リーバーマンは、フランス、ロシア、そして日本と同様に、東南アジアにおいても地域間における交易、思想、技術の交流によって一五世紀から一九世紀までの長い時間をかけて緩やかな政治的、文化的統合が進み、近世・近代の特色を備えた社会・政治・経済の諸現象が出現していたと論じている［Lieberman 2003］。世界史の流れの中で、これらの国々は文化的、技術的交流のなかで、それぞれの独自性を発揮しながらも大きく同じ方向に動いていたとする見方である。

東南アジア大陸部では、一八世紀までにコンバウン朝ビルマ、

写真　コロニアル風のヤンゴン中央駅（ミャンマー鉄道の起点）

トンブリー朝シャム、阮朝ベトナムを中心に、現代の国民国家への連続性が認められる領域の統合が進んでいた。経済面においても、一九世紀前半から中葉にかけてはビルマにおける中国向けの綿花栽培の普及や、潮州華僑によるタイでの砂糖黍プランテーションの展開など、輸出向け商品作物栽培の普及が顕著になるなど、新しい動きが目立つ。それぞれの王政府は、様々な国際的圧力や対外交易の拡大のなかで、経済の近代化も試みている。例えば、ミンドン王政府が行った一八六七年の通貨改革は、英領インドのルピー貨とほぼ同質、同重量の通貨を発行して、王国通貨の統一を果たすだけでなく、英領下ビルマとの交易の利便性を図ったものとして注目される［Saito 2012：44-47］。

東南アジアを世界市場に向けていわば強制的に開放していったヨーロッパ諸国による植民地支配がこの地域に与えた衝撃の大きさを軽視することはできないが、植民地時代を見る視線も、宗主国と植民地の支配―被支配の関係だけを重視するのではなく、周辺地域やより広い国際関係を視野に入れ複合的に見るようになった。また植民地統治下において社会経済変化を推し進めたのは、植民地政庁や西欧資本家だけではなく、東南アジア域外の中国系、インド系の人々、そして現地の人々、とりわけ小規模自営農の積極的な反応だったことも重視される。背景の異なったそれぞれの人々の動機はそれぞれ別個であったにしろ、一九世紀以降のイギリスが覇権をふるった帝国主義時代における「経済的自由主義」のもとで急拡大する輸出経済は、多様な人々の大きなエネルギーを解放したという側面が確かにあったからである。

しかし、そのエネルギーは、統治の権限が植民地政庁に集中し、圧倒的多数の現地人はほとんど排除されているという矛盾が先鋭に意識されてくる時代になると、経済状況の悪化など、様々なきっかけによって農民反乱、民族暴動、あるいは独立をめざすナショナリズムという形となって爆発するようになった。

2 人口動態の変化

一九世紀後半以降の経済社会の基本的変化の一つは、まず人口動態に表れている。コンバウン時代中—後期の人口については、上ビルマと下ビルマの人口比がおよそ三対一で上ビルマに比重が大きかったこと、および人口の変動幅が大きかったことが知られている。コンバウン朝の前半期は、東西の周辺諸国に対する戦役でビルマ軍は、ほぼ常勝しており、自軍の消耗をはるかに上回る戦争捕虜を王国に拉致して、チャウッセーやシュエボウなどの優良灌漑地に土地を与えて入植させ、兵士、耕作者、職人などの人口涵養を図っていた。しかし、一七八五年に対シャム戦争で初めての大敗北を喫して以来、軍事バランスは逆転し、一八世紀末にかけて多くの兵員を失い、農業生産にも大きな被害を出すようになった。その結果、一七八三年から一八〇二年の一九年間に、王朝の核心をなす中央平野部でおよそ三万四千世帯が減少したとみられる[Koenig1990:241-42]。さらに、一八一〇〜一二年には、かつてない規模の旱魃が続き、上ビルマ平野部一帯が史上最悪と言われる飢饉に見舞われ、多数の餓死者、廃村を出すに至った。この時の人口減少の実数は不明だが、ここで人口曲線が底を打ったことはほぼ間違いない。

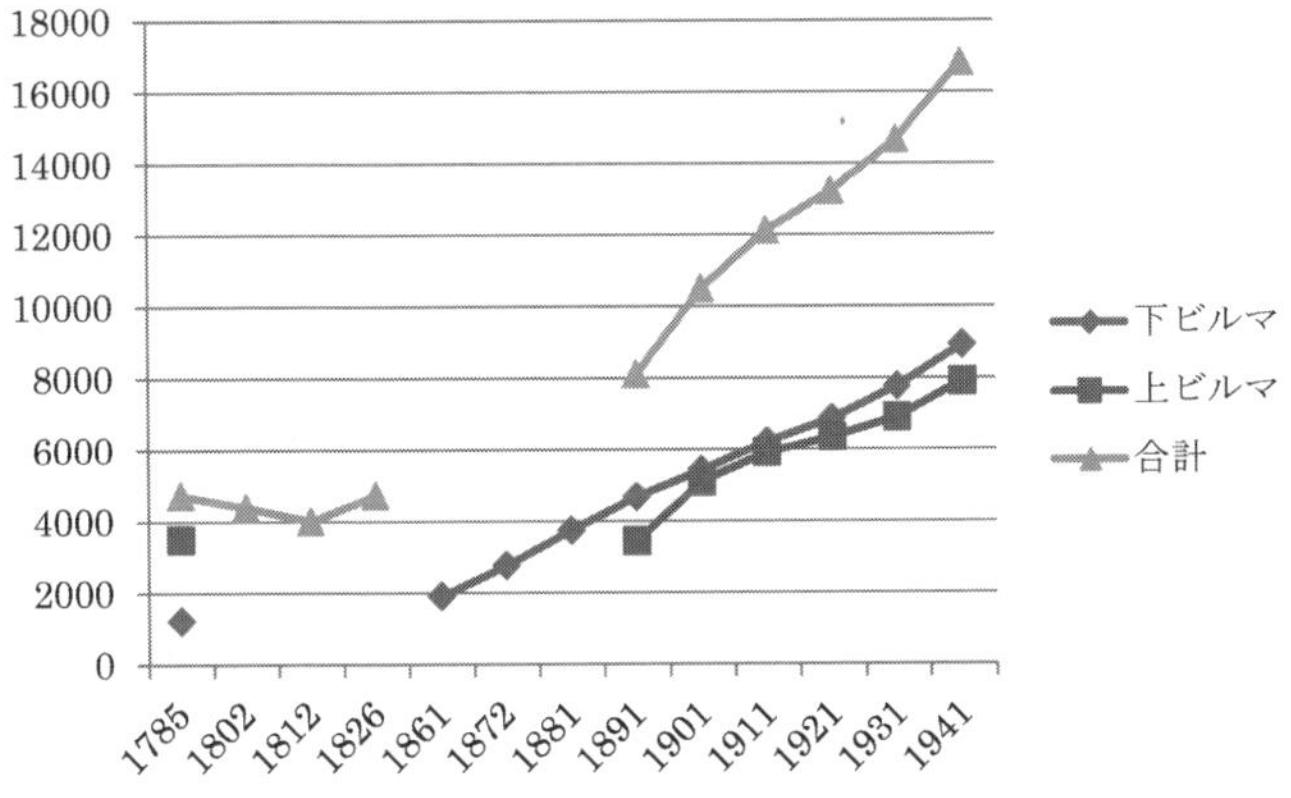

図1　人口 1785-1941（単位：千人）　　出典：Saito 1999:7

　しかし一九世紀半ば以降の人口動態は、図1で見るように、一貫して右肩上がりの曲線を描いている。しかも表1を合わせ見ると間接統治地域に多く居住する諸民族についても、人口増加傾向が及んでいることがわかる。一九世紀後半からの人口の成長は全世界的な傾向であり、食糧供給、防災、防疫などの進歩による生活水準の向上が指摘されるが、従来アジアの中でもっとも人口密度が低かった東南アジアでこの時期から

表１　エスニシティ別の人口分布 1901-1931　　（単位：千人）

年	1891	1901	1911	1921	1931
ビルマ	6229	7236	8307	9007	9627
カレン	534	718	920	1220	1368
シャン	178	787	996	1018	1037
チン	81	179	306	289	349
カチン	n.a.	64	240	147	153
その他	n.a.	168	359	305	685
土着民族計	7022	9153	11128	11985	13220
中国	42	63	123	149	194
インド	356	606	745	887	1018
インド＝ビルマ混血				120	182
その他	18	19	24	27	34
合計	7438	9840	12021	13169	14647

出典：1891, 1901, 1911 年は Report on the Administration of Burma, 1921. 1931.1921, 1931 年は Census of India, Burma Volume.

始まる人口の急成長については、植民地政府の強大な権力のもとで、王国間、地域間の戦争が抑えられ、戦火による人口の損傷が減ったこと、世界市場向けの一次産品輸出基地として東南アジアの輸出経済が急成長し、多くの人々が機会を求めて流入するようになったことが主な原因とされる。

ビルマでは、上下ビルマの人口バランスが逆転し、経済開発の中心となった下ビルマに多くの人々が流入した。初めは上ビルマから南下してくる移民が続き、その後はインドからの労働者が大量に入ってくる。インド人人口は、一八九一年の三五万六〇〇〇人から一九三一年の一〇一万八〇〇〇人にまで拡大している。数の上では少ないが中国人も徐々に進出し、精米業、商業分野では無視できない勢力となった。

王朝時代の対外交易港であったヤンゴンは、英領インド・ビルマ州の政庁が置かれ、その人口は一八六四／六五年の六万三〇〇〇から一九三一年には四〇万人に増加している。一方、旧王都マンダレーは、一八九一年には一七万人の人口を数えたが、一九三一年には一四万八〇〇〇人に減少している。植民統治下で政治経済のあらゆる機能を集めた一極集中の首位都市となったヤンゴンでは、英政庁の都市計画に沿って、港湾設備が整備拡充され、レンガ造りの重厚な官庁街、裁判所、刑務所などが建設され、ダウンタウンのホテルや商店街、人工湖を擁した郊外の住宅街などが整備され、ヨーロッパ風の異国的な街となってゆく。その二〇世紀初頭の住民は、過半数がインドから流入した人々であり、三分の一が街の周縁に住むビルマ人、残りの一割がヨーロッパ人と華人とであった。

3　社会経済基盤の変化

植民地時代の社会経済上の変化の一つに新しい経済インフラの登場がある。その使用が政府官庁や外国企業などに限られ、現地の一般の人々の生活にはほとんど影響をもたらさなかった電信、電話のような通信部門のインフラもあり、一方である程度の広がりをもった鉄道や郵便制度や、すべての人々の生活に関わった統一通貨制度の導入もあった。

通貨制度の例は、植民政庁による通貨制度の整備が王朝時代の通貨改革と連続していることをよく示す例である。一八八五年の王朝の滅亡のあとも王国政府によって発行された孔雀の刻印を持つ貨幣は、一チャット銀貨が英領ビルマの法定通貨一ルピー銀貨と同価値のものとして当面そのまま流通することができた。先に触れたようにミンドン王政府が、英領下ビルマとの交易の利便を考慮して、ほぼ同質、同重量の貨幣を発行していたためである。しかし初期に発行された孔雀印の銀貨の多くは溶融されており、のちに王立造幣局から発行されたものは品質が幾分か劣化していることが問題となり、政庁財務通商局は、一八八九年五月二二日、「一八九〇年三月末日を持って、上ビルマでのビルマ鋳貨による租税納入を停止する。また政府法定鋳貨（ルピー貨）との交換は行わない。」という通達をだす。シャこの通達は、商人だけでなく孔雀印鋳貨を保持している上ビルマやシャン州の人々全体に大きな動揺を与えた。シャン州の施政官はこの措置が行われれば、シャン州における資本は一挙に半減してしまうと書簡で訴え、各地の行政担当者からも同様な声が相次いだ。最終的には、一八九二年三月末日をもって孔雀印鋳貨の流通は停止となり、そのあと一年間に限り、一ルピーにつき一アンナ減価するという比率での交換を保障するという形で決着がつけられた［Ma

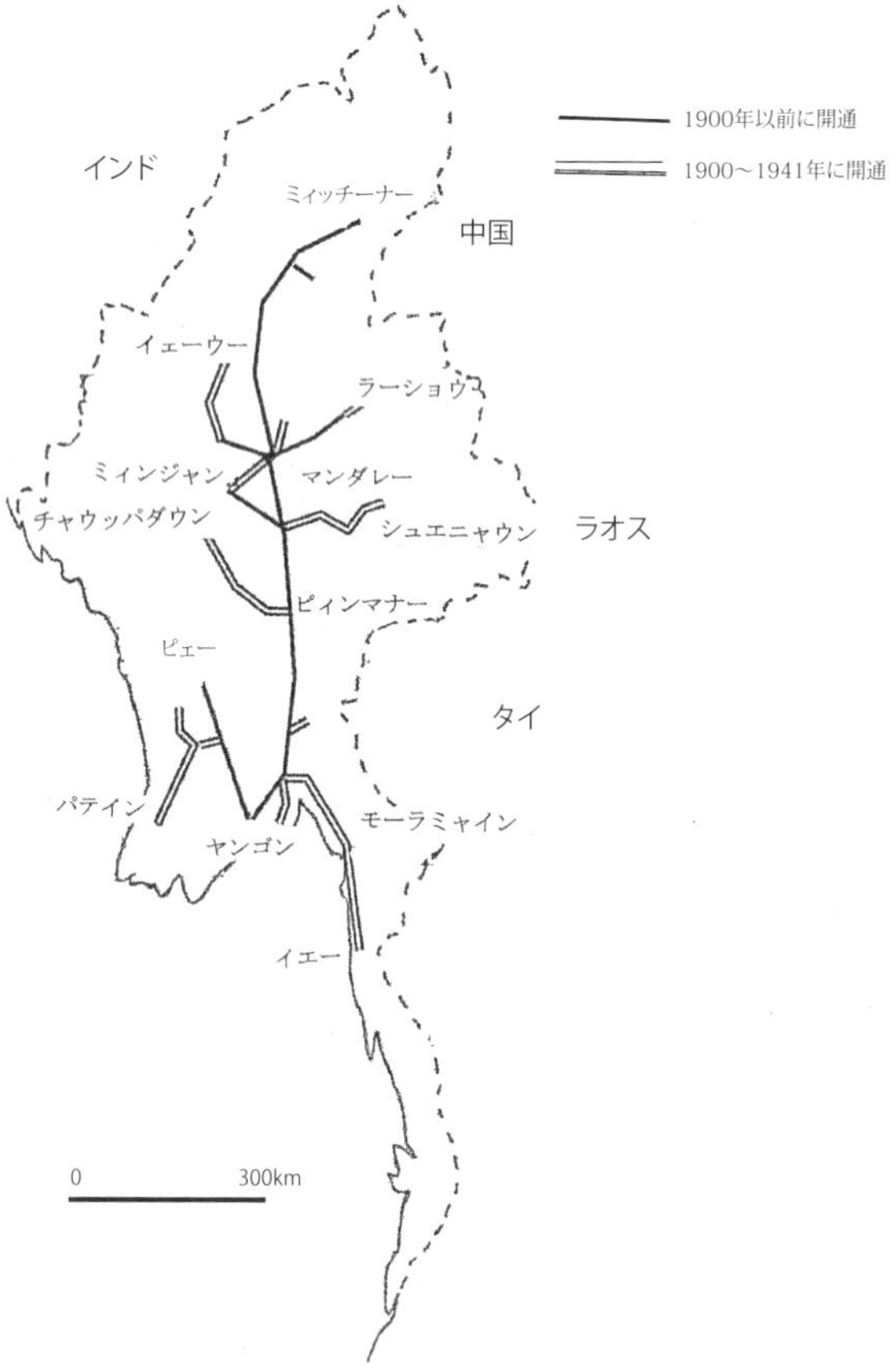

図２　植民地時代における鉄道の建設
出典：Kakizaki 2012:49

Kyan 2004:247-253]。王朝政府ですでに行われていた通貨改革が、イギリス支配下の通貨制度への移行に伴う混乱を軽微にした例と言えるだろう。

次に鉄道について触れると、ビルマ最初の鉄道は、一八七七年に開通したヤンゴンからビルマ王国との境界地点にあるピィーまでを結ぶ一六〇マイルだった。ついでスィッターン川方面の国境の町タウングーに至る鉄道が一八八五年に完成している。第三次英緬戦争に備え、東の国境の町に至る鉄路の建設が急がれたのだった[Wright 1910：144]。

一方、ティーボー王政府は対抗措置として、フランス人駐在官らが提案したマンダレーとタウングー間の鉄道敷設契約を一八八五年四月一三日に結んだが、実現には至らずに終わった[Keeton 1974：167, 192]。一八七〇年代、下ビルマを英領インド・ビルマ州として支配していた英国は、中国とビルマをつなぐため、マルタバン湾の海港モーラミャインからタイの領土を抜けて雲南に達するという鉄道を計画する。タイ政府は自国の領土を分割する結果を生みかねないとして、これを阻止するためバンコックから北に向けての鉄道建設を先行して完成させた［Kakizaki 2012:9］。これらのエピソードが示すように、植民統治下の初期の鉄道の敷設は常に政治的・軍事目的が優先した。

上ビルマ併合後は、タウングーからマンダレーへの鉄道が一八八九年に完成、続けてムー河西岸地域への鉄道建設が翌年始まった。マンダレーの対岸、ザガインから北に向けてミッチーナに至る三三五マイルが一八九九年に完成し、これが鉄路の北限となった。鉄道によって中国市場に到達しようというイギリス資本の夢はタイ領通過計画が挫折したのちも変わらず、マンダレー＝ラシオ間が一九〇三年に開通したが、険峻な山間地の鉄道建設が困難を極め、その先の中国国境までは、九五マイルを残して終結した。この路線を除いて、鉄路はすべて管区部に集中しており、間接統治地域におよぶことはなかった（図2）。

二〇世紀に入ると鉄道建設の伸びは目立って鈍化するが、商業的目的からの路線が敷設されるようになる。下ビルマのバゴー、モーラミャイン、イェーを結んだ線、およびレッパダンとパテインを結んだ線などであり、米をはじめとする輸出品の交易拠点への搬送が図られた。しかし、輸出品の主力であるコメについては、エーヤーワディー・デルタの入り組んだ無数の水路が搬送のおもなルートであり続けたことは変わりなく、舟は依然として最大の交通、輸送手段だった。

当時の鉄道は、ヤンゴンからマンダレーまでを一八時間、ラシオまでを四八時間、そしてミッチーナまでを四六時間で結んだ。従来の舟、牛車、そして馬などを使った移動に比べると、鉄道は驚異的な移動時間の短縮をもたらしたが、植民地時代を通じて、庶民の足である舟と牛車の位置を脅かすには至らなかった。

4　ビルマの輸出経済の特徴

植民地支配のもとで一次産品の供給基地として東南アジアが世界市場に組み込まれていった中で、ビルマの輸出経

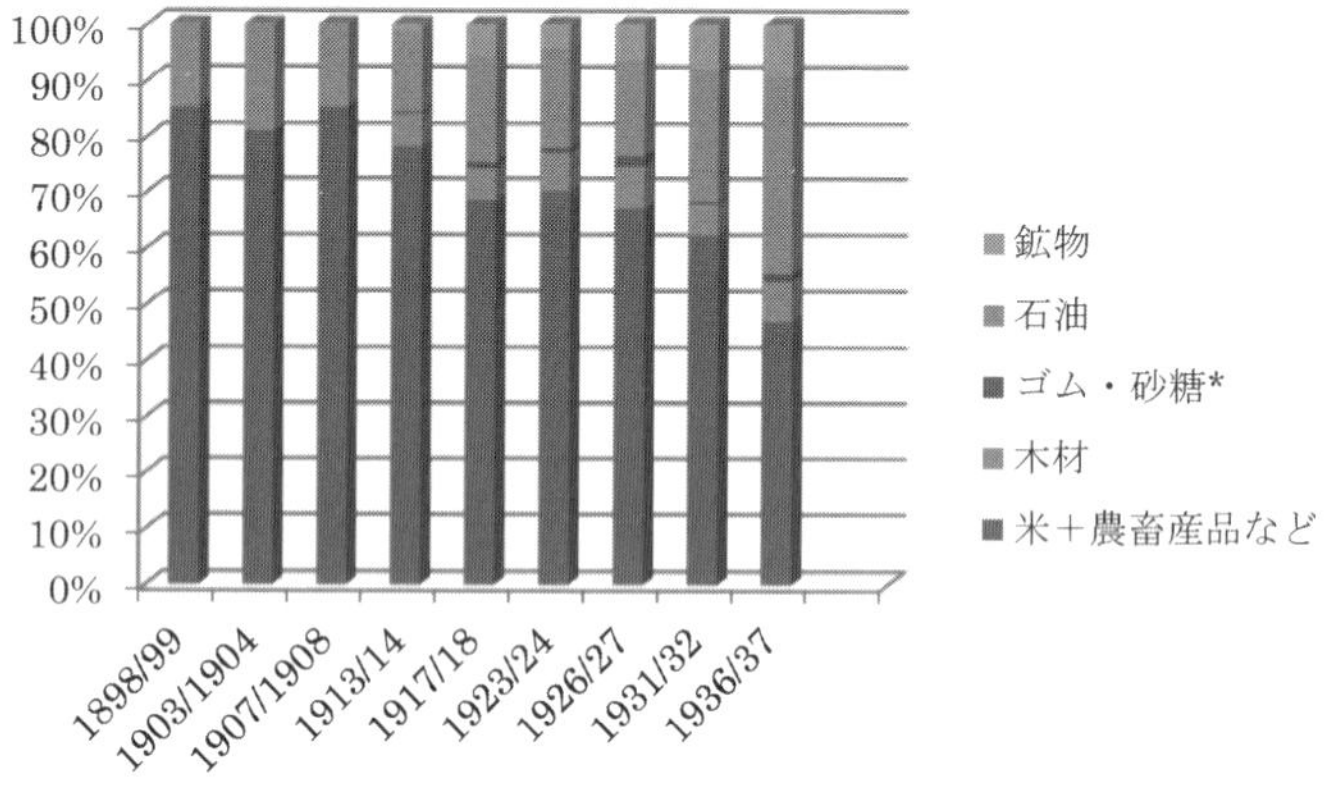

図３　ビルマの輸出品目構成比　1898/99-1936/37（%）
出典：Furnivall, Statistical Appendix より筆者作成。
注：Furnivall は、鉱物、石油、ゴム・砂糖、木材を資本家的経営による生産物
米＋農畜産品を現地人による生産物として二大別している。

済は米をめぐって展開していった。図３は輸出品の生産の担い手に注目したファーニヴァルの独特の分類による輸出品目構成の推移を示したものだが、一九三六／三七年を除くとビルマの輸出品はその大部分が現地人小農経営による生産物であることがよくわかる。資本家による輸出生産物と分類されている鉱物、木材、石油、プランテーション作物（ゴム、砂糖）は、採掘、切り出し、運搬などには現地人労働者が関わっているが、経営は外国企業によるものが大半である。

　米輸出経済の主要な舞台となったのは、下ビルマの熱帯降雨林気候のデルタ地帯であり、一八世紀半ばに赴任したイギリス人行政官たちが、二、三年で土地を捨ててゆく天水稲作と、わずかな塩つくりと漁労の集落があるのみで、ほとんど人跡稀であると描写した低人口地帯であった。この地を開墾し、海岸線のすぐ近くまで一面の水田に切り開いたのは、上ビルマから南下してきた人々であり、一八七〇年代には上ビルマの王政府が、人口の流出を恐れ、男子単身者の出稼ぎのみを認め家族での移動を禁止している中で、その規制をかいくぐって、夜間ひそかに移動するような人々の流れが途切れず続いた。

　こうした移民の流れが生じた理由として、王朝の課していた米輸出の解禁に伴って下ビルマに開けた米輸出経済のインセンティブの他に、上ビルマの社会経済状況にも目を向けたアダスや伊東の議論がある。アダスは一九世紀後半

に何度も生じた飢饉に注目し［Adas 1974：41-47］、伊東は一八五二年の下ビルマ喪失がもたらした経済困難に注目している［伊東一九八一：五一―五四］。一方で、一八五二年から八五年にかけての上ビルマの経済状況は、米を除く物価の下落、労賃水準の上昇などに見られるように、むしろ生活水準の上昇があったとする議論もあり［Tun Wai 1961：47-48］、確かな全体像はまだ十分つかめない。

一八八一年のセンサスは、下ビルマへの移住者の九三％までが上ビルマのドライゾーンと呼ばれる中央平野部の出身であり、そのうちの半数がマンダレー、ミンジャン、ミンブーの三県からの移住者であったことを示している。上ビルマで、もっとも貨幣経済と商業的農業の浸透していたこれらの地域の出身者が多いということは、移民の原因が貧困と飢えだけでなく、機会を求める積極的な行動でもあったことを思わせる。表2に見るとおり、一八八一年の時点では下ビルマの農業者のうち、自作農が七割強を占め、自作農中心の米作農業が成立していることがわかる。その耕作面積は、上ビルマの平均的な保有規模五エーカーの数倍におよぶ、一五～三〇エーカーだった。

5　市場と流通ネットワーク

同じころフランス領のメコンデルタ、タイのチャオプラヤデルタでも水田開拓が進み、東南アジア大陸部の三大デルタは、一九三〇年代には合計六百万トン強の米を世界に輸出し、その半分をビルマ米が占め、ビルマは世界一の米輸出基地になった。ビルマ米の輸出は、図4に見るとおりヨー

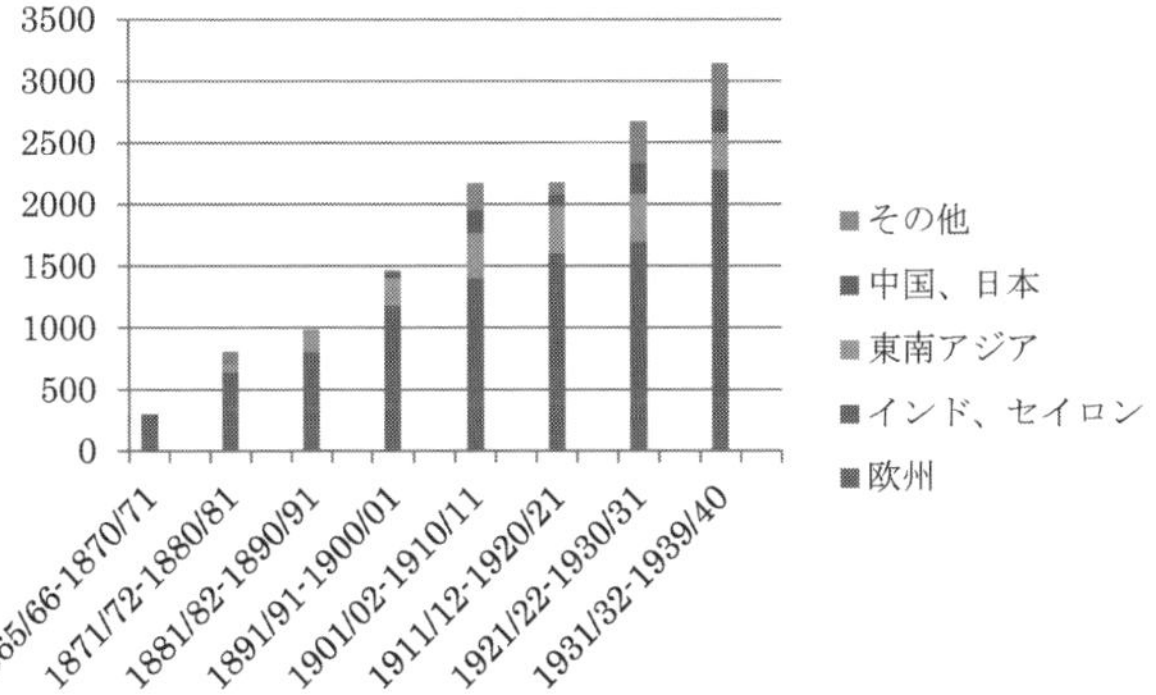

図4　米輸出仕向地　10年平均値（「単位1000トン）
出典：Cheng Siok-Hwa, *op cit.*, p.201

ロッパに向けて始まり、一九一〇年代まではヨーロッパが最大の輸出先となっている。これほど大量の米が一九世紀後半から、ヨーロッパでなぜ需要されたのか一見不思議にみえるが、一九世紀ヨーロッパにおける出版業の隆盛がもたらした製紙・製本業におけるでんぷん糊、産業革命後の都市貧民の代用食、醸造業など工業用原料、家畜の餌などの需要が重なったためだった。

これに対してコーチシナの米は香港、中国、タイ米は海峡植民地や香港、中国が主たる仕向け地であり、ヨーロッパ向けは比較的少なかった。これは、ビルマはガセイン種と呼ばれる小粒で硬い品種を輸出向けとし、ガセイン米は籾米と半搗き米の混合したカーゴ・ライスで送れば、喜望峰を迂回してヨーロッパに着くまでの約三カ月におよぶ長い帆船航路に耐えることができたからである。コーチシナとタイの米は大粒でやや大き目な柔らかい品種で、食味がアジア市場で好まれたが、長い帆船航路では、しばしば劣化を招いた。

第一次大戦後には、ヨーロッパは次第に上質な米を求めるようになり、ビルマ米はイタリア、アメリカ、スペイン米の競争の前に苦戦を余儀なくされる。しかし、それに代わる大口の需要がアジアの植民地に生まれたことで、補われてあまりあった。輸出向け商品作物が広がり自給用米の不足が顕著になった植民地、とりわけインド、セイロンのプランテーション労働者の食用に低価格の米が大量に必要とされたので

表２　農業者の構成比推移　　1881-1931（%）

下ビルマ	1881	1891	1911	1921	1931
地主	2.6	1.3	2.4	1.9	2
自作	71.2	61.9	41.3	34.5	22.7
小作	8	15.3	21.3	23.2	23.1
農業労働者	18.2	21.5	35	40.4	52.1
合計	100	100	100	100	99.9
上ビルマ		1891	1911	1921	1931
地主	n.a.	1.8	3.4	1.9	2.3
自作	n.a.	64.1	61.3	63.1	47.5
小作	n.a.	25.6	23.9	23.7	22.1
農業労働者	n.a.	8.4	11.5	11.3	28.1
合計		99.9	100.1	100	100

出典：Report of the Census of British Burma, 1872. 1881.
Census of India, 1891, 1921, 1931.

ある。一方、この新しい市場は、ビルマ米の窮地を救ったと同時に品質改良へのインセンティブを奪うことにもなった。食味の劣るガセイン米がそのまま需要されたからである。

ビルマ米を世界市場に結ぶネットワークは、一八八〇年ごろから徐々に発達する。その特徴は米を積みだす港市に立地する精米業者を軸として発展したこと、そして精米業者のエスニシティと輸出仕向地に強い関連がみられたことだった。ヨーロッパ系資本の精米所は、ラングーン、モールメイン、アキャブなどに立地し、精米されたコメはロンドン、リヴァプール、そしてアムステルダムへと送られ、そこから各地へと移動した。米の輸出業者、海運業者そして保険業者もいずれもヨーロッパ人だった。

これに対し少し規模の小さいインド人あるいは中国人経営の精米業者も交易港に精米所を建てる。中国人の精米業の進出は、サイゴンやバンコクに比べ遅れたが、一九三〇年代には海峡植民地や極東市場への輸出量が増加したので、徐々にその数を増やした。彼らの扱うコメはシンガポールや香港に送られた。インド人資本家はビルマが英領インドに併合されたため、同じ通貨や無関税という特権を有していたが、初期には精米業より貿易業務への進出が多かった。一九一〇年代以降インド、セイロン向けの輸出が増えるにつれインド系精米所の数が増えて行ったが、インド系精米所からだけでは必要量が賄えず、ヨーロッパ系の精米所やビルマ人精米所からも買い集めて、輸出に回していた。

ビルマ人精米所は数の上で多く、健闘していたが小規模で、米作地帯の中の地方中心地に位置しており、インド・セイロン向けのパーボイル加工米を除けば、すべて国内市場向けの米を扱った。

6　農業金融の担い手

デルタを開墾したビルマ人農民は、すぐに米の収穫を手にできるわけではなく、マングローブを切り払い、一年目は切り株の間に種を撒き、稲を育て二、三年目に切り株を掘り起こし整地するのだが、その間の経費や生計費のため、大多数は高利貸に頼った。植民地初期には在地の高利貸、そして中期から後期にかけてはインドのチェンナイ（旧マドラス）から進出したチェティアーの商会によって豊富な資金が提供された。チェティアーはチェンナイに根拠地を置く商業・金融カーストであり、一九世紀になると植民地支配のもとで輸出経済の急展開を見せたビルマ、セイロン、マラヤ、インドシナなどに広く進出したが、その中でビルマは最大の資本投下先だった。進出初期にはビルマ―インド間の交易や海運業に融資していたチェティアーは、一八八〇年代からは農業貸し付けに進出し、鉄道や河川に沿って次々に商会を設立し、農民貸し付けを広く行った。一九二九年には、ビルマ全土に一六五〇のチェティアーの商会が展開していたが、そのうちの八七％におよぶ一四三三商会が下ビルマに集中していた［RBPBEC 1930 : vol. I, 210-213］。一か月の貸付利子が五～一〇％におよんだビルマ人高利貸に比べ低利である月一～一・五％の金利で土地や家屋を担保として農民に貸し付けるチェティアーの融資に多くのビルマ農民が依存したのだった。

二〇世紀の初頭から一九〇八年にかけて、輸出米価格の上昇が続く中、デルタの開墾適地が逼迫する中で土地ブームが起こり、投機的な土地投資が過熱する。多くの農民が自分の土地を抵当に入れて金をこしらえ、農地の拡大を図った。しかし一九〇七年にアメリカに端を発した信用恐慌の影響を受けたチェティアーが貸付金の回収を急ぐと、借金を返せず、新しく購入した土地と従来の所有地をともに失う農民が続出したのだった。

第一次世界大戦後には、未墾地の消滅、米価の変動幅の増大、土地生産性の下降、生産費の上昇、そして都市での就労機会の狭まったインド人労働者の農業分野への進出など、米作農民の環境は次第に厳しい様相を帯びた。最後に一九二九年から始まった世界大恐慌の影響が加わる。三〇年六月から米価は下落を続け、一九二〇年代初頭にトン当たり一〇〇ルピー前後だった輸出価格が三四年には五〇ルピーを切るに至った。

7　小農民経営の崩壊と社会不安

一九三一年のセンサスによれば、下ビルマ全体で、農民のうち自作農の比率は三二・七％にまで減少していた。三〇年代後半には、東南アジア一般に景気の緩やかな回復が見られ、ビルマにおいても米輸出の規模そのものは年間三〇〇万トン前後の数字を達成し続けるのだが、輸出米価格は低迷を続け、その中で非農業者による土地の集積がさらに進み、エーヤーワディー・デルタ地域においては、一九三〇年に米作面積の三一％だった非農業者所有地の割合が、三四年には四八％、三七年には五一％に達し、そのうちの約半分がチェティアーの所有地となっていた［RLAC 1938：39］。チェティアーはビルマで土地を集積する、つまり地主化するよりは、土地を現金に換えてそれを故郷に送金し、様々な分野の経済活動へ投資することを目的としていたが、土地ブームがはじけた後は、抵当流れで取得した農地を換金することが困難になったのである。

こうして米輸出量が拡大を続ける一九二〇、三〇年代、ビルマ人農民の没落が進み、主要なコメどころでは村の過半数の世帯が農業労働者に転落するという事態が現出し、非農業者、とりわけチェティアーへの土地集積が目立って来た。一方インドからの出稼ぎ労働者の流入は年を追って増加を続け、精米所や港湾労働などの都市労働に就労できなかったインド人が都市から農村に還流し、ビルマ人より安い賃金、より高い小作料に応じて、ビルマ農業労働者や小作を脅かした。一方農村で農業労働から締め出されたビルマ人農業労働者の一部が、ヤンゴンにおける港湾労働などの単純肉体労働へと向かうことになった。

一九三〇年及び三八年に勃発したヤンゴンでの反インド人暴動、そして一九三〇年〜三二年の農民大反乱と呼ばれる下ビルマデルタ地帯を中心とした農民蜂起の一つの背景には、このような状況があった。この頃青少年期を過ごした新世代のナショナリスト、とりわけ独立運動の中核を担ったタキン党のリーダーたちの思想形成にもこうした社会不安は深い影響を与えた。彼らが独立に向けて書いた青写真では、経済的独立なしに政治的独立はありえないとされ、経済のビルマ化が最重要課題として意識されている。輸出経済の発展の結果、その生産を担った現地の小農民が無産者に転落し、果実はすべて外国人に持ち去られたという憤激がその底にあった［斎藤 二〇〇四：四八―五一］。そして、民族資本や企業家が育っていない中で、国家が国民を集約するものとして、経済計画立案、運営の主体として絶大な力をふるうという道が選ばれてゆくことになった。

注

王朝時代、植民地時代を対象とする歴史論文では、明治以来日本で定着しているビルマという言葉が現在でも多く使用されており、この小論でもビルマ王国、上下ビルマなど定着している表現をそのまま使わせていただきました。

引用文献

統計及び政庁報告書

Report on the census of British Burma, 1872,1881 年版 Rangoon: Government Press.
Government of India. 1892. Census of 1891. Burma Report.
Government of India. 1923. Census of India, 1921, Burma.
Government of India. 1933. Census of India,1931, Burma. Govt. Printing Office.
Annual Report on the Administration of (British) Burma, 1921, 1931.
Furnivall, J. S. 1960. "Statistical Appendix" to *A Study of the Social and Economic History of Burma* (*British Burma*). Mimeographed, Rangoon: Office of Prime Minister.
Saito Teruko & Lee Kin Kiong (eds.) 1999. *Statistics of the Burmese Economy; the 19th and 20th Centuries*. Singapore: Institute of Southeast Asian Studies.
Report of the Land and Agricultural Committee. 1938. (→ RLAC)
Report of the Burma Provincial Banking Enquiry Committee,1929-1930. 1930. (→ RBPBEC)

Adas, Michael. 1974. *The Burma Delta: Economic Development and Social Change on an Asian Rice Frontier, 1852-1941*. Madison: The University of Wisconsin Press.
Cheng Siok-Hwa. 1968. *The Rice Industry of Burma: 1852-1940*. Kuala Lumpur: University of Malaya Press.
伊東利勝 一九八一年「下ビルマの開発と移民：上ビルマからの移民をめぐって」『社会経済史学』四七―四：三三―五六ページ。
Kakizaki Ichiro. 2012. *Rails of the Kingdom; The History of Thai Railways*. Bangkok: White Lotus.
Keeton, C. L. 1974. *King Thebaw and the Ecological Rape of Burma; The Political and Commercial Struggle between British India and French Indo-China in Burma, 1878-1886*. Delhi: Manohar Book Service.

Lieberman, Victor. 2003. *Strange Parallels; Southeast Asia in Global Context, c.800-1830*. Vol 1: Integration on the Mainland. Cambridge University Press.

Ma Kyan. 2004. *Kon-baung i Nauk-hsoun A-Man*. Yangon: Myanma Yadana Sa-pe.

斎藤照子　二〇〇一年「ビルマにおける米輸出経済の展開」加納啓良（編）『植民地経済の繁栄と凋落』（岩波講座　東南アジア史6）：一四五―一六七ページ。

斎藤照子　二〇〇四年「ナショナリズムと経済思想―ビルマの国民経済構想をめぐって」根本敬編『東南アジアにとって二十世紀とは何か―ナショナリズムをめぐる思想状況』東京外国語大学ＡＡ研東南アジア研究六：三九―五九ページ。

Saito Teruko. 2012. *The State of Money in Circulation and Its Reform in Konbaung Burma: the 1790s -1860s*. Transactions of the International Conference of Eastern Studies（LVII）:29-47.

Tun Wai. 1961. *Economic Development of Burma from 1800 till 1940.* Rangoon: Dept. of Economics, University of Rangoon.

Wright, Arnold.（ed）. 1910. *Twentieth Century Impressions of Burma; Its History, People, Commerce, Industries, and Resources*. London: Lloyd's Greater Britain Publishing Co. Ltd.

コラム3　高橋ゆり

植民地文学に見るミャンマー思想
―テイッパン・マウン・ワの世界―

テイッパン・マウン・ワ（一八九九？～一九四二）と言えば、ミャンマーではオレンジ色の表紙の本で思い出されることが多い。中央には彼がヤンゴン大学を卒業した時撮影された肖像写真が見える。『小説随筆集』と題された同書はビルマ式社会主義時代には大学入学資格試験の課題図書だった。彼が一九三〇年から一九四一年の間に書いた短編作品の内、三六編を収録しており、英領植民地末期のミャンマー農村の状況をユーモアを交え生き生きと描写した創作であるとともに貴重な記録として評価されている。短文をたたみかけてくるような歯切れのよい文体は一九三〇年代には画期的で、彼は当時の新しい文芸思潮「キッサン・サーペイ」（時代の好みを問う文学）の代表的作家だった。しかしながら、その文学世界の魅力はそれだけにとどまらない。

『小説随筆集』は、植民地政府の高官「インド高等文官」(ICS, Indian Civil Service) になったミャンマー人青年マウン・ルーエイを主人公に、その日常のエピソードが綴られるスタイルをとっているが、テイッパン・マウン・ワ自身がインド高等文官であり、作品の多くは彼の実体験に基づいている。この短編シリーズの総数は一六〇編ほどあり、初期の作品から読み進んで行くと、テイッパン・マウン・ワの自叙伝的性格が明らかになり、彼の自己のアイデンティティ探求への強い関心が感じられる。自叙伝も当時のミャンマーでは新奇な文芸分野だった。これらの作品は経済恐慌と世界大戦、まだ先の不透明な独立運動に揺れる時代に生きるひとりのミャンマー人の喜怒哀楽を表した特筆すべき文学と言えよう。全編を通じ漂うのは「無常」感。「変りゆくのはこの世のことわり」という法を自覚しつつ、よりよい生き方を探るミャンマー上座仏教の教えの「無常」だ。独立後のミャンマーでは一部に植民地政府の高官だったテイッパン・マウン・ワへの反感も根強く、『小説随筆集』の編者は何とか彼の文学的価値を後世に伝えようと、社会主義のポリシーと抵触しない作品を選んで編集したもののようである。現在では他の作品も復刊されている。

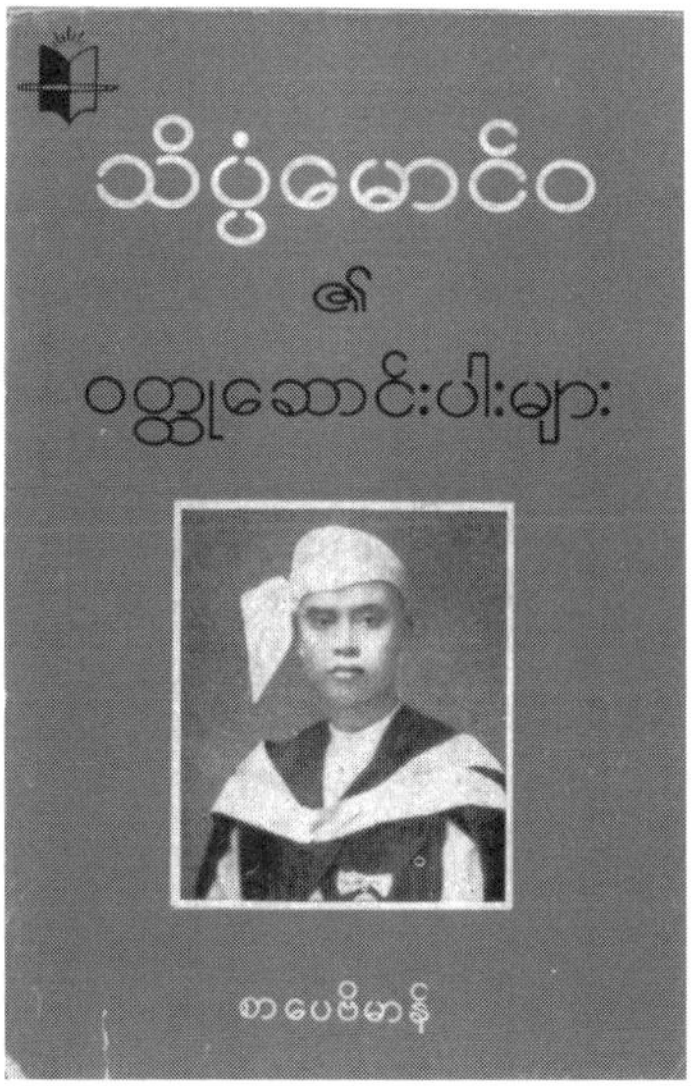

写真　テイッパン・マウン・ワ
『小説随筆集』表紙

植民地時代、テイッパン・マウン・ワほど将来の独立を見据えてミャンマーにおける議会制民主主義の確立を真摯に考えていた人物もめずらしい。母校である故郷モーラミャインの高校は、二〇世紀初頭からナショナリズム運動を牽引していたＹＭＢＡ（青年仏教徒協会）と太いつながりを持っていた。仏教近代化運動の流れを汲んだＹＭＢＡは、ミャンマー語の復権を標榜し、ミャンマー人の権利拡張運動に努めた。テイッパン・マウン・ワはヤンゴン大学大学院生の時からＹＭＢＡの報道機関として始まった「トゥリヤ新聞」にミャンマー文学の向上を目指すエッセイを長らく寄稿していた。初めは本名のセイン・ティンで、後に英領政府公務員となってからはテイッパン・マウン・ワを名乗るようになった。「大学の某男子」という意味のこのペンネームは、植民地英語教育の最高学府ヤンゴン大学から発信するミャンマー語作品を示唆し、彼のプライドを反映している。彼はその他にも夥しいペンネームを使って創作やエッセイを書き続けた。ＹＭＢＡは植民地議会に代表を送り、英領ビルマの植民地から自治領への昇格を目指していたが、内紛や社会問題化するほどの贈収賄事件を引き起こし、一九三〇年代中盤以降その勢いは低迷した。一九三四年、彼はティン・ティンというペンネームで戯曲「利己主義者」を発表し、金品で自分に都合のよい多数派を作り出す市会議員たちの実態を皮肉をこめて告発した。

ルー・ジー「デモクラシー時代には多数が同意すればそれで万事が決まるってことさ。さあ、評決に入ろう」

アウン・チョー「そういうことじゃないだろう。多数が同意したことがよいことばかりとも限らないじゃないか。その人物の資質が大切だ。多数派が能力のない人物を選ぶのに同意したとしたら、それでもいいのか」

ルー・ジー「いいってことさ。それができなきゃデモクラシーの意味はないね」

（「利己主義者」より）

オックスフォード大学に留学し、イギリス社会を観察したテイッパン・マウン・ワは、議会制民主主義を機能させ、国民国家となる基盤には市民社会の発展が不可欠であることを実感する。彼は自分も含めた「ふつうの人」が知識、情報を共有してお互いを高めあう、イギリスや日本のような大衆文化がミャンマーにも形成される希望を書きとめている。彼の明快な文体は、より多数の読者が知識・情報を交換しやすく、ひいては彼らの間に国民意識の醸成がなされるよう、大量出版時代にふさわしい文体として考え出されたものでもあった。

日本軍の侵攻にともなう混乱の中、テイッパン・マウン・ワは疎開先で盗賊に襲われてミャンマーの独立を見ることなく四二歳の生涯を閉じた。この国における民主主義の歴史を辿る時、テイッパン・マウン・ワが残した多くの作品も今一度顧みられてよいだろう。

第4章
日本占領下のミャンマー

根本　敬

1　軍事侵攻に至る背景

ミャンマーはアジア・太平洋戦争期に日本軍に三年半にわたって占領された歴史を持つ。日本でその事実が思い出されることはほとんどないが、ミャンマーでは独立後、一貫して国家の歴史教育を通じてこの時期のことは教えられている。そこでは植民地宗主国だった「帝国主義者」英国と占領期の支配者だった「ファシスト」日本軍の双方を、自らの力でミャンマーから退場させたという言説が強調され、国民の記憶として長期に定着している。

なぜ日本はミャンマーに対する軍事的関心を深め、占領するに至ったのか。人々はどのような経験を強いられたのか。またミャンマーの歴史において日本占領期はどのように位置づけることが可能なのか。ここではまず、軍事進攻に至る要因といえる日中戦争の泥沼化から説明することにしたい。

日中戦争（日支事変）は一九三七年七月七日に起きた盧溝橋事件をもってはじまり、これを機に日本軍の大陸侵攻はいっそう本格化した。それに対し、蒋介石率いる中国国民政府は首都を内陸の重慶に移して徹底抗戦を続けた。このとき英米両国は中国国民政府への支援を強化するため、中国と陸続きのミャンマー（英領ビルマ）に注目し、物資補給ルートの開設に着手する。その結果、ヤンゴンからマンダレーを経て同国北部のラーショウまで鉄道を活用し、そこから雲南の昆明を経て重慶に至る道路を新たに開通させ、トラックによる物資輸送を開始した（一九三九年一月）。日本軍はこの「援蒋ルート」を戦争遂行の障害物としてとらえ、輸送路そのものへの空爆を行うなど閉鎖に追い込もうとした。しかし、効果が上がらないため、ミャンマー人ナショナリストたちの反英運動を利用する謀略活動を考えるようになる（なお、「援蒋ルート」はこのほかにいくつか存在し、特に仏領インドシナ連邦から重慶に向かう仏印ルートは、ビルマからのルートと共に重要視された）。

一九三〇年代末期の英領ビルマでは、英国との妥協を一切拒み激しい反英活動を展開していたタキン党（我らのビルマ協会）が、大きな転機を迎えていた。彼らは一九三九年二月に植民地政府の首相職から下野させられたバ・モー博士（一八九三〜一九七七）を説得し、同年九月、彼と組んで自由ブロックという新たな反英団体を結成している。自由ブロックは反英運動により多くの大衆を動員しようと試み、議長にはバ・モー博士が、書記長にはタキン党指導者のアウン・サンがそれぞれ就いた。こうした判断の背景にはヨーロッパにおける大戦の勃発があり、タキン党は「英国の危機はビルマの好機」を合言葉に、この状況をミャンマーの植民地支配体制打倒に活用できると考えた［根本二〇一〇：九八―一〇〇］。

自由ブロックは大規模集会やデモを通じて植民地支配の不当性と英国への戦争協力拒否を強く訴えたが、植民地政府は治安維持関連法を適用してバ・モー博士を含む自由ブロック関係者二〇〇〇人以上を投獄する。そのため運動は頓挫し、アウン・サン自身も逮捕状を出される状況に陥った。

すでに武装闘争を模索していたタキン党は、自由ブロックによる公然闘争の影で、ひそかに海外からの武器支援の可能性を検討していた。彼らは中国国民党、中国共産党、そしてインド国民会議派と接触したが、いずれも成功しなかった。最後の手段としてアウン・サンら党員二名を中国のアモイへ密出国させ、中国共産党と改めて接触させようと試みた。

彼らはヤンゴン港からの密出国に成功したが、アモイでの中国共産党との接触には失敗し、逆に市内にある日本租界（日本が行政と警察権を有した地区）で日本軍憲兵に逮捕され、強制的に東京へ連行された。

この背後には日本陸軍参謀本部の第二部八課（謀略担当）に属していた鈴木敬司大佐による画策があった。援蒋ルートを閉ざそうと「ビルマ工作」に着手していた鈴木大佐は、一九四〇年六月、身分を隠してミャンマーに入り、自由ブロック関係者やそのほかの政治家と接触し、アウン・サンら二人の密出国情報を入手、アモイの日本租界にいる憲兵隊に連絡し、彼ら両名を拘束して東京へ連行するよう指示を出していた［泉谷一九八九：三四―三六］。

同年一一月、東京に連行された二人は、鈴木大佐に羽田飛行場で出迎えられ、その後、日本軍に協力するよう説得を受けた。中国戦線における日本軍の侵略行動についてすでに連合国側の報道を通じ知っていたアウン・サンは、日本軍と組むことをはじめは躊躇するが、悩んだ末、最後は鈴木の提案に同意する［Aung San 1946: 30-36］。鈴木大佐はその後、陸海軍共同の対ミャンマー謀略機関を大本営直属で設置することに成功し（一九四一年二月一日）、それを南機関と名付け、自ら機関長に就任した（ただし海軍はその後引き上げ、南機関は開戦後、南方軍総司令部下に入れられた）。

南機関の目的は、謀略を通じてミャンマーの反英ナショナリストたちを支援し、武装闘争を展開させ、最終的に親日政権の樹立を目指し、それによって援蔣ルートを閉鎖させることにあった。鈴木はアウン・サンを秘密裏にミャンマーに送り返すと、彼に多数のミャンマー人青年を密出国させ、海軍が一九三九年二月以来占領していた海南島に集めて、極秘の軍事訓練を短期で実施した。集められた三〇人の青年たちは、すべてタキン党および同党に近い全ビルマ学生連盟出身者から成り、厳しい訓練を受けたのち、国際情勢の推移を見守った。

2 侵攻の経緯

状況は一気に変化した。一九四一年一二月八日未明に日本軍がマレー半島コタバルに上陸、少し遅れてハワイ真珠湾奇襲が敢行され、日本と英米両国が戦闘状態に入ったのである。こうなると、わざわざ謀略という間接的手段を用いて英領植民地のミャンマーに介入する必要性は薄れ、日本軍は「援蔣ルート」の閉鎖を目指し英領ビルマを直接攻撃すればよくなった。

アウン・サンらに独断でビルマの独立支援を約束していた鈴木大佐から見て、これは想定外のできごとだった［泉谷 1989: 34］。しかし、謀略の中止は考えられず、彼はサイゴン（現ホーチミン）に設置された南方軍総司令部と同軍下の第一五軍を説得し、海南島で訓練した三〇人を中心にビルマ独立義勇軍（ＢＩＡ）を結成することを認めさせた。鈴木はその際、南方軍に対しＢＩＡは日本軍を補助する現地の義勇軍であると説明したが、ＢＩＡのミャンマー人にはビルマ独立を達成するためのビルマ人の軍隊であるという矛盾した説明をおこなった。それは同軍の名称にも反映され、日本語では「ビルマ独立義勇軍」だったが、ビルマ語では「ビルマ独立軍」、英語でも「Burma Independence Army (BIA)」とされ、「義勇」を意味する単語は含まず、正規の軍であるかのような名前が用いられた。

ＢＩＡは同年一二月二八日、バンコクでタイ在住のミャンマー人も参加して結成され、小火器と軍服が日本軍から支給された。同軍では日本軍とは異なる独自の階級が採用され、鈴木大佐はＢＩＡの最高司令官として南益世《ますよ》大将を名乗った。アウン・サンはミャンマー人メンバーの中ではトップとなる少将の地位を与えられ司令部に配属されたが、ＢＩＡ自体は鈴木を中心とする南機関の日本人幹部らが指揮する形となった［緬甸国軍軍事顧問部 一九四四：六五］。翌年一月初旬、ＢＩＡは英領ビルマに向けて進軍を開始し、すでに前年一二月末からミャンマーへの侵攻作戦を本格化させていた日本軍二個師団とは異なるルートを進んだ。通過した各地では民衆に対しビルマ独立に向けた情宣活動がおこなわれ、新兵を積極的に募集した。

ただ、しばらくするとＢＩＡと日本軍との間に溝が生まれ、アウン・サンらは日本軍の戦争目的に疑念を抱くようになる。そのきっかけはミャンマー南部のモーラミャインにＢＩＡが進軍した際に生じている。このとき、先に入っていた日本軍部隊によってＢＩＡは独立宣言や政治活動を一切禁止され、新兵募集まで妨害された［「南アジアの民族運動と日本」研究会 一九七九：九一―一〇］。その後、ラングーンに進軍したＢＩＡであるが、観兵式こそ挙行できたものの、ここでも独立宣言は許されなかった。東京では一九四二年一月二二日に開催された帝国議会（第七九議会）で、東条英機首相がフィリピンとミャンマーを将来独立させる方針を示していたが、現地の日本軍はそれに対応する姿勢を見せなかった。そのため、BIA内には日本軍と戦うべきだと主張する者も出てきた［根本一九九六：一一二］。しかし、優勢な日本軍に対し、経験も武器も乏しいBIAが戦っても勝利の展望がないことをアウン・サンは理解していた。また、鈴木大佐をはじめとする日本人の南機関員に対する恩を感じていたこともあり、彼は対日協力のリスクを認識しつつも、日本軍に対する慎重な行動を選択するに至った［根本二〇一〇：一〇〇―一〇四］。

開戦当初はヤンゴン攻略後のミャンマー全土制圧までを考えていなかった日本軍だったが、その後、シンガポール攻略戦が早く終わったため（一九四二年二月一五日）、方針を変えて二個師団をビルマ戦線に移動させ、ミャンマー中央部から北部へ向けた英軍勢力の駆逐作戦（北伐戦）を展開することになった。そこには原油をはじめとする豊富な地下資源確保への展望があった。一九四二年三月から開始されたこの作戦にアウン・サンはBIAを参加させることにした。このときBIAの兵員規模は一万人を優に超えていた［緬甸国軍軍事顧問部一九四四：六五］。

北伐戦のあいだ、国内各地のタキン党員はBIAと共に植民地政庁関係者や植民地軍が撤退したあとに生じた権力の空白を利用し、管区ビルマ全三七県のうち一七県で独自の行政組織を結成した［Guyot 1966: 153-154］。そこでは英人官僚らが残した財産の略奪や、植民地支配体制に協力した人間に対する仕返しなど、無法な行動も多くなされたが、「自分達の行政府」をまがりなりにもつくろうとした跡がうかがえる。しかし、一九四二年六月に日本軍がビルマ全土に軍政を布告すると、こうした「地方行政府」はすべて解散させられ、南機関も廃止となり、鈴木大佐も日本へ異動となった。このときBIAは鈴木大佐個人に対し丁重な感謝状を手渡したが［根本二〇一四：一九三―一九七］、彼らの日本軍に対する疑念は強まる一方であった。

3　軍政の施行と「独立」の付与

一九四二年五月までにミャンマー全土をほぼ制圧した日本軍は、六月四日から軍政を施行した。英軍は撤退時にヤンゴン近郊の石油タンクや石油精製工場を爆破し、ミャンマー平野部の油田地帯にある原油生産にかかわる施設も破壊した。また鉄道路線も各地で切断されたため、日本軍は物資と兵員の輸送に苦労することになった。

軍政施行後、日本軍は戦前に政治囚として投獄されていたバ・モー博士を協力者として選んだ。自軍のミャンマー侵攻を側面から支援したタキン党員たちはまだ若すぎ、反英姿勢は強くても、そのエネルギーがいつ反日に転じるかわからないという危惧があったが、バ・モー博士なら年長の経験豊かな反英政治家だけに、その心配はないと判断された。

日本軍の要請を受け入れたバ・モー博士は、中央行政機関設立準備委員会委員長を経て、同年八月、中央行政府長官に就任した。中央行政府とは日本軍政の枠内におけるミャンマー側の行政執行機関で、日本軍のコントロールがきいていた。中央官庁をはじめ県庁や軍役場などの地方行政機関には、英領期のミャンマー人高等文官や中・下級公務員の大半が残り、日本軍も彼らの活用を認めたので、官僚機構自体は大きな混乱に陥らなかったが、各省庁には司政官という名の日本人顧問が配置され、行政にいちいち介入した。バ・モー博士は、日本人顧問らの干渉を制度上抑えることができないので、司政長官らと個人的に緊密な関係を築き、それを活かしながら、問題が生じるたびに個別に相談する形で解決への努力をおこなった［Ba Maw 1968: 299-302、根本二〇一〇：六七―六九］。この間、ＢＩＡは縮小され、新たにビルマ防衛軍（ＢＤＡ）に改編されている。

翌一九四三年八月一日、東条首相が約束していた通り、日本はミャンマーに「独立」を付与する。すでに中央行政府長官を一年間務めていたバ・モー博士が国家元首兼首相に就いた。第一五軍（のちのビルマ方面軍）はバ・モー博士が扱いやすい政治家ではないことを感じ取っていたが、本国の東条首相はかなりの信頼を彼に置いていた［Nu 1954: 56-59］。バ・モー博士は組閣にあたって旧自由ブロックに連なる政治家を入閣させたため（タキン・ヌ外相、アウン・サン国防相ら）、これまで「野党」の経験しかなかったタキン党出身者が統治経験を積む機会が与えられることになった。また、この「独立」によりＢＤＡはビルマ国軍（ＢＮＡ）に格上げされ、「独立」国家の正規軍となった。

「独立」ミャンマーは暫定憲法にあたる「ビルマ国家基本法」を与えられ、そこでは大東亜共栄圏内における

「主権を有する完全なる独立国家」と規定された。日本をはじめ、ドイツ、イタリア、タイ、中華民国（汪兆銘政権）、満州国、クロアチア、スロヴァキア、ブルガリアおよびヴァティカンの一〇カ国から国家承認も受けた［太田一九六七：四六六］。一方で、「独立」と同時に締結された「日本国緬甸国《びるまこく》軍事秘密協定」により、「ビルマ国」は主権の明確な制限を受けた。この秘密協定に基づき、日本軍は戦争が続く限りミャンマー国内において行動の自由を有することが保障され、さらに政府軍（ビルマ国軍）と警察に対する指揮権を持つことが認められ［太田一九六七：四一二―四一六］、兵力二〇万を優に越える日本軍はそのまま「独立」ミャンマーに残り、国内の政治、経済、社会に大きな圧力を与え続けた。

バ・モー内閣の外相タキン・ヌは、戦後の回想録において、国家元首兼首相となったバ・モー博士が「権威の支配者」ではあったものの、現実には「力の支配者」であった日本軍の強い圧力の下に置かれていたと記している［Nu 1954: 44-45］。例えば、一九四四年二月一五日にバ・モー博士暗殺未遂事件が生じた際、バ・モー政府側に事件の捜査権は認められず、日本軍が捜査を独占し、容疑者（日本人）が捕らえられてもミャンマー側への犯人引渡しはおこなわれなかった［Ba Maw 1968: 314-317］。

バ・モー政府にはミャンマー人「親英」エリートも協力した。彼らは英領期の政治家や実業家、政府高官のうち、英国から特別に好意を抱かれていた人々である。その多くが国家元首の指名に基づく枢密院のメンバーとなって、バ・モー体制を支える側に回ったのである。枢密院とは議会が存在しない「独立」ビルマにあって、内閣に提出するための法案審議を担当する重要な機関であり、そこに英国が信頼を置いていた「親英」エリートが参加したため、英国側はこの事実を知ると「なぜ親英的な彼らがファシスト日本に協力するのか」と驚いた。そこには「反英的」人士なら「親日」、「親英的」人士なら「反日」というように、「あれかこれか」式の判断基準に基づいて植民地ナショナリストの姿勢を理解していた英国の姿が想像される［根本二〇一〇：六四―六六］。

「親英」エリートたちは確かに英国に親しみを抱いていたが、けっして英国によるミャンマーの恒久統治を望んでいたわけではない。彼らは一九二〇年代から始まった英国のミャンマーに対する段階的な自治付与路線に適応し、英国がミャンマーに持ち込んだ近代的様式としての議会制民主主義や近代官僚制に基づく自国の政治的自立を望んでいた。その政治的自立も、必ずしも共和制による完全独立ということではなく、第一義的には英連邦（ブリティッシュ・コモンウェルス）の中のドミニオン（＝英国王を国家元首とする主権国家）を目指すことを意味していた。バ・モー博士も元来はその範囲内に位置づけられる「親英」政治家であった。英国はすでに一九三九年一一月、時期を明示しないまま、将来のミャンマーのドミニオン化を約束していたが、「親英」エリートたちは、英国の敗退によるドミニオンへの道の中断という現実と直面するなか、復帰が定かではない英国への不安に満ちた期待を抱き続けるよりも、現実にミャンマーを支配している日本への「協力」を通じて新たな政治的自立を追い求めたほうが、戦争の惨禍から自国民を救うことができると考えた［根本二〇一〇：六五―六六］。彼らがバ・モー政府に加わったのはそのような考え方による。

4　悪化する日常生活

日本軍は当初、英国植民地体制を崩したことでミャンマーの人々に歓迎されたが、その後は厳しい目で見られるようになった。それは占領下における人々の生活状況が極度に悪化したからである。

人々は何よりも英軍による空襲に苦しんだ。英軍はインドに撤退を余儀なくされたあと、ミャンマーを奪還するため空軍力を増強し、逆に日本軍は急速に制空権を失っていった。そのため国内の主要都市や日本軍の基地のそばに住む人々は爆撃の危険にさらされた。また、反日活動を疑われた地元民に対する憲兵隊（日本の軍事警察）による拷問も人々を恐怖に陥れた［高橋一九七七：一二三、森山・栗崎一九七六：一三二、Khin 1961: 8］。ビルマ語で「キンペイタイン」という発音で残ったこの不名誉な日本語は、戦後も長らく「残虐」「無慈悲」の代名詞のように使われた。日本軍の一部将兵によって行われたミャンマー人に対する平手打ち（ビンタ）も、日本人の蛮行として嫌われた［Nu 1954: 21、高橋一九七七：一一六］。

占領期に悪化した経済状況も民衆の生活を圧迫した。海外市場とのつながりを失ったコメの輸出は戦前の一〇分の一以下に激減し、作付面積と生産量も大幅に減った［アジア経済研究所一九六一：一三八―一三九］。これに加えて日本軍による家畜の徴発と労働者の徴用、インド人下層民の退去による労働力不足、空襲による輸送施設の破壊や流通機構の崩壊が生じ、天井知らずのインフレーションが生じ、人々は一層苦しむことになった。このほか、裸足で入るべきパゴダ（仏塔）の境内に軍靴のままあがったり、人前で裸を見せることを極端に嫌うミャンマー人の価値観を無視して、平気で彼らの前で全裸になって水浴びをしたりしたことも日本軍への反感を強めた［森山・栗崎一九七六：一〇九］。

しかし、人々がこの時期に受けた最大の被害は、泰緬《たいめん》鉄道建設工事への労働力動員だったといえる。日本軍は当初、ミャンマーへの軍事物資や兵員の補給ルートについて海上輸送を考えていた。しかし、一九四二年六月初めのミッドウェー海空戦の大敗後、ミャンマー近海まで護衛艦や航空戦力を伴う海上輸送を展開する余力がなくなった。そこで海に代わって陸上の鉄道輸送ルートが構想され、日泰同盟条約を結んでいたタイのノーンプラドゥクからミャンマー南部のタンビューザヤッをつなぐ全長四一五キロの鉄道建設が具体化した［吉川一九九四：三九―三二］。

同年六月末には早くも建設がはじまり、険しい山間のジャングルに路盤をつくりレールを敷設する難工事だったにもかかわらず、一年四カ月後の一九四三年一〇月には全線を開通させた。日本軍からは一万二五〇〇人余がこの工事に投入されたが、現場で一番きつい労働を担わされた人々は六万一八〇六人にのぼった連合軍捕虜と［吉川一九九四：一一四］、東南アジアで徴用された二〇万人を超える労務者だった［チョーカー二〇〇八：一二］。連合軍の捕虜はシンガポール攻略戦やジャワ攻略戦の過程で日本軍に捕えられた人々で、その内訳（概数）は英国人三万、オーストラリア人一万三〇〇〇、オランダ人一万八〇〇〇、米国人七〇〇であった［吉川一九九四：一一四］。他に若干名のニュージーランド人も犠牲になっている［チョーカー二〇〇八：一三］。東南アジアの労務者に関しては正確な動員記録が残されていないが、ミャンマー人一〇万六〇〇〇、タイ人三万、マレー人・ジャワ人八万五〇〇〇だったと推計されている［チョーカー二〇〇八：一三―一四］。

工事現場は、道具、衣服、食事、衛生環境のすべてにおいて劣悪で、日本兵や朝鮮半島から動員された監視員による暴力行為が生じ、抵抗した捕虜に対する憲兵隊による拷問もおこなわれた。そのため連合軍捕虜だけで一万二〇〇〇人もの死亡者が出た。東南アジアの労務者に至っては、最小に見積もっても四万二〇〇〇人、最大に見積もると一二万五〇〇〇人が命を失っている［チョーカー二〇〇八：一四］。連合軍捕虜を含む一〇万人以上の多大な犠牲者を出したため、この鉄道建設工事は戦後、日本軍の捕虜虐待の象徴事例として国際社会において記憶され、日本と英国、オーストラリア、オランダとの戦後和解の歩みに棘を残すことになった［このことに関しては小菅二〇〇五、同二〇〇八に詳しい］。

ミャンマー国内では日本軍の命令でこの鉄道工事への労働力供出を義務づけられ、国内各村から決まった数の男子を労務者として工事に提供する割当制が導入された。彼らは「汗の兵隊」と呼ばれたが、そこに動員されることは多くの場合「死への近道」を意味したので、人々は恐怖に怯えた。建設工事現場に移動する途中や工事中に脱走して村へ逃げ帰った運の良い者も少なくなかったとはいえ、結果的に九万人から一〇万人が現場に送りこまれ［吉川一九九四：二一八―二二〇］、その多くは劣悪な待遇を受け、四万人以上が死亡したといわれている［森山・栗崎一九七六：一一二］。

泰緬鉄道は完成後、約一年にわたり物資と兵員輸送に用いられ、C56型蒸気機関車が貨物車を牽引した。しかし、カーブが多く木造橋の強度も弱かったのでスピードは出せず、そのうえ、乾季の昼間は敵機による鉄道への機銃掃射が行われたため夜間しか走れなかった。時速も自転車並みの時速一〇キロから一五キロ程度で運転され、タイのノーンプラドゥクからミャンマー南部のタンビューザヤッ間を片道七昼夜もかけて運行した［吉川一九九四：二八四―二八五］。

5　抗日武装蜂起

ミャンマーの日本軍は一九四四年以降、攻勢を強めた連合軍との戦闘で劣勢を強いられるようになる。特に同年三月から七月まで展開されたインパール作戦の失敗は決定的だった。インド攻略まで視野に入れたこの作戦は、東北インドのインパールにある英軍航空基地の奪取を当面の目的にしたものだったが、日本軍に航空戦力が欠け、補給を無視した歩兵中心の山越え攻撃だったため、すぐに反撃に遭い、雨季に入った後は動けなくなり、三万人を超える飢死者と病死者を出して撤退するはめに陥った。

バ・モー政府の国防大臣だったアウン・サンは、インパール作戦の大敗を見て、これ以上劣勢な日本軍と協力を続けても、現状の中途半端な「独立」をより良い方向へ変える可能性は消えたと判断し、同年八月、密かに地下抗日組織を結成して武装抗日への準備に着手した。地下抗日組織の中核を担ったのは、合法勢力の国軍と、非合法地下組織のビルマ共産党および人民革命党という、それぞれ戦前のタキン党の流れを汲む三つの組織だった。アウン・サンが議長となり、タキン党から分派した共産党のタキン・ソウとタキン・タン・トゥンらが幹部に名を連ねた。名称は変化しながらも最終的に「反ファシスト人民自由連盟」（英語略称ＡＦＰＦＬ）に落ち着き、ビルマ語略称ではパサパラと呼ばれた。蜂起の準備過程においては共産党が連合軍（英側）との秘密裏の連絡にあたった。また同党は農民に対する抗日教育にも関与した［根本一九九一：一五九―一六六］。

英側は戦前のタキン党系の人々から成る国軍やパサパラを信用していなかったので、アウン・サンらの抗日蜂起を公認することを躊躇し、限定的な武器援助にとどめた。パサパラは最終的に自力で日本軍に蜂起することを決断し、一九四五年三月二七日、一斉蜂起を開始した［根本一九九一：一六六―一七七］。日本軍はこの蜂起によって昼間は英軍の攻撃に苦しみ、夜間はゲリラ攻撃をしかけてくるパサパラのゲリラ部隊に悩まされることになった。

同年六月末からは英軍との共闘が正式に決まり、アウン・サンらの軍は「愛国ビルマ軍」の名で英軍と共に日本軍と戦った。日本軍の敗戦が確定する八月中旬までの約四ヶ月間半のあいだに、国軍将兵九二二〇人、農民ゲリラ約二〇〇〇人が抗日蜂起に動員され、推定で最小一〇〇〇人前後、最大で四七〇〇人程度の日本軍将兵が倒された。パサパラ側の犠牲者は三二〇人ほどにとどまっている［根本一九九一：一九二―一九五］。

日本側のビルマ方面軍は蜂起を事前に予知できなかった。国軍の教育と監視にあたった日本人軍事顧問らが蜂起直前にその動向を察して緊急調査をおこなったが、証拠をつかむことはできなかった。興味深いことに、蜂起が開始されると、日本人軍事顧問らは国軍が日本軍ではなくバ・モー博士に対して不満を抱いたために前線から「逃亡」したととらえ、バ・モー博士に替えてミャンマーの王室を復活させれば国軍は戻ってくると判断し、そのような意見具申を方面軍司令部におこなっている（方面軍はそれを拒絶）［根本一九九一：一七六―一七七］。

抗日蜂起の規模はさほど大きくなく、範囲も限られていた。しかし、アウン・サンらは戻って来た英国に対して、日本軍に武装蜂起した事実を政治的実績として示すことが可能となった。自分たちが対日協力をしたのはファシズムを支持したからではなく、ミャンマーの独立だけを考えたからであり、自分たちは真性のナショナリストなので、最後は武器を取ってファシスト（＝日本軍）と戦ったのだと主張した。英軍のマウントバッテン提督（東南アジア軍司令部SEAC最高司令官）がパサパラの抗日武装蜂起に感謝の意を表明し、ナショナリストたちが対日協力から抗日へ転じたことに理解を示したこともあり、アウン・サンたちのその後の英国との独立交渉に追い風が吹くことになった［根本二〇一四：一二三一―一二三二］。

6　ミャンマー史のなかの日本占領期

日本軍は結局、ミャンマーに三年半にわたって約三四万人を超える将兵を送り込んだが、敗戦し、無事に日本へ復員できた者は約七万人に過ぎなかった。約一七万人の将兵は戦死、病死、飢死、ないしは行方不明者として戦争の犠牲になった。戦場としてのミャンマーは日本軍将兵に多大な犠牲を強いたところであった。

一方、ミャンマーの歴史を通してみた場合、わずか三年半とはいえ、日本占領期はミャンマーにおけるナショナリズム運動を担う主体の変化をもたらした。戦前の植民地議会で活躍したGCBA（ビルマ人団体総評議会）系の政治エリートを中心とする運動から、議会の外で大衆運動を繰り広げたタキン党系の政治エリートを中心とする運動へと大きく変わったのである。ビルマ統治法体制下（一九三七年四月〜四二年三月）の下院や内閣で活躍したGCBA系エリートの多くは、占領期に引退を余儀なくされ、戦後は例外的にしか復帰することがなかった［根本二〇一〇：二二三―二二四］。これはナショナリズム運動を担ったミャンマー人中間層出身エリートたちのあいだで、想定外の急速な世代交代が起きたことを意味した。すなわち、日本軍によるミャンマー占領は、本来の日本の意図と無関係にミャンマー人政治エリートの世代交代を劇的に促すことになったとみなせる［根本二〇一〇：二一九―二二二］。

一方、日本軍占領期のナショナリスト側の対応を「抵抗と協力のはざま」としてとらえることができる。それは「力で倒すことが容易ではない強大な相手に対し、協力姿勢を基盤に接し、相手側の信頼を獲得しながら自己主張や抵抗のスペースを徐々に拡大していく」姿勢のことである。日本軍がミャンマー側に協力者を求めたため、占領期にはバ・モー博士が率いた中央行政府をはじめ、その後の「独立」政府と枢密院に連なったナショナリストたちは、まさにこの姿勢を取って日本側から「実」をもぎとろうと努力したのだとみなせる。例外は一貫して抗日姿勢を貫いたビルマ共産党に連なった人々と、一九四四年八月以降に地下抗日活動へ関わるようになったアウン・サン国防大臣およびそれに連なる国軍である。アウン・サンら国軍系（すなわちタキン党系）ナショナリストたちは、日本軍がインパール作戦に大敗し明らかな劣勢に立つと、もはや「抵抗と協力のはざま」に立つことの政治的意味が消失したと判断し、それまでの「はざま」から脱して「抵抗」に転じていった（パサパラの結成と抗日武装蜂起）。この決断は苦渋に満ちたものであったが、結果的に彼らを歴史の「勝者」に導くことになり、その後の短い期間での完全独立達成の基盤を築くことにつながったとみなすことができる。

しかし、まさにそのことによって、最終的な「勝者」となったアウン・サンやタキン党系ナショナリストが重視される記憶が独立後の国家によって強調され、占領期のバ・モー博士の役割は軽視されることになった。二〇一一年以降の民主化移行過程において、英領期と日本占領期のバ・モー博士の行動の再評価が少しずつ進み始めてはいるが、それ以前につくられた言説と記憶が多様化する可能性はまだ見えてこない。

引用文献

アジア経済研究所（編） 一九六一年『ビルマの経済開発』東京：アジア経済研究所。

Aung San. 1946. *Burma's Challenge. Rangoon*: Tathtta Sarpay Taik.

Ba Maw. 1968. *Breakthrough in Burma: Memoirs of a Revolution, 1939-1946*. New Heaven: Yale University Press.

緬甸国軍軍事顧問部 一九四四年『南機関外史』（ゼロックス・コピー）東京（非売品）。

チョーカー、ジャック（著）、根本尚美（訳）、小菅信子・朴裕河・根本敬（共著） 二〇〇八年『歴史和解と泰緬鉄道―英国人捕虜が描いた収容所の真実―』東京：朝日新聞出版。

泉谷達郎 一九八九年『ビルマ独立秘史―その名は南機関』東京：徳間書店。

小菅信子 二〇〇五年『戦後和解―日本は〈過去〉から解き放たれるのか―』東京：中央公論新社。

小菅信子 二〇〇八年『ポピーと桜―日英和解を紡ぎなおす―』東京：岩波書店。

「南アジアの民族運動と日本」研究会（編） 一九七九年『南・F機関関係者談話記録』（アジア経済研究所調査研究部内部資料第53巻第6号）東京：アジア経済研究所。

Guyot, Dorothy H. 1966. *The Political Impact of the Japanese Occupation of Burma* (Ph.D. Dissertation). New Heaven: Yale University.

森山康平・栗崎ゆたか（共著） 一九七六年『証言記録 大東亜共栄圏―ビルマ・インドへの道』東京：新人物往来社。

根本 敬 一九九一年「ビルマ抗日闘争の史的考察」伊東利勝・栗原浩英・中野聡・根本敬（共著）『東南アジアのナショナリズムにおける都市と農村』（東京外国語大学アジア・アフリカ言語文化研究所 AA研東南アジア研究第2号）：一五一―二〇七ページ。

根本 敬 一九九六年『アウン・サン―封印された独立ビルマの夢―』東京：岩波書店。

根本 敬 二〇一〇年『抵抗と協力のはざま―近代ビルマ史のなかのイギリスと日本』東京：岩波書店。

根本 敬 二〇一四年『物語ビルマの歴史―王朝時代から現代まで―』東京：中央公論新社。

Nu, Thakin. J. S. Furnivall(ed. and trans.). 1954. *Burma under the Japanese: Pictures and Portraits*. London: Macmillan.

太田常蔵 一九六七年『ビルマにおける日本軍政史の研究』東京：吉川弘文館。

高橋八郎 一九七七年「親日ビルマから抗日ビルマへ」『鹿児島大学史録』一〇：九九―一二六ページ。

吉川利治 一九九四年『機密文書が明かすアジア太平洋戦争 泰緬鉄道』東京：同文館。

第5章
連邦国家の形成と挫折
―ウー・ヌとネー・ウィンの時代（1948～1988）―

根本　敬

1　コモンウェルス外の完全独立

一九四八年一月四日、英国から完全独立を達成したミャンマーは、正式国名をビルマ連邦と名乗り、コモンウェルス（英連邦）非加盟の共和制国家としてスタートした（日本軍敗退後の二年半にわたる対英独立交渉については、［根本二〇〇二b：一八四―一九二］に詳しい）。

コモンウェルスは現在でこそ、共和制や君主制を採用する国家が三〇ヶ国以上参加し、英国王を国家元首とするドミニオン（主権を有する自治領）は豪州、カナダ、ニュージーランド、パプア・ニューギニアなど一五カ国に限られる。しかし、ミャンマー独立当時はコモンウェルス加盟国が英国を除くと五ヶ国しかなく、そのすべてがドミニオンで、共和制国家の加盟は想定されていなかった。よって、共和国として独立する以上、それは自動的にコモンウェルス外での独立を意味した。インドは後に共和国のままコモンウェルスに加盟する最初の国家になるが、一九四七年八月に、まずはドミニオンとして主権を回復し、その後、二年半たった一九五〇年一月に共和制へ移行、英国と他の加盟国の同意を得てコモンウェルスに残った。

一九四五年一〇月、英領ビルマ政府（植民地政庁）が戦時中の避難先である西北インドのシムラから復帰して以来、その直後から始まった英国との独立交渉において、ミャンマー側は一貫して共和制による独立を求め、ドミニオンでは不十分であると主張した。しかし、インドが結果的に達成したような、ドミニオンとしてではなく、共和制国家としてコモンウェルスに入るという選択肢についても検討がなされなかったわけではない。独立交渉の先頭に立った反ファシスト人民自由連盟（パサパラ）の議長アウン・サンは、実際にその可能性を模索し[M/4/2685]、彼が一九四七年七月一九日に暗殺されたあとも、後継のウー・ヌ（独立後の初代首相）は同じ方向性で英国と水面下の交渉をおこなっている[M/4/2679]。しかし、英国はそのとき前向きの回答を示さなかった。またパサパラとの対決姿勢を強めていたビルマ共産党なども、コモンウェルスに入ることは英国への屈従にほかならないと主張した。そのため、もしパサパラがコモンウェルスに加盟することにこだわりドミニオンの地位で妥協すれば、反対勢力から激しく批判されることは明らかであった。最終的にミャンマーは英国との紐帯を断ち切り、コモンウェルス非加盟の独立国としてスタートする道を選ぶことになった。

2　独立後の議会制民主主義期（ウー・ヌ時代）

（1）一九四七年憲法

新生ミャンマーの国家の基本的特徴を定めたものは、一九四七年九月に制定された憲法であった。同憲法は大統領を国家元首とする共和制と、国民院と民族院の二院から構成される議会制民主主義に基づく責任内閣制（行政の実権は首相が掌握）、そして多民族国家を基盤とする連邦制をその骨格とした。連邦制の規定においては、主要少数民族に割り振った四州（シャン、カレン、カチン、カレンニー）と一特別省（チン）のうち、シャン州およびカレンニー（カヤー）州について、独立後一〇年目以降の連邦からの分離権を認めた（同憲法第一〇章）。また憲法全体を通じて、国民の政治的・経済的・文化的平等を保障する内容が盛られていた。

この憲法は一般に社会民主主義的な憲法として解釈されている。しかし、憲法の条文には「社会主義」と「民主主義」を直接意味するタームは登場しない。「民主主義」については、たとえその用語が使われていなくても、議会制民主主義に基づく国会と選挙制度について詳細に規定し、社会的人権を考慮した市民的諸権利を幅広く定めているので、国家が向かう方向性としてそれは明らかであるといえよう。しかし、次節でとりあげるように、独立後の最初の政府が経済的体制の段階的な社会主義化を声高に主張したことを考えた場合、憲法の中に「社会主義」というタームが示されていないことは興味深い事実であり、そのことの検討が必要となろう。

全一四章（計二三四条）から構成される同憲法は、その前文において「社会的・経済的・政治的・思想・表現・信条・信仰・崇拝・職業選択・結社・行動の自由、身分の平等、機会の均等、法の下の平等を、すべての国民に補償することを決意し」と記している。しかし、とりたてて前文の中で経済的平等を強調する文言は見られない。本文においても、財産権の保障に関する条文で、「（私有財産を）国民の利益を損なう形で用いてはならない」「カルテル、シンジケート、トラストなどの私的独占組織を作ってはならない」「国家は国民の利益のために必要となる場合に、所有者に対していかなる場合、いかなる程度において補償をおこなうべきかの法律に従って、私有財産を制限もしくは没収することができる」「国民の利益にとって必要となる場合、国家は、国家経済と関係する様々な部門および私企業を、法律に基づき国有化もしくは国家のために接収することができる」と条件づけているが（同憲法二三条第二項、三項、四項、五項）、これらは特段、産業の国有化をはじめとする経済の社会主義化を義務づけたり、段階的にその方向に国家を転換させていくことを意味しているとはいいにくい。あくまでも法律に従ってそのようにする権利が国家にあることを謳っているに過ぎない。

国家の基本方針を明示した第四章においても、経済については「連邦の経済計画は、資本を増大し、国民の物質的条件を改善し、文化水準を向上し、連邦の独立を強固にし、かつ国防能力を強化する目的をもって企画されなければならない」と記したうえで、協同組合形式をとる経済団体への国家的支援と、公益事業ならびに天然資源開発の公営化・協同組合化の推進を規定しているだけである（同憲法四一、四二、四四条）。これらは前述した私企業の接収・国有化の可能性を認めた条文とともに、拡大解釈すれば社会主義経済を目指すための法的根拠になりえるが、条文自体は資本主義体制下においても十分通用するものである。このように独立時の憲法はリベラル・デモクラシーの要素を基盤としつつ、経済政策の原則については、社会主義体制においても資本主義的体制においても活用できる「両義的」な性格を兼ね備えていた。

（２）ウー・ヌと社会主義

独立後のミャンマー政府はしかし、経済政策に関する憲法の「両義的」な規定を大きく「左」に傾けて解釈し、国家の目標を社会主義化に定めることになる。なぜ、そのような道を歩んだのであろうか。

初代首相のウー・ヌは、アウン・サン暗殺事件後の一九四七年七月にパサパラ議長職と行政参事会（独立準備政府の内閣）議長代行職を引き継いだ当初から、アウン・サンが生前、新憲法審議に際し基本理念として示していた独立ビルマの段階的社会主義化を受け継ぎ、その重要性を説いていた。生前のアウン・サンは、反帝国主義・反資本主義の立場を明確にし、独立後は段階を経て究極的にすべての土地の国有化と、農業を含む全重要産業の国有化を目指すべきであると語り、そうしてこそ「最大多数の最大幸福」と「真の民主主義」が実現されると主張した［根本一九九六：一七四―一八五、M/4/958］。

写真１　ウー・ヌ

しかし、彼はまた、史的唯物論（マルクス主義の歴史観）に基づく発展段階から見て、ミャンマーがまだ社会主義の前段階である資本主義にすら達していないと判断し、そのため当面は資本主義を中間段階として認め、そのかわり憲法のなかに資本家による労働者の搾取を防ぐための条項を入れるべきであると主張した［根本一九九六：一七四―一八五、M/4/958］。

こうしたアウン・サンの考え方には、英領期の一九三〇年代後半、自らが属したタキン党（我らのビルマ協会）が、「コウミーン・コウチーン」という言葉を用いて表現した独特の社会主義ミャンマーのイメージが強く影響していたと考えられる（「コウミーン・コウチーン」概念の思想的特徴については［根本一九九〇：四三七―四四六］に詳しい）。

ウー・ヌはアウン・サンのこうした考えを引き継いだのであるが、一方で憲法のほうは、英国留学経験者のミャンマー人法律専門家や、ミャンマー人の植民地高等文官（ICSおよびBCS）が法文の策定に携わり、英国のアトリー労働党政権が好むリベラリズムと平等主義の文脈を基本とする内容となった。そのため、文言にはマルクス主義を連想させるタームが含まれることはなかった。これにはパサパラの左翼性を危険視していた当時の英国産業界を刺激したくない、ミャンマー側の憲法起草者たちの配慮もあった（英国の資本家から成るビルマ商工会議所の英本国委員会委員長J・K・ミチーは、この時期、アウン・サンの左翼志向を危険視していた［M/4/958]）。

こういう経緯を経たため、憲法をもって社会主義を国是とすることができなかったウー・ヌは、首相就任後、国会や国民への演説を通じて「社会主義」やそれに連なる一連の用語を持ち出し強調するようになった。公的な演説で、彼はミャンマーが目指すべき国家は「左翼国家」であると断定し、一九五三年のパサパラ党大会では「資本主義が入り込む隙間がない、国民が生産手段を所有する体制をつくりあげる」ことを最終の国家目標にするとまで宣言した［Nu 1958: 3］。しかし、単純なマルクス主義の準用は拒否し、「善なる意思を有する人間」によって追究される「人間による人間の搾取が存在しない社会」「自己の利益追求を目的としない社会」の実現を強調した［Nu 1958: 3-5, 42］。こうした語り方には、上座仏教国ミャンマーの文化的影響が見られる。また、社会主義化は上からの強制であってはならず、国民の市民的諸権利を尊重した上で、下からの理解を得ながら進めて行くべきであるとし、革命的手法を排除した［Nu 1958: 11-13, 42-44］。外国企業の投資についても、部分的および制限的な国有化方向を示すにとどまった［Nu 1958: 46］。

ウー・ヌのこうした考え方は、与党パサパラ内で主流派を構成したビルマ社会党のイデオロギーと重なるものであった。社会党の幹部党員は、ビルマ共産党に反感を抱く非共産主義ナショナリスト・エリートから成り、マルクス主義には部分的にしか意義を見出さず、とりわけ革命を手段とする社会主義化には否定的であった。その意味では社会民主主義的であったが、理論面での曖昧さを常に有していた。共産党が主張する暴力革命に反対し、現実政治においては私的セクター（資本主義）と国営セクター（社会主義）の混合経済を認めたものの、どのような手順を踏んで民主的に社会主義化を達成していくのか、議会制民主主義と社会主義経済体制との両立をどのように実現させるのか、そのプログラムや全体像を具体的に示すことはついにできなかった。

このような曖昧な社会主義志向は、外資に限らず、国内の私企業家にも不安をもたらすことになった。それは先述のビルマ商工会議所の英本国委員会委員長のJ・K・ミチーが、アウン・サンの社会主義志向に対し述べた批判に示されているように、「あたかも、ある人間が、将来のいつの日か処刑されることを宣言されているようなもの」[M/4/958]として受け止められた。すなわち、当面は混合経済が続くものの、議会制民主主義の手順に従って段階的に社会主義化が進めば、最後は「資本主義が入り込む隙間がない、国民が生産手段を所有する体制」[Nu 1958: 3]に至り、その段階で私企業は行き場を失う（処刑される）、そのような道筋として私企業家に映ったのである。独立運動を支えたミャンマー人中間層のなかには、中小規模の商工業経営者たちがいたが、独立後の政府の経済イデオロギーは、彼らがリスクをとってまで民族資本家へ成長しようと努力する促進剤にはならず、逆にそれを阻害する方向に働いた。一九五〇年代のウー・ヌ政権期（正確には一九四八—五六、五六—五八）を通じて、ミャンマーの経済が戦前（一九三九年）の水準を回復できず、民族資本もあまり育たなかった事実は、そのことを証明している。

（3）内戦と与党の分裂、国軍の台頭

ウー・ヌ政権期においては、社会主義化をめぐる問題のみならず、ほかにも多くの難問が国家を揺るがせた。独立直後からビルマ共産党による武力蜂起が始まり、その翌年にはカレン民族同盟（KNU）とその武装組織であるカレン民族防衛機構（KNDO）による武力闘争が開始された。政府は一九五〇年の後半までに平野部の治安を回復した

が、共産党問題とカレン民族問題はこのあとも長期にわたってミャンマーを苦しめることになった。このほか中華人民共和国（毛沢東政権）の成立の影響で、中国の内戦で追われた国民政府軍（蒋介石政権の軍）の残党（ＫＭＴ）がミャンマーの東北部に南下侵入する事態も発生し（一九五〇年）、ウー・ヌ政権と国軍の双方を疲弊させている。

一方で、平野部では内戦の平定過程を通じ、様々な地方ボスが登場するようになった。彼らはパサパラ系列に連なって権力を増強しながら「ミニ軍閥」のような存在と化し、中央政府を無視する振る舞いに出ることも多かった［Callahan 2003：142-144］。また、パサパラに不満を抱き、脱党して国民統一戦線（ＮＵＦ）などの新しい政党を結成し、反パサパラ陣営にまわる政治家も増えた。そのため議会は混乱し、一九五八年にはパサパラが「安定派」と「清廉派」の二派に分裂する。ウー・ヌは「清廉派」の領袖であったが、混乱状態をまとめることができず、国軍の圧力も加わり、ネー・ウィン大将に選挙管理内閣を委ねる決断を下す（一九五八年一〇月）。議会の承認を得た上での暫定的政権交代であったとはいえ、独立後一一年目にしてミャンマーは軍による国家統治という事態を迎えた。

国軍は抗日闘争を展開していた一九四五年六月末、英軍と共闘することが公式に決まり、その際「愛国ビルマ軍」（ＰＢＦ）に名称を変えさせられた。同年九月には協定に基づきＰＢＦ将兵の約二分の一が植民地ビルマ軍（英領ビルマの正規軍）に吸収され、これにより水と油ほどに性格の異なる旧植民地軍系と旧ビルマ国軍系の二つの軍が、植民地軍というひとつの枠組みのなかで共存することになった。独立後、この「水と油」の軍が主権国家ミャンマーの国軍となったが、ほぼ同時に内戦がはじまると、カレン民族の将兵とビルマ共産党支持の将兵らが軍から飛び出し（もしくは解任され）、これによって大きな打撃を受けた［根本 二〇一四：二八四―二八五］。

英国政府と英軍の在ビルマ顧問団（ＢＳＭＢ）の支援を受けた国軍は、即席の新兵リクルートと簡単な軍事訓練を施しながら内乱の克服に取り組んだ（ＢＳＭＢは一九五四年一月に退去）。政府も民兵組織をつくって国民を動員し、国軍による反乱勢力の討伐戦に協力した。しかし、国軍はこの間、議会政治家や官僚たちへ不信感を募らせていく。ビルマ共産党とカレン民族同盟（ＫＮＵ）との戦闘で多くの血を流し、中国からシャン州に侵入したＫＭＴとの不利な戦闘にも従事しているにもかかわらず、政治家や官僚たちがそのことを充分に理解せず、国防予算の増額がシヴィリアン・コントロール下で思うようにいかないという不満が強まったのである。

一方で自らの組織強化と拡大、そして改革を推しすすめた国軍は、士官学校や国軍歴史資料館（ＤＳＨＲＩ）の創設にくわえ、一九五〇年に国軍関係者の便宜のためにつくった国防協会（ＤＳＩ）による食料や雑貨品販売などの事業活動を、銀行や海運会社の経営まで含む軍の一大利権組織に発展させ、軍の財政の安定を図った［Callahan 2003: 168-169］。士官学校を設置して卒業生を出すようになった五〇年代末からは、将校の人事システムが制度化され、首都の参謀本部勤務と地方の軍管区勤務との間に相互の異動を導入することによって、地方勤務将校たちの不満を和げることもおこなった。

ネー・ウィンによる選挙管理内閣は、半年毎に議会の承認を得ることを前提とした合法政府だったが、実質的には軍政そのものであり、共産党関係者や左翼の学生活動家を封じ込め、国内治安の回復を実現した。そして一九六〇年二月には治安回復を宣言して、総選挙を実施した。

独立後三回目となる総選挙では、ウー・ヌ率いる連邦党（旧「清廉パサパラ」）が議席の過半数を獲得し、彼が首相に返り咲いた。しかし、政治は安定しなかった。ウー・ヌによる仏教国教化をめぐる迷走がその大きな要因のひとつであった。彼は一九六一年に憲法を改正して仏教を国教に定めたものの、人口の一割を占める非仏教徒の不満が高まり、それが少数民族問題の悪化につながったため、再び憲法を改正して元に戻した。これによって今度は仏教界の反発が強まり、政権は不安定化した。この間、与党（連邦党）内部にも対立が生じ、議会は混乱した。

ウー・ヌ首相を悩ませたもうひとつの難問は、シャン州をはじめとする各州が自治権の強化を要求してきたことである。既述のように、憲法にはシャン州とカレンニー（カヤー）州に限り、独立後十年目以降の連邦からの分離権が認められていたため、ウー・ヌ首相は少数民族州側の要求を無視するわけにはいかなかった。国政が行き詰まりを見せ、ミャンマーの議会制民主主義は再び危機に陥る。国軍はウー・ヌ首相が各州から出されている要求に妥協するのではないかと恐れ、自らの意思で政権を奪取する決意を下すに至った［根本 2014: 286-288］。

3　ビルマ式社会主義期（ネー・ウィン時代）

（1）ビルマ社会主義計画党（BSPP）

一九六二年三月二日、国軍はクーデターを決行してウー・ヌ政権を倒した。ネー・ウィン大将を議長とする革命評議会が全権を奪い、憲法と議会を廃止し、ウー・ヌら主要政治家をすべて逮捕するか長期拘禁に処した。これ以降、この国の政治の中心には常に国軍が位置しつづけることになり、経済はもちろん、社会や文化にも多大な影響を与えることになった。

ネー・ウィンは権力を奪取すると、四カ月後にビルマ社会主義計画党（BSPP）を結成して、自ら党議長に就任し、その約二年後にはBSPP以外の全政党を解散させた。この間、外資導入や民族資本の育成を主張した穏健派の貿易・工業大臣のアウン・ジー准将を解任し、急進的な社会主義政策をとることを宣言した。BSPPには国軍の将校が党員として参加し、一九七〇年代以降は段階的に門戸を開放して一般国民が入党できるようにしたが、同党の実態は、ネー・ウィン議長を中核とする国軍と表裏一体の政党にほかならなかった。

一九七四年三月には、社会主義色を明確にした新憲法を施行し、形式的な民政移管をおこなった。そのとき国名をそれまでの「ビルマ連邦」から「ビルマ連邦社会主義共和国」に改名した。ただ、実質的にはBSPPの一党独裁を合法化した極度の中央集権体制の国家であり、その基盤には国軍が位置した。ネー・ウィンは革命評議会議長から大統領に転じ、軍籍を離脱したが、BSPPの党議長をそのまま兼任し、ビルマ式社会主義体制は国軍の力を利用したネー・ウィン個人の独裁色を強めていくことになった。彼は一九八二年にサン・ユ書記長に大統領職を譲ったが、自らは党議長職にとどまり実権を握り続けた。

（2）イデオロギーと現実

ビルマ式社会主義のイデオロギー上の特徴は、マルクス主義に拠らず、ソ連や中国の社会主義とは別の行き方を目指すという点にあった。人間が主体的に環境に働きかけ、人間と環境が相互に深く連関し合うなかで文明が発展するという独自の哲学を展開し、唯物論を否定した。外交では冷戦下にあって東西どちらの陣営にも属さないことを宣言した［根本 1996: 206-207］。またビルマにふさわしいシステムがあれば東西どちらの陣営からもそれを採用するという柔軟な姿勢を示した。

しかし、現実の政策は非常に硬直したものとなった。特に経済面では極端な国有化が推進された。外国資本は国家によって接収され、私企業は製造業だけでなく流通業も含め、ごく小規模なものを除いて国有化された。国有化の大義名分はソ連や中国のような「プロレタリアートによる経済支配」の実現ではなく、「経済のビルマ化」の実現として説明され、「国有化」という言葉は避けられ「国民所有」という表現が用いられた。大規模な国営企業には例外なく軍人が経営者として天下りしたため、経営効率が落ち、商品の質も低下し、その商品すらも十分に国民の手元へ出回らない状態が日常化して、タイから密輸物資が大量に入って来ることになった［根本一九九六：二〇七―二〇八、根本二〇一四：三〇四―三〇五］。国有化をまぬがれた農業でも、籾米の強制供出制度が導入され、農民による自由なコメ生産と販売は禁じられた。

写真２　ネー・ウィン

経済は悪化の一途をたどり、一九七〇年代半ばと八〇年代半ばには危機的状況を迎えた。最初の危機を迎えた際は、日本と当時の西ドイツから大規模な政府開発援助（ＯＤＡ）を受け入れることによって乗り切ろうとしたが、それでも回復は一時的にしか進まず、二回目の危機を迎えたときは、債務返済の猶予を受けやすくなる国連の後発発展途上国（ＬＤＣ）の認定を受けるに至った〔根本二〇一四：三〇五―三〇六〕。八七年九月には経済危機を乗り越えるべく、コメを含む農産物の取引自由化を突然実施したが、にわかに復活した流通業者によるコメの買い占めが生じ、逆に国民の生活を苦しめることになった。

外交も消極的中立に姿勢を転じた。ウー・ヌ時代には同じ中立でも国連で積極的に動き、一九五五年の第一回アジア・アフリカ諸国会議（バンドン会議）では中国の周恩来やインドのネルー、インドネシアのスカルノらと共にその主役を担ったが、ビルマ式社会主義期には内向的な姿勢を貫いた。それはベトナム戦争に伴う東南アジアでの冷戦の激化に巻き込まれることを防ぐ前向きの意味もあったが、本来の動機は、国内の政治や経済、文化に対する外国の影響力を極力少なくしたいと考える、国軍の排他的ナショナリズムによるものであった〔根本二〇一四：三〇六―三〇七〕。

ビルマ式社会主義はまた、中央政府による一元的支配を特徴とした。一九七四年に制定された社会主義憲法では、モン、カレン、カヤー、シャン、カチン、チン、アラカンの七つの主要少数民族にそれぞれ「州」が与えられたが、各州ともＢＳＰＰと中央政府の厳しいコントロールのもとに置かれ、政治・行政上の自由は認められなかった。国名の「ビルマ連邦社会主義共和国」のなかの「連邦」は名目と化した。

軍による官僚制の支配もビルマ式社会主義期の特徴である。一九六二年以降、官僚機構は軍の実質的下部機関と化していく。国軍幹部の各省中枢への天下りが進み、大臣官房や局長のポストはほぼ例外なく退役した軍人が就き、ときには課長クラスにまで軍関係者が異動してくることもあった。こうして官僚が軍に抵抗できる基盤そのものをこわした。これに加え公安組織も拡大強化され、人々の自由を制約するようになった。

（３）国軍と政治

国軍の極端な政治関与の背景には、軍と政治との関係に関する彼ら独特の認識が影響していた。当時党書記長だったサン・ユ准将は、一九六五年一一月に開催されたＢＳＰＰの第一回党セミナーで次のように発言している。

「ビルマ国軍は政治闘争の中で生まれ、さまざまな武装闘争を経験してきた。しかし、一時期、国軍は自らの役割について「軍にとって政治は無関係である、……経済や社会についてもそれは国軍の仕事ではない、われわれの唯一の義務は国防に尽きる」と考えていた。こうした狭い了見のために、国軍はそれまでの革命の遺産をほとんど失いかけるに至った。……しかし、ネー・ウィン将軍の指導により、……国軍は社会主義革命を担うことになり、自らの革命の遺産を取り戻したのである。」[Burma Socialist Programme Party 1965: 153]

この発言が示すように、国軍は自らを国防に専念する機能集団としてではなく、自国の革命を推進する政治的な軍として理解していた。国軍から政治性を消し去ることは「狭い了見」として退けられたのである。彼らは政治に関わることなく国防に専念する隣国インドの軍のあり方を軽蔑し、逆にクーデターで政権をとったパキスタン軍を高く評価した。歴史を振り返ると、国軍は独立闘争のなかで生まれ、英国との戦闘と抗日闘争を自らの歴史的栄光の基盤に据え、独立後は議会制民主主義と経済の段階的な社会主義化を支える軍として自らを規定してきた。彼らにとって軍と政治は常に一心同体なのである［根本二〇一五：三二一―三三二］。こうした基本認識は、現在のミャンマーでも国軍の基本的性格に影響を与えていると考えられる。

国軍はこのようにして一九六二年以降、ミャンマー・ナショナリズムの「正統な」引率者として君臨するようになり、愛国心のあり方や、「ミャンマー的」なるものが何であるかなどの定義は、すべて国軍が国民に強制していくものと化していった。これは見方を変えれば、一九一〇年代からミャンマーのナショナリズム運動を支えてきたビルマ人中間層が、その政治的力量を国軍の政治権力独占によって奪われたことを意味するものでもあった［根本二〇一四：三一〇―三一一］。

（4）一九八八年―民主化運動の封じ込めと軍事政権の成立

ビルマ式社会主義がもたらした極度の経済不振と自由の束縛に対する国民の不満は、一九八八年になると爆発し、全土的な民主化運動が展開されることになる。冷戦末期にあたる一九八〇年代の後半は、民主化のうねりが世界のあちこちで生じた時期であった。一九八六年にフィリピンで「ピープルズ・パワー」によってマルコス独裁体制が倒され、翌八七年には韓国で盧泰愚《ノテウ》新大統領による民主化宣言が出されていた。ビルマの民主化運動はその翌年にあたり、さらに一九八九年六月には中国の北京で民主化を求める群衆を国家が封じ込める天安門事件が生じ、その後、東欧の民主化、ソ連の崩壊（一九九一年）へと続いている。

当初はヤンゴンの学生を中心とした反ネー・ウィン運動の色彩が濃かったミャンマーの民主化運動であるが、その後、地方にも急速に拡大していった。七月二三日にはネー・ウィン党議長は辞任を表明し、サン・ユ大統領と共に職を辞した。後任大統領にはセイン・ルウィンが就き、BSPP議長を兼任した。しかし、国軍の強硬派の一人だった彼は、学生運動弾圧を推し進めた最高責任者であり、彼の登場は学生たちの怒りの炎に油を注ぐ結果となった。ゼネストと大規模デモを通じてセイン・ルウィン打倒の強い意思表示がなされ、就任からわずか一九日後に彼は大統領と党議長を辞任した（八月一二日）。その一週間後に文官出身のマウン・マウン博士が大統領に就任すると、戒厳令を解除して政治活動への規制を緩めたため、一般市民や公務員が数多くデモや集会に参加するようになった。ヤンゴン市内は連日一〇万人以上の規模でデモや集会がおこなわれた。彼らの主張は「民主化の実現」「暫定政府の設立」「複数政党制に基づく総選挙実施」「人権の確立」「経済の自由化」に収斂していき、海外メディアからもミャンマーの「民主化運動」として報道されるようになった。

運動はしかし、国民全体を率いる指導者がなかなか登場しなかったため、息切れを見せるようになり、的確な着地点を見いだせなくなっていった。九月に入ると、運動を率いてきた学生側は、総選挙実施のための暫定政府設立を宣言するよう、運動にデビューしたばかりの「アウン・サン将軍の娘」アウン・サン・スー・チーや、一九七六年にネー・ウィンに解任された経歴を持つティン・ウー元国防相らに強く求めたが（同月一二日）、事態は決定的な推移を見せなかった（民主化運動全体の様子と経緯は［伊野二〇〇一：一二一―一二九］に詳しい）。こうした状況下、同月一八日に

写真３　タン・シュエ（1992 年 -2011 年まで 20 年間、軍事政権 SLORC/SPDC 議長）

は国軍が二度目となるクーデターを決行し、軍の高官一九名から構成される軍事政権（国家法秩序回復評議会ＳＬＯＲＣ）の発足が宣言された（議長ソー・マウン、のちにタン・シュエ）。一週間ほどヤンゴンや地方都市で学生たちによる抵抗が続いたが、すべて軍によって封じ込まれ、これによって民主化運動は武力で抑え込まれた。ＳＬＯＲＣの登場により、ビルマ式社会主義は放棄され、ＢＳＰＰも解党となった。

　これ以降、二〇一一年三月まで二三年間、この国では軍事政権の時代が続くことになる。それは独立後のミャンマーが経験した二度の国家的挫折が生み出した結果であったといえる。すなわち、独立当初に目指した連邦制による議会制民主主義国家の形成が一九六二年に頓挫し、その後、軍がつくりあげようとした名目的な連邦制による一元的な社会主義国家の形成も一九八八年に国民の不満の爆発（民主化運動）によって挫折した結果、国軍が直接政治を担う軍事政権がこの国で長期に続くことになったのである。

参考文献

British Library 所蔵　India Office Records

M/4/958　Trade: Nationalism in Burma (including U Aung San's Speech at AFPFL Preparatory Convention on 20-5-1947)

M/4/2679　Government of Burma: Constituent Assembly, General Political Developments since Assassination of Executive Council Members (1947)

M/4/2685　Government of Burma: Future Relations with Great Britain (1947)

公刊書および論文

Burma Socialist Programme Party. 1965. *Party Seminar*, Rangoon: Burma Socialist Programme Party
Callahan, Mary P. 2003. Making Enemies: *War and State Building in Burma*. New York: Cornell University Press.
伊野憲治　二〇〇一年『アウンサンスーチーの思想と行動』北九州：財団法人アジア女性交流・研究フォーラム。
中西嘉宏　二〇〇九年『軍政ビルマの権力構造—ネー・ウィン体制下の国家と軍隊　1962-1988—』京都：京都大学学術出版会。
根本　敬　一九九〇年「一九三〇年代ビルマ・ナショナリズムにおける社会主義受容の特質—タキン党の思想形成を中心に」『東南アジア研究』第二七巻四号、四二七—四四七ページ。
根本　敬　一九九六年『アウン・サン—封印された独立ビルマの夢—』東京：岩波書店。
Nemoto, Kei. 2000. “The Concepts of *Dobama* (Our Burma) and *Thudo-Bama* (Their Burma) in Burmese Nationalism, 1930-1948. Journal of Burma Studies, Volume 5: 1-16.
根本　敬　二〇〇二年a「ビルマのナショナリズム—中間層ナショナリスト・エリートたちの軌跡」『(岩波講座) 東南アジア史』第七巻（岩波書店）、二一三—二四〇ページ。
根本　敬　二〇〇二年b「ビルマの独立—日本占領期からウー・ヌ時代まで」『(岩波講座) 東南アジア史』第八巻（岩波書店）、一七三—二〇二ページ。
根本　敬　二〇一〇年『抵抗と協力のはざま—近代ビルマ史のなかのイギリスと日本』東京：岩波書店。
根本　敬　二〇一四年『物語ビルマの歴史—王朝時代から現代まで—』東京：中央公論新社。
根本　敬　二〇一五年『アウンサンスーチーのビルマ—民主化と国民和解への道—』東京：岩波書店。
Nu, U. 1958. *Towards a Socialist State*, Rangoon: Director of Information, Government of the Union of Burma.
Pyithaunsu Myanma Nain-ngan i Hpwesi Ou’hkyou’poun Ahkyeinkhan Upadei (1947)（ビルマ語版『ビルマ連邦憲法』）Yangon.
Smith, Martin. 1991, *Burma: Insurgency and the Politics of Ethnicity*, London: Zed Books Ltd.
Taylor, Robert H. 2009. *The State in Myanmar*. London: Hurst Publishers Ltd.
Trager, Frank N. 1966. *Burma from Kingdom to Republic: A Historical and Political Analysis*, New York: Preager Publishers.

コラム4　根本　敬　ミャンマーの国歌

どの国の国歌も、その由来には歴史的背景がある。フランス国歌はフランス革命と深い関係があるし、中国のそれは抗日運動の中から生まれたものである。ミャンマーも英領植民地から独立した国なので、その国歌の歴史には同国のナショナリズムが深くかかわっている。映画館ではいまでも上映作品の前に国旗がスクリーンに映し出され、国歌のメロディーが荘厳に流れ、観客は起立を求められる。

ミャンマー国歌の由来は反英独立運動を率いたタキン党（われらのビルマ協会）の時代にまでさかのぼる。同党が一九三〇年六月にわずか数名の青年たちによって結成されたとき、彼らは「われらのビルマの歌（ドバマーの歌）」を作詞作曲し、各地で生演奏を行いながら聴衆にナショナリズムを訴えた。娯楽が多様でなかった当時、人々はものめずらしさから小オーケストラ編成によるこの歌の演奏と党員らによる歌唱指導に集まった。

この歌は結果的に独立後のビルマ国歌の元歌になった。しかし、タキン党が普及させようとした初期の歌詞内容には、ビルマ民族中心主義に基づく排他的なナショナリズムの色あいを見てとることができる。以下、日本語訳（抜粋）を示そう。

タガウン王国を建国されたアビラーザー
我らビルマ民族はシャカ族の血をひくものゆえ
その誉と力は不朽なり
タイやインドと戦いしとき
勝利を得た我らのビルマ民族
王宮の尖塔が薪《まき》のひときれと化すのは

この世のことわり
我らもまた同じ運命に出会いし
されど、もとは確かに我らの国
我らの、我らの国
――
世界のつづくかぎり、我らのビルマも共にあり
これぞ我らの国、これぞ我らの土地
――
東方より陽いずるが如く
我らの時代は確実に来る

最初に登場する「タガウン王国」とは、インドの釈迦族出身のアビラーザーという人物が、西暦紀元前八五〇年に現在のミャンマー北部の町タガウンに建国したとされるビルマ最古の王朝のことである。これはしかし、伝説上の王朝に過ぎず、実在したわけではない。仏教の始祖ゴータマ・シッダールタ（釈尊）が生まれる数百年もまえに、釈迦族が（現在のインドやネパールではなく）ミャンマーに居たと主張するに等しいこの伝説は、そのあとに続く「我らのビルマ民族（バマー）はシャカ族の血をひくものゆえ」にも見られるとおり、荒唐無稽（こうとうむけい）である。しかし、ビルマ民族は仏教と自分達をそれだけ強く結び付け、民族の誇りをここに求めようとしているということがわかる。

「タイやインドと戦いしとき、勝利を得た我らのビルマ民族」もまた、現在のタイ国民やインド国民が聞いたら不愉快になる歌詞であろう。歴史的に見て隣国への侵略行為にほかならないにもかかわらず、こうした「勝利」を肯定的に描くのは、英国に統治されている屈辱感の心理的裏返しだったといえよう。かつては自分たちこそが「支配する側」に位置したことを強調することによって、英国に劣等感を抱く必要がないことを訴えているかのようである。

つづく「王宮の尖塔が薪のひときれと化すのはこの世のことわり、我らもまた同じ運命に出会いし」は仏教の無常観に基づく表現である。しかし、これは英国によって植民地化されてしまった歴史は逆らうことのできない運命にすぎず、この先、「我らの時代」が「東方より陽いずるが如く」必然的に訪れると運命的に考えているに他ならない。なぜ植民地化されてしまったのかという「反

省」につながる歌詞とはいえない。

　こうした排外的かつ唯我独尊的ともいえるナショナリズムに彩られた歌も、独立後のビルマ国歌に採用されるときは大幅な毒抜きがなされた。元歌がビルマ民族用の内向きの歌詞としては価値を有しても、国際社会に生きる一国民国家の歌としてはよくないと判断されたのである。上に紹介した歌詞のうち、「世界のつづくかぎり、我らのビルマも共にあり、これぞ我らの国、これぞ我らの土地」だけが残され、そこに「連邦に自らの命をささげ、我々は国土を守る」という歌詞が加えられ、あとはすべて削除された。これによって純粋に愛国的な国歌に変更されたといえる。メロディーも大幅に短縮され、西欧風に編曲されたうえで現在まで使われている。一九八九年六月の英語国名変更以降は、「ビルマ（バマー）」の部分をすべて「ミャンマー」に置き換えている。

　だが、ミャンマー国歌の元歌の中には、いまもこの国に強く存在する排他的ナショナリズムと重なる主張が見られる。「ミャンマーは上座仏教・ビルマ語・ビルマ民族中心の国である」と訴え、それ以外の宗教や言語や民族を軽視する考え方である。反英独立運動時にはプラスに作用したこうした訴えも、独立後の連邦体制下で一〇〇を超える諸民族の友好と団結を実現する際にはマイナスに作用した。現在の国歌の歌詞の中には全く含まれない「主張」とはいえ、この歌の「過去の亡霊」はなかなか消えそうにないのが現実である。

写真　アウン・サン将軍

第Ⅱ部
日本とミャンマーの交流の歴史と伝統

日本人墓地に眠るからゆきさん（ヤンゴン市北郊外）

第1章
日緬交流400年史
―17世紀初期アラカンの日本人キリシタン護衛隊をめぐって―

奥平龍二

現ミャンマー連邦共和国の最西端に位置するアラカン（現地語でラカイン、ビルマ語ではヤカイン）州に一七世紀前半、ティーリ・トゥダンマ王の護衛隊として仕えたドン・レオン・ドノ（Don Leon Dono）を頭領とする日本人キリシタン傭兵隊とその家族数百名が存在したことについては、一六三〇年にアラカン王国の王都ムロハウン（＝ムラウー、ビルマ語ミョウハウン）を訪ねたポルトガル人宣教師セバスチャン・マンリーケ（*Sebastian Manrique*）がスペイン語で書いたその著『東洋印度における宣教師の旅行記』第一巻『アラカン紀行』(1)において克明に描写していることから実証される。その事実は、一九二七年の英訳版の普及によって、ミャンマー史家ハーヴェイ（G.E.Harvey, 1967）や植民地ビルマの行政官モリス・コリス（*Maurice Collis,1942*）等の著作を通じ広く世界に紹介されるに至った。さらに、その史実を踏まえ若干の日本人著者(2)がその真相に迫ろうとした。しかし、この史実の背景については、新たな一次史料の発掘なくほとんど進展が見られないまま今日に至っている。

1　時代的背景

(1) ポルトガルとスペイン

一六世紀後半から一七世紀前半にかけての時代は、マルコポーロやマゼランによるいわゆる「大航海時代」の後を受けてポルトガルとスペインによって開始された「商業の時代」(3)である。その世界戦略としての商業権拡大の一環として、インドのゴアおよびマカオを拠点とするポルトガルとマニラを拠点とするスペイン両国の東洋進出と植民地争奪戦は熾烈を極めた。特に、本稿で取り上げるポルトガルの東洋進出の意図は、カトリック教の布教、鉄砲や重火器などを持参し各地の原材料（胡椒や香料など）を確保するのみならず、各地の王国に戦法を指導し、また自らの傭兵組織を結成し支援することであったが、このような戦略の背景には植民地獲得という最終的な目標が隠されていたといわれる(4)。ポルトガルの東洋進出は、地域的ヴァリエーションはあるものの、南アジアから東南アジアを経て東アジアに至る広域圏各国に共通した問題を惹起した。特に、ポルトガル人カトリック宣教師による布教活動は、各国政権との間で、その受け入れをめぐっては、交易活動との絡みもあり、大きな摩擦を起こしたり現地側の混乱を招いたりした。

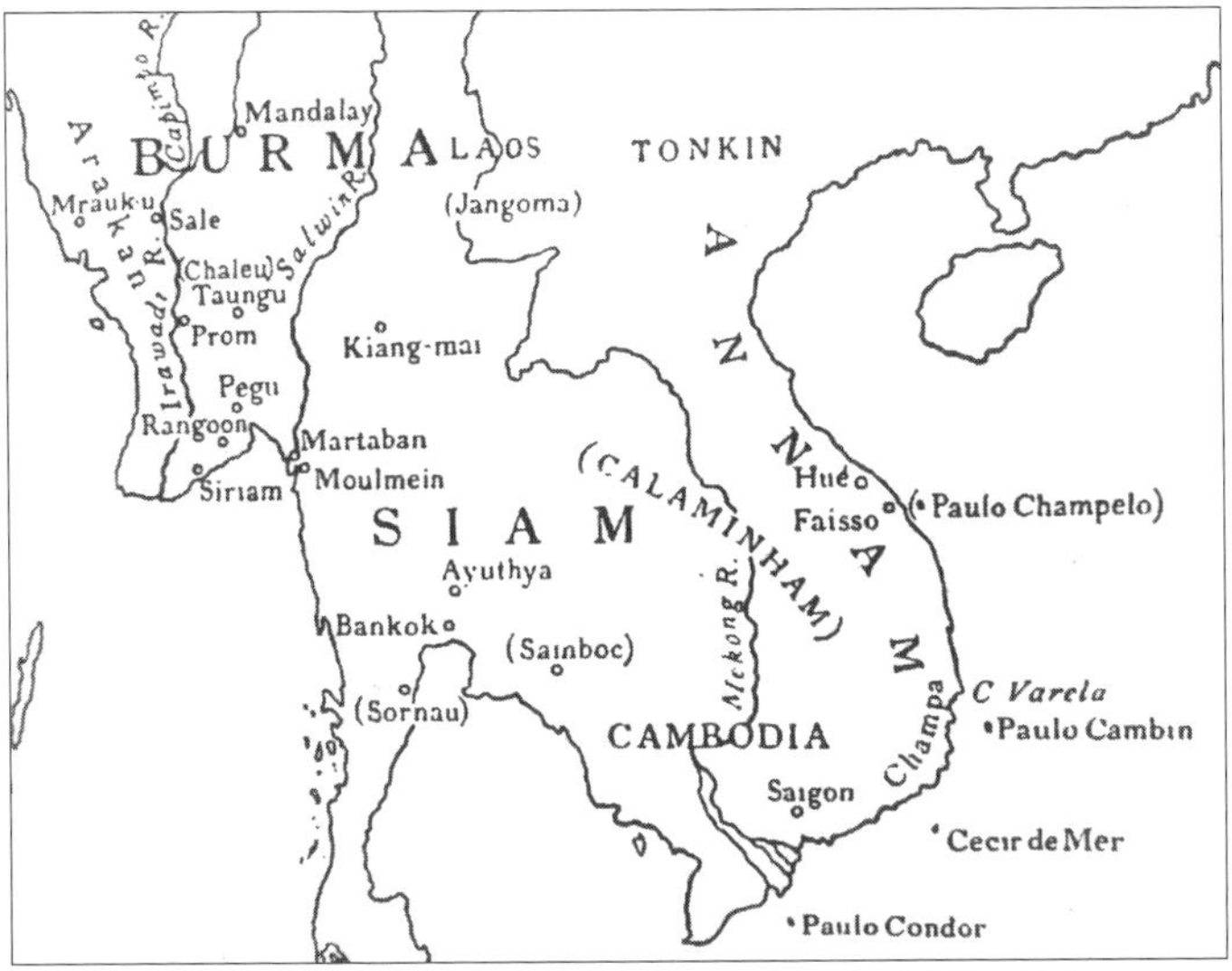

図　マンリーケが言及したビルマとタイおよび安南の地名
（1927年版、233頁:T.A. Smith作成）

（2）アラカン、タウングーおよびアユタヤ各王国間の関係

一六世紀末のラカイン王国では、強力なミン・ラーザヂー王が、一五九三年、強大なバインナウン王を継いだナンダバイン王治世で弱体化しつつあったバゴー（ペグー）に都を置くタウングー王国（第二次ビルマ帝国）を攻撃し、ナンダバイン王の王女シン・トウェー・ナウン（別称キン・マ・ナウン）を拉致し白象と共に王都ムロハウンに帰還した。他方、タウングー王国軍はタイの王都アユタヤを攻略しナレスエン

王率いるアユタヤ王軍を撃退したが、ミャンマー軍指揮官（ナンダバイン王の王子）の戦死によって後退し、ペグー地区がタイ軍に占領され、モウッタマ（マルタバン）以南の、ベンガル湾交易の二つの拠点であるテナセリムとダウエーはミャンマーから奪還されアユタヤ王国の属領とされるに至った。一五九五年、アユタヤ王国軍は王都ペグーを攻撃するも敗退したが、ミン・ラーザヂー王率いるラカイン王国軍はタウングー領主ミンイェー・ティーハドゥーと連合してペグーを攻略し、ナンダバイン王はタウングー領主の捕虜となった。他方、一五九九年、アユタヤ王国軍はタウングーを攻撃するも敗退する。これに対し、ラカイン国王ミン・ラーザヂーは下ビルマの拠点タニィン（シリアム）を占領し、さらにペグーを包囲する。また、タウングー王朝の支配下にあったチェンマイがその支配から脱し、さらに、ナンダバイン王がタウングーで処刑されここにタウングー王国が崩壊した。他方、一五九七年、ニャウンヤン領主イェーナンダメイッがインワを王都とする王国を再興し、第二タンウングー王朝の基盤を築いた。

一七世紀に入ると、ラカイン（＝アラカン）王国はミン・ラーザヂー王治世に、ミャンマーに覇権を伸ばし、ポルトガル人デ・ブリト（*De Brito*）をヤンゴンの対岸タニン（＝シリアム）を領主に任命する一方、ポルトガル人海賊の一掃に乗り出した。これに対し、セバスチャン・ゴンザレス・ティバオ（*Sebastian Gongalez Tinao*）指揮下のポルトガル軍がミン・ラーザヂー王を脅迫した。他方、イギリス（一六〇〇年）、オランダ（一六〇二年）及びフランス（一六〇四年）西欧諸国が相次いで「東インド会社」を設立し、東洋貿易の地歩を固めた。例えば、オランダ人エルビングは貿易交渉のため、いち早くラカイン王国を訪問している。一六一二年、ミン・ラーザヂーが亡くなると、ミン・カマウン（フセイン・シャー）がラカイン王に即位したが、一六二二年同王が死去すると、ティーリ・トゥダンマーが王位に就くやバゴーのタウングー王国を攻めたが、略奪品のひとつであるアナウッペッルン王の鐘をムロハウン近郊の仏塔に招致し安置したことで有名である。この王は、一賢者の忠告を受け入れて戴冠式を一二年後に延期した。同王の治世の一六三〇年、その前年ローマ法王の名代として*Dianga*に赴任したアウグスチヌス派宣教師セバスチャン・マンリーケ（*Sebastiao Manrique*）がラカインの王都ムロハウンを訪問しティリ・トゥダンマ王に接見している。

マンリーケが日本のキリシタン武士ドン・レオン・ドノの一団に邂逅したのはこのときである。マンリーケはその後一六三三年、ゴアのポルトガル総督が派遣したポルトガル使節の顧問としてムロハウンを再訪し、さらに、一六三五年のティーリ・トゥダンマ王の戴冠式にも参列している。しかし、三年後の一六三八年、ティーリ・トゥダンマ王は、王妃ナッシンメ（*Natshinme*）と情を通じていたラウンジエッ大臣（のちの、ナラパティヂー王）の黒魔術にかけられ頓死したと伝えられる［Harvey 一九六七七：一四五］。

2　セバスチャン・マンリーケと著書

（1）セバスチャン・マンリケの人物像

ラカイン王国ティリ・トゥダンマ王の護衛隊として仕えていたドン・レオン・ドノ隊長以下の日本のキリシタン武士団とマンリーケとの邂逅は、以上のようなミャンマーを取り巻く一七世紀の国際情勢の中での出来事であった。マンリーケはオポルト（*Oporto*）出身のポルトガル人でゴアを拠点に、四〇歳を過ぎて聖アウグスチヌス派の修道士として宣教活動を開始し、一六四三年七月、五五歳でローマに帰還している。この間、一六二九〜三七年、*Father Luis Coutiño* 司教を団長とするベンガル使節団に所属し、また、ラカイン国への代理となった。さらに、また、マンリーケは一六三七〜四〇年にはフィリピンと中国を訪問している。その後、一六四〇〜四一年にインドで過ごしたのち、ヨーロッパへの帰路についたが、一六六九年、ロンドンで私的宣教活動中にポルトガル人下僕により殺害され、悲劇の終末を迎えた。

マンリーケは、故国に帰国後、スペイン語(3)で著書『東洋印度における宣教師の旅行記』上下二巻（一六四九、一六五一年）を書いたが、上記ラカインへの旅について、その第一巻『アラカン紀行』で取り上げている。そこでは、ベンガルからラカインへの旅、パヤーヂー（大仏塔）ミャウッウー（＝ムロハウン）王宮での出来事、ドン・レオン・ドノ隊長以下日本人キリシタン護衛隊との邂逅と親交、ラカイン、バゴー、インワ及びタイの白象、アウグスチヌスの宣教活動、ラカイン再訪（一六三四～一六三五年一月）、ティーリ・トゥダンマ国王の戴冠式直後帰国、帰路のDiangaの様子、インド国内旅行などに言及している。

（2）ラカインにおけるキリスト教宣教活動と日本人キリスト教徒

一六世紀末期にはポルトガル人フランシスコ・フェルナンデス神父（*Father Francisco Fernandes*）がベンガルに派遣され、フーグリ川を進みチッタゴン経由でディアンガ（*Dianga*）(5) のポルトガル人の定住地（Bandel）(6) を訪問した。また、彼はラカインの王都ムロハウンに時の王ミン・ラーザヂーを訪ねチッタゴンとラカインに一つずつおよびポルトガル人居住地の建設許可を得た。さらに、一六〇〇年、*Chandekhān* (7) に七人のアウグスチヌス派修道士が来訪し七つの教会をその地に建設した。一六〇三年には、ドミニコ会修道士とイエズス会修道士の闘争後、フランシスコ会修道士が短期間、ラカインを訪問している。この結果、ベンガルで一六、六九〇人、ラカインでは五、一一一人に洗礼が施された。因みに、ムロハウンおよびその周辺における日本人キリスト教徒については、ミャンマー史研究家チャーニーが、「恐らく、既に一六世紀から定住していた」[Charney 1997：147] とし、また、「彼らはラカイン人とよりも、宗教的友好関係を、ポルトガル人キリスト教徒社会と維持し、彼ら自身一層同盟を結んでいたように思われる」[Charney ibid：27] と述べている。こうした中、ラカインのミンヤーザヂー王は、突然宗教政策を転換し、ラカインでキリスト教信仰を禁止する一方、神父たちのために何らの支援も行わなかったため、ポルトガル人神父たちはフーグリ川まで撤退を余儀なくされた。加えて、一六二五年には、飢饉が発生し、また、疫病（バッタとペスト）が流行した。このようなラカインを取り巻く情勢の中で、マンリーケが王都ムロハウンを訪問した際、偶然にもドン・レオン・ドノ隊長以下、ラカイン国王に仕える日本人キリシタン護衛隊と邂逅したのである。

（3）マンリーケとドン・レオン・ドノとの邂逅

マンリーケ来訪の報告を受けたラカイン国王ティーリ・トゥダンマは、宮内大臣に命じ、王都ムラウー（ムロハウン）まで水路御座船で出迎えさせたが、マンリーケの記述をもとに、彼とドン・レオン・ドノとの邂逅の事実を描写すればおおよそ以下の通りである。

「私の到着のニュースが既に広まっていたので、しばらくして、日本人キリスト教徒（*the Japanese Christians*）が隊長（the Captain）とともに、私のところにやってきた。彼らは、王の護衛として仕えていた。彼らは祭り用の晴れ着姿で二隻のガレー船でやってきたが、到着するや否や携えてきた小銃とファルコン砲（falconet）で祝砲を放った。レオン・ドノ（Leon Dono）と呼ばれる彼らの隊長が私のところにやってきて跪ずいた。彼らは、大勢（*a large number of them*）であり、彼ら全員を我々の船（*vessel*）に乗せることができなかったので、仲間のTibao船長が砂浜のいくつかの木の下でマットを広げさせその上に立派なじゅうたんが敷かれその上に彼ら全員が座った。それから彼らは、あたかも私が聖人か司教（*Bishop*）のように、献身的な愛情と尊崇の念で私の手に接吻しにやってきた。ここでは、ヨーロッパにおける司教に対して以上に、どんな司祭者（*priest*）に対しても一層の敬意を払うことは驚くに当たらない」［M：一二八—一二九］。

この最初の儀式が終わると、日本人隊長は次のような談話を始めた。彼が言うには、すべての日本人キリスト教徒はマンリーケ神父の来訪を喜んでいる。それは、彼ら自身の、あるいは他の司祭者が諸々の戦争やその他の困難な出来事のために七年以上も来訪がなかったので長らく望んでいた一大事件であったためである。我々の主(Lord)の慈悲を頼りに、彼らは、私が今ここに来たからには、私が彼らに与える精神的食物を通じて絶対者の恩寵でこれからは生きるであろうしより慰められるであろうと信じた。彼らはラカイン王が我々を快く受け入れるであろうことを神王（*His Devine Majesty*）に対する信頼によって確信し、また、私の斡旋によって、彼らが彼ら自身の地方にひとつの教会を建てられる望みを抱いた。彼らはここ二年間ばかり努力してきたが、許可がいつも取り下げられた。私は、彼らがよりよい幸せな心の枠にとどめることができるよう、精神的、現世的な事柄と同様個々人のささいな要求を支えることができる、と話した［M：一二九］。

私がこの話に関わっていたとき、宮廷大臣（*Puchiquê*）が到着した旨の知らせがあったので、われわれ一同は立ち上がって彼に会いに出向いた。彼はわれわれのよき斡旋者とともに、この国の慣例によって四〇人の従者に先導させ、その他のものを従えて金細工された華美な天蓋のついた象駕籠に載ってやってきた。［M：一三〇］―宮廷大臣はお付の者たちと下車すると、われわれは、彼を船尾楼甲板へとその目的のために飾られた *Gelia* に誘導した。他のすべての者は外にとどめられた。通常の儀礼ののち、われわれは彼を二つの色物のビロードのクッションが備わった主席に誘導した。暫くそこに座った後、彼は王のメッセージを手渡すために立ち上がったので、われわれもそうしたのだが、彼は、「ご神父、わが主君はあなたを歓迎するために、また、あなたがインド総督のニュースを伝達するよう要請するため、私を差し向けました。王は、私にあなたが王のお前に呼び出されるまで、王都の公舎にお連れするよう命ぜられました」、と。これに対して、私は、真の神の恩寵によって無事到着できたのみならず、既に国王陛下のご好意を享受している―。同じ話題を続けながら、宮廷大臣は国王がわれわれに好意を抱いており、また、われわれの声明をお聞になられて、王が艦隊を従えて *Corangrì* に戻るよう指令されると確信した［M：一三二］。全船尾が、頭上が日よけの天幕で覆われ、両側が深紅色と黄色のカーテンのついた、両側に夫々一二のオールで進む王船が到着すると、宮廷大臣は太陽が照り付けるために、われわれにより快適にと川で参ろうと語った［M：一三三―一三四］。

舟漕ぎたちが漕ぎ始める前に、私は接遇者（宮廷大臣）に近づき、これらの日本人は私を訪ねてきた者たちなので、せめて隊長だけでも連れて行きたい。日本人隊長の身分はとても低いが、もしそれが許されるなら私はとてもうれしく思う、と語った［M：一三二］。やがて、宮廷大臣の許可を得て、レオン・ドノ隊長は乗船を許された。マンリーケを迎えに来た宮廷大臣に近づくと、隊長は彼に深々とお辞儀し挨拶をした。それから、私の近くに座り、私が彼（隊長）になした光栄に対して深謝すると述べたが、高位聖職者（*Prelate*）と一人の同僚としての私に仕える普通の責務以外に、今は、もし彼に生命を与えるなら果してくれるであろう特定の責務があることをつけ加えた。そして、マンリーケは、彼にレオン・ドノ隊長だけでなく、そのすべての日本人が感謝を述べに来たが、このように、この国民は東洋の民の中で性格的にもっとも名誉を重んじ、また、些細な儀式（*punctilio*）を守るのに命を捧げる、と記している［M：一三三―一三四］。……われわれは、ミサ（聖餐式）の為の最高の部屋の準備に取り掛かった。日本人キリスト教徒がいくつかの異なった色の絹の断片と大変見栄えよい敷物を持ってきた。……その夜、若干のキリスト教徒が罪の告白をし（*confess*）に私に会いに来た。ある者は八～九年、少なくとも二～三年は罪の告白をしていないことを知ったが、それほど危険が差し迫っていなければ十分準備できるまで罪の告白を延期するのが最良であると説明したところ、彼らは納得して私の下を去って行った。その後、中年過ぎの一人の男が、私の元にやってきて身を投げ出し悲痛な声で叫んだ。「神父様！私はキリスト教徒にもかかわらず、一九年もの間、罪の告白をしていません。私はここから半日の旅程のところに住んでおりますが、四日前にあなたの到着を知ってすぐに罪の告発の準備を始めました。七年間、異教徒の女性と暮らし、彼女との間に幾人かの子供がいますが、ポルトガル人居住区に何年か住んでいる間にキリスト教を学び彼らすべてをその中で育てました。私が長い間懺悔できなかったのは、長い間罪深かったほか七年にわたる戦争がアウグスチヌス派の同胞が我々を訪ねることを妨げたからです……云々」［M：138］と申し立て、結局マンリーケは彼を助けることを自身の義務であると考え彼の告白に耳を傾け、彼の家族も洗礼を受け、また彼とその女性を結婚させた。

（4）マンリーケのラカイン国王との謁見の目的

宮廷大臣の居所に招かれたのちマンリーケ一行はやがて国王に謁見の機会が与えられた。彼は国王に対して、威徳絶大なるティーリ・トゥダンマ皇帝陛下！と最高なる讃辞を送り、国王陛下のもと王国の強靭さに触れ、また、王国に居住するポルトガル人の王への協力と友好関係を強調した。この度のマンリーケのティーリ・トゥダンマ国王謁見の目的は、ディアンガ在住のポルトガル人による海賊行為により王国の治安が乱れているとの情報に国王がディアンガ征伐を決意したことに対し、インド・ゴアのポルトガル総督が同大司教との協議の結果、ディアンガ教区長マンリーケを国王のもとに派遣しポルトガル人の海賊行為の事実無根を訴えさせることであったが、マンリーケの訴えに対し王は全面的に納得し、また、ポルトガル人のラカイン王に対する忠誠を信じ、ディアンガ征伐を思いとどまらせたのであった。こうしてマンリーケの所期の公的目的は達せられたが、今ひとつ、残された課題は、王都ムラウー（＝ムロハウン）及びその周辺に居住するキリスト教徒奴隷を集めて共同生活をさせることであった［M：147；鈴木一九七七：一八二—一八三］。

(5) マンリーケによる国王への嘆願

マンリーケは王都周辺のキリスト教徒救済のために、自らキリスト教徒でありながら、ティーリ・トゥダンマ国王の護衛隊長として絶大な信頼を得ている日本人ドン・レオン・ドノにその目的を告げ助言を求めた。これに対して、レオン・ドノは、バゴー出身の自らのビルマ人妻がミン・ラーザヂー国王のバゴー遠征時（一六〇〇年）にラカインに拉致されその王妃となったバゴーのタウングー王国最後のナンダバイン王の王女の召使であったので、同老王妃（ティーリ・トゥダンマ王の義母）にわが妻を介して会えるよう工夫したいと約束した［M：一九三］。このドン・レオン・ドノの計らいで、マリーリーケは老王妃に相談する機会を得、老王妃の巧みな助言が功を奏して国王からキリスト教徒奴隷を獲得し一堂に集めて共同生活を営ませることに成功したのである［M：一九三—二〇四］。

3　ドン・レオン・ドノと一七世紀の日本の歴史的背景

(1) ドン・レオン・ドノの出自

それでは、ティーリ・トゥダンマ国王の絶大なる信任を得ていた護衛隊長ドン・レオン・ドノとはどのような人物なのであろうか。一般論としては、彼の日本名が不明であるため、これまでその出自については全く明らかにされていない。マンリーケの上記著作では、彼の王国における地位は「かなり低い」［M：一三三］ものであったとの記述は見られるものの、外国での護衛兵という雇われの身分が必ずしも日本における身分を表すものではなかろう。また、キリスト教の洗礼名からは末尾の「ドノ」が日本語の「殿」であると推察され、彼の日本人部下たちが普段「ドン・レオン・ドノ」ないし短く「レオン・ドノ」と呼称していたのをマンリーケが記録にとどめた可能性もあろう。また、「日本のキリシタン武士は三十二人ぐらいいた。その首領は『*Uedono*』（上殿）と呼ばれていてポルトガル語が巧みであった」［沖田二〇一三：二二八］との推察もある。当時のわが国で「殿」と呼ばれる対象はどのような身分の者に向けられていたのであろうか。まさに徳川時代の天下統一が行われる時代に大名か家老職など比較的上位の役職の者であった可能性も否定できない。また、ドン・レオン・ドノがマンリーケの信頼を勝ち取りティーリ・トゥダンマ王との謁見のお膳立てができたのは、彼が既に、日本において、ポルトガル語に相当通暁していた証しであるとも推察される［鈴木一九七七：一八七］。

マンリーケがドン・レオン・ドノにラカイン王国の王都ムロハウンで出会った一六三〇年は、一六世紀後半から一七世紀前半にかけての一世紀にわたるポルトガルの東洋進出の最中の出来事であること、ドン・レオン・ドノ以下の護衛隊が皆日本人キリスト教徒であったことから、既に日本を出国する以前にポルトガル宣教師のもとで洗礼を受けた可能性が高いこと、同護衛団が単なる雇われ傭兵ではなく外国の国王の身辺の厳重警備を行う、「剣術」に秀でた集団ないし、戦国時代にポルトガルからわが国にももたらされた火縄銃などの重火器を取り扱える戦国武士たち、あるいは、一六〇〇年の関が原の戦いで敗れた西軍の浪人たちが職を求めて南海に出かけた集団の可能性も否定できないこと、などは、ドン・レオン・ドノの日本における出自を探る上で有力な手がかりとなるかも知れない。

（2）ドン・レオン・ドノの日本出国時期

では、ドン・レオン・ドノはいつ頃、どのような理由で日本を出国したのであろうか。これについては、英国植民地時代のビルマ史家ハーヴェイは「寛永年間幕府の鎖国令によりポルトガル船にて海外脱出したもの」［一九七六（邦訳本）：二〇五］とし、また、モーリス・コリスは家康のポルトガル宣教師の活動に疑念を抱いた一六一二年ごろの後［一九四二?：一二三］を示唆し、さらに、現代ミャンマーの歴史家タン・ミィン・ウーは一五八七年の秀吉によるキリシタン迫害後」［二〇〇六：七四］としているが、いずれも根拠不明で推測の域を出ない。ただ、この時期には、豊臣秀吉が伴天連追放令（一五八七年）、徳川家康が幕府直轄領の禁教令（一六一二年）、同全国禁教令（一六一四年）、第二代将軍秀忠が伴天連御禁制奉書（一六一六年）を発しているので、ドン・レオン・ドノはこれらのいずれかの時期に出国した可能性が強い。タン・ミィン・ウーは「日本のキリスト教徒のいくらかは、浪人（主人なき侍）で、ラカイン王のための特別警護隊を組織した（—formed a special bodyguard）」［二〇〇六：七四］と考えている。因みに、当時の日本で、「レオン」と名乗る人物がどれくらい存在したかを探るひとつの手がかりは、日本及び諸外国からヴァチカンの教皇パウルス五世宛書簡［ヴァチカン図書館所蔵］に現れる「霊名」に「レオン」と冠する者は六人登場する。また、日本人キリシタンにより認められ、署名の付された諸種の文書［以上ロペス・ガイ：二六二—二三七、姉崎正治の調査に基づく］に含まれる「レオン」なる人物の渡航先や時期などの諸情報からは、「ドン・レオン・ドン」に該当する人物は見当たらない(8)。

（3）日本におけるポルトガル人宣教師の活動と日本側の対応

一五四九年鹿児島に上陸し布教活動を開始したイェズス会宣教師フランシスコ・ザビエルを皮切りにルイス・フロイスなどによるキリスト教布教活動が九州を中心に活発化していったが、わが国に宣教師を送り込んだ諸々の修道会のうちで、「イェズス会があらゆる面で他を圧倒していた」［高瀬二〇〇一：五七九］という。このポルトガル人宣教師の布教活動により、一四万人以上もの日本人がキリスト教に改宗したといわれる。その中で、大友宗麟、有馬晴信、大村純忠など、いわゆる戦国大名のキリスト教への改宗が注目を引いたが、彼らは「天正遣欧少年使節」を独自で派遣してその存在感を示した。その背景には、戦国大名達が武器の調達や弾薬の海外からの輸入のために奴隷売買を実施したり農民への重税を課したりしたが、その結果、欧州やアジア各地に多数の日本人奴隷が存在するようになった。イスパニア船サン・フェリペ号事件(9)に見られるごとくポルトガル人を仲介とする奴隷売買や宣教活動の背景にポルトガルやスペインによる日本の植民地支配の野望を察知した秀吉は、支配者たる自身の許可なくキリスト教を信仰していたこれらの実態に激怒した。これがその後の徳川政権によるキリシタン追放への端緒となった。特に、家康の禁教令(一六一二年)で、キリスト教に改宗した高山右近、内藤如安など大名や武士たち三〇〇名がフィリピンのルソン島へ追放された。ついには、徳川三代将軍家光の鎖国令(一六三五)によって、中国船以外の欧州諸国は、交易目的のオランダのみ長崎(出島)での活動の許可を例外に全面的に入港を禁止し、朱印船貿易の中止、日本人の海外渡航および日本への帰港を禁止し、ここに鎖国政策が断行された。

(4) 日本人キリシタンの海外追放・逃亡ルート

日本人町の研究で名高い岩生成一は、当時、南洋各地に移住した邦人総数をおおよそ、七、〇〇〇～一〇、〇〇〇人と推定している。そして、移住者を職種別に三種類に分類している。すなわち、(イ)自主的渡航(海賊、船員、承認、失業者、追放キリシタンほか)、(ロ)外国人の雇用人(伝道者、官吏、商館員、船員、傭兵、労働者、捕虜、奴隷、ほか)、(ハ)外国人との婚姻[岩生一九六六:一六]の三つである。岩生によれば、当時、「特定地域に集団をなして一部落を形成する場合」を「日本町」としてコーチシナ、カンボジア、アユタヤ、ルソン、また、「外人間で分離雑居している所」として南洋の全地域を挙げ、区別している[岩生 前掲書:三一五]。例えば、アユタヤの「日本町」では、山田長政(一六一二年頃渡航)の時代、「日本人は傲慢であるにもかかわらず、勇敢で忠実なる傭兵として要求されていた。それ故、アユタヤ王は当時七〇名の日本人親衛隊を傭っていた」［ハーヴェイ（訳）：二〇六、原本：一四五］。他方、モリス・コリスは「シャム、ペグーおよびアラカンの王の家族単位の軍隊（*household troops*）［一九四二：一二三］の護衛兵（*guardmen*）とか「傭兵」（*mercenaries*）［同：九六］が存在したことを示唆しているが、イタリアの商人メンデス・ピントは、ペグーに四〇カ国から三六、〇〇〇人もの外国人が居住していた（*thirty-six stranger*）と記述している［M.Pinto（trl.）by H.Cogan 一六三五：二〇〇］が、この中には不思議にも「日本人」の名は見当たらない。これに対して、マンリーケが邂逅したラカイン王のもとに、ドン・レオン・ドノ隊長以下護衛隊の家族単位で数百名の日本人が存在した事実を裏付ける証拠は、マンリーケが辿ったディアンガからラカインへ一六三九～四〇年に旅したファリンハ神父（*Father A.Farinha*）が、当時、王都ムロハウンには、規模の多い順から、（イ）ポルトガル人、（ロ）日本人、（ハ）オランダ人・イギリス人・フランス人の三つの外国人定住者（*Bandels*）グループが実在したことに言及していることである［M：128,footnote 8］。

（2）ラカイン（ムロハウン）へのドン・レオン・ドノ隊長などの渡航ルート

一六～一七世紀の日本から南洋ルートによる航行は、通常、ポルトガル船かジャンク船に拠ったが、長崎から南海へのルートとしては、（イ）長崎～マカオ～コーチシナ～アユタヤ～（陸路）～ペグー～（海路）～ムロハウン、（ロ）長崎～マカオ～マラッカ～ペグームロハウン、（ハ）長崎～マラッカ～ゴア～（海路）～ベンガル～ムロハウンなどが考えられる。このうち、（イ）の場合、アユタヤ王朝とペグーのビルマ王朝との間に何らかの日本人傭兵ないし奴隷の授受に関する記録が見当たらないところから、この陸路によるペグー王朝への日本人傭兵の引き渡しの可能性は少ない。（ロ）交易ルートを考慮するとこのルートによるムロハウンへの渡航がもっとも可能性が高いが確証はない。ただ、マンリーケの記述をもとに、日本人キリシタン武士は「一六一二年頃、東南アジア各地のポルトガル居住地からマラッカ（マレーシア）に集まり、そこからムロハウン（ミャウー）にやってきた」［沖田二〇一三：二二八］との見方もあり興味深い。さらに、（ハ）通常、日本からゴアへの海路ルートは奴隷の売買の可能性が強く、この場合はインド経由でベンガルからラカインに入った可能性も否定は出来ない。他方、ドン・レオン・ドノ以下数十人の護衛兵がグループで長崎から出国した可能性は、幕府の目の厳しい当時の状況から考えにくい。むしろ、タン・ミィン・ウーが述べているように、海外のどこかでドン・レオン・ドノを中心にグループが組織されて［Thant myint-U 2006：74］ムロハウンに向かった可能性が高いと考えられる。

おわりに

以上、ドン・レオン・ドノ隊長以下のラカイン国王の護衛隊のムロハウンへの渡航ルートやドン・レオン・ドノ個人の出自については、新しい史料的発見がないまま、何ら結論めいたことは引き出せず問題提起に留まる。ただ、言えることは、ドン・レオン・ドノ隊長以下ラカイン王の護衛隊として一時期とはいえ、同王国に献身的に仕えた日本人が存在した史実は、目下、史料的に実証できる、おそらく唯一の日本・ラカイン両国の、そしてラカイン王国が英領下を経て独立ミャンマー連邦に組み込まれて以降現代の日本・ミャンマー両国交流四〇〇年史の先駆けとして位置付けられることは間違いない。

注

（1）原本 *Itinerario de las missiones del India Oriental*, Sebastian Manrique ―以下Mと略す― 2Vols.(1649, 1653)（英訳版：Trave;s by Fray Sebastian Manrique 1629-1643 Vol.I:Arakan,Vol.II:Philippine, Java, Chian, India）1927.

（2）鈴木 孝（一九七七）、沖田英明（二〇一三）など。特に、後者は、ラカイン国のキリシタン武士団に特化し、現地調査や史実を踏まえ克明に描かれた興味深い読み物である。

（3）東南アジア史家 Anthony Reid は、その著 *Southest Asia in the Age of Commerce 1450-1680* において、十五世紀半ばから十七世紀後半の時代を「商業の時代」と捉えた。

（4）北原 惇著（二〇一三年）は、全体的に東洋におけるポルトガルの進出の背景に植民地の野心を感じさせる。

（5）ディアンガは、ムガール帝国の略奪行為を阻止するためにポルトガル人傭兵が駐留していた軍港である。

（6）ペルシャ語借用語といわれる。

（7）現在のチッタゴンのこと。

（8）ANESAKI, Masaharu によれば、ヴァチカンへの報告をもとに当時日本から海外に脱出したキリシタン洗礼名（霊名）のなかで、「レオン」とおぼしき名の付く人物を以下のように列挙しているが、時期、役職、追放先など状況から判断して、いずれの中にも、ラカイン国王に仕えた「レオン」に該当する人物は見当たらない。因みに Lean, of Amakusa; Lean of Sonogi; Leanor, León Governeur de Nocen(Notsu) in Bungo; Leon, de Satsuma; Líon, a Zen monk converted to Sakai・・Leon et famille à Miyazuri(Probably Cudomi Leo 久富利安)。このほか、同著には Lían, Governor de Shimabara(ch.ii:216;232)、Léon ,of Tajiro in Higo exiled in 1603(Prf,iii:182) などが挙がっている。

（9）一五九六年、サン・フェリーペ号の乗組員が「スペインが植民地を形成する時、まず、宣教師を送り込み、土地の住民たちを手なずけ、その次に軍隊を送り込んで植民地としてしまうのだ」［北原 惇 二〇一三：25 からの引用］と吐露したといわれるものであるが、真相のほどは不明である。

引用参考文献

岩生成一　二〇〇七年（一九六六年初版第五刷）『南洋日本町の研究』岩波書店。

沖田英明　二〇一三年『アラカンの黄金王都ミャウーのキリシタン侍』東洋出版。

北原　惇　二〇一三年『ポルトガルの植民地形成と日本人奴隷』花伝社。

鈴木　孝　一九七七年『ビルマという国』国際ＰＨＰ研究所。

高瀬弘一郎　一九九四年『キリシタン時代の対外関係』吉川弘文館。

Cent, H.C.(Trl.) 1635. *The Voyages and Adventures of Fernand Mendes Pinto. A Portugal: During his TRAVELS*, London: T. Fisher UNwin. Ltd.

Charney, W. Michael. 1997 *Crisis and Reformation in a Maritime Kingdom of Southeast Asia*: Forces of Instability and Political Disintegration in Western Burma,1603-1701.*Journal of the Economic and Social History of the Orient* Vol.39 No.4: 1-35.

Ekkford Luard,(Trl.)1967(Reprint of 1927)*Travel of Fray Sebastian Manrique (1629-1643)* A. Translation with Instruction and Notes of the Itinerario De Las Missiones Orientales Oxford: Printed for the Hakluyt Society.

Harvey, G.E. 1967. *History of Burma*, New York: Frank Cass & Co. Ltd.（G.E. ハーヴェイ著・東亜研究所訳一九七六年『ビルマ史』原書房）。

ANESAKI, Masaharu. 1930. *A Concordance to the History of the Kirishitan Mission*. Tokyo.

Maurice Collis.1942(?) *The Land of the Great Inage*. London: Faber and Faber Ltd.

Thant Myint-U 2006. *The River Lost Footstep: Histories of Burma*. New York: Farrar, Straus and Giroux.

第2章
「日本人」の「ビルマ進出」について
―「からゆきさん」先導型進出パラダイム批判―

伊東利勝

はじめに

近代以降の「日本ビルマ交流史」については、まず「からゆきさん」と娼館経営者がビルマに進出し、この人たちの日用品を供給する呉服商や雑貨商人が続いたという話しからはじまる。そして商社、銀行などの支店が開設されたとなる。こうして「日本人社会がある程度確立」すると、日本政府による「廃娼」の断行。そのあとはビルマの民族運動で中心的役割を果たした人物と日本および日本人との交流譚の特記。そしてアジア・太平洋戦争時の日本軍による侵略は、ビルマの住民に対して多大な苦しみを与えたとされる。

これはビルマとの間に限ったことではなく、「南洋」つまり東南アジア地域全体での話しでもあるとされてきた。いずこも経済進出が軌道にのると、その先陣を切った「からゆきさん」を恥部として斬り捨てたこと、そして資本の要請による戦前の超国家主義体制による侵略が俎上にのぼる。そのうえで、このような交流の反省にたち、「真に友人となりうる」にはどうすればよいか、これこそが今後の課題であるとされてきた。

たぶん真に友人となれなかったのは、個人と個人の付き合いのなかに、これ以外の要素が介入していたからであろう。それが当人同士の思惑をこえ、交流が規定されたからに他ならない。今後に向けて、来し方を振り返るとき、「ビルマ人」と「日本人」の交流史という問いをたてると、「人間同士」の交流は見えてこない。日本人の一員として、日本という国家や民族を背負ってということになり、そこでの交流は、国家の運動に回収されてしまう。

これまで「からゆきさん」の物語をめぐる「日本人」進出の話しは、日本経済の発展を説明するためのものであった。ある意味日本経済における本源的蓄積の一翼を担ったと、という理解のもとで。そこでは家父長制下に苦しむ薄幸な女性に寄せる思いは、たしかに描きだされる。しかし「からゆきさん」が、交流史の先頭に位置づけられる意味については、等閑視されてきた。

友人となれなかったのは、交流を日本経済の成長という文脈で考えた結果であることを思えば、まずこの図式が出来上がる過程を検討することから始める必要があろう。「からゆきさん」先導型進出パラダイムの形成過程を、ビルマを事例に、明らかにしてみたい。先導したのは「からゆきさん」ではなく、真珠貝採集業者であったというものではなく、交流史を経済進出パラダイムで理解することの問題点を指摘せんとするものである。

資料

分析に入る前に、本稿で利用する資料について簡単に説明しておこう。一八八五年末イギリスはコンバウン王国を滅ぼし、その支配域をインドの一州とした。これがビルマ（ミャンマー）となっていく。イギリス領では一八七〇年代から、一〇年ごとにセンサスが実施され、その調査項目に、一八八一年からは出生地（birth place）が加わる。これが、ビルマに渡った「日本人」の動向を知る上での手がかりとして利用されてきた（以下「センサス」）。あくまでも出生地に関するデータであるので、この数字を完全に日本人（日本国籍人）とすることはできない。また一九〇〇年以降になるとビルマで出生した日本人も少数ではあるが存在するようになる。従ってこの数を、いわゆる在留日本人数とすることはできないが、その差はごく少数とみてよい。

また一九二一年、一九三六年、一九四〇年、一九四一年については、ラングーン（ヤンゴン）の国立文書館（National

Archives Department）に、「ビルマ在留者日本人名簿（List of Permanent Japanese Residents of Burma）」が残されている(以下「在留者日本人名簿」)。ビルマ政庁内の鉄道および刑事捜査担当警察局が作成したもので、「朝鮮人」や「台湾籍民」も含め、氏名、住所、職業、入国年、性別、摘要が記載されている。各県の警察署に配布され、異動や生死について随時更新されていた。どのような目的でこれが作成されたのか明らかでないが、日本人の動向が注視されていたからであろう。氏名については、ローマ字表記であり、日本名が推測できないものも少なくないが、職業や現住所が示されており、人員の把握がかなり正確であることを示している。

在留者数やその職業別分類については、日本国外務省の在外公館が調べたデータもある。ビルマに関しては、最初は孟買（ムンバイ）次いでカルカッタ（コルカタ）の領事館が、そして一九二一年以降は蘭貢（ヤンゴン）の領事館によって作成され、ほぼ毎年本省へ報告されていた。現在外務省外交史料館で、「海外在留本邦人職業別人口表」（以下「職業別人口表」）としてその一部が利用できる。しかし無届者が、特に初期には、かなり存在したようで、領事館が「醜業者」とする人たちには密航者も多かった。とりわけラングーンに領事館が置かれる一九二一年以前は、その把握は困難で、概数が示されているとみなければならない。

また、大正一〇（一九二一）年からは本邦内地人と朝鮮人、台湾籍民を区別し、職業別の分類は内地人のみに限られるようになる。さらに地方別の区分も大正六（一九一七）年以後はラングーンとその他に簡略化されたり、職業別分類方法も、その多様化にともない次第に複雑かつカテゴリーそのものも変化していった。従って、この「職業別人口表」のみを使って明治から昭和までの就労内容における変遷を数字で追うことは容易でない。

とはいえ、ビルマ政庁による「在留者日本人名簿」が利用できない年や、とりわけ一九二一年以前の様相については、重要な情報を提供してくれる。これまでは、印度仏跡参拝者の見聞録にある、ビルマへの言及を利用するのがせいぜいのところであったが、これによりその観察そのものも相対化することができる。

本稿では、こうした資料の特性を利用しつつ、その実数の確定というより、傾向を追いながら、当時日本で生まれた庶民が、「南洋」とりわけビルマの地で如何に生きたかを探ってみたい。

1　二〇世紀にはいって急増

明治時代になってアジア太平洋戦争に突入するまでの間に、日本生まれの人がどのくらいビルマに住んでいたのか概観してみよう。表1は、「センサス」および「在留者日本人名簿」によって作成したものである。

まだ上ビルマに王国が存在していた一八七二年、英領ビルマで最初に実施されたセンサスでは、民族（nationality）別の人口表があるが、ここに日本人の項目がない。きわめて少数であったか在住者がなかったからであろう。次のセンサスが行われた一八八一（明治一四）年も、イギリス領はまだ南部一帯に限られていたが、「出生地」を日本とした者がすでに一〇人が滞在し、現在のミャンマーがほぼ出来上がった一八九一年（明治二四）年にはこれが六九人に増加する。

その後一九〇一（明治三四）年から一九一一（明治四四）年の間に急増していく。一九〇一年に百人であった日本出身者は、次の一〇年で六六六人となる。以後だいたいこの水準で推移し、一九三六（昭和一一年）に最多の七三二人となった。そしてこの表では省略したが、一九四〇（昭和一五年）に三八六人、翌年の七月には三二〇人(1)へと減少していく。一二月には日英が開戦するので、ABCD包囲網による在留日本人の資産凍結等の影響によるものであろう。

いわゆる「移民」

「職業別人口表」の実数は、これと一致せず、どちらかといえば少な目である。一八九五（明治二八）年一二月、在孟買日本帝国領事館の報告によると、「緬甸」在留の日本人数は、届け出た者としては男子一人のみであった。し

表1　ビルマにおける「日本人」数　（人）

District	1881 (M14) 男	女	1891 (M24) 男	女	1901 (M34) 男	女	1911 (M44) 男	女	1921 (T10) 男	女	1922 (T11)* 男	女	1931 (S6) 男	女	1936 (S11)* 男	女	1941 (S16)* 男	女
Akyab			1	15	1	7		15		3		1	11	2	7	5	7	4
Amherst	1				1		1	22	9	5	8	5	9	5	2	5	4	3
Bassein					1		15	27	2	9	9	13	13	4	10	3	3	
Bhamo							102		152	1	3	1	3		3		3	
Hanthawaddy・Pegu			1				2	15		3		7	3	9	7	5	3	2
Henzada								4					0	1	3	3	4	
Insein									7	1	7	2	9	6	2	4	9	2
Lower Chindwin														1	2		1	
Magwe								1		5		10	2		3		1	
Mandalay			1	3		6	16	5	8	5	17	12	16	6	33	29	23	11
Meiktila																	1	
Mergui					11		42	19	40	16	60	24	38	15	41	24	26	15
Myaungmya・Maubin							2	11	2	4	2	5	1	0	2	4	1	
Myingyan										2	6	2	4	2	1	1	1	
Myitkyina															1			
Northern Shan							1		1		3	4	6	1	7	4	2	1
Pakokku													3	2	5	2	4	
Prome					4	5		9	1	0	1	1	1	2	3	3	4	3
Pyapon								1				4	2		2	1	1	1
Rangoon	1		11	31	3	57	129	212	144	163	195	165	279	96	310	171	111	51
Sandoway																	2	
Shwebo																	1	
Southern Shan													2	1	1	2	1	
Tavoy									4	5	1	3	1	1	1	1	1	
Tharrawaddy	2	3	5												1		2**	
Thaton										1			1		3	1	3	1
Toungoo		3						10	2	3	4	3	7	4	4	4	2	
Yamethin			1		3	1		5			4	1		1	4	2	3	2
小　計	4	6	20	49	24	76	310	356	372	226	320	263	411	159	458	274	224	96
計	10		69		100		666		598		583		570		732		320	

（出所）Censusof Burma の各年次より作成。　*List of Permanent Japanese Residents of Burma
** Railway(Letpadan) 1 を含む

かしこれ以外にも、概数でラングーンに女性一七人、男性三人が滞在していたという。

翌年の一八九六（明治二九）年になると正式に届け出た者は〇人となり、それ以外はラングーンで女性二五人、男性五人へと増加。それでも合計三〇名で、一八九一年の「センサス」による六九人の半分以下であり、帝国領事館が把握できていたのは滞在者の半数にも満たなかったことになる。つまり大半が、明治政府の権威など意に介していなかったということになろう。

一九〇一年から一九一一年までの間における急激な伸びであるが、もうすこし詳しくみてみよう。表2は、まだラングーンに領事館がなく、孟買および一九〇一（明治四三）年からはカルカッタの帝国領事館が調べた数字である。一九〇三（明治三六）年から一年で、一九〇五（明治三八）年から一年で、それぞれ倍増し、一九一〇（明治四三）年に四六八人と、この時期の最高値を示す。それでも一九一一（明治四四）年「センサス」の六六六人にははるかに及ばないが、これもその後次第に減少に転じることを考えれば、一九〇四年や一九〇五年に大量の流入があったことがわかる。

シンガポールでの観察によれば、一八九五年日清戦争の勝利により、多くの日本人が「南洋の経略など云ふ空漠たる夢をみながら」〔南洋及日本人社一九三八：一三八〕ぞくぞくと押し掛けてきた。そして一九〇五年に終結した日露戦争によって、「在留邦人が始めて世界の一等国民として優遇される」ようになったため、「来るは〳〵裸體一貫南溟に遺利を拾わんとする無謀な男子が續々潮の如くに渡航し来ったのみならず、娘子軍の全盛時代も恐らく其頃が絶頂であったらくし思われるのである」〔前掲書：一四四〕という。ビルマへの流入もこうした機運によるのかも知れない。

ただ一九二二年の「在留者日本人名簿」によると、この時点で来緬年が明確な者五三六人のうち、一九一一年以前から在住しているのは九〇人で、他の四四六人は一九一二年から一九二二年の間に入国した者である。しかも一九二〇年と一九二一年の二年で二一三名に達する。表1が示すように一九一一年段階での日本生まれの者が六六六人であるので、一〇年間で三分の二が入れ替わったことになる。

一九四一年の在住者も、一九一九年以前の入国者は全体の一五%、一九二〇年から二九年の間は二三%、三〇年から三九年では四二%、四〇年と四一年は九%となり、その半数以上がビルマに来て一〇年にも満たない。ちなみに、この段階で、ビルマ生まれは一一%になる。一九三六年に存在した七三二人のうち、二百人程度しか一九四一年まで残らず、五百人近くが他所へ移動するか、死亡したということになる。総じて、ブラジルや満州などへの農業「移民」とは異なるが、それでも戦後の単なる商業目的の滞在とくらべると定着率は高いといわねばならない。

表２　初期の在留日本人の職業　（人

	1903 (M36)		1904 (M37)		1905 (M38)		1906 (M39)		1910 (M43)		1911 (M44)		1912 (T1)		1913 (T2)	
職　　種	男	女	男	女	男	女	男	女	男	女	男	女	男	女	男	女
会社員											3		5	1	5	
商業（雑貨商）	5		5		5		6	3	22	4	14	4	10	4	25	
輸出入業															1	
電気技師							1	1								
理髪業							2		1		3		3	3	5	
文身師							2									
珈琲店							15	1			3					
医業									3		8	4	3	2	5	
薬局主													7		7	
売薬商													2	2	1	
歯科医													4	1	3	
織物技手									1	1						
染物技手									1		1					
活動写真業									5	2	7		7	1	7	
通訳									1		1					
写真業									3	2	5	2	6		3	
大工									1		2				1	
裁縫業									1		2	1	1	1	2	
飲食店									2	1			2	2	6	
採貝業									7	6	5	2	29	22	47	
潜水業									17		44	15	35	2	35	
綱持業									4		4	2	9			
貝開業													8			
下宿業									1	1			1		1	
錫山人夫													1			
看護婦（産婆）												1		1		
護謨栽培業											1		2		3	
菓子商											2					
洗濯業											3		1			
石鹸製造業															2	
雑業（貸席）	7	80	13	163	13	163	53	269	31	320	42	251	36	227	10	2
無職									19	11	3	1	1	2		
計	12	80	18	163	18	163	79	274	120	348	153	283	173	271	169	2
総　　計	92		181		181		353		468		436		444		430	

（出所）（海外）在留本邦人職業別人口表の各年次（その家族も含む）より作成

カルカッタからビルマに

次にビルマ国内での分布であるが、一八八一（明治一四）年の「センサス」によれば、日本で生まれた男性四人、女性六人がビルマに移り住んでいた。男性がタニンダーイーのアマーストすなわちモーラミャインに一人、ラングーンに一人、ラングーンとプローム（ピェー）の中間にある町ターヤーワディーに二人。女性はターヤーワディーに三人、タウングーに三人となっている。

これが一八九一年になると、アキャブ（シットゥェー）、ハンターワディー（多くはシリアム町）、マンダレー、ヤメーディンにも広がり、ラングーンでは急増する。そして一九〇一年になるとメルギー（ベイッ）、プローム（ピェー）にも居住するようになった。その後一九一一年には周囲の山間部を除けば、主要都市に及んでいく。

そこでも少し詳しく、一九〇一年から一九一一年までの推移を「職業別人口表」でみてみると、一九〇三（明治三六）年ではラングーンのみの在住となっていたが、翌年にはマンダレーにも住む人が出てくる。これが一九〇六（明治三九）年になるとラングーンの二九八人、ムルメン（モーラミャイン）二九人、プローム七人、マンダレー一二人、メミュー（メーミョウ）七人となる。そして一九一〇（明治四三）年には、ラングーンに三三三人、マーグイ（ベイッ）に五五人、マンダレー一六人、バセン（パテイン）三四人、モールメン（モーラミャイン）四〇人となっていく。

この「職業別人口表」だけ見ていると、当初大都市ラングーンに集中し、その後各地に広がっていったという理解になる。たしかに数のうえではそのように判断でき、主都から徐々に、ということになろう。しかし一九一一年までのセンサスの数字は、いきなり「地方」で暮らすという例が一般的であったことを示す。従事していた職業からも検討してみなければならないが、当時はまだカルカッタを中心とする海外ネットワークが機能していたからではなかろうか。

一九二二年に男女比逆転

　では男女比についてはどうであろうか。表1は、当初は女性の数が多かったが、一九二一年の調査時にはこれが逆転し、その後の増加は男性数によるものであることを示す。「職業別人口表」でも、一九二一（大正一〇）年から翌年の一九二二年にかけて、全体としても六〇一人から四四二人に減少し、男性が二七四人から二三六人、女性が三二七人から二〇六人となり、女性の急減により、男性の数が上回ることになった。領事館のデータは、一九二二年が一二月一五日に再調査・修正したもの、一九二二年が六月末日現在である。

　在蘭貢帝国領事館が作成した一九二二（大正一一）年の在留邦人職業別人口表には、備考として「前年同期ニ比シ各地トモ減少ヲ見タルハ廃娼条例ニヨリ醜業婦ノ引揚ニヨル」とある。またこの年の夏から秋にかけて、東南アジア一帯に出張し、とくに「従来比較的我々と縁遠いような感のあったビルマについて」述べた、大阪外国語学校教授稲村純一の『バルマ記』には、邦人数減少の主な原因は、「経済界の不況と廃娼」［稲村 一九二三：五五］によるものとしている。

　ともあれ一九三一年になると、ビルマの主要な町には、どこに行っても「日本人」が暮らしているという状況ができあがる。しかし一九四一年になると、日本に対する経済封鎖により商工業が低迷したこと、および日英の開戦は避けられないという判断のもと、日本へ引き上げる人が増加し、一一月三〇日段階で一七七人(2)となる。そして一二月八日アジア・太平洋戦争の勃発により、これらは全て逮捕されてしまう。この時点で、ビルマの日本人は一掃された。多くはインドに連行されるが、そのうちラングーンに居た七七人はインセイン刑務所に収監され、その後プローム、タエッミョウを経てマンダレーの刑務所に移送され、ここで侵攻してきた日本軍に救出されることになる［豊田一九四三：二九六］。

2　さまざまな職業

ではこうした人たちは、何をして暮らしていたのであろうか。ビルマ政庁側の資料では、これに関する情報は一九二二年以後しか得られない。それ以前については、帝国領事館による「職業別人口表」が利用できる。ただし、一八九五年や一八九六年段階で、上述のごとく在孟買帝国領事館は、滞在者のほとんどを把握できていなかった。無届者は領事館がいう「醜業者」であったことは想像できるが、当館が開設された一八九四（明治二七）年には、横浜正金銀行が支店を設置している。この頃にはインド綿糸の輸入が増加しており、その前年には日本郵船がボンベイ・神戸間に航路を開き、三井物産の出張所ができていたことを考えると、インドには必ずしもこうした「醜業者」だけではなかったであろう。

ビルマの場合、一八九一（明治二四）年の「センサス」では、アキャブは男性一人に対して女性一五人、マンダレーでは同じく一人に対して三人となっているので、「醜業者」つまり娼館主と娼婦の組み合わせとみてよかろう。しかしペグーやターヤーワディーの五人は男性のみであるし、ラングーンの男性一一人がすべて娼館主とは考えにくい。これは一八八一年にモーラミャインやラングーン、一九〇一（明治三四）年のプロームやヤメーディンに住んでいた男性についてもいえる。

メルギーでの真珠業

一九〇一（明治三四）年メルギー（ベイッ）に住んでいた男性一一人は、「職業別人口表」から類推すると、主として採貝業、潜水業に携わった人たちであろう。メルギー沖に展開する群島周辺は、現在でもそうであるが、南アジア唯一の真珠採集地であった。明治二五（一八九二）年および明治三〇（一八九七）年の在新嘉坡（シンガポール）

領事館報告によると、一八九一年外国資本により「メルギー真珠採取会社」なるものが設立され、この地で「組織的かつ大規模に真珠貝を採集する方式」がヨーロッパ人によって採用されたという。全体が五区に分けられ、三年ごとの入札で、最高額の提示者に採貝権が与えられた。一八九二年には入札がシンガポールでも行われ、この地で設立された有限会社が一区を落札している(3)。

一八九一(明治二四)年時点で日本生まれの者は計上されていないので、こうした方式が採用され、そこでの労働力需要に応じての進出であったと考えられる。外務省の「海外旅券下付表」によると、一八九四(明治二七)年九月に愛媛県出身の浜田新治という人が、シンガポール経由メルギー行きの旅券を得ている。シンガポールの有限会社に雇用されてのことかも知れない。また一八九五(明治二八)年の一〇月から一二月にかけて和歌山県から一四～一八歳の少年二五人が「採貝業」目的で「英領ラングーン」に渡っている[原一九八七:一五二、一五二～一五五]。「センサス」にある一九〇一年の一一人というのは、この人たちのことであろう。

ちなみに、和歌山県の南紀地方は、明治初期から木曜島の真珠貝採取業従事者を多数輩出していた。メルギーには、オーストラリアから強制送還された人たちや真珠玉目当ての「一発屋」がよく集まったという。時代はやや下るが、串本出身の和田吉平という人は、一九二一(大正一〇)年にここに渡り、八年ほど働いた(4)。最初の三年は鮫のヒレ取りをし、そのあとインド人の船主から借船し、命綱持ちや水夫にビルマ人を雇って採貝を始める。経費は乗組員七人の給料、食費、借船料等一切を含めて三百ルピーほどで、貝は大小問わず一個一ルピーで売れたので、赤字になることはなかったという。雨季には操業できなかったので、相当儲けていてもこの間に使ってしまうから、お金は残らなかった。遊び相手の日本人も多く、博打をうったり、ラングーンや英領マラヤのペナンあたりまで遊びあるいたりした。儲けを使い果たしても「玉をあげればいいさ」という人が多かったらしい。最高の玉は高値で売れ、カルカッタからパリに送られたという[小川一九七六:二七六～二七七]。

他業種への投資

表3によれば総数は二年でほぼ倍増している。真珠関連者の増加のみならず、錫採掘業への投資、裁縫業、通訳、医業、写真業があらたに加わったことによる。真珠業の好調による他業種への展開および、新業種の引き寄せともいえよう。また「内縁の妻」は一九一一年に採貝業として登録されている女性六人もこれに相当すると考えられる。日本から妻として呼び寄せた、もしくは妻として一緒にやってきた女性ではなかろう。それは、綱持業や医業の男性も同様である。

そしてこれが大正元（一九一二）年一二月末になると、真珠貝採集業者が錫山経営のみならず、護謨栽培や遊技場業に、また医業者が錫山経営にまで手を広げている。一方で潜水業者「内縁の妻」が二人に、綱持業者内縁の妻が○人になってしまう。翌年に潜水業者の女性は二二人に回復するが、これもまた「内縁の妻」であろう。この頃の様子は、日本に「蘭貢の南に『メグイ』島あり、真珠貝を産す、其の採取権は殆ど日本人某氏の獨占に帰し、日本人の従業者も二百人に及べり、先年同地にて採取せし貝に、長さ二尺許りのものありしを、宮内省に献納せし」［錦城生一九一三］と伝えられていた。

まさかシンガポール領事館の報告にあった、五区すべての採貝権を掌握していたのではなかろう。また「二百人」というのも過大視した結果であるが、その盛んな様はうかがえる。以後、護謨栽培業者がいくぶん拡大する(5)が、ほぼ同じような規模で推移していく。そして日本軍が侵攻する頃になると、この真珠採取業は「ほとんど衰滅している」［増田一九四三：一三二］という状態になっていた。

確かに一九四一年の「在留者日本人名簿」によれば、メルギーに滞在する四一人のうち真珠採取業は五人にすぎず、他は漁師（六人）、写真師（四人）、護謨栽培業（四人）、商店主（二人）とその家族である。また日本人とビルマ人女性との間に生まれた子供も九人いた。一九一〇年以前からここに住んでいるものは四人、一一年から二〇年までの入国者は八人、二一年から三〇年までが七人、それ以後が一三人で、残りはこの地で生まれた者であり、入国年と職

表3　メルギーにおける職種の増加　（人）

職種	1910 (M43)			1911 (M44)			1912 (T1)		
	戸数	男	女	戸数	男	女	戸数	男	女
採貝業	7	7	6				21	23	18
同上業兼錫山業				1	4	2	1	2	1
同上兼護謨栽培業							1	1	1
同上兼球技場経営							1	2	1
医業兼錫山経営							1	1	1
採錫雇人					1			1	
事務員								1	
潜水業		17		15	44		25	35	2
同上内縁の妻						15			
網持業		4		1	5		5	9	
同上内縁の妻						2			
貝開業							6	8	
裁縫業					1				
通訳					1				
医業				1	2				
同上内縁の妻						1			
写真業					2		1	1	
下宿業	1	1	1				1	1	
下宿兼貸席業				2	2	9			
無職業		8	11		1	1	1	1	2
計	8	37	18	20	63	30	64	86	26

（出所）海外在留本邦人職業別人口表の各年次より作成

種との相関関係はあまりない。すべての面で、社会的流動性は高く、いろいろな人がいつでもこれらの職種に参入することができたことがわかる。

少ない元手で

容易に職業を転換した／できた、ことはいずれも少ない元手ではじめられるものであったからであろう。表2は、在留者数が増加し、主要な分野がほぼ出そろったあたりまでの職種を示したものである。

当初は雑貨商と雑業（貸席）だけであったが、一九〇六年になるとラングーンに電気技師、理髪業、文身師、それに珈琲店が出現した。「職業別人口表」には、当該職業男女別の数のほか、戸数も示している。この時、商業、電気技師、理髪師、文身師がそれぞれ一戸、珈琲店が四戸、雑業が三七戸となっており、これは店舗の数と考えてよかろう。すると商業は、一人は店主で、残りの五人はこの店の、とは限らないが従業員、そしてこのうち三人が妻帯者とみることができる。同じく電気技師は夫婦者、理髪店二人と文身師二人の住居は、それぞれ同一、珈琲店は四店あって、そのうち一店は夫婦で経営という推測が成り立つ。

文身師は、ビルマの話ではないが、この時期「醜業婦」と同じくらい収入があったという。日本では「法律で禁じられていた」が、とりわけ西洋人の水夫に人気があった。日本のように古武士や侠客の姿をほるのではなく、茄子やカボチャの絵とか簡単な人物図とかを、一度に仕上げず、何回にもわけてこれをおこない、一針いくらという具合に、高い料金を請求した。とくに香港では、この商売が繁盛していたという〔名古屋新聞 一九一三〕。

また夫婦による珈琲店は、たぶん山田秀蔵の経営によるものであろう。山田によれば、明治三七（一九〇四）年(6)に日本人としてはじめて、ラングーンのフレーザー通りに喫茶店を開いている。これが繁盛すると、すぐに別の日本人が、近くに喫茶店を開く。しかしこれはうまくいかず、まもなく閉店してしまう。山田の喫茶店も、ラングーン市区改正のあおりをうけ、一年で営業停止に追いやられた。一九〇六年に一六人いた珈琲店関係者が、一九一〇年には記載がなくなってしまうのは、こうした事情を反映したものであろう。

文身師はその後姿を消し、電気技師もすぐにいなくなり、一九二〇（大正九）年まで現れない。その後も恒常的には存在せず、数も多い時で三人程度にとどまる。雑貨店は、一九〇三（明治三六）年から雑業（貸席）とともに、日本からビルマに渡った者による最初の職業である。店舗数は一九〇三年から一九〇六年までラングーンに一軒のみ。これが一九一〇年になるとラングーンに六、マンダレーに二、モールメンに一、一年はラングーンに四、マンダレーに一、バーモ（バモー）に一、一九一二年にラングーン四、マンダレー一。そして一九一三年にはラングーンに八、マンダレーに一、ムールメーン（モーラミャイン）に一軒となっていく。

扱う商品は、これを一九〇五年にマンダレーで最初に開いた山田によれば、日本製なら何でも取り扱ったという。主なものとして、陶器、ガラス器、漆器、絹綿布、琺瑯鉄器などであり、よく売れた。従来も日本雑貨は、「支那人」や「インド人」が輸入販売していたが、粗製濫造の劣等品が多かったらしい。そこで上等品を仕入れることとし、これが予想以上の成果を収める〔山田一九四二：一三～一四〕。仕入れは日本から直接おこない、新製品が並んだということもあり、店は「日本商品陳列所の役割を勤めた」という〔山田一九四四：二三～二四〕。

その他、この時期、主なものとしては、飲食業、写真館（業）などがあった。さらに一九一四年以後には、従業者の比較的多いものとして農業、製靴業、家事手伝い、自転車修理業、旅館業、遊技場経営、燐寸製造、看護婦（産婆）、菓子商、洗濯業などが現れる。ところで表1によると、一九一一年には、バモー県に一〇二人、一九二一年には一五二人の日本生まれの男性が居住していたことになっている。これが一九〇八年、大江卓を中心とする干崖復興支援に関係した、諸種雑多な職業の人たちのことかどうかよくわからない(7)。

どの町にも日本人「歯科医」と「写真館」

会社員については、一九一一（明治四四）年に、三井物産会社が出張所を置くが、当初は米の買い付けのみをおこなっていた。そして一九一八（大正七）年になると、横浜正金銀行、日本綿花株式会社がラングーンに支店を開設する。第一次世界大戦まではドイツ人がラングーンにも進出していたが、開戦後イギリス政庁はドイツ人の資産を、英国籍のものに対して競売に付す。日本綿花はドイツ人経営の精米所を、英国籍の中国人から買い取り、精米業も兼ね、商圏を拡大していった〔稲村一九二三：五五～五六〕。

またこの頃、日本売薬株式会社（昭和一九年日本医薬品製造株式会社に社名変更）もラングーンに出張所を開き、インドにまで日本製の薬の販路を広げる。一九二〇（大正九）年になると、台湾銀行の「姉妹銀行」である華南銀行も支店を置くなど、「在留邦人の基礎ある発展」を見るようになったという〔稲村一九二三：五六〕。そして一九二〇年一一月には、ラングーンにカルカッタ領事館の分館が設置され、一九二一年八月からこれは独立の領事館となる。

こうして商店や会社の従業員が増加していったが、歯科医、医師、写真館も多数の日本人が従事した。表4は「在留者日本人名簿」をもとに、これらの職種がどのように拡大していったかを見ようとしたものである。妻とあっても、

表4　ビルマにおける主要職業別日本人数推移　（人）

	1922							1936							1941						
istrict	娼館主	娼婦	歯科医	医師	従業員	商店主	写真館	娼館主	娼婦	歯科医	医師	従業員	商店主	写真館	娼館主	娼婦	歯科医	医師	従業員	商店主	写真館
kyab			1					1	4	1				3	1	3	1				2
mherst						1	2			2				3							3
assein			1	2			2			1	6			5			1			1	
hamo				1		2					1			1							1
anthawaddy										1	1			3				1			1
enzada														4							4
nsein																			8		
ower Chindwin														2							1
agwe										2				1							1
andalay		1		1	3		3			7				27			2	1			8
eiktila							1							4							1
ergui			1		1																4
yaungmya	1	3	1	1						2				1							
yingyan					3		2							1					1		
yitkyina														1							
orthern Shan			1			1	1			2				2							
akokku											2			1				2			2
rome	1							1		1				2			1				5
yapon		4												3							1
angoon	18	52	6	8	55	48	9			21	10	115	74	21	1		10	3	47	6	7
andoway																					
hwebo																					1
outhern Shan														2							
avoy	1						1					1		1							1
harrawaddy																					
haton														3							2
oungoo				1			1			1		2		2			1				
amethin				1										4						1	3
計	21	60	11	15	62	52	22	2	4	41	20	118	74	97	2	3	16	7	56	8	48

出所）List of Permanent Japanese Residents of Burma より作成

この名簿の職業欄に夫の職業名が記されている場合は、これを共同で運営していたとみて、この数に含めた。また「従業員」は、会社や商店の社員(clerk)、番頭(manager)、手伝い(assistant)などのことである。そして「商店主(shop keeper)」は、商人(merchant)や経営者(proprietor)も含む。

「従業員」はラングーンに集中していたが、一九三〇年代の半ばであれば、歯科医と写真館は、とくに下ビルマの町であればどこに行ってもお目にかかれるという状況になっていた。とくに写真館は、ほぼ全域に存在していたといってよい。「土着住民の写真愛好熱は非常なもので、機械を担いで廻れば何処へいっても商売になるが、中には相当の店舗を構えている者も少なくなかった」［國分一九四四：一一］。

また歯科医も「正式な学校を出た者は少なく、日本内地では開業できぬような俄か歯科医が大部分であった。従って、ビルマに渡ったがさて之と云う仕事もない人や事業に失敗した人が、日本人歯科医の助手位やって居て一通りの知識を得、適当な地方の町に出て独立すると云ったもの」［國分一九四四：一〇］であった。金冠をしたり、義歯を入れたりすることで、重宝されたという。

経済進出という観点からすれば、その指標は「従業員」数の増加であろう。たしかに数からすれば一番多いが、これはラングーンに集中していた。いっぽうで歯科医や写真館、医師、理髪業は全土に展開していたといってよい。その層は薄いが、広い範囲で現地の人びと接触していたわけで、交流という観点からすれば、こちらが重視されてしかるべきである。

3 「醜業者」

雑貨商にしろ、活動写真業、薬局業、売薬業にしろ、現地の人々から収奪したり、搾取したりするものではなく、どちらかといえば相手の生活を豊かにするものであった。いろいろな伝手をたより、当初から現地市場の隙間に食い込んでいったと考えてよかろう。たしかに、先にやって来ていた「からゆきさん」による現地情報や一部資本の提供はあったかもしれないが、ビルマの事例からすれば、彼女たちを相手にした商売がその出発点であったとはいいがたい。

流入

さてその「からゆきさん」であるが、稀代の女衒として知られている村岡伊平治が昭和一二年に認めた手記には、明治二二（一八八九）年根城にしていたシンガポールからラングーンに赴き「ここにも女郎屋二軒は見込みがある。それで浜中氏に女八名、田中氏に女七名を契約。なお女の不足なときには電報を打つように申しておく」［南方社編集部 一九六〇：六六］とある。この地へ「醜業者」が来た経緯を彷彿とさせるが、センサスによれば一八九一年時点でラングーンに女性が三一人おり（表1）、マンダレーにもアキャブにも娼館が存在していた。

表5は、「職業別人口表」にある「雑業」「貸座敷」とされた人の推移を示したものである。資料のところでも記したように、この人たちにとって国家などどうでもよかったようで、領事館側がこれを捕捉することは難しく、実際よりも少な目であり、かつ前年度の数字をそのままもってきたものもあるという。この表に依拠する限りでは、明治三六年（一二月）まで、ラングーンのみに居住していたようにみえる。

しかし平安神宮や築地本願寺の設計者として著名な建築家伊東忠太が、ラングーンから明治三六（一九〇三）年八月読売新聞に寄稿した「緬甸旅行茶話」に、訪れたマンダレーについて「日本人は例の醜業婦数名あるそうです」、またラングーンには「日本人両三名、外に数十の醜業婦が居るそうです」［伊東一九〇三：（三）（六）］と記しているところをみると、やはり、「センサス」の数字（表1）が現実を反映していたといってよい。

その後、表5に拠る限りでは地方へ広がっていくが、はじめはモーラミャイン、プローム、メーミョウなどである。これが一九一一年にはペグー、タウングー、ミャウンミャ、デダイェなどデルタの各所に及ぶ。またバモーやシュエボウなど、マンダレーからさらにその先の町でも働く。デルタ地域は、当時稲田の新開地で、上ビルマからの出稼・移民が多く、まさに男社会であった。また山田が、白人は「邊陬の地に新たに守備隊でも設けると、必ず日本婦人に呼びかけ、軍隊の保護の下にジャングルの奥地まで進出させた」［山田一九四四：一九］と記しているところをみると、植民地駐留軍の「需要」にこたえた結果ということもできよう。

女衒

いずれも男一人に女数人という組み合わせで、なかには女性だけのグループもあるがそのうちの一人が娼館主であったものと思われる。明治四五（一九一二）年一月、川上瀧彌は「官命を帯び農業に關する植物研究の目的をもって」マンダレーを訪れたおり、ここには山田商店のほかに娼館が二軒（戸）存在していたと記している。ラングーンより「こゝまで同行せる女達の落附けるなにがし樓とでも云ふ可き家に立ち寄る。主婦は天草の産、海外に活動すること十餘年、此種の社會には珍らしき程風采も賤しからぬ婦人にて、歓待甚だ力め、老師(8)の為めに精進料理を勸む」［川上一九一五：三三八］。

ここでいう「主婦」はたぶん女主人のことであろう。また「こゝまで同行せる女達」とは、この樓で働くため、ラングーンより同じ列車に乗った人たちのことに違いない。ところでラングーンに帰った一行は、郊外二マイルのところにある、「老木しげれる果樹園を背景とした形勝《ママ》の地」に「近頃設けたりし日本人墓地」［川上一九一五：三四三］を供養のため詣でている。各地に散在していた邦人の墓地を集めて葬ったという。もうこの時点でそのような施設が必要なまでの段階に達していたのである。

表5によれば、一九一〇年に雑業者の総数はピークに達し、その後漸減していく。ただしビルマ全体でみれば娼館数（戸数）は減少せず、これに携わる男性（女衒）数は、どちらかといえば減っていく。これは女性樓主が次第に増加していったといえなくもない。「在留者日本人名簿」によれば、一九二二年三月段階でまだビルマに残っている二一人の娼館主は、全て女性であった(9)。

ラングーン三四番街

またこの名簿によればラングーンでは、娼館主（brothel-keeper）、娼婦（prostitute）ともに住所は三四番街の

（人）

	1910 (M43)			1911 (M44)			1912 (T1)			1913 (T2)			1914 (T3)			1915 (T4)			1916 (T5)		
	戸数	男	女	戸数	男	女	戸数	男	女	戸数	男	女	戸数	男	女	戸数	男	女	戸数	男	女
	45	29	243	31	33	193	37	31	183	30	5	152	29	27	163	29	26	165	29	26	163
	3		9	2		12	1		9	2		12	2		7	2		7	2		7
	9	1	35																		
										2		6	2		6	2		6	2		6
		1	33	1	1	8															
				2	2	9															
				1		3															
				1	2	5				1		3	1		3	1		2	1		2
				1	1	3															
				1	1	3	2	1	6	2	1	6	2	1	6	2	1	6	2	1	6
				1		2	1	1	3	1	1	6	1	1	6	1	1	5	1	1	5
				2	2	13	3	2	17	3	2	17	3	2	17	3	2	17	3	2	17
							1		3	1		3	1		3	1		3	1		3
							1	1	6	1	1	6	1	1	6	1		3	1	1	6
										1		1	1		1	1		1	1		1
										1		2	1		2	1		2	1		2
										1		4	1		4	1		3			
	57	31	320	43	42	251	46	36	227	46	10	218	45	32	224	45	30	220	44	31	218

二〇番地から三七番地に集中している。当地の娼館は、一九一五年当時、政府公認のもと二七、二八、二九番街および三三、三四番街で営業していた。そのうち二九番街はヨーロッパ娼館区として知られ、オーストラリア、ユダヤ系ドイツに加え、ポーランド、ロシア、イタリア、ルーマニア人そして中国人が働いていた。ただイギリス人の娼婦は警察によって、インドから排除されており、存在しなかった。この通りは主としてイギリス人兵士の憩いの場であったという。

二七と二八番街はインド人の、そして二八、三四番街のそれはインド人、日本人そしてビルマ人の娼婦によって占められていた。日本人の娼婦は、政庁によってビルマ婦人保護の観点から、ある意味歓迎されていたともいう。しかし、イギリス領内への娼婦の渡航が日本政府によって制限されたことにより、その数が少なくなっていた。そのため娼館では、ビルマ人女性を日本人に仕立てあげる場合もあったらしい。客の多くは、インド人やビルマ人の会社員や商店主などであったという［Cowen1916：4-7］。

そして一九二一年から二二年にかけて、「雑業（貸

表5 「雑業」従事者の推

町区	1895 (M28)			1896 (M29)			1903 (M36)			1904 (M37)			1905 (M38)			1906 (M39)		
	戸数	男	女	戸数	男	女	戸数	男	女	戸数	男	女	戸数	男	女	戸数	男	女
ラングーン		3	17		5	25		7	80		12	150		12	150	37	47	22
マンダレー											1	13		1	13		2	1
モールメイン																	2	2
プローム																		
メーミョウ																	2	
バセイン																		
メルギー																		
ワケマ																		
バモー																		
ピャーポン																		
ペグー																		
タウングー																		
アキャブ																		
シュエボウ																		
ミャウンミャ																		
デダイェ																		
ニャウンレービン																		
ヘンザダ																		
計		3	17		5	25		7	80		13	163		13	163	37	53	26

（出所）海外在留本邦人職業別人口表の各年次より作成

席）」は皆無という状況になる。一九二一（大正一〇）年一二月一五日現在での「職業別人口表」では「娼妓酌婦」の項でラングーンには本業者女性七九人、その家族として男性四人、女性五人、マンダレー、バセイン、その他にそれぞれ本業者女性が三人、八人、二七人存在していた。これが翌年の六月末現在での報告になると、この項目そのものがなくなる。

4 「廃娼」の政治学

ラングーンにおける娼館や娼婦の存在については、一九世紀末から風紀上、問題とされてきた。二〇世紀にはいってすぐ、ラングーンに駐屯するイギリスの一部隊が、風俗壊乱による懲戒処分をうけ禁固刑に処せられるということがあった。その後も同様の問題は発生し、これは部隊の規律というより、むしろイギリスの統治がもたらした現象であると考えられるようになる。そして一九一二年ごろからキリスト教婦人矯風会（the Women's Christian Temperance Union）やYMCA、アメリカバプティスト教会などが強い調子でこれを非難しはじめ［Cowen1916：1］、コーエン報告［ibid.］により政治問題と化す。

諮問委員会

一九一六年にビルマ政庁はラングーン警察長官をカルカッタ、マドラス、ボンベイ、コロンボに出張させ、その地の警察による娼館や娼婦の取り締まりを調査させた。その報告をうけ、諮問委員会が組織され、答申が一九一七年一一月に出される。その内容は、概略以下のようであった。

（1）売春の根絶は不可能である。これは有効に規制するしかない。

（2）ヨーロッパ人およびその他外国人による売春は、根絶されなければならない。

（3）市域内の街路番号のついた通りや軍駐屯地に、娼館や娼婦の存在を認めてはならない。

（4）警視総監には娼館を廃止し、娼館主を取り締まる権限を与えるべきで、女衒（pimp）を厳罰に処し、これをインド外に追放できるようラングーン市警察法を改定すべきである。

答申の趣旨はある意味、娼館をこれまでとは違ったやり方で隔離するにすぎないものであったので、聖職者、教師、会社関係者、ビルマ婦人団体、医療従事者、ヨーロッパ人官吏の夫人などに受け入れられなかった。娼館の隔離策は、以前から行われていたが、今回もこれまでとは異なる地区に集めるというものにしかならないものであったからである。どこの国でも、こうした方法では悪習から若者や意志薄弱者を守るということに失敗している、というのがその最たる理由であった。

そこでビルマ政庁は、根本的な解決を目指し、その矛先を売春婦にではなく、こうした営利目的の不道徳行為から生計の糧を引き出すため、婦人をそそのかし、売春業に引き込む人間に向けた。問題の核心は娼婦にではなく娼館の存在にあり、これなくしては、人身売買も売春斡旋屋も存在しえない。ヨーロッパのみならず、女衒や「ヒモ」も非合法化され、スリランカでも成果を上げている、という理解に基づくものであった。一九二〇年には法案が完成し、条文が公開され、諸団体の意見が聴取されるようになる(10)。

娼館、女衒の一掃

こうして、一九二一年四月一二日「ビルマ娼館および人身売買禁止法」(The Burma Suppression of Brothels and Immoral Traffic Act 1921)が立法参事会を通過し、一〇月一日から施行された。この法令は、まず売春の目的をもって「呼び込み」をおこなうことの禁止を定める。そして娼婦の稼ぎで暮らしたり婦人に売春を斡旋もしくは働きかけたりした男性、当人の意に反し娼館に拘禁した男性、家屋を娼館とすることを認めた者、を禁固刑もしくは罰金に処するとした。さらにヨーロッパ人であれ、その他外国生まれの者であれ、この法令に反した者は、追放できる権限をビルマ政府に付与することとした。この法令は当初はラングーン市のみに限定されるが、他の市域にも拡大されていく(11)。

一九二二年の「在留者日本人名簿」によれば、表4に示すごとく、娼館主はビルマ全土で二一名、娼婦は六〇名いた。一九二〇年には娼館の撲滅が現実味を帯びてきているが、一九二一年三月一八日現在で女性の数はむしろ増加している。従って一九二二年の三月から六月の間に、こうした職業にたずさわる人がいなくなったということになろう。稲村純一は、「かゝる特殊職業の日本婦人の大部分は本國へ帰國したが、一部分の者はラングーン市などで女中奉公其の他の正業に就き、又他の一部分は、未だ取締の左まで嚴ならざるインド本部―カルカッタやボンベイなど―等へ轉じたということである」[稲村 一九二三:五五]としている。

ラングーンにおける娼館の一掃は、娼婦の行状そのものを問題視したというより、こうした行為に走らせ、場所を提供し、これを食い物にする存在に、ビルマ政庁が照準を絞った結果であった。確かに外国人による売春の取締であり、行政当局としての体面を保つということが第一の目的であったことはまちがいない。それでも、これに直接携わる女性を社会悪として、これを撲滅・排除することだけを目指したのではなかった。

国家および日本人男性の体面

ところが稲村は、このことを「海峡植民地などと同様、バルマ州に於いても、英國當局と我が在留官民との協力により日本醜業婦を一掃した」［稲村 一九二三：五五］という。また山田秀藏はさらに踏み込んで、娘子軍は「日本人の面汚しであるとして一般に蔑まれた。今日彼等の跡を絶ったのも、第一に國の體面を重んずる結果であった。大正年間初代總領事淵時智氏時代に、英斷をもってビルマからこの娘子軍を一掃したのである」［山田一九四二：九］と説明している。

しかし「我が在留官民」は、直接には何ら関わっていないし、「初代總領事」が「英斷」を下したからでもなかった。まだしも、「南洋」は男性の天国として、各地の娼館や娼婦の実情を記した『歓楽の支那―南洋の陶酔郷』の中で、藤島晃が

> 緬甸においては、一九二一年緬甸法律第二號娼家及び人身賣買撲滅法（An act for Suppression of Brothels and Immoral Troffe《ママ》）を一九二一年十月一日から蘭貢その他の市政施行地及び一定区域（Notibea《ママ》 Area）に施行し、厳重に賣娼婦の横行を取締り、ひとり現行犯のみならず、その嫌疑あるものと雖も處罰せらるゝ制度となっている……緬甸がかくの如く賣娼婦絶対禁止の制を布くに至ったのは、主として婦人矯風會等の理想論者の改革運動が政府を動かした結果である。前記の娼家法を発布されて以来、警察はその實施に非常な努力をはらったので、例えば蘭貢市の如きは、従来ある區域に軒を列べて公然と営業していた娼家は、現在では一軒もないような有様である［藤島一九三〇：一二八～一三〇］。

とするのが、実情をよく伝えている。

ビルマ政庁がおこなった施策を、あたかもわが日本政府がおこなったごとく、しかも「からゆきさん」のみを対象としたように述べるのは、国家としてこれを放置することは、その行政能力が問われている、かつ日本人女性が東南アジアの男性を相手とすることを日本人男性の恥と考えていたからであろう。アジアの一等国として、ヨーロッパ

諸国に比肩しうると国際社会で認められるには、こうした日本人女性の存在を許してはならない。稲村や山田の説明は、「醜業婦」なる認識のもとに生まれた理解であったということができる。

売春をおこなう日本婦人を、国家や日本人の恥とする考え方は、すでに出来上がっていた。伊東忠太は先に引用した記事の中で「彼の醜業婦を出す國民として日本人どうしても卑しめられる傾向を免れません」という。これは、続けて「日本人は支那人よりは優等であるの、容貌も性質も緬甸人に似て居るのと忌々しいことを聞かせられることが毎々です」［伊東忠太一九〇三：（十）］と嘆いていることからも、日本人としての誇りを、「からゆきさん」という女性やアジアの人々との対比のなかで、考えていたことが明らかである。近代日本における、国家や民族の体面という男性的発想から生まれた見解にほかならない。

おわりに

日本人のビルマ「進出」は、かならずしも「からゆきさん」追随とはいえなかった。日本商品を扱う雑貨商や理髪業などの職種とともに進出したのであり、女性が多かったからそういう印象になったものということができる。たしかにまず渡航してきたのは、こうした人たちであったが、これが後続の商人にマーケットを提供し、それによって蓄積された資本が後続を促したというのではなかった。多数を占めた「歯科医」や「写真館」業など、そのほとんどが「裸一貫」に近い形で来緬し、元手のあまりいらない業種を選び生活の基盤を確立していったのである。

にもかかわらず「からゆきさん」先導型進出パラダイムが形成されるのは、まずアジアを経済進出の対象としてしかみない、そして男性の経済活動を補助する女性という近代に形成されたジェンダー構造があったからである。資本形成が未熟な段階にあっては、少ない元手で、かつ競争力のある商品を提供できたものとして、なによりも売春が想起された。ここには、労働力としては周縁化されていた農村女性の、国家にたいするご奉公として評価しようとする意図もちらつく。

しかし、これがどれだけ本源的な資本の形成に貢献したか、具体的なデータなどどこにもない。送金があった、彼女たちが日本の小間物を必要としたという状況証拠のみである。舞台が、植民地支配下にあり、日本より遅れ、いまだ蒙昧な状態にあると考えられたアジアであったればこそ、そうした女性が活躍する場として違和感なく受け入れられ、北米やヨーロッパへの進出ではとても思い描かれなかったといわねばならない。

たぶん明治期、とりわけその初期に移動した人たちは、日本人の一員としてとか、日本を背負ってなどという感覚はなかったと考えられる。まずもって生きていくための決断であった。意識のなかに国境はなく、まさに一人の人間として、単に海を越えてそこに新天地をみつけようとしたにすぎない。アジアの地で生きた日本人を前科者とか娼婦などという言葉で理解しようとするのは、まさに欧米追随型近代国家日本を背負う側からでしかない。

アジアとの交流史は、日本人の経済進出という文脈でこれを描いてきた。そのため、「からゆきさん」はその先駆けであったが、一定の役割が終わると排除されなければならなかった。その中から未来へ向けて何かを汲み取る対象とはなされない。交流を経済発展の文脈でしか考えておらず、これに正業者としてかかわれなかった者に、一応は同情を示すが、あってはならなかったものとして斬り捨てられるのである。経済進出とこれに付随した国民の海外進出を国家の発展ととらえると、どのようにあがいても彼ら／彼女らを救い出す道はない。

注

（1）ビルマ防諜局は、一九四〇年一二月三一日段階で三五五名としている。Extract form Burma Monthly Intelligence Summary, No.6 dated the 28th. of June,1941.
（2）Extract form Burma Monthly Intelligence Summary, No.11. For the Month ending 30th November 1941.
（3）一八九七時点で、三区はヨーロッパ人、二区は中国人業者がこれを保有し、採集船備え付けの潜水ポンプは七十台を数える。白蝶貝の採集は乾季に、つまり毎年一〇月にはじまり、翌年の四月までの間に行われる。採集量は、ポンプ一台につき、だいたい一か月半トン程度であった。

（4）和田吉平という名は、一九二二年の「在留者日本人名簿」にはない。一九三六年、一九四一年のものにもない。

（5）一九二五年段階で、メルギー群島では、七人の日本人により十一か所、計四百八十二・六四エーカーのゴム園が保有されていた。うち二名は女性である。Concessions hold by Japanese subjects on an island commanding Mergui Harber. NAD Acc.9551.

（6）山田は、このことを昭和一七年に日本で出版した『ビルマ讀本』および翌年の『ビルマの生活』に記している。四〇年近く前のことであり、あるいは本人の記憶違いか、それともカルカッタ領事館の調査ミスか。一九二二年の「在留者日本人名簿」によれば、Yamada Hidezo とその妻 Yamada Ito は、息子の F. Yamada とともに、一九一三年に入国したことになっている。これは一度国外に出て、この年再入国したとも考えられる。しかしこのことは、山田の回想にはない。

（7）大江卓の干崖支援については、さしあたり［斎藤一九八七：二五三〜二五五］［雑賀一九四四］を見よ。

（8）日置黙仙師および來馬琢道師のこと。シャム皇室の戴冠式に出席し、その足でインド仏跡参拝へ赴く途中、シンガポールより著者と同船同室となり、便船の都合により、マンダレーにも同行した。來馬琢道師もこの旅行について、一書を認めており、それにはこの婦人のことを前田某とだけ記して素性には触れていない。またこの描写は午前中のもので、その夜も「闇を衝いて前田氏方に行き、其處にて晩餐の供養を受け」ている［來馬一九一六：四一二、四一四］。

（9）後述するように、この頃から男の娼館主を取り締まる法律が取りざたされ、発効していたことに由るかも知れない。

（10）No.206 T 9P-1 Government of Burma Police Department˝ From the Hon･ ble Mr. F. Lewisohn Chief Secretary to the Government of Burma to the Secretary to the Government of India, Home Department Maymyo, the 5th November 1920.

（11）例えば、ピャポン県には一九二三年（NAD.Acc. 1794˝ 1894）˝ ミャウンミャ県には一九二七年（NAD.Acc. 324）に施行された。ただ表4にあるとおり、アキャブは除外されたか、施行がかなり遅れたようである。

未刊行史料

「海外在留本邦人職業別人口表」外務省外交史料館　七―一―五―四

Concessions hold by Japanese subjects on an island commanding Mergui Harbor. NAD Acc.9551

Cowen, John 1916. *Public Prostitution in Rangoon, Report to the Association for Moral and Social Hygiene on Brothel-keeping,Prostitution, Segregation and Immoral Conditions in Rangoon and other Towns and Stations in Burma*.（London, June 9th, 1916）. IOR L/P&J/6/1448.,

Extract form *Burma Monthly Intelligence Summary*. British Library IOR/M/5/47.

List of Permanent Japanese Residents of Burma. NAD.Acc.37, 55, 65, 9527.

No.206 T 9P-1 Government of Burma Police Department, From the Honorable Mr. F. Lewisohn, Chief Secretary to the Government of Burma to the Secretary to the Government of India, Home Department Maymyo, the 5th November 1920. J&P 213, 1921. IOR L/P&J/6/1448.

文献

藤島　晃　一九三〇年『歓楽の支那―南洋の陶酔郷』金鈴社。
稲村純一　一九二三年『バルマ記―インド・シナ半島視察報告―』（大阪外国語学校編海外視察録第貳號）。
國分正三　一九四四年『邦人のビルマ進出に關する一考察』（南洋資料第四六六號）南洋経済研究所。
原不二夫　一九八七年『忘れられた南洋移民―マラヤ渡航日本人農民の軌跡―』アジア経済出版会。
伊東忠太　一九〇三年「緬甸旅行茶話」『読売新聞』（一）～（七）明治三六年八月二日、（八）～（十）明治三六年八月九日。
錦城生　一九一三年「南洋の大勢　十五緬甸は如何に発展すべきか（下）」『読売新聞』大正二年九月六日。
川上瀧彌　一九一五年『椰子の葉蔭』六盟館。
益田直彦　一九四三年『南方圏の資源』日光書院。
南方社編集部編　一九六〇年『村岡伊平治自伝』南方社。
南洋及日本人社　一九三八年『シンガポールを中心に同胞活躍　南洋の五十年』章華社。
『名古屋新聞』　一九一三（大正二）年七月四日「海外に於ける日本娘子軍（六）」。
雑賀博愛　一九四四年『南方先覺者としての大江卓』（南洋資料第二八二號）南洋經濟研究所。
小川　平　一九六七年『アラフラ海の真珠』あゆみ出版。
斎藤照子　一九八七年「日本との交流」『もっと知りたいビルマ』弘文堂。
豊田三郎　一九四三年「マンダレー獄中記」『大東亞戰争陸軍報道班員手記 ビルマ建設戰』大日本雄辯會講談社、二九五～三一五頁。
山田秀藏　一九四二年『ビルマ讀本』寶雲舍。
山田秀藏　一九四四年『ビルマの生活』寶雲舍。
來馬琢道　一九一六年『黙仙禪師南國順禮記』平和書院。

附属資料　日本におけるビルマ像形成史
—国民国家形成時における他者認識の一例として—

伊東利勝

はじめに

我われ日本人という意識やその内容は、明治以降明確になってゆく。国民国家が形成される過程で、他国に関するさまざまな情報が、政府やマスメディアによって流され、これによって国民は日本人としてのアイデンティティを何にも増して強く意識し始める。これは同時に、他者の姿を形作る作業と表裏一体で進む。他者なくしては、自己もありえないからである。

概して、これらのイメージはステレオタイプ化されている。そして日常的に形成された他者認識は、濃密な交流が行なわれたとき、その有り方を規定してしまう。また、この濃密な交流によって新たな情報が齎されても、それまでの他者像が劇的に改まることはない。ステレオタイプ化された認識が、自画像形成に大きく与っており、この自画像が揺るいでいない限り、新たな他者像を受け入れる余地はないからである。

ここで問題とするビルマが、日本において注目されたことは何度かあった。ただ両隣のインドやタイに比べると、多くの日本人にとって話題に上ることも少なく、場所もよく知らない遠い国であったことは否めない。従って、ひとりビルマが日本人の形成に大きく与ったとはいえないだろう。

ただ少ないとは言え、ビルマに関する情報は存在した。日本が世界やアジアを認識する際、これも絶えずその一翼を担っていたことは疑いない。換言すれば、ビルマ像はその他東南アジア諸国像とともに形成されてきた訳で、その中には日本がこの地域を他者として、どのようにイメージしてきたかが反映されているとみてよい。

ビルマと日本との間には、過去の一時期濃密な関係が存在した。そしてこの地に暮らす人々にとって、それが災厄以外の何ものでもなかったことは、多くの歴史家が描き出しているところである。あってはならない出来事に結果した原因の一端は、それまでに形成されていた、日本におけるビルマ像に問題があったからに他ならない。

以下近世以来日本には、ビルマに関してどのような情報が存在し、それによってどのようなイメージが形成されていたかを見ることにしよう。日本でビルマのことを知りたいと思えばどのような情報が用意されており、それは如何なる観点からのものであったかを明らかにしつつ、明治期に形成されたイメージが、何故に変わることなく生き続けているかを考える手掛かりとしたい。

一　近世における地図の中のビルマ

自己が存在するこの世の広がりについて、最も具体的なイメージを最初に提示したのは、おそらく仏教的世界図と称されるものであろう。仏典にある南贍部州を輪郭として、これに玄奘三蔵の足跡や伝聞が地図化してある。法隆寺に残されている一三六四年に書かれた「五天竺図」が最も古い。そして、近世になると『大唐西域記』以外から得た地名も書き込まれ、南贍部洲図と総称される地図が描かれるようになる。このうち宝暦七（一七一〇）年に版刻された［⑨図6］鳳潭和尚作『南贍部洲萬国掌菓之圖』の東南部を見ると、大陸沿岸に交趾、安南、九真、驃國などがある。そしてこれらの東南方海上に、陸真臘、水真臘、参半、室利差呾羅國、暹羅、蒲甘、柬埔寨などの島々が浮かぶ（図1）。これらは『梁書』『隋書』『新・旧唐書』『元史』など中国正史の南蠻伝によって得られた知識の反映であろう。現在ではエーヤーワディー流域に、同時期もしくは時代を変えて存在したことになっている室利差呾羅國、羅國、蒲甘が、別々の国として併記されている。ともあれ、ビルマは影も形もない。

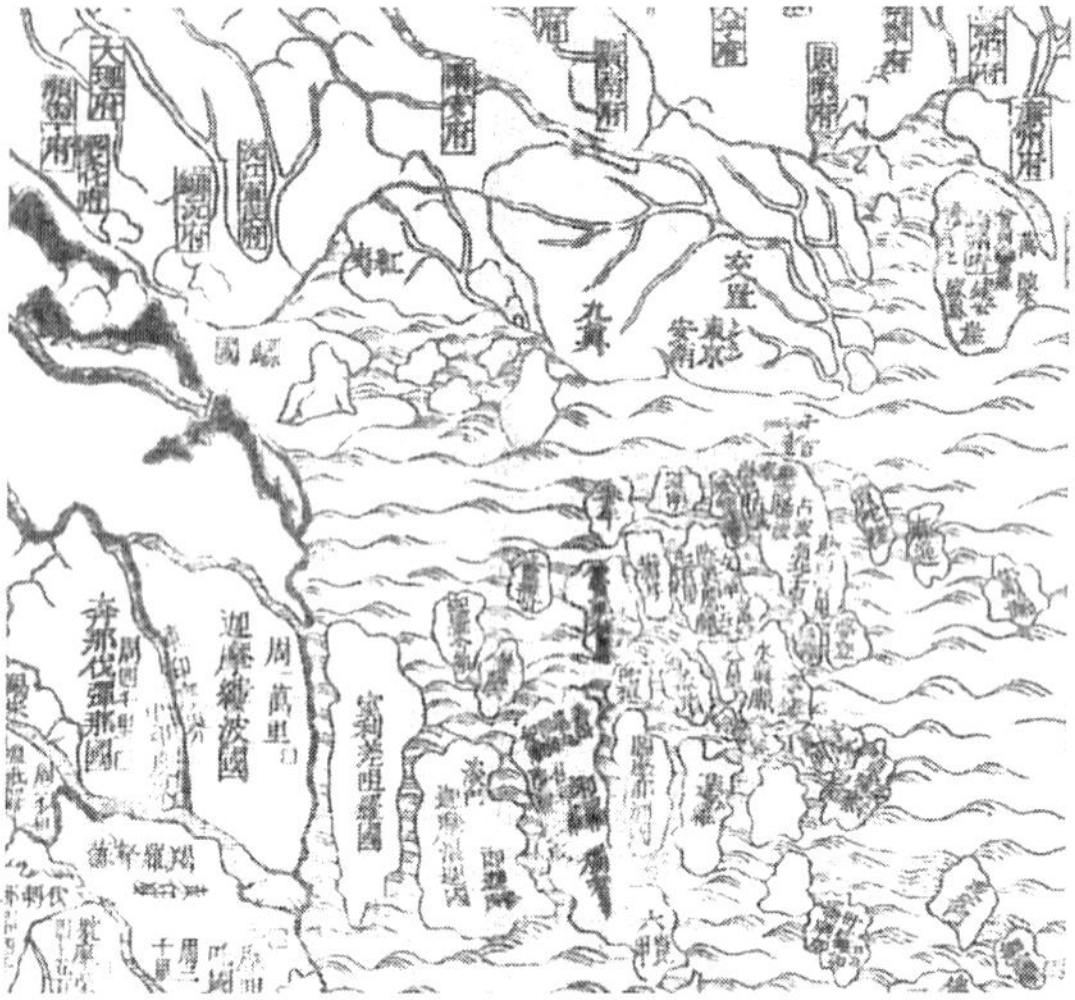

図1　南贍部洲萬国掌菓之圖（部分）　出所［㉚］

琵牛・亜剌敢・緬甸

こうした仏教的世界図とは別系統の地図も、近世のはじめには存在した。当時東南アジア海域に出かけた朱印船で使用された海図である。これらは「ヨーロッパの航海者から学んだポルトラーノと呼ばれる形式のアジア海域図」［⑨三四］で、いずれも日本から中東地域までを含み、主要な海港や島名が記されている。作成が「桃山時代で文禄年間かと推定されている」［53］『アジア航海図』（図2）には、日本から南下して呂宋、ぼる根よBORUNEO、しやむSIAO、まらか、たのしり、などの先にぺぐうPEGVが記されている。そしてその先には、べんがらDEBNGALA、いんぢやANDIAがある。近藤守重が一八一〇年頃著した『外蕃通書』によれば、一六世

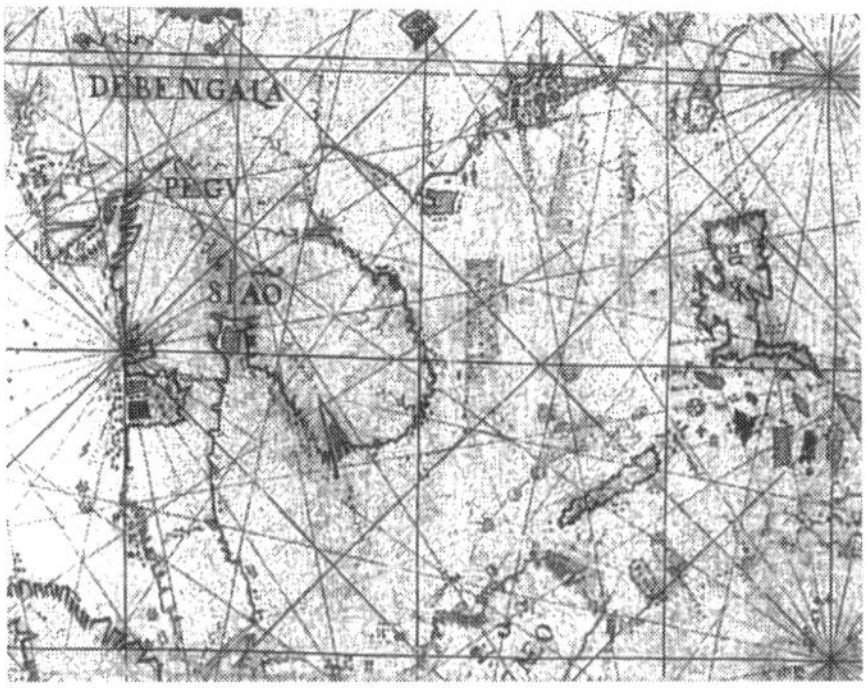

図２　アジア航海図（部分）
出所［⑨図４５］

紀末から一七世紀前半にかけて呂宋、安南、占城、暹羅、柬埔寨とは国書の交換もあり［㉑］、南シナ海やシャム湾海域は一部の人々にではあろうが、比較的なじみのある地域であったと想像される。従って、アジア海域図によって暹羅の西に大きな半島をはさんで、ぺぐうという国が存在する程度の認識はあったであろう[1]。しかしこの付近には後に出てくる緬甸やビルマという地名はなく、その後作成される類似の航海図も変わるところがない［⑨図46、47、50、51］。航海図とはよく似ているが、「一般的な海外知識への関心から」［⑩三七］江戸時代中期に作成されたと考えられている『東亜航海図』［⑨図49］にも琶牛《ヘグウ》、その北西にアラカンとのみ書かれている。

『東亜航海図』に漢字の琶牛やアラカンという表記が示されたのは、明らかにマテオ・リッチ系世界地図の影響によるものと考えられる。一六〇二年マテオ・リッチ（利瑪竇）の原図をもとに、李之藻によって北京で刊行された『坤輿萬國全圖』は程なくして、日本にもたらされた。この図の当該部分を見ると、北にある加湖という大きな湖から四筋の川が南に流れ、榜葛剌海に注いでいる（図3）。その下流域に西から亞蠟敢、榜葛剌、緬甸、そしてその南に琶牛という文字が書き込まれている。また本来なら緬甸の傍に記入されるべき蒲甘が、北ベトナムの位置にあって興味深い。リッチがこの図を描くにあたり典拠としたものは、ヨーロッパで作成された地図帳であったが、当時中国で発行されていた地図にも依

図３　坤輿萬國全圖（部分）
出所［⑪］

拠していたという［⑪八］。緬甸がここに記入されているのは、明らかに元朝以降中国に存在した情報によるものであると考えられる。

『坤輿萬國全圖』はその後さまざまな模写図を生み、人々の目に触れるようになる。ところが、これを原図とし正保二（一六四五）年頃に刊行された、日本最初の版刻世界図といわれる『萬國総圖』［⑨図59］には、ビルマの部分に何も地名が記入されていない。ただ貞享五（一六八八）年石川俊之の手になる木版彩色の『萬國総界圖』［⑨図62］には、琶牛、緬甸はあるが亞蠟敢、榜葛剌はない。しかも緬甸が絁甸となっている。

そして享保五（一七二〇）年、原目貞清の『輿地圖』［⑨図66］では、カタカナ書きのベンガラ以外は不明瞭で、天明三（一七八三）年三橋釣客による『地球一覧圖』［⑨図67］になると、緬甸の位置にカタカナでペグウ、その北西内陸部にベンガラと書かれている。天明八（一七八八）年頃と考えられる長久保赤水の『地球萬國山海輿地全圖』［⑨図68］にも亞蠟敢、榜葛剌《ベンガラ》、琶牛《ペグウ》のみで緬甸はない。それまでの中で『坤輿萬國全圖』にもっとも忠実と思われる、享和二（一八〇二）年に発行された稲垣子戩の『坤輿萬國全圖』［⑨図69］には、榜葛剌《ベンガラ》、緬甸、琶牛は記入されているが、読みは付されていない。このように『坤輿萬國全圖』系の地図では、アジア航海図に描かれていた榜葛剌と琶牛は一貫して描かれその読みも示されるが、緬甸は書き込みさえなされないことが多く、その読みが示されることもなかった。

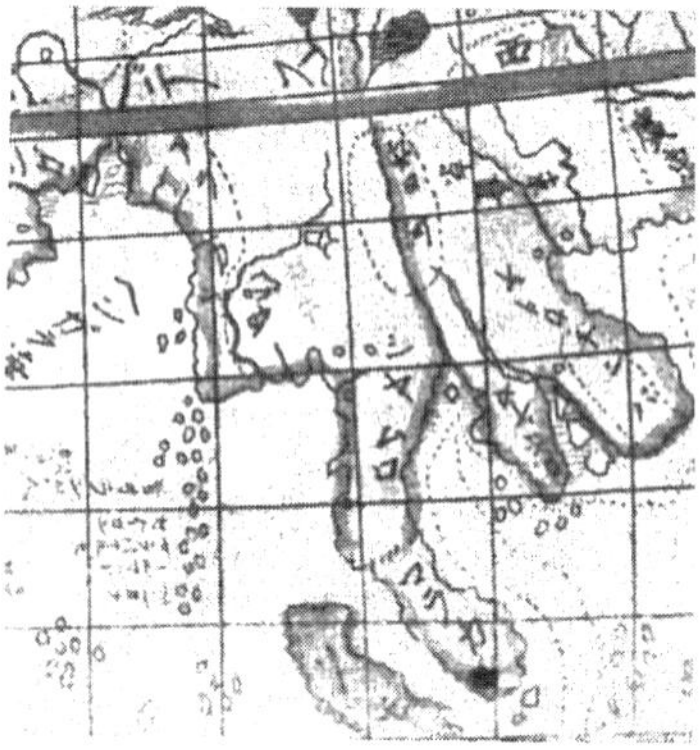
図4　地球全圖（部分）
出所［(58)］

琶牛・亜剌敢・亜華

一八世紀になって、幕府の奨励によって蘭学の研究が始まると、オランダから伝えられた世界地図が、蘭学者の手によって次々に訳出されるようになる。それまで独占的地位を占めていたマテオ・リッチ図の王座をゆるがすことになった［⑨一六六］。図4は一七九六年刊の『地球全圖』［(58)］の関係部分で、これは一七九二年に刊行された司馬江漢の『地球圖』［⑨図79］を、本多利明が復刻したものである。本地図は「本多三郎右衛門訂正」とあるが、江漢の『地球圖』とまったく同じである［⑫二三二］。『地球全圖』の当該地域には琶牛、アラカンの地名が書き込まれ、この間を流れる川の上流に、首都のマークが描かれている（図4）。この原図となった江漢の『地球圖』は、大槻玄沢が、天明年間に参府したオランダ外科医ストットル（J.A.Stutzer）から請い受けたもので、アムステルダムで刊行されたコヴァン（J.Covens）・モルチェ（C.Mortier）共編の世界図がもとになっている［⑩五五］。

江漢の『地球圖』を本多利明が復刻していたころ、蘭学者の桂川甫周によってロシア製地図の模写が進められていた。この地図は一七九二年ロシア使節のラックスマンに伴われ、根室に帰国した大黒屋光太夫によってもたらされたもので、『北槎聞略』の付録として寛政六（一七九四）年に翻訳が完成した。そのうちの一枚である『亞細亞全圖』の当該地域には、テナセリ、メルグイ、馬尓太華《マルタハン》、琵牛《ペグウ》、亜花《アハ》、亜蠟敢などが書き込まれている。点線で境界が示されているところを見ると、これは明らかに国名であろう。テナセリ、メルグイは暹《シャムロ》タの、マルタバンは琵牛の領域にそれぞれ含まれていて興味深い（図５）。この図は容易に人々の目に触れるものではな

図５　亞細亞全圖（部分）
出所［⑨図８１］

かったが、後述する『新訂萬國全圖』の成立には大きく寄与することになったという［⑩五七］。

一七九六年刊行の『喎蘭新譯地球全圖』では、西海岸部にアラカン、エーヤーワディー川とおぼしき河川の左岸下流にペグウ、上流部にはサントメ、東天竺が書き込まれた。作者の橋本宗吉が、たぶん東天竺の西海岸部はアラカン、上流部はサントメ、下流部にはペグウが存在すると考えた結果であろう（図６）。サントメは本来ならインド東海岸に書かれてしかるべきであり、出版当時から古い西洋の地球図を用い、和蘭書や漢籍のみに依拠し、地名位置にも誤りが多いという批判があったらしい。しかし本図は、これを原図として何度か再版され、後世に大きな影響を与えた［⑫一三六］。つまり我われが問題とする地域は東天竺という理解である。ただ

図６　喎蘭新譯地球全圖（部分）　出所［㊿］

図7　新訂萬國全圖（部分）
出所［㉞］

文化元（一八〇四）年に製作された山村昌永編『訂正増譯采覧異言』の巻首に収められている、江戸時代最初の地図帳である『亞細亞洲輿地圖』［(92)上一一二］には、サントメなる地名はない。問題の地域を見ると、南に琵牛、その北に亜華、西に亞剌敢と記され、本文中にアラカン、アハ、ペギウとそれぞれ読みが示されている。

文化七（一八一〇）年、幕府の命により高橋景保によって作成された『新訂萬國全圖』は、英人アロースミス(Arrowsmith)の地球図を基本とし、東西の資料を収集し、広く世界に参考書をもとめ、三年を費やして完成したという［⑫一三九］。これまでの地球図に比べ、地名がかなり書き込まれた。中央にアワ川が流れ、上流部に国名として阿瓦《アワ》、下流部に琵牛《ペギウ》が有り、小都府としてアワ、ペギウ、マルタバン、メルギ、アラカンが、郡県としてシャマイ、モソカボ、メルロネ、ペルサイ、シリヤン、タハイ、メルギ、テナセリムなどが見える。またシャマイからアセム（アッサム）まではアワの領土となっているが、タハイ、メルギ、テナセリムは暹《シャ》羅《ム》の領内に入れられている（図7）。こうした地理的理解は安政三（一八五六）年に刊行された近藤峴山作『萬國地球分圖』「亞細亞其二」［⑨図120（2）］まで受け継がれる。

つまり蘭学系の地図では、アワ、アラカン、ペグーの三国が問題の地域に存在したという理解である。現に上記『新訂萬國全圖』の原図になったという、アロースミスが一八〇八年にロンドンで公刊した *Map of the World on a Globular Projection* には、ARACAN と PEGU の間に、より大きな活字で BURNAH と書かれている［㊺］。従って一九世紀初期の段階では、BURMAH が緬甸であることに思い至らなかったものと考えられる。『坤輿萬國全圖』の緬甸は、それほど知られていなかったのである。

ビュルマン・ビルマン・ビュルマァ子

ところが弘化元（一八四四）年に、幕末の地理学者としては山村昌永と双璧をなすといわれる［⑫一七六］箕作省吾が作成した『新製輿地全圖』［⑨図89］では、アラカン、ペグーなどの地名はなく、問題とする地域全体がブュルマン、その北東がアセムとなり、ブュルマンの上流にアハなる地名もある。本図の凡例によれば、作図にあたり一八三五年のフランス版地図を原図としたという。それまでの蘭学系地図と異なりビュルマンという地名が登場するが、マテオ・リッチ系の地図にあった緬甸という漢字は使われていない。箕作省吾がその翌年、弘化二（一八四五）年に出版した地理書『坤輿圖識』では、「毘爾満《ビルマン》、一名「ブルマニセレーキ」と云」［61一九］としていることからして、『坤輿萬國全圖』の緬甸とは別物と考えていたようである。しかも毘爾満は「我天明四年以来、阿瓦《アハ》、琵牛《ヘイキウ》、亜剌敢《アラカン》、カツセイ、マルタハン、及ビ暹羅ノ一部ヲ併呑シテ」［61一九］と記しており、毘爾満と阿瓦も異なる国と認識していたに違いない。

同様の理解が、弘化三（一八四六）年の永井側作『銅版萬國方圖』［⑨図91］、嘉永四（一八五一）年の鱸重時による『校訂輿地方円圖』［⑨図93］に受け継がれるが、ブュルマンはヒュルマンと記される。また工藤東平が嘉永六（一八五三）年に刊行した『掌中萬國圖』では、ヒルニマンと表記された［30］。さらに安政五（一八五八）年刊の武田簡吾による『輿地航海図』［30］にはビュルマァ子という表記が、エーヤーワディー川上流部に限ってなされており、南部一帯が印度の一部に併合されていたことが示されている。この図の例言には「本圖ノ文字ハ蓋ク英語ニシテ、和蘭ト又大ニ異ナリ」とあるから、このビュルマァ子は当時の英語表記 Burmah に依るものであろうか。

そして萬延元（一八六〇）年に出版された、和刻本の世界地理書『地球説略』では、ビルマンに緬甸という漢字が充てられる。この段階で緬甸が再登場し、その読みが示されることになった。本書は中国在住のアメリカ人宣教師褘理哲（Richard Quarterman Way）が一八五六年に寧波にて漢語で出版した『地球説畧』に、箕作阮甫が訓点を振り地名によみがなを付けたものである［③一七］。上巻の亞細亞大洲圖説の章に綴じ込まれている地図の当該地域には、すべて阿瓦という地名が書き込まれている。しかし本文の「緬甸《ビルマン》國圖説」の項には、又の名を阿瓦《アファ》とし、首都の地名は阿瓦で人口五七〇万、国内には藍古《ランギュン》、皮求《ペギュ》、烏迷喇布喇《ウメラビュラ》の城市があり、伊犂瓦《イラワチー》地という大河があると記している［③一七―一八］。ここで始めて、緬甸と阿瓦が同一のものであることが示される。

図８　ビルマン国旗とペギュ国旗　出所［23］

これを受けてか、文久元（一八六一）年に佐藤政養によって航海用として作成された『新刊輿地全圖』［23］には、阿瓦《アファ》を首都とする緬甸《ビルマン》国が登場する。アワ川もイラワーデー川となり、ランコーンの地名もある。そして武田簡吾の『輿地航海圖』と同様、アッサム、アキヤブ、プロメ、ペコー、ペルサウン、イエー、タヘーなどがイギリス領に入ったことを示す。ただし、阿刺客《アラカン》は依然として、ビルマン国の領内に描かれた。凡例によれば、原図は一八五七年製のオランダ版地図で、欄外にはビルマン国旗と、何故か皮求《ペギュ》旗も図示されている（図8）。

ビルマ

同じく文久辛酉（一八六一）年、日本で刊行された徐繼畭著『瀛環志畧』の和刻本は大陸ごとの地図を綴じ込み、全十巻にわたって世界各地の地誌を記す。本文は道光戊申（一八四八）年の序があり漢文で書かれているが、井上春洋、森萩園、三守柳圃によって訓点が付され、かつ主要な地名にはカタカナと和蘭語が振られ、阿波の徳島で刊行された。この第一巻「亞細亞南洋濱海各國」の項に、緬甸が登場する。「緬甸《ビルマ》一名阿瓦《マフア》」［㉜三六］というとあり、綴じ込みの地図には緬甸《biruma》の他、蒲甘都城、怒江、馬爾達般、達歪が記され、本文にそれぞれ、バカン、ニュキャング、マルタバン、タホイと読みを示す。［㉜三六］。また本文にはこの他江頭、大公、馬来、安正國、蒲甘の五城があるとし、大公にはダキャング、馬来にマラクとルビを振っている。原本は幾多の西洋製世界図を参考にし、中国在住の西洋人の教示を請うて編纂されたというが、都城が一二八七年に滅んだバカンのままであり、怒江を中国語読みしてニュキャングとしている。しかし緬甸をビルマと読んだのは、管見の限りでは、本書が最初である。ここでも緬甸と阿瓦が同一のものとされた。

以上の如く一七世紀はじめから暹羅とインドの間に、緬甸、琶牛、亜剌（蠟）敢、榜葛剌などの国々が存在するという情報は存在していた。しかし緬甸については、ほとんど視野の外にあり、一八世紀末になり蘭学の成果によって生み出された地図でも阿瓦《アワ》と琶牛《ペギウ》、アラカン、ベンガルがこの地に存在するものとして理解されていた。

しかし幕末になっていわゆる洋学の発展にともない、ブュルマン、ビルマン、ビルマなどの地名が登場し、これが緬甸の読みとして示されるようになる。ただビルマンやビルマが緬甸にすぐ結びついた訳ではなく、漢字表記としては当初毘爾満が存在した。この段階では、まだ阿瓦が『坤輿萬國全圖』の緬甸と同一であるという認識は存在していなかったからである。そして洋学の成果が緬甸の読みに結びつき、阿瓦は緬甸のことであるという認識が生まれるのは、中国で書かれた地誌が、一八六〇年代はじめに日本で紹介された結果である。そしてもはやこの段階になると、阿瓦やペグー国の名は登場しなくなってゆく。

二　明治以降の呼称

明治になると、鎖国が解かれ、海外の情報が各方面から流入してくるが、アジア地域やビルマについては、西洋を経由したものが大半となる。

尾留満・ボルマ

明治初期の知識階級に愛読されたといわれる、明治二（一八六九）年二月発行の村田文夫による『西洋見聞録』の巻末には、緬甸《ビルマ》は皇帝が支配し、首都は阿瓦《アバ》であるとある［(62)五六四］。ところが同年福澤諭吉が著した『素本世界國盡』には、尾留満国《びるまこく》と表記され［(56)三］、同じく慶應義塾同社の松山棟庵による『地學事始』にも、「尾留満《ビルマ》ノ都ヲマンテレイトイフ」［(60)一五］とある。本書は凡例に「亜米利加開版ノ大小地理書及歴史等ヨリ譯出スル所ナリ」［(60)凡例］とあるように、英語文献を翻訳編集したもので、「地名人名ハ既ニ漢譯アルモノ多シトイヘドモ、漢韻ニ通ゼザルハ其譯字ヲ記スモ益ナシ故ニ、此書中ニハ勉テ和韻ノ近キモノヲ擇テ字ヲ塡セリ」［(60)凡例］というから、尾留満は英語の音に漢字を充てたものであることがわかる。

また紀元二五三四（一八七四）年四月に発行された『師範學校編輯萬國地誌略』には、

緬甸《ビルマ》ハ、後印度中西北ノ地ナリ、東北ハ、支那及西藏ニ接シ、西隣ハ英屬緬甸ナリ、廣サ二十萬方里人口八百萬アリ、大河アリ、伊犁瓦地《イラワーデ》ト名ヅク、其源、北方ヨリ發シ南ニ流レテ、英屬緬甸ヲ過ギ、海ニ入ル、此河濱ニ阿瓦府アリ、國王ノ居城ナリ［(64)一一］

とある。また続く英屬緬甸の項では、

英屬緬甸ハ、孟加拉灣《ベンガル》ニ沿ヒタル西岸ノ地方ナリ、北部ヲ阿拉干《アラカン》ト云ト南部ヲ徳那薩靈《テナセリム》ト稱シ中央ヲ比古《ペギュー》ト名ツク、伊犁瓦地河口ニ首府アリ郎昆《ランコーン》ト云フ、貿易最繁盛ナリ［(64)一二］

という。この本は、「編中専ラ米人コルトン氏ノ學校地誌、並ニ米人ミッチェル氏ノ近世萬國地誌ヲ撮譯シ、又英人ゴールドスミツス氏ノ地誌及聯邦誌略等ニ因リ之ヲ編纂セリ」［(64)一］とあるので、英語文献を使用しつつ「地名ハ従前漢譯ノ字面最妥當ナルモノノミヲ採リ、其他ハ皆片假名ヲ用ヰ妄ニ漢字ヲ塡ゼズ」［(64)二］というから、ルビは英語、漢字表記は中国語方式ということになる。そして明治八（一八七五）年には、上記一八五八年刊『輿地航海圖』を訂正増補した『萬國地圖』［(30)］が岡修によって再刻されている。ここでは原図にはなかった緬甸の文字が記入されているが、読みはビュルマァ子のままである。

明治一二（一八七九）年に四屋純三郎訳『百科全書亞細亞地誌』には、緬甸にボルマとルビが振ってある。本書は明治政府が、文部省を中心に啓蒙教育の一環として刊行された『百科全書』の一冊にあたる。『百科全書』は、William and Robert Chambers によって編集され、イギリスで出版された *Chamber's information for the people* を邦訳したもので、分野別に全八八冊に分けられた。その第一五巻六冊は世界地誌に充てられ、その中の一冊が『百科全書亞細亞地誌』である。ここでは南亞細亞を安額川《ガンジス》を境に西を温都斯坦《ヒンドースタン》または前印度、東の緬甸《ボルマ》（2）、暹羅《シャム》、老檛《ラヲス》、安南《アナン》、巫来亞《マレア》を後印度とする［(94)七］。そして後印度は広さ六九万平方マイル、人口二千万、首府は阿瓦《アヴァ》であるという［(94)三二］。ここには伊犁《イラ》瓦地《ワジー》一名怒江という大河があり、イギリスは近年、緬甸帝国より本若《バンジャ》、鳥納《ブワーデ》、ナグホア（又の名をベーラア）、徳那薩靈《テナスセリム》、皮求《ペグ》（3）の五州を略奪したと記す［(94)四二―四三］。また明治一二（一八七九）年発行の山田行元編『新撰地理小志』は、

「緬甸、即巴魯麻」［(86)一七］、「巴魯麻に曼陀剌といふ首府あり、英領巴魯麻には、剌郡といふ都會あり、共に伊犂瓦地の流に沿ひて、建て設けたるものなり」［(86)一九］と書く。巴魯麻の読みは示されていないが、「はろま」もしくは「ぱろま」で、ビルマやボルマと読んでいないことは確かである。

ボルマや巴魯麻という読みが、当時どこまで通用していたのかは不明であるが、明治一二（一八七九）年三月に出版された近藤圭造訳述の『再版兵要萬國地理小誌外國之部』は、緬甸國誌の項で、「緬甸《ビルマ》、支那ノ西ニ在リ」として、ビルマとルビを振っている［⑳四二］。そして、この七年後の明治一九（一八八六）年に刊行された北畠道龍口述、西川偏稱・長岡洸心筆記『天竺行路次所見』にも、インドの位置を示すのに「其の東は旁葛刺洋を中にして其の洋東に緬甸《びるま》」［⑯二六二］とあり、また比拿力府《べなーりすふ》で、当地にあるような黄金の寺が「緬甸國《びるまこく》の藍古《れんごん》の港に在」［⑯三〇九］ることを聞いた、と記している。大勢はビルマであったといえよう。

では、この頃発行された地図ではどうであろうか。明治二〇（一八八七）年発行の大判（一〇〇×一一二・五㎝）地図『洋語挿入　新訂萬國輿地全圖』［㊵］では、ヤカイン側がインドと同一色に塗られ、それ以外はタイと融合したかたちで書かれている。ビルマやタイという国名ではなく、MANDELAY、Prome、イラワジー川、サルウェン川、プロメ、バンクン、アムハースト、ネグライス岬などの地名があり、それらの位置はきわめて恣意的といわざるを得ない（図9）。この地図には、余白部分に主要都市の図や「東京ヨリ世界各國要地ヘノ里程」、各国旗が描かれているが、いずれも中国以外は西洋各国のみが上げられている。アジア諸国には、注意が払われていないことが明白である。

また、これよりハンディな（四八×七二㎝）明治二一（一八八八）年発行の吉村千太郎作『萬國全圖』［(93)］にもビルマという地名はなく、アラカン以外は、メンテレイ、アレフホラ、モンフン、キャンテンなどこれも恣意的な地名が記入されている。それに現在のヤンゴンおよびペグー付近からヤカイン海岸にそってチッタゴウンあたりまで鉄道線路が記入されていて、興味深い（図10）。

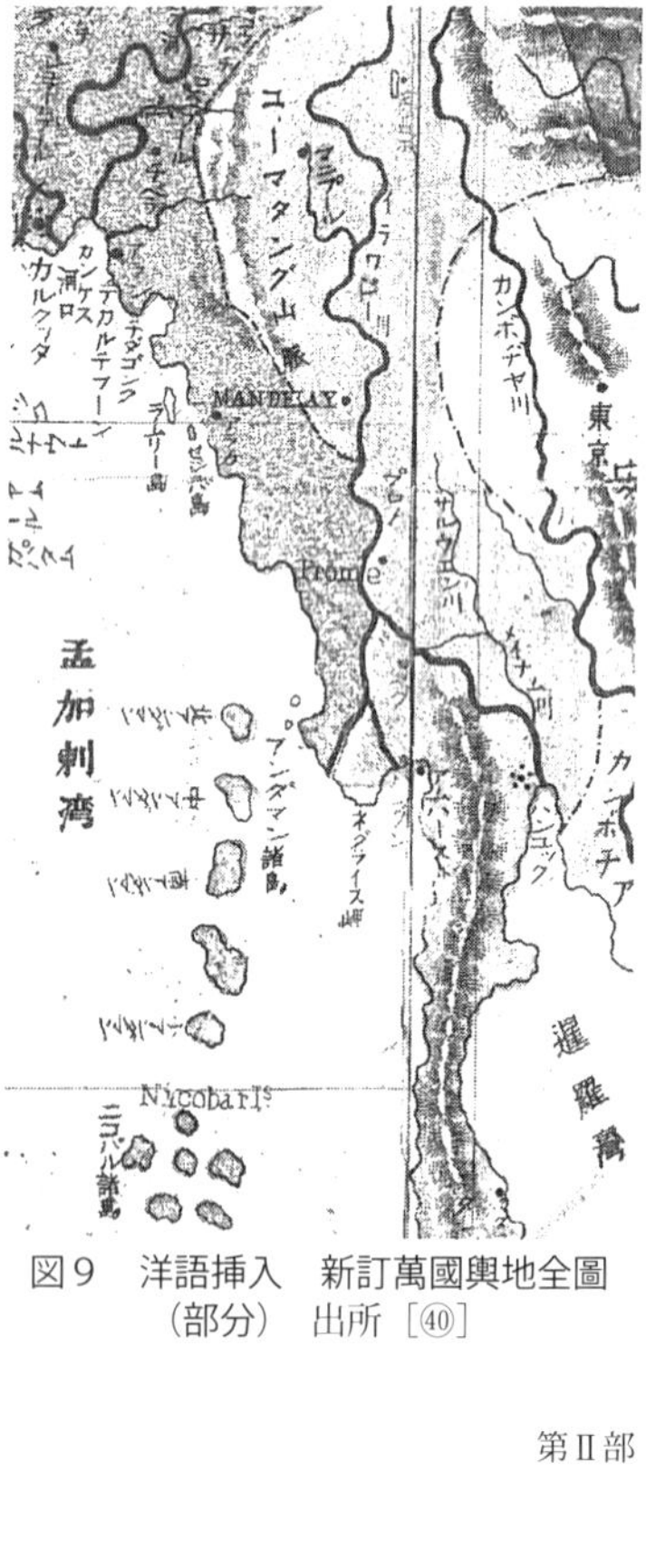

図9　洋語挿入　新訂萬國輿地全圖（部分）　出所［㊵］

図10　萬國全圖（部分）
出所［93］

明治二七（一八九四）年に発行された鈴木政雄編『萬國明細全圖』［㉛］は、ヤカイン、南部ビルマ、タニンダーリーがインドと同色に塗られ、その北に独立国の如く別の色で緬甸が示されている。また緬甸の首都が阿瓦となっており、ルビは振られていない。他の記入されている地名は、マルタバン湾、アラカン以外は同定不可能なものばかりである。また『萬國全圖』と同様、ヤカインの海岸にそって鉄道線路が記入されている。さらに欄外に外国の国旗や海軍旗などを紹介したコーナーがあり、ここに孔雀のマークを中心にあしらった緬甸国旗が描かれている。これらは明治九（一八七六）年市川来次郎によって編輯された『重訂萬國地圖』［㉚］や、明治一九（一八八六）年発行の後藤七郎衛門編輯『明治新撰萬國清圖』［㉚］の系統を引くものである(4)。明治三二（一八九九）年発行の石田旭山による『改訂實測萬國陸海精密地圖』［㉚］もイラワツシ川の上流部と下流部が色分けされ、欄外の表には緬甸は皇帝が支配し、都府はアバであると明記されている。

このように一九世紀末にいたっても、一般に出回った世界地図には、一八八六年ビルマ全土が英領となる第三次英緬戦争の結果が反映されていなかった(5)。地形や地名の書き方からして、幕末の地図を参考にしたにすぎないと考えられる。東南アジアについての新しい情報について、関心が低かったからであろう。明治三一（一八九八）年に発行された『萬國新地理』では、「英領印度ハ印度半島及ビ緬甸ノ地ヨリ成リ」［㉒一〇九］と説明されており、緬甸は英領印度の一部として取り扱われている。ただ本書にも「マンダレイ Mandalay ハ首府ニシテ」［㉒一六〇］とあり、本書が中等教育の教科用や、「地學専門家ノ参考用」にするためではなく、「一般人士ニ向テ新地理學ノ要領ヲ會得セシメンカ為」［㉒序一］に執筆されたものであるとするなら、いまだ緬甸事情理解に混乱があったことは否めない。

バルマ

イギリス領ビルマという理解が定着するのは二〇世紀になってからで、明治三八（一九〇五）年の小川琢治編纂『最新世界全圖』［㉚］では、印度と緬甸全域が同一色に塗られ、鉄道線路も正しく示されている。これは明治四一（一九〇八）年に文部省が発行した、高等小学校用の地図帳にも受け継がれた［㊻］。しかし緬甸の読み方は、明治三八（一九〇五）

年の志賀重昂著『地理教科書外國篇』〔㉙〕ではバルマと、これまでになかった表記がなされるようになる。これは山崎直方による明治四三（一九一〇）年発行の地図帳『普通教育外国地圖』〔87〕も同様で、同人による大正元（一九一二）年発行の『女子教育世界地理地圖』でもバルマが採用された〔88五三〕。

当時ビルマ、バルマ表記が併存したことは、大正六（一九一七）年中学校・師範学校、高等女学校の地理教材として、文部省の検定を受けて発行された『開成館模範世界地圖』で、表記がカタカナで「ビルマ（バルマ）」、英語でBURMA、漢字で緬甸となっていることから理解できる。同地図帳の例言には、「地名の書き方は現今實社會に於いて最も廣く行はるゝものに據り、且つ之とことなるものをも括弧内に示したり。されば本書は現行の何れの地理教科書とも併用することを得べし」〔⑬〕とあり、ビルマが一般的で、バルマも一部の教科書に使用されていたことがわかる。そしてバルマは、確認できた限りでは、昭和六（一九三一）年の文部省検定済中學校地理科用『新制世界地理』〔91〕まで使い続けられる。

エーヤーワディー川流域地方や国家の名称が、完全にビルマ＝緬甸に一本化されるのは、どうやら昭和一〇年代に入ってからのようである。しかし地方都市の名前については、日本語標記が原音から著しく乖離する場合が少なくなかった。これは地図の製作にあたる者が、ビルマ語の知識がないということもあって、アルファベット表記された地名をそのまま日本語のローマ字読みするということから発生した。例えばMonywa（モンユワー）はモニワ、Meiktila（メイッティーラー）はメイクティーラ、Mlyitkyina（ミッチーナー）はミートキーナ等である。日本がビルマを支配したあとも、修正されることなく中学、高等学校の地図帳でも使い続けられた。これが原音に近づくよう改変が進められるようになったのは、やっと二〇年ほど前からである(6)。

三　ビルマはどこにあるのか

ここでビルマが如何なる地理的カテゴリーのなかで認識されていたかを整理しておこう。現在では東南アジアの西端に位置し、その西のバングラディシュは南インドに属するとされている。従ってビルマは東南アジアの一部と理解され、国際政治や学問上の区分もこれに従っている。こうした認識はいつごろ、どのようにして生まれたのであろうか(7)。

亞細亞洲・安日河東・後印度・南洋濱海各国

「白石以来、幕末開國前にわが國が収穫した世界地理知識の總決算書」〔⑫四七〕とされる『訂正増譯采覧異言』は、まず世界を大きく歐羅巴《エウロッパ》洲、亞弗利加《アフリカ》洲、亞細亞《アジア》、南亞墨利加《ソイデアメリカ》洲、北亞墨利加《ノヲルドアメリカ》洲に分ける。そして一節で取り上げた琶牛や亜剌敢は、亞細亞《アジア》諸国の中で、亞剌比亞《アラビア》、百兒西亞《ペルシア》、支那《シナ》、日本などと同列に論じられている。つまり亞細亞洲にある琶牛や亜剌敢という位置づけである。

これが文政九（一八二六）年に出版された青木宗林の『輿地誌略』では、亜細亜洲のなかを印度や亜細亜諸島などに分け、印度は莫臥児、安日河西、安日河東から成るという構成が採用されている。そして安日河東に啞齊、地布蠟、亞蠟罕、亞華、馬尓太番、暹羅、荅那瑟林、麻六甲、柬埔寨、交趾、占八、東京、老檛が存在するという。安日河はガンジス川のことであるから、今でいう東南アジア大陸部のことを安日河東と称した訳である。本書は青木がオランダ語の *Algemeene Geographie*（8）を翻訳したものであるので、この区分は原本に従ったものであろう。ただこの地理書もドイツ語本からの翻訳であるので、安日河東という呼称は、一八世紀中頃ヨーロッパで通用していた地理区分によるものであろうか。

そして箕作省吾は一八四五年に出版した『坤輿圖識』で、亞細亞を皇國、漢土、大韃靼、支那韃靼、魯西韃靼、新藏白臘、独立韃靼、東都兒格、亞剌比亞、百兒西亞、天竺、後印度、印度海中有名諸島に区分した。そして毘爾満を、啞齊、暹羅、満剌加、柬埔寨、交趾、東京（一名安南）、老檛とともに後印度に含める。つまり安日河東ではなく、後印度の中にある毘爾満なのである。

一八六〇年発行の和刻本『地球説略』では、緬甸国は大中国、蒙古、朝鮮、日本、暹羅、天竺、土耳其國、亞細亞洲東南羣島などとともに、亞細亞洲という大くくり中のひとつであったが、一八六一年の同じく和刻本『瀛環志畧』には、緬甸が亞細亞南洋濱海各国に含まれている。本書は、亞細亞を清国は別にして、東洋二国（日本、琉球）、南洋濱海各国（越南《アナン》、暹羅、緬甸、南掌《ラオス》）、南洋各島（呂宋《リュソン》、婆羅洲《ボルネオ》、蘇門答臘《スモタラ》など）、東南洋大洋海各島（澳太利亜《アウスタラリー》、班地曼蘭島《ファヂーメンスラント》）、五印度、印度以西回部四国、西域各回部に分けている。現在の東南アジアを、南洋濱海各国と南洋各島に分けて理解しようとしていた。

後印度

そして明治二（一八六九）年福澤諭吉が「童蒙のために世界地理の大要を讀誦し易い口調で綴」り、「夥しい賣れ行きを示」［㊻四〇一］した『素本世界國盡』には、

亞細亞《あじや》の南一面の海に臨《のぞ》める印度地《いんどち》は西と東に區別して西なる方《かた》は後印度《こういんど》、東の方は前印度《ぜんいんど》、ここに名高き國々は暹羅《しゃむ》、安南《あんなん》、尾留満國《びるまこく》、その又北に西藏國《さいざうこく》［(56)三］

と綴られている。ここで福澤は『輿地誌略』や『坤輿圖識』で示されていた、アジア南部をガンジス川の前と後ろで分ける考え方を採用した。前と後ろは、勿論ヨーロッパから見て前か後ろであることはいうまでもない。明治三年発行の『輿地誌畧』も、亞細亞洲を日本、支那《チャイナ》、西比利亜《シベリア》、後印度《ファルゼルインチア》、前印度《インチア》、土耳其斯坦《トルキスタン》、亜加業坦《アフガニスタン》、皮路直坦《ベルーヂスタン》、比耳西亜《ペルシア》、亞細《エトシア》亞土耳其《チックルーケー》、亜剌比亜《アレービヤ》、東印度諸島《ヲエンタリアーキペラゴ》に「區画」して、後印度を「支那ノ西ニ隣ス安南《アナム》、暹羅《シャム》、緬甸《ビルマ》等ノ邦國ニ區別」［⑥五八］している。ただ同年発行の『地學事始』では亜細亜洲を、支那《シナ》帝國《ティコク》、亞細亞露西亜《アジアロシア》、印度《インド》、尾留知須丹《ビルチスタン》、荒火屋《アラビヤ》、亜細亞土《アジアト》留古《ルコ》、邉留社《ペルシャ》、土留喜須丹《トルキスタン》、阿芙賀仁須丹《アフガニスタン》に区分し、さらに印度は遥東印度《ヨウトウインド》と院土須丹《インドスタン》から成るとする。そして遥東印度を「暹羅、安南、尾留満ノ國ヲ總稱セルモノナレド此ノ外猶

馬來半嶋ト英國所領ノテナセリュムトイヘル細長キ國アリ」［(60)一四―一五］というから、ビルマはインドの東部、遥東印度の中にあるという説明になる。遥は『素本世界圖畫』や『輿地誌畧』が後とした、英語の further の訳語であろう。

一八七四年の『師範學校編輯萬國地理略』にも、「後印度《インジャン》ハ、支那ノ南ニ在テ、海中ニ突出シタル地方ノ、總稱ナリ、其中ニ、安南《アナム》、暹羅《シャム》、緬甸《ビルマ》、英屬緬甸、老撾《ラウス》、及、馬来半島アリ」［(64)八―九］とあり、現在東南アジア大陸部と呼ばれている地域は、後印度（所謂インドは前印度）と称された。つまり、「緬甸ハ後印度ノ西南ニ在リ」［㊱五〇］という理解である。

以後『百科全書亞細亞地誌』も、亞細亞を北亞細亞、中部亞細亞（蒙古《モンゴリア》、戈壁《ゴビ》砂漠、西藏《チベット》、韃靼）、東亞細亞（満州、支那、日本）、南亞細亞、西亞細亞（亜拉比亜《アラビア》、土耳其、比耳西亜《ペルシア》、等）と大分類し、さらに南亞細亞を、ガンジス川を挟んで西を前印度、東を後印度（東印度とも）とし、これに緬甸、暹羅、老檛、安南、巫来亞が含まれるとした。『再版兵要萬國地理小誌外國之部』も後印度という地域区分を使うが、いわゆる東南アジア島嶼部は、『百科全書亞細亞地誌』では、「東印度諸島」、『再版兵要萬國地理小誌外国之部』では「南洋諸島」と表現されている。明治一九（一八八六）年一二月、民間の旅行家が出版した『世界旅行萬國名所圖繪』にも、「後印度緬甸國の首府なるマンダレー」［①五］とあるので、後印度地域にある緬甸という認識が定着していたと見てよい。現に、明治二一（一八八八）年の文部省検定済教科書『小學校用地誌』には、東南アジア大陸部を後印度、インド大陸を前印度とする地図を掲げ、「後印度ハ支那ノ南ヨリ斗出セル一大半島ニシテ、阿西亜尼洲ノすまたら島ト相對ス、面積七十八萬四千五百六十万里アリ、安南、しやむ、まらい、びるま等ノ邦國ニ分テリ」［㊷七二―七三］とある(9)。明治二四（一八九一）年に発行された文部省検定済の『改訂小學新地誌』［㊸］も、亞細亞を支那、朝鮮、露領亞細亞、後印度、前印度、とるきすたん、あふがにすたん、べるちすたん、波斯、あらびあ、土領亞細亞、に区分して説明している。

印度支那

ところが明治二六（一八九三）年、文部省の検定を受けて出版された小学校教科用書『明治地誌』は、亞細亞洲を「亞細亞露西亜、朝鮮、支那、朝鮮、印度支那諸国、印度、あふがにすたん、びるぢすたん、ぺるしあ、あらびや、及ビ亞細亞土耳其ノ諸邦土に分ル」［⑦5］とし、後印度なる地理区分名は使用しない。ただそのすぐ後で「印度支那（又後印度）」、「印度（又前印度）」［⑦6］とし、後印度が印度支那という呼称に変化する動きが現われ、以後この地域の地理的区分について試行錯誤が続く。

明治二七（一八九四）年に文部省の検定を受けた『小學校用外國地理（全）』は、「亞細亞洲ヲ區劃シテ東亞細亞、南亞細亞、西亞細亞、北亞細亞ノ四部ト」［⑱］し、南亞細亞には「前《(ママ)》印度（緬甸《ビルマ》、暹羅《シャム》、安南《アンナン》、柬埔寨《カンボヂア》）、印度」が含まれるとして［⑱一三］、それまでの慣例に倣う。これは同年の學海指針社編『萬國地理初歩』も同様で、安南及其西ニ隣レル暹羅・緬甸等ノ国々ヲ総稱シテ、洋人ハ後印度トイフ、ソノ安南ハ概ネ佛國ニ屬シ、緬甸ハ英國ニ併呑セラレ、獨立ノ體面ヲ保ツモノハ、僅ニ暹羅ノ一國ニ過ギズ〔⑭一〇〕

という。ここでは、後印度と呼ぶのは西洋人であるとして、そうした区分を相対化している。明治三二（一八九九）年の文部省検定済高等小学校地理科生徒用『新撰萬國地理初歩』でも、「安南及ビ其西ニ隣レテ暹羅・緬甸等ノ國々ヲ総稱シテ後印度トイフ」〔⑮一二〕と有り、後印度という地理的区分が依然として使用された。

しかし明治三一（一八九八）年に発行された『萬國新地理』には、後印度という用語はなく、亞細亞なる項目のもとに仏領印度支那、暹羅、馬来群島、英領印度などが並ぶ。本書は、中等教育の教科用や「地學専門家ノ参考用」にするためではなく、「一般人士ニ向テ新地理學ノ要領ヲ會得セシメンカ為」〔㉒一〕に執筆されたものであるというから、この頃になると、緬甸は英領印度の一部として取り扱った方が分かり易い、と見做されていたのであろう。そして明治三五（一九〇二）年文部省検定済高等小学校地理科児童用教科書『地理教科書』は、『明治地誌』とほぼ同じく「韓國、清國、印度支那、印度、イラン諸邦および亞細亞土耳古、アラビア、亞細亞露西亜に分け、「印度支那は、佛領印度支那、暹羅、海峡植民地、および緬甸等の総稱なり」〔㊹七―八〕とする。明治三七（一九〇四）年文部省著作の『小學地理』も、アジヤ洲を韓、清、アジヤロシヤ、アジヤトルコ、イラン地方、印度、印度支那、マライ群島に分け、印度支那を「清國の南に連りて、印度とともに、東西の二大半島をなし、その南部には、さらに、マライ半島の突出するあり。分れて、ビルマ、海峡植民地《カイキョーショクミンチ》、シャム、フランス領印度支那の四部となる」〔(65)二三〕というから、後印度に代わって「印度支那」なる表現が定着したとみてよい。

南部アジヤのイギリス領インド支那

しかし、明治三八（一九〇五）年の志賀重昂著『地理教科書外國篇』も、ほぼそれまでのアジアの分類を行うが、新たに大分類として、中央平地帯、北部低地帯、南部高原帯、アジア洲の島嶼、を示す。そして中央平地帯に含まれるインド支那を、フランス領インド支那、シャム、イギリス領インド支那に分け、イギリス領インド支那はバルマと海峡植民地から成るとする。またインド支那という分類は、「支那とインドとの間にあれば、此の名あり」〔㉙三九〕と説明を加えた。新たに、イギリス領印度支那という地理的概念の登場である。

明治四一（一九〇八）年の文部省検定済『最近統合外國地理高等女學校用』では、アジヤが韓、清、アジヤロシヤ、南西アジヤ、南部アジヤに分けられ、さらに南部アジヤは印度、印度支那、マライ諸島に細分されるという。そして印度支那はイギリス領印度支那、シャム、フランス領印度支那から成るとする。ここでいうイギリス領印度支那は、「ビルマ、海峡植民地、およびマライ聯邦の三つに分る」〔(85)六七〕として、志賀重昂の区分を受け継ぐ。ただ明治四三（一九一〇）年の『高等小學地理』には、亞細亞洲を清國、亞細亞露西亜、亞細亞土耳其・亜剌比亜、イラン地方、印度、印度支那、馬來群島に分け、印度支那を「分ちてビルマ・暹羅・仏領印度支那・海峡植民地の四部とす」［88二四］とあるから、旧来の区分が用いられている。初等教育の段階で、説明を簡単にするための配慮だったのかも知れない。

高等女学校用の教科書であった大正元（一九一二）年発行の山崎直方著『女子教育世界地理教科書』では、アジアが東部アジア、北部アジア並びに中央アジアの一部、南部アジア、西部アジアから成るとされ、南部アジアがさらにフランス領インドシナ、シャム、イギリス領インドシナ、マライ半島、インドに分類される。そしてイギリス領インドシナは「バルマ及び海峡植民地の二部に分る」［88五三］として、新しい地理概念を使う。

このころ発行された地図帳も、南部アジアというタイトルで、現在の東南アジアからインドまでを含んだ図を掲げるようになった。明治四二（一九〇九）年三省堂発行『最近地圖外國之部』［㉔］は、インド、スリランカ、東南アジア大陸部を一図に示して、南東部アジヤとする。ちなみに東南アジア島嶼部は、「マライ群島」として分けて示される。山上萬次郎による明治四三（一九一〇）年の『最近統合外國地圖』［84］でも、「南部亞細亞」として東南アジア島嶼部まで掲載されるが、フィリピンは大洋州の部に入っている。ただ同年発行された文部省検定済山崎直方著『普通教育外國地圖』［87］は、南部アジアとしてインド、東南アジア全域を一図とする。これは大正三（一九一四）［89］年および同四（一九一五）［90］年に出版された改訂版でも変わらない。つまり、南部アジアのイギリス領インドシナにあるビルマ、なる地理的認識である。

東南アジヤ

ところが大正六（一九一七）年の『開成館模範世界地圖』［⑬］で、ビルマは「東南亞細亞 SOUEASTERN ASIA」と題された見開き図の西端に描かれた。この図は現在の東南アジアと称される地域と重なる。本地図帳では、亞細亞洲が、支那、北部亞細亞、東南亞細亞、西南亞細亞に分けられ、フィリピンの東、モルッカ群島とパプア島の間には、南洋群島との境界線が描かれている。「東南亞細亞」をもって一図とする方式は、昭和二（一九二七）年三省堂が発行した『最近世界地圖』［㉖］でも同様である。東南アジアにあるビルマという理解が、この時期存在していたに違いない。

教科書においても大正八（一九一九）年発行の「文部省検定済」『尋常小學地理児童用』では、アジヤ洲が支那、シベリヤ、印度、東南アジヤに分類され、東南アジヤが印度支那半島とマレー諸島に分けられて、説明されている。印度支那半島にはマレー半島も含むので、これが現在の大陸部東南アジア、そしてマレー諸島はスマトラ、ジャワ島からフィリピン群島を含むので、今でいう島嶼部東南アジアということになる［68七三―七五］。

ただ大正九（一九二〇）年の「文部省検定済」『高等小學

地理書児童用』は、亞細亞州を支那、西比利亜、中亞細亞・コーカシヤ、西部亞細亞、イラン地方、印度、印度支那、馬來諸島に分け、さらに印度支那について、「政治上域内を分ちて、ビルマ、暹羅、佛領印度支那、馬來聯邦（英國の保護國）・海峡植民地とす」［(69)三七］として、東南アジアという区分は使用しない。しかし、また一転して、大正一五（一九二六）年文部省発行の『尋常小學地理書児童用』では、アジア洲が支那、シベリヤ、印度、東南アジヤに分けられ、「印度支那半島及びマレー諸島を東南アジヤといふ」［(70)一一〇］と明記されている。

資料的制約により、毎年の教科書や文部省の方針を逐一検討することができないので、何故こうした変動が生じるのか、今のところ詳らかにはし得ないが、昭和二（一九二七）年発行の『最近世界地圖』では、東南亞細亞という区分が使用されていた。そして昭和九（一九三四）年文部省発行の『尋常小學地理書』［(71)］も、アジヤ洲を満州、支那、シベリヤ、印度、東南アジヤに分け、これは確認した限りでは昭和一一（一九三六）年［(73)］、昭和一四（一九三九）年［(75)］、昭和一七（一九四二）年版［(77)］に受け継がれている。ただ昭和一三（一九三八）年文部省発行の『高等小學地理書』では、アジヤ洲が満州、支那、シベリヤ、印度支那半島、マレー諸島、印度、その他の地方に分けられ、印度支那半島をさらに「行政上、フランス領印度支那、シャム、イギリス領印度支那」［(74)四三―四四］として、東南アジヤという名称は使用されない。東南アジヤとするか、仏領印度支那、英領印度支那、暹羅でこの地域を説明するかは、帝国主義的発想を育てるか否かの判断によるものと考えることができ、教育方針の微妙な揺れが見て取れる。

南部アジヤ

東南アジヤという概念が導入されたのは、どうも初等教育に限ったことで、中等以上では英領印度支那の中にある緬甸という説明が、依然として存在していた。大正一二（一九二三）年三省堂編輯所によって、「中等學校の教科用書に充てんが為」［㉕二］に編纂された文部省検定済『中等教育最近世界地理』は、亞細亞洲を支那、亞細亞露西亞、印度支那、馬來諸島、印度西部亞細亞に分類し、印度支那を佛領印度支那と英領印度支那、さらに英領印度支那は「緬甸《Burma》及び海峡植民地《Straits Settlements》の二領地と保護領たる馬來聯合州とに分る」［㉕七〇］とする。また昭和四（一九二九）年発行の『世界地理風俗大系』（全二五巻）では、佛領印度支那や暹羅が四巻の南洋編、緬甸はインド編の中で扱われている［㊼七］。緬甸を、英領印度の一部とする地理区分に他ならない。

昭和六（一九三一）年中学校地理科用の『新制世界地理』でも、アジヤが東部アジア、南部アジヤ、西部アジヤ、北部アジヤ・西部アジヤの一部、に大別され、南部アジヤがインドシナ半島、マレー諸島、インドに、そしてインドシナ半島がフランス領インドシナ、シャム、イギリス領インドシナに分けられている。さらにイギリス領インドシナは、バルマ、海峡植民地、マレー聯邦から成るという［(91)］。ただ同年出版の文部省検定済中学校地理科用『新地理學外國之部』は、アジヤ洲を満州、關東洲、支那（中華民国）、シベリヤ、中央アジヤ、コーカシヤ、インド支那、マレー群島、インド、西部アジヤに分類し、インド支那は佛領、シャム、ビルマ、英領マラヤ（海峡植民地）から成るとした。そしてビルマの説明箇所で、「インド帝国の一省である」〔⑧一五七〕と明記している。

昭和一三年（一九三八）文部省検定済で「新要目準據」の田中啓爾著『中等新外國地理』では、アジヤが東部アジヤ、南部アジヤ、西部アジヤ、シベリヤ―北部アジヤ、露領中央アジヤから成るとされ、南部アジヤは印度支那半島、マライ諸島、印度に分けられた。そして印度支那半島の位置・区分について「この地方は後《コウ》印度とも稱し、アジヤ大陸の東南部の半島で、支那と印度の中間にある。行政上、佛領・英領及シャム國に分れるが、地理的には一地理區である」〔㊴一二八〕という。前・後印度にかわる概念としての南部アジヤが、改めて確認されている。

地図帳のうえでも、三省堂編纂所が昭和八（一九三三）年に発行した『新制最近世界地圖』〔㉗〕には、東南アジアという区分はもはやない。インドも含め南部亞細亞と一括して示される。昭和一〇（一九三五）年に文部省が発行した『高等小學地理書附圖』という地図帳でも、南部アジヤとしてインドと東南アジアが一枚になっている。これは昭和一五（一九四〇）年版〔76〕も、昭和一七（一九四二）年版〔78〕も同様で、視覚的には、南部アジアを一帯としてとらえる考え方に統一されたようである。昭和一八（一九四三）年三省堂編輯所編纂の『世界地圖』〔㉘〕が、以前は東南亞細亞と表現していた地域に、「南部アジヤ〔其二〕」と命名している事からも明白である。

南方

そして小学校低学年でも、東南アジヤの名は消える。昭和一八（一九四三）年三月に発行された文部省の『初等地理』では、まえがきに当たる「日本の地圖」に、

　わが南洋群島の西から南にかけて、赤道《せきだう》を中心に、ルソン・ミンダナオ・ボルネオ・スマトラ・ジャワ・セレベス・パプアなどをはじめ、大小さまざまの島の一群があります。みんな熱帯《ねったい》の島で、ボルネオやパプアは、日本全體よりも大きな島です。大東亞戰争が起つて、これらの熱帯の島々の大部分は、インド支那半島のマライやビルマなどとともに、わが皇軍《くわうぐん》の占領《せんりよう》するところとなりました〔79六〕

とあるように、東南アジアは日本の領土であるという認識のもと、インド支那半島にあるビルマという表現になる。本文でも、「タイの西、インド支那の西部地方をなすのがビルマです」〔79九五―九六〕として、日本中心の視点が明確に示されるようになった。昭和一九(一九四四)年の『高等科地理』は、上巻を日本本土の説明に充て、下巻が大東亜、昭南島とマライ半島、東インドの島々、フィリピンの島々、満洲、蒙彊、支那、インド支那、インドとインド洋、西アジヤと中ア

ジヤ、シベリヤ、太平洋とその島々、という章立てにしている［82］。そして昭和一八（一九四三）年三月に文部省が発行した『初等科地圖』では、東南アジアにパプア（ニューギニア）を加えた図を載せ、これが「南方諸地方」［80第五圖］と名づけられている。

この頃、学校教育の場において、東南アジア地域に対して南方という地理的区分名が登場するのは、一九四一年一二月に大東亜戦争が開始されたことと、もちろん無関係ではない。それまでも南方という概念が存在し、書籍や新聞の見出しにも時折使用されていた。しかし開戦を境に、この言葉が日本社会に氾濫するようになり、学校教育でも取り上げられるようになったものと考えられる。南方にあるビルマは、いわゆる太平洋戦争中に定着した地理的概念といってよい。

四　ペグー、ビルマの歴史・風俗

それではビルマの住民や文化、歴史などについてはどのように伝えられてきたのであろうか。一節で指摘したように、江戸幕末以前は、緬甸という国が存在するという認識はほとんどなかった。あったのは琵牛、亜剌敢、阿瓦などで、これらと緬甸は別物だと考えられていたのである。従って琵牛や亜剌敢に関する記述をもって、当時の緬甸観であると見做すことはできない。ただ一九世紀中ごろから緬甸として理解される地域が、過去どのように描かれていたかを明らかにしておくことは、明治以降この地域に注がれた視線を評価するうえで、必要な作業であると考えられる。

好奇の対象

寛永五（一七〇八）年、日本における最初期の海外地誌として知られる『増補華夷通商考』が刊行された。中国を中心にその他「外國」「外夷」などが、日本からの距離や産物について解説してあり、巻の四に「阿蘭陀人商賣往来の國三十五個」［48一四四］中にある国として、ペグウやアラカンが登場する。アラカン（亜剌敢《アラカン》）は日本より海上二千九百四十里で、南天竺に位置し、国王の支配する国で、住民は西の、同じく南天竺に住む莫臥爾《モウル》人と似ているとし、産物として金、象牙、蠟、麻苧、米を列挙するのみで、情報としてはいたって簡単である。しかしペグウ（琵牛《グウ》）については日本より海上二千五百四十里とし、

> 南天竺の内也。暹羅《シャム》より三日路《みち》之れ有る由《よし》。釋迦佛《しゃかぶつ》此所迄《まで》は出玉ひたりとて、住居の伽藍今に有り。佛の座禅石堂の邊に在て、諸人崇敬すると云。最《もっとも》國主在て仕置す。四季人物暹羅《シャムロウ》國に同じ［48一四五］

という。そして産物として「漆此國より出る漆は最上なりペグウ漆と云を誤て可《べく》うるしと云。象牙、亞鉛《とたん》、阿仙薬、ロウベン、玉メノウの類、米」をあげる。当時「可うるし」は日本でよく知られていた様で、これはペグウの産物であると注記している。また暹羅より三日で到達するという書き方は、この地を経由してペグウの漆が日本に運ばれていたからであろう。そして、この地はかつて仏陀が来遊した由緒ある土地

で、聖跡も存在することに着目されている。

琵牛が仏陀や仏教徒の関係で語られるのは、一七一三年新井白石によって書かれた地理書『采覧異言』も同様で、白石は、古くは何国と称していたかは不明であるが、仏陀がこの地まで来たといわれており、賓童龍国かも知れないし、目連尊者の遺跡も存在するという［⑫八七二］。賓童龍国は、一節で紹介した『南贍部洲萬国掌菓之圖』の東南海上に浮かぶ群島中に、林邑、占城が存在する島と陸真臘がある島との間に描かれている（図1）。また目連尊者は、日本で七世紀頃［㊼一一四］から馴染み深い『盂蘭盆経』の中心人物に相違ない。ともあれこれらの情報は、『島夷志略』や『古今説海』（巻一七）などの漢籍によるものと考えられる。いっぽう亜剌敢については、風俗がインドと同じで、金、穀物、象牙、麻などを産するとし［⑫下八七二―八七四］、『増補華夷通商考』とほぼ同じ記述である。

この『采覧異言』は享和三（一八〇三）年山村昌永によって、西洋書三十二、漢籍四十二、国内書五十二点を参照し訂正増補され、新たに『訂正増譯采覧異言』として、出版される。山村昌永は、『采覧異言』の項目に従い、これを校訂、増補する形で叙述を進め、ペギウの土地は豊饒で、その北にあって、アラカンの属国である亜華の王が遷り住んでおり、住民は忠孝を重んじ、皆仏教を奉じているとする。また亜剌敢について、土地は肥沃で産物が豊富、城郭は広くて美しく人家も清潔である。人口稠密で国力は充実し、亜華を服属せしめ、頻発するペギウとの戦争も多くは勝利している、と付け加えた［⑫八七二―八七四］。訂正増譯によって亜華の記述が付加されるが、新たに項目を立てられた訳ではない。ともあれ、琵牛、亜剌敢、亜華について、それら相互の勢力関係と、この地域の住民が仏教を重んじ、豊かな生活を送っている様を描き出している。

文政九（一八二六）年に出版された、青地宗林による『輿地誌略』の説明はそれまでより幾分詳しいが、関心の向け方がまったく異なる。琵牛については、以前は強国であったが、現在は亜華に服属している。「黄金、鹿別英、撒非尓、赤瑪瑙、柘榴石、麝香、秔稲」を産し、住民は「黒色耳大手長ク裸軆」である。そしてワニ（鱷魚）、大猿（獼猴）を貴び、

答刺波印《トラポイン》道士《木食》ヲ崇メ毎歳大祭ニ幼女ヲ殺シ、魔ニ供ス、僧先幼女ヲ縊リ、鋭石ヲ以テ其心臓ヲ屠出シテ、之ヲ魔ニ供シ後之ヲ焼灰シ、他悪魔ヲ防ク法ニ用ユ、餘肉ハ僧侶之ヲ食盡ス、女ノ親コレヲ見テ幸福ヲ得トシ喜ヲナス［②］

という人身供犠に関わる奇祭を伝える。

また亜蠻罕《アラカン》については、住民は国主を神のように崇め、かつてある王は亜華およびその属国を併せ、亜華に都を遷したが、他民族の血が混入することを嫌い、自分の妹を嫡室にした。そして王の近習は、敬いて至尊見るべからずとし、拝謁

の折りには両眼を閉じるという。王室には、

十二宮アリ、貴族ゴトニ一宮ニ十二歳ノ處女十二人ヲ撰ミ進メシム、其數一百四十四女アリ、此女ヲシテ盡ク温浴セシメ、浴後覆被シテ汗ヲ發シ、之ヲ拭フ所ノ巾ヲ王ニ献セシム、王其巾ニ美香アルヲ撰テ妃トシ、其ノ餘ハ臣下ニ恩賜ス、歳毎ニ之ヲ行フ［②］

という慣習が存在することも伝える。さらに住民はベンガル海での海賊を行い、子貝を貨幣として用いている。耳が長いことが美形のしるしで、好んで腕輪や足環を着けることや、死者の葬り方、仏教の盛行について記す。そして、国家経済については、

阿蘭陀人此ニテ貿易多シ、國都ヲ亜蠟罕ト云、城峻巖ヲ圍ミ破ルベカラザル険要トス、王宮ハ金ノ薄板ヲ屋トス、寺院六百、口數十六萬、互市繁盛ナリ［②］

という。

亜華については、いたって簡単に、

北部ノ中央ノ地ニシテ、今一強國トス、亜齊、地布蠟、亜蠟罕、琵牛、馬尓太番《マルタバン》ヲ統括ス、象、駱駝、麝香、漆、奇南香、肥莉、藤、好鹿、媲能ヲ産ス、亜華河ニ都城アリ、前ニ謂亜華王ノ居処トス［②］

とのみ伝える。

さらに馬尓太番については、気候がよく住民は健康で、堅い良材やよい漆を産するとし、住民や「国情」については、

土人蠢愚ニシテ、佛像ヲ輿シ自ラ車輪ノ下ニ伏シ壓殺サレ、或ハ股ヲ穿テ索ヲ貫キ、其車ニ繋キ曳ラル等ノ事ヲナス者アリ、其都榜葛剌海ニ港アリ、繁華トス、此亦亜華ニ属ス［②］

と記している。

亜華については、それほど情報がなかったようで、単に支配服属関係を述べるにすぎない。しかし他の諸国については、好んで奇習珍事が紹介されている。住民の描写にも、蔑した表現が少なくない。

ただ、こうした視点は、当時一般的という訳ではなかった。箕作省吾によって弘化二（一八四五）年に出版された『坤輿圖識』では、周辺諸国を併合した毘爾滿が、

勢威猛烈、遠近ノ侯伯、是ヲ畏縮セザルハナシ、惟惜ベキハ、邦人火器ヲ用ルニ甚ダ拙シ、マタ大熕ヲ自由ニ運轉スルコトヲ知ラズ、故ニ往々西洋人ニ敗衂トルコトアリ［(61)一九］

として、その勢力は強大であったが、火器や大砲を自由に操作できなかったため、残念ながら西洋人との戦争で敗退することもあったという。またその都市や住民については、

國王ノ都府ヲ、「ユムミラヒュラ」ト云、商口七十萬、百貨具ラザルコトナシ、部中山岳多キヲ以テ五穀ニ乏シ、故ニ土人毎ニ粮米ヲ他邦ニ取ル惟夥シク良材ヲ出ス、近隣英咭唎所領ノ如キ、皆舩財ヲ是地ニ仰グ、土人ノ性、技巧ニ長ジ、又能ク支那ノ文字ヲ學ブ、故ニ其言語、風俗、支那ニ髣髴タリ、マタ間々篤ク邪教ヲ奉ズル者アリ、一寺観アリ、造築最宏大、殿堂ノ高サ、三十六丈四尺餘、草創以来今ニ至ルマデ、二千三百年ヲ經ルト云フ

〔(61)二〇〕と描く。王都ユムミラヒュラが商業で栄え、米を周辺から輸入し、船舶の材料となる良質の木材を産する。住民は物作りに長じ、漢語の読み書きができ、衣服も中国人と似たところがあって、中には熱心なキリスト教信者も暮らし、かなり歴史を有する壮大な寺院もあるというのである。ここには、『輿地誌略』にあったような住民の奇行珍事に注目し、嘲笑するような視線は存在しない。また琶牛や亜剌敢については、毘爾満の説明に関連して、前者は毘爾満人との区別するため前頭部は頭を丸く、後頭部は半月状に剃るよう厳命されていたこと、後者も同様の扱いを受けていたが、「天資傲慢ニシテ、往々其ノ令モ従ハザル者アリ、故ニ多クハ内地ニ住セズシテ、海ニ入リ、賊ヲナス」〔(61)二〇〕という。

『輿地誌略』は三節で述べた如く、オランダ語文献の翻訳であったので、ここには青地宗林の見解というより一八世紀中期ヨーロッパでのアジア観が反映されていたと見るべきであろう。しかし箕作省吾も同様の文献を利用しているが、アジアに向けられた視線までも取り入れていない。琶牛、亜剌敢、毘爾満地域に対する幕末までの視点には、個人が未知の世界に対して抱く好奇心が優越していたようである。

自画像を形成するための他者

明治二（一八六九）年福澤諭吉は『素本世界國盡』で、

ここに名高き國々は暹羅《しゃむ》、安南《あんなん》、尾留満国《びるまこく》、その又北に西藏國《さいぞうこく》、政府を立てし國なれど人氣陋《にんきいや》しく文字《もんじ》なく西洋人の侮《あなどり》を受て懼《おそ》るゝ計《ばか》りなり〔(56)三〕

として、これらを品性が賎しく、容貌も醜く、文字もなく、ただ西洋勢力に怯えている国々という姿で紹介した。ここには、この後ビルマが描かれる際の一貫したモチーフが示されている。ただ、すべてが福澤に始まるという訳ではない。すでに明治のはじめ、地理学習上もっとも権威ある書物に数えられていたという〔⑫一六〇〕『地球説略』や『瀛環史略』にも、「人氣陋」しい様は示されていた。一節で述べた様に、それぞれ一八六〇年と一八六一年に両書の訓点本が、一八七四年には『地球説略和解』（赤澤常道訳）および『俗解繪入瀛環史略』（平井正訳）として、日本語訳が出版されている[10]。緬甸の項では、両者共通して、「ソノ俗ハ、慓悍《タケク》シテ性質《セイシツ》ハ詐《イツワ》リ多シ」〔④三四、㉝三七〕とし、「佛ヲ信シ、僧ヲ敬《ウヤマ》ヒ、大事アレハ則チ佛ヲ抱《イタキ》テ説《ト》キ、誓《チカヒ》ヲナシテ之ヲ僧ニ質《タダ》シ、然シテ後ニ事ヲ決ス」〔④三四、㉝三三八〕などと述べている。また『地球説略和解』には、「但貧心《トンシン》太タ重シ一タレヒ若シ天下ヲ以テ之レニ與《アタヒ》テ而シテ猶未タ足ラサルカコトシ〔④三四〕ともある。もちろん身体強健で、手先が器用で工芸に長じていることも指摘されているが、こちらの方は重視されなかったことが、『素本世界國盡』で明白に示されていた。また明治三（一八七〇）年発行で、これも明治のベストセラーといわれている『官版輿地誌畧』を見れば、当時の視点はさらに明らかである。緬甸國を解説するについて、

其佛經ヲ尊重スルコト尤モ甚シ、其刑法ノ如キハ國王ノ名ヲ呼ビ或ハ之ヲ書スルヲ禁ズル甚ダ嚴ナリ、若シ誤テ

之ヲ犯ス者ハ残酷ノ死刑ニ処ス、且風俗甚ダ賎陋ニシテ詭詐多ク、男女裸躰ヲ常トシ廉耻無キ者ニ似タリ、英国ト戦フノ後、地ヲ割クニ至ルト雖モ國民頑愚ニシテ旧習ヲ變革スルヲ知ラズ［⑥二：四七―四八］

とある。国王に関する禁忌については、『輿地誌略』の拡大解釈かもしれない。ともあれこうした理解は、

後印度ノ諸國ハ、皆支那ト仝ジク君主専制政治ニシテ、上下尊卑ノ分甚ダ過嚴ナリ、且刑罰殘酷ニシテ、國民自由ヲ得ズ、亜細亜一般ノ陋習ヲ脱レズ、又僧侶及ビ貴族ノ外ハ國民皆許多ク年限ヲ以テ國王ノ使令ニ供ス、各國ノ歳入税額ノ如キ、其詳ナルヲ知ル能ハズト雖モ、之ヲ概スルニ皆富強ナル者無く、緬甸《ビルマ》ノ如キ其歳額十二萬一千弗ニ過ギズト云フ［⑥二：四九］

という説明に発展する。そしてそのいわんとするところは、

實ニ東洋ノ諸國、ソノ衰運ヲ挽回シテ、國勢ヲ一變シ人民知識ヲ増益シテ、更ニ高等ナル開化ノ域ニ進ムヲ希フ者無キガ如シ、然ルニ方今吾邦ノ如キハ、朝綱一振シテ開化ノ方向ニ轉ジ、國政将ニ大ニ隆盛ニ至ラントス、是東洋諸國ノ中絶テ其類ヲ見ザル所ナリ［⑥一：六〇］

となる。日本国の文明が開化する姿や、日本人の勤勉さ思慮深さを際立たせんがため、その対極にある姿に着目し、これをできるだけ具体的に描きたかったのである。

一八七四年に出版され、師範学校等の教科書として使われた『師範學校編輯萬國地誌略』にある緬甸紹介にも、「風俗甚陋シク男女裸體ヲ以テ常トス、産物ハ木材、麻布、蜂蜜、象牙、金銀ノ類ナリ」［(64)一二］とある。これは主として使用した英語資料の見解かもしれないが、「風俗甚陋シク男女裸體ヲ以テ常トス」緬甸像が中国や西洋の見方を取り入れつつ、日本で形成されてゆくのである。

住民の無知蒙昧さについてもさることながら、イギリスの侵略を受け、その支配下にはいったことも、緬甸を語る際のもうひとつのモチーフであった。『地球説略和解』は本文で、緬甸ははじめ阿瓦、皮求、阿喇喀の三小国に分かれていたが、道光四（一八二四）年にイギリスと砲火を交え、阿喇喀の地をこれに割譲したこと、従って現在は、阿瓦、皮求の小国のみが残ると記す。また『俗解繪入瀛環史略』でも一八二四年にイギリスと砲火を交え、馬爾達般、達歪、阿喀剌を割譲したことのみが記されている。従っていずれも一八五二年の第二次英緬戦争によって、皮求も英領下に入ったことは述べられていない。しかしこれを邦訳するにあたって、『地球説略和解』は綴じ込みの地図を原本のまま使っているが、『俗解繪入瀛環史略』では、ヤカイン、タニンダーリーの所に、「英領ビルマ」「英領現今此辺ヲテナセリムト云」、デルタ地方南端には「ペギュー、ラングーン都府」とそれぞれ書き加えられている。これは邦訳の段階で、一八五二年以来ラングーンが英領ビルマの中心になったこと、つまり下ビルマ全体が英領下に入ったことが知られていたことを示している。現に一節で紹介したように、一八五八年刊の武田簡吾作『輿地航海圖』や一八六一年の佐藤政養による『新刊與地全図』では、下緬甸全体が印度の一部であるような描き方になっていた。

両書の邦訳段階で、原文まで訂正するにはいたらなかったことが窺える。

　だが一八七四年の『師範學校編輯萬國地誌略』では、英属緬甸として、これが阿拉干《アラカン》、徳那薩靈《テナセリム》、比古《ペギュー》から成り、首府は郎昆《ランコーン》とするので、第二次英緬戦争の結果が知られていたことは明白である。一八七九年三月に出版された『再版兵要萬國地理小誌外國之部』も、ビルマを人口八百万、亜細亜洲の中で分裂国に分類し、この国は以前強国であったが、五〇年前に英国と兵を交えて敗退し、さらに侵攻を受けて皮求《ペギュー》の沃野を失った［⑳四二］と説明している。また明治九（一八七六）年の千葉師範學校編輯『初學地理書』にも、

> 緬甸ハ後印度中著名ノ國ナリシガ貌利太トノ戰敗レテ大ニ領地ヲ失ヘリ。首府「マンデレイ」ハ「イラワディ」川ノ畔ニアリ。「ブラマプトラ」ノ沿岸ヨリ「ベンガル」灣ノ濱ニ延ビ「アッサム」「アラカン」「ペグー」「テナセリム」ノ數州アリ。大貌利顛ニ属ス。「イラワディ」河口ノ「ラングーン」港ハ繁盛ノ都會ナリ［㊶一四七］

とあり、かつては大国であったがブリテン（貌利太、貌利顛）との戦いに負け、海岸地方を失ったことが述べられている。そして英領下に入ったラングーンは「繁盛ノ都會」となったという。

　こうして明治二四（一八九一）年、「小学校高等科地理ノ用書ニ供スル目的ヲ以テ編輯」［㊸一］された文部省検定済みの『改訂小學新地誌』に、安南、暹羅、緬甸等、

> 是等ノ國民ハ懶惰ニシテ進取ノ気力ナキヲ國勢振ハズ、安南ハ佛蘭西ノ領地トナリ緬甸ハ大半英國ノ侵略ヲ被リ能ク獨立スルモノハ暹羅アルノミ［㊸一八］

とあるように、怠惰で沈滞し、西洋諸国の服属下にある後印度諸国、というイメージの定着が図られてゆく。当時のその他の教科書を見ても、小学校高学年では、緬甸はイギリスに征服された国で、「イラワディ」川の河口にある「ラングーン」は貿易、特に米の輸出港として栄えていた、というこの二点が教えられていたことがわかる。

　民間の著作についても、植民地主義的視点が顕著になってゆく。明治二三（一八九〇）年に発行された北村三郎著『印度史（全）附朝鮮　安南　緬甸　暹羅　各國史』では、終始イギリス側に立った歴史が述べられる。本書は印度史と亜細亜小国史から成り、緬甸史の部分は後者の最後で「一六〇〇年に緬甸人が北求《ペグー》を征服」［⑰四二七］したことから始まるが、英緬戦争までの記述については、現在の知識に基づく限り、何のことか、誰のことか理解に苦しむ出来事、年代、人名などが多々登場する。そして英緬戦争を叙述する際、「緬人自ラ負ミテ英人ヲ蔑視シ」とか、「緬人愚妄ニシテ事ヲ辧セズ」［⑰四二八］という評価を下す。そして緬甸史を、

> 十六世紀ノ末造ニ當テ、紀綱紊乱シ戦争大ニ起リ、為メニ人口ト国力トヲ毀損スルコト甚シカリシカ、爾後引キ續キテ、民生ヲ安スルノ日ナカリシヲ以テ、遂ニ既倒ノ国勢ヲ挽回スルコト能ハズ［⑰四三〇―四三一］

と総括している。

　事実関係についてかなりの混乱があり、当時利用できる日

本語の文献さえ、消化されているとはいいがたい。そもそもこのような緬甸史を叙述するにいたった理由について、「己に亡国の域ニ陥」〔⑰四〕っているが、アジアの情勢を左右するインドや中国の動向と密接に関わっているからであるという。つまり「朝鮮、安南、暹羅、緬甸ノ如キ、其歴史タル、微々タルモノニシテ之ヲ支那、印度ノ歴史ニ比較スレハ猶ホ補助貨ノ本位貨幣ニ於ケルカ如シ」〔⑰六〕である。しかしその「地勢」はアジアの動向と無関係ではなく、従ってそれらの地理、歴史、風俗などを等閑視してはならない。現に、イギリスやロシアなど西洋諸国では積極的にこれを探究している。我等アジアにある者はなおさらのこと、そのことについての理解を深める必要がある〔⑰六〕、というのである。

もうひとつの認識

　ではこうした情報一辺倒であったかというと、そうではない。明治初期の知識階級に愛読されたといわれる、明治二（一八六九）年二月発行の村田文夫による『西洋見聞録』の巻末には、萬國形勢表略として一八六七年現在での「萬國の朝綱、京城、廣狭、民口、産物」が掲載されている。その中で、緬甸《ビルマ》は皇帝が支配し、首都は阿瓦《アバ》にあって、面積二百五十六里方、人口「八〇億三萬」で、「五金、宝石、異獣、穀、菓、煙草、蔗」〔62二六九〕を産するという。また「強大ナル各國ノ兵数」などを示した表では、緬甸《ビルマ》は兵力四万、艦数三百〔62二七三〕とあり、大国の部類に加えられている。この折、ビルマ南部はイギリス領となっていたが、本表では、これは明示されていない。またペグーという国名も登場しない。堂々とした大国というイメージである。

　また明治一九（一八八六）年一二月刊『世界旅行萬國名所圖繪』第七巻で、著者の青木恒三郎は緬甸側に立脚した情報を提供している。本書は青木による世界一周旅行記風に、緬甸についてはマンダレーより始まるが、銅版絵が多数挿入され、内容の詳しさは驚くべきものがあり、現地の事情が遺憾なく示されている点でも、当時としては類書がない。さらに着目点がこれまでとは異なり、「國民《こくみん》が種族中《しゅぞくちゅう》貴賤貧富《きせんひんぷ》の區《く》別《べつ》を屑《いざぎよし》と為《な》さざるは、其固有《そのこゆう》の風俗《ふうぞく》中、著《いちじる》しきの一にして、即《すなは》ち國民一般《こくみんいっぱん》は其言語《そのげんご》應接上《おうせつじょう》〔僧侶と王とに對する言語を除きては〕毫《ごう》も貴賤貧富《きせんひんぷ》の區別《くべつ》を為《な》さず」〔①一二〕、婦人の地位が男と同じで、これが法的に保障されていることなどその一例であるという〔①一三〕。また寺院を訪れ、仏教の教理と、住民の僧侶に対する敬虔な態度や生活の清浄さを語り、王宮を訪れてはその歴史に及ぶ。王朝の始祖アロムブラから説き起こし、白象王《シンビューシン》、ボダウパヤー王の事跡をタイや中国との関係で述べ、西洋諸国の来航がフヰツ（Ralph Fitch）によるこの地の情報に起因することや、イギリスが通商を求めてサイムス（Symes）を派遣したとも記す。

　英緬戦争の叙述も、きわめてバランスが取れている。第二次英緬戦争終結時イギリスは、条約を締結することなく、一方的にペグー地方の領有を宣言したことや、第三次英緬戦争の原因について、「シーボー王《わう》は惰弱《だじゃく》なり、暴逆無道《ぼうぎゃくむどう》の君主《くんしゅ》なり」〔①一一八〕というが、そうであっても「英國《エイこく》が之《これ》に關《くわん》する理由《りゆう》なし」［①二一八］とし、その他イギリス側の見解をことごとく否定したビルマ側の意見を紹介している。またイギリスは新聞紙上で、手前味噌の説明を繰り返しているともいう。こうした説明や立場は、明治初年以来ビルマに関する記述に見られなかった。本書巻之六の緒言には、アジアは世界最古の開花国であるが、わが国ではあまり紹介されていないので、今回アジアを旅しその国の「風俗《ふうぞく》や人情《にんじやう》、政治《せゐち》、宗教《しゆうきやう》や学術《がくじゆつ》、技藝《ぎげゐ》、物産《ぶつさん》や名所《めゐしよ》、古跡《こせき》や地理《ちり》、略史《りやくし》、奇事珍談《きじちんだん》を漏《も》らさず」［①巻之六序］記すことが目的とあり、アジア寄りの姿勢が示されている。

また時代は少々下るが、名古屋在住の東本願寺派僧侶原宜賢による『印度佛蹟緬甸暹羅視察寫眞録』にも、同様の視線が見て取れる。本書中、大正一四（一九二五）年二月三日蘭《ラン》貢《グン》に上陸し、マンダレーを経て、二月一二日に離緬するまでの見聞が、写真六十三枚を使って、五十九頁に及ぶ。最初に、緬甸はもと独立国であったことや、人口、在留邦人の様子、民族構成、産物、気候、仏教国であることなど一通り解説し、訪れた名所旧跡の印象へと進む。仏塔、寺院など宗教施設の壮大な様や住民の宗教活動については、東京浅草、名古屋大須の観音参拝風景と比較しつつ、畏敬の念をもって描写されているのは、旅の目的からして当然といえよう。

しかしその態度は、何かを学ぼうという姿勢に貫かれている。例えば交通巡査用に設えられた日傘に感服し、交通整理がきわめて効率的であるのは、住民の公徳性によるものであるという［51三三二］。また山間カレン地方に見られる幼児の負方を紹介して、これこそが体裁もよく発育上子供の為にも優れており、日本人も見習うべきであるとする［51三六四］。「人情頗る純朴《にんじやうすこぶじゆんぼく》で、欲《よく》が淺《あさ》」［51三三一］いことや、路傍いたる所に設けられた「施《ほどこ》しの水《みづ》」［51三三五］など、多くの美風を「緬甸人の美しき信仰の表現」［51三三五］として賞賛を惜しまない。

ただ問題を投げかけた部分もある。仏教が厚く信仰されていることをよいことに「遊惰の民が滔々として寺門に入り込んで居ることは、宗教を毒するは勿論の事、國家經濟の上からも、如何ばかり弊害のある事かも知れないと思われる」［51三四六］という。また、「緬甸の佛教は盛大を超越して中毒したものと思われる」［51三四九］ので、商工業において「支那人」に圧倒されているとも指摘している。

とはいえ緬甸人に対する評価は概して、好意的である。「純粋緬甸人は温良で犯罪者が少ない」［51三四九］という感想や、マンダレー王城を見学した折り、貧民救助の楼台があるのを認め、「吾仁徳天皇《わがにんとくてんのう》のやうに、民《たみ》の竈《かまど》に心《こころ》した緬甸王《びるまおう》が、何《ど》うして、國《くに》を失《うしな》つたものであろうか、比王《このわう》にして天下《てんか》の政治《せいじ》を誤《あやま》る道理《だうり》はない筈《はず》であると思う」［51三五五］として、「英《えい》國《くに》は僅《わずか》な木材《もくざい》の問題《もんだい》を種《たね》に戰争《せんそう》を起《おこ》し、此國《このくに》を奪《うば》つて仕舞《しま》つた」［51三五五］などの解説に見られるように、緬甸側に立った見解が示されている。

帝国主義的理解

しかしこうした視点は、主流にはならなかった。明治三八

（一九〇五）年に出版された村松介石著『萬國最近史』では、ビルマが英領インドをしばしば侵略していたので、一八二三年イギリスは遠征軍を送ってアーヴァにまで迫り、アッサム、アラカン、テナセリムを割譲させたが、「猶ほも禍害を釀すにより」一八五二年にはこれを撃破して、その一部をまた併合したとある［(63)三九六、三九九］。そして、大正二（一九一三）年に出版された『本派本願寺法主大谷光瑞伯印度探検』にいたっては、福澤以来の教育成果が遺憾なく発揮されている。本書には、著書の闕露香がインドからの帰途、立寄ったビルマの様子を、ラングーン、マンダレー、及びビルマの女性の踊り、女性の地位、仏教信仰、結婚式、葬式などの習俗、チーク、ルビー、錫、石油、米等の産物や熱帯動植物を中心に、四十一ページにわたって記述している。ラングーンでは、カルカッタとの対比で、その落ち着いた様を描き、米、木材、石油等の加工・輸出港として経済的に発展している状況について、一九〇五年の統計数字をあげつつ述べ、またマンダレーについては、主としてマンダレー丘からの景観と王城、それにシャン州や雲南に至る鉄道について描く。

　しかし著者は明治四二（一九〇九）年一二月二二日早朝ヤンゴン上陸し、同月二四日にはペナンへ向っているので、マンダレーなど上ビルマを訪れたとは考えられない。記述の多くは文中で紹介されているスコット・オーコンネル（Scott O'conner）の著作(11)やその他イギリス政庁の統計によったものであろう。高利貸しからの借金に苦しむ農民に対して政府は低利の資金を供給し、その窮状を救おうとしているという表現などその証である。また歴史についても、ポルトガルの来航から始まり、オランダ、フランス、イギリスとの関係が簡潔に述べられ、三次の英緬戦争については国王名や関係地名、事件の推移について当時のイギリス側文献がよく消化されている。

　著者の視点は、二節にわたって述べられた「日本人を侮辱する寺院」［㉟二三六―二四〇］によく現われている。シュエダゴン・パゴダに参詣するについて靴を脱ぐよう迫られたことについて、日本人は他のアジア人と異なり西洋人と同様の価値を有するので、この様な仕打ちは侮辱以外の何ものでもないという。またビルマ人を評して、「遊惰《いうだ》の性状《せいじやう》があって、闘鶏《とうけい》、チンロン（一種《しゅ》の球戯《きゆうぎ》）賭博《とばく》、プウエー（踊《をどり》の總《そう》称《しょう》）などいふが如《ごと》きもの盛《さか》んに行なわれて國民《こくみん》の元氣《げんき》を日《にち》々に消磨《せうま》し」［㉟二四四］、「遂《つひ》にその國《くに》をも滅《ほろぼ》すにいたった」［㉟二五八］とする。さらに「大抵《たいてい》は其日《そのひ》暮らしの細民《さいみん》なるに、其見廻《そのみのまは》りのものを純金《じゅんきん》の指輪《ゆびわ》、耳飾《みみかざり》、腕環《うでわ》など一見《けん》、紳《しん》士淑女《ししゅくじょ》の如《ごと》く飾《かざ》り立《た》て毛頭貯蓄心《まうとうちょちくしん》のなきこと洵《まこと》に驚《おどろ》く許《ばか》りである」［㉟二四六］ともいう。そして最後に、ビルマ人は現在イギリス支配下にあるのを甘んじており、今後ビルマ在住のイギリス人が増加するにつれて、ビルマもますます繁栄する［㉟二七〇］と結ぶ。

　けっきょく当時の日本にとって、かくの如きビルマ像がいかなる意味をもっていたかは、次のような地方新聞の記事によって明らかである。大正二（一九一三）年七月二二日付け『名古屋新聞』のコラム欄に、TT生なる人物がウー・オウタマの近況について寄稿した。現在名古屋に逗留しているビルマの僧オウタマは、元来ロンドン大学で法律学を学び、その後弁護士を経て、僧籍にはいった。弁が立ち、日本語にも熟練していて、外人としては稀有の部類に属する。ビルマにおけるイギリスの人種差別政策に人道的観点から反対し、憤りをもって世に訴えている。彼は「我が文明をしたって」、仏教研究と称して一九一〇（明治四三）年に来日している。しかし真の目的は、ロンドン在学中に耳にした日露戦争で、小弱の日本が大国ロシアに勝利したことにより、日本に学ぶべきものがあると考えたからである。オウタマ氏はビルマを救う道はビルマの「人心開発」以外にないが、これは現在のイギリス支配下にあっては果たしえず、「緬甸の教育付託は実に日本を措いて他に無し」として、先年妹を京都に留学させ、さらにビルマから三青年男女の留学を計画しているという。一地方紙に掲載されたこのコラムには、ビルマがイギリスの属国であり、これから離脱するための方策が、小国ながら大国ロシアを打ち負かした日本に学ぼうとしている姿として描き出されている。ここには後に大東亜共栄圏の名のもと、ビルマ支配を正当化する思想がすでに存在するといわねばならない。

　こうした視点は、昭和四（一九二九）年に出版された、畑中俊應著『ビルマ遊記』にも明白に示されている。本書は南方仏教を研究するため「永く」ビルマに滞在した著者が、ビガンデッの「佛傳及び僧院生活等大部分(12)」と、「一般人民の風俗習慣、信仰等を」紹介したもので、その筆致はかなり要を得て、いわば等身大のビルマが描かれているといえなくもない。著者は、ビルマ滞在中ビルマ語を話し、幾多のビルマ人識者と親交を結んでいたようで、これがその叙述の信憑性を高めている。

　とは言え、本書の目的として、

　深い關係にある彼國の現状を知り、彼等の信念を知り、彼等の生活状態を知るといふことは吾々日本人にとって有意義な事であると共に、彼等の期待に反かざるやう彼等を導いて益々文明の域に到達せしめ、永遠の幸福を與ふる事に努めるのが吾々同人種としての努である［㊺二］

と述べていることからして、その紹介は彼らが未だ開けていない、思想的に蒙昧である点に着目してなされていることは明らかである。そうした視線が確立していたことは、同年一般向けに出された『世界地理風俗大系』でも確認できる。本書は、ビルマ(13)の住民について「一般《ぱん》に温順《おんじゅん》で平和《へいわ》な民《みん》族《ぞく》だが餘《あま》り勤勉《きんべん》でない」［㊼二〇六］とし、宗教の項目では、ビルマ人《じん》は他《た》の小乗佛教《せうじようぶつけう》の國民《こくみん》と同様《どうやう》に想像力《さうざうりよく》に乏《とぼ》しく傳統《でんとう》に因《とらは》れ勝《が》ちな民族性《みんぞくせい》は、また彼《かれ》らの美術《びじゆつ》、建築《けんちく》、服飾《ふくしよく》などにも現《あら》はれ、大體《だいから》からいへば兩隣《りやうどなり》のインド及《およ》び支那《しな》の文明《ぶんめい》の支配《しはい》を受《う》けた結果《けつくわ》、兩者《りやうしや》の要素《ようそ》の折衷《せつちゆう》から成《な》り立《た》ってゐるやうに思《おも》われる」［㊼二〇七］という。

　これは結局、昭和一八（一九四三）年三月に発行された文部省の『初等科地理』で、ビルマの人口は約一千六百萬あまりで、その大部分はタイ人と同じく佛教《ぶつきょう》を信じ、男は一生に一度は僧となる習慣があります。今ビルマの人々は、みづから進んでわが國と力を合せ、大東亜の建設に努力してゐます。米の港ラングーンは水運に惠《めぐ》まれ、町の中にはところどころに大きな佛塔《ぶつたふ》が見られます。ビルマの中央部にあるマンダレーは、交通の要地です［79九八］

と記述されるまでになる。そして同年一二月に発行された『初等科地理（下）教師用』には、「ビルマの米と石油」単元の「指導の要點」として、「米が三地方(14)共通の重要資源であることをここでまとめる。石油については、この地方で最も大切なことを認めさせ、地圖によつて指導する」［81一三二］とある。また「支那への通路とビルマの住民」の項では、

いはゆるビルマルートと呼ばれた、ラングーンから支那へ通じる路を地圖で指導する。皇軍は苦心攻略の結果、この路を完全に抑へてしまつたのである。ビルマ人のわが國に對する協力振りは、大東亜戰争以來特筆さるべきものがあつた。かくて輝やかしいこの地方の未來が約束されてゐることも示唆してよいであろう［81一三一―一三二］

という。ここに帝国主義的教育は完成をみた。

五　戦後のビルマ像

今でこそアウン・サン・スー・チーだが、ひところ日本でビルマと言えば、『ビルマの竪琴』という小説を思い浮かべる人が少なくなかった。水島という日本兵がビルマに従軍し、そこで敗戦を迎える。ビルマには三十二万人の日本兵が投入され、十八万人が死んだ。その屍がビルマの山野に放置されている。これらをそのままにして、自分一人が日本へ帰ることはできない。ビルマに残って、できるかぎり埋葬し供養をしていこう。自分も日本に帰りたいのはやまやまだが、僧侶となってビルマに止まり、異国の地に散華した戦友の鎮魂に一生を捧げよう。そういうストーリーである。途中には、音楽を介して人々の融和がはかられる場面もあり、読み手の心を打つ。

これは二度映画化され(15)、一九八五年のものはその年の日本映画最高の観客動員数、配収あげたという(16)。原作は戦後すぐ子供向けの小説として執筆され(17)、長く小学校高学年以上の優良図書に選定されていた。ただ児童書としてのみならず、戦争の悲惨さを全面に打ち出し、これは物質文明を追い求めた結果であるというような考えも示されているので、反戦文学一般として非常に高い評価を受けきた。現在でも学生に読ませると、感動に打ち震え、名作であると賞賛してやまない。

従って、作者の竹山道雄というドイツ文学者は、文明論者、人道主義者、反戦論者として知られていた。ところが、昭和四三（一九六八）年一月、アメリカの原子力空母エンタープライズが長崎県の佐世保に寄港するという問題に端を発し、竹山道雄の思想や『ビルマの竪琴』の評価をめぐって論争が

展開されることになる。彼が新聞紙上で、原子力空母エンタープライズが佐世保に入港することは、ベトナム戦争遂行上必要であるので、賛成である、と主張したからである。

これに驚いた水口洋子という「主婦」の投書が、朝日新聞の「声」の欄にとりあげられ、いわゆる「ビルマの竪琴論争」がはじまる。彼女は竹山道雄のコメントが信じられないという。つまり『ビルマの竪琴』の中であれほど戦争の悲惨さだとか、人間愛だとかをうたいあげた者がどうして戦争を肯定するのか、あの美しい『ビルマの竪琴』を書いた竹山さんその人の言葉とは思えない(18)、という訳である。ところがこれに対して、作品の美しさと作者の思想的・政治的信条には関係ない、「国家至上主義をかかげる中共」の考え方より、現状では「アメリカの主義と政策を支持せざるを得ないヒューマニストも存在する(19)」として、竹山道雄の見解を擁護する意見が掲載され、そしてまたこれを批判する投書が掲載されるという具合で、「声」の欄を舞台に二月のはじめまで、喧々諤々の議論が続く(20)。この間、竹山問題は雑誌にも取り上げられ(21)、テレビのワイドショーでも竹山道雄と主婦の代表を対決させる、というようなことまでなされた。この論争は、それほど大きな広がりをみせたのである。

『ビルマの竪琴』については、最初に紹介したような評価が一方ではありながら、他方では竹内好のように、この作品の「内容や思想」に疑問を差し挟む意見も当初からあった。竹内は、戦争を宿命的なものとする考え方と、その救済を精神的な方向に求める態度が強調されていること、日本の軍隊が美化されていること、人類愛を観念のレベルで処理しているため、ビルマ人やカチン族が蔑視されていることなどが、この小説に致命的破綻をあたえていると指摘していた［㊲］。

また一九八五年に映画化された時点でも、「戦争のリアリティーをうしなった文部省唱歌版ミュージカル」と評され、敗戦兵士の被害者意識に基づいた「狭い同胞愛」に基づいているため、これが日本人の感動を呼んだとある［㊹二一二］。つまり『ビルマの竪琴』では、反戦意識や人類愛を普遍化できないという指摘である。

さらに『ビルマの竪琴』というのは、ビルマ人には評判がよくない。映画を観たビルマ人はしらけてしまうし(22)、英訳など読んだら、腹を立ててしまう(23)。それはまず、映画や小説のなかに、ビルマでは見られない光景がたくさん出てくるからである。そもそもこの小説の中心に据えられている、僧侶が竪琴を弾くなどということは、南伝上座仏教の世界では有り得ない。また「ビルマ山中には人食いや首狩りがいる」［㊳一四四］とか、「ビルマはさかんな仏教国で、住民は無気力で、国と国との競争に落伍した」［㊳一八］、「暇の多い南国人のことですから」［㊳五三］、「この国の人々はおとなしく、弱く、……心の救いだけを求めている」［㊳七一］、「どこに行っても、ビルマ人は楽しげです。……うたって、おどって、その日その日をすごしています」［㊳一六三］、「このビルマの国の人々はたしかに怠惰であり、遊びずきで、なげやりではありますけれども……心しずかです」［㊳一六三］というような表現が随所に認められる。また Ko Ko 氏が「この不潔で遅れた土地の民衆」で指摘しているように、「こんなになにもかも不潔で不便極まっていて、学問や労働によってひとり立ちになろうという意志もない国民より」[⑲]とも記されている。

これは日本人が書いたものであるから、多少の間違いや誤解があるのは仕方がないという問題ではない。この小説がよく読まれ、人々が感動するというのは、そこに示されたトータルな意味でのアジア観、東南アジア観、さらにはビルマ観に違和感を持たないからである。つまり読者の中に、そのような説明を受け入れる思考の枠が出来上がっていたことを意味する。エンタープライズの入港問題で竹山道雄を批判した人の中にも、同様のビルマ観があったからこそ作品の持つ問題点、ないしは作品にはらむ首尾一貫しない考え方を読み取れず、「あの美しい『ビルマの竪琴』」となるのであろう。もし竹山道雄の戦争に対する考え方や、国際政治に関するバランス感覚に食って掛かるというのであれば、それを『ビルマの竪琴』という作品の中で感じとっておくべきだった。これは文学の素養があるとかないとかの問題ではない。

じつはこのビルマ観こそ、四節で紹介した如く明治以来営々と築かれ、先の侵略戦争を引き起こす考え方の基礎になったものといってもよい。いってみればビルマの竪琴論争に参加した人々は、「戦争と平和、敵と味方、正義と悪という二項対立的な発想に固執する冷戦的思考」[㊼一五九]に囚われていたというより、むしろ同じアジア観を共有していたことの方が問題にされるべきであろう。と同時に、こうしたビルマ・アジア観を形成した、日本人とはどのような民族かという問いかけやその内容も。

おわりに

日本では、幕末からエーヤーワディー川流域地方に、中国から学んだ緬甸という漢字を充て、オランダ語の呼称に倣いビルマと呼びはじめた。英語でも一九世紀はじめまでは、Birman や Birmah と表記していたし、日本語でも一時ビルマンやビュルマアと表記されたこともあった。しかし英語はその後すぐ、原音に近い Burma に変化したが、国家間はいざしらず民間レベルでの交流が少なくなかったにもかかわらず、日本でビルマがバーマや原音に近いミャンマーに改まることはなかった。

ビルマという呼称が確立されるまでは、この地に琶牛、亜剌敢、阿瓦の三国が存在すると認識されていた。これらの国家や文化について、仏教が奉じられている土地、豊かな天然資源を有する国というイメージも存在した。ところが幕末になって、中華思想や西洋の植民地主義思想のもとで形成されたビルマ像が、取り入れられ始める。これは明治政府が、帝国主義的政策に傾斜していったことと無縁ではない。民間レベルにおいては、これとは異なるビルマ像も存在したが、主流になることはなかった。

日本はビルマを支配したという経験をもつ。その折りビルマについての情報は、日本に溢れかえった。その多くは、イギリス植民地主義思想によって加工された情報であり、戦争そして支配を正当化するための知識であった。イギリス植民地政策そのものは否定されたが、植民地主義思想はそのまま受け入れられる。明治以来、わが国のお手本だったからであろう。そして、その過程で形成されたビルマ観は、戦後も変わることなく受け継がれた。

ビルマの住民にとって、極めて不都合なビルマ・イメージを規定するアジア観は、日本人の血であり肉である。こうした他者認識を媒介として、日本人についての定義が形成され、アイデンティティ意識の中核に据えられてきたからに他ならない。この定義が揺るがない限り、直接現地に赴いても、これまでと同じ視点に立ってしまう。経験が世代を経て受け継がれても、それまでのイメージがなかなか改まらないということになる。さしあたり、日本人とは何かをいう問いかけを放棄するところから始めることが肝要であろう。

註

（1）後述の如く、『増補華夷通商考』には、ペグウは「暹羅（シャム）より三日路（みち）之れ有る由（よし）」とある。

（2）本書七頁では、緬甸となっているが、他の箇所(四一、六八、六九頁）ではすべて緬甸と表記されている。緬甸は誤植と考えてよかろう。

（3）この本若（パンジャ）、鳥納（プワーデ）なるものが、何処をさすのか不明である。また別の場所には「皮求の大国を占領し」［⑭六九］とある。

（4）ちなみに『重訂萬國地圖』の欄外には、幕末に出た佐藤政養の『新刊與地全図』にあったビルマン国旗やペキュ国旗が、『明治新撰萬國清圖』には緬甸国旗のみが、そして『萬國全圖』には欧米諸国を中心としたもののみで、ビルマはおろか東南アジア諸国の国旗は掲載されていない。

（5）ただすべてがそうという訳ではなかった。明治二七（一八九四）年松島剛によって著された『内外地圖集覧外國之部』には上・下緬甸が印度の一部になっているということがきちんと示されている。本書では単に緬甸という地名はなく、上緬甸、下緬甸という表記が採用されている［㊾二、五、六、九］。

（6）昭和五五（一九八〇）年日本地理学会が編集した『新修世界地図』でも、ミートキーナー、モニワが使用されている［㊾二七］。

（7）矢野暢は、一九四三年八月のケベック会議で、仏領インドシナ、スマトラ、ビルマにいたる地域から日本を駆逐するための作戦司令部である「東南アジア司令部（The South East Asia Command）」の設置が、イギリスの提案により決定されたことにより、「東南アジア」という概念が国際的に「公式に」用いられた最初のケースという。そしてこの連合軍による「東南アジア」の意味づけは、昭和一八年五月に定められた「大東亜政略指導大綱」の「恣意的な」「大東亜」観に対応するかたちでなされていたとする［㊸四—五］。本節では、「恣意的」な「大東亜」観なるものがどのように形成されたかを明らかにしたい。

（8）ただしこの書籍そのものも、一七四五年ヒュブネル（Hübner）によって著されたVollatändige Geographie を一七五六年にバチエネ（Bachiene）がオランダ語訳したものである［⑤四七一］。

（9）興味深いことに同書の地図では、東南アジア島嶼部をマレイシヤ諸島と表現している。

（10）両書とも「此書ハ童蒙初學ノ者ヲシテ解シ易カランコトヲ旨トスルニヨッテ假名ヲ左右ニ施シ」［④凡例、㉝凡例］とあるように、一般向けに出版されたことは明らかであり、いろいろな学校で世界地理教科書として広く用いられたという。

(11) Scott O'conor, V.C.1904. *The Silken East-A Record of Life and Travel in Burma.* London:Hutchinson&Co.2 vols.

(12) 原本はBigandet, P.1866. *The Life, or Legend of Gaudama, The Budha of the Burmese with Annotations.* Rangoon: American Mission Press. であろう。

(13) ビルマの章を執筆したのは、当時の大阪外國語学校教授稲村純一である。

(14) ここでいう三地方とはインドシナの東部、中部、西部のこと。

(15) 一九五六年と一九八五年。いずれも監督は市川崑。

(16) 『毎日新聞』一九八六年一月二九日。また一九五六年のヴェネチア国際映画祭で、人類の平和にもっとも貢献した映画として、第一回のサン・ジョルジオ賞を獲得、また一九六〇年には、過去五年間の最優秀作品に選ばれている。

(17) 巻末に付された中村光夫の解説によれば、この小説は昭和二二年から二三年にかけて『赤とんぼ』（実業之日本社発行）という子供の雑誌に掲載された。昭和二三年一〇月に中央公論社から単行本として出版され、同年毎日出版文化賞を、二五年には文部大臣賞を受けている。

(18) 水口洋子「今いずこ『ビルマの竪琴』」『朝日新聞』一九六八年一月二三日、「声」の欄。

(19) 木村俊夫「今も美しい『ビルマの竪琴』」『朝日新聞』一九六八年一月二六日、「声」の欄。

(20) 水口洋子氏の意見が掲載されてから二月九日までに朝日新聞東京本社だけで「二百五十通を越す」投書があり、「短期間にこんなに多数の投書が集中したのも、同じテーマのものが二日に一通の割で掲載されたというのも、ともに異例のこと」であったという。「木村反対八十二通、竹山反対百三十九通、竹山賛成二十四通」（「今週の声から」『朝日新聞』一九六八年二月一〇日、「声」の欄）に達した。

(21) 「竹山道雄氏と天声人語」『朝日ジャーナル』一九六八年二月一八日号、九三頁。竹山道雄「ビルマのたわごと」『自由』第一〇巻第四号、一二四―一三〇頁。仙北谷晃一「『ビルマの竪琴』論争に考える―竹山氏擁護の立場から―」『自由』第一〇巻第四号、一三一―一三七頁。

(22) 日本ビルマ文化協会関東支部報『パゴダ』七巻（一九八五年一〇月発行）では、この映画に対する「ビルマ人とビルマ「体験者」の意見」を紹介している。

(23) 代表的なものとして［⑲］がある。

史料・文献

① 青木恒三郎一八八六『世界旅行萬國名所圖繪』第七巻、大阪。
② 青地宗林一八二六『輿地誌略』（写本）国会図書館蔵。
③ 褘理哲著箕作阮甫訓點一八六〇『地球説略』上巻、老皂館。
④ 褘理哲著赤澤常道直譯一八七四『地球説略和解』巻之一、東京書林。
⑤ 岩崎克己一九四〇「『ゼオガラヒー』の渡來とその影響」『書物展望』四六八―四七六頁。
⑥ 内田正雄纂輯一八七〇『官版輿地誌畧』巻一、二、大學南校。
⑦ 岡村増太郎編纂文學社編輯所訂一八九三『明治地誌』巻之三、文學社。
⑧ 小川琢治一九三一『新地理學外國之部』冨山房。
⑨ 織田武雄他一九七五a『日本古地図大成―世界図編』講談社。
⑩ 織田武雄他一九七五b『日本古地図大成―世界図編（解説）』講談社。
⑪ 織田武雄・秋山元秀一九九七『宮城県図書館蔵利瑪竇『坤輿萬國全圖』・別冊解説』臨川書店。
⑫ 開国百年記念文化事業会編一九七八『鎖国時代日本人の海外知識―世界地理・西洋史に関する文献解題』原書房。
⑬ 開成館編輯所一九一七『開成館模範世界地圖』開成館。
⑭ 學海指針社編一八九四『萬國地理初歩』下、集英堂。

⑮學海指針社編一八九九『新撰萬國地理初歩』巻上、集英堂。
⑯北畠道龍口述、西川偏稱・長岡洗心筆記『天竺行路次所見』（『明治シルクロード探検紀行文集成』第一三巻、ゆまに書房、一九八八年）。
⑰北村三郎一八九〇『印度史（全）附朝鮮　安南　ビルマ　暹羅各國史』（萬國歷史全書第四編）、博文館。
⑱金港堂書籍株式會社編輯所編輯一八九四『小學校用外國地理（全）』金港堂。
⑲Ko ko 1973. People of this filthy backward place. *The Working Peoples Daily*. 11. March.
⑳近藤圭造譯述一八七九『再版兵要萬國地理小誌外国之部』巻之壱。
㉑近藤守重「外蕃通書」『近藤正齋全集』第一（國書刊行會編一九〇五年）。
㉒佐藤傳藏一八九八『萬國新地理』（帝國百科全書第八編）博文館。
㉓佐藤政養一八六一『新刊與地全圖』老喎館。
㉔三省堂編輯所一九〇九『最近地圖外國之部』三省堂書店。
㉕三省堂編輯所一九一三『中等教育最近世界地理』上巻、三省堂。
㉖三省堂編輯所一九一七『最近世界地圖』三省堂。
㉗三省堂編輯所一九三三『新制最近世界地圖』三省堂。
㉘三省堂編輯所一九四三『世界地圖』三省堂。
㉙志賀重昂著一九〇五『地理教科書外國篇』冨山房。
㉚Japanese Historical Maps, East Asian Library, University of California, Barkeley. http://www.davidrumsey.com/japan/
㉛鈴木正雄一八九四『萬國明細全圖』大阪、田太右衛門。
㉜徐繼畭著井上春洋・森荻園・三守柳圃訓點一八六一『瀛環志畧』一、阿陽、對嵋閣。
㉝徐繼畭著平井正譯一八七四『俗解繪入瀛環志畧』巻之二、東京書林。
㉞高橋景保一八一〇『新訂萬國全圖』亞歐堂田善。
㉟關露香一九一三『本派本願寺法主大谷光瑞伯印度探検』博文館。
㊱高木怡荘編一八七七『萬國地志要略』博施舍。

㊲竹内好一九五四「『ビルマの竪琴』について」『文学』二二、一二六七―一二七〇頁。

㊳竹山道雄一九七五『ビルマの竪琴』（新潮文庫）新潮社。

㊴田中啓爾一九三八『中等新外國地理』目黒書店。

㊵田名瀬昇藏編一八八七『洋語挿入　新訂萬國輿地全圖』大阪、平岡平助。

㊶千葉師範學校編輯一八七六『初學地理書』巻四、出雲寺。

㊷辻敬之・岡村増太郎一八八八『小學校用地誌』第三、普及舍。

㊸坪井祥編一八九一『改訂小學新地誌第三　萬國之部』翠紅樓。

㊹帝國書籍株式會社編輯所一九〇二『地理教科書』巻三、帝國書籍。

㊺David Rumsey Map Collection, http://dacidrumsey.com:8090-Insight Images from:David Rumsey Collection.

㊻富田正文一九六六「解題」『明治文學全集八福澤諭吉集』筑摩書房。

㊼仲摩照久編一九二八『世界地理風俗大系』第五巻、新光社。

㊽西川如見、飯島・西川校訂一九九七『日本水土考・水土解弁・増補華夷通商考』岩波書店。

㊾日本地理学会編一九八〇『新修世界地図』日地出版。

㊿橋本宗吉一七九六『喎蘭新譯地球全圖』江戸、北澤伊八。
(51)原宜賢一九二六『印度佛蹟緬甸暹羅視察寫眞録』東光堂。
(52)馬場公彦二〇〇四『『ビルマの竪琴』をめぐる戦後史』法政大学出版局。
(53)林原美術館蔵「アジア航海図」http://www.city.okayama.okayama.jp/museum/hayashibara/03.html
(54)長谷川明一九八五「映画『ビルマの竪琴』の三〇年」『朝日ジャーナル』八月九日号、一二一―一二五頁。
(55)畑中俊應一九二九『ビルマ遊記』甲子社書房。
(56)福沢諭吉一八六九「素本世界國盡」（『福澤諭吉集』明治文學全集第八巻、筑摩書房、一九六六年）、三―八頁。
(57)藤井正雄二〇〇二『盂蘭盆経』講談社。
(58)本田利明一七九六『地球全圖』日本銅版創製。
(59)松島剛一八九四『内外地圖集覧外國之部』春陽堂。
(60)松山棟菴譯述一八七〇『地學事始』巻之一、松山氏版。
(61)箕作省吾一八四五『坤輿圖識』天、夢霞樓。

⑫村田文夫一八六九『西洋見聞録』（明治欧米見聞録集成』第一巻、ゆまに書房、一九八七年。
⑬村松介石一九〇五『萬國最近史』中巻、警醒社書店。
⑭文部省一八七四『師範學校編輯萬國地誌略』巻ノ一、大阪河内屋又金堂発行。
⑮文部省一九〇四『小學地理』巻三、日本書籍。
⑯文部省一九〇八『小學地理附圖高等小学校用』三省堂。
⑰文部省一九一〇『高等小學地理』巻一、東京書籍。
⑱文部省一九一九『尋常小學地理兒童用』巻二、東京書籍。
⑲文部省一九二〇『高等小學地理書兒童用』巻一東京書籍。
⑳文部省一九二六『尋常小學地理書兒童用』巻二、東京書籍。
㉑文部省一九三四『尋常小學地理書』巻二、日本書籍。
㉒文部省一九三五『高等小學校地理書附圖』東京書籍。
㉓文部省一九三六『尋常小學地理書』東京書籍。
㉔文部省一九三八『高等小學地理書』巻一、東京書籍。
㉕文部省一九三九『尋常小學地理書』東京書籍。
㉖文部省一九四〇『高等小學地理書附圖』東京書籍。
㉗文部省一九四二『高等小學地理書』巻一、東京書籍。
㉘文部省一九四二『高等小學地理書附圖』東京書籍。
㉙文部省一九四三『初等科地理』下、東京書籍。
㉚文部省一九四三『初等科地圖』東京書籍。
㉛文部省一九四三『初等科地理（下）教師用』東京書籍。
㉜文部省一九四四『高等科地理』上、東京書籍。
㉝矢野暢一九九一「総説「東南アジア」の成立」『東南アジアの国際関係』（講座東南アジア学、九巻）一―一八頁。
㉞山上萬次郎一九一〇『最近統合外國地圖』全、大日本圖書。
㉟山上萬次郎一九〇八『最近統合外國地理高等女學校用』上、大日本圖書。
㊱山田行元編一八七九『新撰地理小志』利巻。香風館。

㊲山崎直方一九一〇『普通教育外國地圖』開成館。

㊳山崎直方一九一二『女子教育世界地理教科書』開成館。

㊴山崎直方一九一四『普通教育世界地圖』開成館。

㊵山崎直方一九一五『普通教育世界地圖』全、開成館。

㊶山崎直方著辻村太郎補訂一九三一『新制世界地理』下巻、東京開成館。

㊷山村才助『訂正増譯采覧異言』（上）（下）青史社、一九七九年（国立公文書館内閣文庫所蔵本の影印）。

㊸吉村千太郎一八八八『萬國全圖』京都、風月堂。

㊹四屋純三郎一八七九『百科全書　亞細亞地誌』（一九八五年青土社版）。


［付記］本稿は二〇〇四年八月二〇日、ヤンゴンにて開催された The First MJC Forum "Myanmar and Japan Mutual Studies on History and Culture" で報告された 'Introduction to the Historical Study of Japan-Myanmar Relations' を、大幅に加筆修正したものである。

編著者注

本稿は『愛大史学—日本史・アジア史・地理学』第一四号からの抜粋であるが、わが国の対ミャンマー像を歴史的にさかのぼり克明に描写した貴重な論考であると考えられるので、著者及び愛知大学文学部史学科の格別のご好意により転載許可を得たことを付記する。

（奥平龍二）

コラム5　からゆきさん（1）

鈴木　孝

私が発掘した限りでは、歴史上最も古い日本とビルマのかかわり合いは、上記「アラカン王国のキリシタン武士」と「山田長政の残党のケントン亡命」の二つである。
ところで、このかかわり合いの舞台となったビルマの土地は、今で言えば西端のアラカン州と東端のケントン州であり、真ん中の、イラワジ河流域の固有のビルマ族の発祥の地域ではない。この地域に王朝が栄えた頃、日本人は入ってこなかったのであろうか。また、この地域につながるシッタン河流域地方の王朝時代にも、来たことはなかったのであろうか。私が調べてみた限り、情報は皆無である。この問題の答えは、ビルマ史の専門家の将来の調査研究に俟《ま》つほかないが、その後の日本は厳重な鎖国時代に入ってしまっているから、あまり可能性はないように思われる。そこで今は、以上の二つの史実に満足することにして、時代を二百五十年ほど下り、明治時代に入ろう。

明治十八年以降、ビルマは英領植民地となった。先にも述べたように、ビルマの王朝は、一八二四年（文政七年）の第一次英緬戦争を皮切りに、計三回のイギリスとの戦争で衰退し崩壊した。時に一八八五年(明治十八年)。第一次英緬戦争から六十一年目であるが、これからさらに六十二年間、第二次世界大戦後の独立まで、ビルマは英領としての従属苦難の道を辿ることになる。

この時期の日本とビルマのかかわり合いは、形式上は日本とイギリスのかかわり合いということになるが、さして深いものは無かったように思われる。あえて挙げるなら、日本の貨物船が首都ラングーンの港に寄港したり、バセインの港でビルマ米を積み込んだりしたこと、またイギリス当局の比較的寛大な出入国政策もあって日本から医師、歯科医師、小売商人、写真師、大工などがビルマに渡航し、開業ないし開店していたこと、そして「からゆきさん」といわれた貧困の日本人女性がかなりの数進出して、特に港町で主として船員の客を取っていたことなどがある。

　ラングーンの「からゆきさん」については、著名な山崎朋子氏の著述にもちょっと言及されているが、やはり哀話がまつわっているようである。ラングーン市のはずれの、タムエという大きな共同墓地[2]の一部に日本人専用墓地があるが、私はここの圧倒的多数の墓石が、行年十九歳とか二十二歳とかのうら若い女性名であることに気がついた。そのほかに何県出身医学士何某とか何々丸船員何某というような墓碑銘もあるが、それはごく少数である。女性名の死亡年月日は明治、大正が一番多く、昭和は比較的少ない。昭和四十八年七月十四日、日本ではお盆に当たる日がたまたまビルマの休日だったので、私は妻とともに墓地に赴き、大使館員、在留日本商社員、大使館付属日本人小学校教員たち有志夫妻の協力のもとに、長い歳月で苔むし消えかかっている墓碑銘を丁寧にタワシで洗った。その中で読めるものを記録し、整理してみたところ、七十四あった墓石の三分の二近くが若い女性のものであった。そしてこれらの女性の出身地は、果たせるかな、長崎県天草郡が多く、次いで熊本県と和歌山県であった。

写真　鈴木孝著『ビルマという國』の表紙

　私たちはこれらの墓石にしばし黙禱を捧げ、出来上がった名簿は大使館から外務省を通じて関係ある県の区役所に送った。これらの女性の縁故者が存在していれば何かの役に立つだろうとの願いからであったが、私のビルマ勤務中には何らの音沙汰もなかった。音沙汰がないのが本当かもしれない。ビルマに出稼ぎに行った醜業婦が自分の身内であると名乗り出る人はまずいないと思われるからである。これらの女性は虐待されて死亡したか、ビルマの気候風土や食物に慣れず、当時多かった肺結核にかかって死んだか、あるいは流行した疫病に感染して死んでいったかのいずれかであろう。故国の親きょうだいの許に帰りたくても帰ることができず、望郷の想いの中にビルマの土にならなければならなかった彼女らの胸中を察すると、涙なきを得ない。

編著者解説

（1）本稿は鈴木孝著『ビルマという国―その歴史と回想―』（国際PHP研究所、一九七七年）からの抜粋であるが、現PHP研究所のご厚意により転載許可を得たものであることを付記する。

（2）現在はヤンゴン市北郊外イエー・ウェー（ye wei）に移転されている。

（奥平龍二）

第3章
竹山道雄『ビルマの竪琴』に見るビルマの虚像と実像

阿曽村邦昭

はじめに

若い時に読んで一生忘れらない本というものがある。筆者の場合、それは竹山道雄の『ビルマの竪琴』なのである（以下『竪琴』と略称）。

あれは、たしか一九五〇年、筆者がまだ新制中学の二年生のころ、学校の図書館で読んで、心から感動した。音楽学校出の小隊長に率いられる日本の小部隊がビルマの山の中で残敵掃討の英印軍と「はにゅうの宿」を合唱して、三日前に停戦になっていたことを知る、三角山に立てこもる別の部隊を救出しようとする水島上等兵の努力、負傷した水島がカチン族なる人食い人種に食われそうになるが、ビルマの竪琴をかき鳴らして運よく助かる、しかし、大勢の日本兵の遺体が無残に放置されているのを見て、僧侶として戦死者の遺骨処理と修業に励みたいとして帰国する部隊の仲間に別れを告げ、竪琴で「はにゅうの宿をはげしくかき鳴らし、最後に「あおげばとうとし……いざさらば」の「いざさらば」のところを繰り返し演奏して去ってゆく。このヒューマニズムあふれる美しい物語に感動し、心打たれた。珍しく、涙まで流れた。

ビルマという国のことを知ったのも、この本―おそらく、一九四三年に中央公論社から出版された猪熊弦一郎の挿絵つきの本―を通じてのことであった。

この本は、出版後大評判になり、一九四九年に毎日出版文化賞、翌五〇年に文部大臣賞を受賞している。それ以降、多くの出版社が刊行する文学全集や、児童文学全集に必ず収録され、また、文庫本などにもなり、現在でも売れている、生命力の長い著作である。

映画にも二回なっている。しかも出演している俳優は「日本ばあさん」役の北林谷栄など二人以外は皆別人だが、監督の市川崑と脚本和田夏十（市川夫人）は同じである。

最初の映画は一九五六年の日活・白黒版で、小隊長が三国連太郎、水島上等兵が安井昌二であった。ビルマロケは、ビルマ側の許可がなかなかおりず、やっとおりたかと思えば、安井だけの同行許可で、一週間だけの現地ロケであったが、それでも国際的に評価が高く、五六年のベネチア映画祭でサン・ジョルジオ金賞を受賞し、五七年のアカデミー外国賞にも指名推薦された。また、「特別に芸術的で宗教的な価値を有するフィルム」としてヴァチカンにより認定された全世界の四五の作品に選ばれた唯一の日本映画でもある。

兵隊役の俳優が「帝国陸軍軍人」らしく、いかにも無骨であったのと、日本兵の酸鼻をきわめる累々たる死体の姿が強く印象に残った。

なお、監督の市川崑は、『ビルマの竪琴』の原作について次のように述べている［吉野一九八五］。

「単行本になった昭和二三年に読んだのですが、胸にジーンとこたえた。単なる子供のための童話ではなく子供は未来の大人であるという前提に立った立派な文学作品だった。大変に厳しい主題がメルヘンとして提示されているところに感銘したのです。主題をより具体的に表現するために、映画化しなければならぬという映画監督としての使命感みたいなものをもったのです」。

ビルマロケについては、こうだ［吉野一九八五］。

「製作事情から目黒でしか撮れなかった。ビルマロケもビザがなかなかおりず、大幅に遅れた。最終的にはギリギリのところで行けたが、わずか一週間。荒野とシッタン川、それに仏塔ぐらいしか撮れなかった。ロケに行けた俳優も、水島上等兵を演じた安井昌二君一人だけ。悔いがのこりましたね」

再映画化では、隊長が石坂浩二、水島が中井貴一で一九八五年にフジテレヴィジョン・博報堂・キネマ東京の、カラー版だが、当時ビルマの治安状況が悪かったため、タイでロケを行った。そのため、同じ仏塔でもビルマ式ではなく、タイ式の仏塔が撮影されており、かなり興趣を損じているようにも思われる。それに前作に比べて全体的に軽目で、こんなに明るい敗残兵など本当にいるのかなあという疑問さえも抱かせる感じの映画であった。

ただし、この映画は、同年、文部省特別選定映画に指定されたこともあって三八七万人という、膨大な数の観客を集め、映画史上第二の配給収入を収めた。この結果、第三回ユンルデングロク最優秀賞金賞、マネーメイキング監督賞、マネーメイキングスター賞などを、各々、受賞した。ただし、国際的な評価は前作の白黒版に及ばなかった。

なお、負傷した水島がカチン族という食人種に介護され、食べられそうになる話は二作いずれの映画からも削除されており、水島はビルマの仏僧に助けられることになっている。

再映画化についての市川監督は次のように述懐している［吉野一九八五］。

「この映画の主題は、主人公の水島上等兵が生命の尊さに思いをこめて取った行為、精神のあり方です。時代を超えて、現代にも大きな意味をもっています。それは原作者の夢や祈りで創り上げられたものかもしれないが、ある状況のもとでは、神や仏ではないわれわれでも、普段不可能なことをやってのけるのだ、ということを鮮烈に信じさせる。物質文化に流され、行き着く先が混とんとしているいま、もう一度、映画を通じて人間への希望、人間性の復活と言ったことを、自分自身を含めて問い直したいと思ったのです。それに反戦。反戦は何べん訴えても、語ってもいい。一人間として、そう思います。」

市川にとって、
「この映画は、私の〝理想〟なんです。再映画化で、理想にすこし近づけたと思っています」

こうして、竹山道雄が原作にこめた元来の意図いかんにかかわらず、映画はヒューマニズムや戦争反省を超える戦後平和思想ともいうべき「反戦映画」に仕立て上げられ、これが大人気作品となったのである。

1 竹山道雄という人

竹山道雄の経歴については、女婿である比較文学比較文化の専門家で東京大学名誉教授の平川祐弘著『竹山道雄と昭和の時代』(藤原書店、二〇一三年)の巻末に掲載されている「年譜」が最も詳細であるが、ここでは『竪琴』の著者がどのような人物であったのかを簡潔に紹介しよう〔平川二〇一三：四九五―五〇〇〕。

竹山道雄《たけやまみちお》は、一九〇三年七月一七日、大阪市に生まれた。幼時ほぼ三年間京城《ソウル》で過ごし、東京府立四中、一高(いずれも旧制)を経て一九二六年に東京帝大独文科卒業。直ちに一高講師となり、ヨーロッパ留学後二七歳で教授に昇進した(旧制高校には助教授ポストはなかった)。大東亜戦争以前にはドイツ文学関係の研究のほかに、シュヴァイツァー、ニーチェ、ゲーテなどの翻訳を手掛けた。注目すべき論考に、岩波の『思想』一九四〇年四月号に「独逸・新しい中世」を寄稿してヒットラーの宣伝大臣ゲッペルスの文化指導原理演説に言及し、ルネッサンス以来ヨーロッパの人本主義文化を展開せしめる原動力となった原理、――個人、その自由、その知性――の否定であると断じた。

終戦後まもなく、児童雑誌『赤とんぼ』藤田編集長の「何か児童向きの読み物を」との依頼に応じて『ビルマの竪琴』を一九四六年夏から起稿し、四七年九月二日に脱稿した。四三歳の時のことである。

この原稿は、『赤とんぼ』に連載された後で、中央公論社から四八年三月に「ともだち文庫」の一冊として刊行され、四九年に毎日出版文化賞、翌五〇年に文部大臣賞を、各々、受賞し、竹山は一躍広く名を知られるに至った。五一年に退官。理由は、平川によれば、旧制一高の廃止であった［平川二〇一三：二九六―二九九］。

その後、批評を中心とした著作、評論活動に専念。流行の左翼思想的見解に抵抗しつつ、左翼陣営から「危険な思想家」とのレッテルを張られながら、自由主義の立場から左右の全体主義を批判した。一九八四年没。

竹山には多数の著書、紀行文があり、『ビルマの竪琴』をも含め多くが『竹山道雄著作集』全八巻（福武書店、一九八三年）に収録されているが、「これに漏れた文章で大切なもの、また世間の目にふれることの少なかったもの」を集め、講談社学術文庫から左記の四冊が出版されている［平川二〇一三：五〇一―五二〇「竹山道雄主要著作・関連文献一覧」参照］。

『歴史的意識について』（一九八三年）
『主役としての近代』（一九八四年）
『尼僧の手紙』（一九八五年）
『昭和の精神史』（一九八五年）

2　なぜビルマが舞台として選ばれたのか？

1．モデル

この問題については、筆者手もちの『ビルマの竪琴』新潮文庫版（一九五九年発行、一九八八年七五刷改版、二〇〇八年六月一五日「百二刷」）に竹山自身によって「ビルマの竪琴《たてごと》ができるまで」という解説が付されているから、専らこの解説によることとする。なお、この新潮文庫版は二〇〇八年の一〇二刷で二四〇万部印刷されている［平川二〇一三：二〇四注（8）］。読者がどれほど多数いるかわかるであろう（以下カギ括弧内は、引用文）。

いない。しかし、示唆になった話はあった。それは一人の若い音楽の先生が隊長を務め、部下から心服されていたという話で、竹山が住んでいた鎌倉のある女学校出の音楽会で竹山はその元隊長がピアノの傍らで譜めくりをしているのを見て感動した。

2. 舞台となる場所

最初はシナの奥地のある県城で、「ここにこもっている日本兵が合唱をしていると、かこんでいる敵兵もそれにつられて合唱をはじめ、ついに戦いはなくてすんだ。」という筋書きを考えた。しかし、日本人とシナ人では共通の歌がない。「共通の歌は、われわれが子供ころから歌っていて、自分の国の歌だと思っているが、じつは外国の歌であるものでなくてはなりません。「庭の千草」や「ほたるの光」や「はにゅうの宿」などでなくてはならない。そうすると、相手はイギリス兵でなくてはならない。とすると、場所はビルマのほかにはない。」という理由から舞台が「ビルマ」になった。

つまり、彼我の兵士が一緒に歌える共通の歌が前提にあって、それが可能な場所を探したところ、ビルマしかないということになったわけで、ビルマを主役に持ってこようという意図が初めからあっての物語ではなかった。

3. ビルマに関する経験・知識

「私はビルマに行ったことがありません。今までこの国には関心も知識もなく、敗戦の模様なども何も報ぜられなかったのですから、様子はすこしも分かりません。」

そこで、学生時代の夏休みに訪れたことのある台湾旅行（山登りや蛮人部落訪問をも含む）の記憶を呼び覚まし、あとは空想で第一話を書いた。

「戦場の模様はニュース映画等を見た知識からある程度までの想像はつき、それに本格小説ではありませんから、あのくらいのことを書くのは空想ですみました。ただ、いかにも困ったのは、ビルマの風土や風俗でした。」というので、近くの図書館で『世界地理風俗体系』を読んでみたが、簡単に過ぎ、あとはビルマの写真帳を一冊見つけて買い、この写真帳が「大きな参考になりました」としている。

4. ビルマでの戦争の実態についての情報と筋書き

『月刊読売』の四ページばかりの短い記事に「ビルマ全土に日本兵の白骨が累々（累々）と野曝《のざら》しになっていることが報じてありました。」（平川二〇一三：二二二によれば『月刊読売』一九四六年一〇月一五日号掲載の薮内喜一郎「白骨街道を行く」）。竹山は「日本兵が敗戦後に脱走《だっそう》しビルマ僧になっている者がいる」との話しも聞いて、双方の情報を併せ、自分がよく知っている学生がタラワ島で戦死したので、その亡骸をはじめ戦没者の屍を収めて、丁寧に祭ってあげたいという気持ちを表す筋書きを考え付き、これを第二話以下に展開させたのである。つまり、これは、元来が「鎮魂」のための作品である言えよう。

5. ビルマについての間違い—執筆者本人の自覚—

「物語が世に出た後になってからビルマに関する本を読みましたが、それで見ると具体的な点では間違っているところがいくつもあることがわかりました。何も知らないで書いたのですから、間違っている方が当然なくらいです。」

6. 執筆の思想的な動機

（1）敗戦国日本の再建

「国は敗れて、さきはどうなるのだろう？　どうしたら再建のめどがつくのだろう？」——このことがつねに懸念となっていましたから、これがあの少年向けの物語の中にしらずしらずのうちにはいりこんで、硬（かた）くて読みにくい部分になりました。」

（２）戦死者の霊を弔う（鎮魂）

「それから、当時は戦死した人々の冥福《めいふく》を祈《いの》るような気持ちは、新聞や雑誌にさっぱり出ませんでした。人々はそういうことは考えませんでした。それどころか、「戦った人は、だれもかれも一律に悪人である」といった調子でした。日本軍のことは悪口をいうのが流行で、正義派でした。義務を守って命をおとした人たちのせめてもの鎮魂《ちんこん》をねがうことが逆コースであるなどといわれても、私は承服することは出来ません。逆コースで結構です。あの戦争自体の原因の解明やその責任の糾弾《きゅうだん》と、これとは全く別なことです。」

3　物語のあらすじ

『竪琴』はそれほどの大作でもないから、物語を知るためにはこの本を読むのが一番いいのだが、いろいろの事情でそうも行かない人々のために、あらすじをここで述べておこう。

第一話「うたう部隊」

戦争末期、敗残の日本軍の一小隊があと峠を一つ越せばタイに抜けられる場所にある村まで辿りつき、村人たちの歓迎を受けたが、気が付くと何と英印軍に包囲されているではないか。

音楽学校出身の隊長は、水島上等兵に同人手製の竪琴伴奏で隊員に「はにゅうの宿」を合唱させ、敵が油断している間に臨戦態勢を整えようとする。ところが、敵の英印軍は「はにゅうの宿」の元歌である英国の歌（Henry Rowley Bishop 作）"*Home ! Sweet Home*"を合唱する。英印軍の他の一団はアイルランド民謡がもとになっている"*The Last Rose of Summer*"を合唱すれば、日本兵はその日本版である「庭の千草」を合唱する。こうして、敵味方は和解し、日本軍の小部隊は残敵掃討にきた英印軍から既に停戦になっていたことを知らされる。

芸術が人間に対してどんなに大きな影響力を発揮し得るものかを、このような形で表現しようとしたのであろうか。

第二話 「青い鸚哥《インコ》」

自分の隊が英印軍に降伏した村から水島は近くの三角山に立てこもり、敗戦後もまだ抗戦している日本軍小部隊に対し降伏勧告をするための使者として派遣されるが、それっきり行方不明となる。

隊長以下この部隊は「イギリス軍の指揮のままに、山を下って、平野に出、それから舟でシッタン河を下り、それから汽車、それからトラックというふうに運ばれて」、ムドンの町につき、捕虜収容所に入れられ、労働に従事する。ある日、郊外の橋の修理作業を終え、町に向かっていると、橋の上で肩に青い鸚哥をのせた水島そっくりなビルマ僧に出くわす。次には、泰緬鉄道工事で大勢死亡した英人兵士の共同葬儀の際に、水島によく似ているビルマ僧が日本式に「四角な箱を白い布でつつんで首から吊《つる》して」「この箱を両手で捧げて」歩いていたのを隊員一同が見かける。大きな臥仏像の前で一同が合唱していると、臥仏像の中から水島の音色にそっくりな竪琴の音が響いてくる。やはり、水島は生きているのではないか?

ついに帰還命令が出た。収容所の前で水島らしきビルマ僧を見つけた隊員一同は大声で「水島、いっしょに日本に帰ろう」と叫ぶが、返事はない。そこで、水島が好きだった「はにゅうの宿」を合唱すると、かのビルマ僧はにわかに竪琴を手に取り、「はにゅうの宿」の伴奏をかき鳴らすではないか! やはり、水島だったのだ。

しかし、水島は「仰げばとうとし」の別れの曲を弾き、「いまこそ別れめ、いざさらば……」のところを三度も繰り返して、姿を消す。帰隊、帰国はしないのだ。

第三話 「僧《そう》の手紙」

隊長に託された水島の手紙を隊長が帰還船の甲板で隊員一同に読み聞かせる場面である。
三角山での説得努力もむなしく、部隊は玉砕の道を選んだ。負傷した水島は、「ビルマ語が通じる人食い人種の野蛮人」に手厚く介護されるが、危うく食べられそうになって、機転を利かせて竪琴を弾き、生き延びる。ムドンの捕虜収容所を目指す途中に、日本兵の酸鼻、凄惨をきわめる死体の群れが放置されているのに遭遇し、唖然とする。そして、収容所近くの英軍病院付属墓地での英人看護婦たちが歌う讃美歌を聞く。死者を埋葬した後で歌われた讃美歌であった。あとで行ってみると、「日本無名戦士の墓」と刻まれた石碑があった。水島は愕然として、「このビルマ全国に散乱している同胞の白骨を、そのままにしておくことはできません！」と決意を固める。ビルマに正式のビルマ僧として残留し、日本兵の慰霊を行うほか、ビルマの国のためにも「よき高き平安を身をもって証《あかし》する者の力を示す」ために、できるだけの修業をしようと念願し、皆に別れを告げるのであった。

4　虚像と実像の点検

『竪琴』の概要は、以上のとおりであるが、作者自身が「なにも知らないで書いたのですから、まちがっている方が当然なくらいです。」と述べているから、ビルマ（＝ミャンマー）についてのあやまった記述がいろいろあるはずである。竹山はこれらを「僧侶がはだしで歩く」件以外には具体的に明示していない。そこで、筆者が竹山の記述の中で疑問に思った代表的な事例を具体的に調べて[1]、その結果を（1）誤った記述（2）正しかった記述（3）誤ってはいないが、若干の疑問がある記述、の三つに分け、更に個々の風俗、習慣とは別にビルマについて「なにも知らないで書いた」竹山が自作中の日本兵なり水島なりに仮託して自らの思想を述べたと思われるところを（4）竹山道雄のビルマ観、として論ずることとしたい。

これは単なる物好きでおこなっているのではなく、第一に、『ビルマの竪琴』が日本国内で依然としたかなりの販売数を誇り、とりわけ中高校生が「ビルマ」を知るうえでの手がかりとなっているからであり、第二に、一九六六年に米国のHoward Hibbett教授による英訳書*"Harp of Burma"*（Tuttle Co., 1966）がユネスコ叢書（現代文学集）の一つとして出版され、このほかにも中国語訳、スペイン語訳、バスク語訳、タイ語訳、フランス語訳、トルコ語訳および映画脚本のドイツ語訳（平川祐弘の『竹山道雄と昭和の時代』末尾の「竹山道雄作の外国語訳」に掲載されている［平川二〇一三：五一二―五一三］があるところを見ると、『ビルマの竪琴』における竹山のビルマ認識が、これらの翻訳を通じて、国際的に拡散しているというように思われるからである。

加えて、平川の上記著書には掲載されていないが、ビルマ語訳も英訳からのビルマ語訳二種（一九七三年と一九七五年）と日本語版からのビルマ語訳（二〇〇二年）があり、それぞれにビルマ国内において様々な波紋を生じており、ビルマ語への翻訳上も日本語原文にかなりの改変が加えられている［南田二〇一二］。それは、この作品の価値を高く評価しつつも、ミャンマー国民の風俗、習慣に関する竹山の誤った記述やビルマ人をあまりにも貶める記述が「好ましくない」として、訳者自身の判断あるいは検閲当局の意向を反映して、抹消、改変されたからであろう。

（1）誤った記述

（a）人食い人種

三角山に立てこもる小部隊の降伏説得に失敗後、負傷した水島は「野蛮人」に手厚く介護されるが彼等は食人の習慣をもち、水島は危うく食われそうになるが、機知を働かせて窮地を脱する。世話をしてくれていた爺さんにこの種族の名をきくと「カチン族だといいました。カチン族といえばきいたことがあります。」（として、この人食い人種を「カチン族」に特定しているのが筆者が中学時代に読んだと思われる中央公論社の「ともだち文庫」版である。ところが、筆者が今持っている新潮文庫版では、爺さんは「何とかいう名を言いました。その名はきいたことがあります。」に変わっている［竹山二〇〇八：一五五］。

この変更は、平川祐弘によれば、「ヒベット英訳を読んだビルマのカチン族出身の学生から記述は事実に反すると抗議文が寄せられたことがある。不快感を与えることのないよう一九八〇年代以降の版では首狩り族の固有名詞そのものは削除されている。」〔平川二〇一三：二三〇〕。

竹山の叙述では、「ここではすべて手真似《てまね》とビルマ語の単語なのですが、それが大分上達して、けっこう意味が通じるようになっていました。」〔竹山二〇〇八：四一〕とあるから、この人食い人種の野蛮人はビルマ語を日常語として用いる種族であったことになる。 ビルマ族以外に山間に住む少数民族でビルマ語を日常用いているような部族はいないから、これはビルマ族だということになりそうでもある。

以上の情報から判断すると、竹山は根本的に誤っていたと結論せざるを得ない。理由は、次の通りである。

第一に、水島が属する部隊が英印軍に降伏した村の場所を考えると、タイに近い山の中で、「あの峠《とうげ》を越えればいいのです。そうすればもうシャムです」〔竹山二〇〇八：二〇〕というのである。しかも、この部隊は舟でシッタン河を下り、汽車やトラックに乗せられてムドンの町につき、捕虜収容所に入れられたというのであるから、降伏した場所はビルマ南東部であろうと推定される。そこで、「あの峠」がどこかというと、ミャンマー南東部のタイとの国境峠として有名な「三仏峠」（バヤートンズ）ではないかと推察される。現在では、戦後設置されたカレン州の南部に位置し タニンダーイー（テナセリム）のイエーという真東にあたる場所でこの峠を越えるとタイ領に入る。三角山は、水島たちが英印軍に降伏した村から歩いて「半日はかかりそうなところ」〔竹山二〇〇八：四一〕なのだから、水島が負傷して「野蛮人」に介護された場所も現在のカレン州南部であろうし、そうなると住民はカレン族（*Karen*）で、ミャンマー北東部、北東アッサム、中国雲南省に居住するカチン族（*Kachin*）ではありえない。

竹山はカチン族学生の抗議文に苦慮し、一九六八年、友人である大森誠一外務省アジア局次長にビルマにおける食人種の存在につき調査を依頼し、大森は当時南西アジア課のビルマ担当官であった奥平龍二（本書共同編著者の一人）に調査を依頼したが、結果は「不明」ということであった由。平川によれば、竹山は『週刊新潮』『掲示板』を利用して妹尾隆彦『カチン族の首かご』（文芸春秋新社、一九五七年）を入手し、「首狩り」の風習があったことを確認している、とのことでもある［平川二〇一三：二三〇］。

しかし、妹尾の著書はたしかにカチン族の一部に食人の習慣があるように書いてあるが［妹尾一九五七：二一五―二一七］、これは雲南省近くに住むカチン族の話しであり、カレン族とは何の関係もない。

中根千枝によれば、アッサム各地の未開民族はつい最近まで首狩りをしていた連中」で、ゼミ・ナガ族の社会では、戦いにおける勇敢さと、獲得した首の数で男の価値がきまる［中根一九九〇：一九、七二］。しかし、これもミャンマー北西の国境を越えたインド領アッサムでの話しである。

他方、ビルマ研究の泰斗たる大野徹教授（本書「コラム18」執筆）は、「カチン族は勇敢な民族ではあるけれども、食人種ではない。」と述べている。同教授は、北シャンと雲南の東南国境にワ州があるが、ここに住むワ族は人食い人種と言われており、ビルマ政府文化省の調査官ウー・ミン・ナインが一九六〇年および一九六七年にまとめた民族概説書（ビルマ文）によると、「精霊信仰者で首を切られた人の霊魂を信仰している。昔は、新築、植付け等の時に首狩りをする風習があったという。英語の文献ではスティブンソンの『ビルマの山地民族』の中で、豊作を祈るために、「年」に平均六〇個ないし百個の首が狩られ、部落の傍にはしゃれこうべを並べた柱がある。」という風評と文献を紹介している［大野一九八七：二五一―二五三］。

こうして見ると、ミャンマー国内に首狩り人種の風評があった民族はいないことはないようであるが、それは、いずれもミャンマーの北の方角に当たる地域居住の民族のことであって、竹山の主人公である水島が野蛮人に介護された地域と推定されるミャンマー東南部のカレン州南部住民たるカレン族とは関係がない。大野教授は、「『ビルマの竪琴』に描かれているカチン族の人喰い風習は、こうしたワ族の慣習やインド・ビルマ国境にかけて住むナガ族の風俗などをまぜ合わせて作りあげられた、作者の想像図なのであろう。」としている［大野一九八七：二五三］。しかし、この解釈も水島を食べそうになった人食い人種の推定居住地域がカレン州南部ないしテナセリム地区であることを考慮に入れていない。

次に、水島を介護してくれた人食い人種はビルマ語を日常用いていることになっているのであるが、カレン族はビルマ族ではなく、自尊心が強いので、こういうことは、まずあり得ない。ビルマ語を日常語としているとなれば、やはり広汎に分布しているビルマ族の部落である可能性もあるが、その場合、このビルマ族の居住地域として現在のカレン州に隣接するテナセリウムの可能性もあり得るであろう。しかし、こうなると「食人種」では全くあり得ないことになってしまう。

（b）高僧のしるしとしての腕輪

水島が人食い人種の部落を立ち去るときに酋長の娘が水島にビルマ僧の服装をさせ、高い地位にある僧侶のしるしとして腕輪をはめてくれた、ということになっている。しかし、ビルマで正式の僧侶には所持品として八種類の聖具に関する律蔵があり、持つべきものとして三衣、鉢、帯、剃刀《かみそり》、針と糸、水濾しが定められており、腕輪は含まれていないから、腕輪は「高位のお坊さんのしるし」にはなりえない。

（c）ビルマ族の歴史

「昔《むかし》からビルマ人はわれわれのしたような馬鹿なことをしでかして、よその人間にまで迷惑をかけたことはないらしい。」［竹山二〇〇八：六］というビルマ人―主流をなすビルマ族―の歴史についての認識もビルマ史を一寸勉強すれば間違っていることが明白である。一例を挙げれば、ビルマ最後の王朝であるコンバウン朝三代目のスィンビューシン王（在位一七六三―一七六年）は一七六七年三月下旬、タイのアユタヤを包囲し、四月七日、城壁の下に掘ったトンネルを爆破して殺戮と略奪をほしいままにし、町を徹底的に破壊し、廃墟と化し、ここに四〇〇年にわたって栄えたアユタヤ王国は滅亡した。数万人のタイ人が捕虜としてビルマに連れ去られた。これ一つをとっても「よその人間に迷惑をかけたことはないらしい」という認識には根本的な誤りがあるというしかない。また、ミャンマー国歌の元歌《もとうた》が由来するタキン党の「われらビルマの歌」では歌詞に「タイやインドと戦いしとき勝利を得た我らのビルマ民族」と元来はあって、タイやインドへの進攻と戦勝が国家的栄光として讃えられていたのである（本書根本敬「コラム4」参照）。

（d）竪琴を弾くビルマ僧

ビルマでの仏教はおおむね戒律の厳しい上座仏教であり、出家の守るべき戒律としては、（1）非殺傷戒（生類を殺さない）（2）非偸盗戒（盗みをしない）（3）非淫戒（みだらなことをしない）（4）非妄語戒（嘘をつかない）（5）非飲酒戒（酒を飲まない）（6）非非時食戒（午後に食事をしない（7）非歌舞観聴戒（歌舞などの娯楽にふけらない）、（8）非香油塗身戒（香水などを用いない）（9）非高広臥床戒（高くて大きな寝台を用いない）（10）非金銀受授戒（金銀、金銭などを受けとったり与えたりしない）といういわゆる「一〇戒」が存在する。

したがって、水島がビルマ僧として竪琴を弾くのは、上記戒律の（7）を破ることになり、水島は破戒僧だということになってしまう。ビルマ語訳では、この点の困難を克服するため、原作では「竪琴ひく坊さんかてぎょうさんいるし」を「そりゃ、坊さんの中にひょっとして竪琴がひける人はいるかもしれないけれど」と文章を改変している。また、収容所を部隊の仲間たちが立ち去る前日、水島が僧侶の姿なのに竪琴を弾いてしまったことについては、原作の隊長への手紙では、「つい心乱れて、平素の誓いも忘れ、竪琴をひいて皆様に別れを告げました」と語る部分は、「私が守るべき誓願を忘れ、皆様に音楽で挨拶してしまいました」とか、「出家の身でありながら、わが心が抑制できず、ついに竪琴を手にとり、ひいてしまいました」というように歌舞音曲の演奏を禁ずる「戒」を破ったことを控えめに表現するように改められている［南田二〇一二］。

この点につき、平川祐弘は、「しかしビルマで宗教者は楽器を演奏しない、という類の苦情は作品の本質に関係するだけに、それが事実であることは認めた上でも、修整には応じかねることだろう。というか多くの読者は竪琴を演奏する仏僧はいないことを承知してなおこの作品を受け入れているのだろう。」と述べているが［平川二〇一三：二二一—二二二］、ビルマ語訳を通じてみる限りでは平川の見解は正しくないのではないか。

ユネスコ叢書の一つであった英訳をはじめ、ビルマ語以外の外国語による翻訳を通じて世界の多くの人々がこの作品を受け入れているとしても、それは、ビルマ仏教徒において極めて重要な地位を占める上座仏教戒律について無知な人々が「作品の本質に関係する」欠陥についても無知であるため、この点について何も気にしないことが理由であろう。

仮に、この作品が（ローマ）カトリック教国を舞台とし、「作品の本質に関係する」部分でカトリックの教義・慣習に反する大きな誤りをしたとすれば、そのような作品が欧米や中南米で広く受け入れられるのか、すこぶる疑問である。

（e）ビルマ僧がうたう歌

水島がビルマ人の服装をし、竪琴を抱いて斥候に出た時に、樹上にグルカ兵が待ち伏せしていたので、やむをえず、「ビルマの坊さんがうたう歌をうたいながら、まっすぐにその木の下にかくまいました。」とある［竹山二〇〇八：一一六］。しかし、上記（d）で説明したとおり、戒律の（7）があるため、ビルマには仏僧のうたう歌そのものが存在しない。存在しないものをうたわせるのはビルマ人読者相手のビルマ語翻訳では無理だから、「ビルマの僧侶の祈りを唱えて」とか、「ビルマの僧侶がよく唱える祈りをもっともらしく唱えながら」と改変される［南田二〇一一］。「歌」が現地事情に合わせて、「祈り」になった訳である。

（f）お寺で仏僧になる

水島の隊長宛の手紙に「私はビルマ僧になりました。シッタン河のほとりで埋葬をすませたあとで、その村のお寺に入って、正式の僧侶にしてもらいました。」［竹山二〇〇八：一八八］となっている。日本人の「出家」の感覚でビルマの「正式の僧侶になる」ことを説明しようとしたのであろうが「お寺」と言っても、ビルマには在家者専用で、仏僧が居住していない「仏塔」と僧侶専用の「僧院」しかない。

しかも、正式の仏僧になるのも、並大抵のことではない。僧院における特定の師僧の下での修業を積んだ後で、僧院の中の聖域である「戒壇《ティン》」で五人以上の正僧に取り囲まれて受戒することが必要である［西澤二〇一四：一〇六―一一四］。「お寺」といっても、ビルマでは僧院と仏塔ははっきりと分離しており、前者は出家者が集団で修行する聖域であり、後者は在家者により維持管理される信仰空間なのである。

（g）水島であるビルマ僧は肩に鸚哥《インコ》を乗せている［竹山二〇〇八：五一、五六、八七、一二二、一二五、一八二、一八四］。これは、前に述べた通り、律蔵に定める八種類の聖具に入らないから、腕輪と同じように、僧侶の所持品としては不適当である。生物の自由を奪うことにもつながるので、仏僧の行いとしては好ましくない。

（h）椰子の花茎から酒を作るのを見たことがない

椰子の花茎に傷をつけ、その下に竹の筒をあてがっておき、樹液をためる。それが自然に発酵してうまい酒になる。しかし、「ビルマ人は酒を飲みませんから、ビルマではこうしたものを見たことはありませんでした。」［竹山二〇〇八：四八］。

扇椰子の花茎から出る樹液利用は、本書の「コラム17」で水野明日香が取り上げているように、ビルマに昔からある伝統的な生業の一つで、今日でもバガン南部のチャウッパダウン周辺はこの椰子の木が林立している有名な場所の一つである。

労賃の安いことがこの生業存続の前提条件となっているので、近代化の波に洗われて今後の存続が危ぶまれているが、樹液を鍋に移し下から火で炊き、それを通常は丸い形のお菓子を多数作り並べ、乾くまで干しておく。それを蓋つきの竹籠に何十、何百個の単位で入れて、販売する。

熱いお茶をすすりながらこの砂糖菓子をつまむと、午後の憩いのひと時にとてもおいしくいただけるし、ごく普通のビルマの飲食店でも食後これを出すところもある。消化によいことでよく知られている。

この樹液を鉄板鍋で炊いた後、砂糖菓子にしないで数日間冷ましておくと、やがて酒に変る。これを飲むのは、ビルマの仏教徒にとっては戒律違反だが、昔からそれで酒を嗜むという習慣もあり、戒を破って楽しむ階層の人びとも皆無ではない。ただ、大半は砂糖菓子として嗜まれている。

ビルマ人仏教徒であっても、破戒しても酒を飲みたい人々がいるので、その多くは扇椰子の花茎から流れ出る樹液を酒にしたものを楽しんでいるのだから、「ビルマ人は酒を飲みませんから」とまで書くのは行き過ぎであろう。「扇椰子の樹液から酒を造る製法を見たことがない」というのも、おかしなことである。ただし、蘭印式の太い竹の筒に樹液をそそぐ方法というのは、ビルマでは行われていなかったののかもしれない。

（2）正しかった記述

（a）ビルマ人はルージンの下には猿股《さるまた》も何もしていない［竹山二〇〇八：一八］。

最近までビルマ人は「ルーンジ」（筆者注・正確には「ロンジー」と発音する）という腰巻のようなものを身に着けてすごしてきたことは、事実である。近代化の波が押し寄せてきた二〇〇〇年代以降も、一般的には伝統的なロンジーを着用する習慣が一般的で、特に女性は大学などでもロンジーを着用することが奨励されており、学生も教員も皆ロンジーを着用している。

ロンジーの下には、かつては男子は何も着用しなかった。しかし、現在では、洋風の影響もあり、また経済的な理由などからも、下着を着用する者が増えている。女性についても、おそらく下着をつけるようになっていると思われる。

（b）ビルマ・タイの国境にある山の中の村では村人が「みな上半身は裸で、はでな色のルーンジをして、はだしでいます。」［竹山二〇〇八：四八］。

ビルマ諸族の中で最も文明開化が進んでいると考えられているビルマ族でも、暑い最中、地方などでは労働者風の人びとがこのような格好をしている。さすがに都会ではあまり見かけなくなったもの、酷暑の折には、民族に関係なく各地で見かける風景である。

（c）ビルマ人は仏教に戒律をかたくなに守り酒を飲まない。都会ではこの風習も崩れてきたが、田舎では酒は殆ど手に入らない［竹山二〇〇八：二一］。

ビルマでは、一般仏教徒も出家戒に対応する形で在家戒が設けられているので、前述のごとく、「飲酒戒」（酒を飲まない）も順守することが大方の人びとの建前となっている。しかし、隠れてあるいは大っぴらに、酒を飲む者もいることはいる。

ただ、これは本来のあるべき姿ではなく、「己こそ寄る辺」とする上座仏教の戒めに背くものである。あくまでも、「戒め」なのであるから、自らを律する教えであり、酒を飲まないのは本人の意思なのだから、当然に、その教えを順守できない、意志力の弱い人間がいてもおかしくない。だから、飲酒をする人間はいるけれども、あくまで本道から外れた人々として取り扱われる。

田舎では酒を飲まない、戒めを順守している人々が少なくないから、酒が容易に手に入らないこともある。その限りで、竹山の「田舎では酒はほとんど手に入らない」というのは、正しい。ヤンゴンやマンダレーのような大都会の飲食店でも、酒を出さないところが結構ある。
（d）ビルマでは子供まで煙草を吸う［竹山二〇〇八：七三］。
ビルマでは女性と子供も生活文化として巻タバコ（セーレイッ）という文化があり、特にビルマ（＝ミャンマー）・タイ国境のラフー族などは、アヘンを葉巻タバコのように常用する習慣があり、また、シャン州のタウンジー周辺（ホーポンなど）では、葉巻の素材《タナペッ》が造られ、今でも生産量が多い。

市場《いちば》の物売りなど、比較的低い社会階層のビルマ人老若男女の間では今でも葉タバコ吸引が習慣として残っている。

（3）誤ってはいないが、若干問題がある記述

（a）食糧調達
水島の所属一小隊はタイに逃げ込むために山を越え、谷を下り、「こうして村から村へと食糧《しょくりょう》を求めながら行くのですから、ずいぶんみじめでもあり、危険でもありました。」［竹山二〇〇八：一一二］。

「危険」であったのは、おそらく、この部隊の食糧調達が略奪か略奪まがいの行為であったからであろう。竹山は、このあからさまな力ずくの行為を露骨に言いあらわさずに「食糧を求めながら行く」とやんわりと述べている。

他方、平川祐弘によれば、竹山は本書第Ⅱ部第4章で紹介されている会田雄次が自らの収容所体験を『アーロン収容所』にまとめたという理由で、会田を高く評価していた由である〔平川二〇一三：二三〇〕。しかし、その会田は、『アーロン収容所』の中で「戦時中私たちはビルマ人にずいぶん迷惑をかけ、略奪などひどいこともした。」と率直に反省の弁を述べている。ビルマ戦線従軍の実体験のある会田には、戦場での実体験こそ忘れがたい思い出であり、それから自由になれはしない。しかし、竹山は戦場経験、ことにビルマにおける従軍経験は皆無であるから、元来、児童向けの物語を頼まれていたということもあって、多少は生臭いはずの食糧調達行為も、あっさりと、人畜無害的な表現で済ましてしまう。会田にはそれが我慢できないから、『竪琴』については、「これはきれいごとに過ぎて共感できなかった」と言っている〔会田一九八三〕(2)。

（b）チャンナカ

「チャンナカというのは黒砂糖を板に固めたようなもので、ビルマ人はこれから酒をつくります。」〔竹山二〇〇八：六五―六六〕。この言葉は、ビルマ語で「チャンタガー」と発音するもう一つの砂糖生産方法である。

砂糖キビから砂糖を生産するのだが、その過程で乾して板状にしたものが砂糖菓子として売られている。また、砂糖キビの皮をはいで、粉末機にかけ、道端でも砂糖水として売られている。板状（板チョコ状）にしたものはも、なかなか甘くておいしい。これを以って酒を作ることは可能ではあるが、あまり一般的ではなく、むしろ、先に述べた扇椰子から酒を作る方がはるかに一般的である。酒生産の方法として規模が全く異なるのであるから、同じように論ずるのは誤解を招くであろう。もっとも、敬虔な仏教徒であれば、生産方法如何にかかわらず、飲酒から遠ざかるべきなのではあろうが……。

（c）ビルマ僧は、洗足《はだし》で歩いている

ビルマ僧が洗足で歩いたとの文言は、筆者の知る限り、水島の扮するビルマ僧について「はだしの足にはほうたいをして」との表現が一度あるだけである〔竹山二〇〇八：五七〕。しかし、竹山は、「ビルマの竪琴《たてごと》ができるまで」の中で、これは誤りで、「僧さんにかぎって、日本人が「ポンジー草履《ぞうり》と呼ぶものを履いているのだそうです。」としている〔竹山二〇〇八：二〇二〕。

しかし、筆者はマンダレーの僧院から大勢の僧侶が洗足で出てくるところに出くわしたし、同じ僧院のあたりを夕方草履ばきで散歩する僧侶の姿も見かけた。つまり、ビルマの僧侶は状況により、また場所により、素足か、草履をはいていいかが異なっているのである。

例をあげると、僧侶が托鉢のために僧院から外出する際には「素足」であるが、僧院内の境内を歩く時には「草履」を履くことを許される。僧院内の部屋に入る際には、勿論、草履を脱ぐ。しかし、夕方、僧院近くを散歩するようなときには、草履履きを許可される。ただ、昨今、僧院で修行しなければならない時間帯に、街中をふらふら歩いているような破戒僧などは、草履履きが多く見受けられる。仏塔は、仏陀の聖地である以上、僧侶も一般人同様に、階段の初段から境内全域で草履を脱がなくてはならない。さらに、同じビルマの仏教僧でも、シャン、ラカイン、モンなどの地域の仏教僧の間や、現在の九宗派上座部仏教宗派間にも、なにがしかの慣習の違いがあるかもしれない。

（d）葬式

竹山によれば、「ビルマ人は死ぬことをおそろしいとは思っていません。人間は一度はかならず死ぬものだし、死ぬことによってこの世の煩悩《ぼんのう》を脱《のが》れて救われるのだ、と信じています。ビルマは臨終《りんじゅう》の人にむかっては、その人が一生の間に行った善事を話してやり、そのあとは仏様にみちびかれてもっといい国に行くものと、安心しています。ですから、ビルマでは、葬式もじつは楽しい見送りの会なのです。」〔竹山二〇〇八：一六九〕。

しかし、一般ビルマ人仏教徒の葬式では、泣き屋などもいて、悲しみを表現する例もあるから、葬式を一般的に「楽しい見送りの会」とまで呼ぶのはいかがなものか。ただ、日本人は死を嘆き、悲しみをあらわにするが、ビルマ人仏教徒は死に対して日本人ほど嘆きや悲しみをあらわにすることはなく、死を「無常」として、比較的自然に受け止める傾向があることは事実である。

なお、ビルマの高僧の葬式は、大変盛大に行われ、棺《ひつぎ》を揺らしながら、修業を積んで涅槃への道を極めたことに対する尊崇の念を抱きながら、霊柩車に多くの仏教徒が随従し、野辺の送りを行う。これは一般仏教徒の葬式とは、趣を異にするのであって、高僧の葬式を以って一般人仏教徒の葬式として一般化すべきではなかろう。

以上の分類と分析を総合すると、『竪琴』は、ビルマの風俗、事情を全くと言っていいほど知らない作者によって書かれた「名作」ではあるが、ビルマ人の立場からすると、「人食い人種」部分と上座仏教戒律に真っ向から反する「僧侶が琴を弾く」部分は受け入れ困難であるが、ビルマに無知な日本、欧米、中南米の読者にとってはそのようなことはどうでもよいので、日本軍と英印軍との合唱で戦闘が止んだことや全体を通ずるヒューマニズムに惹かれるのである。従って、これらの読者を通じて、ビルマ人にとっては堪えがたい誤解が世界中に継続的に拡散しているということは否定出来ないであろう。

(4) 竹山道雄のビルマ観

(イ) 主として物的、現実的な観点

(a) ビルマの住民は「極度に低い生活で満足していますから、人の心もおだやかです。よくいえば欲がなく、わるくいえば無気力です。あれだけの資源があり、国民の教育程度もたかいのに、近代の世界の国と国との競争に落伍《らくご》したのも、これが一つの原因です。」〔竹山二〇〇八：一八〕

(b)「ビルマ人は生活のすみずみまで深い教えにしたがっていて、これを未開だなどということはとうていできない。われわれの知っていることをかれらが知らないからとて、ばかにしたらおおまちがいだ。かれらはわれわれのおもいもおよばない立派なものを身につけている。しかしただ、これでは弱弱しくて例えばわれわれのようなものが外から攻めこんできたときに自分を禦《ふせ》ぐことはできないから、浮世のことでは損な立場にある。もうすこしは浮世のことも考えなくてはいけないだろう。この世をただ無意義だときめてしまのではなく、もっと生きていることを大切にしなくてはいけないだろう。」［竹山二〇〇八：六二―六三］。

（ロ）主として精神的な観点

「どこへ行っても、ビルマ人は楽しげです。生きるのも、死ぬのも、いつもにこにことしています。この世のこともあの世のことも、めんどうなことはいっさい仏様にお任せして、寡欲《かよく》に、淡白《たんぱく》に、耕して、うたって、おどって、その日その日をすごしています。ビルマは平和な国です。弱くまずしいけれども、ここにあるのは、花と、音楽と、あきらめと、仏様と、微笑《びしょう》と……。」［竹山二〇〇八：一七〇］。

（ハ）日・緬の文化比較論

（a）袈裟と軍服

日本人は近頃では軍服かそれに近い洋服を着ている。だから、日本人はよく働いて、能率の上がる人間になった。他方、ビルマ人は宗教国で、国民は、袈裟を好む。袈裟は静かにお祈りをするに向いているが、勢いよく仕事するのは無理である。日本人は自力を頼んですべてを支配しようとするが、ビルマ人は我を捨てて、天地の中に溶け込もうとする。物質的に、ビルマは弱弱しく、だらしがなく、不潔、不便で、いつもひどく貧しい。しかし、いつも穏やかに平和に生きている。そして結論は、上記（4）（イ）の「主として物的、現実的な観点」の（b）となっている。要するに、ビルマ人の優れている点を大いに認めるが、現実世界で生き延びるためには、もう少し、現世的になる必要があるというのだ［竹山二〇〇八：五七―六三］。

（b）日本人とビルマ人

日本人は血相を変えて、あくせく働くが、ビルマ人は「おとなしく、弱く、まずしく、しかもそれに安住して、ただしずかに楽しんで生きています。そして、ひたすら心の救いだけをもとめているのです。」［竹山二〇〇八：七四―七五］。

（c）水島の反省を通じて語る人生の目的

「（前略）われわれが重んじたのは、ただその人が何ができるかという能力ばかりで、その人がどういう人であるか、また、世界に対して人生に対して、どこまで深い態度をとって生きているか、ということではありませんでした。人間的完成、柔和《にゅうわ》、忍苦《にんく》、深さ、聖《きよ》さ、――。そうして、ここに救いをえて、ここから人にも救いをわかつ。このことを、私たちはまったく教えられませんでした。（中略）このビルマの人々はたしかに怠惰であり、遊び好きで、なげやりではありますけれども、みな快活で謙譲《けんじょう》で幸福です。いつもにこにこ笑っています。かれらは欲がなくて、心がしずかです。私はこの国の人々のあいだに生きているうちに、しだいに、こういうことが人間として非常に大切なことではないか、と思うようになりました。（中略）この国の人々のように無気力でともすると酔生夢死《すいせいむし》するということになっては、それだけではよくないことは明らかです。しかし、われわれも気力はありながら、もっと欲がすくなくなるようにつとめなくてはならないのではないでしょうか。（後略）」［竹山二〇〇八：一八九―一九二］。

こうして見ると、ビルマ人に対してはその貧困状態にもかかわらず、欲望が少なく、平穏で穏やかな気もちでおられることを高く評価する一方で、無気力な現状のままでは国際競争に敗れるおそれがあるので、いま少し現世的な生き方をしたほうが賢明だというかなり現実的な結論に達している。日本人については、「気力はありながらも、もっと欲がすくなくなるようにつとめなくてはならない」として、欲望を抑え、もっと高尚な精神主義的な生き方をすべきだとの意見のようである。竹山が好んだ一高の寮歌「嗚呼玉杯に花うけて」にも「治安《ちあん》の夢に耽《ふけ》りたる栄華《えいが》の巷《ちまた》低く見て」、「清き心の益良雄《ますらを》が剣《つるぎ》と筆をとり持ちて一《ひと》たび起《た》たば何事か人世の偉業《いぎょう》成《な》らざらん」とあるが、このような境地に日本人が到達すべきだというのが竹山の考えなのであろうか(3)。

また、水島の口を借りて読者に伝える竹山の人生論は、人間としての内面的な自己完成であって、戦争や貧困の理論的開明等を目ざすものではなかった。そのようなことは、竹山の意図したことではなかったし、日本がなぜ戦争へと向かったのか、その責任如何という疑問に関する竹山の意見は、『竪琴』ではなく、むしろ、『昭和の精神史』などに求めるべきであろう。

5 ビルマ人の批判と対応

ビルマ人有識者の批判

『竪琴』がユネスコ叢書(現代文学集)の一つとして一九六六年に英訳されると、ビルマの知識人でこの英訳を読んで『竪琴』に描かれているビルマの姿に驚き、批判する人が出てくるのは当然のことである。

駐ビルマ大使をつとめていた鈴木孝は、その著『ビルマという国―その歴史と回想―』(国際PHP研究所、一九七七年)において彼がビルマに在勤中の一九七二年三月一一日付けのビルマ国営英語日刊紙ワーキング・ピープルズ・デイリーに掲載されたKO・KOなる人物(おそらく仮名)の抗議文を紹介している〔鈴木一九七七:二四八―二四九〕。

この抗議文でKO・KO氏は、『竪琴』の文学的価値を問題にしているのではなく、日本兵の目を通して語られているビルマの慣習について、竹山の文章を具体的に挙げて批判している。

当該箇所を引用すると、次の通りである((1)(2)および(3)の番号は筆者がつけたもの)。

(1)(水島が追いはぎにロンジーを奪われるが、相手はバナナの葉を携行していて、水島が全裸にならないようにこの葉を与えるあたりに言及しつつ)、強盗に「我々は極めて低い生活水準に満足している。我々には欲はない。もっとハッキリいえば、我々には野心というものがないのだ」と言わせている(4)。

ここで、KO・KO氏は、「有難う、ミチオさん。この本が書かれた頃には、今、ビルマ政府が行っている「ヤミ撲滅運動」は始まっていなかったのだから。」と皮肉を言っている。

(2)(二人の日本兵の会話)

「それなら、いつまでもこのビルマ人のように未開のままでいていいというのかね?」

「ビルマ人が未開かね? 我々の方がよっぽど野蛮じゃないかと思うことがよくあるのだが」

「これはおどろいた。こんなになにもかも不潔で不便極まっていて、学問や労働によってひとり立ちになろうという意思もない国民より、われわれの方が野蛮なのか?」

以上の会話に対して、KO・KO氏は、「大変手厳しいやり取りだ。しかし、我々は、それほどひどい国民だとは思っていないのだがどうだろう。」と不同意を表明している。

(3)(水島が人喰い人種に介護され、危うく食べられそうになる場面で)「カチン族といえばきいたことがあります。これは二十四、五万もいる種族で、かれらは首狩りをして、人間の肉を食う。捕虜を捕まえると、それを焚火のそばにねかせて汗をたらたらとながさせ、まんじゅうのような食物にその汗をしみこませて食べる。そして、そのあとで人間をも料理する。」

この文章に対して、KO・KO氏は、「また、私のカチン族の友人がこの本の中の次のくだりを読んだら、どう感じるだろうか。」と、文章を紹介する前に述べている。

彼は、『竪琴』の文学的価値そのものについては文句を言っていないが、ビルマの慣習に関して、「真実が無責任な空想の犠牲になっているという点では、この本は読者のみならず作者にとっても翻訳者にとってもまたユネスコにとっても、何ら意味のないものである。いわんやビルマは被害者である。日本の毎日新聞社がこういうことを看過して作者に文学賞を授与したのは、いったいどうしてだろう。理解に苦しむ。」とまで憤慨している。

鈴木大使のコメント

鈴木は元来は『竪琴』を以って「戦争を超越した人間愛をえがいたこの物語は大変感動的であり、私はこの著作を戦後日緬関係の一つの里程標として考えている。(中略)」そして私はビルマの読者もまた、この著作に対してはそれなりの高い評価を与えているものとばかり思っていた。」のであるが、上記の批判を掲載した自著『ビルマという国』の中で次のようにコメントしている。

「私は、このKO・KOの憤慨は無理ないと思う。自分が意識し反省もしている弱点を他人から鋭く指摘されたら、その人はどう反応するだろうか、ということである。ビルマの国民は総じて内省的でおとなしく、いわゆる言挙《ことあ》げをするのを好まないから、外部からはよく分からないけれども、『ビルマの竪琴』を読んで案外心の中では反発している人も一人二人ではないのではないかと、この一文を読んで感じたことである。というのは、私が観察した限り、ビルマはそれなりに大変高い誇りを持ち続けている国民だからである。」

竹山などの対応ぶり

これは既に述べたところであるが、竹山の女婿である平川祐弘によれば、竹山はユネスコ叢書の英訳を読んだカチン族出身の学生から、カチン族が人食い人種だという記述は事実に反するとの抗議文が寄せられ、竹山は「不快感を与えることのないよう一九八〇年代以降の版では首狩り族の固有名詞そのものが削除されている。」ようにする措置をとったとされている〔平川二〇一三:二三〇(注9)〕。

しかし、実際には、竹山はカチン族学生からの抗議をそのまま素直に受け入れたわけではなく、前述の如く、友人で外務省アジア局の幹部を務めていた者に依頼してビルマに食人種がいるかどうか調査してもらったが、結局、「不明」つまり、「よくわからない」との回答を得たようである。

また、平川によれば、竹山は諸種の文献を入手し、「（カチン族に）首狩りの風習があった事実を確認している。」〔平川二〇一三：二三〇（注8）〕由であるが、「カチン族」はそもそもビルマの北方に居住している少数民族であり、水島が「人食い人種」に食べられそうになったのがタイ国境近くののビルマ南東部の山の中にであることを考えれば、仮にカチン族に首狩りの風習があったことを「確認」したとしても、水島が 食べられそうになった「野蛮人」の居住地に現実に住んでいる部族とは関係がないのではなかろうか。カチン族に食人の習慣があったかどうかは、水島の物語とは別の問題なのである。

思うに、竹山は、いろいろ手を尽くしたものの、水島が食べられそうになった場所での「食人種はカチン族である」ということを確定し得なかったので、やむなく「カチン族の固有名詞そのものを削除」することとしたのであろう。

次に、KO・KO氏の投稿については、平川がコメントしているので、ここで引用しておこう〔平川二〇一三：二二六―二二七〕。（1）と（2）の番号は、便宜上、筆者が付したものである。

（1）「コ・コは仮名だろうが、彼の不満の矛先は、ほかならぬいま引用した個所に向けられた。ビルマの知識人とは西洋を意識し、ビルマを近代化させたい人である。そのような人たちは「ビルマ人はむかしのままで、日本人のように変っていない」と竹山さんにいわれ、あまつさえその「むかしながらの」国であることが肯定的に評価されていることに堪えられない。それは明治の開国以来、昔ながらの日本が滅びていくことをロティやハーンが惜しんだが、その哀惜（哀惜）に対して近代化に努力する日本の知識層の一部が反撥したようなものだろう。」

（2）「『ビルマの竪琴』で産業革命以後の西洋の積極的な外界支配の態度との対比で、受け身的な東洋は（日本を除けば）「自分が主になって力や富や知恵ですべてを支配しようとは思わずに」いた。そしてその状態にいる人々は「へり下ってつねに自分より以上のものに抱《だ》かれ教えられて救ってもらおうとねがっている」。しかしビルマの一部知識層はそんな竹山のビルマ認識に腹を立てたのである。」

ここでまず指摘しなければならないのは、平川がＫＯ・ＫＯの「不満の矛先」が向けられていると主張する「いま引用した個所」である竹山の軍服と袈裟をめぐる日・緬の文化比較論〔竹山二〇〇八：五七―五九、平川二〇一三：二一四―二一六〕についてＫＯ・ＫＯ氏は全く言及してない。つまり、平川がＫＯ・ＫＯ氏が批判したとして論じている『竪琴』の箇所には同氏は何ら批判を加えていないのに、平川が架空の批判に対して「言挙《ことあ》げ」をしているだけのことである。先に引用したＫＯ・ＫＯ氏の三つの批判対象は、日本兵などがビルマの慣習、風俗についてその後進性や野蛮性を指摘していることに明白に限定されている。平川は竹山援護の論陣を張っているのであろうが、相手が論じてもいない文章を相手が論じたとして、これを厳しく批判しているのは感心しない。これでは、「議論」にならないからである。

こうしてみると、実務家である鈴木のコメントが際立って説得力があるように思われる。

6　『竪琴』映画に対するビルマ人の意見

ここでいう「映画」とは、一九八五年のタイで撮影されたカラー版で、水島を中井貴一が演じ、隊長を石坂浩二が務めている映画のことである。

『日本ビルマ文化協会関東支部報』〔日本ビルマ文化協会関東支部一九八五年一〇月〕でこの映画についての意見を述べている人々は、在日ビルマ人と日本人であるが、日本人はビルマでの戦場経験者、仕事でビルマとかかわりのある者、ビルマ語専攻学生など「ビルマ体験者」に限定されている。スペースの制約の問題もあり、日本人の意見は省略し、ここでは在日ビルマ人の意見のみを紹介する。

結論を先に言えば、この映画は在日ビルマ人にとっては自国の宗教、文化、習慣などについての誤解に満ちた映画と受け取られたようである。

ミン・ミン・テイン（美容師　二二歳）

私は戦争を経験したことはないが、映画を視てとても悲しいものと思った。この戦争では直接関係のない国の人々にも大きな損害を与えたのであり、戦争は絶対悪いものだと思う。水島がビルマ僧の姿で竪琴を弾く場面はビルマ人の私としてはとても不自然、不適当とおもいます。しかしビルマ語を駆使し、他人に協力するビルマ人の性格をよく演じてくれたことに対してとてもありがたいと思います。

テイン・ナイン（ＮＨＫビルマ語アナウンサー、三一歳）

この話を小説で読んだときはあまり好きではなかったが映画ではどのようになっているだろうときようみを持って観た。最初に題字がビルマ語で出たときとてもうれしかったです。ただ宗教、文化、習慣等、誤っている箇所が多く、観ているうちにつまらなくなりました。日本人がビルマと思ってしまうのではないかと心配です。

ミヤン・スウェ（建築関係研修生　三九歳）

映画を観て気付いた点

（１）ビルマの仏塔はビルマ独特のものであり他の国のどんな仏塔とも異なる。

（２）ビルマの僧はまゆ毛をそらない。タイ僧はまゆげをそるのだが。

（３）一ビルマ僧は腕時計や指輪をつけない。映画では水島が腕輪をしていた。

（４）ビルマの竪琴は指一〇本は使わない。左手の五本指で弦を押さえ、右手の五本で弾くのである。

以上の事を修正すればビルマ人が観ても受け入れられるであろう。

キン・イ（英語講師　五七歳）

登場人物の中にビルマ人は一人も含まれていません。さらに、現地ビルマでロケしたのでもありませんのに、ビルマを背景とした市川崑監督の映画「ビルマの竪琴」は大変成功している作品だと思います。

ビルマの国のことや、ビルマ人のこと、ビルマ人の習慣などについて出演者の方々はまったくなじみがなかったでしょう。なのに、子役の方をはじめ役者の方々は一生懸命にどりょくなさったことと思います。

この映画では戦争の痛ましさを生々しく描いていますので、平和を訴える映画としても成功していると思います。もじも、スタッフの方々がビルマ人の習慣やビルマ人の服装についてもう少し詳しく調べてから撮影していましたなら、さらによい映画がとして大成功を収めていたことと思います。

タン・トゥン（東京外大客員教授（歴史学）六二歳）

気づいた点

（1）ビルマ僧のことを作者は全く理解していないようだ。
（2）キリスト教徒たちが死者を埋葬する場面を大きく入れるよりビルマ式の埋葬場面を入れた方がよい。
（3）シッタン河に流れる日本兵の屍をビルマ僧の格好をした水島が穴を掘って埋葬するより、ビルマ仏教徒式に供養した方が適当である。

7　むすび

竹山は、物語の舞台としてのビルマを日本軍が敵軍と同じ歌を「合唱」できると言う条件の下で決定した。ビルマについてはまったく知らないのだから、『世界地理風俗体系』のような若干の文献に当たってみたことは確かである。この他、ビルマにいた人との話などを執筆後にも聞いたと作者本人がいっているが、それでは竹山が影響を受けたに相違ない当時の日本におけるビルマに関する社会常識なるものは、矢野暢が言うような「南洋」「の一部ということではなかったか。その「南洋」とは、矢野によれば、「密林に猛獣や野鳥どもが横行し、黒い首狩り人種が住む野蛮地域（こういう見方を私（注：矢野）は「冒険ダン吉」シンドロームと呼ぶ）であり、それでいて、たくさんの貴重な資源が開発され ない いまま 眠っていて、日本の開発技術との結合を待っている地域（北に人あり、南に物あり、という「北人南物論」シンドローム）であった。」〔矢野一九七五：一九五〕。

このような一般的な「南洋」観念の下で書かれたと思われる『竪琴』には、矢野の言う「南洋」の構成要素である、密林、猛獣、野鳥、首狩り人種、野蛮地域、資源がすべて含まれている。この意味で、竹山の『竪琴』に見る『ビルマ』は、かなりのところ、「冒険ダン吉」の延長線上にある点が少なくないようにも思われる。なお、本書第Ⅱ部第2章附属資料の伊東利勝「日本におけるビルマ像形成史―国民国家形成時における他者認識の一例として―」でも、昭和初期に出版された新光社の『世界地理風俗体系』で扱われているビルマの住民について「一般《ぱん》に温順《おんじゅん》で平和《へいわ》な民族《みんぞく》だが餘《あま》り勤勉《きんべん》でない」とされ、宗教の項目では、「ビルマ人は他《た》の小乗佛教《しょうじょうぶっきょう》の国民《こくみん》と同様《どうよう》に創造力《そうぞうりょく》に乏《とぼ》しく傳統《でんとう》に因《とら》われ勝《が》ちな民族性《みんぞくせい》は、（後略）と述べられているが、竹山の読んだ『世界地理風俗体系』はこれに該当するのではなかろうか。

『竪琴』には多くのビルマの虚像が含まれており、ビルマ人からすると宗教、文化、習慣などの面で大きな認識不足を示している「お話」であることが本稿により明らかになったであろう。

ＫＯ・ＫＯ氏の『竪琴』批判は、平川祐弘の言うような、竹山の近代文明化以前の伝統に対する肯定的な評価に対してビルマの近代化を望む知識人が反撥したなどという妄想とは何の関係もない。ビルマという国と国民の現実についての作者の無知から創り上げられた「虚像」が、ビルマの人びとに耐えがたい感情を抱かせることになっただけのことである。

しかも、この作品がユネスコ叢書として英訳され、世界の各国語版もあることから、もともとビルマについて知識の乏しい欧米、中南米を中心にビルマに関する誤った情報の発信源となっているようだ。

この点で、ビルマ近、現代史専攻の根本敬上智大学教授のコメント〔馬場二〇〇四：一三五―一三六〕は、就中、上座仏教に関する日本人の誤解について、いい得て妙である。いわく、

「僧侶が竪琴で楽曲を奏でるのは破戒行為のはずだし、そもそもビルマの民族楽器である竪琴に、イギリスの歌

曲の和音が奏でられるわけがありません。それに、上座部仏教では遺骨収集や墓葬・墓参には執着しないものです。ビルマ人を素朴な民として描くために身勝手な理想的仏教像をおしつけたり、当時強かった反日感情を無視していることも問題です。この作品は、竹山のビルマ文化に対する無知と無理解によって、戦後の日本人に誤ったビルマ認識とビルマイメージを固定化させてしまいました。この作品の価値自体、大きく損なわれたと言っていいでしょう。ただし、戦後、ビルマを知らない日本人にビルマのことを語ろうとすると、「ああ、あの竪琴の国ね」と、穏やかな、お人よしのお国柄を連想してくれて、アパート探しなどでも、他のアジア出身の留学生は頭ごなしに入居を断られたりするのに、ビルマからの留学生は無条件で入居を認められます。そんな、誤解にもとづく思わぬメリットもあるのですがね。」

筆者は、根本のコメントに同意するがただ一つ、竹山の作り出したビルマの誤ったイメージが、『竪琴』の英訳をはじめとする各国語訳を通じ、世界中に拡散したことを付け加えたいと思う。

注

(1) 本件に関しては、共編著者である奥平龍二東京外語大学名誉教授の詳細なる教示を得たことを感謝の念を以って付記する。
(2) インパール作戦に参加した第一五師団栃平主計曹長の証言によれば、一九四三年六月二〇日「川(筆者注インパール街道中ほどのカンポッピ川)沿いの道に移送を待っていた重傷者三〇人の担架が見えた。焼けつくような日差しだった。おそらく傷病兵のために冷たい水をかけてくれたのだろうと思った。次の瞬間、担架が燃え始めた。見る間に黒煙が上がり辺りは火の海となった。彼らがかけたのはガソリンだった。」(『歴史通』(Will 七月号別冊、ワック出版、二〇〇九年七月)所収)というような英軍の残虐行為もあったので『竪琴』第三話の「日本無名戦士の墓」の話なども会田はにわかに信じられなかったのではないか。ちなみに、高山正之が激戦地であったコヒマ三叉路を訪れた時に小高い丘に英印軍の墓地と慰霊碑はあったが、インド人ガイドに日本軍兵士の遺体の行方を問うたところ、「ブルドーザーで谷の下に落とした」という返事であった［高山正之二〇一四:五五］。中根千枝もコヒマのインパール街道に面したところにある英国戦没者記念塔と整然たる墓地の様子を記述しているが、日本兵の遺体については、「ジャングルの中にくさるにまかせて放置されている。これだけではあまりに気の毒だとナガたちは、はっきり日本兵とわかるものをコヒマ周辺のジャングルから集めてきて、最も日本兵の死体の多かったこの地に埋葬したのである。」として何百と土まんじゅうが並んでいる草ぼうぼうの茂みのことを述べている［中根一九九〇：六八―七〇］。

（3）竹山の『竪琴』によれば、水島が属していた小部隊では「なるべく深みのあるすぐれた歌をうたいました。下らない流行歌などははやがって誰も口にする者はありませんでした。」とある［竹山二〇〇八：六］。しかし、現実に旧制高校などには行ったこともない兵士が大多数を占める部隊で謳われていたのは、婦人愛国の歌、皇国の母、軍国の母などの母や妻を思いやって唄える歌や、東京ブルース、上海ブルース、蘇州夜曲などの「流行歌」であった［荒木一九八二：一六二―一六四］。

（4）筆者手もちの竹山道雄『ビルマの竪琴』新潮文庫版（一九五九年発行、一九八八年七五刷改版、二〇〇八年一〇二刷）では、この発言を行ったのは強盗ではなく、『竪琴』全体の narrator である「この隊にいた一人の兵隊さん」であるが、実際には作者の分身で作者の考えを述べているようにも思われる。筆者はＫｏ・Ｋｏ氏が読んだ「英訳」（ユネスコ文学叢書）を読んではいないが、Ｋｏ・Ｋｏ氏に誤りがないとすれば、英訳の段階で発言者が強盗に変えられたのではないかと想像される。

引用参考文献

会田雄次　一九八三年「竹山道雄先生と私」福武書店、一九八三年『竹山道雄著作集5』月報所収。

荒木進一　一九八二年『ビルマ敗戦行記―一兵士の回想―』岩波書店（岩波新書）。

大野　徹　一九八一年『知られざるビルマ―イラワジ川に民族と歴史をたずねて―』（増補改訂版）芙蓉書房。

鈴木　孝　一九七七年『ビルマという国―その歴史と回想―』国際ＰＨＰ研究所。

妹尾隆彦　一九五七年『カチン族の首かご』文藝春秋新社。

高山正之　二〇一四年『アジアの解放、本当はン本軍のお陰だった！』ワック。

竹山道雄　二〇〇八年『ビルマの竪琴』新潮社（新潮文庫）。

中根千枝　一九九〇年『未開の顔、文明の顔』中央公論社（中公文庫）。

西澤卓美　二〇一四年『仏教先進国ミャンマーのマインドフルネス』サンガ。

日本ビルマ文化協会関東支部一九八五年（一〇月）『パゴタ』七巻。

馬場公彦　二〇〇四年『ビルマの竪琴をめぐる戦後史』法政大学出版局。

平川祐弘　二〇一三年『竹山道雄と昭和の時代』藤原書店。

南田みどり　二〇一一年「ビルマ語版『ビルマの竪琴』は何を語る？」世界文学界、二〇一一（七月）『世界文学』No.113 所収。

矢野　暢　一九七五年『「南進」の系譜』中央公論社（中公新書）。

吉野徹直（毎日新聞学芸部記名）一九八五年「水島上等兵の精神のあり方は時代を超える……理想の映画に近づけた」『市川昆監督作品ビルマの竪琴』所収。

コラム6　井上さゆり　ビルマの竪琴

近年は政治や経済の面で注目を浴びることが多いミャンマーであるが、かつては、小説や映画で広く親しまれていた「ビルマの竪琴」を真っ先に思い浮かべる人も多かったと思われる。映画の中で主人公の水島上等兵が抱えて演奏していた、舟のような形をした独特の楽器を覚えている人も多いだろう。

竪琴（サウンガウッ）は西暦五百年頃のインド東南海岸から伝えられたと考えられており、最古の資料としては、二世紀か九世紀頃に栄えていたピュー族の遺跡であるピェー近郊のボーボージー・パゴダの竪琴のレリーフがあげられる。古典歌謡が最も多く残されているのは一九世紀で、この時代の作品が今でも好まれ演奏されている。

ビルマ音楽の伝統的な楽器として位置づけられる竪琴であるが、現在広く用いられている一六弦になったのは二〇世紀になってからである。弦の数は、歌謡ジャンルの多様化に伴い、段階を経て徐々に増えてきたと考えられている。一九世紀に、古典歌謡の代表的な作り手であったミャワディー・ミンヂー・ウー・サ（一七六六～一八五三）がそれまでの七弦から一三弦にしたと言われている。その後、二十世紀になってから一四弦、そして一六弦と弦の数が増やされてきた。湾曲した首の部分に弦を巻き付けて調弦するが、調弦を容易にするために、ギターのペグ（糸巻）を付けたものが今では主流である。昔は弦に絹糸を用いていたと言われるが、現在ではナイロン糸を数本捩ったものを使用する。一部の弦に釣り糸を使うこともある。

楽器を膝の上に置き、主に右手の人差し指と親指で演奏する。左手の親指の爪で弦を押さえて音程を変えたり、ささやかな装飾音を加えたりする。一九六〇年代以降は、右手の人差し指と親指以外の指も演奏に使用する奏法も使われるようになってきた。ビルマ音楽は歌が主であり、歌い手の歌を装飾するのが楽器の役割である。しかし、西洋音楽の影響を受けたかたちで、左手で低音を弾いて

写真　ビルマの竪琴

右手の演奏の伴奏のような音を出すような奏法も現れてきた。また、竪琴は通常は一人で演奏するが、音を大きくするために複数名で同じ音を演奏するだけでなく、文化大学などの教育機関では、西洋音楽のハーモニーを真似てパートに分かれて合奏をする曲が作られ演奏が行われているのも見ることができる。

ビルマ音楽の音階は七音階である。調律方法には主なもので四種類、近現代歌謡を演奏するものまで含めるとさらに数多くの調律方法がある。そのうち、フニンロウン調律種という、古典歌謡の基本的な調律方法を西洋音階との比較で分かりやすく示すと、主音をド（C）とした場合、ドレミファソラシドという音階になり、ミとシの音をやや低く調律する。実際には、主音は歌手の音域に合わせて高くも低くも合わせられる。また、楽器と指への負担を軽くするために、弦の張力を緩めて音を下げて演奏する奏者もいる。

竪琴や、同じくビルマ音楽の代表的な楽器の一つである竹製の木琴（パッタラー）は、室内での演奏など、音量をさほど必要としない場合に演奏される。プロの活躍の場としては、結婚披露宴やホテルのロビーでの演奏が

主である。ホテルでは、外国人観光客の多い場所では古典歌謡、ビルマ人の多い場所では近現代歌謡が奏されることが多いという。古典歌謡よりも歌いやすく歌詞も分かりやすい近現代歌謡は、二〇世紀以降、ラジオや映画を通して広まり、レコードやカセットテープなどで普及したもので、懐メロのようなかたちで好まれている。

竪琴と並ぶビルマの代表的な楽器はサインワイン楽団である。祭事や人形劇、舞台芝居などで用いられ、非常に賑やかな音が特徴的である。環状に小さな太鼓を並べたサインワインという楽器を中心に、フネー（チャルメラ）、六個の太鼓を縦に置いて並べたチャウッロウンパッ、銅鼓を環状に並べたチーワイン、銅鼓を縦に並べたマウンサイン、ワーレッコウッ（拍子を取る竹製の楽器）、リングイン（シンバル）などで形成される。祭事での演奏には、歌手やコメディアンが加わり、歌や掛け合いを添える。電子キーボードやドラムセットなどが入って楽団の新曲や流行歌をさらに賑やかに演奏することもある。

竪琴もサインワインも、古典歌謡や近現代歌謡のレパートリーをほぼ共有しており、多くの曲はいずれの楽器でも演奏される。また、ピアノやバイオリン、マンドリンといった外来の楽器も用いられる。男女ともにどの楽器も演奏するが、体力勝負のサインワインは圧倒的に男性の奏者が多い。竪琴は男女問わず人気があるが、女性の奏者の活躍も目立つ。一九九〇年代以降は政府の芸能保護政策を背景に伝統芸能が脚光を浴び、竪琴を含め様々な楽器や歌、踊りなどを学ぶ子供たちが増えてきている。大人になってから趣味で楽器を始める人もいる。竪琴は部屋の飾りとしても好まれ、ガラス細工が施された見た目の美しさや音の素朴さは、変わらず人々を惹きつけている。

参考文献

井上さゆり　二〇〇七年『ビルマ古典歌謡の旋律を求めて―書承と口承から創作へ』東京：風響社。
井上さゆり　二〇一一年『ビルマ古典歌謡におけるジャンル形成』大阪：大阪大学出版会。
井上さゆり　二〇一四年「第一二章ミャンマーの芸能」赤松紀彦（編）『アジアの芸術史　文学上演篇Ⅱ　朝鮮半島、インド、東南アジアの詩と芸能』東京：京都造形芸術大学　東北芸術工科大学出版局藝術学舎：一四五―一五五ページ。
Becker, Judith. 1967. The Migration of the Arched Harp from India to Burma. *Galpin Society Journal*: 17-23.

第4章
故会田雄次教授のミャンマー観

阿曽村邦昭

筆者が若いころに読んで、感動したビルマ（現ミャンマー）関連の本と言えば、まず一九五九年に出た竹山道雄の『ビルマの竪琴』であり、その次には一九六二年の会田雄次著『アーロン収容所』である。

『ビルマの竪琴』については、すでに第Ⅱ部第3章でかなり詳しく論じたから、ここでは言及せず、会田教授の著作（『アーロン収容所』（その後編ともいうべき『アーロン収容所再訪』をも含めて）に則してその対ビルマ観について若干述べることとしよう。

会田雄次といっても、今の読者には必ずしもピンと来ないかもしれないから、どういう人なのかをまず知っていただかないといけないだろう。「略歴」風に書くとこうだ。

会田雄次（あいだ　ゆうじ）

一九一六年、京都市生まれ。京都帝国大学文学部史学科卒、同大学大学院進学。大学院生のまま、龍谷大学予科非常勤講師。一九四三年夏、京都師団歩兵連隊に教育召集を受け、擲弾筒兵として訓練される。この時、二七歳。同年冬、京都師団ビルマ戦に出動に伴い、歩兵一等兵として初めてビルマの地を踏み、英国軍の猛攻の中を辛くも生き延びる。

一九四五年、敗戦により英国軍の捕虜となり、二年間、主としてラングーン（対外呼称、ビルマ語呼称はヤンゴン）の「アーロン収容所」に拘留され、その間、過酷かつ屈辱的な（ビルマ人に日本兵捕虜に対する軽侮の念を持たせることをも大きな目的であったと考えられるラングーンでの糞尿処理集荷作業を含む。同じく捕虜となったインド国民軍将兵はこの糞尿くみとり作業を絶対に拒否）事実上の強制労働に服させられた。一九四七年の帰国後、神戸大学助教授を経て京都大学人文科学研究所助教授、同教授。一九七九年、退官。一九九七年没。

著書は多数に上るが、代表的なものに、『ルネサンスの美術と社会』（創元社、一九五七年）、『アーロン収容所：西欧ヒューマニズムの限界』（中公新書、初版一九六二年。中公文庫の初版は、一九七三年）、『ミケランジェロ：愛と美と死と』（誠文堂新光社、一九六三年）、『日本人の意識構造　風土・歴史・社会』（講談社現代新書、一九七二年）、『アーロン収容所再訪』（文芸春秋社、一九七五年、中公文庫の新版は一九八八年）。諸著作を集大成したものとしては、『会田雄次著作集』全一一巻（講談社、一九七九年）。

このような履歴の持ち主である会田教授は、生前、硬派の論客として知られていたが、もとよりビルマの専門家ではなく、現地に赴くまでビルマについてはほぼ全く知らない青年知識人であったといってよい(1)。したがって、そのビルマ観は、苛烈を極めた極限状況の中での自己体験を通じてえたものである。それは、今でも大きな本屋に行けば文庫本として並んでいる『アーロン収容所』を通じて広く知られるようになった著者の英国を中心とするヨーロッパ文明論や戦闘と捕虜生活から生まれた日本人論にも共通しており、自らの実体験を通じて得られた考察のもつ迫力に満ちている。

ところで、『アーロン収容所』で一番ページ数を割いて語られているのは、ビルマを背景としているとはいえ、著者を捕虜にした英国なり、英軍なりの示した具体例を基にしたヨーロッパ文明論である。その要点を筆者なりに引用し、まとめてみると、次のようになる（以下、カギ括弧内文章は、引用文）。

―「ヨーロッパでは穀物だけでは到底たりないので家畜をたくさん飼い、冬の前には、その多くを殺して肉をたくわえ、それによって冬を食べつないできた。有史以来実に十八世紀までそうなのである。（中略）屠殺された家畜はきわめて大切な食糧であるから、その肉や骨や血の一片一滴たりとも無駄にすることはできない。だからかれらはこの動物の屠殺とその屍体処理になれきっている。」

「かれらは多数の家畜の飼育に馴れてきた。植民地人の使用はその技術を洗練させた。何千という捕虜の大軍を十数人の兵士で護送して行くかれらの姿には、まさに羊や牛の大群をひきいて行く特殊な感覚と技術を身につけた牧羊者の動作がみられる。日本には（筆者注　大量に家畜を飼う農業の伝統がないので）そんなことのできるものはほとんどいないのだ。

二「かれらは豚を可愛がる。豚は食糧になるからだ。殺すことと可愛がることとは矛盾しない。（中略）しかし生物を殺すのは、やはり気持ちのよいものではない。だからヨーロッパではそれを正当化する理念が要求された。キリスト教もそれをやっている。動物は人間に使われるために、利用されるために、食われるために、神によって創造されたという教えである。人間と動物の間にキリスト教ほど激しい断絶を規定した宗教はないのではなかろうか。」

三「ところでこういう区別感が身についてしまうと、どういうことになるだろう。私たちにとっては、動物と人間との区別の仕方が問題となるだろう。その境界はがんらい微妙なところにあるのに、大きい差を設定するのだから、その基準はうっかりすると実に勝手なものになるからである。信仰の相違や皮膚の色がその基準になった例は多い。いったん人間でないとされたら大変である。殺そうが片輪にしようが良心の痛みを感じないですむのだ。家畜に対してと同じく、冷静に、逆上することなく、動物たる人間を殺すことができる。」

こうして、英軍は日本軍捕虜に対して劣悪な下等米を提供し、日本側が抗議すると「日本軍に支給している米は当ビルマにおいて、家畜飼料として使用し、なんら害なきものである」と平然と回答するのであった。

日本人捕虜が英軍女兵舎の掃除に行くと、女性が全裸で平気でいたのは、日本人などの有色人種は「人間」には属さない「家畜」同様の存在だから、無視できたのである。

イワラジ河の中州に収容された日本軍の鉄道隊は、泰緬国境で英国人捕虜を虐待して大勢殺したという戦争犯罪容疑で裁判を待っている中で、食糧が少なく飢えに苦しんで、英軍がアメーバー赤痢の巣であるとして禁止令を出していた毛ガニに手をだし薪の材料がないので生のまま食べ、全滅した(2)。英軍は、これを逐一観察していて、報告書に書く。「日本兵は衛生観念不足で、自制心も乏しく、英軍の度重なる警告にもかかわらず、生ガニを捕食し、疫病にかかって全滅した。まことに遺憾である」と。

それでは、著者のビルマ観はというと、『アーロン収容所』の記述におけるビルマの比重は必ずしも高くはない。つまり、会田教授にとって、ビルマは戦闘や捕虜生活の「場」ではあったが、戦闘はもっぱら（インド人兵士を含む）英軍相手であったし、ビルマ人との接触は一兵卒にすぎない著者などには殆どなかった。捕虜としての生活も英軍の監督下に置かれ、現場監督のインド兵や監視兵としてのグルカ兵との接触はあっても、一般ビルマ人との接触は建前としては厳禁されていたので、ビルマ人を広く、深く観察することはできなかったのである。

にもかかわらず、彼は同書において自分の実体験からビルマに関する以下のような若干の記述を残している。

一　国土

ビルマは、「熱帯悪疫の地」である。

二　住民

(1)「ビルマには泥棒が多い。住民の三分の一が坊主で、三分の一がパンパンで、三分の一は泥棒だという悪口があるくらいである。」

(2)ビルマの農民には諦めと忍従だけがあり、ある意味では卑屈なまでのおとなしさがあると信じ切っていた。しかし、一九四五年四月終わりごろ、シャン高原のロイレム付近に敗残兵としてさまよっている時、子供、女づれのカレン人達が瀕死の日本兵二人の頭を叩き割って殺し、金歯を抜き取っていた。家畜屠殺に馴れているので、「せっぱつまった生活状態に追い込まれると瀕死者の金歯を抜くぐらいは自然の行為なのだろう。」と考えるに至る。
（3）ビルマ人監督が持っていた英軍の『日本捕虜使用について』というパンフレットを読んでみたら、「日本兵の能力はインド人やビルマ人労働者の七、八倍であり、技術もすばらしい。」だから、「専門的技術者については、七ルピー、一般労働者四ルピー（この数字は記憶に乏しくたしかではない）支払え」とある。なるほど、ビルマ人よりも数倍の高給である。

三　女性

「ビルマ人のことを日本兵は悪く言う。女性に美人がいないのが癪なのである。しかし、公平に見れば色こそ黒いが、顔立ちは一般的に日本兵よりほんとのところ良いようである。」

四　対日感情

（1）捕虜生活二年目の昭和二二年（一九四七年）になると、作業場への往復に監視兵がつかなくなり、できるだけ裏通り―危険だというので英兵がいない―を歩くこととした。「戦争中私たちは、ビルマ人にずいぶん迷惑をかけ、掠奪などひどいこともした。しかし、このラングーンではどこへ行っても危険を感じることはもちろん、不愉快なおもいをすることもこなかった。直接ひどい目にあわされた一部の人は日本軍を憎んでいたらしいが、ビルマの対日感情のよさは、戦争のはじまる頃と変わらないようであった。」
（2）「戦中・戦後を通じ、私自身の体験ではビルマ人が日本人に対し憎しみを持ち、そのような憎悪感によって行動をしているということを知る例に出会ったことはない。」

五　仏陀の教え

（1）敗戦の半年前に中部ビルまで配備されたビルマ国民兵の一人であるビルマ兵補モングイは、著者が属していた中隊に最後まで忠実に仕えた。敗戦を迎えた中隊がモングイに別れを告げるための送別会で彼は言う、

「マスターたちは負けた。残念だろうが、これも運命なのだ。気を落とすことはない。昔はビルマは強国だった。そこにイングリが来て、ビルマ人を追い払い長い間いばっていた。それを日本人がイワラジ河にたたき落としてしまった。しかし、その日本を今度はまたイングリが追いはらったのだ。すべては流転する。このイングリもやがては消えるか、イワラジ河に落ちてしまうだろう。ごらんなさい、このシッタン河を。日本軍が勝っても英軍が勝っても、同じように変わらず、ゆっくりと渦をまいて流れている。（中略）それが　仏陀の知恵なのです。私たちはこの仏陀とともに生きているのです。」

この言葉を、ＴＰＯにかなった諸行無常と諦観の教えとして、著者は深く感動する。

（2）「ビルマの仏教は、ただこの国が僧侶の天下であり僧侶もまた真面目であるというだけではなく、その精神が一般の人びとのなかにこのように生きているということである。しかも、私が痛感したのは、戦後におけるビルマ人の日本捕虜への好意が終戦前と性質が変わったことである。戦争中は強者への憧れがあった。戦後はそれがなくなり、自分たちと同じ苦しみを持つものとして共感と同情にかわったような気がする。（後略）」。

六　人的交流

捕虜としての強制労働も一年たつと作業場でかなり自由になり、著者はイワラジ河に浮かぶ民船に連れ込まれて食事を供される。飯に匙をつけてくれたが、手で食べる方が礼儀にかなうので、手で食べた。すると、「とたんにみんな、ワットいう喚声をあげ、なにかしきりにしゃべりだした。やはりニッポンのマスターはえらい。イギリス人は自分たちと食事など絶対にしない。手で食べるには野蛮人だなどと言う。日本人は自分たちを同じように取り扱ってくれるというようなことを言っているらしい。」と、食事を通じてのビルマ人の好意を感ずることもあった。

ところが、『アーロン収容所』ほど評判にはならなかったが、ビルマに関しては、一九七五年に出た『アーロン収容所再訪』のほうが回想をも交えてより詳細に論じている。

『アーロン収容所』の中心が収容所における英軍による冷酷で落ち着き払った残忍な取扱いに対して燃えるような恨みを抱き、「イギリス人には赤ん坊であろうが子供であろうが哀願されようが殺してしまいたいほどの憎しみ」を持っていた著者のヨーロッパ文明論であるのに対し、この『再訪』では、著者はビルマに関する専門書もなにがしかは読み込み、時間の経過とともにその気持ちもかなり落ち着いてきているように見受けられる。

さて、どのような記述があるか、主なところだけでも見てみよう。

一　国土

「国土の広さは日本の一・九倍、人口二千八百八十万（一九七三年）、可耕地は四十パーセント（日本二十五パーセント）。だから食糧は豊かで職はなくとも餓死は絶対ない。寺でもどこでも乞食は殆ど見なかった。戦時中でも同じこと、その点はバングラデシュやインドとは根本的に違う。」

二　ビルマ人の自然観

「ビルマ人はこういう自然のなかに自然に適応しつつ生きている。いや、大きな自然の裾のはしに、細々とすがりついて生きているといってよいだろう。その風景は一口にいって荒寥そのものである。山は緑で平地に木も多いのだが、白いパゴダが点在する雄大な風景は私にはそうとしか表現のしようがない。ここにいわば大変楽天的な万物流転、諸行無常の思想が成立する根拠があるはずだ。（中略）さて、こういうことでビルマ人には自然を支配するどころか、自然をコントロールしようとする考えも全くない。米を作るための細々とした灌漑土木工事をやるだけである。イギリスの植民地になってやっと灌漑のための運河や鉄道敷設が行われたが、それだって今に至るまでのは全くの小規模でしかない。すでにのべた日本の賠償によるバルチャン発電所が前代未聞、驚天動地の事件となった所以《ゆえん》である。」

三　対日感情

(1)「私たちは上半身裸体、ときにはふんどし一丁になって労働する癖がある。ビルマ人は中国文化の影響であろう、男女とも絶対といってよいほどそういう姿を見せない。裸体が嫌悪されているということはよく判るのだけれど、三十八度から四十度をこす暑熱では、そうしないと私たちは汗でどうにもならないからである。」

こういうときにシャツや上着を作業場近くの木陰にひっかけておくと近くの工場で働いている娘さんたちが上着のポケットにビルマのお菓子をこっそり入れてくれることが稀ではあるがあった。

「(前略) わたくしたちに対する態度は敗者に対する同情、憐れみと言うものだけでもなかった。ビルマ人は敗けた私たちにも一種の尊敬を持ちつづけていてくれたようである。私たちを使用する側に立つようになってからでもビルマ人たちは、前のまま「マスター」という敬称でよび、敬語で以て扱ってくれた。「マスター、この仕事、お願いします」という風に。」

また、汚い恰好、疲れた足取りでだらしなく街を歩いている日本人捕虜の前で合掌してあいさつしてくれるビルマ人も珍しくはなかった。

(2)「日本軍の軍律が厳しく、その爆撃だって軍事目標に限られていたので、みんな爆撃を見物していたということは多くの人から聞いた。そういうこともあろうが、マウン・マウン・ティンさん (筆者注　会田教授がビルマを「再訪」した一九七四年の時点でマンダレー在住の親日家、元マンダレー大学助教授、文学史家、歴史家) に限らず、ビルマ人はこういう人災も天災と同じように考える傾向を持つようである。こういうと、そんな判断はいかにも我が田に水を引く日本人式解釈だと思われる人もいよう。だが、この地上の一切の現象はこれすべて仏陀の意思ということを、もし徹底して信じるなら、そうなるはずのものであろう。」

四　近代化

（1）ビルマの一流ホテルでもパンがひどくまずい。「ボロボロできめがおそろしく粗く、ぬかで作ったのではないかと思うほどまずい。」

（2）「ビルマは一八八六年から日本の占領まで、五十数年の長い間イギリスの植民地であった。圧迫があったことはいうまでもないが、イギリスによって近代化は推し進められたはず。だがビルマ人はこのようにパン一つ、まともといってはいけないかも知れぬ、ふつうに作れないのだ。」

（3）「しかし、ビルマ人は今でもいわゆる洋菓子（ケーキ）を食べることは覚えている。だから、ラングーンやマンダレーなどの大都市にはそういう菓子を売っている店がある。しかし、それもパンと同様、どうにもならぬまがい物にすぎぬ。ビルマ人はかなりコーヒーを飲む。けれども白砂糖を作らない。作れないのだ。粗製黒砂糖入りのコーヒーというものは、これもまたちょっと何ともいい難い飲み物だ。

五　女性

（1）「戦時、田舎では私たちは妙な判別法を発見した。立小便をしていたら女、かがんでやっていたら男である。日本とは反対だ。女性はロンジーをひろげ、昔の日本の女性がやっていたように前かがみになってやる。足も何も見えないのだから、日本の農村の野外で見受けられるように目のやり場にちょっと困るという風景にはならない。だが、汚い話で申し訳ないがその飛沫がロンジーのすそにかかることは避けられない。男よりも女性が毎日水浴し、ついでにロンジーを洗ってしまうのはそういうことと関係があるかも知れない。」

（2）「兵隊たちは、直感的にビルマの女性を川蝉と呼んだ。（中略）川蝉は姿はそのように優美だけれど、巣の中は食いさらした小魚の残骸で臭く汚れている。農村出身の兵隊たちは川蝉とはなじみだ。ビルマ女性をいい得て見事だろう。在ビルマ日本人の奥さんたちが、ビルマ娘のお手伝いさんの掃除その他の訓練に苦労する理由である。」

六　日本軍人と少数民族

「戦争当時日本の軍部などは「満州国」の五族協和と同じく各民族平等の立場で臨んだはずである。ビルマ人も協力したが、モン、カレン族は特にそうだった。ビルマ人は温和だが、やや物足りない。カレン人、モン人は剽悍《ひょうかん》であり、感覚も鋭く信義に厚く、どうも日本の軍人とうまが合ったようだ。十七年に結集されたビルマ国軍内ではカレン人将校が幅を利かせていた。今も反乱を続けている将校にも日本軍の訓練を受けた人が多い。」

七　武器供与と軍事訓練を通ずる国家間の関係

「陸上兵力十三万人の武器は殆ど英米のものだが、注意すべきは西ドイツの援助で小火器とその弾薬の製造整備施設を整えつつあることだ。（中略）ビルマの海軍は艦船は乏しい。マユ号という千四百六十トンの日本の護衛艦みたいな一隻が主力で、あとはそれにつづく千トン級一隻とその他魚雷艇など四十隻ほどだ。その小魚雷艇十隻を除いてはみなイギリス製であり、海軍士官はイギリスで訓練を受けている。空軍将校や陸軍の将校も一部はアメリカで訓練を受けている。（中略）武器援助すべきではないという主張はよく判るのだが、それを呼号する人たちは本当にその影響を考え、ではどうするかということを深く考えたことがあるのだろうか。東南アジアの国々は経済体制はどうあろうと、尚、未来にわたって軍国でありつづけるだろうからである。」

八　ミンドン王の平和・妥協路線とその結末

「ミンドン王は、賢明冷静で合理的思考をするビルマ最後の偉大な王として知られるけれど、その勢力圏は第二次英緬戦争でイギリスがビルマ全沿海の広大な地域を併合していたため、僅かにこのマンダレーを中心とする中央平原をおさえていたにすぎない。しかも、イギリスの次の軍事行動の布石は着々と打たれていた。だが王は、そのイギリスと妥協という平和の道だけを取った。（中略）ビルマの滅亡はミンドン王をついだチボウ王の暗愚によるとされるけれど、当時において武力なくして独立が保てようはずがない。私は宗教のことは判らないけれど、飢えた虎狼が襲いかかろうとしているのに、それを防ぐ手段を講ぜず、祭壇を築き、神、この場合は仏陀の加護を求める儀式に熱中している為政者の神経というものはどうも理解できない。まるで抵抗などでご損害はかけませんからどうぞ私たちを料理して下さいと云っているようなものではないか。」

以上が、筆者なりにまとめた「会田ビルマ観」—それに関連した現代日本批判も若干あるが—の内容である。人口に膾炙《かいしや》した『アーロン収容所』においてはビルマを「熱帯悪疫の地」で、一日も早く帰国したいと念じていた著者が、『再訪』では、「私にとっても、ビルマは郷愁ともいえるほど懐かしさを以て迫ってくる土地であり、今度もし行ったら帰れなくなるのではないかと思ったくらいである」というまでの「ビルマ・メロメロ」なのだ。その理由は、言わずと知れた「ビルマ人の暖かい思いやり」である。

会田教授は、自分を惹きつけてやまぬ、この「暖かい思いやり」の源泉としてのビルマ人の思考様式について、『再訪』の巻末近くで次のように述べているが、文明論としても極めて興味深く、考えさせられる。

「それにビルマ人の感情と思想を支配しているのがキリスト教でも回教でもなく小乗仏教であったことも幸いした。キリスト教、回教、この二つの宗教のおそろしさは、人間の即物的、本能的な生き方を否定し、完全に観念からのみ構築された一つの巨大な理念に従って生きるように、すべての人を強制するところにある。とりわけこの理念に従うものは絶対善、従わぬものは絶対悪とする思考を強制したところにある。それは必然的に人を憎むことを教える結果となった。（中略）しかし、この教えに「毒されぬ」限り人は自分の憎悪を絶対善とは思えぬものだ。残虐行為はあるにしても、本能的恣意的なものだった。憎悪に徹することを正義とし救済とする宗教が人の心を変え、人間の憎悪は自然の歯止めを失い、その信者たる人間は憎悪に生きる正義の神となる。（中略）ビルマ人はまだ憎悪を正義とする心を知らない。」

注

（1）東京帝国大学法学部を卒業して日立本社社員として勤務中に応召した荒木進は、その著『ビルマ敗戦記』（岩波新書、一九八九年）の「おわりに」で反省をこめて次のように述べているが、彼だけが例外であったわけではないであろう。

「私達日本人はビルマの歴史や文化に関して、いかにも無知識、無関心であった。あったのではない。今でもそうだ。ビルマに関する文化関係の一般日本書は、十種ほどあるかなしである。私の本文中にも、文化関係の記述はほとんどない。私は兵隊として第一線にいたので心身に余裕がなかったことにもよるが、第一にそれは私がビルマに関して無知識同然だったことによる。」

（2）泰緬鉄道については、本書「コラム8」の柿崎一郎「泰緬鉄道の過去と現在」参照。同コラムの参考文献以外に、同鉄道建設に当たった南方軍鉄道隊参謀長をつとめた広池俊雄（終戦時陸軍大佐）『泰緬鉄道』（読売新聞社、一九七一年）は、日本側の記録として参考になる。

なお、インドの Ledo に発してビルマの Kachin 州の Singbwiyang、Tanai、Myitkyina、Bhamo 等の町を通り、既に完成していた Burma Road と Mong-Yu で接続させ、中国国境の Wanting 経由で昆明の蒋介石軍補給受領拠点まで物資を運搬すべく、米国の Joseph Stilwell 将軍麾下の米陸軍が一九四二年十二月半ばから一九四四年末にかけて建設したのが、全長七四八キロメートルにおよぶ Led Road(別名 Stilwell Road) である。道路建設工事に参加した米国兵の数は一万五〇〇〇人以上で、これに三万五〇〇〇人の現地労務者が加わった。費用は一億五〇〇〇万米ドルで、過酷な作業環境のもとでマラリアなどのために米兵一一〇〇名、現地労務者に至っては余りにも多数なこともあり、数えきれないほどの数の死亡者を出した。建設工事に参加した米兵の約六割は黒人兵で、激しい黒人差別主義がはびこる中で白人士官の指揮下に置かれていた。

この道路の完成の暁には、一九四三年末の空路補給毎月一万三〇〇〇トンであったのに対して、陸路により毎月六万五〇〇〇トンの補給が可能になるというのが Stilwell 将軍の目論見であった。しかし、実際には、一九四四年五月の日本空軍 Myitkyina 基地の壊滅によりここよりも南回りでの空輸が一層容易になったこともあり、一九四四年一一月になるとすでに空輸による補給物資は毎月三万九〇〇〇トンに達しており、日本が降伏する直前の一九四五年七月には、七万一〇〇〇トンに増加した。他方、この月の陸路による補給物資運送量は、六〇〇〇トンにとどまった。

これからしても、多数の人命を奪い、また莫大な費用を要したこの道路の建設に軍事的合理性があったかどうか、かなり疑問である。おまけに、戦後、*Kachin* 州はビルマ軍事政権と *Kachin* 反乱軍（Kachin Independence Army）間の武力抗争の場と化したので、この道路の維持・補修など行われるはずもなく、荒廃し殆ど使われていないのが現状である。

参考文献（Ledo Road 関係）

Webster, Donovan. 2003. *The Burma Road:-Epic Story of the China-Burma -India Theater in World War II*. New York; Farrar, Straus and Giroux.
Powell, Anthony. 2015. Ledo Road. *Mai Hsoong, Air KBZ inflight magazine,*Issue 6.

第5章
戦後の日本・ミャンマー関係

矢間秀行

第二次世界大戦後の日本とミャンマー関係は、イギリス植民地支配からの独立運動支援、戦争中の日本軍による占領、大戦末期の対日反抗及び日本の敗戦を基本条件として出発し、具体的には平和条約締結といわゆる戦後賠償を巡る動きから始まる。大戦により大きな損害を受けたにもかかわらず誇り高くデリケートなミャンマー政府の穏やかな対日戦後処理と、それに恩を感じミャンマーを友好国として手厚く恩返しをしようとする日本という構図が形成され、戦争中に日本軍の訓練を受けたネー・ウィン将軍の政権への日本による手厚い支援に引き継がれる。そしてネー・ウィン政権崩壊後、日本はいわば前例なきミャンマーとのつきあい方を、世界各国とは一線を画す形で模索した。

1　ウー・ヌ政権（経済の社会主義化と仏教政策）と対日政策

第二次世界大戦の平和条約に先立つ一九五〇年三月、日緬貿易協定が締結され、日本の食糧事情改善のためにビルマ米が輸入されることとなった。しかし、同協定は日本を占領していた連合軍が日本政府の名において締結したものであり、日本政府独自の外交政策の反映とは言いがたい。翌一九五一年九月、サンフランシスコ平和条約が締結され日本は独立を回復したが、ミャンマー政府はサンフランシスコでの平和条約締結のための会議に参加せず同条約にも調印していない。しかし、その三か月後の同年一二月には日本総領事館がヤンゴンに開設されており、翌五二年一月には日緬平和条約の締結に向けた交渉が開始された。同年四月にはミャンマー政府により日本との戦争状態の終結が通告され、一九五四年一一月には「日緬平和条約」と「賠償及び経済協力に関する協定」が締結された。翌一二月には両国の駐在代表が相互に大使に昇格されている。「賠償及び経済協力に関する協定」は、日本政府が東南アジアとの間で最初に締結した賠償協定であった。他の賠償請求諸国と異なりサンフランシスコでの対日平和条約会議にも参加せず賠償を巡る交渉を開始したのは最も遅かったが、結果的に最も早く協定締結に至った。しかも、賠償額は二億ドル（一〇年間の均等分割払い）に決まったが、これは他の賠償請求諸国が五〇億ドルや一〇〇億ドルといった規模で賠償を要求していたのと比較すると破格の低額であった。他の国々も、ミャンマーが二億ドルで賠償額を妥結したことを受けて日本に対する高額な要求を断念せざるを得なくなったとされる。第二次世界大戦ではアジア諸国が多大な損害を受けており、国際社会に復帰したい日本にとって、それらアジア諸国との戦後処理は避けて通れなかったが、迅速で低額な賠償額で手を打ってくれたミャンマー政府に対し日本政府関係者が厚く感謝の意を持ち、日本にとってミャンマーとは友好国であるとの認識の土壌を作ることとなった。平和条約は一九五五年四月に発効したが、早速同年七月には日本政府はウー・ヌ首相を国賓として日本に招いており、五七年五月には岸信介首相がミャンマーを訪問している。そのような要人往来に加え、日本政府は賠償協定の再検討条項に基づく追加賠償の交渉にも積極的に応じ、賠償協定に基づく賠償支払いの終了する一九六五年四月から一二年間にわたり総額一億四、〇〇〇万ドルの無償援助の実施を約束した（なお、追加賠償という用語の使用は避けられ「経済及び技術協力協定」として一九六三年三月に締結された）。

わが国が戦後賠償として実施した主なプロジェクトには、バルーチャン水力発電所建設計画（総額一〇三億九、〇〇〇万円）やビルマ鉄道計画、工業化四プロジェクト（軽車両、重車両、農機具、電気機器の製造）がある。バルーチャン水力発電所はミャンマー東部のカヤー州に建設され、出力八万四、〇〇〇キロワットで完成当時にはミャンマー全国の電力需要を賄った。同発電所はその後補修を重ねつつ建設後約六〇年経過した二〇一五年現在も稼働している。ミャンマー国内では著名な発電所でありそれが日本の援助であることも比較的広く知られているが、後に老朽化部分の補修工事の実施が日ミャンマー関係の流れに大きく影響されることとなった。

平和条約及び賠償協定をめぐる動きは、ミャンマー側から見るとどうであったかについて、これといった見方はうかがえない。ミャンマー政府がサンフランシスコでの平和条約会議に参加しなかったのは、会議の運営が西側諸国寄りであるとみられたことや条約締結後にアメリカ軍が日本に駐留する予定となっていたことに反対であったからといわれる。この点は、その後もミャンマー政府が東西両陣営に属さず厳正中立の外交政策をとり続けたこととも符合し、イギリスからの独立に際し英連邦に属さない決定をし、後に独自の社会主義政策を打ち立てたように、敢えて他の国と歩調を合わせることはしない誇り高き独自路線志向とも符合する。また、経済面についてみると、ウー・ヌ政権の社会主義指向の経済政策（ピードーター政策）が順調にいっておらず経済開発のための資金を早期に必要としていたこともあったと考えられるが、低額な賠償額で妥協したことは寧ろ、ミャンマー人の多くが信仰する仏教由来の「人の罪を許し人の苦境に同情する」心情であり、「恨みをまともにぶつけるのははしたない、仏陀の教えに合わない、どうせ因果はめぐるのだから直接恨みを言ったり、復讐する必要はない」［土橋　二〇〇九：二九］というデリケートなメンタリティーの影響が大きかったと思われる。フィリピンやインドネシア等に比べてミャンマーが戦争の被害が軽くて日本に対する心証が悪くなかったなどということは考えられない。また、この時期はまだ、「反ファシスト（注：ファシストとは日本である）」人民自由連盟の政権である。従って、ミャンマー側の動きは親日感情が存在してそこから出てきたものではなくミャンマー政府の独自の価値観から出てきたものであるが、結果的に日本にとって大変有り難いものとなった。

2　ネー・ウィンの政策（ビルマ式社会主義）と日本

一九六二年三月、ネー・ウィン将軍がクーデターにより政権を掌握した。人によっては一九五八年に同将軍が選挙管理内閣を組織した時を起点にするが、この時から本格的にネー・ウィン時代が始まり一九八八年九月に全国的な民主化運動の最中にソー・マウン国軍司令官がクーデターにより軍事政権を成立させるまで続く。政権の体裁としてはその間の一九七四年三月にビルマ社会主義共和国という文民体制への移管があるが、この約二六年間の日本のミャンマーとの関係は、ネー・ウィンの独裁する社会主義政権とのつきあいと言っていい。ネー・ウィンは、日本においては、一九八八年に全国的な民主化運動が起きるまで、一般的にかなり好意的な評価がなされている。「三〇人の志士」の一員であり「ビルマ独立軍（ＢＩＡ）」幹部であったネー・ウィンは、「清廉潔白で汚職を嫌う」、「真面目」、「親日的」とされ、日本側から見てかなり好ましい指導者であったようだ。西側陣営の一員としてアジアに共産主義国が増えることを望んでいなかった日本は、ネー・ウィンのビルマ式社会主義がソ連の共産主義とも中国の共産主義とも一線を画するものであったこともあって、むしろミャンマーがインドシナ大陸の共産化の防波堤になることを期待し、同時に、ビルマ式社会主義による経済開発の将来に本格的な疑問が呈されることはなかった。

ネー・ウィンは、同じ中立主義でもウー・ヌ政権と異なり鎖国的とも言われる消極的な中立主義外交政策を採用したため、外国援助は政府対政府のものに限定され、その政府対政府の援助についてさえ政権掌握当初は消極的であった。しかし、ネー・ウィンは、「国内政治情勢の安定、および経済停滞打開の必要にも起因していようが、米中対話の復活、ドイツ問題の一応の解決、日中国交の樹立など、国際緊張緩和の趨勢」〔佐久間　一九九三：一八四〕を受けて対外的に開放政策をとり始めた一九七〇年代に入ってからは、外国からの援助を増加させた。なかでも特に、軍事的、政治的イデオロギーに関する特別な意味合いを伴わない日本及び西ドイツからの援助額が増加したが、工業化に重点をおいていた当時のミャンマー政府が、日本や西ドイツの工業技術を大きく評価していた点も大きかったと考えられる。一方で、旧宗主国のイギリスについては言うまでもないが、米、中、ソ連といったいわゆる大国とは、政治的問題回避の観点から経済協力面での関係は活発ではかなかった。

わが国の対ミャンマー援助額は援助国の中でも一位を占めた。第二位以下を大きく引き離している。援助の内訳については、円借款がその大部分を占めた。わが国が当時ミャンマーに対し実施した円借款は、主に賠償で始まった工業化プロジェクトや鉄道案件、空港案件等が中心で、その後、一九七八年度までは鉱工業と商品借款がその大半を占めていたが、一九七九年度以降は電力、運輸、通信、灌漑等のインフラ整備にも円借款が供与されるようになった。無償資金協力については、一九七五年度に開始され、一九八八年の軍事クーデターまでの一三年間（一九七五〜一九八八年度）に、総額九四〇億円の援助が行われている。

このように日本がネー・ウィン政権に対し友好的な関係を築き積極的に経済援助を実施したのはなぜであったか。ミャンマーが東南アジアの安定と平和のために戦略的に重要な位置を占めていること、厳正な非同盟・中立の外交政策を遂行していること、反共の社会主義を実践していたこと、指導者ネー・ウィンが真面目に国家建設に努力していた印象に好感を持ったこと、ミャンマー国民の対日感情が良好であったこと、日本が歴史的にミャンマーと一種特別の関係にあったことが挙げられる。ミャンマーが共産化もせず、ミャンマー国民の対日感情が悪化することも無かったという点で、日本のミャンマーとの関係作りは一定の成果があったと言えよう。一九七二年には、それまで「ファシスト日本に反抗した日」と命名されていたアウン・サン将軍による対日蜂起の記念日である三月二七日が、「日本」の国名が抜けて「ファシストに反抗した日」に改称された。また、一九八一年一月四日に、ビルマ政府は鈴木大佐（南機関長）未亡人を始めとする元南機関関係者七名の日本人に、「アウン・サン勲章」を授与することを発表した。これまでこの勲章を授与された者は、外国人はもとよりビルマ人でも皆無であった。これらは、ネー・ウィンが日本に対し友好的な関係強化を志向したいとのメッセージを送ってきたものと言える。

なお、一九六〇年代から七〇年代にかけての日本の政府開発援助（ＯＤＡ。戦後賠償も含める。）には、商業主義的体質があったとされる。即ち、日本の援助は日本製品の販路の確保と輸出拡大が真の目的であったというものだ。しかし、「どの経済指標を見ても、この時期、日本が巨額の資金供与の見返りとして十分な経済的―商業的「利益」をこの国から受けたとは到底証明できない」［工藤 一九九七：二七七］。むしろ、一九八〇年代に入りＯＤＡが日本の国際貢献の手段として担う役割が増大していく中でミャンマーに対する援助がそれに歩調を合わせて増加しており、日本が国際社会における地位を向上させていくという観点で、ミャンマーに対する援助が貢献しているとみるべきである。

一方で、ミャンマーの経済開発を支援する点ではどうであったか。ネー・ウィンによる社会主義体制は、結果的にミャンマー経済を順調に成長させることはできなかった。特に一九八五年以降の円高、マルク高により対外債務返済額が急激に膨張した。日本と西ドイツからの援助が援助受取総額の八〇％（一九八七年）を超えていたミャンマーにとって、両国通貨の騰貴は致命的であった。ミャンマーは一九八七年一二月に国連により後発途上国（ＬＬＤＣ）認定を受けるに至り、日本に対する円借款の返済も次第に滞った。そのため日本は一九八七年度には新規円借款の供与を見合わせることとしたが、日本は翌一九八八年に民主化運動が発生し軍事政権が成立したから円借款を停止したのではなく、民主化運動が起きる前から円借款の供与を停止したのである。経済開発の観点からは、結果的に十分な成果があったとは言いがたい。日本は多額の援助によりネー・ウィン独裁政権の延命に力を貸したとの批判もあるが、これについては、日本政府の援助が相手国政府との間で政府対政府のルートで話を決めていかなければならない中で、援助を停止して政権幹部を苦しめるがミャンマー国民は苦しませないという手段が現実に存在したのか、自給自足的な経済構造のミャンマーで外国の援助がなければどの程度政権崩壊が早まったのと言えるのかという疑問がある。しかし、少なくともミャンマー国民の経済水準向上の期待には十分に添うことが出来なかった点は明らかである。

3　ソー・マウン／タン・シュエ軍事政権下のミャンマーと日本

一九八八年九月一八日、民主化要求デモを鎮圧しつつ、ソー・マウン国軍司令官率いる国軍がクーデターにより全権を掌握し、軍事政権を成立させた。国家法秩序回復評議会（ＳＬＯＲＣ）政権である。この政権（一九九七年に衣替えした国家平和開発評議会（ＳＰＤＣ）政権を含む）、特にソー・マウンに代わり一九九二年四月に議長・国軍司令官に昇格し二〇一一年の民政移管までトップであり続けたタン・シュエ大将（後に上級大将）の政権を相手に、日本は西側先進国の一員でありつつも欧米とは一線を画した独自の外交を展開することになる。

欧米諸国が、ミャンマー政府に対しさまざまな制裁を課し、政治的、経済的な圧力を掛けることで国際社会から孤立させ、軍事政権を倒して民主化への道を模索しようとしたのに対し、日本はＯＤＡを原則停止としながらもクーデター前から実施中の案件や緊急・人道的性格の援助については、ケース・バイ・ケースで検討するとして完全に道を閉ざさないでおき、軍事政権を倒すのではなく対話を通じて説得し、軍事政権の自主的な変化で経済開放と民主化させるスタンスを取った。日本は西側諸国で真っ先に一九八九年二月に軍事政権を政府承認した。この政府承認を発表する前日に、ミャンマー政府はネー・ウィン政権末期に国民に対し約束した複数政党制総選挙の選挙期日を公表した。軍事政権に対話の用意あり。ミャンマー政府は明確にはそう言わないがそのように解釈できる出来事であった。なぜそのような、制裁ではなく対話を模索する道を選んだのか。相手を動かすには相手の心を知ることが必要である。ミャンマー人は、相手に対する思いやりないし放っておけない気持ちを大切にし、相手の心を察し、察せられることを重んずる。そのように見極めた上でのつきあい方の選択であった。それは、長年のミャンマーとの交流を通じてミャンマー人の心を洞察した上での、欧米にはない日本ならではの選択であった。その後、一九八九年六月にＳＬＯＲＣ政権が国名（英語版）をビルマからミャンマーに変更した際も、欧米はビルマ（Burma）を使用し続けた中で日本政府は直ちにミャンマーを使用することとした。一九九〇年五月の総選挙結果が放置され民主化は進まなかったが、軍事政権との対話は継続されたことを考えれば、この選択はその限りでの一定の成果があったと考えられる。一九九五年七月、民主化運動の指導者アウン・サン・スー・チー氏が六年振りに自宅軟禁を解かれたが、同氏が当局から解除を通告され外部に姿を見せる以前にミャンマー政府関係者から軟禁解除の予告を内々に受けたのは日本大使館だけであったらしい。対話を続けてきた日本に軍事政権が何も期待せずにそのような予告サービスをしたということはあり得ないであろう。同氏の自宅軟禁解除は、「国際社会がミャンマー政府に圧力をかけ続けたことを要因にあげる見方もあったが、（中略）むしろ、日本政府が外相会談をはじめ、あらゆる機会にあらゆるレベルを通じて、忍耐強く、静かな話し合いを通じて民主化の重要性を説得してきたことに効果があったとの見方が現地ヤンゴンの外交団の間では強かった」。〔田島一九九七：八〇〕

アウン・サン・スー・チー氏の自宅軟禁解除について、日本政府はこれを「ミャンマーの民主化及び人権状況改善における重要な前進」として評価し、援助の規模をやや拡大した。民主化や人権状況の改善といった政治情勢の改善の期待もあり、経団連のハイレベルミッションもミャンマーを訪問した。この傾向は、その後、同氏と軍事政権との関係が順調に好転しなかったこともあり、拡大傾向とはならないまま二〇〇三年五月のアウン・サン・スー・チー氏襲撃事件（ディベイン事件ともいわれる）を迎える。この事件を機に、戦後賠償で建設後かなりの時間が経過し老朽化が進行していたバルーチャン発電所の補修援助案件が途中で中断された他、再び援助の規模を縮小した。

この期間中、日本はミャンマーの東南アジア諸国連合（ASEAN）への加盟を後押しするという政策を取った。ASEANに加盟すると年間三〇〇を超える各種の会合に参加することになり、首脳会合や各種の閣僚会合にも毎年参加することになる。それらの機会を通じ、誇り高く孤立をいとわない軍事政権の幹部の目を外に開かせ、自ら国際社会を学ぶ効果が期待された。日本としても、ASEANとの対話という場で、その一員であるミャンマーと対話を持つ機会を増やすこととなった。一九九九年に軍事政権成立後最初に日本がミャンマーと首脳会談を行った（小渕＝タン・シュエ会談）のはASEAN首脳会合の機会であった。

二〇〇三年五月にアウン・サン・スー・チー氏が襲撃され、ミャンマーの民主化の進展はもはや期待できないかとも思われた中で、日本を含む国際社会は、軍事政権内部で比較的開明派とみられ、「民主化のロードマップ7項目」を発表したキン・ニュン首相に期待をかけた。しかしそのキン・ニュン首相も二〇〇四年一〇月、突如解任される。唯一といっていい開明派幹部を排除したミャンマーを見て、二〇〇六年九月、国連安全保障理事会は、ミャンマー情勢を正式議題とすることを投票により決定した。日本は賛成票を投じたが、このことは、軍事政権にかなり強い日本に対する怒りの気持ちを生じさせた。数日後のミャンマーの国営紙には、「日本は第二次大戦の際に残忍な行為をしたにもかかわらずミャンマー国民が与えた恩を忘れた」と極めて珍しく歴史問題を持ち出して日本を非難する記事が掲載されている。ミャンマー政府に対する民主化の働きかけにこれといった打つ手もないまま二〇〇七年八月には、ミャンマー政府による燃料価格の大幅な引き上げを背景にミャンマー全国各地で大規模なデモが発生し、治安当局が実力を行使する事案が発生した。このデモで日本人長井健司氏が死亡したこともあり、日本はミャンマーに対する経済協力を更に絞り込むこととした。

4　テイン・セイン政権と日本

日本を含む国際社会のミャンマー政府を見る目が厳しさを増す中、ミャンマー政府は独自に民主化プロセスを進める。二〇一〇年一一月には民政移管のための総選挙を実施し、翌二〇一一年には軍事政権のナンバー4であったテイン・セイン首相を大統領とする新政権が発足した。一九六二年にネー・ウィンがクーデターで軍事政権を設立した時から数えると、実質的には四九年ぶりの民政移管である。この新政権が「軍服を背広に着替えるだけ」と見た大方の予想に反し、政権発足早々にアウン・サン・スー・チー氏の率いる国民民主連盟（ＮＬＤ）を国会に登場させ、大胆な民主化を進めた。この急速な民主化の進展の背景には様々な要因が考えられるが、民主化こそがミャンマーの進むべき道であることを軍事政権幹部が理解したからにほかならない。その理解のきっかけは単純なものではないであろうが、日本が粘り強く対話を通じ説得してきた成果も候補として入れていいのではないだろうか。民主化に向けた一連の取組みを受けて日本は、二〇一二年四月に経済協力方針を変更し、円借款を含む本格的な支援を再開した。最高レベルの要人往来も再開され、二〇一二年四月にはテイン・セイン大統領が一九八四年のサン・ユ大統領以来二八年振りにミャンマーの国家元首として訪日した。二〇一三年五月には、安倍晋三総理が日本の現職総理大臣として一九七七年の福田赳夫総理以来三六年振りにミャンマーを訪問した。この訪問において、日本が官民を挙げてインフラ整備や人材育成を支援することを盛り込んだ共同声明が発表され、安倍総理は、ミャンマー向けの債権約五、〇〇〇億円（ネー・ウィン政権時代に供与した円借款で、返済が延滞していたもの）を全額返済免除し、九一〇億円の政府開発援助（ODA）を同年度中に実施すると表明した。同年二月には日本財団の笹川陽平会長が日本政府から「ミャンマー国民和解に関し関係国政府等と交渉するための日本政府代表」に任命され、ミャンマー政府と少数民族との和解へ向け活躍を開始した。過去に、外国人がミャンマー政府及び少数民族双方から同時に十分な信頼を得たことはないといってよい。その中での日本政府代表の活躍は、新たな国造りを進めるミャンマーの日本に対する期待と信頼を示す。

5　日本・ミャンマー交流史

旧厚生省資料によれば、第二次世界大戦中に約三四万人の日本兵がミャンマーに派遣され、そのうち約一七万人が戦没した。敗走に際しミャンマーの村人に世話になった兵士も多く、そのような兵士が多数いたことも戦後の日本のミャンマーに対する好感の一要素となった。一九六二年に出版された会田雄次著『アーロン収容所』で紹介されたイギリス軍の日本軍捕虜収容所の捕虜の過酷な扱いとかなり対照的なのである。また、戦後間もない一九四七年三月から児童雑誌『赤とんぼ』に連載された竹山道雄の小説『ビルマの竪琴』が、いわゆる名作として多くの日本人に親しまれ、ビルマ（ミャンマー）という国を身近なものにした。しかし、ミャンマー側においては、日本軍占領中の日本の憲兵隊によるミャンマー国民に対するひどい振る舞いは強く記憶されており、恨みは忘れられていない。憲兵隊の「悪」とアウン・サン将軍達「三〇人の志士」を支援した日本軍の南機関に対する「感謝」の気持ちは、是々非々としてミャンマー人の心に中にある。

一方のミャンマー側において日本とのつながりをモチーフにした著名な文学作品を挙げるとすれば、一九七一年に出版されたジャーネージョー・マーマーレーの小説『血の絆』が挙げられよう。また、日本が高度成長を軌道に乗せた頃、多くの工業製品や映画が一般ミャンマー人に親しまれるようになる。なお、日本の公立校におけるミャンマー語教育は、大戦中の一九四五年四月、大阪外事専門学校のビルマ語学科設置に始まる。同校は一九四九年に大阪外国語大学となったが、日本では戦後のかなり早い時期からミャンマーの専門家が輩出された(1)。ミャンマー側では、一九六四年にヤンゴン外国語学院(現ヤンゴン外国語大学)の開校と同時に日本語学科が設置されている。政府レベルに限られない草の根レベルでの様々な日本とミャンマーの交流と相互理解が、今日まで続いている両国間の基本的に友好的な関係の基盤となったことは疑いない。また、一九八八年の鎖国的な社会政権崩壊以降、日本のNGO関係者がミャンマーの各地で地道な開発援助活動に従事し、地道に日本人についての好感を深めたことも大きい。

ミャンマーに長期滞在する日本人(在留邦人)の人数は、日本・ミャンマー関係の深まりに合わせ着実に増加している。鎖国的な社会主義政権の中頃の一九七四年六月には一四五名であったが、日本から毎年多額の経済協力を実施するようになっていた一九八六年一〇月には二八一名に増加している。その後一九八八年の民主化運動・軍のクーデターにより一次減少したが、一九九五年のアウン・サン・スー・チー氏の自宅軟禁解除後、民主化の進展が期待され日本企業の進出が増加し始めた頃から五〇〇名から六〇〇名前後に増加し、二〇一一年のテイン・セイン政権発足後日本企業の進出が加速し、現在は約一、三〇〇名に増加している。

日本に滞在するミャンマー人の人数の推移は、他国の旅券で入国するミャンマー人も少なくなかったこともあり明らかではなかったが、一九八八年以降、軍事政権による迫害を受けるおそれがあるという理由で日本政府に保護を求め難民申請を行うミャンマー人は多数に上った。二〇〇五年から二〇〇九年までの五年間に日本政府への難民申請を行った外国人計五一四一名のうち、ミャンマー人は約五六%(二八八五名)を占め、第二位のトルコ人(五一五名)

を引き離して圧倒的首位であった。また、日本政府は二〇一〇年度から第三国定住制度(2)を開始したが、同制度により最初に受け入れたのは、ミャンマーとタイの国境地域のメーラ・キャンプのカレン族難民三〇名であった。

経済面についてみると、戦後の日本とミャンマーの貿易は、当初は日本の輸入超過から始まった。ビルマ米を大量に輸入していたためである。しかしその後ビルマ米の海外輸出全体が減少する中で一九五七年から日本の輸出超過に転じ今日に至っている。日本からミャンマーへの主な輸出品は工業用機械、自動車、オートバイ、自転車、電気製品などであり、日本のミャンマーからの主な輸入品は、木材（チーク材等）、農産物（豆類等）及び魚介類（エビ等）で、その傾向は一九五〇年代以降長らく変わらなかった。金額的にも、ネー・ウィン政権時代には社会主義体制でミャンマー国内経済が低迷し、一九八八年の軍事政権成立後は、ミャンマー政府が市場経済化を進め外国投資の誘致を始めたものの欧米諸国が政治情勢を理由に経済制裁を課していたこともあり、両国間の貿易及び日本からの投資は伸び悩んだ。しかし、テイン・セイン政権下での民主化の進展及び要人往来の活発化に合わせて、日本からの民間企業の進出は急速に進んでいる。日本からミャンマーへの輸出は、一九八〇年代から二〇〇〇年代まで二億ドル程度で推移していたが、二〇一一年度には五億二〇〇〇万ドル、二〇一二年度には一〇億九二〇〇万ドルに伸びた。最も多いのは自動車類である。輸入も二〇一一年度には三億二〇〇〇ドル、二〇一二年度には四億六〇〇〇万ドルに伸びており、従来の品目に加えシャツ等の繊維製品や履物の輸入増加が顕著である。なお、日本からミャンマーへの投資は二〇一五年までに計五九件で約四億ドルである。ミャンマーへの進出企業数は、軍政時代には約五〇社前後であったが、二〇一五年には約二五〇社に増加している。業種別に見ると卸売業、サービス業、製造業が多い。貿易量、投資額、進出企業数ともに今後も増加が見込まれる。

おわりに

二〇一五年一一月八日の第二回総選挙においては、アウン・サン・スー・チー氏の率いる国民民主連盟を（ＮＬＤ）が圧勝した。テイン・セイン政権の与党も敗北を認めており、二〇一六年三月には待望の民主化勢力による政権が発足する。ミャンマーの民主化は国際社会から幅広く歓迎されており、今後は多くの国々からの援助や投資が加速化されることが予想される。また、アウン・サン・スー・チー氏はもとより民主化勢力の関係者の目は軍事政権時代とは比較にならないくらい外の世界に目が開かれている。日本だけが多大な援助や投資を行い特別に友好的な地位を占めることはないであろう。圧倒的な援助量をもってあたかも「日本が黙って特別席に座れる時代はとうの昔に終わっている」［宮本二〇一二：二九六］。そのような国際環境も存在しない。また、誇り高く、相手を思いやることを重視するミャンマー人のメンタリティーが変わることもなく、一方的な思い入れや自己都合をミャンマー政府やミャンマー人に押しつけることが出来ないことは今後も変わらない。相手を察することが今後も重んぜられよう。ミャンマーは、二〇一三年のSEA Game（東南アジア最大のスポーツ大会）、二〇一四年のＡＳＥＡＮ首脳会議（日、中、韓、米、露等の首脳が出席する東アジア首脳会議も同時に行われる）のホスト国の役目を無難にこなし国際社会での自信もつけている。新たな政権のもとで、政権が欲していることと、ミャンマーの一般国民が欲していることをつかみ、長年培ってきた国民各層での交流を活かせば、日本は諸外国の中で特別ではなくともトップクラスの友好的な関係を築くことは可能であると考える。

注

（1）なお、戦時中に、東京外事専門学校時代にビルマ語専攻が開設されたものの学生募集に至らず閉鎖されたが、一九八一年に、東京外国語大学インドシナ語学科にビルマ語専攻が開設された。

（2）第三国定住制度とは、最初に庇護を求めた国（第一国）から新たに受け入れに合意した第三国に難民を受け入れる制度である。

引用文献

土橋泰子　二〇〇九年『ビルマ万華鏡』東京：連合出版。
佐久間平喜　一九九三年『ビルマ（ミャンマー）現代政治史（増補版）』東京：勁草書房。
工藤年博　一九九七年「対ビルマ援助の功罪　ODA」田村克己、根本敬（編）『暮らしがわかるアジア読本　ビルマ』東京：河出書房新社。
田島高志　一九九七年『ミャンマーが見えてくるパゴダと民主化』東京：サイマル出版会。
宮本雄二　二〇一二年『激変　ミャンマーを読み解く』東京：東京書籍。

写真　2015 年 12 月 15 日安倍首相とテイン・セイン大統領との会談（出所：内閣広報官室）

（参考１）日本・ミャンマー間の首脳級要人往来

（１）わが国総理のミャンマー訪問

1957 年	5 月	岸信介総理
1961 年	11 月	池田勇人総理
1967 年	9 月	佐藤栄作総理
1974 年	11 月	田中角栄総理
1977 年	8 月	福田赳夫総理
2013 年	5 月	安倍晋三総理
2014 年	11 月	安倍晋三総理（東アジア首脳会議等出席）

（２）ミャンマー首脳の日本訪問

1955 年	7 月	ウー・ヌ首相
1966 年	9 月	ネー・ウィン革命評議会議長
1970 年	4 月	ネー・ウィン革命評議会議長
1971 年	12 月	ネー・ウィン革命評議会議長
1973 年	4 月	ネー・ウィン革命評議会議長
1981 年	4 月	ネー・ウィン大統領
1984 年	7 月	サン・ユ大統領
1986 年	9 月	マウン・マウン・カー首相
1995 年	10 月	マウン・エー SLORC 副議長（国連総会出席の際の立ち寄り）
2000 年	6 月	キン・ニュン SPDC 第一書記（故・小渕恵三総理の合同葬出席）
2003 年	12 月	キン・ニュン首相（日 ASEAN 特別首脳会議））
2009 年	11 月	テイン・セイン首相（日メコン首脳会議出席）
2012 年	4 月	テイン・セイン大統領
2013 年	12 月	テイン・セイン大統領（日 ASEAN 特別首脳会議出席）
2015 年	7 月	テイン・セイン大統領（日メコン首脳会議出席）

（参考２）日本の対ミャンマー円借款及び無償資金協力額の推移（単位：億円）

	円借款	無償資金協力
【ネー・ウィン政権（革命委員会政権）】		
1968 年度	108.00	0
1969 年度	0	0
1970 年度	0	0
1971 年度	82.20	0
1972 年度	66.45	0
1973 年度	46.20	0
【ネー・ウィン政権（社会主義計画党政権）】		
1974 年度	0	0
1975 年度	65.00	7.09
1976 年度	299.50	6.29
1977 年度	285.40	21.25
1978 年度	162.50	59.70
1979 年度	269.60	67.91
1980 年度	315.00	75.07
1981 年度	345.20	70.48
1982 年度	402.54	90.80
1983 年度	430.20	100.99
1984 年度	461.43	108.20
1985 年度	361.50	103.93
1986 年度	329.00	97.25
1987 年度	0	95.82

	円借款	無償資金協力
【ソー・マウン軍事政権】		
1988 年度	0	37.16
1989 年度	0	0
1990 年度	0	35.00（全て債務救済無償（注１））
1991 年度	0	50.00（全て債務救済無償）
【タン・シュエ軍事政権】		
1992 年度	0	40.00（全て債務救済無償）
1993 年度	0	62.18（内、62.00 は債務救済無償）
1994 年度	0	130.42（内、120.00 は債務救済無償）
1995 年度	0	158.99（内、140.00 は債務救済無償）
1996 年度	0	80.97（内、80.00 は債務救済無償）
1997 年度	0	41.22（内、40.00 は債務救済無償）
1998 年度	0	52.92（内、40.00 は債務救済無償）
1999 年度	0	24.71
2000 年度	0	37.51
2001 年度	0	59.93
2002 年度	0	21.62
2003 年度	0	9.92
2004 年度	0	9.09
2005 年度	0	17.17
2006 年度	0	13.54
2007 年度	0	11.81
2008 年度	0	41.29
2009 年度	0	25.94
2010 年度	0	13.51
【民政移管によるテイン・セイン政権】		
2011 年度	0	46.44
2012 年度	1988.81（注２）	277.30
2013 年度	510.52（注３）	196.86

（注１）既に供与した借款による債務元利全体または一部を返済すれば返済に見合う同額を贈与する無償資金協力。
（注２）他に、債務免除が 1,149.70 億円ある。
（注３）他に、債務免除が 1,886.49 億円ある。
出所：外務省ホームページ ODA（政府開発援助）

第Ⅲ部
大東亜戦争におけるビルマ
—南機関と藤原機関—

阿曽村邦昭

大東亜戦争陣没英霊の碑（ヤンゴン北郊外・日本人墓地内）

第１章
日本のビルマ進出の前提としての「南進」

1　日本にとっての東南アジア

石《いし》射《い》猪《い》太郎《たろう》は、戦前一九三六年秋から三七年四月までの間、駐シャム（現在のタイ）公使を務め、そのあと本省の東亜局長、オランダ公使、ブラジル大使を務め、最後に大東亜戦争(1)中のインパール作戦での惨敗後の一九四四年一〇月から駐ビルマ大使に任ぜられ、バ・モーの日本亡命に尽力。四五年八月の終戦以降、英国・オランダ進駐軍によってバンコックに抑留され、四六年七月帰国、同年八月八日付を以て依願免官となった外交官である。

その著『外交官の一生』によれば、シャム公使のポストは「非衛生地であり、官歴の袋小路」である「三シャを避ける」の一つ（他の二つは、ペルシャとギリシャであって、なるべくなら公使任命を御免こうむりたい場所の意味。筆者も一九六〇年に外務省に入省した後の研修所で渋沢信一所長（元外務次官で、駐タイ大使経験者）からこの話を伺った記憶がある）であるから、公使のポストとしては「姥捨て山」に行く気持ちで赴任したと記されている(2)。

また、同書には、当時の日本人がシャムをどう見ていたのか、「醜悪な思い上がり」として、タイ側からも抗議され、石射の憤激を買った対談が紹介されている。これは、大蔵公望関係の比較的知名度の高い雑誌『東洋』（一九三七年二月号）に一九三五年にシャム経済親善使節団を率いて訪問した前三井物産筆頭常務の安川雄之助などが出席した座談会で、安川はシャムをひどくこき下

ろし、その揚句《あげく》に、

「では、シャムなんて国は人類の住むべき所ではないんですね」（尾崎敬義）

「シャム人は動物が人間の形に変わったものです」（安川雄之助）

などという会話がかわされている(3)。おまけに、この安川なる財界人は、東京シャム協会の副会長であった。戦前の東南アジアで唯一の独立国であったシャムに対する態度ですらこんな具合であったのだから、ほかの南方地域に対する当時の日本人の態度がどのようなものであったかはおおよそ想像できるであろう。かって、矢野暢がいみじくも指摘したように「平均的日本人にとって、南洋は密林に猛獣や野鳥どもが横行し、黒い首狩り人種が住む野蛮地域（こういう見方を私は「冒険ダン吉」シンドロームと呼ぶ）であり、それでいて、たくさんの貴重な資源が開発されないまま眠っていて、日本の開発技術との結合を待っている地域（北に人あり、南に物あり、という「北人南物論」シンドローム）であった。そして、文明、文化のない南洋は基本的には場末だと観念された。場末である以上は、洗練されたマナーや古来の儒教的なエトスで対応する必要はさらさらなく、むしろむきだしの原始人格でつきあえばいいという通念がでてくるのである。」(4)というような「通念」が今日といえどもいまだになにがしかは残存しているのではないか。

筆者自身が体験したことであるが、今世紀の初めに日本の企業がうじゃうじゃいる東南アジア某国の首都で家内が地元の方々（某国人）と懇親を深めていたところ、在留日本人の複数の婦人方から「あまり現地の人と付き合うと日本人女性としては現地化しすぎて、私たちの仲間には入りにくくなるわね」と言われた由である。また、現地の日本人学校では、親の転勤先が日本や欧米などの先進国であると「まともなオヤジ」だが、発展途上国への転勤となると「ダメオヤジ」の烙印を子供たちから押されるのだと「ダメオヤジ」と息子に言われる羽目になった友人本人から聞いた記憶がある。こういう個人的体験からして、矢野の前記の指摘は、少なくとも最近までは、ある程度正しかったのではないかと思われる。

戦前の日本人にとっての「東南アジア」というのは、タイを除けば、英国、フランス、オランダおよび米国の植民地であって、直接投資先としては微々たる存在にすぎず(5)、貿易取引き先としても、宗主国優先で、ことに一九二九年の大恐慌以後は各宗主国の「囲い込み政策」の影響により日本の輸出は大きな打撃をこうむった。しかも、日本の軍部には、米国や英国と東南アジアで戦う考えは元来は全くと言ってよいほどなかったのだから、戦前の日本にとって東南アジアとは観念上の「開発可能地域」的存在ではあったにせよ、現実的な政治・戦略上の対象地域ではなかったのが伝統であったといえよう。

日本の軍部にとっても、東南アジアに手を伸ばすということは、すなわち、米英との激しい緊張関係―戦争の可能性を含めて―を意味したから、日本とは経済的に格段の格差がある米英への経済的な依存度が極めて高い日本(6)としては、海軍が第一次大戦でドイツから獲得した委任統治領や中国南部に関心を有することはあっても、陸軍にとっては満州やそれに隣接するソ連領や中国、それも中国北部が伝統的に主たる関心地域であった。

なお、第一次大戦中の帝政ロシア崩壊後、ソ連は軍備を充実させ、日本陸軍にとって防衛上容易ならざる存在となったが、日本陸軍は第一次次世界大戦を本場のヨーロッパで経験しなかったことと戦闘相手の蒋介石軍等の中国軍が訓練と装備において格段に日本軍に劣っていたため、米英から見ればいわばマイナーリーグで戦っている陸軍のように見られていたといえよう。実際に、筆者が読んだマサチューセッツ州のある地方紙では、「日本軍のタンクは木と紙でできている」とか「日本人は近眼で内耳管にも欠陥があるので飛行機の操縦が下手だ」という報道が戦前堂々となされていた。日本は人種的な偏見もあって、、「せいぜいCクラスの国」と過小評価されていたのである。

日本と蒋介石政権との戦争が泥沼化している間に、ヒットラーは一九三九年八月二三日に独ソ不可侵条約を締結した後、同年八月三一日ポーランドに侵入し、英仏はドイツに対して直ちに宣戦した。他方、ドイツの侵入に呼応して、ソ連は直ちに出動してポーランドの東半分を占領した。

2　三国同盟

この第二次世界大戦では当初ドイツが圧倒的に優勢で、まず一九四〇年六月二二日フランスのペタン政府を降伏させると、次に英国もドイツに敗北するのではないかとの見方が日本では極めて強くなった。このような中で一九四〇年七月二七日、大本営陸海軍部と組閣早々の第二次近衛内閣との「大本営・政府連絡会議」において、「世界情勢の推移に伴う時局処理要綱」が採択され、日本は今や好機（ドイツの攻撃による英国の屈服）武力南進を行い、日独伊三国同盟をも辞せず、対米本格的戦備に着手することとし、これまでの第二次世界大戦への不介入政策を放擲した。

南方武力行使の主要な対象は、援蒋ルートとなっている仏印、ビルマ、香港であり、武力行使の主な目的は援蒋ルートの遮断と「帝国の必用なる資源」の獲得と二重になっていた（ただし、石油産地（このほかに錫やゴムもある）たる蘭印については、「暫《しばら》く外交的措置に依り其の重要資源獲得に努む。」とされていたが、この外交交渉が日本が三国同盟に加入したことに反発したオランダ側の態度硬化により不調に終わったことが後の仏印南部進駐につながって行く。

ついで、第二次近衛内閣の松岡外相は、陸、海、外事務当局案（武力行使を含まない対英政治経済的提携強化）を無視した対米軍事同盟たる日独伊三国同盟を締結するに至った（一九四〇年九月二七日）。松岡の考えでは、中国問題に関して日本と対立して蒋介石政権に対する軍事援助を行い、経済面では日本への禁輸ができる体制を整え（米国の日米通商航海条約破棄通告により一九四〇年一月二六日に同条約は失効。同年六月一五日大統領に国防上の必要に基づく貿易統制の権限を付与する国防強化促進法成立）、膨大な軍備増大を認め、さらに太平洋艦隊を真珠湾に常駐するなどの対日強硬政策を取っている米国に対して「毅然対抗」の態度を示し、その譲歩を誘い、同国との国交を調整しようというものであった。

しかし、米国大統領フランクリン・ルーズベルト（民主党）は、英国をドイツから救うために参戦したいと考えていたが、事実上はともかく、本格的な参戦は、不干渉主義者が大多数（八五％）の米国国民の世論からして困難であるため、ドイツが米国との間に正式な戦争状態を促すつもりが全くない以上、日本に石油や屑鉄などを売らなくして、締め上げ、この結果、苦し紛れに日本が英国やオランダの植民地を侵すか、もっといいのは日本が米国に直接戦争を仕掛けることだと考えていた(6)。

ルーズベルトがハワイ艦隊を真珠湾に駐留させたのはいわば「エサ」で、日本をそそのかしてこれに食いつくように（「最初の一発」を打たせるように）仕向けたのが、一九四一年一一月二六日に国務長官ハルから野村、来栖の両大使に渡されたいわゆるハル・ノートであったという説(7)も有力である。日本の外務省電報は米国によって解読されていたから、日本の出方は米国にとって丸見えであった。

いずれにせよ、米国大統領であるルーズベルトが英国のチャーチルを全面的に援助しようと決意していることが明らかであり、しかも、ドイツ海軍の劣勢と制空権の欠如とからする英国短期征服の失敗が明らかになってきているのだから、長期戦になる。そうすると、米国の対英援助は増加し、いずれ必ずや参戦するであろうし、そうなるとドイツは敗北するであろうという見方が有力であり、当時の駐英大使重光葵も繰り返し東京にその趣旨の意見具申をしたが、軍部のみならず日本の指導者層の大部分はまったく耳を傾けなかった(8)。

重光の立場に立てば、英国が欧州で手いっぱいの時に、アジア、特に米国と違って中国に関して大きな現実的利害関係を有し、より現実的で打算的な英国と了解を遂げることは、原理主義的な米国を直接の相手とするよりも一層容易であったであろう。英国との関係を密にすれば、米国も日本には敵対しにくいであろうし、大国日本の助力により英国、フランス、オランダのアジアにおける植民地支配も現地民衆の意向に沿って一層緩和されたものになれば、アジアにおける民族主義を日本が平和的に助けることにつながり得たかも知れない(9)。

3 南方進出政策とコミンテルン

しかしながら、一九三六年一一月の日独防共協定締結以降、米英側が日本の中国における行動に反対を続け、ますます蒋介石政権援助に進むのとは逆に、ヒットラーはこれまで軍事顧問を派遣していた中国から軍事顧問団を引き上げるなどあらゆる対日譲歩を行い、日本軍部の歓心を買い、この結果、従来、対ソ関係に重きを置いていた日本陸軍では中国問題の解決につきむしろドイツの力に依拠する考え方が強くなってきて、結局、反日的な米英を敵性対象国家とするようになった。ドイツ側も対ソ問題のほかに、対英(米)仏問題にイタリアとともに対処しなければならないようになっていた。ここに、日独の共通の関心が生まれた訳で、日本は蒋介石政権との軍事的闘争にはまり込みながら、英米との対立を激化させる南進政策を進めることとなり、スターリン下のソ連を喜ばせることとなった。

他方、日本を含めた帝国主義諸国をお互いに戦わせようとするコミンテルンの世界戦略は、着々、実現されようとしていた(10)。例えば、近衛文麿の側近で、「ゾルゲ事件」に関連して死刑となった朝日新聞記者尾崎秀美は、その『獄中記』で自らの活動目的を克明に述べている(11)。すなわち、

(1)社会主義の祖国たるソ連を擁護するために日本を「南進」させて英米蘭と衝突させ、その植民地を解放する。
(2)日本を米英と戦わせる。日本は、米英の軍事勢力を一応打破しえるが、日本を長期消耗戦の泥沼に陥らせて国内に厭戦気分と革命的な状況を醸し出す。
(3)日本が共産主義国家となるには、ソ連の援助が必要である。中国共産党がヘゲモニーを握った中国と共産主義国日本およびソ連の三者が緊密に提携して、さらに英米仏蘭から解放されたインド、ビルマ、タイ、蘭印、仏印、

フィリピン等の諸民族を各々一個の民族共同体として前述の三中核体と政治的、経済的、文化的に密接な提携に入る。したがって、南方民族の自己解放を「東亜新秩序」創建の絶対要件とするが、それは「日本の国粋的南進主義者の主張」ともほとんど矛盾なく主張し得る。

というものであった。要するに、日本を「南進」させ、米英との戦争に持ち込み、「敗戦革命」を起こして共産化しようというのが、その思想であり、活動目的であった。日本の「南進」が近衛首相のブレインであった尾崎のようなコミンテルンのスパイによって推進されたことは記憶にとどめておくべきであろう。

さて、三国同盟締結後、日本はますます「南進」に傾むいたが、陸軍は英米可分論であるのに対し、海軍は米英不可分論で両者間の統一がなかった。しかし、一九四一年六月六日、陸海軍は「対南方施策要綱」を大本営陸海軍部決定とし、この決定は「好機（ドイツの攻撃による英国の屈服）南進」を放擲し、英米不可分論に立脚した武力行使を次の二つの条件のもとにおいてのみあり得るとし、軍部全体として戦争の東南アジアへの拡大の現実過程を示したのであった[12]。

（1）　英米蘭等の滞日禁輸により帝国の自存を脅威せられた場合
（2）　米国が単独もしくは英蘭と協同し帝国に対する包囲態勢を逐次荷重し、帝国国防上忍び得ざるに至たる場合。

4　独ソ開戦と日本の南方進出政策

このような中で、一九四一年六月二二日、ヒットラーはバルカン方面に対するスターリンの野心を憤り、ソ連に対し戦争を開始した。勿論、日本には事前の断りなしである。

この独ソ戦争はソ連を米英陣営に回す結果となり、日独伊と米英との力関係が米英側にとって極めて有利な方向に動くこととなったし、松岡外相が米国に対する立場を強化するために強く希望していたソ連の三国同盟参加を不可能にするものでもあった。つまり、ヒットラーの独ソ開戦は、日本にとっては不利益をもたらすものであった。

同年六月二五日から独ソ戦争に対する国策を討議した大本営・政府連絡懇談会は、七月二日、「情勢の推移に伴う帝国国策要綱」を御前会議にかけて「帝国が英米依存の体制より脱却し、日満支を骨幹とし概《おおむ》ね印度以東、豪州、新西蘭（ニュージーランド）以北の南洋方面を一環とする自給体制を確立するは、当面帝国の速急実現を要すべき所にして而《しか》も是《これ》が達成の機会は、今日を措き他日に求むること極めて困難なるべし。」と述べつつ、「南方進出の歩を進め、又情勢の推移に応じ北方問題を解決す」ることを決定した。ここで、従来、日本政府や日本軍部がたいして注意を払わなかったビルマも「印度以東」の南洋の一部としてはじめて日本の「自給体制」の一環を担うべき地域と考えられるに至ったのである。

独ソ戦争によってソ連がドイツと戦争せざるを得なくなり、極東ソ連領におけるソ連の戦闘能力低下を以て北方問題解決の好機と考える一派もいた。しかし、バイカル湖以東の極東ソ連領に配備されたソ連軍は、日本軍（満州に一二個師団、朝鮮に二個師団）の二ないし三倍にも達していたと推測され、また支那事変処理のための兵力維持の必要もあり、さしあたり必用な準備の一半を行うこととし、北方に対する準備として満州と朝鮮にいる師団を動員し、他方、南方に対する準備として南部仏印進駐を行うこととした。つまり、ソ連がドイツと戦って北辺の圧力が軽くなるのを利用してソ連を主敵とする北進を行おうという北進派といや日本に断りなしにソ連と戦争を始めたドイツなど信用出来ず、シベリアに必要な物資はない、おまけにノモンハンでの対ソ苦戦があった以上、北進などとんでもない、英米を主敵として南進すべきだという南進派との対立を解決しないまま「国策要綱」に併記したが、両派ともに直ちに武力進発するのではなく、進発のための準備陣を形成するというのであった。

ところが、蘭印との経済交渉が決裂し、石油やニッケルなどの重要戦用資材の確保が困難になると、日本はフランス政府に強要して南部仏印に平和進駐（同年七月二八日から実施）を行った。これは、当時の情勢からして、「いつ米英からの同地域進駐が行われないとは言えない」からでもあったが、七月二六日の日本による仏印共同防衛合意公表に対し、日本軍が蘭印およびフィリピンを狙っているとして、米国はフィリピン軍を米軍の指揮下に編入し、蒋介石のもとに軍事顧問団を送った。さらに、八月一日に対日石油輸出を事実上完全に停止するにいたった。ルーズベルト一派としては、まさに格好の対日締め付け強化の口実を得たのである。

他方、英国は、在英日本資産を凍結し、日英、日印、日緬（ビルマ）の通商条約を廃棄した。蘭印（オランダ領インドネシア）は、二七日、日本資産を凍結し、二八日には日蘭石油民間協定の停止を発表した。

このような欧米のアジア植民国家群による一連の経済制裁は、日本の政府及び大本営側では殆ど予期してはおらず、大きな衝撃を受けた。日本、ことに海軍は南部仏印どまりで、当時、引き続き英領マレーや蘭印（インドネシア）に進出する計画は全くなかった[13]。日本は、米国の出方に関して判断が余りにも楽観的であり、判断の前提たる情報戦で既に負けていたというしかない。おまけに、ドイツの進攻に対してソ連はよく戦い、独ソ戦は北進派が考えていたほど簡単には片付きそうもなくなってきた。

ＡＢＣＤ（America, Britain, China, Dutch）の経済制裁による包囲網形成、とりわけ石油の輸出禁止は、日本の軍部、特に海軍にとっては蓄積してきた石油がなくなれば、座して死を待つしかない状況に追い込まれたことになり、これを免れるための南方（蘭印）における石油資源獲得と対英米戦争不可避論が急速に高まった。新たな「自給自足体制」などができる前に、経済的に追いつめられる事態となったのである。ちなみに、一九三七年の日本の石油全輸入量三五三万キロリットルの七四％、一九三九年の四四五万キロリットルの九〇％が米国からの輸入であった。

こうして、南進論が急速に優勢となり、日本軍にとって容易ならざる課題、すなわち、「資源を獲得しながら対米英戦争を遂行する」ための南方対策がにわかに必要とされるようになった。対ビルマ工作もその一環である。

他方、米国のルーズベルト政権内では、陸軍長官ヘンリー・Ｌ・スティムソンの回顧録によれば、次のような対応ぶりであった(14)。

(前略)わたくしはウエルズ(筆者注・当時の米国国務省次官Samner Welles)に言った。〝日本の南部仏印侵略は、南西太平洋に全面的な攻撃を行う前の最後の布告だと思われる。日米交渉の最中にこういうことをしたのだから、交渉を継続する基礎はなくなったと思う〟

ウエルズは強い言葉で野村(筆者注・海軍大将、駐米日本大使)にこの意思を伝え、日本と米国の交渉はここに終わりを告げたというわたくしの決意を明らかにした。

さらに、駐日米国大使グルーは、八月一日の米国の滞日石油輸出禁止をさして、「いよいよ報復とそれに対する反撃行為との悪循環が始まった。(中略)その成り行きの赴くところは不可避的な戦争しかない」と述べ(15)、国務長官コーデル・ハルは八月二日、「(前略)問題はどのくらいの期間、米国との関係を引っ張ってゆけるかという点にある。わたくし自身は日本側の今後の行動を抑制するという米国の当面の目的をいくらかでも助けるために、日本人の言葉を信用しているように見せかけるつもりだ。」と述べた(16)。

要するに、米国の軍備が整うまでの「時間稼ぎ」のために日米交渉を続けようというのである。

ルーズベルト本人は、七月二四日朝、ホワイト・ハウスにおいて、ニューヨーク市長に伴われた義勇協力員会の面々に対して、「(前略)若し米国が日本に対する石油供給を停止したとしたら、日本は一年前に蘭印におしかけて行って、既にこの地域での戦争はとっくに起こっていたことであろう。そこで云ってみれば……南太平洋での戦争防止を期待して、日本に石油を供給するという手があったわけで、この手は二年間役に立った」と述べているが、これは、ルーズベルトが対日石油停止が対日戦争を意味すると認識していたことを物語るといえよう(17)。

第２章

南機関とビルマ国軍

１　アウン・サンたちをたたえる歌と日本

二〇一四年九月、ミャンマー（ビルマ）のミン・アウン・フライン国軍総司令官がはじめて日本を訪れた。国軍総司令官の地位は、ミャンマーでは格段に高く、現行憲法上、閣僚の中で国防大臣、内務大臣、国境大臣は国軍司令官が指名することとなっている。同総司令官は、多忙な日程の中、時間を割いて浜松に赴き、故鈴木敬司帝国陸軍大佐（ミャンマーにいたときは大佐であったが、一九四三年八月に少将に昇進）の墓参を行うとともに、その生家を訪れた。

鈴木大佐は「南機関」を創設し、ビルマの青年志士三〇名を訓練して、自らビルマ義勇独立軍（ＢＩＡ）の司令官を務めたが、二〇一五年一一月八日の総選挙に大勝し脚光を浴びている国民民主連盟（ＮＬＤ）党首スー・チー女史の父であり、「独立の父」（ルッラッイエー・パギン）でもあるアウン・サン将軍もビルマの「三〇人の志士」たちのリーダーとしてＢＩＡの高級参謀（副司令官格）として活躍した。

アウン・サン暗殺後にビルマ軍総司令官となり、のちに一九六二年のクーデターにより軍事政権の首相としてビルマ式修正社会主義を推進したネー・ウィンも、ＢＩＡで国内擾乱を目的とするゲリラ班の班長として活動していた。

このように、現在のミャンマー国軍は、実に、ＢＩＡの後身であって、日本帝国陸軍との深いつながりが存在する。「愛国行進曲」や「歩兵の本領」といった日本の軍歌は、歌詞をミャンマー語に変えて、国軍の軍歌として今も歌われている。

それればかりではない。アウン・サン将軍ら七名が暗殺された日である七月一九日(一九四七年)は「殉難者の日」(アーザニー・ネ)として国の休日になっているが、この日が近づくとミャンマーの国営放送から毎日のようにながれてくる、「ミャンマーの人びとの心の奥底まで刻み込まれている歌」がある(18)。

独立めざし、遠い日本で、祖国の軍を作るため
命を的に苦難に耐えて、はかりごとをめざぐらした
勇気あふれるアウンサンよ英雄たちよ
(中略)
祖国のために身を捨てて
われらをどれいの身から解放した
われらの期待にこたえてあらわれた

2 「雷将軍」鈴木大佐とビルマ独立義勇軍(BIA)

愛国心には燃えているが、英国の対ビルマ植民地政策の下では武器を持つことを禁ぜられ、軍事的な知識と技術にはまったくのど素人である「志士」たちがビルマ独立のために「遠い日本で」(実際には、海南島で)厳しい訓練を受け、BIAを発足させし、これがやがてビルマ国軍となるのであるが、「志士」たちの人集めから訓練、そして独立義勇軍の創設を指導し、また、ビルマ独立義勇軍(BIA)の初代司令官であった鈴木大佐のプロフィアルをその略歴を通じて見てみよう。

鈴木は、一九〇七年二月六日、静岡県浜松市に生まれ、地元の浜松中学を卒業後陸士に入学した。つまり、旧制中学卒業後、試験を受けて陸士に入ったのであって、陸軍幼年学校出身者ではないから、陸士卒仲間ではいささか「傍流」に属したことになる(19)。一九一八年五月に陸士(三〇期)卒、同年一二月、歩兵少尉任官、近衛歩兵第四連隊付となった。その後の経歴を見ると、一九二九年一一月、陸大(四一期)卒、同年一二月近衛歩兵第四連隊中隊長就任。一九三一年三月、参謀本部付勤務。以後、参謀本部員、参謀本部付抑付《おおせつ》けで実はフィリピンに潜入し、兵用地誌の作成に没頭。陸軍には珍しい「南洋通」といわれるに至った。

一九三三年八月、歩兵少佐に昇任、陸大教官を経て、歩兵中佐に昇任し、参謀本部員となる。一九三九年一月、参謀本部第二部八課(謀略担当)兼大本営第一〇課長、同年八月、歩兵大佐に進級。同年一二月、参謀本部付として蘭印に駐在。

この間、上海にまわり、上海で某事件(20)に関係したとして上司ににらまれマイナス点を取り、東京に呼び戻されたともいわれている。しかし、筆者は上海在勤の記録を防衛省防衛研究所に依頼して探して見たが、在勤を示す資料が見つからず、参謀本部員として一九三七年九月二四日に佐世保から海軍の飛行艇で上海に渡り、同年九月二八日に帰国したことを示唆する史料があるのみであった。

鈴木は、宣伝、謀略、諜報、防諜を担当する参謀本部第二部第八課の「南洋通」として、ビルマルート閉鎖のためのビルマ工作担当となった。一九四〇年九月の北部仏印進駐後の仏印ルート閉鎖後、米英最大の援蒋ルートとして重要な役割を果たしていたビルマルートは、蒋介石を屈服させ、中国問題を解決したい日本軍部にとって悩みの種であった(21)。このビルマルート閉鎖対策の研究を命ぜられたことが、鈴木とビルマとの縁の始まりである。だから、鈴木はこの研究を始める前には特にビルマの独立に関係していた訳でもないし、英国の植民地ビルマの「独立」に情熱を傾けていた訳でもない。

一九三九年一一月にビルマの急進独立派タキン党の指導者ティン・マウン博士が来日すると、鈴木は日緬協会を設立し、同博士を会長に推し、自分は事務局長となった。当時、スィンエーダー党（貧民党）の指導者としアウン・サンなどタキン党党員との連携を「自由ブロック」（ビルマ語でトゥエー・ヤ・ガイン）を通じて画策していたバ・モーによれば、この時、ティン・マウンは、日本から「われわれが始めようとしていた独立運動のキャンペーンに対する財政的援助の確約をとりつけて帰国したのであった。」(22)。とすれば、この「財政的援助の確約」に鈴木が関与した可能性はかなり高いのではないかと思われる。

次いで、鈴木は、一九四〇年六月―同年一〇月、日緬協会書記兼読売新聞社駐在員「南益世《ますよ》」の偽名でビルマに出張、一九四一年二月一日、大本営陸海軍部直属のビルマ工作機関たる「南機関」機関長となり、バンコックに駐在し、同年四月から一〇月にかけて海南島および台湾においてティン・マウン博士直系のタキン党青年を中心とする志士三〇名の特別強化軍事訓練を行い、同年一一月、南方総司令部付として対ビルマ工作に従事した。

この間、一九四一年一二月二八日にバンコックで結成された「ビルマ独立義勇軍」（ビルマ人志士二七名、ビルマ志願兵二〇〇名ばかり、それに鈴木大佐以下の日本人七四名）の司令官に就任し、アウン・サンの献言により「ビルマ名「ボー・モウ・ジョウッ」と名乗った。これは、ビルマ語で「雷将軍」の意味である。

ビルマで戦前から広く信じられていた予言に「魚をめがけてヒンダー鳥が舞い降りる。ヒンダー鳥は狩人に撃たれる。狩人は傘棒で打たれ、傘棒は稲妻に砕かれる。」というのがあった。バ・モーの解説によると、魚はビルマのアヴァ王朝のことで、ビルマ語でアヴァは〝魚の口〟を意味する。ヒンダーはタライン、つまり、モン族の伝統的な鳥であり、狩人とはアラウンパヤー王が上ビルマの狩人府の出身であることから、彼が樹立したビルマ最後の王朝のこと。傘棒とは、占星学的に解釈して英国を意味し、稲妻は同様の解釈によると日本とその征服の稲妻のごとき様を表している。要するに、この予言は、英国が日本に滅ぼされるといっているのであった(23)。

加えて、鈴木大佐について、かって英国がビルマを滅ぼした時点にタイに逃れた直系の王位継承者たるビルマ皇太子ミングンの実の子孫だという噂が広がった(24)。

こうして、「ボー・モウ・ジョウッ」の名前はビルマ民衆への宣伝工作上きわめて有益であった。ビルマ独立義勇軍の進行中、「雷将軍来たる！」の声はビルマ民衆の心を電撃のようにゆさぶった。鈴木は、芝居気たっぷりに、自ら金モールの王冠に純白のロンジーを着用し、白馬にまたがって陣頭に立った。鈴木は、ビルマを救う神様の役割を演じ、南機関の活動はすべて彼の計画と統制下にあった。

しかし、ビルマに「独立」を速やかに許与すべしという鈴木の意見は、ビルマに派遣されていた第一五軍が属する南方軍の指導の下でビルマでの軍政布告が一九四二年六月三日に布告されるに至って挫折し、しかも、鈴木は同年六月一五日に留守近衛師団司令部付に発令された。鈴木は、やむなく、日本軍の北伐に同行、出撃中のアウン・サン将軍をマンダレーに呼んでBIA兵士の前で司令官の指揮権を同将軍に授けた。同年七月一四日、鈴木はラングーンを去り、ついでビルマ人同志から兄のように敬愛されていた日本側ナンバー2の川島威伸大尉も転勤を命ぜられ、ここに「南機関」は自然消滅した。

鈴木が三〇人の志士たちに約束した「ビルマ独立」は、この時点では未達成に終わったのである。

3　ビルマでの「ボー・モウ・ジョウッ」への評価

それ以後、鈴木は一九四二年八月、第七師団参謀長、一九四三年六月、陸軍運輸部付（東京出張所長）。同年八月、陸軍少将に昇任。以後、第二船舶輸送区隊長、第二七軍参謀長を歴任。一九四五年二月、第五船舶輸送司令官に就任。同年四月、札幌地区鉄道司令官を兼務し、八月一五日の敗戦を迎え、同年一二月、予備役編入。

敗戦後、英国は鈴木をBC級戦犯に指名し、ビルマに連行したが、かっての教え子で副司令官格であったビルマの指導者アウン・サン将軍の介入により釈放された。一九六六年には、かっての「志士」たちの一人で日本名高杉晋《すすむ》、BIAの国内擾乱指導班長であった軍事政権の首相ネー・ウィンによりビルマに招待された（同首相は在任中訪日すると、南機関関係者としばしば懇親)。一九六七年九月二〇日、鈴木は満七〇歳で没した。

没後、一九八一年二月のビルマ第三三回独立記念日に鈴木は、他の六名の南機関機関員とともにこれまで誰も授かったことのないビルマ最高勲章たる「アウン・サン・ダゴン」(アウン・サンの旗)を受賞した。当時、鈴木は既に他界していたので、節夫人が式典に参加した。その際、節夫人は書状を携えていた。それは、一九四二年七月に鈴木がラングーンを去る際、アウン・サンなどから贈られた長文の感謝状であった。

この感謝状には、ボー・モウ・ジョウッ(鈴木大佐)が南機関を設置しタキン・アウン・サン率いる青年勇士の支えの下で、ビルマ独立軍を結成したことを想起し、「父親がその子供に教えさとすがごとく、その子供を守るがごとく、雷将軍(ボー・モウ・ジョウッ)は真の愛情をもって、ビルマ独立軍の兵士全員をかばい、全員のことに心をくだいてくれた」が、「ビルマ人は、このことを忘れることは決してない」と強調し、「ビルマ独立軍の父、ビルマ独立軍の庇護者、ビルマ独立軍の恩人」の遺志をつぐためには(1)雷将軍の創設になるビルマ独立軍の強化拡大と武装状態改善(2)ビルマ海軍の大小艦船の所有(3)ビルマ空軍の創設が必要であると自覚し、ビルマ独立義勇軍の名において「われらビルマ独立軍兵士は、将軍のために祈り、将軍の思いでをいつまでも大切にする、将軍にもかれらビルマ独立軍のことをいつまでも思い出していただけるように念じつつ、この送別の辞を大将の威厳にふさわしく銀の額縁に入れ、忠誠の心をもって、お贈りいたしたい」と書いてあった(25)。

鈴木が一九六七年になくなると、ビルマの政府発行英字新聞 Working People's Daily(一九六七年九月二一日)は、鈴木を「旧同志」と呼び、「彼は日本人であるが、ビルマ全民族の友であるとともにビルマ史の一部分である」と述べて鈴木の死を悼み、さらに、鈴木が一九四二年五月ころにウー・ヌ(英国総督の下で行政参事会議長代行(事実上の首相)をつとめていたアウン・サンの一九四七年七月一九日の暗殺後、この職を継ぎ、一九四八年年一月四日にビルマ独立とともに首相就任)と初めて会ったときに彼に対して述べたという「独立は他人に乞うことによって得られるものではない。それは君たち自身が宣言しなければならない。」という言葉を想起し、ビルマのための贈り物であるとたたえたのであった(26)。

写真　インパール作戦中、峻嶮をよじ登る日本兵

第３章
鈴木大佐の「ビルマ独立論」

１　独立の意味と内容

　南機関の活動に関しては、自ら南機関で活躍した泉谷達郎の『ビルマ独立秘史〈その名は南機関〉』（徳間文庫、一九八九年）をはじめ数多くの文献があり、本書でも第Ⅰ部第４章の根本敬教授による「日本占領下のミャンマー」で要領よく扱われている。従って、本稿では、鈴木大佐が目指し、同時に彼の解任の原因となった「ビルマの独立」がどのようなものであったかを現地の第一五軍、その上部組織である南方軍、そして東條首相に代表される日本政府と陸軍の考え方とを比較検討しつつ論ずることとしたい。

　この問題の先行研究としては、代表的なものとして武島良成『日本占領とビルマの民族運動―タキン勢力の政治的上昇―』（龍渓書舎、二〇〇三年）があり、筆者は、当然、これをも参考として論述することとなる。

　武島の見解によると(27)、

（１）日本陸軍には、開戦当初からビルマ、フィリピンに「独立」という形態を付与しようという有力な機運があり、その主導者は東條内閣、大本営（陸軍部）であったが、この「独立」は民族自決を意味せず、日本の指導性を残すものであった。

（２）鈴木大佐はビルマ民族の自主活動を不徹底ながらその権利として意識し

ていたが、そのビルマ「独立」は日本による統制を排除する性格のものではなかったし、鈴木大佐も基本的には日本の国家戦略の枠内で行動したことになるだろう。

というのである。

まず、本書第Ⅲ部付属資料Ⅰの一九四一年一一月二〇日付け大本営・政府連絡会議決定たる「南方占領地作戦実施要領」を見ると、「第一方針」において「占領地ニ対シテハ差シ当たリ軍政ヲ実施シ（中略）占領地領域の最終的帰属並（ならび）ニ将来ニ対スル処理に関シテハ別ニ之ヲ定ムルモノトス」とし、「第二要領」の第二項で「軍政実施ニ当タリテハ極力残存統治機構ヲ利用スルモノトシ従来ノ組織及民族的慣行ヲ尊重ス」とし、「第二要領」の第八項に「現地土民ニ対シテハ（中略）其ノ独立運動ハ過早ニ誘発セシムルコトヲ避クルモノトス」とある。

要するに、占領後、差し当たりは東南アジア諸地域を軍政下におき、現地住民の残存統治機構を極力利用するが、その「独立」に関しては、日本の指導下にある限りでは、これを全く認めないわけではないが、「過早に誘発」させないことが開戦直前の日本側の基本であった。逆に言えば、日本の指導下にあるような「独立」は、「過早」でない限り成立する余地を認めていたのである。

これより先、鈴木大佐は陸軍のビルマ情報の不足を補うため、自ら志願して陸軍参謀本部の命を受け、一九四〇年六月に日緬協会書記兼読売新聞記者駐在員南益世としてビルマに入った。参謀本部の狙いは、第一に援蒋ビルマ・ルート閉鎖の可能性を探ることであり(28)、第二にはビルマの独立運動を刺激して、間接的にインドの独立を促進し、英国を屈服させる手段としようというのであった(29)。

鈴木はラングーンで日緬協会会長である旧知のティン・マウン博士と再会し、タキン・コードー・フマインやタキン・ミヤを中心とするタキン党の一派閥が英国と闘い、独立を克ち取るためには外国の力を借りなければならないが、例え日本が中国大陸でどのようなことをしていようがかまわないから、とにかく武装蜂起用の武器弾薬と軍事訓練を与えてほしいという考えをもっているのを重視した。鈴木自身も武力蜂起の準備をするのに全面的に賛成していたからであり、タキン・コードー・フマインやタキン・ミヤに対して、ドイツやソ連に先んずるために、参謀本部からの許可なしに、日本がビルマの独立を援助する旨を説き、反乱のための武器弾薬と費用の供給、ビルマ国外での軍事的な教育訓練を引き受ける密約をしたのであった(30)。

こうして、既に英国から逮捕状が出て、一九四〇年六月にはその首に賞金がかけられ、国外脱出の機会を狙っていたアウン・サンとその仲間のヤン・アウン(Yan Aung、ビルマ独立以降共産軍に加わり、反政府運動を続けた)は、同年八月にアモイ行きのノールウェー貨物船に乗り、同年一一月八日に羽田飛行場で二人は鈴木大佐の出迎えを受けることとなる(31)。

ところが、参謀本部では鈴木大佐が独断で、独立運動の援助に踏み切ったことは越権行為であるという意見が多数を占め、若年のアウン・サン達に対する評価も低かったので、鈴木大佐とその部下である樋口、杉井の工作員は自費をやりくりして二人の面倒を見ることとなった。

こうするうちに、英国が雨期の間閉鎖していたビルマルートを日本の北部仏印進駐に対する報復措置として一一月八日から再開すると、参謀本部のビルマに対する関心も強くなり、一九四一年二月一日、大本営陸海軍部直属緬甸(ビルマ)工作機関として南機関が設立され、鈴木大佐が機関長となった。南機関は、大磯の山下亀三郎別邸に移り、防諜のため南方企業調査会と名乗った(32)。参加者したのは、日本側からは鈴木大佐をはじめとする陸海軍将校(陸軍将校には中野学校出身者を含む)と若干の民間人、ビルマ側からはアウン・サンとヤン・アウンに日本に留学中のソー・アウンの三名であった。

南機関の「謀略計画二月案」によれば、南機関の使命は、

（1）ビルマ人志士三〇名を海南島または台湾にて武装蜂起に必要な軍事訓練を実施する。
（2）教育訓練を得たビルマ人志士に武器、弾薬等を与えてビルマに潜入させ、反英ゲリラ活動を起こさせる。このゲリラ部隊は、南部ビルマ、テナセリウム地区を占領、独立政府の樹立を宣言する。ゲリラ部隊は占領地区をビルマ全域に拡大し、英人を駆逐して独立を達成する。こうして、可及的速やかにビルマ人の手によりビルマ・ルートを遮断せしめる。武装蜂起の時期は、おおむね一九四一年六月と予定し、準備を行う。

ということであった(33)。

ここで注目すべき点は、南機関の使命としてビルマの「独立」援助が明確に規定されていることである。この時点での鈴木大佐の「独立」が、大本営の大勢を離れていたとする根拠は何もないが、しかし、前記の「南方占領地作戦実施要領」およびその原案たる一九四一年三月の「南方作戦ニ於ケル占領地統治要綱案」でも、その適用対象はあくまでも「南方占領地」であって、ビルマには出兵、占領計画はまだ存在せず、したがって、ビルマはこれらの案の適用対象地ではなかった。

要するに、南機関の活動は、ビルマ人主体のビルマ独立運動を日本軍が後方支援するという内容であったから、ビルマ人の士気を高めるために「独立」や「独立政府樹立」を強調したのであって、同じ独立でも日本の指導性にこだわるようなことはなかったものと判断される。

従って、海南島におけるビルマ人志士たちのための厳しい訓練の間に南機関機関員も志士たちの夢である民族自決的な「ビルマ独立」への願いを強めるようになったのは当然であろう。この段階では、南機関と大本営との間の「ビルマ独立」に関する考え方の矛盾がまだはっきりと表れていないからでもある。

タキン党のアウン・サンたちに人選を一任して集めた「志士」たちのビルマ国内潜入の時期は、一九四一年六月の予定であった。しかし、同年六月二二日の独ソ開戦の影響を受けて、南部仏印進駐が七月に行われ、ビルマ潜入の時期はおくれることとなった。鈴木機関長は、南部仏印進駐とその後の対米英関係の緊迫化からして、米英との戦争は不可避との判断に立ち、同年八月二一日に台北でアウン・サンたちにできるだけ早くビルマ潜入計画を実行することを約束するとともに、日本軍一個旅団（四〇〇〇―五〇〇〇人の兵士）の応援を得て、日本軍のビルマ作戦開始以前に南ビルマのモールメン付近を占領し、以後の作戦を容易にしようとする作戦を立てた。この作戦は、日本陸軍の軍事行動を意味するものであった。しかし、この作戦が仮に実行されたとしても、軍事的にはきわめて小規模で、その目的もあくまで南部モールメン付近の占領に限定されており、南機関の工作である「ゲリラ＝独立促進」の主役がビルマ人であることに変わりはなかった。

他方、一〇月一六日、近衛内閣は対米交渉行きづまりため総辞職、同月一八日、東條内閣が成立した。いまや、政府は対米交渉を行いながら、他方において軍部がハワイ、香港、マレー、シンガポール、マニラの攻略を差し迫った現実の問題として真剣に検討せざるを得ない事態が生じたのである。一一月六日、参謀本部では寺内寿一陸軍大将を総司令官とする南方軍が極秘裏に組織され、一一月下旬には戦闘配置完了を命ぜられた。

このような中で、鈴木大佐は、南機関のビルマ独立志士四名をバンコックに送り、ビルマ潜入を試みさせることとしたが、潜入に成功したのは二名だけであった。しかも、この間、当初潜入工作に賛成していた参謀本部は一〇月二五日に至ってビルマ独立志士四名の台湾送還を命じ、しかも三〇日には「重大ナル企図暴露ノ恐レアリ、全《すべ》テノ行動ヲ見合セヨ」と訓令してきたが、鈴木はこの訓令を無視して潜入工作を進めたのであった。

こうしてみると、この時点で、鈴木は参謀本部の命令に背いても、自ら教育、訓練したビルマ独立志士たちの期待に応えたいという気持ちの方がより強くなっていることがわかる。他方、一一月二四日の南方軍「南機関緬甸工作計画」では、南機関とビルマ人志士のゲリラ部隊がモールメンを中心とするテナセリウム地域を占領し、臨時政府を樹立し、逐次上ビルマ（ビルマ南部）を攻略して「独立」を完成することになっていた(34)。したがって、この段階では、ビルマは依然として「南方占領地統治要綱」の適用対象ではなく、南機関が支援する独立が民族自決的なものであっても問題はなかったと考えられる。

なお、一一月二一日に南機関は寺内南方軍司令官の直轄機関となり、大本営との間にある南方軍の命令を受けることとなっていた。大本営と南機関の間に別の組織が入り込んだことになり、この南方軍の、特に軍政主任参謀石井秋穂大佐の軍政主義が鈴木の悩みの種となる。

2 開戦と鈴木大佐

一九四一年一二月八日、日本はついに米英に対し開戦した。このころ、ドイツ軍はモスコー攻略作戦に失敗し、投入兵力の三五％に相当する一〇〇万人の死傷者を出し、戦死者は既に二〇万人に達していた。ドイツ軍はヒットラーが自ら陸軍総司令官となり、かろうじて戦線崩壊を食い止めている状態であった。他方、一〇月ころからソ連は日本は北進せずとの確実な情報を尾崎秀実からの報告を受けたゾルゲがモスコーのコミンテルン本部に打電し、スターリンはこの情報に基づいて極東、シベリアの精鋭部隊をモスコー周辺に移動させていた。

開戦はしたものの、日本の戦争終結策としては、日本の軍事力（海軍力、空軍力）では米国本土を攻撃して米国を屈服させることなどできない以上、英国の屈服によって米国が戦争をあきらめ、日本と和を結ぶように仕向けるしか道がなかった。だが、その英国の屈服についても、日本にできるのは、一九四一年一一月一五日の大本営・政府連絡会議決定の「対米英蘭戦争終末促進に関する腹案」にいうように、せいぜいでビルマの独立を支援してインドの独立を刺激し、英国に打撃を与えることくらいで(35)、結局は、ドイツの勝利が前提であった。だから、ドイツがモスコーで大打撃をこうむっていることは、日本にとって初戦の華々しい戦果にもかかわらず、戦争の行く手に暗雲が立ちこめているようなものであった。

戦争開始となっても、一二月一二日付けの関係大臣会議決定の「南方経済対策要領」ではビルマは占領地区には入っていなかった(36)。ところが、大本営の決定により、南方軍下の第一五軍がマレー方面に作戦を行う軍の側背《そくはい》を安全にするために急遽南部ビルマに進攻することとなった。この進攻と言っても、全く突然に決まったことであったから、綿密な計画があったのではなく、本書第Ⅲ部付属資料4の丸山静雄「ビルマ作戦の全貌」の劈頭に記述されているように、「当時にあっては、南部ビルマ攻略後の方策については大本営直轄（筆者注・南方軍司令官直轄の誤り）の対緬工作機関「南機関」が指導するタキン党員に依る臨時政府設定以外には何ら見るべき決定もなく、第十五軍に与えられた作戦命令にもただ〝南方作戦の進捗に伴い、状況これをゆるする限り、ビルマ処理のための作戦を行う〟と規定されただけであった。

　要するに、開戦当初でのビルマの位置づけは飽くまでマレー・シンガポール作戦支援のためのビルマ南部のみへの進攻であったから、南機関の元来の使命には特に変化を生じなかったと考えてよいであろう。「ビルマ処理」の文言も、所要兵力を含め具体的な軍事作戦が確定できないからこのようなあいまいな表現を用いたとしか考えられない。

　鈴木大佐はバンコックにおいて、一二月二四日―同月二八日までの間、第一五軍の参謀と協議し、ビルマ独立義勇軍（Burma Independence Ary, ＢＩＡ）を編成し、ビルマ領内に入ってから独自に徴兵、徴税、徴発を行いながら進軍すると強く主張し、軍参謀はしぶしぶながらこれを認めた。

　次いで、一二月に八日にＢＩＡ結成宣誓式が行われた。一二月三一日の平山水上部隊の出発に当たる鈴木大佐は「状況は頗《スコブ》ル可ナリ。（中略）今ヤ緬甸《ビルマ》独立ノ絶好ノ機ハ至レリ。奮起セヨ、敵ハ弱シ」と訓示した(36)。「独立」の機が熟したとして、鈴木はＢＩＡを激励したのである。

　この間、参謀本部は、緒戦の戦果が目覚ましかったので、一二月二一日に服部卓四郎大佐をバンコックに出張させ、援蒋ルート遮断とビルマにおける英国勢力の一掃を目的に、中部の要衝マンダレーの占領、更には「状況之を許せば機を見て」ベンガル湾に面するアキャブも占領を求め、同時に「南機関ノ行ウ謀略工作ハ密ニ本作戦ニ連携セシム」と南機関をことさらに明示している。第一五軍とはなんの関係もなく成立し、活動してきた南機関が第一五軍に無視されては困るので、「連携」を命じたのであろうが、他方、事情のわからぬビルマでなにがしかの頼りになるとも考えたのであろう。いずれにせよ、第一五軍は、この北部ビルマから西部ビルマにわたる攻略要求は自軍の能力を超えるとして当惑したが、結局、ラングーン付近の攻撃に限定するという了解のもとに参謀本部の要求を受け入れた。

3　鈴木大佐の真意

東條首相は、一九四二年一月二一日、第七九議会における施政演説で既に占領したフィリピンにおいて将来同島の民衆が日本の真意を理解し、大東亜共栄圏の一翼として協力してくれるならば、「帝国は欣然として彼等に独立の栄誉を与えんとするものであります」とし、ビルマについても「帝国の企図するところは比島と異なるところはない」とビルマ人を喜ばせたが、総括部分において、「緒戦当初に於きましては、まず軍政下におきまして」とも述べているから(37)、ビルマについても少なくとも占領直後は軍政を敷くことを想定していたと考えられる。

他方、ビルマ要域の占領命令を受けた第一五軍司令官飯田祥二郎中将も、一月二二日、東條演説に言及しつつ、ビルマ進撃の目的は英国勢力の駆逐と民衆の解放と独立の支援であるという声明を発表した(38)。

東條首相は、次いで、シンガポール陥落を機として二月一六日に第七九議会でも演説したが、その中で予定稿にあった「ビルマの独立」の文言は南方軍の反対にあって削除されていたものの、「ビルマ人のビルマ建設に対し、積極的協力を与へんとするものであります」とはなっていた。この後も東條首相は一貫してビルマの早期独立にこだわるが、その「独立」の内容と性質は、東條が密接にかかわった「満州国の独立」同様、あくまで日本の指導下にある独立であって、必ずしも民族自決的なものではなかった。

ところで、先に述べた一九四一年一月二〇日付け大本営・政府連絡会議決定の「南方占領地行政実施要領」を起案した軍務課高級課員の石井秋穂は、その後、南方軍の軍政主任参謀になっていたが、一九四二年一月五日に第一五軍からビルマ謀略が成功の見込みがあるという連絡が南方軍にあり、タキン勢力を首班とする臨時政府樹立近しとの情報に接すると、石井は中国で汪精衛政権を作ったことがかえって中国における和平への邪魔になったことをにわかに想起し、一月六日に、「緬甸ニ関スル謀略実施ニ関スル件」を示達として南方軍名で発出した。この示達の要点は、

(1) 日本軍の占領区域内において局地的自治委員会を結成し、治安の維持、日本軍の後方援護、補給の援助を行わせる。義勇軍はこれに協力する。

(2) 機に至ったならば、一挙に強大な新政権を樹立する。

というもので、鈴木が前年末に策定した「テナセリウム占領後に、臨時政府を樹立する」方針と大きく異なっていた(鈴木は一月五日に南方軍に報告した計画でもこの計画を推進する旨述べている)。しかも、石井の新政権関連の注記には下記の二点が銘記されていた(39)。

(1) 新政権は、表面は独立の形態を整えるが、内容においては日本の意図を容易、忠実に実行する。

(2) 新政権の指導には占領軍司令官が当たり、新政権の承認は戦争終末後とする。

一月三〇日に陥落したモールメンで第一五軍司令部は、この示達に従い、軍政監部を編成し、軍政の準備を行い、南機関とBIAによる独立政権樹立を許さなかったのである。

この示達が直ちに作戦開始前に鈴木の知るところとなったかどうかはやや疑問である。鈴木の陸士同期で、ビルマ軍最高軍事顧問であった澤本少将によれば、「一月六日付の南方軍指示によって鈴木大佐の計画は否定されたかたちとなった。(中略) 鈴木大佐は憤懣やる方なく、ずいぶん激論を交わしたが、しょせん黙るしかなかった。BIAの

主力はすでにバンコックを出発していた。」と述べている。

しかし、鈴木は澤本の言う一月六日付けの指令については記憶がないとし、「作戦開始」に当たっての事例三件を挙げて反論しているが[40]、これらの事例はおおむね一月六日以前のことであるようであり、鈴木の「作戦開始前にはこの指令を聞いていない」との反論とも一致しているように思われる。

いずれにせよ、鈴木と南方軍司令部との間の「ビルマ独立」の時期についての見解の相違は、この時点できわめて顕著になったが、石井大佐はその『南方軍政日記』に次のように記している[41]。

「第一五軍のビルマ侵入とともに、各地の独立運動はすさまじい勢いで進展していた。ビルマの知識人、特に青年は独立の速やかならんことを願い、どしどしビルマ独立軍に投じて日本軍に協力した。ところが現実は軍政を布くことになっており、このことを知った彼らはあせりはじめた。南機関長鈴木大佐は、次第に上司に反発し、形勢はおだやかならぬものがあった。鈴木大佐以下南機関の人たちは、ビルマ独立軍に溶《と》け込んでしまい、事と次第によっては日本軍に反旗を翻すとまで言いふらすようになった。（後略）」

石井大佐の『日記』を信ずる限りでは、鈴木は既に「ビルマ独立軍に溶《と》け込んでしまい」といわれるくらいだから、その「独立」についての考え方は、東條首相とは異なり、かなり民族自決的な色合いの濃いものであったろうと推定される。つまり、「独立」の内容・性質そのものについての見解の違いがあるのであって、単なる「独立」の時期に関する見解の相違以上の本質的な問題があったと考えられる。もっとも、東條式の「日本の指導下にある独立」は、ビルマ人に不平不満を抱かしめる一方で、仮にも「独立」すれば、ビルマ政府側の自決意識を高める効果を生じたであろうが……。

なお、南機関員であった泉谷達郎中尉によれば、鈴木の「独立」に関する意見は、「民族の独立は民族固有の権利であって、他国が独立を与える筋合いのものではない。ビルマの独立はビルマ人の権利であって、日本が独立を与えるとか、与えないというものではない。（中略）民族の独立を願うビルマには、作戦の必要上たとえ軍政を布《し》いても、即刻彼らが独立を宣言すべきだと考えた。」というものであった(42)。

ラングーン陥落の一九四二年三月八日、南方軍は第一五軍に対して「軍政施行要領」を示し、軍政の施行を命じた。ここで、鈴木と第一五軍幹部との対決が行われるが、ビルマ早期独立を唱える鈴木の意見は強く退けられた。第一五軍に自らの主張を退けられ、早期独立は避け、当面軍政を敷き、その間に独立準備を進めると言われた鈴木は、一九四二年三月二二日、ラングーンの蹴球競技場で華々しいＢＩＡ観兵式典を行った。参加人員は実に四五〇〇人に達した。この後もＢＩＡのもとには続々と兵士が集まり、一九四二年五月には約一万二〇〇〇名となり、ほかに軍の別働隊たる護郷軍約一万五〇〇〇名を擁していた。

翌三月二三日、鈴木はボー・モゥ・ジョウッ（雷将軍）名でビルマ中央政府（バホー）の成立を布告した。太田常蔵『ビルマにおける日本軍政史の研究』によれば、これは、鈴木の独断専行であって、「南機関長はＢＩＡ行政班長タキン・トゥン・オクをビルマ・バホ（*Baho*）政府の主席行政官に任命した。トゥン・オクの各方面にわたる命令第一号が四月七日（あるいはそれ以前）には発され、バホ政府官吏の行政上のすべての権威が確認され、イギリス統治時代の方法に概ね従った行政的手順が明らかにされた。バホ政府は、ラングーン市Komin Kochin街八番地にあり、中央に一〇局をおき、一〇長官は政府主席に助言する参事会の役をつとめる。地方行政は、県（District）、町村区（Township）、町村（Town, Village）等に分けて組織的行政を民主的に行うものであった。（中略）ビルマ進駐後数ヵ月間は、バホ政府と表裏をなすＢＩＡ地方行政委員会や治安維持会が、前述のごとく（その数五〇におよぶほど）活發に動いていた。」

南機関指導下の行政機関は、タキン党やＢＩＡを中核として構成されており、これは、第一五軍が軍政を行おうとしているのに対するいわば反逆行為であり、民族自決的な「独立」への具体的な行動であったが、第一五軍は現地の勢力を掌握していた南機関の実力を無視し得なかった。要するに、南機関とＢＩＡなしには、軍は何もできなかったのだ。つまり、「実際問題として南機関の援助なくしては軍政部は米の一俵も材木一本をも集める事は困難」（『南機関外史』）な状態であった[43]。

泉谷達郎中尉も第一五軍が南機関とＢＩＡによるビルマ人の民政府樹立を妨害したモールメン地区での自らの体験を語って、「モールメン地区においてはビルマ民衆の協力ぶりが冷やかなるため、軍の物資の調達は必ずしも順調ではなかった。そのこともあって、斎藤宣伝班長（筆者注・泉谷が中野学校に入学する前にいた歩兵第一五連隊副官で、ビルマ侵攻時点での第一五軍少佐、宣伝班長）はムドンの（南）機関事務所を通じ、物資の調達を依頼してきた。私はそのことをＢＩＡの幹部に頼んだところ、こころよく引き受けてくれ、所要の物資を軍へ補給したことがしばしばであった。」と記している[44]。

武島良成は鈴木の独立観をその著作『日本占領とビルマの民族運動―タキン勢力の政治的上昇―』第二章「南機関論」で論じ、「一九四二年二月に南方軍が方針を変えて以後、南機関がなにゆえに六〜七月まで力を保ち続けられたのかが問題になる。」として、鈴木の言う「独立」が大本営や第一五軍が考えている日本側が指導性を有する「独立」であったからだと主張している[45]。しかし、筆者は、むしろ、武島の考察外にある鈴木の中央政府設立に注目し、軍政実施に至る準備が整うまでは、南機関とＢＩＡの助けなしには、何一つできない第一五軍の状態が南機関をしぶしぶながら容認した重要な要因ではないかと考える。つまり、「独立」の性質・内容に関する鈴木と大本営・第一五軍との間の見解の一致が原因ではない。

次に武島が取り上げるのが、一九四二年三月三一日付けの『甲谷悦雄日誌』記事である。この時期に大本営はビルマの「独立」を促進するための調整に乗り出しており、甲谷は第一五課（戦争指導課）課長代理の地位にあり、ラングーンで鈴木や第一五軍首脳たちと懇談し、この懇談内容を書き留めたものである。鈴木の発言として武島が注目しているのは、

（1）「実質ハ別ダガ、形ダケニトル直グ独立□□ナ形ニ持テ行ク」
（2）「日本ノ要求ヲ確保スルコトハ条件（石油、米、綿、錫）之ハ先方モ納得シアリ」

という二つの発言で、これを以って「この「独立」観念は「あくまで日本の指導下でのものだったことがわかる。」という結論になっている(45)。

しかしながら、上記（1）の発言は、ラングーン占領の後でも、英印軍一万二〇〇〇と中国軍（蒋介石軍）五万がラングーン約三百キロ北方に抵抗線を敷き、日本軍に大打撃を加えようとしていた時点で行われたのである。現に交戦中の状態で成立する「独立」には様々な制約条件がつきものであるから、当時の状況の中でのビルマの「独立」が必ずしも鈴木の考える真の「独立」ではあり得ないという意味で「実質は別だが」云々と出たのであろう。まず「独立」の形を整え、次いで制約条件の必要性が緩和されるに従って民族自立的な「独立」に近づければよいと考えたのであろう。

他方、上記（2）は、日本軍将校として、ごく当然の発言であろう。第一五軍は交戦中であり、現地補給が絶対に必要である。

独立を助け、ビルマ独立義勇軍の建設に力を尽くしたし、これからも尽くすのであるから、その報酬という意味合いもなにがしかはあったのかも知れないし、先方も合意しているのであるから特に問題はないであろう。

戦争を行いながらビルマを独立させるのであれば、主権に対するなにがしかの制約は不可避であろうが、問題はその程度であって、鈴木の場合には「今は主権の制約があっても、できる限りビルマ人の民族自決の希望を生かして、将来につなげる」という考えであったのではなかろうか。そうでなければ、アウン・サン以下のビルマの志士たちがあれほどボー・モウ・ジョウッを慕う理由もないのではあるまいか。

そもそも、鈴木がビルマ人志士の募集と訓練を始めた時点では、『甲谷悦雄日誌』に記されている鈴木の発言のように、「「ビルマ」ニハ軍隊ヲ入レナイカラ之ノ方針デ行ッテ居タ」のであって、鈴木としてはビルマ人志士たちの熱望する「独立」を全面的に支援・支持する以外に厳しい訓練に耐えさせ、命がけでビルマに潜入させて、ゲリラ活動を行わせる術《すべ》がなかったと考えられる。このようにして志士たちを育成するうちに、鈴木自身も少なくともビルマの「独立」については民族自決的な考え方に染まっていったのであろう。

武島は、鈴木が一九四三年にフィリピンに駐在していた時に親米的なラウレル政権を倒し、親日的なガナップ党をクーデターによって政権につけようと計画していたと述べ、これを以て鈴木の「独立」とは「日本の指導下にある独立」に他ならないと結論している(47)。しかし、仮に鈴木のクーデター計画が事実であったとしても、ビルマに関しては鈴木はビルマ人志士たちとの人的なつながりを通じて、石井大佐の観察のように、「ビルマ独立軍に溶け込んでしまい」という状態にあったのであり、フィリピンで行おうとしたことをビルマでも行おうとした、あるいは行ったとは限らないであろう。

4　南機関の終焉とその遺産

アウン・サン以下のBIA幹部は、ラングーン占領後も日本側が「独立」を許さぬことに著しく不満であった。しかも、ビルマにおいて当初日本軍は赫々たる戦果を収め、一九四二年五月二〇日、英国はビルマにおける戦闘をやめ、英国ビルマ総司令官を解任し、英国のビルマ英印軍はインドにおける軍事指揮下に置かれることとなった。

こうなると、第一五軍は南方軍の発した「軍政施行要領」を実行しなければならず、ビルマに速やかに独立を許すべきであると主張してきた軍司令官飯田祥二郎中将も同年五月二一日には中央行政機関委員会の設置を決定し、六月七日に委員に内定したバ・モー、アウン・サンなどビルマ側要人に対し、ビルマの独立問題に関しては東條首相の声明に準拠することは当然としつつも、刻下の急務は戦争の勝利であるから、まずは戦争目的達成への協力を望む旨述べ、六月三日、軍政を布告し、六月四日にはバ・モーを委員長とする中央行政機関設立準備委員会を設立し（委員は委員長バ・モー他七名。内訳は、バ・モー派二名、タキン党三名、トゥン・オウッ派一名、カレン代表一名、中立二名）、鈴木が樹立したバホー政府を解散し、既に第一五軍に配属されていた南機関をも廃止した(48)。

こうして鈴木が求めたビルマの「独立」は名実ともに消え、鈴木がＢＩＡに非軍事的な行政権力を与えるために創設したバホー政府も解散させられた。六月一五日、鈴木は留守近衛師団司令部付に配属替えになり、七月一四日にラングーンを去った。

これに先立つ三月に、鈴木はアウン・サンたちを集めて、独立問題に関する彼らの考えを聴いている。鈴木は、もしも、彼らが日本軍と衝突しても独立に踏み切るというのであれば、ＢＩＡをラングーンからデルタ地帯のバセイン地方に誘導しようと考えていた。鈴木は尋ねる。「おまえたちはいつ独立するのか」と。アウン・サンたちは、あっけにとられていう言葉もない。そうすると、鈴木は、「おれがビルマ人であったら、日本軍と闘っても止《や》むを得ないと思う。おまえたちはどうするのか」といったが、だれも答えない。そこで、鈴木は、「しかし、おれは日本人だ。こうはいうものの俺が先頭に立って日本軍と闘うわけにはいかん。おまえたちが独立のためにどうしても日本軍と闘うというならば遠慮はいらぬ。まずおれを殺してから闘え」といったが、アウン・サンたちはしばらくしてから「（日本軍の）北伐（筆者注・日本軍のミャンマー中央部から北部にかけての英軍勢力駆逐作戦）に参加すると言った。」つまり、日本軍と闘って独立宣言をすることはしないと決めたのであった(49)。

鈴木の発言は、彼の「独立」が、ただ単に形のうえで「独立」を早期に達成するだけのことではなく、それがビルマ人にとっての真の「独立」をもたらさなくてはならないという意味であったことを示している。第一五軍に対しては、「独立」の早期実現のために多少は軍への妥協的な態度を取ったかもしれないにせよ、まず「独立」の形を整え、可及的速やかに民族自決的な独立と自分が掌握しているか、少なくとも「軍隊で同じ釜の飯を食った」ビルマ人志士たちの支配するＢＩＡの力を背景とするビルマ人の協力確保を願っていたのであろう。

他方、アウン・サンたちの態度は、自分たちと一体である鈴木に対する敬意と強大な日本軍（反抗すればつぶされる）の軍事行動に参加することによってまだ貧弱なＢＩＡの軍事能力の向上を図り、同時に日本軍の信用を得てＢＩＡを正式の軍隊として認めてもらおうという意図もあったのであろう。

なお、バ・モーは、その回顧録において、鈴木のビルマ独立への熱意について次のように述べているが、鈴木の「ビルマ独立」に対する態度を高く称賛している(50)。

「(前略）オン・サンが、私にしばしば当時のことを語りながら、海南島における日本人の彼らに対する行為を非難するようなことばはなにもいわなかったことである。年長の同志たちも、オン・サンと同じであった。反対に彼らは、キャンプの南機関員は、民族解放のために自ら戦う純粋の独立したビルマ軍隊をできれば日本人の協力を得て、場合によっては協力なしでつくりあげる必要性を教え込むことに最善を尽くしていたと語った。ウ・ヌーに対してかって鈴木は「独立は、人に乞うたり、人が与えてくれるのをあてにして得られるものではない」といった。そしてさらに、北島や赤井、鈴木（筆者注・軍属で南機関本部付、ＢＩＡ軍医部長であった鈴木敬のこと）の話によると、キャンプの日本人将校は「その生命をビルマ独立のために捧げる」という誓いをさせられていた。鈴木とその部下は海南島のこの精神をずっと持ち続けてきたように思われる。（中略）軍は彼ら南機関員が独走しようとしており、ビルマ人にもそうするよう扇動している、として非難した。」

バ・モーは、また、こうも述べて、鈴木の誠実さをたたえている(51)。

「(前略）彼らは、彼（筆者注・海南島第三班長、広東班長、部隊長、北伐指導官であった赤井（旧姓鈴木）八郎中尉か、あるいは軍属で南機関本部付、ＢＩＡ軍医部長であった鈴木敬のこと）がウー・ヌに語ったことは、事実、彼の態度を現わしている、と私に断言した。その上、その態度は彼らの知っていた南機関の人々すべての態度だった、と断言した。海南島の日本人指導官は、ビルマ独立のために戦うことを誓わねばならなかった。ボ・レ・ヤは彼らの部隊がタボイに入った時、ビルマ独立の宣言を読みあげたのは川島（筆者注・中野学校出身の陸軍大尉で南機関発足当初からの機関員。ＢＩＡタボイ兵団長）だったことを覚えていた。「ボ・モージョは、彼のいったこと、なしたことすべてで彼の誠実さを証明した」というのが彼らのいい分をまとめた結果だった。」

鈴木が渾身の努力を傾けたＢＩＡもビルマ国防軍（Burma Defense Army，ＢＤＡ）に改組されることになった。英国によって放り込まれた監獄から脱出して新たに中央行政機関設立委員会の委員長となった元首相バ・モーは、アウン・サンと事前に協議した後で、鈴木が司令官であり、日本人将校が重要ポストを占めるビルマ独立義勇軍（ＢＩＡ）に代わるビルマ人からなり、ビルマ人が全階級において指揮する新しい正規の恒久的な軍隊を作り、それを日本軍に訓練させ、指導させようということを日本軍に提案し、その賛同を得た[52]。他方、日本軍司令官は参謀を通じＢＩＡを正規の軍隊に改編すべきかどうか鈴木大佐の意見を求めたところ、鈴木は賛成し、（1）ＢＩＡの解散、（2）ＢＩＡから選抜した三〇〇〇名を以ってビルマ国防軍（ＢＤＡ）を作る、（3）幹部養成機関を設立して軍紀厳正な軍隊の基礎を作る、などの意見を述べたのであった。このような動きの背景には、ＢＩＡの兵員の数が余りにも急激に増加し、その中に多数の悪質分子がいて、その結果、ＢＩＡの地方民政機関がしばしば恐怖政治まがいの行政と犯罪的なギャング行為を行うようになっていたという問題があった。

一九四二年七月二七日、鈴木の意思により既にその後継者としてＢＩＡ司令官となっていたアウン・サン少将はＢＩＡの解散命令を発し、同月二七日、ＢＩＡはアウン・サン「大佐」（日本軍公認のランク）を司令官とする兵数二八〇〇名の日本軍公認のＢＤＡとなった。

このＢＤＡを率いるアウン・サン将軍がやがて日本軍のインパール作戦の大失敗とそれに伴う日本の敗北、すなわち英国のビルマ復帰が必至であることを勘案して、日本軍との心中を避け、「ビルマの独立を主張するからには、すくなくともここで反日の姿勢を示し、英国に具体的に証《あかし》をたてねばならぬ。」(53)として日本軍に反乱し、日本の敗戦後に英国から独立を克ち取るのである。ＢＤＡの前身たるＢＩＡの幹部がタキン党の中の行動派に属し、その後身であるＢＤＡが日本軍と戦闘を交えた反ファシスト人民自由連盟（Anti-Fascist People's League，ＡＦＰＦＬ）の中核となったことから、英国支配の下で英国に協力していた穏健派が戦争中におおむね既に政治的に没落していたことと、ＡＦＰＦＬに加わった共産党（その指導者もタキン党行動派であった）の戦後における排除と相まって、アウン・サンの率いるタキン党行動派（三〇人の志士たち）＝国軍＝政府という図式が長く続くこととなった。

タキン党の党旗が国旗となり、タキン党の歌が国歌となった。その意味で、鈴木は今日のミャンマー国軍の開祖であるとともに、タキン党行動派の政治的地位を格段に高め、堅固なものとした人物であると言えるであろう。

また、そのビルマ独立に対する態度も、ビルマ人志士たちと一体になって独立を達成しようとしたので、今日に至るもミャンマー国軍幹部から感謝されているのである。実際的な問題として、鈴木が計画したビルマ工作とは日本軍のビルマ進攻を予想していない時点のものであって、その時点ではビルマ志士の民族自決的独立願望を鼓舞し、ゲリラとしての軍事訓練を行い、開戦とともに自ら司令官としてＢＩＡを率いてビルマに進攻するに至ったのであるから、ビルマ進攻の時点ではもはやビルマ人志士たちとほぼ一体となり、鈴木の抱くビルマ独立の観念も民族自決的色彩の強いものとなっていたのであろうと考えられる。

他方、鈴木が育った日本陸軍の当時の体質は、民主主義や議会を軽視、排斥し、国軍の軍事独占以上に政治的な介入を当然視し、軍による事実上の国家支配を善しとするものであったから、鈴木ないし日本陸軍の影響は、この面でも、ビルマ国軍に継承されて行く結果を生じた。

第4章
藤原機関の発足

1　藤原少佐のインド工作開始──ゼロからのスタート──

一九四一年九月一八日、参謀本部第二部第八課勤務で当年三三歳、少佐になったばかりの藤原岩市は、先般来、第八課に配属された中野学校（陸軍の諜報要員育成機関）出身の若年将校五名とともに参謀総長杉山元大将から対インド工作の訓令書を手交された。

その訓令の要旨は、「貴官らはバンコックに出張し、タイ駐在武官田村大佐のもとにおいて、主としてマレイ方面の工作特にインド独立連盟及びマレイ人・支那人らの反英団体との連絡ならびにその運動の支援に関し田村大佐を補佐すべし」であった(54)。

次いで、杉山は一同に対して言う。「きみたちの工作はただの破壊、攪乱《かくらん》工作であってはならない。〝インド独立のために、インド人を立ちあがらせる〟そういう大きなテーマを持っていかねばならぬ。インド人を共鳴させる理想を掲げたものでなければ、決してうまくいかないだろう。きみたち自身が、インド独立運動の志士になったつもりで行け」(55)。

そして、他の若年の将校たちが退席させられた後、第一次大戦後、大尉としてインドに駐在し、マレーにもいたことのある杉山参謀総長は、藤原に次のように付言した(56)。

「貴官の任務は、差し当たり日英戦争が勃発するようなことになった場合、日本軍の作戦を容易にし、かつ日本軍とマレイ住民との親善協力を促進する準備に当たるのであるが、大東亜共栄圏の建設という見地に立って、インド全国を注視し、将来の日印関係を考慮に入れて仕事をされたい。なお英印軍内のインド兵にも色々の種族があって、英印軍当局はインド人が反英運動ができないように、これらの種族を互いに牽制するように巧妙に配合した編成と指導を行っていることに留意されたい。しっかりやってくれ。大いに期待している」

藤原岩市は、一九〇八年三月一日に兵庫県多可郡津万村（現西脇市）に生まれた。柏原学校卒業後陸軍予科士官学校を経て一九三一年陸士（四三期）卒、同年一〇月陸軍少尉任官、歩兵第三七連隊付となった。天津駐屯歩兵隊付、豊橋陸軍教導学校付等を経て一九三八年五月陸大（五〇期）卒。歩兵第三七連隊長、第二一軍参謀、留守第一師団司令部付を歴任。一九三九年八月に大尉で参謀本部第二部（情報担当）第八課勤務を命ぜられた。ちなみに第八課の所管事項は前述の通り総合情報判断、宣伝、謀略、防諜担当という広範なものであったが、この課の創設に力を尽くしたのはのちに藤原の後を承けて大掛かりな対印工作機関たる岩畔機関の長となった岩畔豪雄であった。この第八課は一九三七年に新設され、初代課長は影佐禎昭大佐、主任が岩畔豪雄中佐であったが、別名を「謀略課」ともいわれていた。

陸軍の諜報将校育成機関たる中野学校の創設は岩畔などの発案と努力になるもので、一九三八年二月に創立され、第八課の四班が管理していた。他方、同じ課の一一班は一九四〇年九月から北部仏印進駐や三国同盟締結などによって米英との関係が緊迫化してくると、米英との戦争の場合には東南アジアも戦域になるであろうからとして、これまであまり顧みられていなかった東南アジアへの宣伝の研究に着手し、ビルマ工作をも開始した(57)。後に南機関長となる鈴木敬司がビルマ関係の工作をはじめたのも、既に述べたように、この第八課一一班所属将校としてであった。

藤原が戦後語ったところによると、一九四一年には、東南アジアが戦場になる場合、

「現地でどんな宣伝活動をやるか、ということで、まず伝単（宣伝ビラ）づくりなど、神田の淡路町に小さなビルの四階を借り、民間人なども集めて準備していたのです。

このことは、この『昭和史の天皇』第三巻の〝ゼロ・アワー〟の項のところでも、くわしくふれられているが、もし戦争になったら、イギリスに抑えられているビルマや、インドに対する工作も考えねばならない。特に、東洋にいるイギリス陸軍は三〇パーセントが英人で、七〇パーセントがインド人やグルカ人で編成されていると聞く。したがって、インド人工作をやることは、英印軍を内部から揺さぶり、その戦力をそぐことが出来る。さらに遠くその工作を、インド国内の民衆の間にまで推し進めて行けば反英暴動、サボタージュ、武装蜂起《ほうき》、そしてインドの独立まで持っていけるかもしれない、とは考えられたわけですが、まだ肝心の開戦を決心したわけでもないし、開戦しても、そこまで手をのばすかどうかもわかりもしない。それに、インド人工作といっても手がかりが何もない。もっとも、インド独立の志士というものと、日本の接触は大正のころからあったことはあったが、主として民間ベースというか、軍としては直接タッチはしていなかった。インドの独立運動というのは、（中略）その組織がどの程度のもか、実態すらつかんでいないという状況だったのです――」(58)。

藤原は「南方」の専門家ではない以上に、そもそも「南方」には行ったこともないので、一九四一年の三月から五月にかけて外務省の伝書使（クーリエ）の形で北スマトラ、タイ、ジャワ、フィリピン、香港をまわった。開戦の場合にどのような宣伝や報道を行うかの基礎資料収集が目的であった。正に泥縄である。こんな状況であったから、第八課としても、一九四一年七月に至っても具体的な工作としては、一九四〇末から準備された鈴木大佐の工作たるビルマでのタキン党支援しか策がなかったのである(58)。

要するに明治時代から北東アジアが専門であった日本陸軍にとって、インドやビルマも含めて「南方」に関する知識も資料も極端に乏しかった。
一九四一年九月一一日にバンコックで駐在武官田村大佐を補佐してマレー方面工作の準備に当たり、日英戦争が始まれば、近く編成される南方総軍参謀としてもっぱらマレー方面の工作を担当するという内示を応諾した後、藤原はインド知識の蓄積に大童になり、参謀本部のマレーに関する資料もあさったが「悲しいことに日本参謀本部は建軍以来、対ソ・対満・対支の作戦準備一点張りで歩んできたのと、日英同盟の親善政策に沿って国歩を進めてきたため、参謀本部にはインド事情に関する資料として取り立てるべき資料をもっていなかった。またわが国には、高岡大輔氏や木村日記氏らの他にインドを研究した権威者が少なかった。それとてもインドの軍情や政治に深く立ち入ったものではなかった。あったかもしれないが、私の見聞にはなかった。たとえあったとしても、私はいまそんな部外の人に会うことを許されないし、また時間が許さなかった。」と述べている(60)。
米英と本格的な戦争をする公算大なる時点になっても、日本陸軍には南方の軍用地図もなければ、国情・知識の蓄積も極端に貧弱であった。藤原は言う。

「欧米と南方とを十把ひとからげにして(筆者注・参謀本部第二部の)第六課にまとめて、その中に、南方班には村上公亮《きみすけ》中佐の下に二〜三名の召集将校、南方に駐在した経験のある商社員、若干名の嘱託がいるという程度で……。(中略)だから、地図もなしで戦《たたかい》しとる(戦争をしている)わけですよ。ビルマの地図なんか、ビルマでひといくさして、英軍が敗走したときに、トラックに、三〇〇か四〇〇、のっていた、それがあったくらい。ニューギニアなんか地図なしでやっているのですよ。」(61)

このような雲をつかむような状況下に藤原は杉山参謀総長の訓令にこめられた意図は、「大東亜新秩序の大理念を実現するために、インドの独立と日印提携の開拓を用意しつつ、まずマレイ方面の工作に当たれ」というものと受け止めた(62)。

この時点での参謀本部の考え方は、ビルマ進攻でさえもまだ行わない方針で、南機関の方針も「ビルマ人ゲリラ育成のための訓練と武器、弾薬などの供与」であり、でき得る限りビルマ人志士たちの「独立意欲」をかきたて、ゲリラ活動を行わせることが眼目であった。ましてや、インドについては軍事的侵攻など現実問題としてあり得るはずもなく、藤原の「インド独立支援」の「独立」の性質も、鈴木大佐の場合と同様に、民族自決的な独立であったし、参謀本部・政府も対英戦争において日本が軍事行動をせずに英国に打撃を与える手段としての「インド独立」支援であるから、占領地以外の地域であるインドで特に制約を課する必要はなかったと考えられる。

なお、藤原の戦争観は第八課の先輩である多田徳次が書いた『日本戦争論』に大きく影響を受けた。藤原曰く、「戦争とは敵の殲滅ではなく相手を生かすものであるということですよ。この方法でいくと、戦えば戦うほど太り、敵を味方にしていくということになる。共産党のやっている戦略はそうだよ。(あの本には)スターリンの思想が入っていると思いますけどネ。一時の勝利ではなく……。昔の日本人でいえば山鹿素行の兵法に近い。南方で英米軍と戦うのだから、こういう考えで行かなければテクニックだけなら日本軍はとても英米軍の敵ではない。あの大東亜戦争は支那事変で追い込まれてやっているんだけど、いざ始めてみると第一戦では兵站がいらないぐらいだった。支那ではとても考えられないことだった」(63)。

事実、「テクニック」に属するであろう車輛について、ビルマで三三軍参謀を務めた野口省巳は、一九四四年七月一日のインパール作戦大敗による同作戦中止直後に発せられたインドと中国の連絡路遮断作戦を担うこととなった第三三軍が保有していた車輛は約三〇〇輛で、そのうち可動車輛は一〇〇両くらいであったとしつつ、「このときの印象で今も強く残っているのは、ニッサン、トヨタ、イスズなどの日本車と、シボレーフォードなどのアメリカ車とのあまりにもはなはだしい性能の差であった。日本車は故障続出で、無理がきかなかった。ベアリング一つをとっても、日本製のものは摩耗が早かった。」と回想している(64)。

中野学校出身の青年将校五名、軍曹一名、東京外語のインド語科の学生一名、それにシンガポール、スマトラ、ビルマ等に長年暮らし南方事情に詳しい年配者一名、合計八名が藤原の部下としてバンコックに向かった。藤原は戦後の著作『F機関』においてバンコックでは仲間に対して「英国やオランダの統治は一世紀内外にもわたっているし、巧妙な方策と豊富な物資を駆使して現地人を懐柔し縛っている。これに対して無経験なわれわれが、貧弱な陣容と不十分な準備とをもって、その鉄壁を破る方法はただ一つである。彼らの民族的念願を心から尊重し慕愛と誠心をもって臨み、その心を掴むよりほかはないのだ。至誠は天にも通ずるのだ。」と説いた(65)。

藤原が当時この考えを口にしていたことは、外地で藤原機関に入った三〇名の一人である国塚一条少尉が、開戦直後の一九四一年一二月一六日に藤原岩市少佐に会い、同少佐の「こんどの戦争は正義の戦い、アジア民族の解放にある。至誠を持って住民にも敵にも接し……」とやられ、「国塚は「よし、この人の下で縁の下の力持ちの仕事をやろうとっ決心したのでした」と述べていることから、間違いないと判断される(66)。

要するに、「至誠を持って」インドの独立を説き、投降を促せば、元来、傭兵(セポイ)にすぎず、戦意に燃えているはずのないインド兵やグルカ兵が英印軍の七〇%を占める以上、彼等は投降する可能性がかなりあり、そうすれば英印軍には大打撃となるであろうという訳である。そこでは、日本の軍事的な利益と民族自決的な「インド独立」支援の考えが一体化していたといえよう。

藤原とその部下たちがバンコックに到着したのは、一九四一年の九月末から一〇月にかけてのことであった。藤原は、田村駐在武官が既に連絡をつけていたバンコックのシーク教徒(67)半秘密結社であるインド独立連盟(Indian Independence League, IIL)のアマル・シン会長とプリタム・シン書記長と接触する。IILは上海東京、香港、インド、南タイ、マレー各地に支部を有し、武力を以てインドの独立をかち取るという急進派であったが、指導者二人ともに日本の朝鮮や台湾における植民地政策と満州および中国における日本の軍事行動や政策を侵略的だとみて、日本がインド人の目に好戦的かつ侵略的性格に映っていることなどを指摘し、インド人がこの種の政策や軍事行動や、非道の行為に対する憎悪の感情が中国人よりも一段と強いことを強調した。藤原は、このような印象が悪意に基づいて作為的に誇張されているところが多いことにつき注意を喚起したのち、これらの諸点につき批判と是正の余地があることを認め、日本の改革努力を縷々説明せざるを得なかった(68)。

藤原は、戦後、当時の自らの考え方を回想して、

(1) インドの敵と日本の敵は共通していた。
(2) プリタム・シンもノン・ヴァイオレンス（非暴力）の人たちとは協力できなくて武力で立ち上がる組織でなければならないという点でわれわれと同意見であった。
(3) 対印協力の基盤をマレーで作り上げ、次いで東南アジア、やがてインド本国に及ぼす国策に発展させたい。
(4) このインド工作が成功するか否かは、日本のビルマでの成果如何による。インド人はそれを見ている。

と述べている(69)。

2 インド独立連盟との覚書と「F機関」の発足

こうしている間に、日米関係は悪化の一途をたどり、いつ開戦となるかかわからぬ情勢を迎えたので、藤原の提案により一九四一年一二月一日夜に要旨左記のごとき日英両文覚書が藤原の上司であるバンコク駐在武官田村大佐とプリタム・シンとの間で署名された。

(1) 日印両国はそれぞれ完全なる独立国として自由かつ平等なる親善関係を成就し、相提携して大東亜の平和と

自由と繁栄途を完成することを終局の念願とする。

（2）IILは、インドの急速かつ完全なる独立獲得のため、対英実力闘争を遂行する。このため、日本の全幅的援助を歓迎する。

（3）日本は、インドに対し、領土、軍事、政治、経済、宗教等にわたり一切野心を有しないし、いかなる要求もしなことを保証する。

（4）日英戦争勃発に伴い、IILは、日本軍とともにまず南タイ、マレーに前進し、IILを同地に拡大し、同地区一般インド人および英印軍内インド将兵に対し反英独立闘争気運を高揚し、かつ日本軍との親善協力気運を醸成する。

（5）IILは、なるべく速やかに英印軍内インド将兵およびマレー地区一般インド人中より同志を糾合し、インド独立義勇軍を編成し、将来の独立闘争を準備する。

（6）日本軍は、インド兵の投降者を敵性人とみなさず、友愛を以って遇し、生命、財産、自由を尊重する。

（7）日本軍は、在ベルリンのチャンドラ・ボース（筆者注・Subhas Chandra Bose 高名なベンガル出身のインド国民会議左派指導者で、武力闘争による早期インド独立のためであればドイツでも日本でも手を組む方針。この方針がガンジーの非暴力主義やネルーの反ファシズムと折り合いがつかず、チャンドラ・ボースはガンジーの策謀により国民会議派議長辞任を余儀なくされ、アフガンに逃れ、日本公使館を訪れたが、日本公使館はボースを門前払いし、ドイツ公使館も同様であった。しかし、イタリア公使館だけはボースのために奔走し、ドイツ公使館と連絡を取りながら、ソ連経由で一九四一年四月―独ソ戦争開始の三か月前―にヒットラー支配下のベルリンに亡命させた）とIILとの連絡を斡旋する。

以上の覚書の写しは、サイゴンにいるマレー攻略担当の第二五軍司令部と南方総司令部に提出されその許可を得た。

さらに別の一部は、大本営陸軍部に送付された(70)。軍上部機構がこの時点で田村・藤原の取った行動に対して全く異議を唱えていないことは、この時点での藤原の対印政策の考え方が陸軍上部機構のお墨付きを得たとまでは言えないまでも、少なくとも「黙認」されたと考えてもいいであろう。

軍側にしてみれば、四個師団もの大兵力を振り向けたマレー・シンガポール作戦は、英国の堅固な牙城たるシンガポール要塞攻略を目的とする乾坤一擲の大作戦であったから、藤原機関を通ずるＩＩＬの英軍内インド将兵投降に大きな期待を寄せざるを得なかったのであろう。なお、この時、フィリピン作戦用の兵力は二個師団、蘭印作戦は三個師団、タイ・ビルマ作戦は二個師団であった。

「覚書」について一言すれば、南機関が三〇人のビルマ志士を海南島で訓練するに当たり、何らかの協定なり、覚書なりを志士側と取り交わしたという記録は全く見当たらない。そうすると、藤原機関の提案により田村大佐に代表される日本側がＩＩＬとこのような覚書を交わしたということは、日本軍との関係においてビルマの志士に比べてＩＩＬの地位が相対的に高かったか、あるいは、組織力の点でビルマ志士側がきわめて弱体であったのに対しＩＩＬ側は当事者間の権利義務関係を定める契約精神が旺盛であったとともに、組織力においてかなり勝っていたということになるのであろう。

なお、この覚書には、「日本軍は、藤原機関（仮称、開戦と同時に正式に編成される予定）をして日本軍とＩＩＬとの間の連絡および直接援助に当たらしめ、ＩＩＬの運動遂行を容易ならしめるものとする」との一項が入っていたが、南機関が同年二月一日に既に大本営直属の機関として既に正式に発足しているのと比べれば、対インド工作機関としての藤原機関の出足はかなり遅く、これは、陸軍のビルマとインドに対する具体的な関心度の違いを反映しているといってよいのではなかろうか。

この覚書署名後、プリタム・シンの提案により藤原機関員は、Freeom, Friendship および Fujiwara の三つの頭文字をとって「Ｆ」字の入った腕章を巻くことにした(71)。

一九四一年一二月八日、ついに開戦の火ぶたが切られた。同時に、田村大佐の下で藤原とその部下が行っていた工作（マレイ工作）は、藤原以下の人員とともに、かねてからの手はずに基づき、南方軍総司令官寺内大将の手に移管されたが、寺内大将はこれをマレー方面の作戦を担当する第二五軍司令官山下奉文中将の下に派遣し、同中将の指揮下に入れた。藤原機関は、このようにして、準備する期間もろくになしに、全く泥縄式に実務を行うことになった。

第5章
インド国民軍（INA）の誕生

1　モーハン・シン大尉

開戦となって、藤原機関はバンコックから勇躍マレーに赴き活躍するのであるが、その経緯は藤原岩市著の『F機関』および読売新聞社編の『昭和史の天皇』8の後半「ボース」に詳細に述べられているので、本稿ではインド国民軍の創立にかかわった藤原の考え方とインド側の考えを日独中枢部の見方と対比しつつ、分析し、論述することとしたい。

藤原は、一九四一年一二月一四日、マレー北方のアロルスター東方三〇マイルのタニンコで敗走中の英国人大隊長に率いられたインド人兵士約二〇〇名を自ら護衛もなしに直接英国人大隊長と話し合って降伏させたが、その時の四名のインド人中隊長の中で藤原の注目を引いた優れた青年将校モーハン・シン大尉―名前のシンからわかるように、シーク教徒―に懸命に働きかけ、武装して英軍と戦うための革命軍を結成し、モーハン・シン自らがその組織者になるよう説得に努めた。この間、投降インド兵の数は続々増加した。しかし、モーハン・シンの方では、

（1）インド国内で主流を占めるガンジーやネルーの率いる非暴力主義の国民会議派は力による独立を強調するIILと相いれず、IILが国民会議派の支持を得られるか疑問である。

（2）外国の援助を借りた独立は、前門のトラをおいだすことになっても、後門のオオカミを迎えることになりはしないか。
（3）日本は満州やシナを侵略したとインド国民は考えている。
（4）ここで独立運動を始めれば、本国にいる家族がどんなひどい仕打ちをされるかわからない。

と述べ、容易に藤原の説得に応じなかった(72)。しかし、一二月三一日、つまり、大晦日も日没となったころ、モーハン・シンは、結婚なお日の浅い妻を天命に委ね、次の条件下ならばインド国民軍（Indian National Army, ＩＮＡ）編成に着手することに同意した(73)。

（1）この編成着手に対し日本軍は全幅の支援を供与する。
（2）ＩＮＡとＩＩＬは、差し当たり両輪の協力関係とする。
（3）日本軍はインド兵捕虜の指導をモーハン・シン大尉に委任する。
（4）日本軍はインド兵捕虜を友情をもって遇し、国民軍に参加を希望するものは解放する。
（5）日本軍とＩＮＡは同盟関係の友軍と見做す。

藤原は、上記（5）の日本軍がＩＮＡを同盟軍に準じた取扱いをするという点については、公的な正式取決めは現段階においては技術的な困難が伴うので、差し当たり実質的に希望に応ずることとし、モーハン・シンとの間で了解に達し、山下奉文第二五軍司令官の了解も取り付けた。

ここまで持ってくる間に、藤原はモーハン・シンと何度も会談したのであるが、この会談が始められてまもなくモーハン・シンが藤原に「あなたの人生の中で最上の念願は何ですか」と尋ねたところ、藤原は間髪を入れず「日本陸軍の将校として、私はいつも最高の死に場所を探しているのだが、今ではインドの自由獲得闘争で死ぬのが私の最高の念願です」と答えたという(74)。

英軍の抵抗を排して日本軍は南下を続け、クアラルンプールに迫ろうとした一九四二年一月八日、藤原はマレー半島に出張してきた大本営第八課の元の同僚で、インド工作主任である尾関少佐と懇談し、要旨次のような構想を私的見解として披露するとともに、後日、統帥系統の順序を追って公式に大本営に意見具申すべき旨約した(75)。

1. 大東亜戦争は日本と連合国の長期戦となる恐れがある。戦争の速やかな終結を狙うためには、英国の脱落を狙うべきで、英国はインドの向背によって決定的影響を受けるであろう。必ず近い将来にインドを大東亜の陣営に結合する施策が要望される戦況が到来する。しかも、日本の武力はビルマを以って既に限界を超えるであろう。日本の武力は絶対にインドに及び得ないし、仮に及び得てもインドの国民は、日本軍がインド内にある英国武力を対象として進撃する場合においても、強い反発を示すであろう。日本は日本軍の武力に頼らない方法でインドを英国から切り離し、日本の主唱に同調協力させる施策を採択すべきである。このためには、自由と平等の関係に立って、インドの完全独立を国を挙げて支援し、いかなる面においてもインドに対して一切の野心を持たず、その政治運動の内容に干渉したり、強制したりしてはならない。
2. 日本はこの大方針に基づき、速やかに日本の対インド基本国策を確立し、中外に宣明すべきである。
3. 日本大本営の施策は、政府と大本営一致の全面的対印施策に発展させるべきである。
4. タイとマレーにおける藤原機関の仕事は、東亜の全域、特にビルマに強力に拡充されるべきであり、更に直接インドに呼びかけられるべきである。
5. インドに対しては東西両正面からの施策が望ましいが、諸種の条件からして、ドイツにいるチャンドラ・ボースを東亜に招聘し、東正面からする施策が重点となるべきである。

6．日本の対印政策は、あくまでインド人側の自主的運動を強力に支援する形で進められるべきである。ＩＩＬの政治施策―東亜数百万のインド人をＩＩＬの運動に結集する―とＩＮＡの軍事施策―ＩＩＬの政治施策の上に立って、東亜におけるインド兵捕虜およびインド人の志願者を以って強力なるＩＮＡを編成する―を強力に支援する必要がある。強化されたこの両者の力をインドに復原させて、インド内にある巨大な民族運動を誘発すべきである。

7．インド三億五千万民族の向背は、日本がビルマ、フィリピンやその他南方占領地域で今後大東亜新秩序なるものをいかなる形で実践立証するかという点にかかっている。

8．藤原機関は、時機を見て、この構想を遂行しうるに足る組織と規模に改編されるべきである。

尾関は藤原の主張を傾聴し、帰国後、その実現に協力することを約した。

ここで、注目すべきことは、藤原元来の主張であるインドの完全独立に対する協力を通じインド人による武力独立運動を促進する考えの基には「日本の武力はビルマを以ってすでに限界を超えるであろう(もっとも、チャンドラ・ボースの出現後、藤原は牟田口将軍のインパール作戦にきわめて同情的であったが)。日本の武力は絶対にインドに及び得ない」という認識があったことである。そこで、藤原機関がビルマで活動し、インドの独立運動を支援しなければならないという発想が出てくる。そして、ビルマなどでの日本の行状がインド民族の向背に大きく影響するとしているが、各占領地における日本軍の行いはビルマを含めて現地事情の無理解と「日本の指導下の独立」こだわる態度、それに大量の軍用物資の徴発などによって必ずしも芳しいものではなかった。

そもそも、一九四〇年九月、第二次近衛内閣の下で、政府と大本営の「大東亜新秩序」構想は、世界を東亜圏、欧州圏(アフリカを含む)、米州圏およびソ連圏の四つに分けて、日本が東亜圏で指導的な地位を占めるという発想であった。しかも、ソ連を三国同盟側に引き付ける誘因として「其の勢力圏の進出方面を日独伊三国の利害関係に直接影響少なき方面、例えば、ペルシャ湾（場合に依りてはインド方面に対するソ連の進出を認めることあるべし）に向わしむる如く努む……」としてイランとインドを「ソ連圏」に入れていたのであるから(76)、民族自決的なインドの独立に対し日本の政府や大本営が積極的に賛同、支援することなどこの時点ではあり得なかった訳である。

しかし、一九四一年六月二二日の独ソ開戦は、日本側のこのソ連圏構想を打ち砕いた。開戦直前の同年一一月一五日の大本営・政府連絡会議が決定した「対米英蘭蔣戦争終末促進に関する腹案」では、独伊と提携して英国の屈服を図る三つの重要な方法として、

（1）ビルマの独立を促進し、その成果を利用してインドの独立を刺激すること。

（2）ドイツとイタリアが近東や北アフリカで作戦を展開するとともに日本と呼応してインドの独立を刺激する西アジア打通作戦を展開すること。

（3）ドイツが英本土に対する封鎖作戦と上陸作戦を展開して英国を屈服させること。

を挙げ、戦争終結のため、日独双方からする対印施策を重要視し、対印施策の成功をとらえて、英国を屈服させた場合には、英国とただちに講和せずに、英国が米国に戦争継続を断念させるように施策するというものであった。要するに日本は米国を軍事的に屈服させられるだけの力がないから、相対的に弱体な英国を屈服させ、その英国に米国に戦争継続をあきらめさせるしかない。英国を屈服させるためには、英国に対するドイツの決定的な軍事的勝利とインドの英国からの離反が必要であるが、インドの離反ないし独立は日本だけでは到底実現できないから、ドイツの西からの進撃による「打通作戦」を必要とするという趣旨である。つまり、日本は戦争を始めながら、戦争の終結策において高度に他力本願であった(77)。

そういう状況において、日本中枢部の考えるインドの独立は、本心ではあくまで英国を弱体化し、屈服させる戦争

終結の手段であって、民族自決的な独立ではなかった。藤原自身は中国大陸における日本軍の行動や日本人実業家の利権あさりに対する義憤から南方作戦では略奪行為は絶対にやらせないと考え、アジア諸民族の解放の一環として、自らに課せられたインド独立運動の支援を以って民族自決的な独立運動の支援であるという目標を立てたのであろう(78)。しかし、日本側中枢部は軍事上の観点からの「インド独立」刺激策として役に立つ限りでしか藤原の活動を評価していなかったと思われる。

他方、日本陸軍内部には、インドを英国から離反させるため、当時日本に対しファシストとして敵意を燃やしていたインド独立運動主流派たる国民会議派の「親日反英」への転換に期待を寄せる層が存在し、国民会議派と必ずしもうまくいっていないＩＩＬやそのＩＩＬと密接な関係を有するＩＮＡに対して全面的な援助を出し渋ったという問題もあった(79)。

2　シンガポール陥落とインド人大部隊の結成

マレーの英印軍は大半がインド兵で、日本側の絶妙な攻撃を受けてもはや戦意を失い、続々降伏した。一九四二年一月一〇日、クアラルンプール陥落時にインド投降兵の数は二五〇〇人位であったが、モーハン・シン大尉はＦ機関と協議の上、日本側から差し当たり二個中隊分の軽兵器の提供を得たので、モーハン・シン大尉はＩＮＡの一部を軽武装し、訓練することができた(80)。一月三一日午後、日本軍がシンガポール対岸のジョホールバールに侵入した時点では、インド投降兵の数は七〇〇〇人を越えていた。

一九四二年二月八日から日本軍のシンガポール総攻撃が始まった。この際、近衛師団が攻めあぐんでいたニースン高地で、ＩＮＡ宣伝隊班長のアラデタ大尉が一三日朝に高地正面を守っていた英印軍一個大隊の最前線に単身乗り込み、大声でインド兵に対してＩＮＡへの参加を呼びかけたところ、一個大隊全員が武器を捨て、ＩＮＡ参加に踏み切った。これが、後方の英印軍砲兵部隊に直ちに波及した(81)。大手柄である。

弾薬の不足と兵員の多大の損害に悩みながらの山下奉文将軍指揮下の日本軍の力戦とこのようなＩＮＡやＦ機関の活躍もあずかって、シンガポールの英印軍は二月一五日夕刻についに降伏した。

日本軍は敵軍の総兵力を三万、うちインド兵は一万ないし一万五〇〇〇とみていたが、この時に降伏した兵士の数は、藤原によれば、白人五万人、インド人五万人で、日本の第二五軍の実効兵力（五万。しかし、後方の補給部隊を含む。さらに、戦死者三〇〇〇人、負傷者七〇〇〇人）の倍以上に達していた(82)。

軍司令部はＦ機関に対し直ちにインド兵捕虜の接収などの任務を新たに命じた。しかし、当時、Ｆ機関の人員は実働わずかに将校四名とシヴィリアン一〇名あまりに過ぎなかったから、藤原少佐にとって（１）これだけの大人数のインド兵の生活をどうやって面倒を見るのか、また、（２）その中からどのようにしてＩＮＡへの参加を募り、ＩＮＡとして育成して行くのか、ということに懸念を抱かざるを得なかった。

上記（１）の点は英軍宿舎の利用と食料と衣料などの英軍資材利用に加え、生鮮食品経費の第二五軍支弁でなんとか急を凌いだ。他方、Ｆ機関本来の任務である上記（２）については、二月一七日、ファラパーク（旧競馬場）で雲霞のごとき投降インド兵の接収式を行った。

まず、英軍のハント中佐参謀が「インド兵捕虜をこのときをもって日本軍に引渡すことになったから、爾後は日本軍当局の指導に基づいて行動すべし」という意味の数語を述べた後、五万を上回る人員名簿を藤原に手交した。その後、藤原は四〇分にわたり、熱弁を振るったが、その中で「日本軍はインド兵諸君を捕虜という観念では見ていない。日本軍はインド兵諸君を兄弟の情愛をもってみているのである。（中略）日本軍はインド兵諸君が自ら進んで祖国の解放と独立の闘いのために忠誠を誓い、ＩＮＡに参加を希望するにおいては、日本軍捕虜としての扱いを停止し、諸君の闘争の自由を認め、また全面的支援を与えんとするものである。」と宣言するや、広場には熱狂の叫喚が渦巻き、ＩＮＡは一挙に一万二〜三〇〇〇人の兵力に膨れ上がった。

新たに加わった将校の中には英国の陸士、陸大出身の有能な先任将校がいたこともあり、藤原は彼らの了解を得てモーハン・シンを少将に昇進させ、ＩＮＡ司令官とした。やがて、一九四二年五月頃には、ＩＮＡは二万五〇〇〇人の軽武装兵力を擁するようになる(83)。

3　山王会議とバンコック会議

このような中で、日本大本営の肝いりで、東京在住のインド独立運動家ラス・ビハリ・ボースが、東亜各地のインド人代表を招請して、インドの解放に関する政治問題を討議し、併せて日本側との親善をはかろうという趣旨で、マレー、タイのＩＩＬ、ＩＮＡ代表を招請してきたので、シンガポールのＩＩＬ代表としてプリタム・シン等、ＩＮＡ代表としてモーハン・シン等が出席することとなった。大本営は、また、藤原岩市少佐の同行と藤原の後任となる「大物」岩畔豪雄大佐のサイゴンからの上京を命じてきた。

これに先立ち、第二五軍は、四二年一月末、藤原に「対インド施策」を提出させたが、藤原はその中で、

（1）重慶屈服のためにはインドからする援蒋ルート遮断が必要。
（2）英国を脱落させるためにはインドの離反が英国にとって致命的だが、日本がインドを軍事的に抑えることは不可能だからインド人の手によるインド独立実現が早道で、そのためには、その線にそった日本としての対インド国策を確立し、世界に宣言する。
（3）藤原機関を一層強化し、機関長にもっと大物を据える。
（4）ＩＩＬやＩＮＡへの援助をさらに大規模に展開し、東南アジア各地からインド本国へと政治、軍事両面から独立運動を推進して行く。

との趣旨を盛り込んだ(84)。これは、藤原が大本営八課の小関少佐に同年一月八日に述べた前述の内容的と同じである。藤原の考えはインドへの軍事不介入、インド人の民族自決的独立運動支援であった。

ところが、三月一六日に藤原が岩畔と一緒に大本営第八課に出頭して渡された大本営の「計画(案)」のタイトルは「インド謀略(案)」というもので、インドに対する政治施策は大本営が直接管掌し、岩畔機関には作戦地の一特務機関としての範囲の仕事を担任させる考え方であった。そこで、藤原は、岩畔の支持を得て、二日間の討議の結果、表題は「インド施策計画」に変更され、内容からも謀略的な色彩はかねがね払底された(85)。謀略ではなく、戦争目的を世界に宣明してはばから大義名分のある国策でなければならぬというのが藤原の考え方であった。

他方、南方軍総司令部でシンガポール陥落の一週間前に検討されていた対印謀略案では、「英国屈服崩壊を促進せしむるための一方策としてインド内に反英独立の騒擾」を起こさせるのを企てながら、「将来を拘束せらるるおそれのある保障ないし約諾《やくだく》を与えざるがごとく万全の留意を払い謀略工作として施策」すると明言している(86)。これは、民族自決的なインド独立を願う人々にとっては有難くない発想である。しかし、日本側が反英騒擾惹起のためになにがしかの援助をしてくれる点は、暴力による革命・独立を試みる人々にとって、「日本もある程度は役に立つ」と受け止められたかもしれない。

4 藤原と岩畔

一九四二年三月二〇日から三日間、東京の山王ホテルで日本陸軍との関係が良好なビハリ・ボースが議長となって会議が行われ、IILが東亜全インド人のインド独立運動団体として確認され、五月中旬にバンコックで全東亜のインド人代表をこぞる公開のＩＩＬ大会を開催することとなった。

この会議では、インドの完全主権の承認と独立の保障、将来の憲法作成は完全にインド人代表の手にゆだねる、日本占領地域内でのインド軍の地位の承認、インドへの軍事作戦はインド人司令官による国民軍によって行うなどを日本政府に要求したが、東條首相はこのような要求は「不遜」であるとし、将来を拘束されるおそれのある保障や約諾を避けるという方針のため回答をあたえなかった(87)。これは南方総司令部がシンガポール陥落一週間前に検討していた前述の対印謀略案と全く同じ発想である。「海のものとも山のものとも分からない」連中が何を生意気にということでもあったのであろう。

なお、この会議のために南方から東京に参集したインド人代表たちは、東條首相との面会を望んだが、東條は面会を避けた。

参謀本部は、同時に、藤原岩市少佐をは南方総軍情報参謀に転勤させ、その機関は開戦前の陸軍省軍事課長や米国のハル国務長官との開戦前交渉を行っていた野村駐米大使特別補佐官という要職を経験している岩畔豪雄大佐に継承させ、「岩畔機関」として更に大規模な対印施策を展開させようとする。

四月末、サイゴンで編成された岩畔機関はやがて員数二五〇名を擁し、本部をバンコックに移転させたときには五〇〇人になっていた。予算も機密費から運動費、ＩＮＡの給与などを含め初年度で五〇〇万円に達するほど膨大であった(88)。他方、藤原が開戦直前に大本営から決定示達された機密費は二五万円にすぎず、しかも、三月一〇日に藤原は残額七万五〇〇〇円の返却を申しでている。当時、陸軍少尉の初任給は七三円であった(89)。

四月二八日、藤原は、シンガポールでＩＮＡ幹部による送別の宴に出席した。モーハン・シンの惜別の辞の後、英文の感謝状が贈られた。この感謝状には、藤原をＩＮＡの慈母とたたえ、幾万のインド将兵、幾一〇万の現地インド人の生命を救い、その名誉を保護し、そして大インドの自由と独立とを支援するために、藤原がＩＮＡに捧げた熱情と誠心と親切を、ＩＮＡ全将兵こぞって感謝する旨強調されていた。そして、藤原の名と功績とは、インド独立運動史の一ページに、金文字をもって飾られるであろうと述べられていた(90)。これは、ビルマでの南機関長鈴木敬司大佐に対するアウン・サン達の感謝状に、正に、匹敵する。

藤原の後を受けた岩畔は、「藤原君が苦労して形を作ったものに、わたしが魂をいれるというわけですが、これがまた大仕事で、結果から見て必ずしもうまくいかなかった。」と洩らしている(91)が、岩畔の方針は、中央の意を戴して、まず、IILの強化を図り、そのため、

(1)東亜に存在する二〇〇万のインド人をその傘下におく。

(2)日本の占領地域にいるインド人を保護するため総領事的権限を持たせる。

(3)インド本国や東南ア各地のインド人に対し強力な宣伝活動を行う。

(4)闘士を養成しインド本国に潜入させ、国内の独立運動と連携させる。

(5)INAを完全なものに仕立て、IILの傘下におき、戦闘任務につかせる。

というものであった(92)。従って、岩畔の元来の方針にも、インドへの日本軍の侵攻はなかった。

5　六三項目の要求！

岩畔の準備が整ったところで、IILは、五月九日から九日間、バンコックでインド独立連盟大会を開催し、何と六三項目にわたる決議を採択した。これらの数多い決議の中で、重要と思われるものを掲げておこう(93)。

(1)インドの領土と主権の不可侵。

（2）ＩＮＡを枢軸同盟軍並みに扱う。
（3）将来の憲法制定に対する外国の介入排除。
（4）国民会議派はインド人民を代表する唯一の政治組織であって、ＩＩＬの行動計画は国民会議派の目的や意図と合致するよう指導され、方向づけられねばならぬ。
（5）チャンドラ・ボースの招請希望と日本の処置養成。
（6）ＩＮＡはＩＩＬの軍隊であって、ビハリ・ボースが最高司令官。

ＩＩＬがこのような決議につき岩畔機関長を通じて日本政府と陸軍中央の承認を求めてきたことに対して、日本政府と陸軍中央は不快感を覚えたようで、容易に回答を出さず、一〇日たってやっと来た回答は、「趣旨了承。ＩＩＬの要請を実現するよう努力する」という抽象的な一言だけであった。

東京での山王会議に引き続きこのように冷たい態度をとったことが日本側とインド側の間にミゾができる原因となり、インド側は日本は本当にインド独立に援助をしてくれるのか疑わしいとまで思うようになる。

インド側についていえば、ＩＮＡがＩＩＬの配下に入ったのが、モーハン・シンには面白くない。ＩＩＬは国民会議派との一体性を主張しながらチャンドラ・ボースを迎えようとするのだが、独立問題をファシズム対反ファシズム、帝国主義対反帝国主義のコンテクストでとらえるネルーなどの国民会議派と独立のための武力を供与してくれるのであれば手を組む相手を選ばないとするチャンドラ・ボースは相容れない。ＩＩＬは矛盾するものを二つながらに求めるがゆえに、国民会議派から連携を否定されてしまう。

こうしてせっかくのバンコック大会の諸決議がかえって日本とインド側、そしてインド側内部の分裂と対立を激化させる要因となった。

モーハン・シンの不満をさらにかきたてたのは、シンガポールの第二五軍のＩＮＡに対する取扱いであった。藤原は次ぎのように回想している(94)。

「(シンガポールが)陥ちたあと、軍では、インド国民軍を遊ばせておくのはもったいない。藤原君、先に行ってスマトラをとれと言う。ぼくが、このことをモハンシンに伝えたら、われわれはインドに向かってなら行く。しかし、スマトラはインドではないと言う。この点は非常にはっきりしていた。

またこんなこともあった。英軍の高射砲を分解してチモールやスマトラに持っていかせろと言ってきた。もちろんモハンシンは拒絶したが、日本軍では首ひっくくっても運ばせるといきまいてね、勝手にインド兵を動員した。ところが、そのインド兵が波止場に座り込んでしまった。動かないんだ。すると日本軍では、そんな奴らは機関銃で射ち殺せと言ったんですね。モハンシンが私のところへ飛んできて訴えた。だからそれだけはやめさせることができた。しかし、ニューギニアにはインド兵にシャベル持たせて連れて行ったこともあったんですよ。」

「こうなったのも、そもそも大本営の考え方が、「従来の、八課的、謀略的な考えを一歩も出ない中途はんぱな目で、インド工作を見ていた。それまでもモハン・シンがよくいっていたのは、「日本はわれわれを謀略のコマの一つに使うつもりですか」ということでしたが、翌年五月、チャンドラ・ボースがくるまでは、中央の考えはその通りだったと思うんです。」(94)

というのが、藤原の見方である。

相手の民族自決的な欲求になんら答えず、自分の軍事的な利益にもっぱら従属させようとする態度が、モーハン・シに代表されるインド側の不満を惹起したといえよう。

一九四二年一一月末にモーハン・シンを含むＩＩＬの代表たちは同年五月のバンコック会議諸決議の日本側未回答

部分に対して日本政府の回答を求める書簡を岩畔大佐に提出し、インドの完全独立と主権の保全についての日本政府の明確な支持と保障を求めた。しかし、岩畔はこの書簡を日本政府に伝達することを拒否し、

（1）日本政府にはバンコクの諸決議を支持する義務はない。
（2）インド独立につき改めて声明や決議を行う意思はない。
（3）インド人兵士のうちＩＮＡ創立に関係した者以外はすべて捕虜として扱われる。
（4）ＩＮＡの将来は、日本軍の手にゆだねられている。

旨通達した(95)。藤原機関時代にはおよそ考えられない対応である。

　この結果、モーハン・シンは国民軍の存続はもはや意義を失ったと感じ、ＩＮＡのみならずＩＩＬも危機を迎え、結局、一九四二年一二月二〇、モーハン・シンは解任、逮捕される。これに伴い、ＩＮＡの士気は急激に低下し、その兵力も二万五〇〇〇人から約一万人に減少した。

第６章
チャンドラ・ボースとインパール作戦

１　チャンドラ・ボース来たる

ところで、東條首相は、一九四二年一月二一日の第七九議会演説において フィリピンとビルマに対して「独立の栄誉を与える」ことに言及した。次いで、シンガポール陥落を機として二月一六日に行った議会演説では、「ビルマ人のビルマ」「インド人のインド」に対して援助する意思を表明した。さらに、三月一二日、ジャワにおける蘭印の全面的降伏とビルマ作戦の有利な展開を受けて、「今や「ビルマ人のビルマ」は出来上がらんとしております。インド四億の民の多年の念願であります「インド人のインド」の実現するは、正に今日にありと私は確信する者であります。」と述べた。

東條は、このように「インドの独立」を唱えてきたのであるが、それは最終目標であり、しかもその独立の内容は、前述の通り、満州国型の「日本の指導下にある独立」であった。

このような「インドの独立」は、英国を屈服させるための手段として有効であると考えられていたが、日本だけではインドの占領は無理で、ドイツの西進が肝心であった。

ところが、ドイツは、当時、ソ連を主敵としており、日本にもソ連攻撃を呼び掛けているくらいで、ペルシャ湾、インドに進撃するゆとりはなかった。また、ヒットラーは英国のインド領有を認め、それを英国との和睦の種にしようと考えていたので、インド独立に興味を示さなかった。ヒットラーのインド観は、その『わが闘争』邦訳第下巻に次のように述べられている(96)。

(前略)当時ヨーロッパをうろつき回っていたアジア人のだれともわからぬ香具師連中—ほんもののインドの「闘士」といっても差しつかえないのだが—が平常はまったく理性的な人間の頭の中にまでも、インドに自国の土台を所有している大英帝国が外ならぬインドで崩壊寸前にある、と言う固定観念を注ぎ込むことをやってのけたのである。その上この場合でも、ただ自分達自身の願望があらゆる思いつきの原泉であったに過ぎぬことは、当然かれらに自覚されていなかった。同様にまた、自分自身の希望が矛盾していることについても自覚されなかった。なにしろ、かれらはインドにおけるイギリス統治の崩壊から大英帝国とイギリス勢力の終末を期待しているにもかかわらず、正しくインドこそイギリスに対してもっとも卓越した重要性をもっている、ということをやはり自認しているからである。(中略)イギリスを征服することがどれほどむずかしいものであるかは、われわれドイツ人がじゅうぶん体験してきた。わたしはゲルマン人として、それでも依然としてインドが他国に支配されるよりは、イギリスの統治下にあるのをむしろ望ましく思っているが、このことは全く無視しよう。(後略)」

このような見方からすれば、インドの民族自決的独立など問題外であって、ヒットラーはチャンドラ・ボースに対して「インドが独立するまであと一五〇年はかかるだろう」と述べたとも伝えられている。しかも、現実問題として、一九四二年暮れから四三年一月にかけてドイツはスターリングラードで決定的に敗れ、北アフリカでも敗退し、もはやインドへの「西進」どころではなかった。

他方、日本としては、INAとIILの不振・崩壊を救うために、ベルリンでチャンドラ・ボースが「二階から目薬」のようなインド向けの宣伝放送に明け暮れているのを、岩畔、藤原の進言もあって、招致することとした。ボースは、日独が制空権も制海権も連合国側に握られていることから、日独両国の潜水艦に乗って一九四三年五月六日、スマトラ北端のサバン島にやっとたどりついた。

この間、南方総軍は、四二年八月、東部アッサム州攻略を狙う「インド東北部に対する防衛地域拡張に関する意見」を参謀本部に提出し、参謀本部はこれを「二一号作戦」と名付け、同年一〇月中旬に実施を予定すべく、南方軍に示達した。この示達の背景には、近くドイツ軍がソ連を撃破し、ペルシャ湾、インド方面に進出して来るであろうとの(誤った)予測があった。

2　岩畔の「対印作戦に関する意見」

波多野澄雄によれば、岩畔は、この示達を受けて、四二年九月、「対印作戦に関する意見」をまとめ、その中で、

(1) インド侵攻作戦が伴わない限り、英国の勢力をインドから完全に駆逐することはおそらく不可能。
(2)「反英独立機運」や「親日気運」の醸成などのインド内部工作とインド侵攻作戦との連動の必要性。
(3) 占領地行政はインド人への委任。

を述べている(97)。

これは、日本軍の武力行使はビルマどまりで、インド侵攻はＩＮＡに委ねるとした藤原の見解とはまったく異なっている。岩畔はインドへの軍事侵攻をまず考え、インド工作はそれと連携するとして、インドの独立工作は軍事作戦の手段としているからである。

しかし、一九四三年三月に創設されたビルマ方面軍司令官河辺正三中将(後に大将)によれば、二一号作戦はビ

ルマ平定作戦を担当した飯田祥二郎中将指揮下の第一五軍にインド作戦を敢行しようという構想があり、それが南方軍司令部においても審議され、さらに大本営においてもインド作戦を考えるに至った、とある。

他方、岩畔機関は、その編成、訓練したインド国民軍をして何らかの武力的企図を実行しようとして準備を進めていたが、インド人の活動に関するビルマ内の空気は、とかく好ましからず、ビルマ派遣軍首脳もまた、多くこれに関心を寄せない状況であった(98)。

二一号作戦は、結局、ラングーンの第一五軍（ビルマ方面軍）高級参謀片倉衷大佐の日本軍の武力不足を理由とする強硬な反対意見やがダルカナル撤退後の戦局の悪化により、南方総軍や岩畔機関の了解の下に「一時中止」となったが、河辺の言を信ずる限りでは、岩畔は二一号作戦に関する示達以前にこの作戦とは関係のないままに、インドへのＩＮＡによる武力的企図を企てていたということになる。河辺は二一号作戦が「一時中止」になった後でも「ただ、この作戦の有無に関せず、岩畔機関の対インド施策が遂行された場合、その反響いかんによって作戦を実施しても遅くはないというのが当時の軍の結論であった。」としているからである。

しかし、岩畔の元来の方針は、日本軍の軍事行動はビルマを限界とするという陸軍中央の方針に沿うものであって、この点では藤原の見解と異なるところがなかった。だからこそ、日本軍の対印侵攻を伴わないＩＮＡの対印武力活動を準備していたのであろう。そこに、第二一号作戦の示達があって岩畔の「対印作戦に関する意見」が出され、日本軍のインド侵攻を前提としてのＩＮＡなどの連携・活用方針を主張するにいたったのであろう。

3　インド国民軍のビルマへの移転

一九四三年七月五日、前日のシンガポールでの大ＩＩＬ会においてビハリ・ボースから会長職を譲り受け、前年八月の英国側によるガンジー逮捕を見ても、非暴力不服従の独立運動ではインド独立のためには役に立たず、武力闘争しかないと論じたチャンドラ・ボースは、この日の国民軍閲兵式で熱弁を振るい[99]約二万人に上る観衆を興奮のるつぼに投げ入れた。

「(前略)同志諸君、兵士諸君、諸君の雄叫びは「デリーへ、デリーへ」(筆者注・ヒンドゥー語の当該語カタカナ表記は、〝チェロ・デリー、チェロ・デリー〟)である。果たしてわれわれの幾人がこの戦いに生き残るか、わたしは知らない。しかし、われらの勝利は間違いない。われわれの任務は、残存勇士が英帝国の墓場、古都デリーのラール・キーラ、すなわち、赤色城砦(じょうさい)へ入場式を行うまでは終わらないのである。長い闘争生活を通じて、わたしは常に、インド人が他のあらゆる闘争手段に熟達しようとも、ただ一つの事実—すなわち軍隊を欠いていたことを残念に思っていた。(中略)われわれは奉天や旅順で日本軍が持ったような、国民をたえず鼓舞し、激励する伝統を持ち合わせていない。われわれは英国が教えたある事柄を忘れ、教えなかった多くのことを学ばねばならぬ。(中略)現在わたしが諸君に進呈し得るものは、飢渇、欠乏、そして進軍につぐ進軍、死以外の何物もない。しかし、もし諸君が生死を託してわたしに従うならば、わたしは必ず諸君を、勝利と自由に導き得ることを確信する。われわれの中の幾人が生きて自由インドを見るかは問題ではない。インドが自由になること、インドを自由にするために、われわれが全部をささげること、それだけで十分なのである——。」

この日、東南アジアを旅していた東條首相はシンガポールにおり、インド国民軍を閲兵したが、それは、六月七日の東京でのチャンドラ・ボースとの会見後、東條が示したチャンドラ・ボースへのぞっこんのほれ込み様を裏打ちするものであった。東條は、六月七日に続いて八日にもボースと面会するのであるが、この二回目の会談においてボースは「インド独立のため日本は無条件で援助してくれるか、政治的なヒモがつかぬことを確約してくれるか」と問うたのに対し、東條は「ボースが完全に満足する約束を与えた」。するとボースは、直ちに、「日本軍はインド内まで作戦を進めてくれるか」と畳み込んだ。

これに対して、東條は「決定的な回答は与えられない」と答えた(100)。東條も、さすがに、「日本軍の軍事行動はビルマまで」とする既存の方針を即座に変えることはできなかったのであるが、東條のチャンドラ・ボースへの肩入れは、やがてインパール作戦の開始、少なくともその中止時期の遅れにつながって行く。

この二回の会談の後、四三年六月一五日、第八二臨時議会における演説で、東條は、「インド民衆の敵たる米英の勢力をインドより駆逐し、真に独立インドの完成の為、凡ゆる手段を尽くすべき牢固たる決意を持って居るのであります。」と述べ、インド独立運動支援の積極化への決意を表明した。

チャンドラ・ボースとこの年の八月二六日にシンガポールのボース公邸で始めて面会した時の印象について、藤原は、

「(前略)その(筆者注・広い応接間)中央から、軍服に身を固め、巨躯群を抜き、気品と威厳一際《ひときわ》見事な、偉丈夫が、私達の前に進み出た。いともにこやかに、気軽に。(中略)鉄人を思わせる純潔高貴な相貌、その中に秘められた鋼鉄の意思と烈火の闘魂が偲ばれる。高邁な英智と洗練された国際教養がうかがわれる。一見して非凡の傑士であることが、感得された。(後略)」


と述べている(101)。東條首相も同じように感じたのであろうか。

ボースは、直ちにINA兵士の募集と募金運動を始めた。両方ともうまく行き、兵力は四三年九月初めには、正規軍三万と予備軍約二万となった。しかし、日本軍が提供したのは、正規軍に対するゲリラ用の携帯武器のみであった。当時の南方総軍としては、実際にそれくらいしか予備がなかった(102)。東條首相がインド独立に力を入れるようになっても、現場の日本軍にはもはや余力がなかったのである。

次いで、ボースは、四三年一〇月二一日、シンガポールで自由インド仮政府を樹立し、みずから仮政府主席に就任、同時に仮政府の軍隊となったINAの最高司令官を兼ねることとなった。この際、ボースは演説して、インドには国民軍およびその軍隊を戦場に指揮する国民政府がかけていたが、今や両者を備えるにいたったとして、「いまや最後的闘争決行のみが残された課題である。それは、国民軍がインド国境を越えて、デリーへの歴史的進撃に乗り出すときにはじまり、インド国旗がニューデリーの総督官邸の上に掲揚されるときに終わる」と述べた(103)。日本政府は、この仮政府を一〇月二三日、すなわち、仮政府樹立宣言と同日にいち早く承認し、「その目的達成の努力に対し、あらゆる協力支援を為すべきことを茲に声明す」と謳った、

日本は大東亜会議（第Ⅲ部付属資料2の「大東亜共同宣言」および「編著者解説」参照）二日目の一一月六日には面積合計八一〇〇平方キロ（広島県の面積よりも少しすくない）の占領下にあるアンダマン諸島とニコバル諸島を仮政府に帰属させた。この帰属決定は、東條首相の熱意によるものであった。

シンガポールにいるINAが「国境を越えて」インドに進撃するためには、地理的に言って、ビルマを根拠地とするしかない。しかし、ビルマでの英国の植民地支配の下では、一二〇〇万に達するインド人が住みつき、ビルマの金融部門を握り、また地主化していたため、ビルマ国内には反インド的な国民感情が強かった。おまけに、当時のビルマ国軍は、「三〇人の志士」たちが中心になり、南機関による訓練の下でのビルマ独立義勇軍（BIA）から日本軍政の下での日本軍指揮下のビルマ防衛軍（BDA）、一九四三年八月一日のビルマ独立に伴うビルマ国軍（BNA）への格上げ、と正規軍隊の格好は一応つけたものの、兵力は約一万人にすぎず(104)、「日本国緬甸国軍事秘密協定」の下で日本軍の補助部隊的な色彩が強かっだ。だから、ここへ日本軍の支援を得たインド兵の大部隊が堂堂と進軍して来るのは、ビルマ国軍側を余りにも刺激し、好ましくないという問題もあった(105)。また、ビルマ方面軍にとっては、インドの独立運動が煽り立てられると、それがビルマに跳ね返り当時の「日本の指導下にある独立」ではない、「民族自決的独立」を求める動きが強くなるのではないかという懸念もあった(106)。

しかし、ＩＮＡとＩＩＬがビルマに入り、活動するならば、その活動はビルマにいる英国軍三万八〇〇〇人中のインド将兵八〇〇〇人の投降可能性につながり、更にインド国内の反英運動を刺激するであろうとの南方軍の考えから、四二年三月にＦ機関連絡班、ＩＩＬ宣伝班およびＩＮＡ宣伝班（ランスブール少佐を長とする五〇名）が既にビルマに派遣されていた（英軍下のビルマ兵の数は二万六〇〇〇人。しかし、多くは非ビルマ族）。今や、東條首相が大乗り気でインドへの武力侵攻を目指すチャンドラ・ボースの仮政府とその軍団のビルマ移転を図ろうというのである。しかも、その「目的達成の努力」に対し、「あらゆる協力支援」をするというのであるから、これは、日本のビルマ方面軍司令官に大きな影響を及ぼすのが当然である。

他方、四三年八月一日のビルマ独立に（戦局が悪化し、「大東亜共栄圏」の一層の団結の必要に迫られたという日本側の事情もある）伴い国家元首で首相の地位についたバ・モーがチャンドラ・ボースと独立のための対英闘争に関する意見を同じくし、ボースの人柄にに大きな好意をいだいていたこともインド仮政府とその軍隊のビルマ移転に幸いした。バ・モーは、言う[107]、

「（前略）われわれは別れる前に戦争はあらゆる意味においてわれわれのものであり、英植民地主義は絶対妥協できない敵であること、さらに戦争においてわれわれの敵はわれわれの友、同盟者であり、いかなる理由があってもわれわれが歩んでいる道を引き返すことはできないということなど、戦争で提起されたすべての基本的問題点に関して二人の意見は一致した。（中略）シンガポールに帰ってから一ヵ月もせぬうちちに、彼は本部をビルマに移す許可を私に求めた。できるだけインドに接近した基地から行動しなければならないことを私にいう必要はなかった。私は彼を公然と歓迎した。そして一九四四年一月六日からボースと彼の政府、軍隊はビルマに到着、一九四五年日本の最終的敗北までビルマにとどまった。彼らはビルマ人の協力と最上の待遇をうけた。同時に両国民のきずなは一層固くなり、かって英支配下にあった人種的緊張は事実上消えた。（後略）」

4　インパール作戦

前述の「二一号作戦」は、四二年八月二二日、参謀本部から一〇月中旬実施の予定で南方軍に示達されていたが、結局、実施担当の一五軍の高級参謀片倉大佐などの強硬な反対もあって「一時中止」とされた。元来の作戦計画は、ドイツがソ連を席巻して中東に出てくるだろうという誤った想定の下に描かれた構想であったが、それは概要次の通りであった(108)。

(1) 第一八師団がインパール方面を進攻し、敵を撃滅したのち、シルグハット、チヤバルムク、バダルプール、シンジナールの線以東の地域を確保する。
(2)第三三師団の一部をもってアキャブがらチッタゴン方面の敵を撃滅し、ゾラワルガンジー以南の地域を確保する。
(3) 第三三師団の主力は状況の変化に即応しうるようにカレワ付近に集結待機する（戦略予備）。
(4) 第三航空軍は主力をもってカルカッタ方面の敵航空基地を奇襲し、そのあとチッタゴン付近に航空基地を推進し、インド東北部における敵航空勢力の掃滅をはかる。
(5) 作戦開始は一九四二年一〇月上、中旬、作戦終了時は一一月上旬とする。

これは、わが方航空兵力の優越を前提とした、三週間から一ヵ月間の短期作戦であるが、従来の「日本軍の軍事活動はビルマまで」の方針を大きく変更するものであった。他方、同年九月五日に、参謀本部第二部（情報担当）がまとめた「軍ノ東部印度進攻ガ印度民族運動ニ与フル影響」なる調書では、

（1）日本軍がインドに武力侵攻すれば、英国に口実を与え、インド民族運動の「懐柔切り崩し」によって、インド大衆が反英運動から反日運動に変わる可能性がある。
（2）日本の武力侵攻は、国民会議派に「インド人のインド」という東條声明への疑惑を抱かせ「一時英印抗争を中止してインドに対する日本の武力行使に対して抗争するにいたる公算大」。
（3）米国が日本のインド進攻の機会をとらえて、インド独立の保証など「英印妥協」を斡旋する可能性がある。

として、大規模な対印武力進攻を抑制するよう提案している(109)。

二一号作戦「一時中止」の理由としてビルマ方面軍司令官であった河辺正三が挙げている理由の一つが「当時におけるインド内部の対日感情より推して、政略的にも不利多しとの理由によって」であることから、上記の参謀本部第二部調書にはかなりの影響力があったと推察できよう。

ところで、一九四三年一月、米英首脳はカサブランカ会談にて枢軸国に無条件降伏を要求する方針を決定するとともに、ビルマ奪回の方針を討議した。そして、この前後に英印軍の来襲は空中、地上ともに激しくなった。このような英印軍の反攻を前にして、大本営は、一九四三年三月にビルマ方面軍を設け、これまでの一軍、四個師団を一挙に三軍、九個師団、一個旅団として、河辺正三中将を司令官に任じ、第一八師団長牟田口廉也中将を三個師団を率いる第一五軍司令官とした。他方、日本軍のビルマ防衛に脅威を与えていた連合軍は、

（1）北のフーコン渓谷から南下する米国のスチルウエル将軍麾下の米国式装備で強化された中国軍二個師団。
（2）東は雲南省怒江岸まで進出していた重慶軍一四個師団。
（3）西のインパールから東進を策している英印軍四個師団。
（4）インド洋方面からアキャブを睨んでいたスリム将軍の四個師団。

（5）空挺をもって随時ゲリラを展開するウインゲート六個旅団（独自に戦闘機、爆撃機、輸送機を持つ）。

と、その合計二五〜三〇師団で、その上、インド国内で動員され訓練を受けている兵力が一〇〇万人もいたといわれている。彼我の兵力差は、きわめて大きく、しかも、日本軍はもはや兵器弾薬の補充も思うに任せず、航空戦力も劣勢であった。

写真　インパール作戦に参加する日本軍兵士とインド国民軍兵士

河辺は、赴任に先立って、東條首相兼陸相から「日本の対ビルマ政策は対インド政策の先駆にすぎず、重点目標はインドにあることを銘記されたい」「ビルマ作戦の真の目的は、インド独立の後ろ盾としての基盤を確立せんとするにある」という注意を受けた(110)。この後、同年六月に東條はチャンドラ・ボースを迎えることとなり、東條のインド独立支援熱はいやが上でも高まることとなり、「ビルマ処理のための作戦」の援蔣ルート遮断を主眼とする方針からインドへ向けて一歩踏み出して行くことになる。戦局が全般的に悪化する中で一縷の望みをここにつないだのであろうか。

インパール作戦なるものは、このような背景において、四三年二月にビルマ北部のミッチーナー鉄道沿線に対しウィンゲート准将の空挺によるゲリラ作戦に二カ月もの間大いに悩まされた第一八軍司令官牟田口将軍がこの反攻の息の根を止めるにはその策源地たるインパールを征服しなければならないと考え、「一時中止」されていたが、死んでいたわけではない二一号作戦の構想によって、中央でジュピー山系を突破し、インパールになだれ込み、ここに敵をひきつけ個々に撃破しようと考えたのであった。ビルマ国境線内での防衛という守勢思想から国境外の要線確保によるビルマ防衛という攻勢思想への転換である。

インパールはマニプール州の首都であり、そこには飛行場、補給資材、弾薬、燃料、糧秣の集積、病院、工場があった。ここを落とせば、インドの東の玄関口を抑えることになる。

牟田口は、多大の熱意をもって各方面に働きかけ、ついに一九四四年一月九日に参謀総長発の「ビルマ防衛のため適時当面の敵を撃破してインパール付近印度要域を占領確保することを得」という指示となって結実する。さらに、同年一月一五日の参謀総長指示では、「ウ号作戦（インパール作戦）の実施により確保すべき要線は概ねコヒマ付近およびマニプール河谷西側山系と予定す」となっていた。

牟田口司令官の司令官就任とともに南方総軍から第一五軍の情報参謀に転じ、チャンドラ・ボース麾下のインド国民軍のインド進軍熱に共感するせいか、インパール作戦にも同情的であった藤原の言によれば、「ここで問題だったのは、牟田口中将の脳中には二一号作戦の構想にあった〝ゆくゆくはアッサム地方へ進出する〟という考えが深く潜在し、インパールに全戦力を集中せず、名は敵の増援を阻止するということだったが、インパール北方のコヒマに貴重な一個師団の兵力をさいたことと、補給の難問を懸案として残したまま作戦にとりかかったために、とんでもない悲劇を生んだわけでした」(11)。

こうして始まったインパール作戦は、当初は順調であったが、結局、補給作戦の大失敗、峻険な山と深い谷を越えての進軍のためしばしば重兵器を置いて行かざるを得なかった日本軍がインパール平原で待ち構えていた英印軍第四軍団の空軍と戦車、大砲の砲撃にさらされ、多大の死傷者を出した。四四年五月半ばに行われた秦彦三郎参謀次長が現地出張報告で、「インパール作戦成功の公算は低下しつつあり」と言うと、当時、参謀総長を兼任していた東條首相はこの報告が気に入らず、秦をその場で叱り飛ばしたが、後刻、東條は「困ったことになった」と頭を抱えるようにして困惑していたという。第一五軍司令官牟田口将軍の作戦中止申請を期待していたようでもあるが、牟田口は容易に申請せず、六月二一日になってようやく「転進」の意見具申を行い、雨期のまっただ中、四四年七月一〇日、河辺ビルマ方面軍司令官がついにインパール作戦の中止を命じた。

ビルマ方面軍兵站参謀倉橋武夫中佐によれば、インパール作戦に直接従事した第一五軍の作戦前の総兵力一五万五〇〇〇人、生還者総数三万一〇〇〇人、犠牲者総数一二万三〇〇〇人、犠牲者率八〇%である。他方、インパール防衛に当たった英国側第一四軍の損耗は、死者一万五〇〇〇人、傷者二万五〇〇〇人で、死傷者合計は約四万人と報告されている[112]。この作戦に直接参加した日本軍三個師団の犠牲者は恐るべきほど多く、悲惨な結末に終わった。しかし、相手の損害もかなり大きく、食料も、飛行機も、戦車も、大砲も、弾丸さえもろくにない日本軍将兵は死にもの狂いの肉弾戦でよく戦った。

このようなインパール作戦は、直接の責任者は牟田口将軍であるにせよ、東條首相（陸相、参謀総長兼任）にも責任はあるであろう。インパール作戦が開始されるに先立ち、四四年二月初めからスリム中将の四個師団を相手に、ラングーン攻略の要衝アキャブ防衛のため、ビルマ南西部のインド洋に面した海岸地域で戦闘をくりひろげていたのは新設の第二八軍であったが、その参謀長であった岩畔豪雄によれば、当時、東條は戦況一般が悪化する中で、インパールで成功すれば、人気がつながるであろうとの考えから、南方総軍やビルマ方面軍の反対を押し切って牟田口将軍の献策を認めたという[113]。

5 チャンドラ・ボースの要請とインド国民軍のインパール作戦参加

チャンドラ・ボース麾下のＩＮＡはマレー半島北部で二個遊撃師団（一個遊撃師団の兵力一万人弱）を編成していたが、インパール作戦開始当時ビルマ移転をタイ・ビルマ国境越えの徒歩で何とか終えていたのは遊撃第一師団のみで、第二師団はシンガポールから移動中であった。第三遊撃師団も編成中であった。

インパール作戦開始に先立ち、ボースは一九四三年八月一日のビルマ独立記念式典出席のためラングーンを訪れたが、その折、七月二九日にビルマ方面軍司令官河辺将軍と会見し、インド侵攻作戦の緊急不可欠なることを説き、

（1）ＩＮＡに対インド作戦の一部の正面を担当させて欲しい。

（2）ＩＮＡの侵入したインドの一角に速やかにインド仮政府を樹立して、統治の実をあげ、それに急進分子を吸引する。

等との提案を行った。これに対して、河辺はインド侵攻作戦がいまだ極秘に伏せられていた関係上、具体的な応答はしなかったものの、その気持ちは、「好漢チャンドラ・ボースの壮図に、なしうるかぎりの協力助成を与えんとする念願が、この際、すでに強く、固く暗黙のうちに燃え上がった」[114]。

河辺も、東條同様に、チャンドラ・ボースの発する人間的な魅力のとりこになったのであるが、それはまた、幕末以来、白人に押さえつけられながらも何とか独立の非白人国家を維持発展させてきた日本人が漠然と抱いてきた「アジア解放」の夢を遠いインドで実現する機会でもあったからであろう。

現実には、方面軍としてはＩＮＡにもＢＮＡにも戦力としてはほとんど期待を持たず、作戦の邪魔になるとすら考えていたが、ボースの強い希望を容れて「共同軍」の名称を与えることにし、ＩＮＡのビルマ進駐後間もなく、一九四四年一月七日に、日本、インド、ビルマ軍の連合参謀本部を作って、方面軍の高級参謀片倉衷大佐が議長を務めることとなった[115]。

インパール作戦での「共同軍」において指揮権、対等の敬礼、チッタゴンへの進撃についてボースはインド国民軍のために自主性、対等の関係を執拗に要求し、ある程度日本軍もこれを受け入れた[116]。

軽装備のＩＮＡ主力は、第一五軍主軸師団たる第三三師団の後方に配置されたが、これは藤原によれば、牟田口将

軍の考えでは、

「国民軍は意気さかんだが、なにぶん軽装備だから、インパール作戦の前面には使わない。というのは、革命軍というのは緒戦に勝たねばならない。はじめにやられるとガタが来て、あとで使いものにならなくなってはいけないというので、まず日本軍がインパール戦線に穴をあけたら、すかさずそこにつぎ込んで、「インパールはおれたち国民軍が占領したんだ」とおもわせてやればよい。ということで」あったからである。しかし、INAの主力であるキャニ連隊の遊撃隊の敗退以後は、「(前略) 日本軍が進めないから使う時期がなかったというわけです。だから、インパール作戦での国民軍の戦闘は――小さな工作班の活動は各戦線であったけれども――まとまった兵力をもってやったのは、ほとんどなかったのです」(117)という状況であった。

四三年七月一〇日のインパール作戦中止決定後、INAも陣地から撤退することとなったが、撤退の地獄絵図の中でINAにはこれという裏切り行為はなかった。

6 インド国民軍とビルマ国軍の比較

他方、BNAはアウン・サンを国軍司令官に戴き、一万五〇〇〇人の兵力を擁していた。だが、ビルマ独立の時に日本と締結した「軍事秘密協定」により、戦争が継続する限り、日本軍はビルマ国内において行動の自由を有することを保証され、また、ビルマ国軍は「共同防衛を全ふする為」日本軍の指揮下に入ることになっていた。さらに、細目協定では、ビルマ政府は日本軍隊の行動に必要な一切の便宜供与(軍需品の免税、税率軽減措置、土地建物の無償提供を含む)を与え、必要に応じてビルマ警察機関も日本憲兵の統制下に入ることなどが規定されていた。

この点で、チャンドラ・ボースは、インドがまだ日本軍に占領されているわけではないこともあって、日本軍に対し前述のごとくインド国民軍のために自主性、対等の関係を主張してやまなかった。特に、インパール攻略後の占領地行政に関しては日本軍はボースの主張をほぼ全面的に認め、

（1）インド領内の占領地域は自由インド仮政府の進出とともに同政府の統治下にはいる。
（2）自由インド仮政府は警察権の行使を含め同政府の権限を確立するに必要な一切の措置をとる。
（3）日本軍は、自由インド仮政府の諒解のもとに軍需品の徴収をおこなう。日本軍はもっぱら作戦面で協力し、そのことを内外に宣明する。

との合意に達していたが、これは、四三年七月三〇日に、方面軍高級参謀片倉大佐が、

（1）日本軍がインドに進撃した場合、インドの独立運動を推進させるように、日本としてはインドの一角を占領下に置くとか、管制下に置くとかではなく、完全な独立を当てる。
（2）インド側は占領した一角に仮政府を置き、大東亜共栄圏の外郭として英米から離れ、戦略的には日英の闘いだが、政略的には英印の抗争というふうに持って行く。

などという構想につき方面軍中参謀長の承認を取り付け、これがボースがラングーンを訪れる前に方面軍の規定方針となっていたからでもある(118)。

この方針から読み取れるのは、日本軍がインド国内の国民会議派による独立運動が反日に転ずることなく、反英独立運動として激化するのを目的に、日本軍が占領することあるべきインドの一角にボースの仮政府の「完全な独立」を認めようというのであるから、これは、見かけは完全独立でも、実際には、日本の利益—英国の屈服—を狙っての

作戦を有利にするための「謀略」であって、政治的に民族自決的な独立を心から支援し、平等な立場で友好関係を結ぼうというものではなかった。ボースもそれを知らなかったわけではなかろうが、自らの武力による独立運動にとって役に立つ限りではに日本軍を適宜利用しようとしていたのであろう。

このような、ボースの仮政府やＩＮＡに比べて、バ・モーのビルマ政府やアウン・サンのＢＮＡは既にビルマ国内に大軍を擁する日本と結ばれた前述の協定の枠内にあり、自己主張を行う余地に乏しかったのではないかと思われる。

現に、インパール作戦中、「お客さん」として扱われたＩＮＡとは異なり、ＢＮＡの主たる任務は、インパール作戦期においても、インパール敗戦後においても、もっぱら日本軍の補助部隊、後方警備であった。ＩＮＡの多くの将兵は、英国軍による将兵としての訓練をうけていたが、当時、ビルマに派遣されていた日本人記者の間では、ＩＮＡは「戦意は日本軍より劣るし、たいしたことはない」という評価であった(119)。しかし、それでも、日本軍のＢＮＡに対する取扱いよりはましであった。というのは、ＢＮＡは、訓練、規律などの点でＩＮＡよりも劣っていたこともあってか、インパール作戦中食糧や弾薬の輸送など、いわば苦力（クーリー）扱いされていたからである(120)。武器も小銃が中心で、機関銃や大砲などの装備は不十分であった。その上、日本軍から最高軍事顧問一名（少将クラス）が任命されていた他、国軍司令部に将校四名と下士官六名、歩兵部隊各大隊ごとに将校一名と下士官四名が配置され、中隊が分散しておかれる場合にはさらに下士官一名が増員配置されているなどのあり様であった。

日本軍によるこのような取り扱いは、ＢＮＡにとって不満の種であった。インパール作戦の失敗以後、日本が敗退するのが明白になると、アウン・サンは日本軍を裏切り、日本軍と闘った「実績」があると主張して戦前からの反英運動組織タキン党に対して不信の念を抱いている戦勝国たる英国側に投じ、より有利な地位を確保しようと努めた。ボースのＩＮＡが最後まで日本軍と行動を共にしたのとは、大きな違いである。

第7章
インド国民軍の軍事裁判とインド、ビルマ

1　国民会議派のインド国民軍弁護

一九四五年八月一五日、日本が降伏した日、南九州防衛のため第五七軍高級参謀に任ぜられていた藤原はインパール作戦従軍中に罹ったマラリア発作で福岡衛戍病院に入院していたが、一〇月末に英国マウントバッテン元帥の西南阿連合軍司令部からGHQを介して、INA将兵を裁くデリーの軍事法廷証人としの、被告側弁護人団の要請に基づく召喚を受けた。これより先、同年八月一八日、ボースは台湾松山飛行場での飛行機事故により死亡していた。

藤原は、米軍機でニューデリーに赴く前に岩畔（日米交渉の証人として米国側に呼び出されていたの、でデリーの軍事裁判には出廷せず）などと協議し裁判では、真実を述べることとし、次の三つの方針を決め、それを下村陸相の訓令として出してもらった(121)。

（1）ボース以下国民軍の兵隊は愛国心に燃えていた。
（2）日本はインド工作を謀略としてやったのではなく、経綸《けいりん》に基づいて推進した。
（3）日本と国民軍および仮政府は、対等の協力関係を結んでおり、傀儡《かいらい》軍隊、傀儡政権ではなかった。

このうちの（1）は、事実に相違ない。

しかし、（2）に関しては、藤原個人の信念であったことには間違いはないが、IILのバンコク会議決議への回答を岩畔が拒否したことにもみられるように、（2）が陸軍中央や南方総軍の一貫した方針であったかはきわめて疑わしい。むしろ、重光外相などに代表される外務官僚が戦局の悪化につれて、アジア解放、主権尊重と互恵平等の理念を米英側の大西洋憲章にまさる戦争目的として強く打ち出したのがせめてもの「経綸」というべきものであったのではないか（本書第Ⅲ部付属資料2「大東亜共同宣言」（一九四三年一一月六日）および「編著者解説」参照）。

（3）については、チャンドラ・ボースの自主独立への執念と日本側がインドを現実には占領していないということから、ある程度ボースの要求に応じたという事実があることは認めなければならない。藤原の言うように、「IILやINAの盟友は最も清純な祖国愛に基づき、自主的に決起したもので、断じて日本の傀儡《かいらい》でなかった」(122)。そもそも、藤原は、シンンがポール陥落後ののファラパーク（旧競馬場）での大演説でも、前述のとおり、「日本軍はインド兵諸君自身が自ら進んで祖国の解放と独立のために忠誠を誓い、INAに参加を希望するにおいては、日本軍捕虜としての扱いを停止し、諸君の闘争の自由を認め、また全面的支援を与えんとするものである」と宣言していたのである。藤原の後に演説したモーハン・シンも、「（前略）ここに集まった諸君に訴える。諸君自らの意志でINAに参加せよ！　愛する祖国の、自由と独立のためINAに参加せよ！　上官として心から訴える」と叫んだ(123)。

日本が連合国に降伏した後、英国に引き渡されたINA将兵の数は一万九五〇〇名に上った。英国は当初、これら将兵全員を「英国王に対する反逆者」としての処断することを考えていたが、現英印軍インド人将兵と血縁、知己の関係にあるこれら将兵に対する同情がインド国内で高まり、INAやそれを率いていたチャンドラ・ボースとは相容れなかったガンジー、ネルーをはじめとする国民会議派の指導者は、この澎湃たる同情心を通じて英印軍インド人将兵を会議派の味方につけ、独立運動を有利に展開しようとした。

会議派は、九月一四日、「ＩＮＡ将兵はインド独立のために戦った愛国者であり、即時釈放されるべきである」と決議し、その長老の一人であるフラバイ・デサイ博士を首席弁護人とする大弁護団を編成した。ネール首相も弁護人の一人となった。ファシストで中国侵略者の日本と手を組むなどとんでもないと言っていた国民会議派が、ＩＮＡを今や「インド独立のために戦った愛国者」と公に呼ぶようになったのだから、大転換である。

このデサイ博士が藤原や他の日本人証人と英軍将校立ち合いで面談したとき、デサイ博士は「（前略）インドは程なく全うする。その独立の契機を与えたのは日本である。インドの独立は、日本の御陰で三十年早まった。これはインドだけではなく、ビルマ、インドネシア、ヴィエトナムをはじめ、東南亜諸民族共通である。インド四億の国民は、これを深く肝銘している。インド国民は、日本の復興に、あらゆる協力を惜しまないであろう。他の東南アジア諸民族も同様と信ずる」と述べ、藤原を感激させた(124)。

このような中で、軍事法廷は厳罰による見せしめ対象として、シンガポール以来、藤原の親しい友人である次の英国陸軍士官学校卒の三名のＩＮＡ幹部将校を被告とした。

シャ・ナワーズ・カーン（三一歳）英印軍大尉、パンジャブ連隊所属（イスラーム教徒）ＩＮＡ大佐（第二師団長）訴因（反逆罪、殺人教唆の罪）

プレクマール・セーガル（二七歳）英印軍大尉、バルーチ連隊所属（ヒンドゥー教徒）ＩＮＡ中佐（第五連隊長）

訴因（反逆罪、殺人教唆の罪）

グルバシュ・シン・ディロン（三〇歳）英印軍中尉、パンジャブ連隊所属（シーク教徒）ＩＮＡ大佐（第四連隊長）

訴因（反逆罪、四名の殺人を行ったとの殺人罪）

多数の将兵からなぜこの三名が選ばれたかについてはさまざまに論じられたが、これら三名の将校、が各々、インドの三大宗教いずれか一つの教徒であるということから、三大宗教教徒の代表者を一人ずつ処断することを通じて公平さを示しながら、全国民軍を処断する意味を持たせたという解釈が有力である。

裁判は、かってのムガール皇帝の居城レッド・フォートで一一月五日から一一月三〇日まで行われた。

この裁判が行われる直前に英国は、日本軍の降伏の後を承けて終戦処理のため英人将校の率いるインド人部隊をインドシナとインドネシアに派遣しようとしていたが、これはフランスとオランダの帝国主義的植民地支配の復活と現地民族運動弾圧のためにインド人を利用すものとして、国民会議は一〇月二五日を「東南アジア連帯の日」として反対運動を繰り広げ、次いでデリー、カルカッタ、ラホール、マドラス等インド主要地で軍事裁判の不当を訴える抗議行動がおこなわれ、特にチャンドラ・ボースの出身地であるカルカッタでは一一月末にはデモがゼネストにまで発展した。デリーでも激しいデモが起こり、百数十名の死傷者がでる有様であった。

裁判において、主席弁護人デサイ博士は、「この三名はあのシンがポール陥落後、ファーラー・パークで英軍の手からに日本軍に引き渡された。引き渡したのは、誰であろう、イギリスそのものであります。イギリスは自ら被告らの「英印軍」としての責務を解消したのではないか。私はこの時点で、すでにイギリス国王に対する忠誠の義務を解かれたと断ぜざるを得ない」と弁じ、さらにＩＮＡは自由インド仮政府という国際法上合法な政府の正規軍であるとして、反逆罪が成り立たないと論じた。

これに対して、検事側は、自由インド仮政府とは実体のない「紙の上の幻想」に過ぎなかったとしつつ、忠誠義務解除の点につき、「彼らは「戦時国際法上の捕虜」とじてわれわれの手を一時離れたに過ぎない。インド軍法は正式な退役、退官、罷免以外に英印軍将兵がその忠誠義務を解かれることはないと規定しており、被告らをまず「脱走兵」と見なす他にどんな論理があろう。」として、「反逆罪」適用が妥当であると主張した(125)。

判決は、三名ともに反逆罪で有罪、殺人ないし殺人教唆の罪につき有罪で、いずれも終身流刑であったが、インド民衆の反発を恐れ公表は控えられ、翌四六年一月三日、オーキンレック英印軍総司令官は「平穏の確保」を理由として三名に対する刑の執行を停止する旨発表した。インドの大衆の反対のみならず、インドの陸軍、海軍、空軍と英国の傭兵であった軍隊がすべて一般大衆に同調して裁判に反対するようになったことが、実は、大きな理由であった。

しかし、二月一一日、第二回目の軍事裁判が行われ、アブドール・ラシード憲兵大佐の暴行罪について七年の刑を課したが、これがインド民衆を再び憤激させ、カルカッタでの大規模デモ、全市ゼネストを惹起した。次いで、二月二一日、英海軍根拠地たるボンベイ、カラチ、カルカッタでインド海軍将兵が一斉に反乱し、ボンベイとカラチでは旗艦さえも反乱軍将兵の占拠するところとなった。こうして、英国労働党アトリー内閣の下で英国軍が出動、インド人の暴動、騒擾が生じたが、ネルーと、国民会議派の長老パテルがボンベイでの調停に成功し、事態は沈静化した。

このような中で、三月七日、英軍の日本軍降伏・戦勝記念行事が行われたが、デリー市民はこれをボイコットし、戸ごとに弔旗を掲げた。さらに、幾万の市民がデモに出て、警官隊により六名の死者が生じた。今はこれまでである。INA軍事裁判は第三回法廷を中途に廃止し、全将兵を釈放した。第二次大戦中に大幅に増員されたインド兵の数は二〇〇万に増大していたのに対して、在印英国兵は終戦時に五〇万しかおらず、しかも、その多くがすでに帰国したか、あるいは帰国の途上にあったことも英国の対応ぶりに影響を与えたと考えられる。

2　インドとビルマ

インドが独立したのは、翌四七年八月二五日のことであったが、この独立に大きな影響を与えたのはINA軍事裁判であり、其のINA設立には藤原岩市少佐（当時）が密接にかかわっていた。

他方、南機関長鈴木敬司大佐の薫陶を受けたアウン・サンは、一九四三年八月一日のビルマ独立に伴いバ・モー政権の国防相をつとめ、国軍（BNA）司令官をも兼ねたが、そのBNAは日本との軍事秘密協定によって日本軍の指揮権の下にあった。しかも、日本軍のBNAの扱いはチャンドラ・ボースが率いるINAよりも、むしろ、低かったことは前述のとおりである。

日本軍なり日本人に対する自己主張の点においてチャンドラ・ボースのみならず、インド独立に関与したモーハン・シン等の他のインド人を見ても、バンコック会議の決議による日本側に対する要求が極めて詳細、明確であるのに対し、ビルマ側ではこのような体系的な要求を提出していない。ここには、両国民のメンタリティーの問題もあるのではないかと思われるが、他方、アウン・サンたちが当時まだ若年の青年であって、世間知らずであったことも影響しているのであろう。

藤原機関長の藤原少佐がモーハン・シンにすべてを任せていたのとは逆に、南機関長の鈴木大佐は全てを自分が取り仕切ったいわば独裁者であった。これは、両者の性格の違いもあろうが、インド人将兵の場合、既に英国の訓練を受けており、モーハン・シンも英印軍の大尉で、軍人としての訓練を全く受けていなかったアウン・サンたち「三〇人の志士」たちとは全く軍人としての成熟度が異なっていたからということもあったのではなかろうか。

アウン・サンは、一九四四年八月、日本軍がインパール作戦で敗北し、七月に作戦中止となるや、八月に国軍、共産党、人民革命党の三組織からなる地下抗日組織パサパラ（反ファシスト人民自由連盟・ＡＦＰＦＬ）をひそかに結成する。次いで四五年三月二七日、アウン・サンは連合軍の優位と日本軍の劣勢化—敗北を見極めた上で、共産党がつくり上げた英軍とのパイプに基づいてＢＮＡ一万一四八〇名の将兵を率いて抗日、自力武力蜂起に踏み切り、対日武力抗争を手土産に、戦勝国としてビルマに戻ってくると思われた英軍に接近を図り、成功した。ＢＮＡの抗日武力闘争による同年八月一五日に日本が連合国に降伏するまでの日本人将兵殺害の「戦果」は、国軍の実働人員九二二〇人および農民ゲリラ隊動員推定一五〇〇人もしくは二〇〇〇人に対し一〇〇〇人から四七〇〇人と推定されており、ビルマ側犠牲者は三二〇人ほどであるといわれている(126)。しかし、アウン・サンの抗日武力闘争がどの程度の規模で行われたのかは必ずしも明確ではない。

例えば、バ・モーは、その回顧録で、

「三月二十七日、ビルマ軍部隊がペグーの日本人部隊を攻撃して、反ファシスト運動の第一打がうちおろされた。今や反日抵抗運動は公然化した。ビルマ軍はビルマ南部と中央の山奥に入り込み、英国軍の到来を待っていた。（中略）一般大衆、特に農民、労働者は戦闘の外にいた。政府機関やマハバ党のように政府がつくった大衆組織の大多数の人たち、少数民族の社会も同じだった。ほぼ、彼らは政府に忠実であったか、悪くても中立であった。しかし、彼らは英国に反対する運動で積極的役割を果たすことはできなかった。なぜなら彼らはそうした軍事活動に組織されていなかったし、当時日本がビルマ人への不信感から供与を拒否したため、彼らは必要な武器や装備を持ちあわせていなかったからだ。従って、すべての武器はビルマ軍と、英国が秘密に武装した者だけがもっていた。これが危機において決定的な要因になった。」

と述べている(127)。バ・モーの記述からすると、ＢＮＡの反日武力活動は、最初の一撃はともかく、あとは「ビルマ南部と中央の山奥に入り込み」、日本軍との大掛かりな対決を避け、勢力の温存を図りながら、英軍の到来を待つという方針であったようにも思われる。ビルマ独立義勇軍の活動当初のように英印軍と命がけで戦うやり方は行われていないのではないか。日本軍犠牲者の数の推定に幅がありすぎるのも、推定値の信憑性を低めているのではなかろうか。さらに、抗日組織パサパラを国軍、人民革命党（後の社会党）と共に構成していた共産党は「(人民）ゲリラなくしてビルマ国軍の（抗日蜂起における）勝利なし」としていたが、人民の大半を占める農民の武力ゲリラ活動は極めて限定的であったようである(128)。

第8章
むすび

いずれにせよ、ＢＮＡは南機関長として鈴木大佐が渾身の努力を傾けたＢＩＡの後身であり、ＢＮＡの幹部は、その前身であるＢＩＡの幹部でもあった。「三〇人の志士」たちが幹部のポストを占めること自体には変わりがなかった。このＢＮＡが長い間ビルマの実権を握り、最近の「民主化」までミャンマーの軍事のみならず、政治、経済、社会関連の政策すべてを担ってきたのであるから、鈴木の現代ミャンマーに対する役割は、いわば「種まき爺さん」のようなものであったといえるであろう。

また、アウン・サンの英国労働党内閣との交渉の結果、ビルマは、順調に一九四八年一月の独立に至るのであるが、その背景には英国がもはやインド兵をミャンマー独立運動の制圧に用いることができなくなったという事情――その有力な原因の一つが藤原の関係したＩＮＡのレッドフォート軍事裁判――があったので、南機関と藤原機関の工作は、参謀本部第八課発ではあるが、各々、異なる国と国民を対象として行われた別の活動であるにもかかわらず、インドとミャンマー双方の独立となって結実したといえるであろう。

鈴木は、元来、実務的な「謀略」工作として対ビルマ工作を担当していたのであるが、参謀本部の「ビルマへの軍事侵入なし」という政策に基づいて「三〇人の志士」たちの特別強化軍事訓練を行っているうちに、人生意気に感じて、ビルマの民族自決的独立を信念とするようになったのであろう。他方、藤原は、中国における日本軍の行動に対する反省から世界に通用する大義名分のある戦争目的の一環としてインドの民族自決的独立を支援したと思われる。

ここで両者に共通してみられるのは、工作対象国が各々の工作開始の時点ではまだ日本軍の進軍先となっていないことで、その上で各自の工作に最も有利な条件が「民族自決的独立支持」ということであったという面もあるのではないか。藤原の工作開始の初めには「日本軍の軍事活動はビルマまで」というのが参謀本部の政策であり、後のインパール作戦でも軍事行動対象はインドのごく東端の一部にすぎず、しかもこの作戦は謀略的観点からチャンドラ・ボースの仮政府が真に独立しているように見せかけ、インドの独立運動を刺激するという狙いが籠められていた。

大東亜戦争は、藤原の言によれば、「日本の自存自衛の戦争やね。それを大東亜共栄圏というオブラートで包んだ。」[129]ということになる。

日本から見れば自衛の戦争でも、ミャンマーなどは全土が烈しい戦場となって国土を荒らされた。しかし、国土を荒らしたのは日本軍だけではない。バー・モウを引用すると、「そのころ（筆者注・一九四三年八月一日に日本軍の軍政の下でバ・モーが独立したビルマの国家元首兼首相に就任したころ）、終わったばかりの戦、でわれわれも手ひどい被害を受けていた。これに加わった英軍、米軍、中国軍、インド軍、日本軍、ビルマ軍（筆者注・BIAのこと）の六つの軍隊は、ビルマの国土の大方を荒廃させた。英軍の焦土戦術に始まり、中国軍の大規模な山賊行為が続いた。インド軍の行動も多く変わったところはなかったし、日本軍は全面戦争に発展させた。当時は武装した暴徒の集団でしかなかったくずのようなビルマ軍は、しばしばまさに暴徒のように振る舞った。われわれは、このような流血から国を守らなければならなかった。それも、戦争の真っ最中にともすればすべてが修羅の巷と化するかもしれない状態で、何の手だてもないままにこれをやりとげなければならなかった。だからわれわれは力と手段とをもつ者、つまりわが国を占領していた日本軍を頼るより仕方がなかったのである。」[130]。

一九六二年以降ミャンマーを支配してきたBNAによって美化されることが少なくないビルマ独立義勇軍（BIA）も戦時中に行政実務を担っていたバ・モーから見れば、「武装した暴徒の集団」にすぎなかった。インパール作戦に従軍記者として参加した経験のある丸山静雄は「独立義勇軍といってもロンジー・スタイル（ビルマ人の伝統的服装で、腰に長い布をまきつけただけの姿）のものや、ショート・パンツにシャツ一枚と言った服装が多く、武器といえば刀、棍棒、竹槍、古鉄砲にすぎなかったが、意気は高かった。」と述べている(131)。このようにして急速に拡大したＢＩＡには、ろくでもない連中、やくざ者が続々参加し、日本軍から供与された小銃などを手に入れて、英軍がビルマでの戦闘をしなくなると「義勇軍内の悪質分子、特にその地方民政機関内部の分子は、行く先々で恐怖政治に似たようなことをした。そういった場合の常として犯罪的要素も、加わってきた。」のであった(132)。

日本は、中国にはまり込んで米英との関係調整に失敗し、その結果、ドイツのソ連攻撃を機として急速に「南進」を進めた。従って、長年にわたるこの地域に関する調査・研究の蓄積もなかった。石油と軍需資源を確保するため、南方作戦を行ったのである。世界に通用するような大構想がはじめからあった訳でもない。

しかし、日本が香港、マレー、シンガポール、フィリピン、ビルマ、インドネシアをあっという間に占領し米、英、仏、蘭の白人植民帝国を急速に打倒したことは、アジアの人々にこれまでの白人という人種の絶対主義には根拠がなかったことを学ばせるのに決定的に役立ったといえよう。

鈴木はビルマ独立のため、藤原はビルマを根拠地とするインド独立運動のために、それぞれ懸命の努力を行った。かれらの努力は、必ずしも、日本軍中枢部の意向を反映したものではなかったが、かえってそれゆえに、今日までミャンマーやインドで高く評価されることとなった。

藤原は、デリーでの軍事裁判中止の後、クアラルンプールで英国の探偵局長からＦ機関の工作はグローリアス・サクセスであったが、その理由を説明してほしいといわれて答える。藤原は、英国やオランダはインフラを立派に作っているが、それは皆自分たちのためで、現地民一般の福祉のためではなく、むしろ、一部特権階級を除く住民一般を故意に無知と貧困のままに放置する政策を用いていることを指摘し、圧迫と搾取を容易にしている疑いさえあると非難し、「まして民族本然の自由と独立の悲願に対しては、一片の理解もなく、寧ろこれを抑制し、骨抜きにする圧制がとられている。絶対の優越感を驕って現住民に対する人間愛―愛の思いやりがない」と断じ、自分と部下は敵味方、民族の相違を越えた愛情と誠意を，硝煙の中で、かれら現住民に実践感得させることをモットーに実践に努めたと述べた。これに対して、探偵局長は、「解った。貴官に敬意を表する。自分はマレイ、インド等に二十数年勤務してきた。しかし、現地人に対して貴官のような愛情を持つことがついにできなかった」としんみり語った(133)。

今日、東南アジアやインドなどの南西アジアにいる日本人の数は、企業関係を中心に戦前とは比較にならないほど多いが、藤原の精神が十分に伝わっているかどうか、筆者は残念ながらあまり自信はない。

注

(1) 日本の米英に対する開戦直後の一九四一年一二月一〇日、大本営政府連絡会議は、「今次の対米英戦争および今後情勢の推移に伴い生起することあるべき戦争は、支那事変をも含め、大東亜戦争と呼称す」と決定し、一二日に閣議において「大東亜戦争」の呼称を正式に決定した。これをうけて、情報局は、「大東亜戦争と称するは、大東亜新秩序を目的とする戦争なることを意味するものにして、戦争地域を大東亜に限定する意味にあらず」と発表した。「大東亜」の地域的な範囲は、おおむね、南はビルマ以東、北はバイカル湖以東の東アジア大陸、ならびにおおむね東経一八〇度以西、すなわちマーシャル群島以西の西太平洋の海域をさす。インド、豪州は含まれていない。戦争目的たる「大東亜新秩序」とは、日本が政治的優越的地位を有する「日本の生存圏」であり、「豊富な資源の開発および利用のための日本人の企業ならびに投資」を行わせるべき地域であった。日本は、このようにして「自存自衛の基礎」を確立しようと試みた。

この「大東亜戦争」という名称は、実際に使用されていた名称であるが、敗戦後、連合国最高司令官マッカーサー元帥の通達により、「国家神道、軍国主義、過激なる国家主義等」と切り離し得ない用語の一つとして「八紘一宇」などとともに使用が禁止された。米国は、「太平洋戦争」という用語を使用してきたが、日本にとっては中国大陸はもとより、マレー、シンガポール、ビルマ、インドネシアなど東南アジアにおける戦闘も重要であったから、「太平洋戦争」は適当ではないであろう。最近、「アジア・太平洋戦争」という用語が開発されたが（例．『アジア・太平洋戦争辞典』（吉川弘文館、二〇一五年）、これも、「太平洋戦争」よりはましではあるが、戦争中に実際に使用された言葉ではない。従って、本稿では、「大東亜戦争」を用いることとした。

(2) 石射猪太郎『外交官の一生』（中公文庫、一九八六年）二六七―二六八ページ。

(3) 同書二八七―二八八ページ。

(4) 矢野暢『「南進」の系譜』（中公新書、一九七五年）一九五ページ

（5）一九三七年の世界各国の「南方圏投資額」（単位一〇〇万円）を見ると、オランダが五六九五・〇で全体の四七・三％、英国が一一〇五・〇で全体の九・二％、フランスが三〇六一・五で全体の二五・四％、中国が九三五・〇で全体の七・八％、米国が七二七・五で全体の六・一％、日本は二〇四・〇で全体の僅かに一・七％に過ぎない（大蔵省管理局編『日本人の海外活動に関する歴史的調査』（一九四七年）通巻第三〇冊南方編第一分冊一三五ページおよび一七二―一七三ページより）。「帝国主義国」であったはずの日本にしてはあまりにも少ない数字である。

（6）日本は原料を米英ブロックから輸入し、その製品を米英ブロックに輸出し、その加工賃によって他の戦略物資を輸入する仕組みになっていた。特に、石油の需要五百万トンのうち自給率は一割以下で、米国からの輸入にほとんど依存していた。その輸入に要する外貨は、日本の生糸と綿製品の輸出によるもので、輸出先は米国、インド（当時英国領）、蘭印（インドネシア。当時オランダ領）、豪州などであったが、それは綿花の主な輸入先でもあった。経済格差については、一九二五年の米、英、ソ連のＧＮＰ（単位百万米ドル）を見ると、米国の九三一〇〇、英国の二二四〇〇、ソ連の一六〇〇〇に対し日本は六七〇〇に過ぎない（小野圭司（防衛省防衛研究所・国防経済学）「第一次大戦・シベリア出兵の戦費と大正期の軍事支出」より）。一九四〇年の日本の製鉄能力は五百万トンであったのに対し、米国は六千万トン。一九四一年当時の新庄主計陸軍大佐野報告書によれば、「日米の間には、鉄鋼一対二十、石油産出力一対百、石炭一対十、電力一対六、アルミ一対六、飛行機一対五、自動車一対五十、船舶保有量一対二、工業労働力一対二、といった格差があり、贔屓目に見ても、物質戦力比はアメリカの十分の一以上もない」のであった（橋本恵『謀略―かくして日米は戦争に突入した―』（ワセダ出版、一九九年）。したがって、通常の感覚では、日本は米英に対する戦争能力に本来欠けていたといって良いであろう。

他方、一九二九年の米国発の大恐慌直後、一九三〇年に米国は輸入一〇〇〇品目について超高率関税を課す法律を制定し、多くの国が報復措置を取った。このような中で、一九三二年に英帝国経済会議がオタワで開かれ、帝国内で商品や原材料を移動させる場合には無関税か特恵関税であるが、帝国外からの輸入品に対しては高率関税を課すこととした。この結果、日本は、大打撃をこうむり、国内で「自給自足経済圏」を自ら作らなければ、自滅するという声が高まった。「南洋在住の日本人は、オッタワ会議後の経済戦で多くの日本人が南洋より締め出される」状態であった（「南機関」機関員であった杉井満述『南機関外史』（緬甸国防軍軍事顧問部（編）、一九四四年）謄写印刷に掲載）

（7）ハミルトン・フィッシュ・岡崎久彦監訳『日米開戦の悲劇』（Hamilton Fish, *Tragic Deception,*）ＰＨＰ文庫、一八九二年）参照。なお、ルーズベルトは、一九四〇年一〇月八日に、当時、ハワイ基地における太平洋艦隊司令官であったリチャードソン提督に対し、遅かれ早かれ日本は間違いを犯し、米国は日本との戦争に入ることになろうと述べている（同書六四ページ）。なお、いわゆる「太平洋戦争」は日本側に責任があるとする米国の通俗史観に対する revisionism の先駆けとしては、コロンビア大学教授で米国歴史学会会長を務めた Charles A. Beard の *President Roosevelt and the Coming of War, 1941: A Study of Appearances and Realities* (Yale University Press, 1948) は、発行される否や米国政府の猛烈な排撃運動に遭遇し、ビアード博士は歴史家としての地位をほぼ喪失したといわれている。しかし、最近では彼の説に組する論考も少なくない。筆者が Beard 博士の著書の存在をはじめて知ったのは、米国 Amherst 大学留学中の一九六〇年であった。さらに、日米開戦当時の外務大臣として戦争回避に苦闘した東郷茂徳が戦勝国側が行った東京裁判における彼に対する有罪判決後に巣鴨刑務所で書き記した『時代の一面』にビアード博士の本著書を読んだ感慨が述べられていることを『時代の一面』を後に読んでを知ったのである。筆者は、一九六八年にビアード博士の前記著書の紹介を含めて revisionist 的な小論をまとめ、「外務省調査月報」への掲載を図ったが、当時の調査室長の「対米関係に悪影響を及ぼす可能性がある」との判断により「没」となった記憶がある。

なお、ハル・ノートについては、須藤真志『ハル・ノートを書いた男』（文春新書、二〇〇九年）が一読に価する。

（8）当時、日本の報道言論界はあげてドイツの絶対的な優勢を報道していた。各政党は親英米外交から枢軸外交への転換を経決議したり要望したりした。当時の左翼政党であった社会大衆党でさえも、その中央委員会が決定した強硬な要請書を一九四〇年六月二〇日に浅沼稲次郎（戦後、日本社会党執行委員長になった）らの代表を通じ政府に提出した。この要請書には、「世界及び東亜新秩序建設のため日独伊枢軸を強化すること。英米追随外交を清算し、日英・日米交渉を即時中止すること。仏印経由の援蒋ルートを遮断し、実力を以て仏印当局の不誠意な敵性を放棄せしめるの保障を確保すること。」などが含まれていた。（「東京朝日新聞」掲載（瀬島龍三『大東亜戦争の実相』（PHP文庫、二〇〇〇年）一三五ページに引用）。他方、米英側では日本人および日本の軍事力を極めて低く見る傾向が人種差別的な偏見もあって極めて強かったので、日本と戦争すれば簡単に征圧できるという考え方が圧倒的に有力であった（ジョン・ダワー・猿谷要監修、斎藤元一訳『容赦なき戦争―太平洋戦争における人種差別―』（平凡社、二〇〇一年））。昭和天皇も大東亜戦争の遠因として第一次大戦後の一九一九年の講和会議で日本の主張した人種平等案が列国の容認するところとはならず、さらに一九二四年の米国の「排日移民法」決定は日本人を憤激させ、このような憤慨を背景に「一度、軍が立ち上がった時に、之を抑えることは容易な業ではない。」と述べておられる（寺崎英成・マリコ・テラサキ・ミラー編著『昭和天皇独白録』（文芸春秋、一九九九年）二四―二五ページ）。

（9）重光葵『昭和の動乱』上巻（中公文庫、一九五二年）二九二ページおよび二九七―三〇三ページ。

（10）勝田吉太郎『勝田吉太郎著作集』第八巻（ミネルヴァ書房、一九九五年）三二五―三四七ページ参照。

（11）尾崎秀実の『獄中手記』（一九四二年二―三月に書かれたもの）抜粋は、三田村武夫『戦争と共産主義』（民主制度普及会、一九五〇年）資料編に掲載されているものを使用した。

（12）信夫清三郎『「太平洋戦争」と「もう一つの太平洋戦争」―第二次大戦における日本と東南アジア―』（勁草書房、一九八八年）三九―四二ページ。

（13）東條由布子編『大東亜戦争の真実―東條英機宣誓供述書―』（WAC、二〇〇六年）六四ページ（本宣誓供述書は、連合軍、特に米国にとってよほど都合が悪いものであったらしく、GHQによる発禁第一号となった）。南部仏印進駐問題の理由として、東條は東京裁判において（1）米英側の重慶（蒋介石政権）に対する支援の強化（2）米、英、蘭の南方における戦備強化（3）対日経済包囲圏の結成と日本生存のため必用な物質の入手妨害（4）米英側の仏印およびタイに対する対日離反の策動と仏印・タイに敵性活動ありと認めた（例．米およびゴムの取得妨害）（5）蘭印との会談決裂、を詳細に説明した後で、「当時日本の統帥部も政府も米国が全面的経済断交をなすものとは考えておりませんでした。すなわち日米交渉は依然継続し交渉によりさらに打開の道あるものと思ったのであります。なぜならば全面経済断交というものは近代においては経済的戦争と同義のものであるからであります。」と述べている（同書六〇―七三ページ。しかも、東條は、これらの理由が除去されるか、または緩和の保障、特に蘭印における物資（石油）獲得への協力などが現実に認められるならば、仏印撤退に踏み切りえるとして、日米交渉において「日本は仏印以上には進駐せぬ。しかして仏印より支那事変解決後には撤退する」と述べている（同書八三―八四ページ）。石油入手が日本にとって死活問題であったことが、痛いほどに理解できる「供述」と言えよう。

瀬島前掲書一三二ページにも、当時、日本の政府および大本営、なかんずく大本営が南部仏印進駐に伴う米国の対日措置がこのようなものになると予期していたかと言えば、「結論を申しあげれば、悲しいことにはほとんど予期していなかったのであります。（中略）日本は南部仏印どまりでありまして、引き続き進んでマレーまたは蘭印に進出する計画は、当時全くなかったのであります。」と述べられている。しかし、六月一二日、大本営・政府連絡懇談会において松岡外相は、南部仏印進駐を行えば、（1）国際上不信を買う（2）仏側から言えば軍事占領なので、前年八月に結ばれた松岡アンリ—協定をはじめ一連のフランスとの条約、協定は無効となるであろう等と強く批判した（参謀本部（編）杉山（筆者注：当時の参謀総長杉山元大将メモ、大本営・政府連絡会議筆記、（原書房、一七六七年、）上、二二一—二二三ページ）。また、幣原元外相は近衛首相に対して「これは大きな戦争になります」と断言し、「この際思い切って、もう一度勅許を得て兵を引き返す以外に方法はありません。」忠告したが（幣原喜重郎『外交五十年』（中公文庫、一九八七年）二〇八—二〇九ページ）が、近衛は事態を転換させる気力と能力に欠けていた。

なお、南部仏印進駐以前に一九四〇年九月二三日に開始された北部仏印進駐は、一九三九年六月に当時の平沼内閣の要求に応じて仏印総督が承諾した援蒋物資の仏印ルート通過停止をより効果的に遮断する（ビルマにおける援蒋ルート遮断のための航空基地としても役に立つ）とともに、仏印国境付近に移動した蒋介石軍に対する北部仏印防衛のため、北部仏印に六千の兵力（実祭には四千くらいの兵力進駐）を置き、また二千の兵力を通過せしめる「便宜供与」をフランス側に求めたものであって、フランスがこれに応じたものである。この小規模進駐には、軍事的な合理性が認められるのであるが、米国は一〇月一六日以降の全等級屑鉄の滞日輸出禁止し、英国は一〇月一七日にこれまで閉鎖していた援蒋ビルマルート閉鎖を再開する旨通告してきた。

(14) Henry L. Stimson & McGeorge Bundy, *On Active Service in Peace and War*, Harper & Brothers Publishers, New York 1948. pp. 1012-1014

(15) 毎日新聞社図書編集部訳編『太平洋戦争秘史—米戦時指導者の回想—』（毎日新聞社、一九六五年）九五ページ。

(16) 同書九五ページ。

(17) 瀬島前掲書二二四ページ。

(18) ボ・ミンガウン著、田辺寿夫訳編『アウンサン将軍と三十人の志士—ビルマ独立義勇軍と日本—』（中公新書、一九九〇年）二一—三ページ。

(19) バー・モウ・横堀洋一訳『ビルマの夜明け』（新版、太陽出版、一九九五年）前掲書一三〇ページによれば、「ある地方紛争に、分をわきまえずに入り込んだ。」とあるが、他方、鈴木が上海在勤時代にアヘンの密売事件にかかわって昇進が遅れたとする説もある。後者は、南機関員であった高橋八郎（中尉）の談話を根拠とするものであル（『南・F機関関係者談話記録』（一九七九年、アジア経済研究所内部資料4の五ページ。この聞き取りには、南機関の重鎮であった杉井満（商社駐在員として蘭印に長く勤務、興亜院勤務、軍属、機関本部、ＢＩＡ経理部長）も同席し、高橋の見解を是認していたことからかなり信憑性が高いとする見方もある。しかし、鈴木が上海に在勤したことを確定的に示す公的な資料はまだ見つかっていない（本文参照）。

(20) 岩畔豪雄『昭和陸軍謀略秘史』（日本経済新聞出版社、二〇一五年）一七—一八ページ。

(21) 瀬島前掲書一三五ページに記載されている日本陸軍参謀本部による一九四〇年六月ころの推定月額援蒋補給量は、仏印ルートにつき一万五〇〇〇トン、ビルマルートにつき一万トン、中南支沿岸ルート（香港、上海経由密輸）六〇〇〇トン、西北ルート（外蒙ウランバートル経由）五〇〇〇トンであった。仏印ルート閉鎖後の最大の援蒋ルートは、ビルマルートであった。

(22) バー・モウ前掲書八二ページ。

(23) 同書一一二ページ。

(24) 同書一五六―一五七ページ。
(25) ジョイス・C・レブラ、堀江芳男訳『チャンドラ・ボースと日本』(原書房、一九六八年)二六二―二六三ページ。なお、邦訳は、根本敬『物語　ビルマの歴史―王朝時代から現代まで―』(中公新書、二〇一四年)一九三―一九七ページ掲載の根本訳を一部参照した。
(26) Frank N-Trager (ed.), *Burma:Japanese Military Administration, Selected Documents, 1941-1945*, University of Pennsylvania Pr., 1971, Historical Notes,pp.6-7(信夫前掲書一七六ページに引用されている。ただし、ここに引用した文章は、ウ・ヌー『日本占領下のビルマ』からの引用でバー・モウ前掲書一六一ページに掲載されている)。
(27) 武島良成『日本占領とビルマの民族運動―タキン勢力の政治的上昇―』(龍溪書舍、二〇〇三年)第2部第1章および第2章参照。
(28) バー・モウ前掲書一二五ページには「私が首相をしていた一九三八年に一度、そして三九年に再度日本は私に接近し、ビルマルートを何らかの形で遮断できるなら、多額の金を支払うと申し出でた。私は、他の理由は別にしても、ビルマ人はこの問題に関して、まったく発言権を持たないので、いかんともし難いと答えた。」とある。日本側のビルマに関する第一義的な関心が、ビルマルート問題であったことを示す証言と言えよう。泉谷達郎『ビルマ独立秘史〈その名は南機関〉』(徳間文庫、一九八九年)二六ページにも同様の記述が見受けられる。
(29) 波多野澄雄『太平洋戦争とアジア外交』(東京大学出版会、一九九六年)一三―一四ページ。
(30) 泉谷前掲書三四ページ。
(31) 同書三五―三六ページによれば、アウン・サンたち二人は中国共産党と連絡を取るべくアモイに行ったのだが、連絡がうまく取れず絶望的な状況にいたところを、鈴木大佐の連絡を受けた在アモイの神田憲少佐が発見し、羽田に送った。他方、バ・モーの回想録によると、アウン・サンたちは、バ・モーと協議しつつ、日本軍の援助に期待をかけ、初めから日本へ行くつもりであったとされている(バー・モウ前掲書一四〇―一四三ページ。
(32) 小高い丘の上に建つ山下亀三郎の大磯別邸(現存しない)に南機関がいわば居候したという事実は、第一次大戦での大船成金たる政商山下氏の大本営(特に海軍)への食い込みを示すものとして興味深い。山下は、居候の代償として、鈴木大佐或いは海軍将校などから武器、軍需品の海運運送などについての情報を得ていたのかもしれない。
(33) 泉谷前掲書三九―四〇ページ。
(34) 陸軍省「昭和17年陸亜密大日記第42号」の「緬甸工作ニ関スル件報告」S一七―一一〇(防衛省防衛研究所図書館蔵)。なお、武島前掲書一七二ページにその内容に関する記述がある。
(35) 日本外交年表(下)、五六〇―五六一ページ。
(36) 泉谷前掲書一一八ページ。
(37) 信夫前掲書七四―七五ページ。
(38) 太田常蔵『ビルマにおける日本軍政史の研究』(吉川弘文館、一九六七年)四五ページ
(39) 信夫前掲書一六五―一六七ページおよび武島前掲書一七四―一七五ページ
(40) 泉谷前掲書一四八―一五〇ページ。
(41) 防衛庁防衛研究所戦史室編『戦史叢書・　ビルマ攻略作戦』(朝雲新聞社、一九七五年)一二七―一二八ページおよび信夫前掲書一六七ページ。

(42)泉谷前掲書一八九—一九〇ページ。泉谷の当該記述は鈴木に対する取材を踏まえて記されたものであるから、戦後の発言であり、戦時中の鈴木の「独立」に関する見方を知るにはあまり有効ではないという見方もある（武島前掲書二〇五ページ）。
(43)太田常蔵前掲書四六—四七ページ。なお、バー・モウ前掲書（一八八—一九〇ページ）にもボー・モウ・ジョウッによるビルマ中央政府の設立に関する記述があるが、彼は、鈴木大佐が事前に日本軍司令部の承認を得ていたと書いている。軍司令部承認の理由は、同人によれば、軍政下の合法政府設立までの間、当時広がりだしていた無政府状態を食い止めるためであった。
(44)泉谷前掲書一六六ページ。
(45)武島前掲書二〇九—二一一ページ。
(46)同書二〇七—二〇八ページ。
(47)同書二〇六—二〇七ページ。
(48)太田前掲書三四九ページおよび四八ページ。
(49)泉谷前掲書一九六—一九七ページ。
(50)バー・モウ前掲書一五一ページ。
(51)同書一六一ページ。
(52)同書二二四—二二七ページ。
(53)防衛庁防衛研究所戦史室（編）『戦史叢書シッタン・明号作戦』（朝雲新聞社、一九七五年）一〇七ページ（アウン・サンが司令官であったBIA北伐軍の指導官（顧問）であり、南機関解散後もBDA司令部軍事顧問をつとめていた高橋八郎中尉に対するアウン・サンの言）。
(54)藤原岩市『F機関』（バジリコ株式会社（原著は原書房、一九七九年）、二〇一二年）三〇ページ。
(55)読売新聞社編『昭和史の天皇』8（読売新聞社、一九八〇年）三一一ページ。
(56)藤原前掲書三一ページ。
(57)『南・F機関関係者談話記録』（アジア経済研究所内資料、一九七九年、（藤原岩市談話））二一一—二一二ページおよび前掲『昭和史の天皇』8三〇三ページ。
(58)前掲『昭和史の天皇』8三〇三—三〇四ページ。
(59)同書三〇七ページおよび藤原前掲書二〇ページ。
(60)藤原前掲書三〇ページ。
(61)前掲『南・F機関関係者談話記録』二九—三〇ページ。
(62)藤原前掲書三一ページ。
(63)森山幸平・栗崎ゆたか「証言記録　大東亜共栄圏—ビルマ・インドへの道—」（新人物往来社、一九七六年）三〇ページ。
(64)野口省巳『回想ビルマ作戦』（光人社、一九九五年）二二八—二二九ページ。なお、北から南下する米式重慶軍、英米軍に対して頑強に抵抗した田中新一中将の第一八師団がマインクワンに遺棄した重火器について中国側に次のような記述が残されている。口径一〇センチ銃砲四門、大正一一年、大阪工廠製造、一〇九、一九八、大正一二年日本製鋼所製、一六八、一〇六……六門の七・五センチ山砲は大正一〇年、大阪兵工廠……（藤井正行「ビルマの龍虎」（『秘録大東亜戦史ビルマ編』（富士書苑、一九五八年）所収）。

（65）藤原前掲書五三ページ。
（66）前掲『昭和史の天皇』8　三二三―三二四ページ。
（67）シーク教徒は、ヒンドゥー教徒と同じように、輪廻転生を信ずるが、カーストを完全に否定する。世俗の職業に真面目に励むことを重要視する。タバコ、麻薬、アルコールは禁止。技術的なことにたけ、官吏、軍人、タクシーの運転手などによくなる。概していえば、インド社会の中では、裕福で、教養があり、教育水準が高い。特徴として、ターバンを頭につけ、ひげと髪の毛は「神の与えたもうたもの」として切らない。女性はロングヘアー。名前によるカースト区分認知を避けるため、男性は皆シン（Shingh）を名乗る。これは、インドの武人カースの名称で「獅子のような心を持った」の意。女性は、皆、カウルで、「王女」の意。シーク教徒の主たる居住地はパンジャブ州であるが、第一次大戦時の英国のインド人兵士一五〇万人の徴募は主としてパンジャブ州で行われた。第二次世界大戦時に英軍指揮下のインド兵の数は平時の一二倍に達したとされるから、シーク兵の数も激増したであろう。

なお、カースの卜否定について付言すれば、筆者がシーク教徒某大実業家の夫人から聴取したところによれば、実際問題として、シーク教にもカーストはあり、インド人でインドにいる限り、カーストからは逃げられない由。
（68）藤原前掲書五六―五七ページおよび前掲『昭和史の天皇』8　三一三ページ。
（69）前掲『南・F機関関係者談話記録』三七ページ。
（70）藤原前掲書六四―六七ページ。
（71）同書三一五ページ。
（72）前掲『昭和史の天皇』8　三二九―三三〇ページ。
（73）同書三三三―三三四ページおよび藤原前掲書一三二―一三三ページ。
（74）モハン・シン「私の回想」（藤原前掲書三六一―三七三ページに転載されている。当該部分は、同書三六三ページ）。
（75）藤原前掲書一五七―一六〇ページ。
（76）信夫前掲書二五―二六ページおよび六二ページ。
（77）同書六六―七〇ページ。
（78）森山康平・栗崎ゆたか前掲書二九―三〇ページ掲載の藤原岩市談話および前掲『南・F機関関係者談話記録』三二―三三ページ。
（79）波多野前掲書四七―四九ページ。
（80）前掲『昭和史の天皇』8　三四一―三四二ページ。
（81）同書三五六―三五七ページおよび藤原前掲書二〇九―二一〇ページ。
（82）藤原前掲書二一七―二一八ページおよび前掲．『昭和史の天皇』8　三五八ページ。
（83）前掲『昭和史の天皇』8　三八三ページの藤原の言によれば約二万五、〇〇〇人。他方、同書三七一ページの岩畔豪雄大佐（当時）の言によれば、藤原少佐から引き継いだのは、「有能な数人の将校とモハン・シン少将をかしらとするＩＮＡ（インド国民軍）一万二、三千人だった。（中略）またＩＮＡといっても、まだ秩序も装備もととのわない集団に過ぎなかった。」と述べているところ、ＩＮＡの兵力には藤原と岩畔の間にかなりの違いがある。また、長崎暘子「インド国民軍の形成――バンコック決議まで」（長崎暘子編『南アジアの民族運動と日本』（アジア経済研究所、一九八〇年）一一〇―一一八ページによれば、四二年八月までにＩＮＡの兵力は四万二、〇〇〇人に達したとされている。本書では、一応、藤原説に従って論述する。

(84) 前掲『昭和史の天皇』8　三四六―三四七ページ。
(85) 藤原前掲書二四六―二四七ページおよび前掲『昭和史の天皇』8　三六八―三六九ページ。
(86) 森山康平・栗崎ゆたか前掲書五四ページ。
(87) 波多野前掲書四〇ページ。
(88) 岩畔前掲書二二九―二三〇ページ。
(89) 藤原前掲書二五四―二五六ページ。
(90) 同書二七三ページ。
(91) 前掲『昭和史の天皇』8　三七二ページ。もっとも、岩畔は前掲『昭和陸軍謀略秘史』二二八―二三四ページで藤原に対して極めて低い評価を与え、「藤原のF機関というのは私どもと関係がないのです。ただ仕事のうえで捕虜をもらったということはあるが、あとはインドの独立ということはF機関のやったことではなくて、私がやったことです。ぼくを初めとして三代の人がやったのです。」と述べている。しかし、IILと関係を結び、INAを結成させ、両者を結びつけたのは藤原である。岩畔の前に基礎作業を行っている訳であって、岩畔は対印工作の上で藤原よりも一層大掛かりな仕事をしたかもしれないにせよ、この酷評は不当であろう。
(92) 前掲『昭和史の天皇』8　三七一―三七二ページ。
(93) 前掲長崎「インド国民軍の形成」四五―四九ページおよび信夫前掲書一〇八―一〇九ページ。
(94) 森山康平・栗崎まゆみ前掲書五三―五四ページ。
(95) 波多野前掲書四八ページ。
(96) アドルフ・ヒトラー、平野一郎訳『わが闘争』下（角川文庫、一九七三年）四〇一―四〇二ページ。なお、邦訳上巻四一一―四二〇ページは「文化の創始者としてのアーリア人種」について論じられているが、その中で日本人はトップに来るアーリア人種のような「文化創造的」人種ではなく、三流の「文化破壊者」には属さないが、中間の「文化支持的」人種に区分されている。
(97) 波多野前掲書四六ページ。
(98) 河辺正三編『チャンドラ・ボースと日本』（外務省アジア局第四課資料第七十五号、一九五六年）（ただし、筆者の利用したのは、これが引用されている読売新聞社編『昭和史の天皇』9（読売新聞社、一九六九年）六―七ページ）。
(99) 前掲『昭和史の天皇』8　四二九―四三〇ページ（外務省アジア局第四課編纂資料より転載）。
(100) 同書四二一ページ（同書に記載されたこの会談には、ボースのベルリンからの来日に功績のあった大使館付き武官補山本敏大佐が帰国し、五月にスマトラの第二五軍軍政監に転じていた岩畔の後を受けて「光機関長」となり、同席していた。この会談記録は同大佐を出所とする）。
(101) 藤原前掲書二〇六ページ。
(102) 前掲『昭和史の天皇』8　四二八ページ。
(103) 同書四三七ページ。
(104) 泉谷前掲書二一五―二二一ページ。
(105) 前掲『昭和史の天皇』8　三八四ページ。
(106) 丸山静雄『インド国民軍』（岩波新書、一九八五年）九二ページ。

(107) バー・モウ前掲書三四三—三四四ページ（なお、同書では第一二章全体がチャンドラ・ボースに充てられている。これだけの分量を充てているのは、バ・モーのボースに対する熱い想いを反映しているのと見てよいのではなかろうか）。
(108) 丸山静雄『インパール作戦従軍記—一新聞記者の回想—』（岩波新書、一九八四年）一一四—一一五ページ。
(109) 波多野前掲書四六—四七ページ（出典は、参謀本部第二部「軍ノ東部印度進攻カ印度民族運動ニ与フル影響」九月五日（防衛研修所戦史室『大本営陸軍部五』朝雲新聞社、一九七三年、六九—七二ページ所収）。
(110) 信夫前掲書一二三ページ。
(111) 前掲『昭和史の天皇』9 一〇—一三ページ（なお、本書は三八二ページの全てをインパール作戦と同作戦失敗後のチャンドラ・ボースの動きにあてており、内容の充実した優れた oral history の試みと言えよう。
(112) 前掲丸山静雄『インパール作戦従軍記』一八一—一八五ページ
(113) 岩畔前掲書二四三—二四五ページ。ビルマ方面軍の中でインパール作戦に当たった第一五軍麾下の三師団長はいずれもこの作戦に反対したが、牟田口司令官が東條首相のお墨付きを得て、この作戦を強行した。この時、ビルマ方面軍司令官河辺中将は、（1）「東京を出るときに東條首相からインド独立運動援助と併せて、この辺で一つ大きな戦果を挙げてくれと言われた、（2）牟田口は（大東亜戦争の発端となった）盧溝橋事件の時に自分（当時旅団長）の下での連隊長であったので、牟田口を守り立てるようにしてほしい、旨をビルマ方面軍高級参謀片倉衷大佐に繰り返し述べたという（前掲『昭和史の天皇』9 一四—二七ページ）。
(114) 前掲『昭和史の天皇』9 三五～三六ページ。
(115) 同書三九ページ。
(116) 前掲丸山静雄『インド国民軍』八六—九一ページ。
(117) 前掲『昭和史の天皇』9 三〇三—三〇四ページ。
(118) 同書三七ページ。
(119) 森山康平・栗崎ゆたか前掲書一六一ページ。
(120) 同書一六一—一六二ページ。
(121) 読売新聞社編『昭和史の天皇』10 八二—八三ページ。
(122) 藤原前掲書三一二ページ。
(123) ＮＨＫ取材班『あの時、世界は……—磯村尚徳・戦後史の旅1』（日本放送出版会、一九七九年）二五九ページ（モーハン・シンによる live の取材時演説再現テキスト）。
(124) 藤原前掲書三一九ページ。
(125) 前掲『あの時、世界は……—磯村尚徳・戦後史の旅1』二七七—二八一ページ。
(126) 根本敬『物語 ビルマの歴史—王朝時代から現代まで—』（中公新書、二〇一四年）二一三ページ。この推定の根拠については、伊東利勝・栗原浩英・中野聡・根本敬共著『東南アジアのナショナリズムにおける都市と農村』（東京外国語大学アジア・アフリカ言語文化研究所、一九九一年）一五一—二〇七ページ掲載の根本敬「ビルマ抗日闘争の史的考察」参照。要するに、ビルマ（ミャンマー）の Defense Services Museum and Histrical Research Institute（DAMHRI）に存在する公文書記録による抗日武力闘争の成果たる日本将兵殺害数は、（1）各現地報告をうのみにして、加算した数値（一万から二万以上）、（2）かなり抑制的に推定したと思われる数値（四七〇〇人程度）、（3）BNAが殺害した日本将兵から鹵獲（ろかく）した武器数（約一〇〇〇丁）である。このうち、（1）は、信憑性に乏しいから、（3）が最小限、（2）が最大限の数値と推定する。BNAの犠牲者数が三二〇人程度であるから、日本軍犠牲者推定数と合わせ勘案すると、大規模な戦闘が行われたのかはすこぶる疑問である。国軍の動員数および農民ゲリラ隊動員推定数についてては同根本論文一九二ページおよび一九八ページ参照。

(127) バー・モウ前掲書四〇一―四〇四ページ。

(128) 前掲根本敬「ビルマ抗日闘争の史的考察」一八〇―一九二ページおよび一九七―一九九ページ。

(129) 森山康平・栗崎ゆたか前掲書四八ページ。

(130) バー・モウ前掲書二八四ページ。

(131) 前掲丸山静雄『インパール作戦従軍記』八三ページ。

(132) バー・モウ前掲書一九一ページ。

(133) 藤原前掲書三四六―三四八ページ。

編著者付記

本第Ⅲ部については、本文中の「注」が多く、読者に通読しやすくするため、敢えて本文中に「著者名、発行年、頁」の簡潔表記は行わず、本文末注の中に掲載することとしたことをお断りする（阿曽村邦昭）

付属資料1「南方占領地行政実施要領」（一九四一年一一月二〇日）

第一　方針

占領地ニ対シテハ差シ当リ軍政ヲ実施シ治安ノ恢復、重要国防資源ノ急速獲得及《および》作戦軍ノ自活確保ニ資ス　占領地領域ノ最終的帰属並《ならび》ニ将来ニ対スル処理ニ関シテハ別ニ之ヲ定ムルモノトス

第二　要領

一　軍政実施ニ当リテハ極力残存統治機構ヲ利用スルモノトシ従来ノ組織及民族的慣行ヲ尊重ス

二　作戦ニ支障ナキ限リ占領軍ハ重要国防資源ノ獲得及開発ヲ促進スヘキ措置ヲ講スルモノトス

占領地ニ於テ開発又ハ取得シタル重要国防資源ハ之ヲ中央ノ物動計画ニ織リ込ムモノトシ作戦軍ノ現地自活ニ必要ナルモノハ右配分計画ニ基キ之ヲ現地ニ充当スルヲ原則トス

七　国防資源取得ト占領軍ノ現地自活ノ為《ため》民生ニ及ホササルヲ得サル重圧ハ之ヲ忍ハシメ宣撫上ノ要求ハ右目的ニ反セサル限度ニ止ムルモノトス

八　米、英、蘭国人ニ対スル取扱ハ軍政実施ニ協力セシムル如ク指導スルモ之ニ応セサルモノハ退去其《そ》ノ他適宜ノ措置ヲ講ス

枢軸国人ノ現存権益ハ之ヲ尊重スルモ爾後《じご》ノ拡張ハ勉《つと》メテ制限ス

華僑ニ対シテハ蒋政権ヨリ離反シ我カ施策ニ協力同調セシムルモノトス

現住土民ニ対シテハ皇軍ニ対スル信倚《しんき》ノ観念ヲ助長セシムル如ク指導シ其ノ独立運動ハ過早ニ誘発セシムルコトヲ避クルモノトス

九　作戦開始後新ニ進出スヘキ邦人ハ事前ニ其ノ素質ヲ厳選スルモ嘗《かつ》テ是等《これら》ノ地方ニ在住セル帰朝者ノ再渡航ニ関シテハ優先的ニ考慮ス

一〇　軍政実施ニ関聯シ措置スヘキ事項左ノ如シ（後略）

【出典】　防衛庁防衛研究所戦史室編著『史料集　南方の軍政』（朝雲新聞社、一九八五年）九一―九二頁。

編著者解説

（1）　大東亜戦争開戦に先立つ一九四一年一一月二〇日、東南アジア進出後占領を予定していた地域に対する軍政基本方針（大本営・政府連絡会議決定）が打ち出された。この文書では国防資源の獲得と占領軍の自活のために「民生ニ及ホサルヲ得サル重圧ハ之ヲ忍ハシメ」ることとし、次いで占領予定地の人々を「現地土民」と呼称し、しかも、「其ノ独立運動ハ過早ニ誘発セシムルコトヲ避クルモノトス」というのであるから、日本軍部の当初の占領政策には「南方」の住民を

日本人よりも低く見る考え方と民族自決的独立運動促進は行わないことが鮮明に記述されている。
(2)開戦直後の一九四一年一二月一二日に東条内閣の関係大臣会議が決定した「南方経済対策要綱」は、「重要資源の需要を充足して当面の戦争遂行に寄与せしむるを主眼とし、併せて大東亜共栄圏自給自足体制を確立し、速かに帝国経済の強化充実を図る」旨強調し、重要地域における開発は石油に重点をおき、「工業は特殊のもの(例えば造船、資源開発設備の修理工場)を除き現地に培養しないことを本旨とした。
太田常蔵『ビルマにおける日本軍政史の研究』(吉川弘文館、一九六七年)に拠れば、ビルマに進駐した第一五軍(林集団)は、一九四二年三月に「林集団占領地統治要綱」を策定し、その中で、「極力綿花の増産を図り、米穀は逐次減産せしむる如く計画指導す」とし、同年四月の「林集団軍政実施要領(産業の部)では、「ビルマにおける工業は、その立地条件、ビルマ人の経営能力等は大なる期待をかけ得ざるのみならず、工業化の促進は、資本、技術、資材等、帝国の負担を大ならしむるを以て、暫く之を見送るものとす」とした。「帝国」とは言え、天然資源に乏しい後進資本主義の貧乏国にすぎなかった日本の経済力不足が占領地工業化促進を見送らせた大きな原因であったと言えよう。

(阿曽村邦昭)

付属資料2　「大東亜共同宣言」（一九四三年一一月六日）

抑々《そもそも》世界各国ガ各其《そ》ノ所ヲ得相倚《あいよ》リ相扶ケテ万邦共栄ノ楽ヲ偕《とも》ニスルハ世界平和確立ノ根本要義ナリ

然ルニ米英ハ自国ノ繁栄ノ為ニハ他国家他民族ヲ抑圧シ特ニ大東亜ニ対シテハ飽クナキ侵略搾取ヲ行ヒ大東亜隷属化ノ野望ヲ逞《たくまし》ウシ遂ニハ大東亜ノ安定ヲ根柢ヨリ覆サントセリ大東亜戦争ノ原因茲《ここ》ニ存ス

大東亜各国ハ相連携シテ大東亜戦争ヲ完遂シ大東亜ヲ米英ノ桎梏ヨリ解放シテ其ノ自存自衛ヲ全ウシ左ノ綱領ニ基キ大東亜ヲ建設シ以テ世界平和ノ確立ニ寄与センコトヲ期ス

一、大東亜各国ハ協同シテ大東亜ノ安定ヲ確保シ道義ニ基ク共存共栄ノ秩序ヲ建設ス

一、大東亜各国ハ相互ニ自主独立ヲ尊重シ互助敦睦《とんぼく》ノ実ヲ挙ゲ大東亜ノ親和ヲ確立ス

一、大東亜各国ハ相互ニ其ノ伝統ヲ尊重シ各民族ノ創造性ヲ伸暢《しんちょう》シ大東亜ノ文化ヲ昂揚ス

一、大東亜各国ハ互恵ノ下緊密ニ連携シ其ノ経済発展ヲ図リ大東亜ノ繁栄ヲ増進ス

一、大東亜各国ハ万邦トノ交誼ヲ篤ウシ人種的差別ヲ撤廃シ善ク文化ヲ交流シ進ンデ資源ヲ開放シ以テ世界ノ進運ニ貢献ス

【出典】「大東亜会議最終議事録　大東亜共同宣言」大東亜戦争関係一件、大東亜会議関係　二、外務省記録、外務省外交史料館。

編著者解説

大東亜共栄圏

一九四一年一二月八日、日本は米英に対して宣戦を布告し、一二月一〇日に「今次の対米英戦争および今後情勢の推移に伴い生起することあるべき戦争は、支那事変をも含め、大東亜戦争と呼称す」と決定した。更に、同月一二日、情報局は、「大東亜戦争と称するは、大東亜新秩序を目的とする戦争なることを意味するものにして、戦争地域を大東亜のみに限定する意味にあらず」と発表した。

この「大東亜」の地理的範囲は、従来からの日満支に新たにインド以東の東南アジア、オーストラリアおよびニュージーランド以北の南洋方面であって、これを一つの自給経済圏としようとするものであり、いわばナチ・ドイツの「生存圏」（レーベンスラウム）の日本版とも言うべきものであった。

このような「大東亜共栄圏」とは、要するに、日本が政治的優越的地位を擁してアジア諸民族との共存共栄を計る「日本の生存圏」であり、「豊富な資源の開発および利用のための日本の企業ならびに投資」を活動させる場と観念されて

いた(1)。

他方、緒戦の日本陸海軍の快進撃を背景に、東条首相は、一九四二年一月二一日、第七九議会における施政方針演説において軍政下におかれたフィリピンおよびビルマに対して将来の独立を約し、「資源きわめて豊富なるにも拘らず、最近一〇〇年の間、米英両国等のきわめて苛烈なる搾取をうけ、ために文化の発達甚しく阻害せらる地域」である「大東亜の各国家および各民族をして各々その所を得せしめ、帝国を核心とする道義にもとづく共存共栄の秩序を確立」することは、「人類史上に一新紀元を劃すべき新なる構想である」と強調した。こうして、日本政府としては、開戦前の「南方占領地行政実施要項」八(附属資料1参照)よりも一歩大きく「共存共栄の秩序」確立を公的な戦争目的とするに至ったのである。

東条首相がシンガポール陥落(2)を機として同年二月一六日に行った議会演説における「ビルマ人のビルマ」および「インド人のインド」への呼びかけは、英国の植民地中の中核をなすインドの反英独立運動の昂揚を通じて英国に打撃を与えることを狙っていたにせよ、東条の言う独立が真の民族自決的独立であったとすれば、「人類史上に一新紀元を劃すべき新なる構想」であったことに間違いはないであろう。

大東亜会議と大東亜共同宣言

大東亜会議は、一九四二年八月七日、ガダルカナルの上陸からはじまる米軍の反攻、同年八月の第一次、第二次ソロモン海戦により日本にとって戦局が著しく悪化した中で、大東亜共栄圏を構成する「独立国」からその指導者を東京に招き、日本の戦争目的を理解せしめ、一層の協力を確保するための会議であった。

この大東亜会議(一九四三年一一月)と大東亜共同宣言の推進者は、東条内閣の重光葵外相であった。彼は第一次大戦のパリ会議でうたわれた民族自決主義が欧州に限定され、アジアは依然として植民地であり、半植民地であったことに鑑み、大東亜戦争における日本の戦争目的は「東方の解放であり、アジアの復興である」として、まず日支間の不平等関係を清算する「対支新政策」を推進したが、東条首相も「支那において平和が回復する場合には、日本は直ちに全面的に撤兵する」という宣言を行うに至っていた(3)。

大西洋憲章

これより先、一九四一年八月一四日、米国大統領ルーズヴェルトと英国首相チャーチルが大西洋上、英艦プリンス・オブ・ウェイルズ―やがてマレー沖にて日本軍が撃沈することになる―船上で発した対ナチ・ドイツ共同宣言たる大西洋憲章第三項には、すべての国民が政体を選択する権利をもち、主権および自治(sovereign rights and selfgovernment)を強奪されたものに主権および自治を返還する旨述べられているところ、「主権」とはとくにチャーチルの要求により挿入されたものである。

即ち、ナチ・ドイツが主権と自治を奪った東欧諸国の主権と自治は回復されるが、英植民地（例えば、インドやビルマ）をナチ・ドイツが奪った場合に、当該植民地の主権を有するのは英国であるから英国に「主権」が戻るという訳である。チャーチルは大西洋憲章が公表されたすぐ後の九月に英国議会においてインドが同憲章第三項の適用外であることを声明したのであった。彼が「わたくしは英帝国の破産を清算する女王陛下の初代首相になったのではない」と述べたことは余りにも有名である。東条首相も大東亜会議における演説で、「米英が所謂《いわゆる》大西洋憲章に依って標榜せる所と、現に印度に対して実際に執りつつある事実とを彼等は如何なる論理によってか之を調和せむとするも、それは不可能の事である」と断じている。

大東亜会議にも出席したビルマの国家元首兼首相バ・モーは、戦後に書かれたその回顧録の中で、大西洋憲章について、「従って、それは、白人のための憲章であって、すべての白人国家が自由で主権を持たなければならないということを意味した。植民地に対しては、あらゆるものを保証された者たち（白人）以上に戦争に挺身するよう呼びかけながら、何の明確な約束もしなかったのである。」と酷評している(4)。

更に、ルーズヴェルトは対インド政策の相違が英米関係に悪影響を与えることを常に怖れ、大西洋憲章公表直前に行われたインド国民会議派の戦争協力取り付けのための英国国璽尚書（閣僚）クリップス使節団派遣の際にも一通りの介入を試みたものの、チャーチルの反撃にあうや、これ以上容喙しない態度を貫いた(5)。

大西洋憲章は第一項において領土不拡大、第二項において関係国民の自由に表明した意志と一致しない領土の不変更を謳っているが、ルーズヴェルト、チャーチルおよびスターリンは、一九四五年二月一一日に密約を結び、その中で、ソ連が日ソ中立条約を蹂躙して三ヵ月中に対日戦争に参戦する代償として、ソ連は満州において日露戦争前に帝政ロシアがもっており、革命後、中国に対して抛棄した（一九一九年七月）権益の全てを回復し、旅順口における海軍基地設定の権利、および大連港およびこれに達する満州鉄道に関する優越せる権利を獲得すること、および外蒙古は中国より分離して独立国とすることを米英が中国側に知らせぬまま承認し、日本に関しては南樺太および千島をソ連に割譲させることを米英が保障したのであった(6)。

戦後、フランスやオランダがベトナムやインドネシアを再び植民地にしようとして軍隊を差し向け、結局は失敗したことも考えあわせると、第一次大戦後の欧米主導の流れがアジア、アフリカの欧米植民地の民族自決を目指していたという見方には可成りの疑問が残ると言わざるを得ない(7)。

他方、大西洋憲章に匹敵し得るような一般性のある綱領の創設を試みた大東亜宣言の推進者は重光外相であったが、東条首相も昭和天皇の意を体し、同外相を強力に支持して大東亜会議と宣言を実現させたのであった(8)。

バ・モーの大東亜会議評価

ビルマは一九四三年八月一日に独立し、バ・モー（Ba

Maw）が国家元首兼首相に就任しており、大東亜会議にもバ・モーが代表として出席した。彼は戦後に書き記した回顧録である『ビルマの夜明け』（横堀洋一訳、太陽出版、一九九五年新版）に「大東亜会議」なる一章を設け、各国代表の印象、発言を可成り克明に記録している。

彼はその演説で、「（前略）世界はまさに急速に動いている。戦前、このような会議は思いもおよばぬところであったのである。しかし、いまやわれわれはここに会し、私は創造されつつある新しい世界を見ている。」とし、議長（東条首相）演説にふれ、「議長の演説の中で、私はアジア人のアジアという新しい世界が現実に組織形成されているのを見ている。わずか数年前を回顧すると、アジア人は別世界に生活し、分割され、へだてられ、お互に知り合わず、知ろうとすることもなかった。数年前に郷土としてのアジアは存在しなかったのである。当時、アジアはひとつではなく多くあり、しかもアジアを分割せる敵と数を同じくし、アジアの大部分はこれら敵勢力のいずれかに、影のごとく追随していたのである。（後略）」と述べ、自らの感想として、「（前略）この偉大な会議はアジアにわき起っている新しい精神を初めて体現したものであり、それは十二年後、アジア・アフリカ諸国のバンドン会議で再現された精神であった。（中略）アジア新秩序の五つの基本原則から成る共同宣言にしても、バンドン会議の五原則、パンチャシラの前兆になった。（後略）」と書き記し、この会議について、「アジア人は初めて自らの手で未来を追求し、計画をたてるために集まり、ひとつの声で語り、単なる民族としてではなく、地域として二元的性格を明示し、同時にまた初めてアジア人の意識、精神、誇りが現実世界の勢力として登場したのである。これらの出来事のひとつひとつはユニークで、全体としてアジアにおける進化の新時代を記録した。」とまで絶賛している(9)。

なお、バ・モーは、大東亜共同宣言が全会一致で採決された後に再び壇上に立ち、「インドの自由なくしてアジアの自由なし」と演説し、オブザーバーとして出席していた自由インド仮政府主席チャンドラ・ボースの発言を求め、ボースは英英国主義に対する最後の決戦にのぞむ決意を述べると共に、大東亜共同宣言を「大東亜諸民族の大憲章たるばかりでなく、アジア全民族に対する解放の憲章」とまで評価した(10)。

そして、大東亜宣言を推進した人物である重光外相は、この宣言について、戦後、「その内容においては、一九四一年に発表された大西洋憲章に相対するものであるとともに、その精神において、これと共通する多くの思想を含んでいるが、大西洋憲章の如き単なる主義の声明ではなく、会合各国の政策実行の宣言であった。」と述べたのであった。

大東亜宣言の矛盾と大西洋憲章の矛盾

他方、重光は日本の植民地たる朝鮮と台湾について、「東条内閣において、すでに朝鮮と台湾とをして帝国議会に対して代議士を選出せしめるの方針を内定したが、これは小磯内閣に至って、正式に決定し、議会を通過して成文法となった。」

とし、この制度は朝鮮、台湾の独立を直接の目的としたものではないが、自治に向かって一歩を進めるものであったと述べている[11]。これを英領ビルマと比較すると、一九三七年四月、ビルマは英領インドから分離され、ビルマ統治法の下で上下二院制の議会が設置され、議員の七割近くがビルマ人で占められる下院の議員の中から首相が指名される議院内閣制が採用され、バ・モーが既に初代首相に就任していた。日本の朝鮮、台湾統治は未だここまでの段階に達していなかったから、英国のビルマ支配の方が制度的には民族主義に対して一層妥協的であったと言えるのではなかろうか。要するに、日本は後進的帝国主義国であったから、自国内の民主々義的な発達も遅れた。植民地支配も欧米諸国とは異る「同化主義」で、自国植民地の異民族支配体制をその民族主義的利益と妥協させる点では一歩遅れを取っていたところに、アジア民族の自決を戦争目的として掲げた訳で、ここに矛盾があり、弱点があった。ビルマなどの「独立」の実態も、日本軍の戦争目的のための行動に従属させられ、真の独立とは程遠い内容のものであった。他方、大西洋憲章を公表した英米側も一皮むけば英国のインド支配を承認し、ソ連の旧帝政ロシア時代の在中国権益復活を認めるなど「帝国主義」を実際には容認していた面が少くないのである。もっとも、英国などは当時としてはまだましな植民政策をとっていたのであって、「仏印」に対するフランスの政策、「蘭印」に対するオランダの政策などが英国に比しはるかに「帝国主義」的であったことは、言うまでもない。

（阿曽村邦昭）

注

（1）信夫清三郎『「太平洋戦争」と「もう一つの太平洋戦争」—第二次大戦における日本と東南アジア—』（勁草書房、一九八八年）六二ページ。但し、「大東亜共栄圏」という名称は、当時、陸軍省軍事課長であった岩畔豪雄が同僚の俊才堀場一雄と共に一九三八年あたりに立案したものであるが、日本を中心とするアジアの共栄圏を作るのが主で、ドイツ式のレーベンスラウムのような考え方はなかったというのが、岩畔の回想にある（岩畔豪雄『昭和陸軍謀略秘史』（日本経済新聞社、二〇一五年）一六一～一六四ページ。

（2）一九四一年二月二四日、英国首相として対独戦争を指導していたチャーチルは、重光駐英大使に対し、「（前略）英国が今日行っている軍備は全く防禦のためでその範囲を出ていない。シンガポールから台湾までは千六百マイル、日本本土までは数千マイル、まるでニューヨークからジブラルタルを攻撃するようなものだ。またマレーの防備はもちろん日本の包囲にはならない。要するに両国の地理的関係から、各々そのところを得て両国は両立し得るもので、英国は日本が大国として発展して行くことにはなんら異存のあるわけがない。（後略）」と述べたが、この発言は日本陸海軍がシンガポールを攻略する能力なしとチャーチルが考えていたと解釈し得るであろう（チャーチルの発言は、重光葵『外交回想録』（中公文庫、二〇一一年）三六六ページ）。

（3）重光葵『昭和の動乱』下巻（中公文庫、二〇〇一年）一七七～二〇〇ページ。

（4）バー・モウ著、横堀洋一訳『ビルマの夜明け』（太陽出版、一九九五年新版）五五ページ。

（5）長崎暢子『インド独立—逆光の中のチャンドラ・ボース—』（朝

日新聞社、一九九九年）第四章第三節～第五節参照。

（6）重光前掲書、二四六～二四七ページ。

（7）二〇一五年八月六日、「21世紀構想懇談会」（安倍晋三首相が戦後七〇年談話の作成のために設けた私的諮問機関）座長西室泰三日本郵政社長が首相官邸で安倍首相に提出した報告書中「日本は満州事変以後、大陸への侵略を拡大し、第一次世界大戦後の民族自決、戦争違法化、民主化、経済的発展主義という流れから逸脱して世界の大勢を見失い（後略）」という記述があるが、この中の「第一次世界段銭後の民族自決」は白人に関しての民族自決にとどまっていたことを無視しているように思われる。また、「侵略」という言葉の使用について、複数の委員より、国際法上定義が定っていないなどの理由で異議が表明された旨「注」記されている。他方、同年八月一五日の戦後七〇年に関する安倍首相談話では、「世界を巻き込んだ第一次世界大戦を経て、民族自決の動きが広がり、それまでの植民地化にブレーキがかかりました。」となっている。なお、大東亜戦争中の米英仏蘭のアジア植民地に対する政策については、クリストファー・ソーン（Christpher Thorne）著、市川洋一訳『英米にとっての太平洋戦争』（原題 *Issue of War: States, Societies, and the Far Eastern Conflict of 1941-1945*）上巻（草思社、一九九五年）第七章および下巻第二〇章を参照。

（8）重光前掲書、一八八～一八九ページ。

（9）バー・モウ前掲書、第一一章「大東亜会議」。

（10）波多野澄雄『太平洋戦争とアジア外交』（東京大学出版会、二〇一一年）一八〇ページ。

（11）重光前掲書、二八一ページ。

バ・モー国家元首兼首相

付属資料3 「ビルマ独立宣言」（日本軍に対する宣戦布告）（一九四五年三月二七日）

ビルマ国軍は人民の諸組織とともに、「ファシスト撲滅人民解放組織」という名称でビルマ人民を代表し、本日をもってファシスト日本に対し反乱を開始した。

われわれは独立闘争を長期にわたりさまざまな方法で展開してきたが、その最終段階において、ファシスト日本によって示された独立の約束に気が動転し、独立獲得への希求から日本軍とともに英国との闘いに加わった。その結果、国中が一丸となってビルマ独立義勇軍を歓迎・協力し、独立闘争に参加したが、日本のファシストたちはビルマに居座り、傀儡政府(1)をつくり、ビルマに住む多くの人々を搾取するに至った。彼らは独立という言葉を見せびらかし、われわれの人権、豊富な資源を、戦争目的のために取り上げたのである。（中略）

われわれはファシスト日本と彼らがつくった傀儡政府に対し反乱する。それはしかし、ファシストたちの敵である英軍のスパイや第五列〔味方の間に潜む敵グループ〕になることを意味するのではない。自由と人権を最大限もたらす世界の民主主義陣営（ソ連、英国、米国、中国）を支持するということにほかならない。よってビルマ国軍は人民を代表し、独立闘争の前衛として、また、全人民組織の革命的活動における武装的核心としてともに前進し、「日本ファシスト撲滅人民解放政府」の名称で、ファシスト日本に対し本日をもって宣戦を布告する。

われわれが結成した「ファシスト撲滅人民解放政府」は、国軍だけが指導する政府ではない。ファシスト日本を追放するにあたって、ビルマ人の組織すべてが共闘し、国軍がその最前線に立って反乱を成功させたあと、人民の多数代表から成る議会の同意に基づいて自由な政府をつくることを目標としている。このわれらビルマ人民の政府は、人々の（1）平和、（2）食糧確保、（3）衣服確保、（4）人権と自由（公正な所有権）の確保などに責任を負い、問題を解決していく。

したがって、ファシスト日本を追放し、人民解放政府をつくり、多くの人々がこれまで苦しめられてきた（1）強制労働、（2）胡麻の略取、（3）綿花の略取、（4）飛行場建設のための強制疎開、（5）牛の徴発、（6）荷車の徴発などを早急にやめさせなければならない。（中略）

ファシストたちの戦争勝利を美辞麗句で宣伝していたビルマ人を搾取する傀儡思想は、本日以降、存在しない。われわれは人民の平和を必ず実現させる。独立政府をつくりあげるこの闘いに、人民自らが、人民の力によって参加しなければならない。

ファシスト日本を追放せよ。

ビルマ独立人民政府をつくりあげよ。

ファシスト撲滅人民解放組織

スローガン――（後略）

注

（1）一九四三年八月に発足したバ・モー政府のこと。

【出典】Bou Than Tain (ed.), *Lwutlatye Ayedoboun Hmat-tan*(dutiya twe), (Yangon,1967), pp. 529-532.

訳者解説

この「独立宣言」は、ビルマ国軍・共産党・人民革命党の三者が密かに結成したファシスト撲滅人民解放組織（ＡＦＯ）が、一九四五年三月二七日より一斉に抗日蜂起した際、国内に住む人々に向けて配布した文書である。内容は日本軍への宣戦布告、独立政府の設立、その理念の説明から構成されている。

ビルマは一九四二年から四五年にかけて日本軍による占領を経験した。対ビルマ謀略機関の南機関は、海南島で密かに武装訓練を施したタキン党系ビルマ人ナショナリストたちを一九四一年一二月末に組織し「ビルマ独立義勇軍（ＢＩＡ）」をつくり、ビルマに進軍させた。ＢＩＡは日本による独立付与を信じて英印軍と戦ったが、日本軍はビルマ全土を占領すると一九四二年六月から軍政を施行、翌四三年八月にバ・モーを国家元首とする「独立」を認めたものの、日本軍の自由行動を認めたためビルマ人は不満をつのらせた。この間、「独立義勇軍」は「ビルマ国防軍（ＢＤＡ）」、「ビルマ国軍（ＢＮＡ）」と名称を変え、一九四四年八月には地下抗日組織をまとめて上述のファシスト撲滅人民解放組織を結成、翌年三月末に一斉蜂起した。抗日蜂起の主体となった同組織は一九四五年五月に名称を反ファシスト人民自由連盟（ＡＦＰＦＬ）に変更、アウンサンを指導者とする対英独立交渉の中核的存在として活動したのち、一九四八年一月の独立後はウー・ヌ政権の与党となった。

（根本　敬）

編著者解説

（1）本独立宣言テキスト邦訳および「解説」に関しては、訳者であり、且つ「訳者解説」の執筆者でもある根本敬上智大学教授の御好意により歴史学研究会編『世界史史料』10（岩波書店、二〇〇六年）からの転載が可能になったことを記して編著者の感謝の意を表したい。なお、「スローガン」の内容は、左記の通りである。

ファシスト日本、さっさと出て行け
強制労働・物資徴発・苦役、もうさせないぞ、自由だぞ
独立闘争、我らの責務
人民政府をうちたてよう
革命を成功させよう

（2）ファシスト撲滅人民解放組織（間もなく「反ファシスト人民自由連盟」＝パサパラ＝ＡＦＰＦＬに改名）の議長

であるアウン・サンが国防大臣のまま一九四五年三月一七日にその軍隊とともに姿を消した直後に「傀儡政府」の首長たるバ・モー—アウン・サンたちの地下抗日準備活動をビルマ警察の公安情報により承知しながら、日本軍には伝えなかった—に対して出した手紙にはバ・モーに対する感謝の気持が示されているとともに、「日本軍を責めない」とまで言い、日本軍のビルマからの撤退も「唯一の賢明で健全な道として」いる。反ファシスト的理由については何も言及がなく、手紙には「日本人にどうぞ以下のようにお伝えください……」という消されている未完の一節がある（バー・モウ『ビルマの夜明け』横堀洋一訳、太陽出版、一九九五年、新版四〇二～四〇三ページ）。また、一九四五年三月二七日のビルマ国軍の対日叛乱に際し南機関以来ビルマ国軍につきそって来た軍事顧問高橋八郎大尉に対し、アウン・サンは、

（一）これから引き続き日本と行動を共にすることはビルマの滅亡を意味する。

（二）理想とするところはビルマの完全独立である。それが不可能なら自治領だ。この線で（編著者注・英国と）交渉中である。またもし、以上の二つとも承認されないときは、飽くまで英国と戦うつもりである。ビルマの独立を主張するには、少くともここで反日の姿勢を示し、英国に具体的に証を立てねばならぬ。だから叛乱を起すのである（防衛庁防衛研究所戦史室（編）、戦史叢書・シツタン・明号作戦、一〇七ページ）と述べている。しかも、その「反乱」の実体はかなり限定的なものであったのではないかと思われる（第Ⅲ部第７章2インドとビルマ参照）

これからすると、アウン・サンの「反ファシスト」化は、自らの支配下にあるビルマ国軍とともにパサパラを構成していた共産党（ＢＣＰ）や人民革命結社（ＰＲＰ）に主導権を奪われないための対策と急速に戦勝国化しつつある英国への同調がその目的であったのではないかとも考えられる。例えば、一九四六年八月二九日にラングーンのシテイ・ホールで行われた東西協会（East and West Association）で彼が行った“*The Resistance Movement*”に関する講演において、アウン・サンは日本人を繰り返し蔑称たる*Japs*と呼び、日本人はビルマの人々に対して野蛮で、全てを奪いながら、ビルマの防衛も出来ない。それに較べて、連合国側は自由と平和の新世界に向っているので、自分は連合国側について戦うことにしたと述べているが、この時点では戦勝国となり、再びビルマに支配者として復帰するに至った英国に調子を合わせていたとも考えられる（Aung San, *New Light of Burma*, Thin Sarpay, 2013, third edition, pp.13-46）。なお、日本がヒットラーのドイツやムッソリーニのイタリアのようなファシズムであったのかどうかは、日本の場合、天皇制の下の明治憲法の枠内での軍部—それも陸軍と海軍は統帥が事実上異なる—至上主義で、民衆によって表明された支持と暴力による権力奪取とは無関係であった以上、すこぶる疑問であるが、ここでは立ち入らない。

（阿曽村邦昭）

付属資料4　ビルマ作戦の全貌

丸山静雄

ビルマ作戦は南方作戦の総てを支えねばならなかった。中国封鎖による日華事変の終熄、印度の解放等、攻略戦と謀略工作戦とが相俟って赤裸々な人類の葛藤を描き、悲惨な最後を遂げて行った。

1　戦争を象徴するもの

ビルマ方面に対する初期の作戦目的はタイ国に進駐して、タイの安定を確保するとともに、マレー方面の作戦を容易にするということにあった。つまり南方軍の一翼として、マレー方面に作戦する軍の側背を安全にすることがビルマ作戦の当初の大きな狙いであった。当時ビルマには英国兵、インド兵、グルカ兵、ビルマ兵から成る四万の陸上兵力と、七十機の空軍力があり、その主力はテナセリウム地区に配置されていた。従って、これが存在は、太平洋戦争の主動方面を構成するマレー作戦軍に重大な側背の脅威を与えるわけで、かくてマレー作戦の側背掩護の目的を以て南部ビルマ進攻作戦が企図されたのであった。

しかし当時にあっては、南部ビルマ攻略後の方策については大本営直轄の対緬工作機関「南機関」が指導するタキン党員に依る臨時政府設定以外には何ら見るべき決定もなく、第十五軍に与えられた作戦命令にもただ、

〝南方作戦の進捗に伴い、状況これを許す限り、ビルマ処理のための作戦を行う〟

と規定されただけであった。

従って作戦部隊である第十五軍の編成も飯田祥次郎中将を司令官に、軍司令部の主力と第五十五師団の主力を日本内地で編成し、中国の中北部にあった第三十三師団、華南、台湾、満州広島にあった通信、自動車、輜重隊などを大急ぎで海路、あるいは陸路集結することになったもので、開戦当初に第十五軍が使用できるものは当時南部仏印にあり、本来第二十五軍隷下で馬来《マレー》作戦に向うべき近衛師団が一時指揮下に入れられたのと、十一月末サイゴンに到着する予定の第五十五師団の歩兵連隊宇野支隊だけであった。それから後方装備も極めて貧弱で、輸送機関といえば自動車、動物各二ヵ中隊を保有するだけで、道路構築に必要な技術部隊、資材といったものもほとんど持っていなかった。

しかし作戦の進展に伴い、ラングーン占領後はその目的も重慶軍・連合軍の撃滅、援蒋ルートの封鎖、中国とインドに対する圧迫の強化といったように逐次発展、拡大し、これに応じて作戦部隊も一ヵ師団内外の初期の兵力からさらに二ヵ師団に、四ヵ師団にと増強され最後にはビルマ軍、インド国民軍を加え、三十万の大軍を動かすまでになった。

このように作戦目的がしばしば変更（拡大）され、一作戦

が次の一作戦を呼び起し、かくて作戦発起から、その終結（終戦）にいたるまでに一貫した強靭、鮮明、確固たる大方針の存在しなかったことと、こうした戦面の伸展に反比例して太平洋方面決戦場の戦相緊迫化は徒《いたず》らに「陸の決戦場」を呼号せしめるだけで遂にビルマに対し十分な補給手段が講ぜられず、その結果は大東亜戦線の全域に見られた通りの、〝敵に糧《かて》を求める〟といった苦肉の策を真剣に考えるに至った。これがビルマ作戦の本質的欠陥というべきものであったろう。この点ビルマ作戦は太平洋戦争の縮図でもあったが、ことにその中のインパール作戦こそは、作戦の思想、形態、内容、経過からみて、単に全ビルマ作戦、そして太平洋戦争を象徴するばかりでなく、日本人がこれまで行ってきた戦争というものを端的に表現したようなものであった。

2　インパール作戦とは

インパール作戦は戦闘の形態からすれば攻撃、防禦、追撃、退却、遭遇戦陣地戦、補給戦が然《しか》も平面、立体的に行われ時間的に見れば昼間、薄暮、夜間、天明、払暁戦がある。地形から見れば平地、山地、河川、森林、と整地不整地等あらゆる特殊地形の戦闘のあらゆる場合を含んでいて、気象的には世界に類例を見ないモンスーンの下で行われた。戦うのは日本人、白人のみでなく、アジアのほとんどすべての種族が日本軍側に、あるいは連合国側に組みし、インド国民軍もこれに彩りを添えた。火力のみの狭義な戦闘ばかりでなくビルマ、中国、インドを対象とした広汎、苛烈な秘密戦、民族工作運動が点綴《てんてつ》され、中国の封鎖、インドの解放といった政治、外交戦、一大謀略戦も加味された。

さらにインパール作戦を貫く思想には、それが南方作戦のテコ、支えであり、同時に「大東亜共栄圏」の前哨陣地であるとするものがあったが、他方この作戦こそはアジア解放の〝聖戦〟であり、「大東亜共栄圏」建設の理念を最後に生かすものであるという政略的な要素もあった。しかし人間の強烈な野望と執拗な功名心が指揮官を駆り立てた点のあったことも、否定し得まい。

ここにはまた怒濤《どとう》のような無敵、破竹の一大進撃と孤島に見られた餓死、玉砕に近い戦闘も再現されている。指揮権の崩壊、部隊の潰走があり、軍司令官と師団長、兵団長と大隊長、将校と下士官兵との激越執拗、醜悪な人間葛藤があるかと思えば、またここほど軍の団結、上下の信頼、皮膚の色を超えた民族愛、そして人間の勇気、愛情、清純といったものが剰すところなく発揮されたところも少なかろう。

しかし最後には英印軍の追撃の前に弾丸《たま》なく、衣《い》なく、食なく、兵器も、車輛も、資材も投げすて、上官、戦友を顧みる隙《ひま》とてなく敗走また敗走、ボウボウたる髪、破れた被服、杖一本に裸足、痩せさらばえた体に目だけ光らせ、草を食《は》み、水を飲みつつ一歩また一歩、空襲、ジャングル、山険、濁流に阻まれ、猛獣、毒蚊、害虫に脅かされ、一人倒れ、二人減り、しかも千里の道をよろめきつつ南下する。死屍累々、鬼《き》哭啾々《こくしゅうしゅう》——これが戦争の最後の偽らざる姿であった。それは〝征旅〟〝万歳〟といったものの真の終末であった。

インパール作戦がビルマ作戦、太平洋戦争、そして日本がこれまでに行ってきた戦争というものをよく象徴するという意味は、それが単に形態と内容の上で、あらゆるものを含んでいるからではない。それは日本人が戦争なるものを昔から今日まで、どのように考え、如何に行ってきたか、その歴史と思想を端的に集約しているからである。それからまた戦争というものは国民、庶民、個々の人間の立場からすれば、勝敗いずれにしても、これらの人々の涙と血において遂行され、最後に測り知ることのできない犠牲がシワ寄せされ、集積されるのも、これら人々の上にであるという戦争自体の持つ必然性を、このインパール作戦が何よりもよく明示するからである。

3　ビルマの地形

ビルマは日本の南方戦線という純軍事的な見方からすると、西辺の拠点を構成する戦略上極めて重要な地位にあった。ことに蒋介石政権に対する当時唯一の補給路であったビルマ援蒋ルートを完全に遮断して重慶政権の孤立窮乏化をますます促進し、一方インドに対してはビルマ人のビルマ独立を助長、育成して、インドの独立を刺激しあるいは武力の背景と相まってその対英離反を画策することができるなど、ビルマは実に太平洋戦争指導上の要機を具《そな》えるものと考えられていた。

こうしたビルマの地勢を戦力上から大観すると、南部ビルマと中北部ビルマの二地区に大別することができた。南部ビルマはインド洋を介して英印軍との攻防戦場を構成し、中北部ビルマは東正面においては北部シャン高原で中国に、北部、西部正面においてはアラカン山系を介してインドにそれぞれ接し、彼我《ひが》の大陸決戦場を形成するものであった。

さらに中北部のビルマの地勢、地誌の特色は次のようなものであった。

一、ここは地勢上インド・ビルマ国境にまたがるアラカン山系（幅三百キロから六百キロ、標高三千フィートから一万二千フィート）ビルマ・中国国境に横たわるシャン高原と、その中間に介在する平原地帯とに三分された。

平原地帯はさらにその中央を縦走するジュピー山系（幅約百キロ、標高約五千フィート）によってイラワジ河とチンドウィン河の二流域地帯とに分れ、チンドウィン河上流（タナイ河）にはフーコン河谷という特異な一大盆地があった。

二、中北部ビルマの地誌的特性は交通網の貧困、人口の稀薄、無涯《むがい》の大樹海、悪疫瘴癘《あくえきしょうれい》、雨季の氾濫であった。

三、交通網は地勢上東西に通ずるものがほとんどなかった。交通の中心は古都マンダレーで、鉄道はラングーン・マンダレー鉄道に連接してマンダレーからシエボー、モガウンを経てミイトキーナに至るミイトキーナ線、マンダレー、ラシオを連ねるラシオ線、マンダレーからサガインを経てイエウに至る線が主なものである。道路のうち年間自動車を通ずるものは局部的のものを除いては、日華事変中〝援蒋路〟として設定、強化されたラングーン・マンダレー・ラシオ・昆明道《こんめいどう》とマンダレー・シエボー道のみであった。

シエボー・カレワ・インパール・アッサム道はシエボー、カレワ間だけ辛うじて自動車を通ずるだけであった。昭和十七年五月英印軍がアッサムに撤退するさいなど自動車、戦車をここに遺棄している。カレワ以北の道路については確たる情報がなく古来インド・中国間の交通路として有名なフーコン・レド道も乾季牛車が通行できるかどうか疑わしく、その他の道路は乾季だけ牛車道、あるいは徒歩道として利用できるに過ぎなかった。

要するに中北部ビルマからインドに通ずるものは各一条《かくひとすじ》の乾季自動車道と牛車道だけであり、中国に至るものはビルマ・ルートとミイトキーナから怒江《どこう》渡河点の六庫《こ》を経て保山《ほざん》に通ずる山径《やまみち》だけであった。しかもビルマ・ルートを除いてはいずれも荒廃に委せられ、橋梁がなく、雨季には一切の交通杜絶《とぜつ》するのが常であった。中北部ビルマで一年を通じて確保できる交通路は僅かにミイトキーナ鉄道とチンドウィン、イラワジ両河の水運だけであった。この両河は五百トン内外の舟艇をそれぞれホコリン、バーモまで遡《そ》航《こう》させることができ、実に中北部ビルマにおける交通網の骨幹をなすものであった。ビルマ領内の南北の交通は鉄道、河川に拠るのを本則とし、インド・ビルマ間の交通は多く海路に依存し、陸路は国境の未開民族の手に委せられていた。

四、人口は中部ビルマの平地地帯にはビルマ人が比較的稠《ちゅう》密《みつ》し、その他の地域では極めて少数の異民族が居住するにすぎなかった。すなわちチンドウィン河上流地域にはカチン、シャン族、アラカン山系、北部ビルマにはカチン族、中部アラカン山系にはチンクキ、ナガ族、シャン高原にはシャン、カレン、パダウン族、雲南省には漢民族と少数のカチン族がそれぞれ住んでいるが、いずれも文化の程度極めて低い原始種族であった。(これら諸民族のうち漢民族とカチン族の大部分を除けば、住民の動向は、日本軍に対して極めて協調的であるものと考えられた)

五、中部ビルマの平地を除けば他《ほか》は樹海をもって掩われているが、乾季には落葉するものが多く、従って森林中の交通は比較的容易であった。また中部ビルマの平地と雲南省のナムチ河流域は最も豊富な米産地であった。

これに反して密林地帯は恐るべき悪疫瘴癘の地で、ことにチンドウィン河流域、フーコン河谷、怒江流域は悪性マラリア、またマンダレー平地と雲南地区はペストの猖獗《しょうけつ》地としてともに畏怖されていた。

六、中北部ビルマは乾雨二季に明確に区分された。すなわち十一月から翌年五月までは乾季で、ほとんど降雨を見ないのに、六月から十月までは雨季に属して連日豪雨が続く。特にビルマ・インド国境における雨量は世界最大といわれるもので、河川ことごとく氾濫し地形の相貌が一変するのを常とした。

このように南北に縦走する山脈、河川に並行する交通網を横切って日本軍の作戦行動は進攻も防衛も東から西に向かって行なわれた。従ってそこには地象《ちしょう》を克服しなければならない大困難が常につきまとい続けた。戦理的に見てその最も影響を受けたものは補給であったが、同様な立場にありながら敵はこの難問を空輸によりわけなく解決したが吾にはこれに太刀打出来る良策がなかった。ここに弾丸《たま》なく食なき兵士等が悲惨な屍《しかばね》を密林に曝さなければならなくなった一大要素が炳乎《へいこ》として存在しているのである。

4 作戦の推移

ビルマ作戦は進攻から終戦まで、その目的、性格、時期の三点から綜合して、それを次の五期、十五作戦に分けることができる。

第一期 進攻作戦時代（十六年十二月―十七年三月）

この期間はいわば南部ビルマの攻略期に相当するわけで、第一にタイ国進駐作戦、第二に泰緬《たいめん》国境を突破してヴィクトリア・ポイント、タボイ、モールメンを占領するまでのテナセリウム攻略作戦、第三にシッタンを渡河し、首都占領までのラングーン攻略作戦という三つの段階を経て発展したものであった。

この進攻作戦の目的は第一にマレー作戦を容易にすること、第二に出来たならばビルマ処理のための作戦を準備するということにあった。この時ビルマの英印軍はモールメン周辺に六千、飛行場四、タボイ、メルギー附近に一千、飛行場三、ラングーン周辺に九千、飛行場三、トングー、マンダレー間に八千、飛行場三、シャン州に七千、飛行場二を配置していた。マレー作戦を支障なく遂行させるためにはまずタイ国を日本の勢力圏内に入れ、次いで東南ビルマ地区の英印軍を一掃することが必要であった。このためにはタイ国を足場としなければならず、結局タイ国進駐が一切の前提になるわけであった。

かくて第十五軍はタイ国進駐のための作戦準備命令を昭和十六年十一月十日南方軍から与えられて準備に入り、十二月八日進駐交渉の纏《まと》まらないうちから泰、仏印国境を突破し、近衛師団《このえしだん》を以て強行的「平和進駐」を以てバンコックへ入った。この進駐に当っては、急速な行動と、一般にタイの空気が比較的良好であったため、一部の小さな衝突を除いては大体平和裡に軍の行動が進められ、これに相次いで第五十五師団（竹内寛中将の楯《たて》兵団）先遣隊も南泰から上陸した。

進駐が終るや、第十五軍は追及《ついきゅう》する部隊を逐次中部泰西方のラーヘン、カンチャナブリ附近に前進させ、テナセリウム進攻作戦を準備した。ところがここには泰緬国境があった。そこは昼なお暗い魔のジャングル地帯、直径四十センチから五十センチの巨木が亭々《ていてい》と伸び、竹林、雑木《ぞうき》が密生する。しかも山陵は嶮峻に、ところどころ岩層露出、そして野象、虎、豹、大蛇が棲息《せいそく》し河には鰐がその眼を光らせ人跡もまれであった。

道路といってもなく、獣道を伝わればラーヘンからメソードを経てビルマ最初の部落コーカレイに出ることが出来、次いでムドン・モールメンにいたるものと、カンチャナブリからタボイに出るものとの二本しかないと考えられていた。ところが前者のうちラーヘン、コーカレイ間は路幅狭い上に、屈曲、急坂《きゅうはん》多く、しかも山腹は岩石で、谷地《たにち》また深く、大木、雑木《ぞうき》が繁茂、下枝、草叢《くさむら》もあって単独兵が辛うじて通過できる程度であったし、後者の如きは数百年の昔泰緬戦争の頃当時対緬進攻を企てた泰の象部隊が遂に通行を断念して引揚げたほどの密林で、道らしいものは全くなく進行部隊の難渋は言語に絶し方向の維持、発見に容易ならぬものがあり、ただ行軍をするだけで五日間完全絶食をして密林をかきわける毎日が続く有様だった。

しかし開戦三日後（十二月十一日）には早くも南方軍から〝機を見てモールメンなど南部ビルマの敵航空基地を占領すべし〟という命令が第十五軍に与えられた。そこで十五軍は軍需資材を前送、ラーヘン、メソード道を改修、車輛部隊を駄馬（牛）編成に改編、先ず沖支隊（第五十五師団の歩兵百十二連隊の一大隊）をもって十六年十二月下旬、タイ国のカンチャナブリからタボイに向わせ、主力はピサヌローク、ラーヘン、メソード道から一月二十日モールメンに進撃した。泰緬国境突破ではジャングルに妨げられ、さらにマラリヤに冒されるもの多く異常な困苦をなめたが、十五軍はよくタイ国人やタイ国工兵隊の協力を得て一月十九日タボイを、同三十一日モールメンをそれぞれ占領してテナセリウム作戦の目的を達した。

一方五十五師団に続いて中国から転用された第三十三師団（桜井省三中将の弓《ゆみ》兵団）も逐次泰国へ上陸、休む間もなくピサヌローク、スコタイからドウナ丘陵の密林を越えて五十五師団の右側をモールメン北方サルウィン河の要衝パアーンへ向って急行軍をとった。この二ヵ師団の運用に当っては先発の五十五師団をビルマ内最初の部落コーカレイで一時控制《こうせい》し、テナセリウム地区英軍をこの方面へ誘致抑留して置いて、その隙に三十三師団をパアーンに急進せしめ、ここからサルウィン河を渡河、ビリン河以南地区に敵を南北から捕捉撃滅しようという計画をとったのである。

こうして二月上旬更にビルマ要域攻略の南方軍命令を受領するに及び、モールメンから北上する五十五師団に圧迫される敵をパアーンからシッタンへ西北進する三十三師団が常に捕捉し得る態勢を以て併進し遂に英第十七師団主力にシッタン河畔で壊滅的打撃を与えた。

しかし有力な中国増援軍が北部ビルマから南下してくる情報もあり且《かつ》ラングーン・トングー間には五—六千の英軍又ペグーワウ一帯にも有力な敵があるため、シッタン河右岸に兵力を集結して急遽ラングーン攻略作戦を実施することになった。

かくて第三十三、第五十五師団は二月二十二日から三月三日にかけてシッタン河を渡河、第五十五師団騎兵（五十五連隊長の指揮する川島支隊をもってラングーン、マンダレー街道のダイク北方を抑えつつ主力をもってペグーから南進、三十三師団を以て三月八日（十七年）完全にラングーンを攻略した。

第二期　戡定《かんてい》作戦時代（十七年三月―十七年五月）

ラングーン陥落後、軍は兵員の補充を行い、あるいは鹵獲《ろかく》兵器、資材をもって戦力の充実をはかる一方、三月末から四月上旬にかけて第五十六師団（渡辺兵団）、第十八師団（牟《む》田口《だぐち》兵団）戦車、重砲などの増強を得て、いよいよ三月十日から英印軍を中北部ビルマから一掃し、且英印軍増援に入緬した蒋介石の虎の子の「ビルマ遠征第一路軍」を包囲殲滅して援蒋ルートを完封と相まって、重慶の対日抗戦企図を断念させようとする〝戡定《かんてい》作戦〟に着手した。このため作戦の重点は重慶等の捕捉撃滅に置かれ、彼我の決戦はマンダレー周辺に展開されるものと考えられた。十五軍の重点は、包囲による一挙捕捉という狙いから右正面東部シャン高原から雲南方面へ進出する五十六師団の退路遮断にかけられ、このためとっておきの挺進第一連隊（落下傘部隊）をわざわざビルマへよんでこれを緬華《めんか》国境の要点ラシオ附近に投入する計画を講ぜられた。一方、中央のラングーンマンダレー街道地区は十八、五十六両師団をマンダレーに向って北上せしめ、左方向イラワジ河沿いには三十三師団を配し、中部ビルマを雁行北進、一挙にマンダレー周辺に敵を包囲して決戦を強要しようとした。かくて本道正面ではトングー、ピンマナ、サジ、ミンギャンと、右兵団正面ではモチ、ロイコウ、タウンジー、シボウ、ラシオとさらに左兵団正面ではバセイン、プローム、アランミョウ、エナンジョン、モニワといずれも順調に占領、ついに五月一日牟田口兵団の手で目ざすマンダレー攻略を為しとげたのであった。

しかし初期の目的である重慶軍虎の子部隊殲滅による対日抗戦終結の希望は到底出来なかった。それは重慶軍の完全殲滅すら結果に於て実現せず彼らは古都マンダレーを焦土と化して印度《いんど》へ逃げ込んでしまった。さてマンダレー攻略を前後にして重慶軍も、英印軍も打ち続く打撃に戦力著しく低下し、その回復は容易でないものと考えられた。そこで十五軍はビルマにおける連合軍の抵抗組織はすでに破壊されたものと断定しそれより〝残敵掃蕩《ざんてきそうとう》作戦〟に入り、五十六師団はビルマ・ルート沿線から雲南、北ビルマ方面を、十八師団はシャン州を、五十五師団はイラワジ河沿いの北ビルマを、三十三師団はチンドウィン河沿いの西北ビルマとアキャブをそれぞれ席捲、五月三十日までにほぼ北ビルマ一帯にわたる掃蕩作戦を終了した。

この作戦の結果判明したところによると、英印軍は歩兵四十三ヵ大隊、戦車二ヵ連隊、野山砲十四ヵ中隊、兵力四万五千、重慶軍は第五、第六、第六十六の三軍九ヵ師十万、従って英蒋連合軍の総兵力は約十五万ということであった。

第三期　防衛作戦時代（十七年六月―十八年八月）

戡定作戦によって西南沿岸マユ半島方面の英印軍は何らの抵抗を試みることなくチッタゴン方面に、マニプール方面の英印軍はその重装備を放棄、避難民といっしょに一挙東部アッサムに雲南遠征重慶軍主力はその装備を怒江西岸地区に遺棄して保山方面に、重慶軍三ヵ師は雲南省への退路を失い、フーコン峡谷を経てレドにそれぞれ潰走、かくてビルマ領内はいうまでもなく、国境地帯にすら連合軍の形影をとどめないまでになった。連合軍はそれぞれの拠点にたどり着いたものの、敗戦の痛手に再編の方途も容易に発見できないようであった。

そこで南方軍の機先を制し、進んで攻勢をとり東部インドの要衝を奪取して対印施策の拠点とし、併せて英空軍の活動を封ずるに如くはないという考え方により第十五軍も真剣にこの作戦準備を検討したが（二十一号作戦計画）こうした行き過ぎに冷水を浴びせるような新任十五軍高級参謀片倉《かたくら》衷《ただし》大佐の強硬な信念は兵力、戦力の消耗、補給の面を理由に断乎この計画を放棄せしめた。事実十五軍は泰緬国境を突破後、ほとんど行軍と戦闘の継続で、部隊の損耗、疲労も決して少くなく、結局十五軍の基本任務はビルマの安定確保にあるものと定められ、平戛《へいかつ》、拉孟《らもう》、騰越《とうえつ》、ミイトキーナ、カマイン、カレワ、アキャブを連ねる要線を確保し、怒江、印緬国境を超えて行う進攻作戦は南方軍の認可を要するものとされた。

かくて二十一号作戦計画を放棄した十五軍（林集団《はやししゅうだん》、司令官、飯田祥次郎中将）は予期される連合軍の反攻方向に応じて隷下《れいか》四ヵ師団の配備に根本的修正を加え、十七年十二月一日次のような防衛体制に切りかえた。

雲南方面＝五十六師団（松山祐三《まつやまゆうぞう》中将）
フーコン方面＝十八師団（牟田口廉也《むだぐちれんや》中将）
アラカン（一部アキャブ）方面＝三十三師団（柳《やなぎ》田元三《だもとぞう》中将）
南西沿岸方面＝五十五師団（古閑健《こがけん》中将）

なお新配備決定に当っては保健、訓練の観点から、各師団防衛地域内に気候の好適な高原地帯を次のように含めさせ、部隊の休養をはかるとともに負担、勤務の均等化に考慮が払われた。

雲南高地（芒市《ぼうし》）＝五十六師団
北部シャン高地（メイミョウ）＝十八師団
中南部シャン高地（カロー）＝三十三師団
ペグー・トングー高地（ニューアンレビン）＝五十五師団

かくて各師団は十二月以降大規模な部署の変更、部隊の移動を行って、新配備につくとともに、部隊の整頓、訓練、休養をはかって戦力の回復、充実を期した。そして防衛の合理化を期するためこの頃、ビルマの将来は一方面軍、三ヵ軍、十ヵ師団保持を必要とする旨の、具申が中央へ出されこの案は中央の容認するところとなり、後《のち》十九年夏に至ってこれが実現されるようになった。これと共に南方軍施策の基本的方針により施策の重点は各軍共軍政第一とされた。ビルマも七月下旬（十七年）軍政監部を編成したが他の軍と異った点は軍政より作戦面に重点が向けられたことである。しかし軍政の急速な浸透には大きな力が払われ八月一日ビルマ行政府を組織（行政長官バーモ）その行政事務をビルマ人に委せるにいたった。

ところが、このようにして十五軍が新防衛布陣を終るか、終らないうちに連合軍は十七年末から十八年初頭にかけて怒《ど》江《こう》、アキャブ両正面に来襲、さらにウィンゲート旅団を長駆中西北ビルマのジュピー山系から浸透せしめて来た。そればかりか東部アッサムでは、米式重慶軍の再編と援蒋地上路（レド公路）の開設に異常な努力を払っていたし、雲南でも営々として配備の増強が行なわれていた。

怒江、アキャブ両正面の敵反攻、あるいはウィンゲート旅団の遊撃作戦はいずれも十五軍によって失敗に帰せられたけれども、このように各正面が真剣活溌な動きを見せていることに対して、十五軍はこれら一連の動向をアラカン正面の英印軍、東部アッサムの米華軍、雲南方面軍とが三軍相呼応《あいこおう》して大々的に来襲する兆候であると判断した。

そこで十八年三月二十七日ビルマ方面軍を新設、四月三日に完結し、さらに二ヵ師団を加えてビルマの日本軍はこの連合軍の反攻に対処しようとした。新編成次の通り。

ビルマ方面軍（ラングーン）
　司令官　河辺正三《かわべしょうぞう》中将
　十五軍、五十五師団（古閑健中将）、直轄部隊
第十五軍（メイミョウ）
　司令官　牟田口廉也中将
　十八師団（田中新一《たなかしんいち》中将）
　三十三師団（柳田元三中将）
　五十六師団（松山祐三中将）
　三十一師団（佐藤幸徳《さとうこうとく》中将）
　十五師団（山内正文《やまのうちまさふみ》中将）

ビルマにおける軍の任務はビルマの安定確保にあるとされ、十五軍は雲南フーコン盆地、ジュピー山系を連ねる要線を確保することによって防衛態勢を布いてきたが、とくにその西部アラカン山脈方面においては、印緬国境は一部の浸透的行動以外には大部隊の作戦を許さないという判断がこの防衛構想の前提条件となっていた。ところが十八年二月ウィンゲート准将は一ヵ旅団の大兵力を卒いてこの印緬国境を突破、北部ビルマ深く一ヵ月にわたり空中補給だけで遊撃作戦を行ったのである。

その以前にこの方面を偵察した判決で一部の浸透可能は予期していたが、この来攻は丁度主力を以て管内の粛清討伐《しゅくせいとうばつ》（甲号粛清討伐）に力を注いでいた最中であっただけに十五軍を愕然《がくぜん》とさせ、軍は改めて中北部ビルマ、印緬国境の地形と空中補給力というものに目を向けた。今や〝ビルマの安定確保〟をはかるには、西部国境方面にあっては、どの線を持ったらよいか、持つべきであるかということが重大な問題となったのである。

この場合ジュピー山系、チンドウィン河の線、アラカン山系の三つが考えられたが、いずれも戦略的に一長一短あるうえに、国境を超える進攻作戦は十五軍としても禁止されているため十八師団、十五軍、内部にも消極、積極の両論あって、容易に決しかねていた。

しかし、〝最良の防禦は攻撃なり〟という戦術思想、牟田口司令官の積極的強気の性格、インドの独立を促進することによって太平洋の戦局に転機をもたらそうとする政略的思想、

(但しこの考えは十五軍当局としては純作戦的なものが強くむしろ方面軍否《いな》それ以上になればなるほど強かった)チャンドラ・ボースの働きかけというものが加味され、現地も、ラングーンも徐々に消極防衛から積極防衛にと傾いていった。もともとこの進攻思想は方面軍新設前の十五軍自体の中に芽生えたものであって、それが後に中止されたにしても前述のような理由から対緬防衛の重要当事者としての十五軍の立場は次第々々に夢を見るように対印進攻にとらわれ出した。

十五軍は当面の作戦部隊としての立場から、いろいろの場合を想定して研究、準備を進めたが、その準備進展の状況が頑強に反対していた方面軍に作用し、中央の政略的意図も反映して遂に南方総軍、方面軍が一歩々々現地軍の動きに巻きこまれていった観がある。

防衛線を一歩出すことは、もう一歩あとでこれを出さなければならないことを意味する。

かくて満州事変から日華事変、太平洋戦争にと発展していったコースが、そのまま縮少した形ちでここに再現され、一種の限定攻勢作戦となって拡げられて行った。

第四期　インパール作戦(十八年九月――十年八月)

十八年末における連合軍の情勢をビルマ方面軍は次のように判断した。

一、アキャブ方面の英印軍は十八年はじめから第五十五師団の行った第一次アキャブ作戦によって多大の損害をうけたが、なおアキャブ奪回の企図を棄てず、さらに兵力の増強、改編を急いでいるようであった。現在英印軍はブチドン、モンドウ正面に約二ヵ師団、その後方に二、あるいは三ヵ師団を縦長に配置し、慎重な浸透戦法をもって五十五師団の第一線に近迫しており、近く全正面に本格的な攻勢を開始する気配が濃厚であった。

二、アッサム州方面では、インパール附近を作戦基地として英印第十七、二十、二十三師をここに推進するとともに、インパール・パレル・タム道、インパール・シュガヌ・ティディム道を鋭意自動車道に改修中でこの方面からする反攻企図もまた漸次濃化しているものとみえた。

三、フーコン方面では、まだ連合軍の顕著な動静を認められなかったが、テンスキャ附近は重慶軍の新編第一軍とスチルウェル大将の率いる米一ヵ旅団があった。新編第一軍の実力は編成、装備、訓練の点で昔日《せきじつ》の中国軍の比でなく、この正面における連合軍の反攻時機は一にかかって新編第一軍の改編速度にあるものと考えられた。

四、雲南方面では、雲南遠征軍十ヵ師団が大理《だいり》以西怒江《どこう》東岸地区にあって戦力補充に伴って東部インド方面からの英印軍反攻と相呼応して随時反撃の態勢にあった。しかし雲南遠征軍の作戦準備は他正面に比較して遅れ、独力を以て攻勢に転ずるほど整っていないものとみられた。

このような情勢判断に基いて、方面軍の作戦指導の要領は次のように定められた。

一、連合軍の反攻準備がまだ完成していない時機に乗じて速やかにインパール附近に進攻し、当面の連合軍を撃滅防衛線を同山系の要域に推進してビルマ西域の防衛を強化する。これとともに印支両方面からビルマを挟撃しようとする連合軍の一翼を撃砕し進んで政戦両略にわたって対印積極方策の基盤を造成する。

二、インパール進攻の企図をなるべく長く秘匿して急襲の成果を収めるため、インパール進攻に先だってアキャブ方面の英印軍を急襲して英印軍をアキャブに牽制、インパール作戦を容易にする。アキャブ方面の攻勢開始はインパール作戦開始に先だつこと一—二旬《じゅん》とする。

三、フーコン方面にあっては、専ら第十八師団をして持久戦法をとらせ、インパール作戦間レド方面から進攻を予想される連合軍をカマイン以北地区で阻止し、インパール作戦の完遂を容易にする。

四、雲南方面の重慶軍に対しても第五十六師団をして持久させる。このため怒江《どこう》の線で極力重慶軍の進攻を撃破するようにし、もしこれが不可能の場合も平戛《へいかつ》、拉孟《こうもう》、騰越《とうえつ》間の地区を確保してインパール作戦間雲南正面の防衛に当らせる。

　これとともに方面軍は十八年九月上旬、十五軍に作戦準備を命じ、十五軍の気負い立った準備が始った。十五軍はまず怒江《どこう》正面の重慶軍を叩き、チン高地の英印軍をはねのけ、そしてフーコンを南下する米支軍も東部アッサムに封じこもうとしたが、早くもその立体的戦法に敗れ、フーコンの一角に重大な危機が訪れた。道路構築は雨季直後の自然の悪条件と、機材、工兵部隊の不足で思うに任せなかったし、兵団の進出も意外に遅れ、補給また計画のようにはさらに進捗しなかった。

　ところが連合軍は地上部隊と空軍を逐次増強し、ビルマに対する空襲を日ごとに激化し、このため十五軍の作戦準備は困難になっていた。が、さらに三月五日には連合軍の有力な空挺部隊がカーサ付近に降下して、十五軍の後方はいよいよ重大な脅威をうけるようになった。しかしインパール作戦の発動は後三日後に迫っている時十五軍当局はも早や既定の計画を変えることは出来なかった。そこで三月八日三十三師団の行動を皮切りに兵は弦《つる》を離れた。空挺部隊への軽視は既定方針通り。三月十五日になるとその主力は三十一、十五師団をもってチンドウィン河を押しわたり、ついにインパール進撃の火蓋を切って落したのであった。

　かくて三十三師団（弓《ゆみ》兵団）は南から、十五師団（祭《まつり》兵団）は東からそれぞれインパール目がけて突進、三十一師団（烈《れつ》兵団）はインパール東北のコヒマに向った。こうして四月はじめまでにインパール外廓陣地を概ね占領、その退路もマオサンソン、コヒマ二カ所において遮断し、一応インパール包囲態勢を構成した。

　しかし部隊の疲労甚だしい上に、糧秣、弾薬の補給続かず、しかも英印軍は第五師を増強して空地一体の反撃を加えてきたため損害続出、やむなく軍は作戦を変更し、パレル方面の山本支隊（弓兵団の一部）方面に攻撃の重点を移そうとした。ところが烈兵団は英印二カ師の猛撃と補給杜絶のため戦力消耗状態となって六月上旬独断で退却を開始、十五師団正面また暗澹たる戦局となり、ついに十五軍の企図は崩れさってしまった。

この間牟田口司令官は隷下三師団の師団長をことごとく更迭させた。作戦中に全師団長を更迭させたというのは未曽《みぞう》有のことであった。

すなわち三十三師団長柳川元三は、五月十八日田中信男《たなかのぶお》中将と交代。

三十一師団長佐藤幸徳は六月はじめ河田槌太郎《かわだつちたろう》中将と交代。十五師団長山内正文は柴田卯一郎《しばたういちろう》中将とそれぞれ交代した。

そのうち雨季が到来し、補給はほとんど杜絶《とぜつ》、インパール作戦の遂行は困難となり、七月中旬ついにジュピー山系モーライク、カレワ、ガンゴウの要線に転進して防衛態勢に移行せよという方面軍命令が出るにいたった。そこで十五軍各部隊は七月中旬から退却に移り、十月までにほぼチンドウィン河東岸への終結を終ったが、四カ月にわたる激戦ののちに雨季の最盛季に入り、糧秣の集積なく、数百キロの嶮路、しかも英印軍の追撃急で、凄惨目を掩《おお》わしむる退却行となった。

第五期　断《だん》・磐《ばん》・完《かん》作戦期（十九年九月—二十年八月）

惨たるインパール作戦の敗走と英印軍の追尾、雲南重慶軍の進出、フーコン河谷における米支軍の南下、圧迫、カーサ附近における空挺部隊の跳梁、アキャブ正面の急迫、ビルマ全般の戦局はまさに眉に火のついたような騒ぎ方面軍としては早急にインパール敗戦を収拾し、防衛態勢を確立しなければならなかった。

当時ビルマ周辺の連合軍兵力は英印軍百二十万、米軍ならびに米支軍十万重慶軍三十万、合計百六十万であった。これに対しビルマ方面軍の兵力は日本軍二十二万余、インド国民軍一万余、ビルマ国防軍一万余、合計約二十五万であった。このほか軍夫として多数のビルマ兵補があった。ビルマ方面軍の任務はこの兵力をもってラシオ、マンダレー、エナンジョン、ラングーンを連ねる線の包轄する南部ビルマの安定確保をはかり、同時にできる限り印支地上連絡を遮断するということにあった。これが十九年九月二十八日南方軍からビルマ方面軍に与えられた任務であった。

南部ビルマの要域は全ビルマの人口千六百万のうち千四百万を占め、政治経済、文化の中心で、一口にビルマといっても実質的にはここがそのすべてでもあった。つまりラシオは印支連絡路中の最大の要点、マンダレーは北緬の中核であり、かつビルマ仏教の中心地、エナンジョンはインドシナ半島における油田基地、ラングーンは首都でその政戦略上の地位の高いことはいうまでもなく、そしてこれらを結ぶ線の内部地域は全ビルマと、かつては東インドまで養った、穀倉地帯なのである。それから印支連絡は長距離空輸が可能になったため、地上連絡の価値を減少しつつあったが、なおその存在には軽視できないものがあった。

そこで南方軍としては、ビルマの持つ、このような戦略的価値から、ビルマを南方圏西正面における彼我《ひが》作戦の決戦場と見、東南アジア連合軍を中心とする英、米、華の三国連合軍に対し比島方面を除いては実に南方軍兵力の三分の一から二分の一という大兵力をここに注入したのであった。

かくてビルマ方面軍は、十九年九月〝南部ビルマの要域を確保安定して、南方圏西辺の支点を形成する〟という作戦目的の下に、三作戦を策定した。第一は印支地上連絡路を遮断するための〝断《だん》作戦〟である。第二はマンダレー正面に来攻する連合軍に対する〝磐《ばん》作戦〟である。第三はインド洋沿岸正面に、来攻する連合軍に対する〝完《かん》作戦〟である。そして決戦正面をマンダレー、またはイラワジ河三角洲《デルタ》地帯に選定した。

兵力は断作戦に第三十三軍（第十八師団、第五十六師団）、磐作戦に第十五軍（第十五、第三十一、第三十三師団）完作戦に第二十八軍（第五十四、第五十五師団、独立混成旅団二）、方面軍直轄部隊として、テナセリウム防衛に独立混成第二十四旅団、戦略予備として第五十三、第二、第四十九師団という配置で、これに第五飛行師団、海軍第十三根拠地隊が協力し、さらにインド国民軍、ビルマ国防軍も参加するということであった。

このうち断第一次作戦は九月十二日開始され、三十三軍は竜陵《りゅうりょう》、平戛《へいかつ》に包囲されていた友軍の囲みを解き、重慶軍を駆逐してほぼその目的を達して作戦を終った。しかし重慶軍な執拗に再三、再四進出し、そのため十月には第二次断作戦、十一月には第三次、第四次作戦を相次いで実施した。

この間第十八師団はフーコン正面の持久作戦において、湿地、密林、弾薬糧秣の欠乏、患者続出という異常に困難な条件をよく克服して、近代化された米支連合軍を向うに廻し、その南下を食いとめ、見事インパール作戦間における側背援護の人を完了したのであったが、この断作戦においても、遠くミイトキーナを急襲、果敢な抵抗を行って磐作戦の戦略展開を容易にしたのであった。

しかし米支連合軍、重慶軍の追撃も急であった。ことに米式装備と米式訓練をうけた新編第一軍の戦闘は目ざましく、彼らは三十三軍の四次にわたる断作戦に対し一歩々々前進、このため三十三軍は逐次後退させられていったのであった。

次に沿岸正面では第二十八軍が第五十四、五十五両師団をもって（第二師団は断作戦に増強）エナンジョン、アキャブ正面からラングーンにいたる広範囲の防衛を担当し、桜井支隊をして遊撃作戦を行わせつつ徐《おもむ》ろに完作戦の準備を進めつつあった。

他方十五軍はチンドウィン河東岸に集結中であったが、九月末南方総軍の命令で、中部ビルマにおいて確保する地域がマンダレーの線以南と変更されたため、この地域に向って第二次後方機動を行い、折から全く乾季に入った北緬の原野を、新たなる磐作戦のための戦略展開に移った。そして二十年一月はじめ四百輛の機甲部隊をもってシェボー前面に来攻した連合軍との間に磐作戦が開始された。

方面軍は一月十六日磐主決戦を発動十五軍の三ヵ師団に、さらに第五十三師団と、第二、第十八両師団の各一部を増強、断、完両正面も策応して、ここにビルマ防衛方面軍の運命をかけた〝一大イラワジ河畔会戦〟が展開された。

ところが、パコックの前面に四ヵ兵団の英印軍が進出、その一部はニャング附近でイラワジ河を渡って橋頭堡を作りあげ、このためニャングに進出していたインド国民軍の一ヵ連隊は恐慌を起し、全国民軍にこれが波及しそうな形勢であった。

それぱかりか、中径二十キロの一大築城地帯に構成中のメイクテーラーまた配備の間隙をつかれ英印軍の機甲部隊に突破され、その中央の一部を占領されてしまった。今やマンダレーを中心とする十五軍は側背に重大な脅威をうけ、イラワジ河畔において決戦を挑むという磐主作戦は成立し得なくなった。

このため方面軍は二十年二月二十六日イラワジ河畔の攻勢計画を一擲《いってき》し、第三十三軍をしてメイクテーラーの英印軍を攻撃させた。三十三軍は決勝軍と呼ばれ、磐正面重砲の大部分を携《ひっさ》げ、方面軍最後の期待を担って反撃に出たが、英印軍の機甲部隊は全戦線のいたるところを突破して十五軍、三十三軍の各兵団を分断、これを踏みにじり、ついにマンダレーを奪取するにいたった。

この間断、完正面では持久作戦がとられたが、重慶軍はラシオ東南にまで早くも進出、沿岸方面もアキャブを失い防衛線を逐次圧縮されつつあった。しかも、そこにビルマ国軍の背反が加わったのである。

ビルマ国軍は第二十八軍と協同して磐主作戦に参加するため、三月十五日ラングーンのシュエダゴン・パゴダ前で盛んな出陣式を行ってプローム方面に前進したが、実はその前日(十四日)秘《ひそ》かに対日宣戦を行ったもので、二十四日になるとビルマ士官学校、幼年学校の生徒も一斉に脱走、二十七日夜にはトングー、ラングーン、プローム附近一帯にわたって武装蹶起《けっき》した。彼らはバーモ政権に背反、方面軍後方地区に対して攪乱《かくらん》を開始した。

そこでラングーンの独立混成第百五旅団は在留邦人を召集し、トングーペグー方面では兵站《へいたん》部隊、プローム方面では転進中の第五十五師団の一部がそれぞれ討伐に向い、ビルマ国防軍顧問部の指導将校も挺進してその説得に努めたがこの反抗遊撃戦が退却行を続ける日本軍に及ぼした有形無形の被害は大きかった。

北部ビルマに対する扇の要《かなめ》ともいうべきマンダレーを失ったため、次に方面軍はトングー附近からペグー山系を経てラングーン附近にわたる要線を握り、南部ビルマの要域を確保しようとした。イラワジ河の戦線を喪失したことは、すでに泰緬国境への後退を意味するわけで、その点からも方面軍としてはペグー山系の線を維持する必要があったのである。

そこで方面軍は第十五軍をしてシャン州を南下して右翼に、三十三軍をその左翼に据え、他方二十八軍をプローム附近に集結して側方を固めつつ、メイクテーラー、マンダレー方面から殺到する英印軍をピンマナ、トングー附近で食いとめようとしたが、部隊の集結中を疾風の如く突進してくる機甲部隊に踏みにじられ、軍司令部さえ一週間も敵中に消息を絶つほどで、支離滅裂、トングー会戦どころの騒ぎでなかった。

実にインパール敗退後の作戦には自主的なものはなく、ことにメイクテーラーの線を突破されてからは、一応陣立てを整えようとしているが、後手後手と、英印軍のなすがままであった。そしてピユも、ペグーも一気に突破され、五月十日には、首都ラングーンもまた英印軍の占領するところとなっていた。

南方総軍は五月二十四日方面軍に対し、主力をもってケマピユ、トングーシッタン河の線、ならびにテナセリウム地区を確保し、第二十八軍をもってペグー山系を占拠、ラングーン方面の英印軍を攪乱《かくらん》し、南部マレー方面に対する連合軍の進攻作戦準備を妨害するよう指示してきた。

このため方面軍司令部は五月二十六日モールメンに移動、シッタン河附近の防備強化をはかった。すなわち、その北側防衛のために、まず五十六師団を中心に十五、五十五師団をもって、鳳《おおとり》集団を臨時編成し、同集団をして南部シャン州、トングー東側地区を確保させた。（第十五軍司令部は五月末北部タイ国への転進を命ぜられた）次に第三十三軍をして機に応じてシッタン河を渡河、ペグー、ラングーン方面に進入して、連合軍の次期作戦を妨害させ、さらに二十八軍をしてペグー山系を根拠地として連合軍の後方攪乱を広く行わせた。

二十八軍は四月中旬プロームを英印軍に突破されてから、イラワジ河によって隷下《れいか》各兵団を分断され、軍司令部と独混《どくこん》七十二旅は同河東岸地区に、五十四師主力と五十五師の一部は同西岸地区に、独混《どくこん》百五旅はラングーン北側にとそれぞれ孤立し、連絡を絶っていたが、徐々にペグー山系に集結、作戦資材もここに搬入して、ラングーンを中心に準備されつつある連合軍の次期作戦を妨害するため、遊撃活動を展開していた。しかし英印機甲部隊の跳梁によって軍需品の搬入が思うようにできず、六月末には一般軍需品ばかりか、糧秣もほとんど欠乏するようになっていた。

このため二十八軍はシッタン河突破作戦を企図した。ところが雨季と地形の悪条件が加わって患者や後方部隊の集結が遅れ、そのうち脱出企図も察知されて空爆が激しくなり、作戦は困難を極めた。そこで一部計画を変更し、七月中旬になって漸く展開を終り、二十四日ピユ北側から渡河を開始した濁流は轟々と渦を巻き、浪に呑まれるものも少くなかったが、ついに大部の渡河に成功、シッタン東岸に集結し得たのであった。

この時メイクテーラー、ラングーンにおける連合軍の作戦準備は極めて活発であったが、連合軍は現在の雨季間には攻勢をとらず、次の乾季の初めから北部タイとテナセリウム地区に対して進攻してくるものと方面軍は判断した。

そこで方面軍は一部をもってシャン州を抑え、主力をもってテナセリウム地区を確保して、インドシナ半島西辺の防壁を形成しなければならないと考え、五十六師団をケマピユに、十八師三十一師、三十三師、独混二十四旅、四十九師、独混七十二旅をテナセリウム地区に配した。

昭和十九年三月のインパール作戦直前には二十二万の兵力を擁していたビルマ方面軍も敗退につぐ敗退、そして兵力の後方転用によって、この時には総兵力十三万に減じていた。このころ戦闘に使用し得る第一線兵力は七万、中国の輸血路を絶ち、インド四億の民を解放しようとした夢いずこ、テナセリウム地区攻略を期して出発したビルマ作戦は、ほぼまる四年、十五回の会戦を経て、テナセリウム地区の防衛へと再び降出しにもどったとき、終戦となったのである。

戦線は旧に復し、方面軍司令官木村兵太郎中将はモールメンにおいて大将昇進の辞令をうけた。しかし数万の兵は旧に還るすべもなく、また報いられる日もなく、雨に打たれ、いたるところのビルマの山野に空しくさらされていた。

編著者解説

（1）本稿は編著者の一人である阿曽村が所属している一般社団法人「東京倶楽部」の図書室にあった田村吉雄編『秘録大東亜戦史　ビルマ篇』（富士書苑、一九五三年）所収の一五名の従軍記者の筆になる二五編の論考中、対ビルマ作戦の内容を総括的に記述した丸山静雄「ビルマ作戦の全貌」を御遺族の同意を得た上で転載し、読者の理解に資そうと試みたものである。原文の漢字にはルビをふってあるところが多いが、転載に際しては最小限必要と思われるものに限ってルビを付した。なお、日本軍に多大な死傷者を出したインパール作戦について多数の図書が存在するが、とりあえずは、インパール作戦を従軍記者として自ら体験した丸山静雄の『インパール作戦従軍記』（岩波新書、一九八四年）を一読されたい。読売新聞社編『昭和史の天皇９』（読売新聞社、一九六九年）は、いわゆるoral historyの「はしり」であって、インパール作戦についての貴重な資料である。

（2）なお、二〇一五年八月一五日の安倍首相終戦七〇年談話には「隣人であるアジアの人々が歩んできた苦難の歴史を胸に刻み、戦後一貫して、その平和と繁栄のために力を尽くしてきました。」とし、アジアの中での東南アジアでは「インドネシア、フィリピンはじめ東南アジアの国々」という扱いで、ミャンマーに言及することはなかった。しかし、ミャンマーには最後には日本人将兵三三万八〇〇〇のほか、インド国民軍一万余およびビルマ国防軍一万余という大兵力をここに注入したのであって、英軍、英軍下のインド軍、米軍、重慶軍、日本軍、インド国民軍、ビルマ国軍による戦禍はミャンマー全土にわたった（なお、ビルマ戦線に送られた日本軍将兵数は厚生省社会援護局監修資料（『援護五〇年史』一九九八年）によれば、三三万八〇〇〇の将兵を送り込んで、そのうち一六万七〇〇〇人が戦没し故国に帰還することがなかった）。インドネシアでは戦争開始当初はともかく、戦時中の戦闘は大してなく、ジャワ戡定《かんてい》は一九四二年八月に終了し、ジャワに駐留していた日本軍は一九四三年三月には、四万五〇〇〇ないし五万であったものが、同年一一月には僅か約一万に激減した。これを考えれば安倍談話では、むしろ、ミャンマーに言及すべきではなかったであろうか？

（阿曽村邦昭）

コラム7　高原友生　誤れるミャンマー外交

伊藤忠時代、豪州、中東の滞在のほか、エネルギー、海外全般の担当の関係で、正確に数えたこともないが、ほぼ八十数カ国を訪問したが、漠然としてはいるものの、全体の空気で親日の国と残念ながらそうでない国とがある。これはアジアにおいて明確に分かれていて、中国、韓国そして華僑系の国々と、マレーシア、インドネシア、インド、ミャンマー（旧ビルマ）などとは歴然と違いが見られるのである。

白人の植民地支配を打倒し、解放してくれたなどといっても、結局は日本が新たな覇権を求め、資源を目当てにしたに過ぎずと自虐的に言うむきもある。しかし、いくつかの国の日本への親しみは、実際にそこを旅すると、「いくさ」の体験の無い世代の人ですらはっきりと体感するところである。そしてその最たる国が、かつての私の戦場であったミャンマーである。

今日、アメリカの覇権によって世界やアジアの秩序は維持され、日本をまるで保護国とするような日米軍事同盟によって、日本の当面の安全保障は保たれている。そのアメリカの主導によってミャンマーは孤立化され、制裁を受け、アメリカに追随する日本の外交がＯＤＡ（政府開発援助）の停止の処置に出ているため、ミャンマーは貧窮のどん底にある。この現実をいかに受けとめ、評価すればよいのだろう。

二十一世紀は少なくともその初頭においてトップの座にあるアメリカといかに付き合うか、good follower としての行動の規範をどのように賢明に確立するかが重要だろう。したがって時にアメリカを諫《いさ》め、また場合によっては抵抗する必要が生じよう。世界全体を見据えて、それぞれの民族文化の個性を尊重し、育《はぐく》み、それぞれの民族の歴史を現実的に把握して、無知な強者による一方的強制をやめさせる努力が求められると思う。

核の時代、日本はアメリカと争うことはできないし、アメリカの核の傘下にあることが必要かつ有益である。われわれはその気になれば核を保有する力を持ってはいるが、抑止にとどまらず報復となった時の影響を思えば、あくまで保有は愚策である。

ただ日米の軍事同盟は次第に、米英の関係のように、対等の立場のものに変えてゆくべきものと思う。それには、アメリカによって作られた憲法を改正し、集団的安全保障への参加を認め、日本を去勢せんとし、またそれに甘んじた保護国体制、対等の立場を良しとせざるアメリカとの「びんの蓋」同盟のありようを変えてゆかねばならない。

ミャンマーについては、アメリカのダブルスタンダード外交の修正を求め、よく現実を知らしめて、場合によっては民主化への前進について、ミャンマーの現政権との交渉を日本に委ねさせるべきだろう。すなわち、日本に対ミャンマー外交のフリーハンドを認めさせるべきである。

私は新しい世紀の日本の歩みについて、次のような国際貢献はあり得ぬかと考える。全世界の秩序、平和の維持のため、最適と思われる政策の実行を、できれば国連であるか、コソボのように現実性を持ち得ぬ時はアメリカを含む多数の国の委任を受けて日本が行なう。特にアジアにおいて然りである。

昭和三十年前後、ビルマは日本との賠償問題を他国に先駆けて片づけた。私はその頃、伊藤忠商事において石炭の担当であったので、ほぼ十年ぶりにラングーン（現在のヤンゴン）に出張し、賠償品目の中にあった一般炭についての交渉を行なった。大使は太田三郎さん、参事官は牛場信彦さんであられて、なぜ石炭のような消費物資に貴重な賠償金を使わすのかと叱られたが、ビルマ側の要請でやむを得なかったのである。

昭和十九年の赴任に当たり、三日ほど泊まったミャンマー唯一最大のストランドホテル（当時は大和ホテルと称し、将校専用であった）の佇《ただず》まいは、十年後もまったくそのままであった。高い天井、白い蚊帳、薄暗い部屋はその後四十数年も改築がなされず、その移ろいはミャンマー経済のありようそのままと言えた。最近ようやくシンガポールの資本が入り、他にいくつかの近代的ホテルの出現と共に面目を一新した。

私は現在、三年前に発足した両国の商工会議所による合同ビジネス協議会の日本側の会長をしていて、最貧国となり果てたこの親日国家とのビジネスの発展に腐心している。ミャンマーはエネルギーを中心とするインフラが、戦争直後と同じ状況で、ミャンマーを愛する優秀な日本の中小企業主による合弁や工場の進出も滞らざるを得ないのが現在の状況である。

カウンタートレードなど、日中貿易の始まった頃と同様、一次産品輸出を中心に具体的な積み上げを図りたいとの思いは強いが、何としても日本の援助の再開が必要である。

これを列強国家アメリカとそれに同調する欧州各国の無知による外交への追随によって停止しているという現況——このスタンスの修正こそが、新しい世紀の初頭に当たっての日本の取るべき政策と思う。まさに good follower として。

一九九九年十一月、マニラにおいてASEAN十ヵ国と日韓中三国との合同首脳会議が開かれたが、出発の直前、故小渕恵三前首相から「ブッチホン」をいただいた。第一声は「日本のビルキチ・高原さん、お元気ですか」で始まり、言われるところの心配りに驚いたことであったが、ミャンマーについての小渕用メモがほしいとの要請で、早速官邸に持参した。この十日後、橋本龍太郎元首相が訪緬されたが、そのご出発前、瀬島龍三さんのご紹介により三十分間お話しし、その時にもこのメモをそのまま差し上げたのである。

それを次に掲げておこう。

ミャンマーについて（御参考）

○リー・クアンユーの考え＝（現政権を支持する理由）

①ミャンマーの秩序、国内安定の鍵は百三十五の少数民族対策にある。その主軸は武力である。当面軍事政権が適格である。（スー・チーにはできない）

②人口約四千八百万のミャンマーは、識字率（読み、書き、そろばん）が高い。（日本の寺子屋に似ている。〔仏教徒の〕子供はすべて寺に行く）

③いわゆるインテリ層が English speaking の国民である。（ベトナム、タイと比べ優位）

④法治国家の歴史（香港と同じく英国植民地であったことの良い面）を持つ。（人治の国、中国、ベトナムとは異なる）

⑤安定と発展のため、一定期間の独裁体制が必要であり、有益である。（自分自身の経験からみても）

⑥権力者は高位ほどクリーン

○イギリス植民政策による被害――divide and rule（分割統治）の実験場――の典型的国家であった＝（今日もなお最貧国である理由）

①少数民族（特に第二の人口を持つカレン族）の叛乱、拮抗をけしかけ、カレン族にキリスト教を布教。

②インド人を入れ（一時はインドの一州とした）、併せて農地を持たせた。（民族対立に地主・小作の対立を加えさせて）

③華僑を入れ、商工業につかせた。

これを打破するため、ネ・ウィンは二十六年間の鎖国政策をとり、商工業の国有化を行い、特異な「軍人社会主義国家」（右翼）を続け、ために国の発展が止まり、最貧国（ＬＬＤＣ）となった。↓暴動発生の原因（グローバリズムと市場経済の逆進）

○現状の由来（孤立）

①スー・チーのノーベル賞受賞（彼女のつっぱり）

②アメリカ、特にオルブライトの感情的肩入れ（対スー・チー）

③アメリカの外交における「Vital Interest の無さ」（アメリカにとってどうでもよい国）

④現政権の無策（一種の精神主義、宣伝下手）――タン・シュエが私に語った（サムライの精神）

⑤日本外交の姿勢（ＯＤＡの停止）

○対日感情と期待

①イギリスから独立できた（日本のおかげ）――親日と尊敬

②建軍の恩義（旧日本陸軍に対する）――親日と尊敬

③モンゴロイド（同族意識）――赤ん坊の蒙古斑

④極めて敬虔な仏教徒（淡白、親切、謙虚）

⑤ＯＤＡの最大援助国への期待

⑥日本外交の独立性

○今後（日本として）

①独立したアジア外交（アメリカとの交渉）の開始。（共和党勝利を予想しつつその前に）

②右項①の文脈の下にASEAN、あるいはASEAN＋3α（日韓中）としての対ミャンマー外交を主動。

③現政権に対し、新憲法の早急な制定を迫る。（時間がかかりすぎる。好意的な国や人まで我慢の限界）

④大学の再開。（人材確保の面からも）

⑤経済改革（財政、税制、為替等の問題につき）できる限りの協力。——両国政府間協議の開始へ。本件は相手の懐に手を突っ込むことになるが、ミャンマー首脳からの要請があればこれを受ける。

ちなみに、一九九九年の暮れ、私はアウン・サン・スー・チー女史と会談し、現政権との対話を勧めたし、政府側にももちろん以前から女史との対話を要請してきた。五千万に達するミャンマー国民の幸福を思い、併せて日本の今後のあり方を象徴的に示し得る時期が近いと思う昨今である。

編著者解説

本稿は、元来、高原友生『悲しき帝国陸軍』（中央公論新社、二〇〇八年）所収のものである。インパール作戦、イラワジ会戦での大敗を軍人として身をもって体験した後、一九四五年八月二二日、歴戦の歩兵第五八連隊の旗手として軍旗を焼き、戦後、東京大学法学部を卒業、商社マンとして、またビルマ通として大をなした人物の二〇世紀末における見解として、本稿は貴重である。転載を快諾された御遺族代表高原明生東京大学法学部大学院教授および中央公論新社に謝意を表したい。

（阿曽村邦昭）

コラム8　柿崎一郎　泰緬鉄道の過去と現在

泰緬鉄道は第二次世界大戦中に日本軍が建設した軍用鉄道であり、連合軍捕虜やアジア人労務者を用いて突貫工事で建設が行われた鉄道であった。戦後、建設に従事させられた連合軍捕虜の過酷な状況が明らかになり、映画『戦場にかける橋（The Bridge on the River Kwai）』でこの鉄道は世界的に有名となり、「死の鉄道（The Death Railway）」とも称されるようになった。現在はタイ国内の一部区間が現役で用いられており、タイのカーンチャナブリー県の重要な観光資源ともなっている。

そもそもこの鉄道は、ビルマへの補給路としての目的から建設された。第二次世界大戦が始まって日本軍がビルマを占領すると、ビルマへの輸送ルートの整備が重要となった。当時タイとビルマの間には自動車が通行可能な道路もほとんど存在せず、シンガポール経由の海運が事実上唯一の輸送路であった。しかし、戦争中は水運の安全性が低下したことから陸路の交通路の整備が求められ、日本と東南アジアを結ぶ大東亜縦貫鉄道計画(1)でもタイ〜ビルマ間の鉄道建設が含まれていた。大本営は一九四三年末までの完成を求め、日本軍の鉄道隊からなる建設部隊は一九四二年六月に事実上工事を開始した。

この鉄道はタイのノーンプラードゥックとビルマのタンビューザヤッを結ぶ延長四一五キロメートルの鉄道であり、人家も稀で猛獣や疫病のはびこる山岳地帯での工事は難航を極めた。レールは主にビルマとマラヤから運び、「戦場にかける橋」のモデルとなったクウェー川橋梁（メクロン永久橋）はジャワから転用してきた。鉄道の建設と運営には約一万二五〇〇人の日本兵・軍属、約六・二万人の連合軍捕虜、約二〇万人のアジア人労務者が従事した。しかし、一九四三年に入って工期を短縮したことと、雨季の到来が早くコレラが蔓延したことから多くの犠牲者を出し、建設が始まってから終戦に至るまでに日本兵・軍属約一〇〇〇人、連合軍捕虜一・二万人、アジア人労務者三・三万人（九・一万人中）が亡くなった。最終的にこの鉄道は一九四三年一〇月二五日に開通し、タイとビルマの鉄道網が結ばれた。

泰緬鉄道の開通後、日本軍はビルマ戦線への部隊や物資を続々とビルマへと送り込み、タイとビルマを結ぶ大動脈としての役割を果たした。運行は日本の鉄道隊が行い、薪の調達や保線には主に労務者が用いられていた。初期においてはタイからビルマへの輸送が中心で、部隊の他に石油、武器弾薬、食料などが運ばれており、ビルマからは石油の空ドラム缶が送られてくるだけであった。しかし、一九四五年に入るとビルマでの戦況が悪化し、泰緬鉄道はビルマからタイへ逃れてくる部隊の輸送が中心となっていった。また、連合軍の空襲が始まると、鉄道施設の破壊も頻発し、先のクウェー川橋梁も空襲で使用不能となった。しかし、日本軍は被災後も迅速に復旧させて列車の運行を行っており、クウェー川橋梁にも並行して仮設の木橋が建設されて使用された。

戦後は泰緬鉄道の資産は連合軍に接収され、しばらくは日本の鉄道隊による運行が行われていた。やがてビルマ国内の区間はレールを供出されて休止された鉄道の復旧を行うために廃止され、レールは元の鉄道へと戻されていった。一方、タイ国内の区間については連合軍がタイに対して売却することになり、泰緬鉄道で使われていた日本から持ち込まれたC56型蒸気機関車などの車両とともに約五〇〇〇万バーツで売却された。これによって日本の鉄道隊による泰緬鉄道の運行は終了し、最後まで残っていた日本兵・軍属が帰還した。

この鉄道は軍事鉄道として建設されたために、一般営業用に改修するには多額の費用が掛かる一方で、国際鉄道としての機能がなくなったことからさしたる需要は期待できなかった。他方で、カーンチャナブリー以西では並行する道路が未整備のため、この鉄道は沿線の開発に役立つものと思われた。その結果、起点のノーンプラードゥックから一三〇キロメートルのターサオ（ナムトック）までの区間を営業用に改修し、それより先のレールは撤去して他の鉄道のレールを交換するために用いることとなった。最初の区間は一九四九年に開通し、一九五八年までにナムトックまでの全線が開通した。

当時はカーンチャナブリー以西からの農産物や木材の輸送に活躍し、沿線の農業開発にも貢献していた。しかし、一九七九年に並行する国道が建設されると鉄道の利用者は減少し、奥地からの貨物の発送もほぼ消滅した。これにより旧泰緬鉄道は廃線の危機に直面したが、それを救ったのが観光客輸送であった。一九七六年から週末にバンコク発の観光列車の運行を始め、外国人観光客の増加もあって一九九〇年代に入ると旅客輸送量は再び増加した。国鉄も一九九七年の通貨危機後にＳＬ列車の運行を始めたり、二〇〇〇年代に入ってから列車の合間にクウェー川橋梁やタムクラセー（アルヒル）の桟道を往復するトロッコのようなモーターカーの運行を始めるなど、観光客輸送を強化している。

また、近年では新たなルートでの泰緬鉄道の「復活」計画も浮上している。ミャンマーのダウエーに新港を建設して工業団地を立地させる構想が出現すると、バンコクとダウェーを結ぶ道路と鉄道の建設計画が浮上した。現在の鉄道を利用すれば、カーンチャナブリーから先が新ルートとなり、西進してダウエーに至ることになる。現在、日本の協力を取り付けて大メコン圏の南回廊鉄道の一環としての鉄道整備が検討されていることから、将来新たなタイ～ミャンマー間の鉄道ができるかもしれない。

注

（1）大東亜縦貫鉄道構想は戦争が始まった後で大東亜建設審議会が域内を縦貫する鉄道整備を構想したものであり、三つの縦貫鉄道群のうちの第二縦貫鉄道群が東京～ビルマ間を結ぶものとして設定されていた。

参考文献

原田勝正編『大東亜縦貫鉄道関係書類』（不二出版、一九八八年）。
柿崎一郎『王国の鉄路　タイ鉄道の歴史』（京都大学学術出版会、二〇一〇年）。
Kratoska, Paul H. ed [2006] *The Thailand-Burma Railway, 1942-1946: Documents and Selected Writings*. 6 Vols. London: Routledge.
吉川利治『泰緬鉄道　機密文書が明かすアジア太平洋戦争』（同文館、一九九四年）。

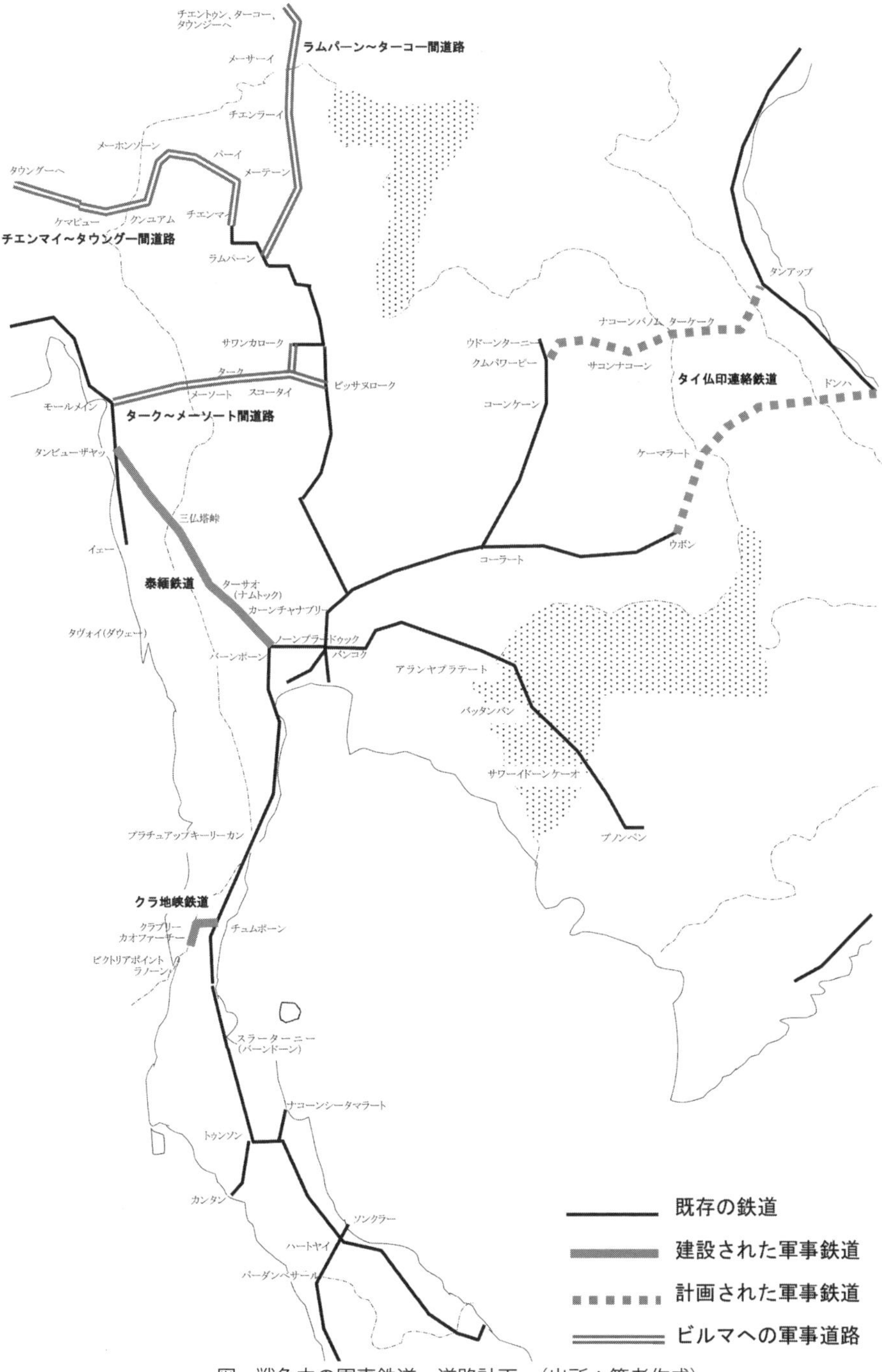

図　戦争中の軍事鉄道・道路計画　（出所：筆者作成）

ティーラシンと呼ばれる女性仏教修行者

正式にはメーティーラシン（沙弥尼、8～10戒を持戒）と呼ばれる。ミャンマーなどの上座仏教文化圏では、早くに比丘尼（311戒を持戒する正僧）制度が消滅したが、それに代わる存在として、出家し「修道院」（ティーラシン・チャウン）で仏教修行に励む女性をいう。若者の出家者も年々増加の傾向にある。

第Ⅳ部
ミャンマー連邦国家の内政と外交

アウンサン将軍の隠れ執務室が保存されている記念館（ヤンゴン）

第1章
国軍と政治
—軍事政権の時代は終わったのか—

中西嘉宏

1　長い軍事政権の歴史

ミャンマーの政治について語るとき、国軍の役割を抜きにして語ることはできない。その善し悪しにかかわらず、国軍は一九四八年の独立以来ミャンマー政治に深く関わってきた。ミャンマーでは軍事政権の時代が文民政権の時代よりもずっと長い。軍事政権の時代とは、一九五八年から一九六〇年までの国軍による選挙管理内閣、一九六二年から一九八八年のビルマ式社会主義と呼ばれる独自の社会主義理念にもとづく軍事政権、一九八八年から二〇一一年までの国家法秩序回復評議会（ＳＬＯＲＣ）（一九八八—一九九七）および国家平和発展評議会（ＳＰＤＣ）（一九九七—二〇一一）による統治の時代を指す。つまり、独立から約一〇年と最近を除けば、残りの時代はずっと軍事政権だったわけである。しかも、二〇一一年三月に民政移管がなされてＳＰＤＣによる統治は終焉したが、現在も国軍の政治的な影響力は制度的に保障されている。

世界ではさまざまな軍事政権が現れては消えてきており、軍事政権自体は珍しいものではない。ただ、ミャンマーほど国軍の政治への関与が深く長く続いた国はまれである。しかも、同じ東南アジアで生まれたタイやインドネシアの軍事政権と違って、ミャンマーの軍事政権は、経済的な成功に恵まれず、対外的にも閉鎖的だったために、なおさら異質な印象を我々に与えてきた。なぜこれほど長くミャンマーでは軍事政権が続いたのか。二〇一一年の民政移管後もその影響力は制度的に保障されているが、これまでの軍事政権と現在の体制とは国軍の関与という点で何が違うのだろうか。また、今後、国軍の政治への関与は低下していくのか。こうした問いを念頭において、本章では、ミャンマーの政治と国軍の関係について、歴史的背景を踏まえたうえで検討していきたい。

2　三度のクーデター、三つの軍事政権

軍事政権は多くの場合、軍事クーデターによる政権奪取をきっかけにはじまる。ミャンマーでは、これまで三度、国軍によるクーデターが起きている。一九五八年、一九六二年、一九八八年に起きた。同じクーデターという言葉をつかっても、それぞれの動機やクーデター後の政治体制には違いがある。ここでは、ミャンマーの歴史上起きた三度のクーデターと三つの軍事政権を概観してみよう。

(1) 一九五八年九月二八日のクーデターと、その後の選挙管理内閣

一九四八年一月四日に独立したミャンマーが国の政治制度として採用したのは議会制民主主義であった。象徴的な大統領を頂点に、一院制にもとづく議会と、議院内閣制による内閣が設置され、独立闘争の中心を担った反ファシスト人民自由連盟（ＡＦＰＦＬ）が政権与党として国家を運営した。

独立から一九五〇年代末にかけて国軍の政治への直接的な介入は少なかった。ただ、これは、安全保障にだけ専念して政治とは距離を置く、いわゆる専門職業主義的な考え方が国軍にあったからではないだろう。政治への介入どころではなかった、というのが実際のところである。そもそも、一九四七年に原型がつくられたミャンマー国軍は、イギリス植民地時代の正規軍と日本占領期に生まれた愛国ビルマ軍（ＰＢＦ）を統合した寄り合い所帯だった。軍内の派閥闘争もあれば、独立直後には一部の部隊が国軍を離れて共産党の武装闘争に参加したりするなど、軍事組織とし

ては極めて脆弱だった。国内の治安維持すらままならない状況だった。

国軍司令官（当時の役職名は国軍参謀総長）はネー・ウィン将軍で、彼は独立の英雄アウン・サンとともに植民地支配と戦った「三〇人の志士」の一人である。彼はそもそもミャンマー独立を目指すタキン党の党員として日本に渡り、日本軍から軍事訓練を受けて軍人になってミャンマーの独立のために戦った。このころの国軍幹部にはそうした人たちが多く、職業軍人になろうとして国軍に入ったものはむしろ少数派だった。そうした、独立運動と国軍との初期の結びつきが、その後の国軍の政治化を促した面がある。

ネー・ウィンを頂点に一九五〇年代半ばから国軍が組織的に安定してくると、それとは対照的に政党政治が不安定になった。一九五八年には与党ＡＦＰＦＬが安定派と清廉派に分裂してしまう。さらに、清廉派が共産党も含めた左派勢力に歩み寄りを見せたことが国軍の反共主義を刺激し、同年、地方司令官の一部が政権奪取のクーデターを企てる。クーデターによる混乱と国軍分裂の危険性を察知したネー・ウィンらが先手を打つかたちでウー・ヌに政権移譲を迫った。危機感の薄いウー・ヌは当初政権移譲を拒んだが、最終的には妥協し、憲法上の規定（一九四七年憲法第五六条第一項）に従って国軍司令官への政権移譲が行われた。一九五八年九月二八日のことである。これがミャンマーで最初のクーデターだった。

この政治介入はあくまで次の総選挙を無事に実施し、当該選挙で勝利した政権に権力を戻すための選挙管理内閣であった。そのため、ネー・ウィンが首相をつとめて政権を運営したものの、ネー・ウィンは繰り返し憲法と民主主義の意義を強調していた。そして現に、一九六〇年総選挙で勝利した連邦党（かつてのＡＦＰＦＬ清廉派）に国軍は政権を明け渡して兵舎に戻っている。結果、連邦党の党首であるウー・ヌが再び首相の座に返り咲いた。ミャンマーが民主制に復帰した瞬間である。しかし、それも長くは続かなかった。

（２）一九六二年三月二日のクーデターと、その後のビルマ式社会主義

一九六二年三月二日に国軍は再びクーデターを敢行し、国家革命評議会を組織して国家の全権を掌握した。今回のクーデターは憲法規定に従った一九五八年のものとは違って、まったく超法規的なもので、しかも、現役国家幹部の拘束、さらに一九四七年憲法の廃止を伴うものだった。では、前体制を否定して何をつくるのか。クーデターの直後にネー・ウィンは「ビルマ式社会主義」という声明を発表して、共産主義国家とは一線を画す独自の社会主義国家の建設を目指すことを表明した。

この「ビルマ式社会主義」の「ビルマ式」が意味するのは、イデオロギー面でのナショナリズムの強調と、外交面での中立主義（ビルマ独自の社会主義であって、ソ連や中国に現存する社会主義ではないという主張）である。ただし、イデオロギー上はその独自性を唱っていたものの、国家建設のモデルは現存する社会主義国であった。すなわち、革命政党による一党制と計画経済が採用された。革命政党といっても、ミャンマーの共産党（ビルマ共産党）は独立直後の一九四八年にすでに武装蜂起しており、国軍にとっては国家安全保障上の脅威のひとつであった。そのため、一党制を担う革命政党としてビルマ社会主義計画党（ＢＳＰＰ）が新しく結成された。ただし、幹部クラスの多くは国軍士官によって占められており、ＢＳＰＰは実質的に国軍の党だった。文民党幹部の養成も進められたが、彼らはせいぜい地方の幹部であり、党中央で主導権を握ることはなかった。社会主義の皮を被った軍事政権というのが実態だった。

司法も、一九四七年憲法ではその独立性が保証されていたが、一九六二年クーデターによる最高裁長官の拘束と最高裁判所の廃止を機に、その独立性は失われていく。一九七二年には従来の司法機関が改組されて司法委員会が行政単位ごとに設置された。司法委員会のメンバーは国軍将校、司法官僚、農民・労働者の代表などからなり、もはや司法判断は専門家によって担われるものではなくなった。一九七四年憲法では、人民司法評議会（評議員は現在の連邦議会にあたる人民議会の議員により構成）が司法権の最高機関となり、司法の独立も裁判官の専門職業的任命制もその存在が否定された。こうして司法全体が国軍の影響下に入っていったのである［Cheesman 2011］。

計画経済についても、資本の国有化は進み、国内の生産活動は国家に管理される体制となったが、農業集団化を行わなかったり、農業労働者に土地の分配が行われなかったりなど、中途半端な側面もあった。結局、他の社会主義圏同様に、自由のない農業政策は農民のインセンティブをみるみる奪っていき、農業生産物の輸出で外貨を獲得して工業化をはかるというシナリオは絵に書いた餅でしかなかった。

国のリーダーシップも、ネー・ウィンは最高権力者の地位を譲ることなく、年々独裁的な色を強めていく。自身の権力に固執するようになり、当時のシンガポール首相リー・クアンユーの回顧録には、暗殺を恐れてヘルメットをかぶったままゴルフをするやや異様な精神状態にあるネー・ウィンが登場する〔リー・クアンユー 二〇〇〇〕。他人を信用できなくなった彼が新たな勢力を政権に取り込むことはなく、閣僚をはじめとした国家の枢要ポストは退役将校、現役将校によって占められた。市民の自由も厳しく制限された。

こうして、ビルマ式社会主義の時代に国軍は、政治、行政、司法、経済へと深く足を踏み入れていき、結果として国力は低下した。そうしたネー・ウィンや国軍の政権運営への不満が爆発したのが一九八八年の大規模な反政府運動であった。物価上昇による社会不安のなかで起きた学生による反政府デモを直接のきっかけにして、市民を巻き込んだ民主化運動に発展していく。対して、ネー・ウィンは臨時党大会でBSPP党総裁を辞任したものの、複数政党制の導入は党大会で否決されたため、反政府運動の勢いはますます強くなった。そうしたなかで次のクーデターが起きる。

（3）一九八八年九月一八日のクーデターとその後の直接的軍事政権

反政府運動は各地に広がり、一九八八年九月一八日のヤンゴンでは三〇万人を越える人が街頭でデモ行進を行っていたといわれる。母親の看病のためにヤンゴンを訪問していたアウン・サン・スー・チーが民主化運動への参加を決断して、八月には民衆の前ではじめて演説を行っていた。運動の勢いは今後ますます高まりそうだった。そうしたなか、同日の午後四時、現地ラジオの音楽番組が突然中断され、国軍による国家権力の掌握が伝えられた。国軍はソーマウン国軍司令官を頂点に幹部一九名で構成される国家法秩序回復評議会（SLORC）を組織し、国家の全権を掌握した。社会主義時代の憲法を廃止し、複数政党制による選挙を約束した。

このまま総選挙を実施して政権移譲していれば、軍事政権は一九五八年クーデター型の選挙管理内閣にもなりえたかもしれない。しかし、クーデター後に選挙実施の約束とともに国軍が行ったのは、治安の安定の名のもとでの弾圧強化である。軍の発砲等による死者は三〇〇〇人を越えたといわれる。結成されたばかりの国民民主連盟（NLD）への弾圧も激しく、同党の書記長であったアウン・サン・スー・チーも一九八九年七月に自宅軟禁の身になっている。市民に銃を向けてしまっては、国軍が政治の調整役となることは難しい。

国軍はそうした前政権や国軍への国民の悪感情に鈍感だったのか、一九九〇年五月二七日に予定通り総選挙を実施した。結果は、争われた四八五議席中三九二議席を国民民主連盟が獲得して、BSPPの後継政党である民族統一党（NUP）はわずか一〇議席獲得と惨敗した。軍事政権はこの結果を受け入れなかった。新しい議会は憲法起草後に設置されるという発表を行い、また、その新憲法は全国民が受け入れられるものでなければならないとして、暗に総選挙の当選者による議会の招集を行わないことを示した［伊野二〇一二］。

当然、NLDをはじめとした民主化勢力は国軍を強く批判し、国際社会（特に米国、ヨーロッパ）も同様に反発して、米国は大使の召喚を伴う対応をとった。この国内民主化勢力と欧米の国々との間のデッドロックは、このあと約二〇年間続くことになるわけだが、結局その間、国軍は自分たちの統治を民主化までの暫定政権としてしか正当化できなかった。暫定政権の存在が許されるのは国家が危機に陥っているときだけである。そのため、SLORC（一九九七年にSPDCに改組）は国内民主化勢力や欧米の制裁を国家統合の脅威とみなして常に危機を演出し続けなければならなかった。憲法もなく、議会もない暫定政権としての軍事政権が二〇一一年初旬まで続いた。

指導者はクーデター時のソーマウンから一九九二年に陸軍のトップだったタン・シュエに変わり、非常に内向きで保守的な独裁政治が続いた。市民の自由は制限されて、情報も統制されていた。経済は計画経済が否定され、市場化へと向かったが、改革はなかなか進まず、また欧米からの制裁によって市場経済は十分に機能しなかった。その結果、成長する他の東南アジア諸国を尻目にミャンマー経済は停滞する。

司法については、一九八八年クーデターによって社会主義時代の司法制度が廃止され、最高裁判所が復活して公式制度上は司法に独立性が付与された。しかし、この司法の独立性はまったく名目的で、実質は人事も実務も含めて軍事政権の強い影響下にあった。軍事政権による民主化勢力への弾圧にも司法府が積極的に活用され、ヒューマン・ライツ・ウォッチによると、二〇〇八年時点で約二一〇〇人が政治的な理由によって投獄されていたという［Human Rights Watch 2009］。市民も裁判所が公平な判断をする紛争処理機関だと認識しておらず、司法制度への信頼は著しく低下した。

国軍はクーデター後、軍事組織として拡大した。兵員は二〇万人から四〇万人に増え、軍備についても主に中国からの武器輸入を通じて整備をすすめた。長年戦ってきた国内の武装勢力に対しても、一方でワ連邦州軍（ＵＷＳＡ）などの旧ビルマ共産党勢力と停戦合意を結び、他方で停戦に前向きでないカレン民族同盟（ＫＮＵ）に対しては、総力を上げて攻勢に出て同勢力をタイ国境地帯へと押しやっていくなど、より戦略的な動きを見せるようになった。

二〇〇〇年代に入ると、タイへの天然ガス輸出が軍事政権の財政基盤に余裕を与えたが、こうした資源開発の利益が国民へと目に見えるかたちでもたらされることはほとんどなく、二〇〇七年には原油価格の上昇に起因するインフレを背景にした大規模な反政府運動が発生した。僧侶が主導して全国に拡大するという同国でこれまでなかった反政府デモのパターンだったが、軍事政権は強硬に対処した。デモ隊への発砲や僧院への強制捜査が実行され、日本人ジャーナリストも含めた一〇〇人以上の人々が犠牲になったといわれる。

3　軍事政権の時代は終わったのか？

（１）新政権における国軍の役割

長くミャンマーの最高指導者として君臨してきたタン・シュエ将軍は、二〇一一年三月に民政移管を実現して政界を引退した。軍事政権はその発足以来、内外からの批判にさらされてきたが、市民社会に対する軍事政権の優位は揺るぎないものがあり、その持続だけを目的とするなら、二〇一一年のタイミングで民政移管をする必要はなかっただろう。それにもかかわらず、民政移管を断行した理由については、おそらく、一九三三年生まれのタン・シュエが七〇歳を越えて自身の引退を機に暫定政権を終わらせようとしたものと思われる。独裁的な軍事政権が独裁的な決断で終わったわけである。

市民社会や国際社会の圧力に屈して民政移管を進めたわけではないため、軍政が民政移管を主導した。したがって、その行き着く先がいわゆる民主化でなかったとしても不思議ではないだろう。あくまで暫定政権を終わらせるための民政移管であって、国軍による政治的関与を終わらせるための移管ではなかった。ただし、新体制で国軍の政治関与の内容は変化した。では、どう変わったのか。新体制の基礎となる二〇〇八年憲法に規定された国軍の役割を示したのが、次頁の表である。

まず、第一章の国家の基本原則のうち、第六条で国軍の政治リーダーシップへの参画をはっきりと明言している。さらに第二〇条（f）では二〇〇八年憲法を守ることが国軍の責任になっている。憲法を守るということの具体的な意味については立法上の役割と関連しており、憲法改正は国民投票によって可能になるが、その国民投票を発議するためには、改正法案に対して連邦議会議員の四分の三を越える賛成が必要である。すぐ下で見るように、連邦議会議員の四分の一は国軍司令官が指名する国軍代表議員であるから、彼らの賛成なくして憲法改正は発議できないことになる。これが基本原則における国軍の憲法を守る責任を果たす具体的な手段である。国軍司令官が憲法改正を拒否する権限を持ち、国軍司令官が首を縦にふらない限り、現行憲法を変えられない仕組みになっているわけである。

次に、立法における国軍の関与を見ると、まず人事的に国軍が議会に直接人を送り込める仕組みがある。人民議

表　国軍の政治的役割に関する主要な憲法条文

分類	条項	内容
国家の基本原則	第 6 条（ｆ）	政治リーダーシップへの国軍の参画
	第 20 条 (e)	連邦の不分裂、国家統合の不分裂、主権の永続に責任をもつ国軍
	第 20 条 (f)	憲法を守ることが国軍の主たる責任
立法権関係	第 14 条	連邦議会・地方議会における国軍司令官指名の国軍代表議員
	第 74 条 (a)	人民議院における国軍代表議員
	第 74 条 (b)	民族議院における国軍代表議員
	第 109 条 (b)	人民議院における 110 人超えない議員の国軍司令官による指名
	第 141 条 (b)	民族院における 56 人を超えない議員の国軍司令官による指名
行政権関係	第 17 条 (b)	軍事、治安、国境管理における国軍司令官が指名した軍人の関与
	第 60 条 (b) (iii)	大統領選挙人団を国軍代表議員から構成
	第 232 条 (b)	防衛、内務、国境大臣の国軍司令官による指名
	第 234 条 (b)	防衛、内務、国境副大臣の国軍司令官による指名
	第 235 条（ｃ）	大臣、副大臣を務める軍人が辞任あるいは解任する場合、国軍司令官と調整
非常事態宣言関係	第 40 条 (b)	非常事態宣言を出す十分な理由があれば国軍は危険を防ぎ、保護を提供
	第 40 条 (c)	危機自体における国軍司令官による国家主権の行使権限
	第 418 条 (a)	非常事態宣言（第 417 条）による、立法、行政、司法権の国軍司令官への移譲
	第 420 条	非常事態宣言下の国民の基本的権利の制限
	第 421 条 (a)	非常事態宣言における国軍司令官の議会への報告義務
	第 422 条	非常事態宣言下での国軍司令官の任務終了後の手続き

※この他にも、国防治安評議会を通じた政治への関与があるが、間接的なものとしてここには挙げない。

院では一一〇人、民族議院では五六人を越えない範囲で、国軍代表議員を国軍司令官が指名できるようになっている（第一〇九条ｂ、第一四一条ｂ）。これはそれぞれ議員定数の四分の一に当たり、連邦議会だけでなく、地方議会でも定数の四分の一が国軍司令官指名議員に割り振られている。彼らが同一の投票行動をとれば、国軍は立法過程に大きな影響が与えられるわけである。

行政権についての国軍の関与を見ると、原則として軍事、治安、国境管理には国軍が関与することになっている（第一七条ｂ）。そのため、閣僚のうち、防衛大臣、内務大臣、国境大臣および同副大臣を国軍司令官が指名できることになっている（第二三二条ｂ、第二三四条ｂ）。ちなみに内務省は主に警察と地方行政を所掌しているため、特に治安部分が国軍の関与の余地を生む。また、特定の行政分野だけでなく、大統領候補となる三名（大統領は連邦議会議員の投票で選出し、残り二名が副大統領）のうち一名を連邦議会の国軍代表議員からなる選挙人団が選出できる。つまり、正副大統領のうち少なくとも一名は国軍が選んだ代表ということである。正副大統領は議員であることが資格ではないので、連邦議会議員でないものであっても選出することができる。

最後に、非常事態宣言については、大統領が同宣言を発令すれば（特に第四一七条による非常事態宣言発令の場合）、国軍司令官に立法権、行政権、司法権すべてが移譲される。これは国軍による権力掌握が合法的に行われるうる手段であるが、同宣言の発令は大統領の権限であり、また、権限を移譲された国軍司令官に対して議会への報告を義務付けたり、二度の延長を含めて最長二年を同宣言の有効期間としたりするなど、一定の縛りはかけられている。

(2) ソフトランディングの民政移管

すでに見たように、新体制への移行によって行政権と立法権の大半は国軍の手を離れることになる。そのため、政治が不安定化するリスクがあり、それを避けるために民政移管は慎重に進められた。そもそもこの民政移管は二〇〇三年に発表された「七段階のロードマップ」にもとづく。このロードマップを発表したのは、当時の首相であったキン・ニュン将軍であった。その翌年、キン・ニュンは失脚するが、ロードマップ自体は引き継がれ、二〇〇八年五月に新憲法が国民投票にかけられて、投票者の九二・八二％の信任により新憲法は成立した。にわかに信じられない高い信任率であったため、内外で不正の噂も出たが、軍政は意に介さなかった。現地でも新憲法成立の熱狂などはなく、新政権への期待も高くなかった。

ともあれプロセスは進む。成立した新憲法にもとづいて、二〇一〇年一一月には総選挙が実施される。軍事政権時代の大衆動員組織であった連邦団結発展協会（ＵＳＤＡ）が連邦団結発展党（ＵＳＤＰ）として改組され、さらに軍事政権の幹部が退役して同党の幹部として立候補することになった。結果は、ＵＳＤＰの圧勝である。連邦議会で争われた四九三議席のうち三八八議席（七八・七％）をＵＳＤＰが獲得した。二〇一一年一月には正副大統領の選出が行われ、軍事政権時代の首相であったテイン・セインが新大統領に就任した。テイン・セインは閣僚や地域・州の首長にはのきなみ国軍の元高官たちを任命していく。そして、三月三〇日に新政権が発足し、ＳＰＤＣは新政権に国家権力を移譲して解体された。

二〇年以上続いた軍事政権の終わり方としてはスムーズな移行だった。それは、プロセスを国軍が管理したことと、タン・シュエと、彼に次ぐ指導者であったマウン・エーを除いて、軍事政権と新政権の指導部の間に連続性があったことが大きな理由だろう。実際、政権幹部は軍政自体と代わり映えしなかった。また、アウン・サン・スー・チーとＮＬＤが民政移管の一連のプロセスに参加しなかったことも大きく影響しているだろう。新政権への期待は内外で極めて低かった。

（3）新政権下の政治と国軍

新政権に対する期待（の低さ）は良い意味で裏切られることになる。テイン・セイン大統領は政権発足当初から政治経済改革の姿勢を示して、かつてあれほど敵対していた民主化勢力との対話もはじめた。民主化勢力との対話や政治囚の釈放が進むと、欧米との関係も改善に向かう。二〇一二年四月の補欠選挙にＮＬＤが参加してアウン・サン・スー・チーをはじめとした候補者四三人が当選したことが決定的な転機になった。二〇一三年までに軍事政権時代のミャンマーを苦しめてきた欧米からの経済制裁は大幅に緩和され、東南アジアのフロンティアとして同国経済は世界的に注目を集めることになる。言論の自由や結社の自由、集会の自由といった市民的自由も以前に比べるとずいぶんと拡大した。

新政権のもとで国軍も変わった。タン・シュエに代わって新しく司令官となったミン・アウン・フライン将軍はタン・シュエより二〇歳以上若い。メディアのインタビューにも応じ、自らのフェイスブックで自身と国軍の広報活動も活発に行っている。その動きが国民からほとんど見えなかったタン・シュエとはまったく異なる。筆者が聞く限りでは、国軍内外ともに同司令官の評価は高く、合理的な思考の持ち主で、新憲法下における新しい国軍のあり方に疑いは持っていないという。

結果、国軍の政治的役割は以前に比べて実際に後退した。かつてほとんど常態と化していた国軍幹部と行政府幹部との兼務は、憲法に従って、一部の例外を除いて兼務されなくなった。国軍将校の他省庁への出向も大幅に減少した。議会では制服を着た軍人たち（多くが佐官級の中堅将校）が議席の四分の一を占めており、立法活動に携わっているが、ＵＳＤＰが単独で過半数の議席を持っていることもあって、通常法案の審議や採決時にその存在感がことさら目立つわけではない。

二〇〇八年憲法を擁護することが国軍の役割であるため、二〇一五年の憲法の現時点での改正について国軍は慎重な姿勢を崩していない。国軍代表議員の存在や大統領資格などを巡って国内外から現憲法への批判はあり、アウン・サン・スー・チーら民主化勢力は二〇一二年以来ずっと憲法改正を求めてきた。議会にも一〇〇名を越える議員からなる委員会が設置されて国民からの意見聴取を行うなど世論の関心も高い問題である。しかしながら、結局、二〇一五年六月二五日の連邦議院（人民議院と民族議院の合同会議）で六つの条項に関わる憲法改正法案について採決が行われたが、大統領資格にかかわる僅かな変更一つ（大統領資格にある「戦争の知識」を「国防の知識」に変更するもの）を除いて、残りの五つはすべて否決された。与党ＵＳＤＰは党議拘束を基本的に行わないため、国軍代表議員の投票が結果を左右した。

安全保障政策についても、かつては反政府武装勢力に対する強硬な姿勢が目立った国軍だが、現在は全土停戦合意を目指す大統領とある程度歩調を合わせて動いている。コーカン自治区を始めとした一部地域では戦闘が続いており（非常事態宣言も発令）、今後も余談を許さない状態だが、大統領が望む政治的解決とのバランスを意識した対内安全保障戦略が練られているように見える。また、国防予算についても、議会での審議の例外ではなく、国防省の予算額の総額は増えているが、国家予算全体に占める割合は二〇一一年度の一九％から二〇一四年度予算では一二％まで低下している［ICG 2014: 16］。

民政移管から約五年たって、新体制はまだ定着してはいない。国軍の新しいあり方もまだ定着していないが、これまでの動きを見る限り、憲法に従ったかたちで国軍の政治への関与は一定程度後退したとみなせるだろう。

4　今後の行方

二〇一五年一一月八日の総選挙でＮＬＤが大勝をおさめた。ＮＬＤによる新政権は五〇年以上にわたって続いた国軍関係者による国家枢要ポストの独占を終わらせた。連邦議会両院で過半数を超える議席を持つため、数の上では安定政権になる。国軍代表議員の存在によって憲法改正はできないが、連邦政府予算を含めた立法過程を自党に有利に運べる状況が生まれるわけで、民主化とはいえなくとも、大きな変化を生み出しうる政権交代である。

この新しい環境下で国軍はどのような行動をとるのか。注目されるのは以下の三点であろう。第一に、ＮＬＤが求める憲法改正に国軍が応じるのかどうかである。ＮＬＤはその公約により民主的な政府をつくるための憲法改正をかかげている。これは国軍の権限を減らすことに他ならず、そう簡単に国軍は受け入れそうにない。しかし、国内外からの民主化圧力は強く、国軍はどのようにそれに抵抗するのか。

第二に、少数民族との和平交渉における新政権と国軍との協力体制が維持できるかどうかである。新政権はテイン・セイン時代の交渉による全土停戦を目指すものと思われるが、この作業に国軍の協力は欠かせず、両者の協力関係が成り立つか注目される。国軍が政治介入を続ける大義名分のひとつは少数民族武装勢力の存在である。彼らが国家に統合されないかぎりは国軍が政治から手をひく可能性は低いため、新政権下の和平交渉のゆくえは極めて重要なポイントになるだろう。

第三に、国軍がより専門職業主義的な軍隊として組織改革を進められるどうかである。国軍はいまだ歩兵中心の旧態依然とした軍隊で、四〇万人ともいわれるそのサイズの合理化も含めてより近代的な軍隊になっていくことが求められている。ミン・アウン・フラインは明確にその方向性を打ち出したが、次の司令官がその路線を引き継ぐかどうかが注目だろう。

以上で検討してきたように、ミャンマーにおける国軍と政治の関係はいま、新しい局面を迎えている。かつてのような国軍による独占的な支配の時代は終わって、統治にかかわる権力機構のひとつになっている。とはいえ、政権が不安定化したり、社会不安が広がったりすれば、再び国軍が政権を握る可能性は十分にある。党派性によらず国家の利益を実現できるのは自分自身だという「国民政治」の理念が国軍指導者の頭から今も失われていないからだ。いわばミャンマー政治の後見人としての立場を担おうとしているのである。ただ、こうした役割を受け入れる国内世論は限定的で、国際社会も同様に否定的な立場をとるだろう。中立的に政治にかかわれるほどの信頼を、国軍が国民から得てこなかったのが最も重要な理由である。今後、国軍がどんな役割を担おうとも、国民の信頼を地道に回復していくことがミャンマー政治の発展にとって最も必要とされる。

付記
本稿は科学研究費補助金・若手研究（B）「体制移行期ミャンマーにおける国軍の組織的利益の研究」の成果の一部である。

参考文献

伊野健治　二〇一二年「軍政下の民主化運動と今後の展望」工藤年博『ミャンマー政治の実像―軍政二三年の功罪と新政権のゆくえ―』アジア経済研究所、一〇一―一〇三ページ。
中西嘉宏　二〇一二年「国軍―正統性なき統治の屋台骨」工藤年博編『ミャンマー政治の実像―軍政二三年の功罪と新政権のゆくえ―』アジア経済研究所、七一―一〇〇ページ。

中西嘉宏　二〇一五年「民政移管後のミャンマーにおける新しい政治—大統領・議会・国軍—」工藤年博編『ポスト軍政のミャンマー—改革の実像—』日本貿易振興機構・アジア経済研究所、二五—五二ページ。

リー・クアンユー　二〇〇〇年『リー・クアンユー回顧録〈下〉—ザ・シンガポールストーリー—』日本経済新聞社。

Callahan, Mary. [2003] *Making Enemies: War and State Building in Burma*. Ithaca: Cornell University Press.

Cheesman, Nick. [2011] "How an Authoritarian Regime in Burma Used Special Courts to Defeat Judicial Independence" *Law & Society Review*, Vol.45, No.4.

Human Rights Watch. [2009] "Burma: Event of 2009" (https://www.hrw.org/world-report/2010/country-chapters/burma)（二〇一五年一二月二八日閲覧）

International Crisis Group "Myanmar's Military: Back to the Barracks?" *Asia Briefing* No.143, 22 April 2014.

Aung Myoe. [2009] *Building the Tatmadaw: Myanmar Armed Forces Since 1948*, Singapore: Institute of Southeast Asian Studies.

Rogers, Benedict. [2010] *Than Shwe: Unmasking Burma's Tyrant*. Silkworm Books.

Selth, Andrew. [2002] *Power without Glory: Burma's Armed Forces*, Norwalk: East Bridge.

Yoshihiro Nakanishi. [2013] *Strong Soldiers, Failed Revolution: The State and Military in Burma, 1962-1988*, National University Singapore Press

タン・シュエ国家法秩序回復評議会／国家平和発展評議会議長

第2章
ミャンマーの内政と外交の動向

岸　直也

二〇一五年一一月八日に実施された総選挙は、一九九〇年の総選挙以来、初めて、アウン・サン・スー・チー氏率いる国民民主連盟（NLD）や少数民族政党を含む主要政党全てが揃う総選挙となったが、全体として大きな衝突、混乱はなく、概ね平和裡に行われ、最大野党NLDが全議席の六割弱（選挙議席の八割弱）にあたる三九〇議席を獲得し圧勝した。二〇一一年に登場したテイン・セイン政権は国民に何をもたらし、国民は何を選択したのか。政権が発足した二〇一一年以降の内政と対外政策を振り返ってみたい。

1　テイン・セイン政権の内政と対外政策

（1）内政

USDPが八八二議席（全議席の約七六％）を獲得して圧勝した二〇一〇年一一月の総選挙結果を受け、二〇一一年一月三一日より連邦議会が開催され、二〇一〇年の総選挙で選出されたシュエ・マン下院議員（国家平和開発評議会（SPDC）委員、前国軍総参謀長）が下院議長に、キン・アウン・ミン上院議員（文化大臣）が上院議長に選出された。また、テイン・セイン下院議員（首相）が大統領に選出され、三月三〇日に正式就任した。同日、軍事政権であるSPDCは解散し、民政移管が実現した。テイン・セイン政権は、政治犯の釈放を含む恩赦の実施や、アウン・サン・スー・チー議長との政治対話、出版物に対する事前検閲の緩和、労働争議や街頭デモ、集会を認める「労働団体法」、「平和的集会・デモ行進法」を布告した他、「政党登録法」を改正してNLDの政党登録（合法政党化）及び補欠選挙参加への道を開いた。その他、軍政時代から中国企業との合弁で進めてきた「ミィッソン・ダム建設計画」を安全性や環境問題を憂慮する国民の声に配慮してテイン・セイン大統領の任期中において凍結する旨表明した。同政権は、国民和解を実現するため、少数民族武装勢力に対し和平交渉を呼びかけ、統一ワ州軍（UWSA）との間で和平が実現した他、シャン、カレン、カチン族他の武装勢力との間でも交渉が開始された。但し、カチン族との間では依然として散発的に戦闘が発生しており、和平交渉は難航してきた。

また、テイン・セイン大統領は、二〇一一年三月の就任以後、三段階の改革戦略を発表し、積極的な改革政策を実施してきた（第一段階：二〇一一年就任以降の政治、外交、国内和平、グッド・ガバナンス及びクリーン・ガバメントに関する改革。第二段階（二〇一二年五月発表）：社会経済生活の向上。第三段階（二〇一二年一二月発表）：行政制度改革。）。テイン・セイン大統領は、アウン・サン・スー・チー氏が率いる国民民主連盟（NLD）の国政参加を実現すべく政党登録法を改正し、二〇一二年四月一日の補欠選挙でNLDの選挙参加が実現し、スー・チー氏自身を含むNLDが補欠分の全四五議席中四三議席を獲得した。

このほか、テイン・セイン大統領は、海外在住の民主化活動家の帰国受入れ、累次の恩赦実施による多くの政治犯の釈放、強制労働徴用制度及び事前検閲制度の廃止を実現し、ミャンマーの民主化及び人権状況は一定の前進を見せてきた。例えば、メディアの活動については、他の東南アジアの実情にてらせば、ミャンマーのメディアは、より自由度が高い様子が伺える。

同大統領は、少数民族武装組織との和平についても積極的に取り組んでおり、二〇一二年一月にはカレン民族同盟（KNU）との間で六〇年ぶりの停戦合意が実現する等、主な一一の組織の内カチン独立機構（KIO）／カチン独立軍（KIA）を除く一〇の組織との間で停戦合意が実現するに至った。しかし、二〇一一年六月に発生したミャンマー国軍とKIO／KIAとの間では未だ停戦が実現しておらず、引き続き和平実現に向けた努力が続けられた。その後も、テイン・セイン大統領は、少数民族武装組織との国内和平を最優先の課題の一つに掲げ、一六の主な少数民族武装組織の内、カチン独立機構／軍（ＫＩＯ／ＫＩＡ）等を除く一四の組織との間で停戦合意を実現。続いて、全ての少数民族組織との全国規模の停戦合意署名に向けて最終段階の詰めを実施。停戦合意後は、できるだけ早く全てのステークホルダーが参加する政治対話に移行すると表明している。この和平の道のりについて最近までの経過を辿れば、二〇一五年三月には、ミャンマー政府と少数民族武装組織との間で、全国規模の停戦について基本合意し、一〇月一五日には、ミャンマー政府と少数民族武装八組織との間で停戦合意文書が署名された。他方で、カチン州、シャン州北部を中心に、戦闘が散発的に発生しており、特に同年二月九日から発生しているコーカン地域での国軍とコーカン族武装組織との戦闘は依然継続している。

そうした中、二〇一二年八月及び一〇月、ラカイン州において仏教徒住民とベンガル系回教徒住民（いわゆるロヒンジャ）との衝突・暴動が発生した。二〇一四年に入り、情勢は比較的安定しているが、ラカイン州では現在も双方のコミュニティ間の緊張が継続しており、未だに問題解決の糸口は見えていない。また、「ロヒンギャ」の法的ステータスを巡る問題、及び、一部仏教僧侶団体の要請に基づいて起草された民族・宗教保護四法案は国際社会の懸念を呼んでいる。

また、二〇一二年一一月には、ザガイン地域において国軍関連企業と中国企業との合弁事業であるレバダウン銅山プロジェクトに関して、土地収用補償への不満、環境汚染等を理由に、事業停止等を掲げて抗議活動していた僧侶を含む住民を当局が強制排除し、僧侶を中心に多数の負傷者が出た。

二〇一三年に入ると、テイン・セイン大統領は、五年間の任期が後半に入る中で、二〇一一年三月の就任以降推し進めてきた政治改革、経済社会改革、行政改革及び民間セクター改革の四つの改革に関して、国民が改革の成果を実感できることが重要であるとして、国民を中心に置いた政策方針を示している。

同大統領は、公約通り二〇一三年末までに全ての政治犯を釈放する旨表明した（テイン・セイン政権下で釈放され

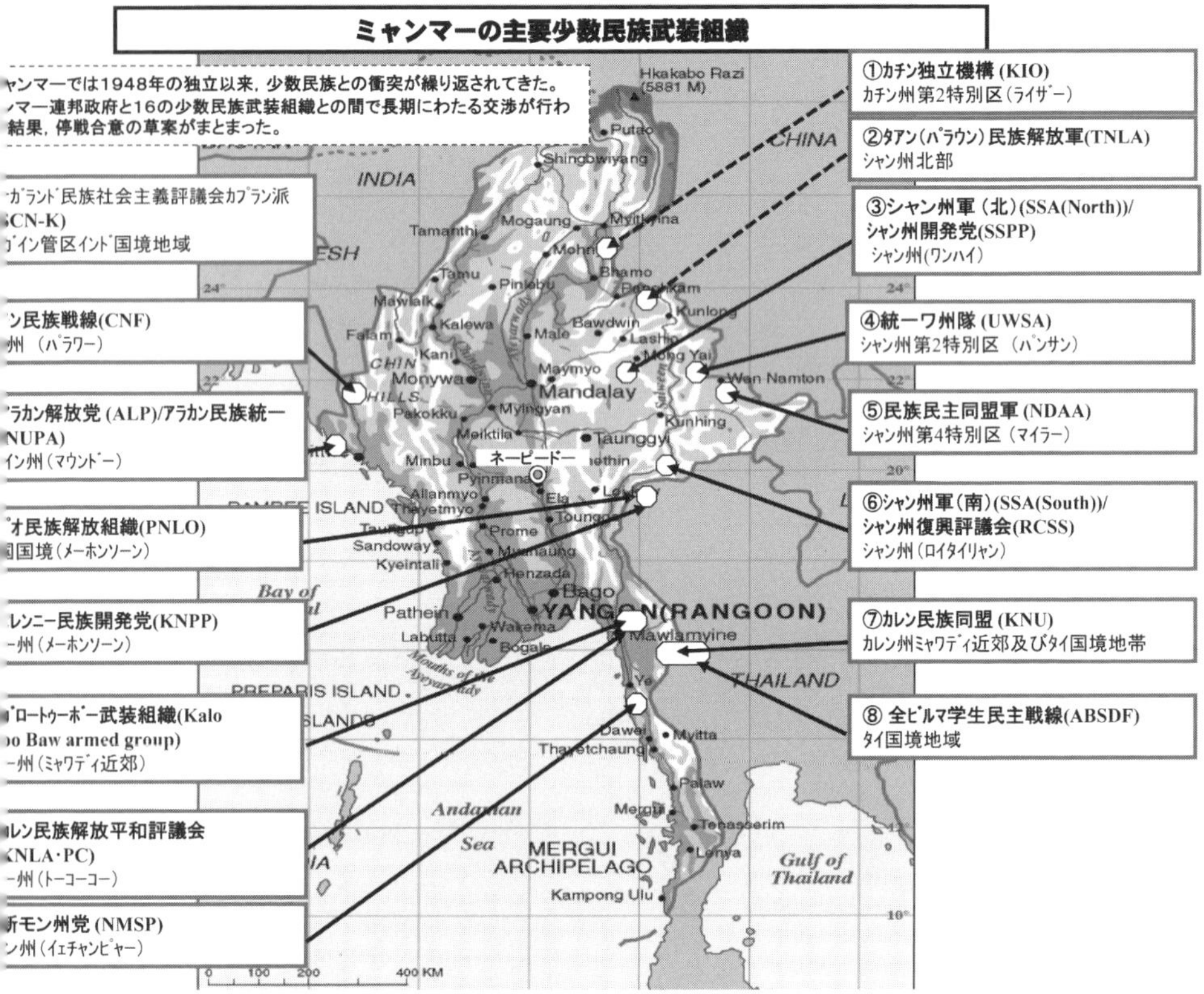

図１　少数民族による武装組織一覧図

た政治犯は一一〇〇人以上とされる）。また、検閲の廃止、約五〇年振りの民間日刊紙の発行許可、外国メディアの支局開設許可、児童兵の親元への送還等、人権、民主化の観点で一定の成果を上げてきている。一方、国際社会は、新たな政治犯の存在、ジャーナリストの拘束事案等も指摘されており、民主化は道半ばとの見方が根強く、国連総会や人権理事会において、人権状況の改善を求める決議が欧米等により毎年提案され、決議されている。

二〇一五年の総選挙に向け、シュエ・マン下院議長及びアウン・サン・スー・チー氏は次期大統領就任への意向を表明。他方、現行憲法は外国人と結婚した者や子供等が外国籍を持つ者等の大統領就任を認めておらず、スー・チー氏はこの大統領資格要件を満たしていないため、本条項を含む憲法改正が内政上の最大の焦点となってきた。右に関し、スー・チー氏はシュエ・マン下院議長と協力関係を構築し、テイン・セイン大統領や国軍に対し、憲法改正に消極的であるとして批判を強めてきた。二〇一四年に入ってからも、憲法改正が議論されてきたものの、右大統領資格条項の改正は困難な情勢のまま、総選挙の時期に至った。こうした中にあって、改革を進める現政権は一定の評価を得ながらも、最大野党のＮＬＤが、スー・チー氏の根強い人気を背景に幅広い支持を得ている。

（2）対外政策

テイン・セイン政権発足後、政府による民主化や改革に向けた前向きな動きが加速されるに従い、欧米諸国の閣僚級要人の来緬が相次いだ。軍事政権時代、人種・民主化・各種不法取引等の問題をめぐり欧米諸国からの厳しい非難と制裁を受け、国際的に孤立し、中国への依存が指摘されていた状況とは対照的である。二〇一一年一一月中旬にミッチェル英国際開発大臣がミャンマーを訪問したほか、同年一一月末にはクリントン米国務長官が、米国の国務長官としては五三年ぶりとなる訪問を行った。中国との間では、民政移管後の早いタイミングでテイン・セイン大統領が訪中したほか、副大統領や外相を含む要人の訪中も行われた。一方、九月に同大統領が、中国企業との合弁で進めてきた「ミィッソン・ダム建設計画」を凍結したことや、米・ミャンマー関係が急速に改善しつつあることから、中国側に不満が生じつつあるとの見方もあるが、引き続き活発な要人往来を含め、表面上は、中緬関係に特段大きな変化は見られない。なお、二〇一一年一一月のＡＳＥＡＮ首脳会議の際、二〇一四年にミャンマーがＡＳＥＡＮ議長国に就任することが正式に承認された。

二〇一二年に入っても、テイン・セイン大統領による民主化、国民和解に関する前向きな動きと成果を受けて、各国は、ミャンマーとの関係強化のための要人訪問を活発化した。同年一一月には、米国大統領として初めてとなるオバマ米大統領のミャンマー訪問が行われた。欧米各国や国際機関は、ミャンマーに対する関心を急速に高め、経済協力の拡大も含めミャンマーに積極的に関与する政策に転換し、欧米が制裁の大半を解除又は適用停止するとともに、ミャンマーと国際社会との関係は大きく変化した。一方、ミャンマー政府は、ラカイン州での仏教徒と回教徒コミュニティ間の暴動発生に関し、欧米や回教国を中心とする国際社会から、回教徒の劣悪な生活状況の改善や回教徒に対する市民権の付与を求められている他、テイン・セイン大統領による停戦指示にも拘わらず、国軍とカチン独立軍（KIA）との戦闘が長期化し、カチン族国内避難民（IDP）の生活状況の悪化、国際社会からの支援がIDPに届かない状況につき厳しい批判を受けている。

二〇一三年にもなお、各国は、ミャンマーとの関係強化のための要人訪問を活発に実施しており、二〇一三年五月にはテイン・セイン大統領がミャンマー大統領として四七年ぶりの公式訪米を実施した他、欧州各国及び豪州にも訪問した。欧米ドナー各国や国際機関は、引き続きミャンマーに対する関心を急速に高めており、経済協力や軍事交流の拡大も含めミャンマーに積極的に関与する姿勢を鮮明にしている。日本も、歴史的なミャンマーとの友好協力関係の上に立って、中国、インド、ASEANの間に位置する地政学上の要衝にあり、現政権発足後の改革路線に伴い特に経済界からの関心も高く、日本の重要なパートナーであるASEANの加盟国であるという観点から、ミャンマーの改革努力を後押しすることを基本方針とし、具体的には、民主化と国民和解、経済改革の配当を広範な国民が実感できるよう、①国民の生活向上、②経済・社会を支える人材能力向上や制度整備、③持続的経済成長のために必要なインフラや制度の整備等を重点分野として取り組む方針で臨んできた。日本等との関係強化に伴い、中国のプレゼンスは相対的に低下しているが、テイン・セイン大統領は二〇一三年中に二度訪中、二〇一四年中に二度訪中する等、政治・経済的関係は依然緊密であり、地政学的理由からも、ミャンマーにとって中国との関係は第一に考慮しなければならない状況に変化はない。

こうした中、二〇一四年、ミャンマーは初めてASEAN議長国に就任。同年一一月のASEAN関連首脳会議のため、アジアのみならず、米国、EU、豪州等の各国首脳がミャンマーを訪問した。また、テイン・セイン大統領は、九月に欧州三カ国を歴訪。欧米ドナー各国や国際機関は、ミャンマーに対する経済協力や軍事交流の拡大も含めミャンマーに積極的に関与する姿勢を鮮明にした。ミャンマーにとって初めて就任したＡＳＥＡＮ議長国の役目については、南シナ海問題の扱いを含め、リーダーシップを発揮し、議長国としての責務に応えたとの評価を関係国から得た。

2　総選挙の実施とその結果

二〇一五年一一月八日に実施された総選挙は、一九九〇年の総選挙以来、初めて、アウン・サン・スー・チー氏率いる国民民主連盟（ＮＬＤ）や少数民族政党を含む主要政党全てが揃う総選挙となった。ＮＬＤが総選挙に参加したのは、九〇年以来二五年振りである（二〇一二年の補選にはＮＬＤも参加）。有権者数は約三二〇〇万人（人口約五一四一万人）、参加政党は九一（地方選挙を含む）であり、日本政府が派遣した選挙監視団が監視した投票所の中には、午前六時の開所時点で約二〇〇名の有権者が列をなすことが観察されるなど、ミャンマー国民の熱意が強く感じられる選挙だった。

自由・公正な選挙の実施を後押しするため、欧米ＮＧＯが選挙事務等に対する技術支援を実施したほか、約一〇〇〇名の国際選挙監視団を含め、約一万二〇〇〇名の国内外の選挙監視団が選挙監視活動を実施した。各国の選挙監視団の評価の範囲においては、今次選挙活動、投開票のいずれについても、全体として大きな衝突、混乱はなく、概ね平和裡に行われたとされた。投票が概ね平穏裡に実施されたことは、民主化進展に向けた重要な一歩として国内外で歓迎された。

選挙活動のプロセスにおいては、有権者名簿の不備、選挙区外における事前投票及び国軍施設内における監視団によるアクセスの拒否、民族・出自等を理由とする立候補資格の否定などの問題が指摘されている。また、一一月八日の投票時においては、有権者名簿との照合に時間を要し、特に午前六時の開始直後には各投票所で長蛇の列が観察

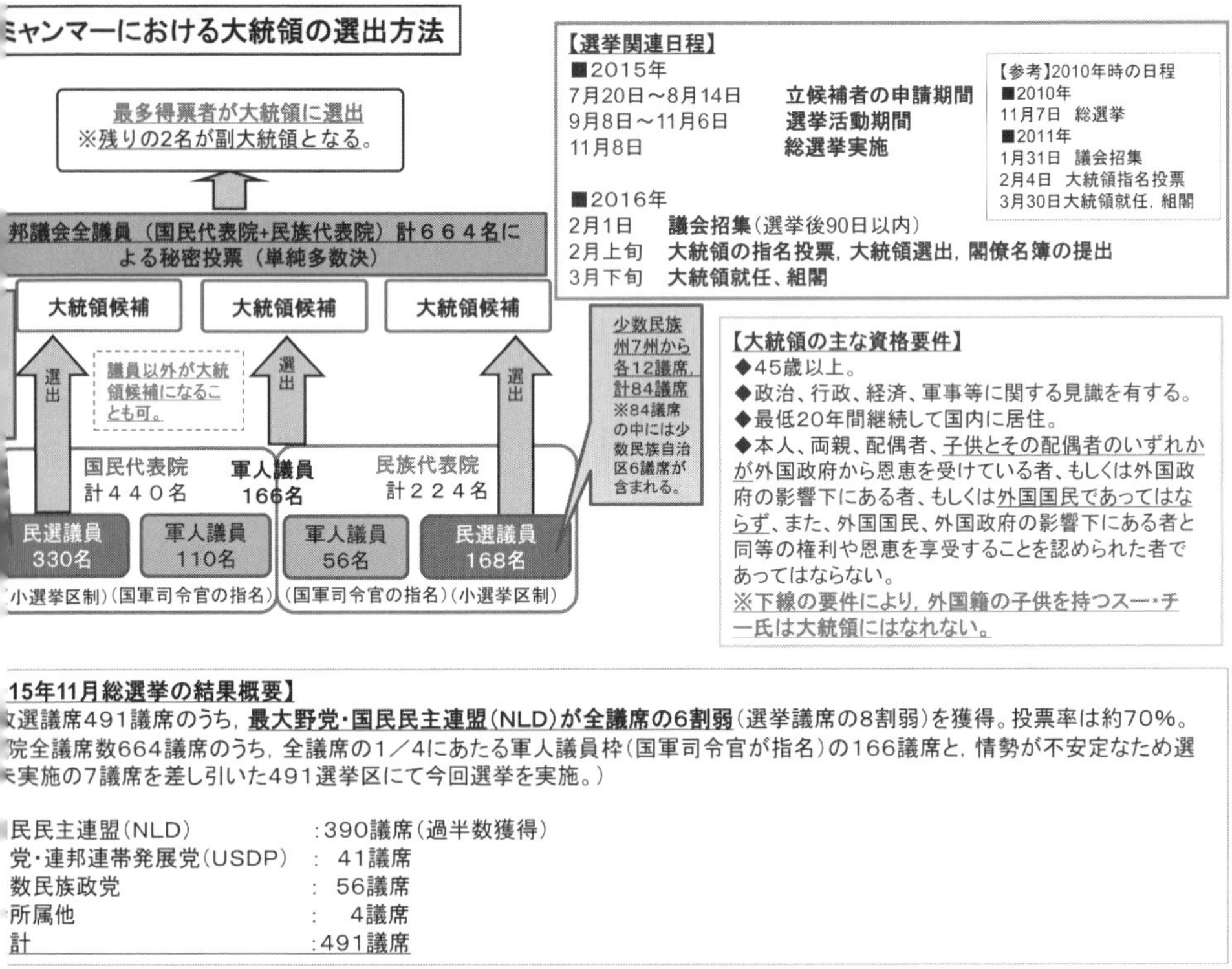

図２　ミャンマーにおける大統領の選出方法

されたほか、事前投票された投票箱が開始時間にやや遅れて到着するという事例も観察された。他方、日本政府監視団が監視した範囲では、同月八日の投票時においては、有権者名簿の不備により投票ができなかった有権者がいたとの情報は殆ど聞かれず、各投票所においては平穏裡に投票が行われていた。ある投票所では、二〇一〇年の選挙時に比べ、有権者名簿がより整備され、二重投票防止の特殊インクの導入など、改善が見られたとの評価も聞かれた。そして、今次選挙には国内外より合計一万二〇〇〇名以上の選挙監視要員が登録され、ミャンマー各地での選挙監視に従事した。各投票所には、各政党からも監視要員が派遣されており、幅広い関係者により透明性が確保された選挙であったことについては、十分に評価することができる。

総選挙当日の開票作業を経て、改選議席四九一議席の全結果が発表され、最大野党NLDが全議席の六割弱（選挙議席の八割弱）にあたる三九〇議席を獲得し圧勝した。これにより、NLDが上下院合計で、軍人議員を会わせた全体議席の過半数委譲を獲得したため、NLD単独による大統領選出が可能となった。一方、与党・連邦連帯発展党（USDP）は四一議席に留まり、現職閣僚で出馬した候補者も大半が落選した（1）。

今後、二〇一六年二月初旬に議会が招集され（2）、その後三月頃までに大統領選出、組閣し、三月末に新政権が発足する見込みとされる。NLDの圧勝という選挙結果を受け、この結果が公平且つ適切な手続に従い確定され、全ての関係者により受け入れられ、円滑且つ平和的な政権移行が実現するかどうかに注目が集まった。こうした中、一一月一一日、スー・チー議長が、テイン・セイン大統領や国軍司令官らに書簡を送り、来週中の会談を呼び掛けた。これに対し、大統領府は、①政府は国民の選択・決定を尊重し、決められた時間とおりに、平和裡に権力移譲できるよう取り組む、②スー・チー議長の提案した対話につき、選挙プロセスが完了したときに、双方の間で協議を行う旨発表。同日、国軍も、NLDに祝意を表し、選挙プロセスが完了したときに、スー・チー議長と国軍司令官との協議を行う方針を発表した。一一月一五日、シュエ・マン連邦議会議長の発表によれば、スー・チー議長との間で短時間面会が行われ、スー・チー氏は民主主義の成功裡且つ円滑な実践のためUSDP及びその他の政党の代表者と調整・協力していく旨述べている。一一月一九日、アウン・サン・スー・チー議長は日本を含む現地外交団と面会し、円滑な政権移行に向けた支援を呼び掛けた。このような動きを受けて、日本を含む国際社会は、関係者の間での対話を通じ、円滑な政権委譲が実現するかどうかを見守り、必要に応じてそれを支援するという立場を取っている。

一二月二日、アウン・サン・スー・チー議長は、テイン・セイン大統領及びミン・アウン・フライン国軍司令官とそれぞれ面会。大統領との面会においては、新政権への平和裡且つ円滑な政権移行等について協議し、国軍司令官との面会においては、国民の希望を尊重し、平和、法の支配、団結及び国家の発展のため、双方が調整、協力していくことに合意したと報じられた。一二月四日、アウン・サン・スー・チー議長が軍事政権時代のトップであるタン・シュ

ミャンマー連邦共和国　国家機構図

平成28年1月1日

大統領
テイン・セイン

副大統領
サイ・マウ・カン
ニャン・トゥン

国軍	
国軍司令官	ミン・アウン・フライン
国軍副司令官	ソー・ウィン

行政

	大臣（31名）	副大臣（52名）
国防省	セイン・ウィン中将	アウン・トー准将、、ミン・ヌエ海軍少将
内務省	コー・コー中将	チョー・ザン・ミン准将、チョー・チョー・トゥン警察少将 アウン・ソー少将
国境省	チョウ・スエ中将	タン・トゥ少将
外務省	ワナ・マウン・ルイン	タン・チョー、ティン・ウー・ルイン
情報省	イェー・トゥ	アウン・テイン
農業灌漑省	ミン・フライン	オン・タン、キン・ゾー
環境保護・林業省	ウィン・トゥン	エー・ミン・マウン、Dr.テッ・テッ・ジン
商業省	ウィン・ミン	Dr.ブウィン・サン
通信・情報技術省	ゼー・ヤー・アウン（兼任）	ウィン・タン、タウン・ティン
鉱山省	Dr. ミン・アウン	タン・トゥン・アウン
協同組合省	チョー・サン	空席
畜水産・農村開発省	オン・ミン	キン・マウン・エー、Dr.　アウン・ミャ・ウー、ティン・グ
運輸省	ニャン・トゥン・アウン	ハン・セイン、ズィン・ヨー
スポーツ省	ティン・サン	タウン・タイ、ゾー・ウィン
工業省	マウン・ミン	テイン・アウン、ミョー・アウン
エネルギー省	ゼー・ヤー・アウン	ティン・アウン、アウン・トゥー、ミン・ゾー
電力省	キン・マウン・ソー	アウン・タン・ウー
教育省	Dr.キン・サン・イー	タン・シン、Dr. ゾー・ミン・アウン
保健省	Dr.タン・アウン	Dr.テイン・テイン・テー、Dr. ウィン・ミン
宗教省	ソー・ウィン	空席
入国管理・人口省	コー・コー中将（兼任）	ウィン・ミン准将
文化省	エー・ミン・チュー	サンダー・キン、タン・スウェ
鉄道運輸省	ニャン・トゥン・アウン（兼任）	チャン・マウン、ミン・テイン
建設省	チョー・ルイン	ソー・ティン、ウィン・ミン
財務・歳入省	ウィン・シェイン	Dr.リン・アウン、Dr.マウン・マウン・テイン
国家計画・経済開発省	Dr.カン・ゾー	レ・レ・テイン
労働・雇用・社会福祉省	エー・ミン	ティン・アウン
社会福祉・救済復興省	Dr. ミャッ・ミャッ・オン・キン	ポン・スエ、スー・スー・フライン
科学技術省	Dr. キン・サン・イー（兼任）	バ・シュエ、アウン・チョー・ミャ
ホテル観光省	テー・アウン	ティン・シュエ、Dr.サイ・チョウ・オン
大統領府	テイン・ニュン 2 ソー・マウン 3 ソー・テイン 4 アウン・ミン 5 空席 6 フラ・トゥン	チョー・チョー・ウイン Dr. サン・ルイン

立法

連邦議会	
国民代表院（下院）議長	トゥラ・シュエ・マン
民族代表院（上院）議長	キン・アウン・ミン

地域・州議会	
地域・州名	議長
カチン州	ラワン・ジョン
カヤー州	チョー・スエ
カレン州	ソー・アウン・チョー・ミン
チン州	ハウ・キン・カム
モン州	チン・ペー
ラカイン州	テイン・リン
シャン州	サイ・ロン・サイン
ザガイン地域	ティン・フライン
マグウェ地域	イェー・ミン
マンダレー地域	ウィン・マウン
バゴー地域	ウィン・ティン
タニンダーリー地域	ティン・アウン・チョー
ヤンゴン地域	セイン・ティン・ウィン
エーヤーワディ地域	ティン・ソー

ネーピードー連邦直轄地域	テイン・ニュン議長

司法

連邦最高裁判所長官	トゥン・トゥン・ウ
連邦憲法裁判所長官	ミャ・テイン
連邦選挙管理委員会委員長	ティン・エー
連邦法務長官	トゥン・シン
連邦会計検査院長	テイン・タイ
人事院総裁	チョウ・トゥ

中央銀行	
総裁	チョウ・チョウ・マウン
同副総裁	セッ・アウン キン・ソー・ウー ソー・ミン

地域・州政府	
地域・州名	首相
カチン州	ラ・ジョン・ガン・サイ
カヤー州	キン・マウン・ウー
カレン州	空席
チン州	ホン・ガイ
モン州	オン・ミン
ラカイン州	空席
シャン州	アウン・ミャッ
ザガイン地域	ター・エー
マグウェ地域	ポウン・モー・シュエ
マンダレー地域	イェー・ミン
バゴー地域	ニャン・ウィン
タニンダーリー地域	ミャッ・コー
ヤンゴン地域	ミン・スエ
エーヤーワディ地域	テイン・アウン

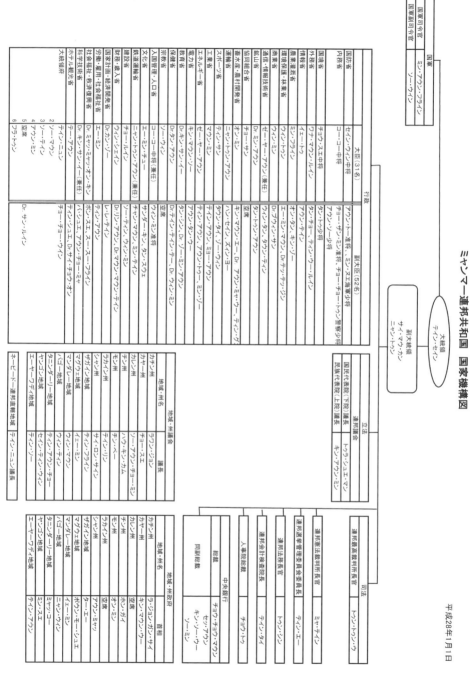

エ元国家平和開発評議会（ＳＰＤＣ）議長とネーピードーで会談した。ＮＬＤスポークスマンによれば、双方は、将来のミャンマーにおける国民和解、民主主義の定着、複数政党制の達成などについて協議した。これらの流れを受け、国際社会は、引き続き円滑な政権委譲を期待し、必要に応じそれを支援する立場を取るとともに、新政権の発足に向け、ミャンマーにおける改革と安定に向けた取組を支援していく構えを見せている。

今回の選挙に際して、与党ＵＳＤＰには、テイン・セイン政権四年半の改革、経済成長、そして国内和平で挙げた一定の実績を国民が評価し、相当程度の得票に自信を見せる様子も見られた。改革を推し進めたのはＵＳＤＰであり、政権運営能力ある与党の継続と安定を有権者は期待しているはずだとの自負である。少なくとも、上下両院の二五％を占める国軍議員を合わせれば、全議席の過半を制することができるとの見通しを口にする者が少なからず存在した。他方、ＮＬＤは「変化の時はきた」というスローガンを掲げ、「法の支配」に基づく公正で平等な制度の構築と実施などを通じ、真の民主化を実現する時が到来したのだと有権者に訴えた。結局、国民は半世紀に及ぶ国軍及び国軍の流れを汲む現政権による支配と決別し、そこからの脱却を選択したと考えられる。ＵＳＤＰが改革路線を推し進めてきたことを評価する有識者の声も訊かれたものの、それは半世紀に及ぶ国軍支配から脱却し「真の民主政権」を求めたいという国民の思いを上回ることはなかった。

おわりに

ミィッソン・ダム建設計画やレバダウン銅山開発事業に係る大規模な住民、議員を巻き込んだ反対運動からは、改革路線が国民の権利意識の高まりをもたらした様子が認められる。また、経済改革の結果、国内に一定の物質的「豊かさ」をもたらすと同時に、それに見合った所得の上昇や就業機会が得られない大多数の国民にとっては、格差の拡大を印象づけることとなった。これも「変化」を求める有権者の行動に繋がった一因とみることはできないだろうか。

ＮＬＤは、対外政策について、従来からミャンマーが取ってきた平和的共存と非同盟中立を維持する姿勢を表明している。また、国際社会に対して、円滑な政権移行とミャンマーの発展に向け積極的な役割を期待するとしている。加えて、選挙で示された国民の高い期待に応えることも新政権にとっての重要課題だという認識に立ち、発展のために経済を重視する姿勢を示している(3)。そのため、外国投資は、国民の利益に適うという観点から「相互利益」に資するものであり、かつ、「国際基準」に沿ったものを重視するとの発言が見られる。この国が持続的発展を遂げていくために、依然として、弱い財政基盤、金融セクターの未発達、インフラの脆弱性、教育及び医療水準の低さ、高い技能やマネジメント能力を有する人材の不足といった諸課題を抱えており、これらに対処していくにあたり、国際社会と協力しながら経済改革を進める姿勢が読み取れる。こうした中で、日本を含む国際社会が、各々が比較優位を持つ強みを活かしつつ、新しい政権の発足に際してミャンマー国民の繁栄と安定を如何にして後押ししていくかが問われている。上述した現政権発足後の流れからも汲み取れるように、ミャンマーの安定と発展のためには、治安と国防を実質的に担い、ミャンマー連邦の分裂阻止と国内の安定を従来から最優先に位置づけ、半世紀にわたる国軍支配の中で「政治エリート」を輩出し続けてきた国軍の積極的な協力と貢献が不可欠であり、その点は新政権発足後も変わらない。ＮＬＤを率いるアウン・サン・スー・チー議長もその点を十分認識しているとみられ、総選挙後も、現政権の改革の基本的方向性を継承し、憲法改正についても協議を通じて実現を目指すとしつつ、国軍関係者との関係構築の機会を積極的に設ける様子が報じられている。当面の最重要課題が、政権を確実に受け取ることにあり、そのためには上述のような方向性を明確に発信し、新政権に対する懸念や不安を払拭しておきたいとの意向が伺える。同様の文脈で、総選挙での大勝を背景に、ＮＬＤ党員の慢心や急進的な改革の推進等により国軍の反発を招かぬよう、当選議員は謙虚な姿勢を求める様子も見られる(4)。ミャンマーで半世紀ぶりに、国民の大多数の支持を得て誕生するＮＬＤ政権の安定が、ミャンマー並びに地域全体の平和と繁栄にとって不可欠であるとの視点に立てば、国際社会として、ミャンマーのあらゆる関係者と連携し、協力していくことが重要と考えられる。

なお、本稿は個人の見解である。（二〇一五年一二月一一日記す。）

注

（1）両院全議席数六六四議席のうち、全議席の四分の一にあたる軍人議員枠（国軍司令官が指名）の一六六議席と、情勢が不安定なため選挙未実施の七議席を差し引いた四九一選挙区にて今回選挙が実施された。過半数は、（六六四－七）÷二＝三二九議席。）
（2）憲法の規定上、選挙の九〇日後に当たる二〇一六年二月六日までに議会を招集することになっている。
（3）ＮＬＤは、選挙公約の中で、教育、保健、農業、財政等を特に重視する方針を打ち出している。大多数の国民生活に密接に関連し、国民の安心につながるこれらの分野の改善が国民の期待に応えるカギになるという認識が背景にあるように思われる。
（4）アウン・サン・スー・チー議長は、ＮＬＤ新人議員を集めた研修会において、大臣や副大臣になることを期待してはならない、まず学習すべき、時間があれば選挙区に戻ってゴミ拾いをすべき旨発言している。

テイン・セイン大統領

コラム9　ヤンゴンとネーピードー

長田紀之

ミャンマー連邦共和国の首都ネーピードーは、旧都ヤンゴンから北方に約三百キロメートルの地点にある。二〇〇五年十一月、当時の軍事政権SPDC（国家平和発展評議会）は突如として、この新都への首都機能移転を発表した。政権中枢の意図がさまざまに憶測されたが、その真相はいまだ闇の中である（以下、遷都に関する諸説は主に［Dulyapak 2009］を参照した）。ともかく一〇年の歳月を経て、ネーピードー（*Nay Pyi Taw*）は百万人強の人口を擁する大都市へと成長した。他方、首都の地位を失ったとはいえ、ヤンゴンは依然として人口五百万人規模の最大都市であり続けている。ミャンマー全体が大きな変化のただなかにある現在、これら新旧二つの首都はそれぞれどのように変わろうとしているのだろうか。歴史を振り返りながら、考えてみたい。

ヤンゴンはもともとコンバウン朝国家の外港であったが、一九世紀後半から二〇世紀前半にかけて、イギリス植民地支配の威光を示す行政都市として再建された。主要産物の米を世界市場に向けて輸出する国際的港湾都市でもあった。碁盤目状の目抜き通りには、植民地政庁や大企業の壮麗な建築物が立ち並んだ。一九四八年に誕生した独立国家はこの植民地都市を首都として引き継いだ。しかし、以後の半世紀、ミャンマーが国際社会で孤立を深めるにつれ、ヤンゴンは国民国家の閉じた理念的枠組みのなかに回収されていった。都市人口の増加に伴い、郊外へと居住地が拡張されたものの、経済の悪化により道路や上下水道などインフラの整備は遅れ、様々な問題が発生した。このような閉塞状況が遷都の一因になったともいわれる。

しかし今、ヤンゴンは活気を取り戻している。二〇一一年以降のテイン・セイン政権の諸改革により、関係改善した欧米など諸外国からミャンマーに大量のカネやヒトが流入し始めた。ヤンゴンはその窓口となった。外国企業が次々にオフィスを構え、国際空港や港湾を建設する大型プロジェクトが動き始めた。地価高騰や交通渋滞が深刻化するなか、中長期的な再開発計画も策定されている。例えば、中心部を占める植民地期の大建築群を、観光に利用しようとする動きがある。これらの建築は独立後も省庁や国営企業を収容し、大規模な改築もなく植民地期の姿を保ち続けてきた。しかも、ネーピードーへの首都移転によってもぬけの殻になっていた旧庁舎は、比較的容易にホテルなどへ転用できた。時代の息吹はあらゆるものを価値化して、ヤンゴンの古びた街並みは保全すべき遺産となった。

ネーピードーは港町ヤンゴンとは対照的に内陸に位置する。南北二千キロメートル、東西千キロメートルにわたる国土のヘソにあたる。中央平原部の中心都市マンダレーとヤンゴンのほぼ中間点にあって、東部のシャン丘陵に臨んでいる。西に進めばチン丘陵に至ることもできる。つまり、前政権にとって国内治安上の脅威であった都市部の民主化勢力や山地の少数民族武装組織にバランス良く睨みをきかせられる地政学的な位置にある。また、植民地都市の色が濃いヤンゴンに対し、新都では自前の伝統が強調される傾向にある。そもそもネーピードーとは、かつて王都マンダレーの雅名としても用いられた言葉であり、伝統的な王権を想起させる。SPDC政権は王朝期の遷都慣行に倣い、占星術や仏教的予言に従って遷都を行ったとみる人々もいる。

とはいえ、ネーピードーという都市の姿勢は決して内向きでも後ろ向きでもない。まず、この地域は農業地帯として高い潜在能力を秘めている。鉱物資源の豊富な山地部にも近い。経済開発による新たな人口核の出現は、地域の地政学上の強みを増すだろう。都市計画も特徴的である。尺度が非人間的に大きく、とても歩くには適さない。自動車での移動を前提に設計されている。圧巻なのは連邦議会前の道路で、片道九車線、幅員約百メートル、まるで飛行場の滑走路である。だだっ広い空間に人や車が疎らな光景は異様ですらあるが、設計者の強烈な未来志向を感じさせる。また、伝統の強調は多分に外部

写真　首都ネーピードーの国軍博物館からの眺め
（水野明日香氏撮影）

からのまなざしを意識しているように思われる。大統領と外国要人との会談が玉座のレプリカを背景に行われることは象徴的である。諸外国の大使館は依然として経済活動の中心地であるヤンゴンに置かれてはいるものの、ハイレベル国際会議の場数を重ねるネーピードーは、それ自体、世界へ向けたミャンマーの宣伝手段となっている。

ミャンマーは再び外世界に向けて開かれ、将来への明るい展望を抱いて前進を開始した。その過程で過去もまた新たに捉え直されている。ヤンゴンは植民地であった過去を引き受けて、既存の街並みに新たな価値を見出そうとしている。ネーピードーは王朝期の伝統を象徴として用いながら、全く新しい空間を創造している。新旧両首都は、まさにいま変わりつつあるミャンマーの二つの顔である。

引用文献

Dulyapak Preecharushh. 2009. *Naypyidaw: The New Capital of Burma*. Bangkok: White Lotus.

第3章 ミャンマーと民族問題

伊東利勝

はじめに

軍事政権が半世紀も続き、今回の民政移管後も国軍は兵舎に帰らない。ひとつには民族問題が終息していないからだとされている。国軍は、連邦国家の形を維持するため、つまり一九四八年に独立したミャンマー連邦の分裂や崩壊を防ぐべく、これに対処してきた。共産党の脅威に加え、エスニック・マイノリティ勢力による内側からの分離独立運動が執拗に存在していたからである。独立直後の文民政治はその限界を露呈し、軍政のみが国家を維持しえてきたという。

では今後、エスニック・マイノリティ武装集団の存在を民族問題と捉え、事に当たればよいのだろうか。つまりミャンマー中央政府による、民族なる主体性や人権の無視、要するに異民族間に生じる文化摩擦に、この問題の原因があるとして。人間社会では、言語や経済生活、固有な文化を共有することにより共通の心理状態が形成され、これをよりどころに堅固な共同体とアイデンティティが形成されるという考え方がある。この点を重視するなら、民族文化の固有性を尊重するというような文化行政、例えば多文化共生政策などで解決に向かうことになろう。

ミャンマー政府も、国内に多くの民族が存在することを認め、その主体性は尊重するとしてきた。従って民族問題がおさまらないのは、この政策に欠陥があったからと見ることもできよう。確かに教育にしても文化にしても、その独自性を主張し個別民族の団結につながるような動きは、すべて封じられてきた。国家が認めた枠内でしか自己を表象せざるをえず、官製でお仕着せの民族文化が生成しつつある。従って、これを改め、民族個々の主張を認める方向に舵を切り直せばよいとなる。しかし、そもそも世に言う多文化共生政策が、民族問題を解決できているだろうか。民族問題は、民族の中にある問題によって生じるという常識がある一方で、民族の外側にある何か別の要因がこれを引き起こしているという見解もある。

いうまでもないが、民族（人種）という概念は、内側から出てくるものではなく、ある歴史的条件の中で、他との関係で識別され、定義されてきた。言語学的人類学的な分類と総合により、それまでまったく異なる世界に暮らしていた住民同士が結び付けられたり、隣人であった者の中に壁が築かれたりするようになったのである。つまりある目的のために、民族は形作られたわけで、世界史的に見てみると、政治や経済つまり分配の方法に変化が生じ、それがこの新しいカテゴリーを作り上げ、強固ならしめてきた。これが民族問題の本質ではないか。以下このことを、ミャンマーの事例で考えてみよう。

1　八つの民族

モン、カレン（カイン）、カレンニー（カヤー）、シャン、カチン、チン、ヤカイン（ラカイン、アラカン）それにビルマ、これが現在のミャンマーを構成する主要民族であるとされている。実はこれ以外に「中国人」や「インド人」も存在し、「在来の民」ということで学問的には一三五の民族が識別されているが、前二者は国際問題として、後者はサブグループとして捨象され、植民地期以来この八分類で政治が展開してきた。

シャン、カチン、チン、カレンニーというエスニック・マイノリティの生成については、イギリス植民地時代、その支配がミャンマー本土とその「辺境」部に分けられたことに由来する。コンバウン王国時代（一七五二〜一八八五年）

の住民支配は、前近代社会にあってはどこでもそうだが、それぞれ地方領主を介して垂直的に行なわれていた。その意味で、地方横断的に民族の違いが制度化されることはなかった。一八八五年王国の支配域を引き継いだイギリス政庁は、本土と「辺境」部では文化の発展度が異なるということで、前者は直接的、後者は間接的という異なった統治方法を採用する。結果として中央部は進んだビルマ族の、「辺境」部は遅れたエスニック・マイノリティの居住区という理解が定着してゆく。

シャン地方にはコンバウン王国時代後半、盆地ごとに藩が存在していた。一八七〇年代マンダレー王室の弱体化により、これら小王国は合従連衡を繰り返し、混乱に陥る。イギリスは一八八七年から一八九〇年にかけて、「騒乱」を鎮圧し、この地に及んでいたコンバウン王国の権利を引き継ぐことになった。こうしてシャン地方は、政庁が派遣する一名の弁務官、二名の監督官によって支配されることになる。しかし、それぞれの藩王（ソーボワー）は、基本的に従来の行政権や徴税権が認められた。

現在カチン州とされている地域の大半は、コンバウン王国時代シャンのソーボワーによって支配されていた。イギリスがコンバウン王国を滅ぼし、この地域に侵入してきた時、各地でカチン首長による抵抗にあう。一九二〇年代になって「平定」は完了するが、その後も伝統的な首長の権威はほぼ容認された。ここがカチンの地とされる所以である。

西部山地に居住する住民も、イギリス植民地軍の侵入に抵抗した。しかし、ミャンマー側、インドのアッサム州側、チッタゴン側という三方からの攻撃を受け、一八九六年にようやく終息する。同年「チン丘陵統治法」が施行され、村長による支配を改め地区統治制に変更したが、徴税等は結局従来の方式が踏襲される。

ビルマの独立にあたって、これらの地方はシャン、カチン、チンの居住空間と考えられ、一九四七年二月のパンロン会議で、それぞれに州が与えられ（チンはこの段階では、特別区）分離権つきで連邦を構成することが決まる。ただこの方針に反対するグループも存在し、カチンでは植民地下において組織されていた、北部カチン徴募隊やカチン・レンジャー部隊などが、一九四九年以降反連邦勢力の主力となってゆく。シャンでも、独立後中央政府による藩の解体へ向けての動きに対して、一九五七年にシャン州統一党（ＳＳＵＰ）、その翌年にはソーボワーが中心となってシャン州独立軍（ＳＳＩＡ）が結成される。チンでも、一九五〇年代には、パンロン協定に同意しない反政府勢力が、小規模ではあるが決起した。

またカレンニー地方、特にその西部はコンバウン王国に服属していなかったこともあって、イギリス時代においても、法制上、インドの藩王国と同様の地位を有し、ボーラケ、カンタラワディーなどが「土侯国」として認められていた。独立国であるとして、パンロン会議には加わらなかったが、その後中央政府寄りのグループの出現により、これとの間で合意が成立し、カレンニー州が成立する。しかし、独立を主張するグループはボーラケの「土侯」を中心に統一カレンニー独立評議会（ＵＫＩＳ）を設立し、カレンニー合衆国憲法を制定するなどして、武装闘争に入る。

いっぽうカレン、モン、ヤカインについては、事情が大きく異なる。モンとカレンは、東南部山地地域を除いて、その生活圏はビルマと混在していた。カレンはコンバウン王国と交渉を持った西洋人に「発見」され、その後反ビルマのもとカレン人としての意識を醸成させてゆく。一九四七年二月に組織されたカレン民族連合（ＫＮＵ）は、独立へ向けての制憲議会をボイコットする。九月には軍事組織としてカレン民族防衛機構（ＫＮＤＯ）を立ち上げ、四八年後半の武装蜂起へ突き進む。

一九四九年はじめカレン国コートレイの独立が宣言され、臨時政府がタウングーに置かれた。同三月には、政府もカレン州の設立を認める旨を告示し、カレンに武装解除を呼びかける。ＫＮＤＯはこれに応じず戦闘を止めなかったが、次第に政府軍の巻き返しにあう。一九五四年になってカレン州は実質的に発足するが、この規模や位置に納得せず、ＫＮＵは闘争を続行した。しかし次第に東方、タイとの国境付近に追い詰められてゆく。

またモンは年代記等にその最初期からひとつの政治体として記述され、南部地方を中心に、何度も王国を建設したとされる。とりわけ植民地時代の「実証的歴史学」は、古代ビルマ文化はモン文化の恩恵のもとに形成されたという歴史像を強く打ち出した。一九四五年には、初めての政治団体である連合モン協会（ＵＭＡ）の設立を見、ついで一九四七年にはモン自由連盟（MFL）やモン問題機構（MAO）ができ、そしてこの両者はモン連合戦線（MUF）となる。一九四九年にKNDOによる反乱が起こると、これに呼応してモン民族防衛機構軍（MNDO）が組織され、タニンダーイー地域で反政府活動を開始した。

このMUFは、一九四八年一一月には、KNUと協力して、ミャンマー南部一帯を、「カレン・モン独立国」とする構想も表明していた。一九五一年には新たな武装組織であるモン人民戦線（MPF）が結成され、モン民族運動の中心となる。そして一九五六年にMNDOは、KNDOおよびビルマ共産党（CPB）と協力して「民族民主統一戦

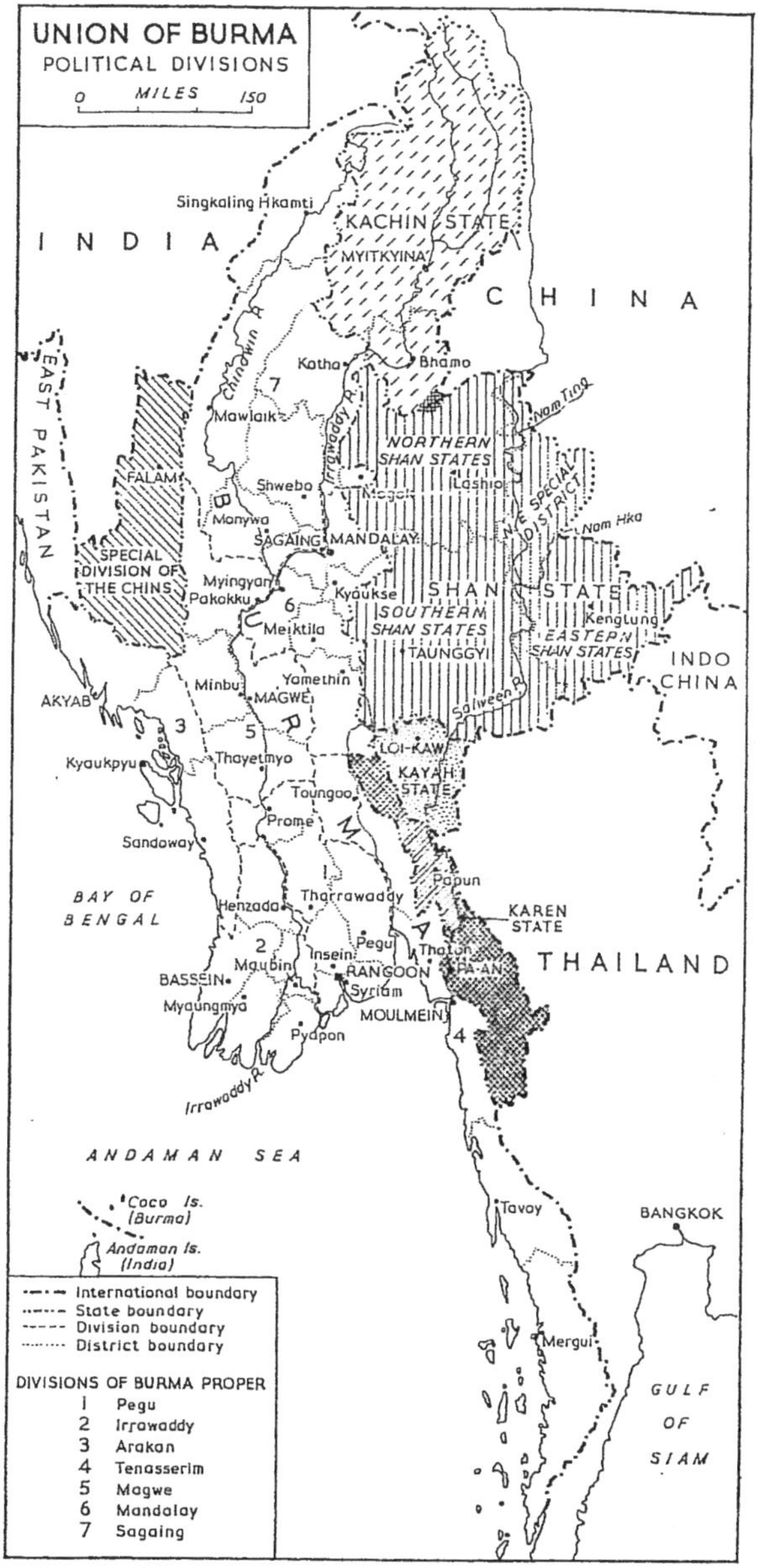

図1　1960 年当時のミャンマー
まだモン州やヤカイン州がなく、チン州は特別州である。
出所［Woodman 1962:map11］

線」を結成する。一九五八年MPFとウー・ヌ政権との間で停戦協定が成立し、モン州の設立が約束されたが、その実現は一九七四年の憲法制定まで待たされた。停戦協定も一九六二年ネーウィンによるクーデター後に破られ、モンの民族主義者は新たに新モン州党（NMSP）を結成する。

ヤカインもある意味、モンと似通ったところがある。この地では古代から海洋交易を主とした王国が栄え、一七八四年ムラウッ・ウー王国がコンバウン王国に滅ぼされるまで続いた。独自の社会と文化が培われてきたことを誇り、言語はビルマ語の一方言にすぎないとされているが、自らを一民族として区別する。一八二六年には、早くもイギリス植民地下にはいったこともあり、ミャンマーの一部でないという思いは強い。

北西のベンガルと陸続きであったヤカイン北部には、イスラム教徒が少なくない。植民地期以降の開発政策で、民族的にも宗教的にもそれぞれ分断された社会が形成されてゆく。従ってこの地の民族問題は他の地域と異なり、仏教徒ヤカイン人対イスラム教徒に加え、この両者がそれぞれ中央政府に反旗を翻すという構図ができる。前者では反英闘争の中で形成されていた、共産党を支持するヤカイン人民解放党（APLP）系の武装闘争が鉾先を変え、後者は独立前から組織されていたムジャヒッド党が、ヤカイン北部をパキスタンへ組み込むことに失敗するや、イスラム州の設置を要求して蜂起する。

2　軍事政権とエスニック・マイノリティ武装集団

ミャンマー独立に際して、旧「辺境」地域の異民族については考慮の対象とされた。しかしイギリス時代に中央部とほとんど同一の行政組織に含まれた地域の非ビルマ族に対して、配慮の必要性があるとは考えられていなかったといってよい。民族が異なるからということではなく、異なった行政組織のもとにあったか否かが問題にされたからであろう。中央政府としては、独立国の一員となることに、異民族であるということで、これほどの抵抗があるとは考えていなかったに違いない。

出現したエスニック・マイノリティ武装集団に対応したのは、国軍である。国軍は一九四五年一一月に再編成された植民地軍を引き継いだもので、参謀長、空軍司令官、作戦主任参謀をはじめ主要なポストはカレン族によって占められていた。しかしKNDOの反乱により、国軍内のカレン族三個大隊がこれに加わるということがあったため、軍に残っていたその他カレン族の将校や兵隊も、すべて解雇される。また、一九四九年には、第一カチン・ライフル隊も蜂起し、国軍内にも民族的亀裂がはしる。

一九五三年に制定された防衛大学校法には、エスニック・マイノリティによる分裂を阻止するための将校を育成することが謳われていた。これは国軍のビルマ化を目指すものであったと、よくいわれる。しかし同時に、カチン・ライフル隊が三個大隊から六個大隊に増強され、新たにシャン・ライフル隊三個大隊、カヤー・ライフル隊一個大隊も新設されている。従って、必ずしも当時の国軍が、民族的利害を中心に動いていたわけではなく、あくまでも連邦国家の維持がその目的であったということができる。

一九六二年に政権をとったネー・ウィンの革命評議会は、翌年、（赤旗）共産党、KNDOから分離した反共的カレン革命評議会（KRC）、デルタ地域のKNU、一九五七年に結成されていたカレンニー民族進歩党（KNPP）、NMSP、これにチン族最高組織（CNVP）を加えた民族民主統一戦線（NDUF）と、停戦交渉を行なった。この中で唯一KRCとは、カレン州を一部拡大しコートレイ州への改称を条件に合意を見る。その後六六年になるとデルタ地域のKNUが分裂し、六八年には新たにカレン民族統一戦線が結成されるなど、指導者間の主導権争いや、共産党をめぐる対立が、反政府組織の離合集散を突き動かす。またヤカインでは、ロヒンギャ族の反政府活動が活発化するが、これは仏教徒とイスラム教徒の対立、もしくは国際問題として解釈される憾みがある。

一九七六年には一一のエスニック・マイノリティ武装集団が民族民主戦線（NDF）を組織する。当時、ミャンマーとタイの国境地方は、この組織に属する集団によって支配されていた。これらは反共を掲げていたこともあり、タイ政府によって、暗黙の支援を受ける。しかし冷戦の終結により、ミャンマーへの経済圏拡大を望むタイは、こうした集団に圧力をかけ始めた。カチン独立機構（KIO）に加え、一九九五年にはNMSPやKNPPも停戦協定に合意せざるを得なくなる。KNUはこの圧力に屈しなかったが、同年内部紛争により、民主カレン仏教徒軍（DKBA）が組織され、これはカレン地方の支配権を享受することと引き換えに、停戦に合意する。

また一九六〇年代後半、中国との国境に隣接する地域には、文化大革命によって再編されたCPBと同盟関係に立ち、武器や弾薬の供給を受けていたコーカン族、ワ族、カチン族、シャン族などによる、武装組織が存在していた。一九八九年CPBは崩壊し、その幹部によって新たにコーカン地方にミャンマー民族民主同盟（MNDAA）、ワ地方には統一ワ州連合軍（UWSA）、シャン州東部には東シャン州軍（ESSA）、カチン州内には新民主軍カチン（NDA‐K）が形成される。一九八八年に成立した国家法秩序回復評議会（SLORC）［一九九七年以後二〇一一年までは国家平和発展評議会（SPDC）］は、これらの諸勢力はじめ一七勢力と、次々に停戦協定を結んでゆく。

二〇〇一年停戦中の七つの民族グループは、憲法制定のための国民議会に参加することに合意し、一定の議席数を確保することに成功する［ゾウ・ウー二〇一〇：三〜五］。そして二〇一一年に発足したテイン・セイン政権は、「連邦平和構築中央委員会」を立ち上げ、全土停戦交渉に着手する。国軍との衝突が続く中国系コーカン族が組織する「ミャンマー民族民主同盟軍（MNDAA）」など三組織をのぞく、一五組織とのあいだで協議を続け、二〇一五年一〇月に、全組織での署名を求めてきたカチン独立機構（KIO）統一ワ州連合軍など七組織をのぞく、KNU、パオ民族解放機構（PNLO）、民主カレン仏教徒軍（DKBA）など八組織が停戦合意文書に署名した。

ただヤカインの「ロヒンギャ族」をめぐる問題は、宗教が大きくからんでいるため、インドネシアやマレーシアでは出稼ぎに来ていたミャンマー人仏教徒が襲撃されるという事態となってあらわれ、国内問題が輸出された恰好になっている。

3　多様な民族

ミャンマーに限らないことであるが、エスニック・マイノリティ武装集団は、民族自決、民族文化の保護、人権擁護を掲げ、その闘争を展開していると考えられている。しかし例えば、ひとくちにカレンと言っても、内実は多様である。カレン系諸言語は一六種類に分類され、言語学的にはかなり近接するスゴー・カレン語とポー・カレン語でも、「外国語」といっていいほど違っているという。また同じポー・カレン語であっても、東部ポー・カレン語（スィッタウン川以東の方言）と西部ポー・カレン語（エーヤーワディー・デルタの方言）との違いも大きく、ほとんど通じない。文字にしても、現在、キリスト教スゴー・カレン文字、仏教スゴー・カレン文字、キリスト教ポー・カレン文字、仏教ポー・カレン文字、レーケー教ポー・カレン文字などがある。従って、「カレン民族は国家を本質的に必要としている一民族である」として、「カレン文化、カレン語、カレン族の学校、そしてすべての私達の善良な作法や習慣」［加藤、一九八二年：一三一〜一三五頁］を守るための教育を行なった場合、いったい何語、何文字を使って行なわれるのかという問題がある。

カレンニーの場合も、KNPPのみがこれを代表したわけではない。ミャンマー連邦加盟を支持する勢力も存在し、この二つがカレンニーの主導権を争ってきた。しかしKNPPこそが、唯一カレンニーとしての「民族」意識の形成を目指したという。カレンニーを中心とした政治、経済、文化の発展を掲げ、一九六二年以来、カレンニー文字の考案、カレンニー識字協会の設立、辞書の編纂、国家の制定などが進められた。解放区では教科書によるカレンニー語の教育も行なわれているが、必ずしも成功していない。それはカレンニー語といっても、実はカヤー語であり、カレンニーとして統合しようとしている住民には、カヤン、カヨー、パクなどの話者が少なからず存在しているからである。

事情はカチンやチンの場合も同様で、前者は七つの言語集団があり、共通語となっているジンポー語をカチン語と称している。また言語集団を越えて氏族間関係が存在しているためウンポン（カチンの自称）という同胞意識が形成されているという。しかし一つの言語文化にまとめられるとなると話は違ってくるであろう。チンもまた氏族集団ごとに高い山の上に別々に居住しているため、風俗習慣や言語も一様ではない。民族的には五三のサブグループが識別され、言語学的には大きく四語群と多くのサブグループに分けられる。

従って、エスニック・マイノリティ政治集団が主張するように、現在の七地域七州に分けられているのを、前七地域をビルマ州として、全国を八州とし、州自治のもとにそれぞれが自律的に文化や教育政策を展開するとしても、民族問題が起こることは火を見るより明らかである。一九八三年の統計であるが、モン州でモン族と回答したものは三八・二％、カレン州でカレン人は五七・一％、シャン州で七六・二％、カチン州で三八・一％、ヤカイン州で六八・七％、チン州は九四・六％、カヤー州で五五・九％である。しかもこの数字は、全体を八民族に分けて大雑把に分類したものにすぎない。固有の民族文化を認めるとなれば、その分け方は無数に存在するであろう。二〇一四年に三一年ぶりで実施されたセンサスでは、既存の民族分類範疇に対して異議が唱えられ、また民族欄に「ロヒンギャ」と記入することが認められず、「ベンガリ」と記入するように指示された。

しかもエスニック・マイノリティ軍は、その名が示

図２　ミャンマーで出版されているチン語の書籍
ただし、ファラム・チン語。

すエスニック・マイノリティの解放を目指していたとはいえない動きも示していた。一九四九年末から五〇年にかけて、雲南省から侵入してきた中国国民党第八軍の二個師団がシャン州北部から東部にかけて勢力を伸ばし、これがKNDOやMNDOなど組んで、政府を攻撃する。五三年国連の調停によりその多くが台湾に送還されたが、敗残兵が依然として存在し、六一年の大規模掃討作戦によってやっと鎮圧された。しかし、幹部の一部はエスニック・マイノリティ反政府勢力に参加し、部隊を指揮したり、麻薬生産を指導したりする。また前述したように、KNDOやMNDOはCPBとも一時連携していた。しかも文化大革命後のCPBの幹部は中国人であり、その後これらがMNDA、UWSA、ESSAなどを率いている。

そもそも一三五あるといわれている民族が、どうしてモン、カレン、シャン、カチン、チン、ヤカインおよびビルマとしてまとめられ、これを単位として民族問題が議論されているかである。しかもこの一三五の民族にしても、植民地時代センサス事業と関連した、民族学的調査に由来する。言語とその親縁関係、生活習慣、宗教などの文化現象を識別し、これに基づき分類された。いわば「科学的」に表象されたものにすぎない。

しかしこれが、八つにまとめられてしまうのは、既にこの大分類が定着していたからであろう。前植民地期にこの地に滞在したキリスト教宣教師が残した報告書や、外交使節の見聞録がそう記していた。もちろんこの呼び名は、当時の現地社会のそれに倣ったものであろうが、それは地域をさす名称、もしくは勢力名であったかも知れない。しかし宣教師たちは、これを民族名とし、科学的説明を与え、続く植民地政府がこれを巡って政策を展開した。そして今も、それぞれに地域（州）を割り当てているため、あたかもこの八民族でミャンマーは成り立っているかのようである。

4　地域主義

現在実現している停戦は、政治的解決を意味するものではない。さしあたりは各武装集団が「支配する領土、検閲所の位置、兵士の人数と配置、軍司令部および連絡所の所在地が定められ」、その利権が保障されるというものである。ヤンゴンや主要な都市に事務所を開くことが認められ、ヒスイ、ルビーや木材などのビジネス活動を、政府公認のもとで行なうこともできるようになった。「支配する領土」では、人頭税や通行税が徴収され、新兵の補充、物資の徴収、労働奉仕の強制なども不可能ではない〔クレーマー、二〇一二年：一四九頁〕。

あたかも国家の中の国家のような形でしか、彼らが停戦に合意しないのは、中央政府によるこれまでの施策と無関係ではない。ミャンマーの重要な鉱産・森林資源はエスニック・マイノリティの居住地域に集中している。特に一九八八年以降、市場経済の導入により、チークなどの森林資源や貴石、石油、天然ガスなどの鉱産資源にかかわる事業にも、国有企業との合弁や採掘権の供与というかたちで民間・外国資本の参入が認められようになった。また周辺諸国との貿易は、こうした地帯を通過して行なわれる。そういう意味で、中央の経済発展にとって重要な地域であり続けてきた。

しかしエスニック・マイノリティの側から見れば「ビルマ人の政府」に自分たちの資源が排他的に利用されていると映るだろうし、また実際そうであった。周辺地域は歴史的に見て、中央平原地域に拠る権力の対外緩衝地帯として、また人的物的資源の供給地として利用されてきた。中央が、地方や辺境の資源を利用して、経済発展を達成しようとする。これは、ミャンマーという国民国家の存続のみを至上命題とする、「内国植民地化」の一過程にほかならない。身近なところでは日本政府が明治以来、アイヌや沖縄にしてきたこと、していることと同じである。

ただエスニック・マイノリティ内にも、こうした資源配分の問題がある。例えば、カレンの中には言語や居住地域によっていろいろな意見が存在した。ビルマ独立に際しパープンのカレン代表は、サルウィン県を正規の行政単位とすることを主張していた。その訳は、この地がＫＮＵによって森林などの資源供給地として利用されることを恐れていたからである。ここには民族というより、地域社会の経済的利害対立がみてとれる。またＫＮＵの反乱直後から、仏教徒カレンとキリスト教カレンの衝突も起こっていたが、後にＤＫＢＡの分離に帰結した。その裏には、カレン地方の資源分配権が絡んでいたことは明らかである。ヤカインの内紛も、宗教の名による土地や労働力などに関する、資源配分の問題と見てよい。

二〇〇八年憲法ではエスニック・マイノリティ集団のため、七つの州に加え、サガイン地域内にナガー、シャン州内にダヌ、パオ、パラウン、コーカンの自治地域とワ自治管区が設けられた。これは、MNDAA、UWSA、ESSA、NDA-Kなどの勢力範囲に対応していることはいうまでもない。しかもこれらの指導者は、それぞれのエスニック・マイノリティを代表する人物ではない。また麻薬事業撲滅のため、米、トウモロコシ、綿花、ゴムなど商品作物栽培プランテーションの普及と支援事業は、多くの中国企業に任されている。従ってこれらエスニック・マイノリティ集団の武装解除は、民族自治の容認といった問題では解決できない事情を含んでいるとは明らかである。事態は、民族というより、地域開発の問題として推移してきたと考えるべきであろう。

ミャンマーでは、エスニック・マイノリティ武装集団に加え、その名を冠したさまざまな合法的政党が組織されている。これは「特に民族のアイデンティティに対する強い意識を反映していると同時に、何十年にもわたってエスニック・マイノリティの権利が抑圧されてきたことに対する反発の表れ」［クレーマー、二〇一二年：一五〇頁］といわれる。しかし、ある意味これら異議申し立ては、地域に根差した生活が、不当に悪化させられているという思いから発せられていると考えられ、民族という問題では理解できない。

おわりに

地域社会による反「内国植民地」運動は、民族が違っていても、また政治的主張が同じでなくても、第三言語を介してであっても、団結して事に当たってきた。しかしスローガンとしては、民族差別撤廃を掲げる。この方が、人権や民主化で動く近代社会にあっては、わかりやすいからである。しかし額面通りに民族としての権利というレヴェルで問題を解決しようとしても、停戦などには結びつかないだろう。

さしあたりは各州の自治権、裁量権を大幅に拡大してゆくしかない。州ごとに新しい文化が形成されることを心配する前に、国家に属する住民の生活向上や、地域の開発に対する投資は、平等になされなければならないということが、問題にされなければならない。エスニック・マイノリティ武装集団は、これまで地方になされてきた経済的かつこれに基づく政治的周縁化政策を告発してきたからである。

フランツ＝ファノンは、民族解放闘争は民族文化を創生せしめるといった。民族解放こそが、民族を歴史の舞台に登場させ、民族意識の内奥にこそ、インターナショナルな意識が活気づき、創生された民族文化によって、互いの文化を尊重し合えるという。しかしナショナリティであれエスニシティであれ、これは他者を否定したところに成立するものであり、相手を尊重していたのでは、わが身の立つ瀬がない。人間を民族でみるかぎり、人権侵害や紛争などのいざこざはこうした衣をまとって表出する。

近代社会にあっては、経済的平等や社会生活についての異議申し立てを、民族や宗教の違いにかこつけている。特に冷戦構造が崩壊し、社会主義思想が大きく後退するにつれ、階級闘争という概念が過去のものとなったいま、この傾向に拍車がかかっているように思う。民族問題は、政治的にというより経済的にしか解決できないといわざるを得ない。従って言葉や習慣などの違い等の目がいかないような、開発政策や国造りをするしかないであろう。

参考文献

伊東利勝編　二〇一一年『ミャンマー概説』めこん。
大野　徹　一九六九、一九七〇年「ビルマにおけるカレン民族の独立闘争史（その一～三）」『東南アジア研究』第七巻三号、三六三～三九〇ページ、第七巻四号、五四六～五七〇ページ、第八巻一号、六四～九〇ページ。
大野　徹　一九七〇、一九七一年「ビルマ国軍史（その一～三）」『東南アジア研究』第八巻二号、二一八～二五一ページ、第八巻三号、三四七～三七七ページ、第八巻四号五三四～五六五ページ。
荻原弘明他　一九八三年『世界現代史8　東南アジア現代史Ⅳ　タイ・ビルマ』山川出版社。

加藤 博 一九八二年『地図にない国―KAWTHOOLEI』同時代社。
ゾウ・ウー 二〇一〇年「ミャンマーの少数民族問題―紛争、停戦、平和再建―」『ミャンマー軍事政権の行方』（工藤年博編）アジア経済研究所調査研究報告書、三―一～三―一九ページ。(http://www.ide.go.jp/Japanese/Publish/Download/Report/2009/pdf/2009_404_ch3.pdf)
トム・クレーマー 二〇一二年「ミャンマーの少数民族紛争」『ミャンマーの政治の実像―軍政二三年の功罪と新政権のゆくえ―』（工藤年博編）、アジア経済研究所、一三九～一六八ページ。
畢 世鴻 二〇一二年「国境地域の少数民族勢力をめぐる中国・ミャンマーの関係」『ミャンマー政治の実像―軍政二三年の功罪と新政権のゆくえ―』（工藤年博編）、アジア経済研究所、一六七～一九九ページ。
マーティン・スミス 一九九七年『ビルマの少数民族―開発、民主主義、そして人権―』（高橋雄一郎訳）明石書店。
本橋哲也 二〇〇五年『ポストコロニアリズム』岩波書店。
Ashley South,2007,'Mon Nationalist Movements : insurgency, ceasefires and political struggle' (http://www,ashleysouth,co.uk/files/Chulalongkorn_Universitey_Mon_Seminar_October_2007.pdf)
Silverstein.Josef.1980. *Burmese Politics : The Dilemma of National Unity,* New Brunswick,N.J.: Rutgers University Press.
Woodman,Dorothy.1962.*The Making of Burma.* London,The Cresset Press.

編著者解説

本稿は『ワセダ　アジアレビュー』NO.12（二〇一二年）に所収された記事を著者自身により部分改稿されたものであり、著者ご了承のもと、出版元のめこん株式会社および編集元の早稲田大学アジア研究機構のご好意により本書に掲載許可を得た旨付記する。

（奥平龍二）

第4章

2008年憲法の概要と憲法改正への動向

伊野憲治

1　二〇〇八年憲法成立の経緯

一九八八年八月にミャンマー史上最大ともいえる大衆運動となった民主化運動は、翌九月には、国軍のクーデターによる政治介入をまねき、民主化の方向性に大きな変更をもたらす結果となった。新たに登場した国家法秩序回復評議会（ＳＬＯＲＣ）は、民主化、複数政党制の導入を認める方向性は打ち出したものの、それはあくまで軍主導型の民主化であり、軍の管理下における複数政党制議会制民主主義の導入であった。そのことが端的に示されたのが一九九〇年総選挙とその後の政治展開にあったといえる。九〇年総選挙では、自宅軟禁中であったにもかかわらずアウン・サン・スー・チー女史率いる国民民主連盟（ＮＬＤ）が四八五議席中三九二議席と八割を超える議席を獲得し圧勝した。この結果に直面し、軍事政権は大きく方向を転換せざるを得なくなった。選挙結果の反故である。「新憲法の制定と、その憲法に基づいた政権委譲」という詭弁ともいえる論理を展開し、軍主導の民主化を堅持しようとしたのである。

一九九三年一月に正式に制憲国民会議が開催されることになるが、その構成は（イ）当時現存した各政党からの五名ずつ出される政党代表五〇名、（ロ）総選挙で当選した者のうち、選挙違反などで摘発されず議員資格を保持した当選議員一〇七名、（ハ）諸民族代表二一五名、（ニ）農民代表九三名、（ホ）

労働者代表四八名、(へ)知識人代表四一名、(ト)公務員代表九二名、(チ)その他の代表五七名、合計七〇三名からなるものであった。(イ)(ロ)を除く者は軍事政権側が選出した代表であり、制憲会議の方向性はあらかじめ決められていたのであるが、自宅軟禁でアウン・サン・スー・チー女史不在のNLDも参加せざるを得なかった。

一九九三年九月には、「国家の基本原則」を定めるに当たって目指すべき国家のありかたを示した六点の「国家目標」が決められた。その内容は、①連邦統一の維持、②諸民族の結束維持、③主権の堅持、④真の複数政党制民主主義体制の創出、⑤正義、自由、平等の一層の確立、そして⑥国軍の国民政治における主導的役割の確保であった。一九九四年には、二院制からなる国会議員の各四分の一は、国軍最高司令官による指名議員とすることなど、新憲法の骨格はほぼ決定した。これを受けて、SLORCは、アウン・サン・スー・チー女史を自宅軟禁から解放した。NLDも参加した制憲国民会議での決定は揺るがないという思惑があっての対応であったが、事態は思わぬ展開を見せた。

アウン・サン・スー・チー女史解放後のNLDは、まず制憲国民会議の構成、進め方に関して当局を批判した。そして制憲国民会議議長に対して二〇ページにわたる抗議書を発し、対話を求め、対話が実現するまで、制憲国民会議をボイコットするといった方針を打ち出した。結局この両者の隔たりが、軍事政権側に憲法制定作業が進まない口実を与える結果となり、政治的膠着状況が続き、新憲法草案の完成が遅れることにつながっていった。NLD不在の中起草された新憲法草案が、国民投票にかけられたのは一四年後の二〇〇八年五月一〇日のことであった。こうした背景のもと、憲法草案は、九二・四%の賛成票によって前文および一五章四五七条、別表五からなる「ミャンマー連邦共和国憲法」(以下、〇八年憲法)として成立した。

2　二〇〇八年憲法の特徴

ミャンマーでは、英国からの独立に際して議会制民主主義体制の確立を目指して一九四七年に発効した「ミャン

表1　三憲法の章立て比較

章立て	ミャンマー連邦共和国憲法（2008年憲法）	ミャンマー連邦憲法（1947年憲法）	ミャンマー連邦社会主義共和国憲法（1974年憲法）
序文	序文	序文	序文
1	国家の基本原則	国家形態	国家
2	国家構成形態	基本的権利	基本原則
3	国家元首	農民及び労働者に対する国家の義務	国家構成形態
4	立法	国家の指針基本原則	人民議会
5	行政	大統領	国家評議会
6	司法	国会	閣僚評議会
7	国軍	連邦政府	人民裁判官評議会
8	国民、国民の基本的権利と義務	連邦司法	人民法務評議会
9	選挙	1　シャン州、2　カチン州 3　カイン州、4　カインニー州 5　チン特別管区、6　新たな州	人民監査評議会
10	政党	分離権	人民評議会
11	緊急事態に関する規定	憲法の改正	国民の基本的権利と義務
12	憲法の改正	外交	選挙制度
13	国旗、国章、国歌及び首都	総則 規定の意味解釈	弾劾、辞任、代理人の選出
14	移行規定	移行規定	国旗、国章、国歌及び首都
15	総則		憲法の改正
16			総則
別表1	連邦立法リスト	宣誓または誓約の様式	
別表2	管区域または州立法リスト	民族院議院の構成	
別表3	行政自治区域または行政自治区指導機関立法リスト	1　連邦立法リスト 2　州立法リスト	
別表4	誓約または宣誓の様式	州徴税リスト	
別表5	管区域または州徴税リスト		

出　所　）Pyankyayei:wunkyi:Htana. 2009. *Pyitaunsu. Thamata. Myanma Nanigan-taw Hpwe.si:poun Achehkan Upade*. Yangon; Myanma Naingan Tain:pyipyu Hlu'taw. 1947. *Pyitaunsu Myanma Naingan Hpwei:si:poun Achehkan Upade*. Yangon; Myanma Soshali' Lan:sin Pati. 1973. *Pyitaunsu Soshali' Thamata Myanma Naingan-taw Hpwei.si:poun Achehkan Upade hni' pa'the' thaw Adei'be Shinlin-che'*. Yangon. より筆者作成。

マー連邦憲法」（以下、四七年憲法）、一九六二年以降の軍政から社会主義体制への移行に際して一九七四年に発効した「ミャンマー連邦社会主義共和国憲法」（以下、七四年憲法）という全く性格の異なる二つの憲法が既に存在した。表1は、〇八年憲法とそれらの憲法の章立てを比較したものである。ここではそれらの憲法との相違点にも若干ふれながら〇八年憲法の特徴を指摘してみたい（表1）。

（1）国家の構成

国家の構成、行政区画に関しては、ビルマ族が多く居住する七管区（tain, Division）および少数民族が多数居住する七州（*pyine, State*）からなる連邦制を採用した七四年憲法の枠組みを基本的には踏襲している。しかしながら、〇八年憲法では、まず管区という言葉が管区域（*tain: deitha'kyi*, Region）と変更が加えられた上で、新たに連邦直轄領（*pyidaunzu. nemyei mya*, Union territories）が加えられた。この連邦直轄領は、いまのところ首都ネーピードーが指定されている（第四九〜五〇条）。またより重要な変更点として新たに行政自治区域（*kopain ou'chouk'kwin ya. tain*, Self-Administered Division）または行政自治区（*kopain ou'chou'kwin ya. deitha'*; Self-Administered Zone）といった行政自治地域（*kopain ou'khou'gwin ya. siyinzu*, Self-Administered Area）が設定された点をあげることができる（第五一条、第五六条）。これらの変更は、名目的なものではなく、国家評議会のもと中央集権化を目指した七四年憲法や州のみにある範囲での自治権を認めた四七年憲法と比べ、議会や地方行政府、自治組織の設置という実質的なものである点で注目される。

　その他、下位の行政区画に関しては図1に示したとおりであるが、七四年憲法では採用されていなかった県が復

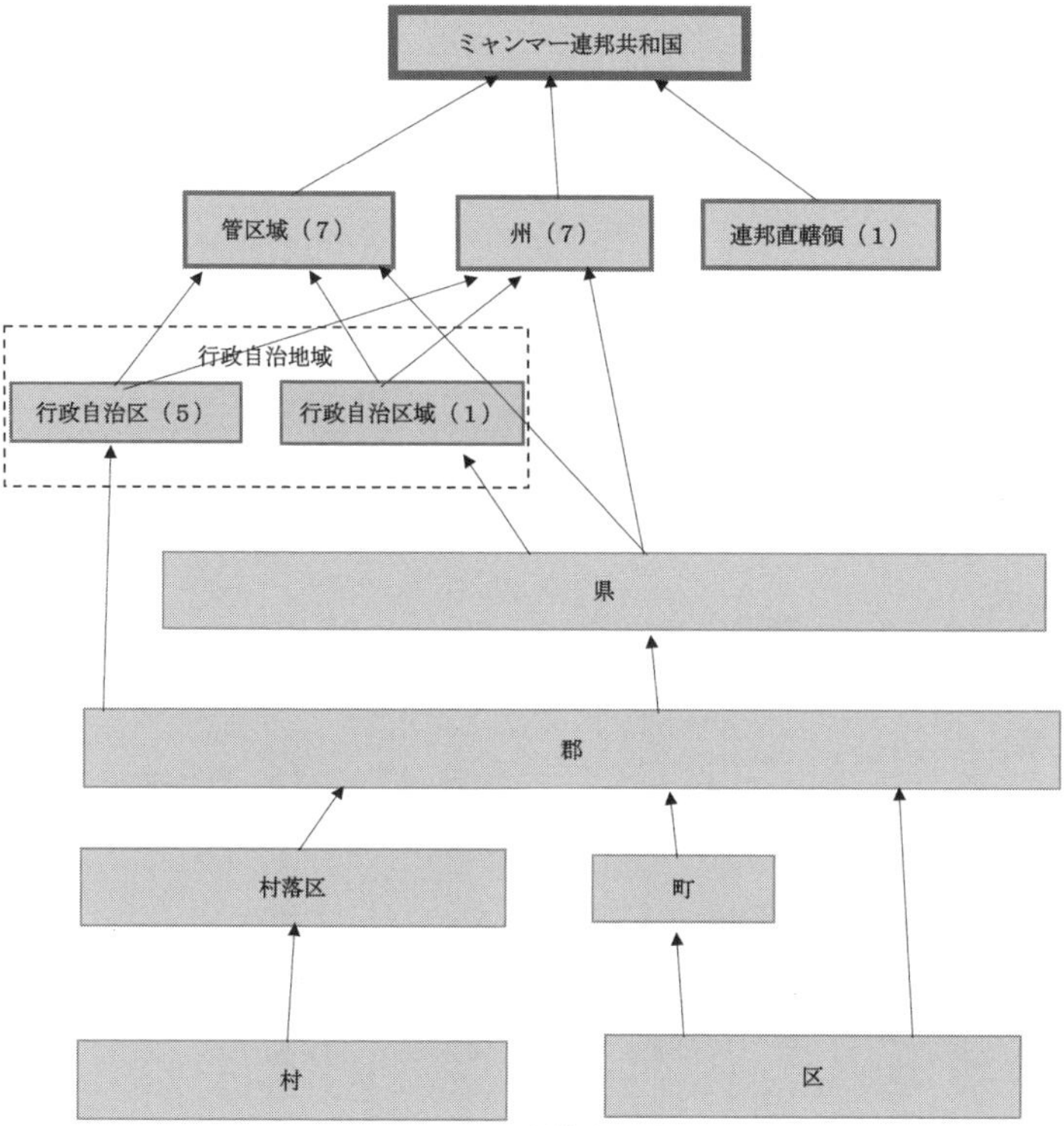

図1　国家構成形態

（出所）Pyankyayei:wunkyi:htana. 2009. *Pyitaunsu. Thamata. Myanma Naingantaw Hpwe.si:poun Achehkan Upade*, Yangoun より筆者作成。

表2　2015年総選挙所属別当選者割合（連邦議会、人民院、民族院）

	所属	国民民主連盟	連邦団結発展党	国民統一党	少数民族諸政党	無所属
連邦議会 491議席	当選者数（人）	390	41	1	56	3
	当選者割合（%）	79.43	8.35	0.20	11.41	0.61
人民院 323議席	当選者数（人）	255	30	0	37	1
	当選者割合（%）	78.95	9.29	0.00	11.46	0.31
民族院 168議席	当選者数（人）	135	11	1	19	2
	当選者割合（%）	80.35	6.55	0.60	11.31	1.19

（出所）*The Global New Light of Myanmar*, 10-14, November, 2015 及びビルマ語紙 *Myanma Alin*、2015年11月10日～11月25日より筆者作成。

活している（第五一条）。

（2）立法

〇八年憲法は、立法府のあり方にも顕著な特徴を持つ。立法府は、国レベルの連邦議会と地方レベルの管区域・州議会および行政自治地域における指導機関が担う点が明記され、かつ各立法府において議員総数の四分の一が国軍最高司令官によって指名される点で、これまでの憲法と大きく性格を異にしている。つまり四分の三の民主制の導入である。連邦議会は、四七年憲法と同様、人民院および民族院の二院から構成されるが（第七四条）、人民院議員は郡を基本的単位として人口比によって定められた選挙区（小選挙区）より選出される議員および国軍最高司令官が指名した議員の四四〇名によって構成される（第一〇九条）。他方民族院は、七管区域、七州の一二の選挙区から各一名ずつ選出された議員および国軍最高司令官が指名した議員の二二四名をもって構成される。その際、行政区域内に行政自治地域をもつ管区域や州においては、当該地域から一名の議員を選出することが義務付けられた（第一四一条）。〇八年憲法で、新たに設定された行政自治地域、少数民族問題への配慮が伺える。こうした配慮の下に導入された二院制ではあるが、二〇一五年一一月に行われた第二回総選挙では、人民院で圧勝したＮＬＤの当選者議員比が、七八・九五％であるのに対し、民族院では八〇・三五％と人民院を超えており、実質的にはあまり意味を持たない状況となっている（表2参照）。また、立法に当たって、形式的には両院

表3　連邦議会、人民院、民族院の勢力構成

		国民民主連盟	軍人議員	連邦団結発展党	国民統一党	少数民族諸政党	無所属
連邦議会 657 議席	議員数（人）	390	166	41	1	56	
	議員割合（%）	59.36	25.27	6.24	0.15	8.52	0.4
人民院 433 議席	議員数（人）	255	110	30	0	37	
	議員割合（%）	58.89	25.40	6.93	0.00	8.55	0.2
民族院 224 議席	議員数（人）	135	56	11	1	19	
	議員割合（%）	60.27	25.00	4.91	0.45	8.48	0.8

（注）人民院の7選挙区において選挙が実施されなかったが、軍人議員数は〇八年憲法で明記されているため、連邦議会及び人民院に占める軍人議員数は四分の一を超える。
（出所）*The Global New Light of Myanmar,* 10-14, November, 2015 及びビルマ語紙 *Myanma Alin*、2015 年 11 月 1 日～ 11 月 25 日より筆者作成。

間に優劣は無いが（第九五条、第一三六～一三九条、第一五六～一五九条）、憲法の改正及び予算法案、また個々の法案において両院が異なる判断を下した場合に関しては、両院合同の連邦議会が開かれ最終決定にいたることを考えれば（第一三九条、第一五九条）、その定員差から、ビルマ人が多数を占めるであろう人民院の優位は、四七年憲法と変わっていない。

さらに、起草の段階から問題となっていた国軍最高司令官の指名による四分の一の議員定員化が、憲法に明文化されたことは、本憲法の性格を特徴付けるものとなっている（第一〇九条、第一四一条）。本規定を含む重要事項の憲法改正に当たっては、連邦議会の七五％を超える議員の賛成票を得た上で、国民投票により過半数の同意が得られて成立することを考えれば（第四三三～四三六条）、憲法の改正に関しては、軍の意向が無視できないばかりか、軍がキャスティングボートを握っていると言える。今回の総選挙においては、連邦議会選出議員の七九・四三％がNLDの議員によって占められたにもかかわらず、議会内構成としては軍人議員が加わるので五九・三六％に下がってしまい、憲法を除く法案成立可能な過半数は得たものの、憲法改正可能な七五％には及ばない（表3参照）。

民主的政治体制の確立といった意味では、軍人議員の定数の明文化は、マイナス要因と見られるが、〇八年憲法で見落とされてはならない新たな規定として、管区域議会、州議会、行政自治区域・行政自治区の指導機関の設置があげられる（第一六一条～一九八条）。四七年憲法でも、各州においては

州選出民族院議員からなる評議会を有し、別表において明記された立法権および限定的な行政権が付与されていたが、〇八年憲法においては、管区域や州においても立法権が付与され、連邦議会議員とは別個に選出された議員からなる独自の議会と管区域・州統括大臣および行政自治区域・行政自治区指導機関議長を長とする行政機関をもつ地方自治が制度的に明文化された点で、今後の中央政府と地方政府・自治体との関係性に変化が生まれる可能性を内包したものとなっている。実際、今回の総選挙においては、ヤカイン（ラカイン）州でヤカイン民族党（ＡＮＰ）が二二議席を獲得しＮＬＤの九議席を上まわり第一党となるなどの変化が見られる。しかしながら、管区域・州議会においても、その四分の一の議員は、国軍最高司令官によって指名された議員となっており（第一六一条）、その意味では、中央の影響力が一定程度確保される仕組みとなっている。また、タニンダーイー管区域およびマグエー管区域の両議会においては、結果的にＮＬＤと軍人議員のみから構成される結果となっているし、シャン州議会においては、三四名の軍人議員数が、三三名と最も多く当選議員をだした連邦団結発展党（ＵＳＤＰ）の議席を上回ることとなった。

（3）行政

立法に関しては、四七年憲法を基本としながら、新たな改変を加えたものといえるが、行政に関しては、大幅な変更が加えられた。四七年憲法では、議院内閣制が採用され、実質的な行政権力は人民院が選出した首相にあったのに対し、〇八年憲法では、大統領制が採用され（第五七条〜七三条、第一九九条〜二四六条、第四一〇条〜四三二条）、連邦議会全議員からなる大統領選挙人団によって選出された大統領にある点で大きく異なる。大統領の選出に当たっては、軍人議員を除く人民院議員および民族院議員から各一名ずつ副大統領が選出され、それに加えて両院の軍人議員が選出した副大統領一名の合計三名の副大統領から、大統領選挙人団（連邦議会議員）にて選出される（第六〇条）。大統領は国家元首でもあり（第五七条〜七三条）、行政府の長となり連邦政府を組織する（第一九九〜二四六条）。国会との関係においては、四七年憲法では首相が国会の実質的解散権を持つのに対して、〇八年憲法では、大統領に国会（連邦議会）の解散権は付与されていない。また、立法に際して、大統領は連邦議会に対して修正意見を提出する権利を有するが、最終的には連邦議会の判断に委ねられている（第一〇五条～一〇七条）。その意味で、立法権と行政権の独立性は、四七年憲法より強化されていると言える。他方で、大統領に法律と同等の効力を有す命令（大統領令）を発する権利（第一〇四条）や緊急事態における大統領権限が明文化されているなど（第四一〇条～四三二条）、国家統治における大統領の位置づけは四七年憲法、七四年憲法と比較して極めて重いものとなっている。

これと関連して、〇八年憲法の最大の特徴は緊急事態に関する規定が一章を費やして明文化された点にある（第四一〇条～四三二条）。大統領は国内に緊急事態が生じたまたはその可能性が高い場合、国防および治安国家評議会と協議の上、法律と同等の効力を有す命令を発し、緊急事態を宣言した上で、最大、国家の全権を掌握できる。また、その権限を国軍最高司令官に委譲することも可能ということが明文化されている。緊急事態における大統領の役割が明文化されたのみならず、ここで協議の対象となる国防および治安国家評議会は、大統領、副大統領二名、人民院議長、民族院議長、国軍最高司令官、国軍副司令官、国防大臣、外務大臣、内務大臣、国境問題担当大臣の一一名からなるが、この内、国防大臣、内務大臣、国境問題担当大臣は、国軍最高司令官の指名によって大統領が任命することになっていること（第二〇一条）、また大統領か副大統領の内一名は、軍人議員によって選ばれたものであることを考えると、一一名中過半数の六名が軍関係者ということになる。議会における議席のほか、国防大臣、内務大臣、国境問題担当大臣が、国軍最高司令官による指名に基づくといった規定（第二三二条）、緊急事態における国防および治安国家評議会の位置づけが明文化されたことによって、国防・治安行政における国軍の影響力は確固なものとなった。

また、〇八年憲法の特徴の一つとして、管区域および州、行政自治地域の行政機構について明確に規定された点も見落としてはならない。管区域・州統括大臣、管区域・州大臣、管区域・州法務長官からなる管区域・州政府が設置され地方行政を担うことになった（第二四七条～二七四条）。行政自治区域・行政自治区においては指導機関が設置され、立法および行政権を執行する仕組みとなっている（第一九六条、第二七五条～二八三条）。但し、管区域・州統括大臣は、管区域・州議会の同意を得なければならないものの、大統領に指名権・任命権があること（第二六一条）、また管区域・州・行政自治区域・行政自治区いずれにおいても、治安および国境問題関連を管轄する大臣または指導機関構成員は国軍最高司令官の指名によって任命される点で（第二六二条、第二七六条）、地方行政における連邦政府および軍の影響力を確保したものとなっている。

（4）司法

司法権に関しては、連邦最高裁判所を最上級の裁判所として、その下に管区域・州の高等裁判所が存在し、さらにその他の下級裁判所が置かれるといったものであり裁判所の基本的な構成に関しては四七年憲法と比べ変化は見られない（第二九三条〜三一八条）。但し、大きな変更点として、憲法裁判所が設置されたこと（第三二〇条〜三三六条）、また軍法会議が一般の司法制度からは独立したものとして明文化されたことなどをあげることができる（第三一九条、第三四三条）。また、国家の基本原則にも司法の独立性が明文化されるなど（第一八条）、七四年憲法下の社会主義時代と比較し、司法権の独立性の確保が目指されている。

（5）国軍の役割

〇八年憲法の最大の特徴の一つに第一章の国家の基本原則（第二〇条）および第七章（第三三七条〜三四四条）において、国軍の役割に関しての規定が明文化されている点を指摘することができる。これらの規定では、国家目標として国民政治追求における国軍の参与、既に指摘した国軍の立法、行政分野への関与、軍の自立性の確保、国内の全ての武装集団は、国軍の指揮下に置かれること、国防に関しては、国軍に指導権があること、国防および治安国家評議会の同意のもとではあるが治安維持と防衛のために全国民を動員することが可能であること、軍法会議においては国軍最高司令官の決定が最終確定的なものとなることなどが明文化されており、こうした規定は、四七年憲法や七四年憲法には見られない。連邦議会の四分の一の議席が軍人議員によって占められ憲法改正の発議が極めて難しい状況を考えると、これらの規定が憲法で明文化されたことは、国軍の国政への関与、国防および治安維持に関する主導権の確保を正当化、恒久化していると言えよう。また、そうした規定が第八章の国民の権利と義務の前に置かれている点で、本憲法制定に際して、国軍の役割の明記がいかに関心事となっていたかが端的に示されている。

(6) 緊急事態

こうした国軍の役割の明文化とともに、〇八年憲法では、国家の緊急事態への対応が、基本原則(第四〇条)と第一一章(第四一〇条~四三二条)で詳細に規定されている点が大きな特徴となっている。こうした規定では、緊急事態は、最終的に大統領が全権を掌握し軍に関与させる場合と国軍司令官に全権を委譲する場合の二つの場合が想定されている。緊急事態に関しては、四七年憲法や七四年憲法においても若干の規定はあるが、「緊急事態宣言」の発行権者とその議会による承認の必要性が定められている程度の扱いでしかない。緊急事態への対応に関する詳細な規定が明文化されたことは、一方で緊急事態時における権力の乱用を抑止する効果も期待できるが、他方で緊急事態における軍の役割の法的正当性の確保を目指したものと考えることができる。

(7) 国民の権利と義務

国民の権利と義務に関する扱いは、基本的に四七年憲法の規定をベースに定められているといえる。しかしながら、その扱いは、四七年憲法においては、第二章および第三章として主要な位置を占めていたのに対して、〇八年憲法では既に指摘したように第八章(第三四五条~三九〇条)と国軍の役割を規定した第七章の次に置かれており、憲法自体の制憲理念が反映されているともいえる。そうした前提はあっても次の二点は〇八年憲法の特徴として見落とされてはならない。第一は、基本原則(第三四条)でも明記されているように信仰の自由は認めるものの、仏教、キリスト教、イスラーム教、ヒンドゥー教、ナッ信仰を国家が公認する宗教と認め、さらに仏教に関しては大多数の国民が信仰する誉れ高き特別な宗教と規定している点である（第三六一条～三六二条）。これは、七四年憲法では信仰の自由が保障されるに留まっていた仏教の位置づけが、四七年憲法の規定へ回帰したことを示している。第二に、武器を所持せず平和的に集会し、デモ行進を行う権利が明文化された点である（第三五四条）。四七年憲法でも集会をする権利については明文化されていたが、〇八年憲法では、デモ行進も追加されている。微妙な変化であるが、デモ行進まで明文化された点は大きな変化であるとも言える。

3　憲法改正への動き

以上のような特徴をもって成立した憲法に基づき二〇一〇年には第一回総選挙が行われた。この総選挙にあたって、最大の民主化勢力であるNLDはボイコットで臨んだ。そのため、軍政時代に体制翼賛的に組織化され、総選挙に当たって政党化したUSDPが、人民院においては三二五議席中二五九議席を、民族院においては一六八議席中一二九議席と軍人議員を除く七割以上の議席を獲得し政権与党となった。党首のテイン・セイン氏が大統領に選出され、二二年にわたる軍政に終止符がうたれた。いわばいわくつきの民政移管であったが、テイン・セイン政権の民主化勢力、特にアウン・サン・スー・チー女史に対する対応には大きな変化が見られ、二〇一〇年一一月には三度目となっていた自宅軟禁から彼女を解放し、直接対話の場を設けるに至る。こうした政権側の譲歩に対して、アウン・サン・スー・チー女史もこれまでのボイコット路線を変更し、二〇一二年の補欠選挙で立候補し人民院議員として、憲法の枠内での活動を展開するという結果につながった。そうした活動の中で注目されたのが憲法改正へ向けての動きである。憲法改正への動きは、二〇一五年の総選挙をにらみ、二〇一四年の連邦議会から本格化した。憲法改正に関する委員会が議会内に組織され検討が進んだ。特にその中で問題となったのが、憲法改正の発議に関する第四三六条の規定であった。憲法改正に当たっては重要な条項に関しては連邦議会議員の七五％を超える賛成票の下、国民投票において過半数の同意が必要とされ、その他の条項の改正にあたっても連邦議会議員の七五％をこえる賛成票が条件とされていた。これに対し改正案では、いずれも七〇％をこえる賛成票を得られれば発議または決定できるとされた。また、大統領および副大統領の資格要件についても、親族における外国勢力からの影響に関しての制限範囲や副大統領の選出にあたって連邦議会議員の中からという条件を科すか否かなどが問題となった。

議論の末、六月二五日には、結局六項目の修正案に対して採決がなされた。その項目の中には、上記二つも含まれていたが、改正発議および決定に関しては、六一・二九五％、大統領、副大統領の資格要件に関しては、六〇・九七九％の賛成票しか得られず、改正は見送られることとなった。六項目の改正案のうち、改正の発議が認められたのは、大統領の資格要件の中で、軍事にも見識がなければならないという箇所の「軍事」という言葉が「国防」という言葉に置き換えられるという変更のみであった。議員構成の四分の一が軍人議員からなる連邦議会における憲法改正発議、決定の難しさが端的に現れる結果となったが、他方で、上記二項目の改正に賛成票を投じた議員が六割を超えていたということは、軍の影響力の強い政権与党ＵＳＤＰ内でも、今回の改正案に賛成票を投じた議員が少なからずいたことを意味する興味深い結果となった。しかしながら今回の総選挙結果から見ても、大統領や軍に関する憲法規定の改正は極めて難しい状況である。

参考文献

Myanma Alin

Myanma Naingan Tain:pyipyu Hlu'taw. 1947. *Pyitaunsu Myanma Naingan i.Hpwei:si:poun Achehkan Upade*. Yangon.

Myanma Soshali' Lan:sin Pati. 1973. *Pyitaunsu Soshali' Thamata Myanma Naingan-taw Hpwei.si:poun Achehkan Upade hni' pa'the' thaw Adei'be Shinlin-che'*. Yangon.

Pyankyayei:wunkyi:.2009. Htana *Pyitaunsu. Thamata. Myanma Nanigan-taw Hpwe.si:poun Achehkan Upade*. Yangon.

The Global New Light of Myanmar

コラム10　ミャンマーの土着ムスリム

斎藤紋子

二〇一一年三月のテイン・セイン新政権以降、ミャンマーへの訪問者数は急増している。観光のパンフレットには「仏教遺跡」「パゴダ」「僧院」の文字が並び、ミャンマーは仏教国の印象が強いが、実際には多民族・多宗教の国である。仏教徒社会の印象が強く、注目されることの少なかったミャンマーのムスリム、中でも自らを「土着」とするムスリムとはどのような人々だろうか。

ミャンマーに暮らすムスリムは、その多くがインド系で、イギリス植民地時代に流入した。しかし、王朝時代に流入して土着化したムスリムも存在する。こうしたムスリムは、王朝時代にはパディという名称で呼ばれ、植民地時代になると自分たち自身を「バマー・ムスリム」と称し始める。一九三〇年代になると自分たち自身でバマー・ムスリムの歴史の本を著すが、それは新規移民のインド人ムスリムとの差異を主張するものであり、自分たちは王朝時代に流入したムスリムの子孫であり土着の「ビルマ人」だと述べていた。ミャンマー全土でナショナリズムが高揚していた時期、ミャンマー社会に溶け込み土着意識を強く持つムスリムは当然、独立運動にも加わっていた。

現在でも、こうした土着ムスリムは、ミャンマー文化を受容したミャンマー国民の一員であると自らを位置づけているのだが、そうした姿勢ゆえに多くのミャンマー人仏教徒もその存在をあまり意識せず、説明してようやく、そういえば知人にそういうムスリムがいる、と認識する程度であることが多い。土着ムスリムとはどんな人なのか、もちろん一人を取り上げて全体のイメージが掴めるわけではないが、筆者の知人をここで紹介したい。

彼は兄弟とともに、マンダレー市内で、機械のモーターや農業用ポンプなどを販売する店舗を経営している。店員や事務員は宗教を見て雇用したわけではないので、仏教徒もムスリムも一緒に働いている。最近の反ムスリム運動で仏教徒は仏教徒の店で買い物をすべきだと触れ回っているが、彼の店に仏教徒が出入りしなくなったということはない。お坊さんが檀家の人とともに必要なものを買いに来ることもある。仏教徒でも普段お坊さんとあまり話をする機会がない人は、お坊さんに対してついつい通常の言葉を使ってしまうこともあるが、彼はきちんとした言葉遣いで応対する。マンダレー近隣の地域で雨季に洪水が起こった時には、衣類や食糧などを持って兄弟友人たちとともに真っ先に駆けつけるほど、ボランティア精神にもあふれている。もちろんこうした時にもムスリムだけに援助をするのではなく、その場で困っている人全員に対して平等に援助をする。僧院の見習僧たちの間で皮膚病が流行っていて困っていると聞いたときには、治療してくれるという医師を連れて僧院に出かけ、治療費と薬代は自分たちが負担した。

このような彼の人柄もあり、仏教徒の友人も多く信頼も得ている。最近は、ムスリムであるというだけで彼に対する心無い噂を流す人もいるが、仏教徒の友人が反論してくれるという。お坊さんと話をしたり、僧院に医者を連れて行ったり、というところから、彼は仏教徒ではないのかと思う人もいるかもしれないが、彼はムスリムであり、仕事も毎日忙しい中でイスラームに関する勉強会などを有志で企画し、夕食後に勉強会に出かけることもある。ムスリムの子供たち向けにイスラーム講習会なども行い、イスラームだけでなく、ミャンマーには仏教徒もキリスト教徒もヒンドゥー教徒もいるのだから、それぞれの宗教についても理解しておかないと誤解を招いて対立を引き起こす、ということも併せて教えているそうである。ミャンマーの多くの仏教徒にもイスラーム教とムスリムを理解してもらいたいが、その前に自分たちムスリムも他者を理解することは大切であるとして、土着化を嫌う一部のムスリムに対し、ミャンマーに暮らしているのだからもう少しミャンマー文化に対して目を向けないと、と言っていた。

こうした土着ムスリムは、現在ミャンマーに広がっているムスリムに対する偏見、小さなきっかけで始まる仏教徒とムスリムとの間での暴動に対して、非常に心を痛めている。もちろんこうした状況を改善しようと、様々な方法で平和共存を模索する動きが一部の国民から出てきている。平和共存に向けた相互理解の活動が活発になっていくことを、筆者としても願わずにはいられない。

参考文献

斎藤紋子　二〇一〇年『ミャンマーの土着ムスリム：仏教徒社会に生きるマイノリティの歴史と現在』（ブックレットアジアを学ぼう二一）東京：風響社。
斎藤紋子　二〇一二年「ミャンマーにおける「バマー・ムスリム」概念の形成―一九三〇年代ナショナリズム高揚期を中心として―」『東南アジア：歴史と文化』四一巻：五―二九頁。
斎藤紋子　二〇一四年「ミャンマーにおける反ムスリム暴動の背景（特集　ミャンマー改革の三年：テインセイン政権の中間評価（一））」『アジ研ワールド・トレンド』No.二二〇．二〇一四年二月号：二二―二五頁。

ヤンゴン市内中心部にある英領植民地時代の建造物、現在も市庁舎として使われてる（奥平龍二撮影）

第5章
現代文学から見たミャンマーの政治・社会

南田みどり

1　現代文学の「始動」

現代ビルマ文学とは

ビルマ文学は、多民族国家ミャンマー連邦共和国（現）の公用語で同連邦の多数派民族・ビルマ族の母語であるビルマ語で表現された言語芸術である。ここで扱う現代ビルマ文学とは、日本占領期が終了した一九四五年以降のビルマ語純文学をさす。本稿は現代ビルマ文学と政治・社会のかかわりについて、主として戦後新たに登場した文学のひとつの潮流の消長と、その周辺の長編や書き手の動向から述べる。

日本占領期もさることながら、この地に暮らすひとびとは、その後も未曾有の激動とそれに起因するおびただしい受難を経験してきた。そのような中で、自らの思想や感情をビルマ語で芸術的に表現したいという内的衝動や使命感にかられた者たちが、困難の中でペンをとり、言葉をつむぎ、さまざまなジャンルの言語芸術を織り成してきた。

日本占領期文学から戦後文学へ

一九四五年文学は、日本占領期文学と戦後文学との架け橋としての役割を担った。四五年の出版物は、検閲に呻吟した日本占領期文学が戦後文学に脱皮していく過程を垣間見させる。四五年七月と八月に発行された『ジャーネージョー（卓越した週刊誌）』誌には、日本軍の蛮行を描くノンフィクションや短編小説が掲載されている。すでに出版界は、日本軍の降伏を待たずに始動していたことになる。四五年後半に出版された単行本長編や雑誌掲載短編の書き手の多くが、日本占領期にも活躍していた作家たちであった。彼らは、娯楽、啓蒙、風刺、プロパガンダなど、日本占領期文学のジャンル枠〔南田二〇一〇a：一一七―一二八〕を継承しつつ、新たな文学の創造を目指した。

日本占領期の出版は、日本軍の宣伝活動の一環とされた。大東亜建設や大東亜戦争遂行の意義を民衆に理解させて対日協力へ導くプロパガンダ的役割が、文学には求められた。しかし作家たちはそれを巧みにかわした。例えば、彼らは作家協会機関誌『サーイエーサヤー（作家）』の短編に、日本軍人ではなく多数のビルマ軍将兵を登場させた。それは日本軍のプロパガンダではなく、ビルマ軍のプロパガンダ的役割を果たした〔南田二〇一〇a：一二五―一三二〕。ビルマ軍将兵の形象は、四五年には抗日文学に継承された。

四五年文学には新たな人物形象も登場した。例えば、抗日ゲリラとして闘う民衆や、戦争に翻弄される受難者としての民衆像である。日本占領期には「敵」として形象化がはばかられた英領ビルマ正規軍人、共産主義者、カレン族なども登場した。また、日本占領期に若干の作品で漠然と描かれるにとどまった日本人像が、四五年には名前と顔を持つ明確な抑圧者として登場した。さらには、ビルマ軍人の否定的側面を描いた作品も現れた〔南田二〇一三：八二―八五、同二〇一五a：一一〇―一一二〕。

「新しい文学」と『ターヤー』誌

戦後の純文学界は、「新しい文学」すなわち、被抑圧階級解放のための文学の創造を提唱する潮流の登場で活性化し、その後もこの潮流が影響力を伸ばしていくかに見えた。

その旗手のひとりは、日本占領期に沈黙を守った著名な詩人・作家・批評家のダゴン・ターヤー（一九一九―二〇一三）である。彼は、一九四六年十二月から『ターヤー（星座）』誌を発行し、精力的に批評活動をした。彼は、日本占領期が文学の暗黒時代で見るべき作品はなかったととらえ（1）、戦後作品の評価にあたり、「新しい世界観」「新しい政治的潮流」「新しい政治的見識」「新しい題材」を重視した。彼にとって、日本占領期文学は唾棄すべきものであり、戦後文学は復興と共に新たに創出されねばならなかった［南田二〇一三：八五］。彼は「新しい文学」を、被抑圧階級解放のための革命文学・「新文学」と命名し、そのような文学の創造を同誌創刊の目的とした。

もうひとりの旗手は、戦前から著名な作家で、日本占領期にはインドで抗日活動に従事したテイン・ペー・ミン（一九一四―七八）であった。彼は「新しい文学」を「人民文学」と命名し、『ターヤー』誌一九四八年一月号で、具体的な作品例を挙げて英領期以降のビルマ小説を批評した。そして彼は、作家が社会変革の先進として、労働者、農民、都市在住貧民などの被抑圧階級の立場に立って執筆すべきだと説き、活発な誌上論議を促した。これをきっかけに『ターヤー』誌や『ジャーネージョー』誌では、文学の階級性と芸術性を対立的に捉える議論が沸騰した［南田一九九八：一〇六―一〇七、一一六―一一七］。

2　現代作家と政治活動

「論争」の旗手その後

一九四八年三月以降、共産党、軍の一部、原住民族などの武装蜂起が相次ぐ中で、全土は政府軍支配下の合法世界と反政府軍支配下の非合法世界とに長期間分断された。分断社会にあって、「被抑圧階級解放」の武器としての文学は艱難の道をたどった。

ダゴン・ターヤーはその後も、多数の詩と文芸評論と若干の小説を発表した。彼は二〇一三年の死の日まで、純文学の枠内で活動し、長老として尊敬を集め、戦後文学の牽引車としての役割を全うした。

一方テイン・ペー・ミンは、政治と文学のはざまを駆け抜けた。彼は一九四五年から膨大なエネルギーをビルマ共産党内外での闘争に向けた〔南田一九九八：一〇二―一〇五、一〇九―一一〇〕あと、四八年三月の同党の武装蜂起時に離党して地上合法左翼陣営にとどまり、同年クーデター未遂で服役し、一九五〇年代にはいくつかの政党にかかわって政治活動を続け、国会議員もつとめた。さらに彼は新聞社を設立して、多彩な評論活動も行った。一九六二年、クーデターによってビルマ式社会主義政権が発足すると、彼は左翼勢力統一の夢を政権に託した。

彼は、いくつかの長編で時代と個人の運命とのかかわりを追及したが、次第にその作品から政治性社会性が減退していった。一九七五年、政府批判の評論を書いて新聞主筆の座を追われた彼は、小説に回帰する。日常を丹念につづる随想的私小説の境地を拓き、民衆生活の細部の描写にも踏み込んだ矢先の一九七八年に、彼は突然の死を迎えた。

作家と監獄

ビルマ作家の政治参加は植民地時代以来の伝統であったが、戦後も文学と監獄とは至近距離にあった。戦後の作家拘束の第一波は、一九四八年に蜂起した共産党との関係の嫌疑による逮捕である。第二波は、議会制民主主義時代の一九五三年頃である。政治的思想的危険人物を最低二週間拘留できるという五〇年発令の緊急措置法第五条が適用され、言論出版を理由とする逮捕が増加した。第三波は、第二次国軍クーデター直後の一九五八年である。第四波は、ビルマ式社会主義政権と反政府軍の和平交渉が決裂した一九六三年である。それ以降は、断続的に拘束が続いた。非合法世界の住民に向けられていた銃口が合法世界の住民にも向かった一九八八年以降、言論出版弾圧と拘束は加速した。

拘禁、投獄、島送りされた著名作家は、ほんの一例を挙げても、一九八八年以前では、ルードゥ・ウー・フラ（一九一〇―八二）、ルードゥ・ドー・アマー＊（一九一五―二〇〇八）、コウ・コウ（一九二三―九二）、ミャ・ワズィー（一九二一―九三）、ソー・ウー（一九一九―九一）、タキン・ミャ・タン（一九二一―七六）、ドゥー・ウン（一九〇八―八九）、ナッ・ヌエー（一九三三）、マウン・ター・ヤ（一九三〇）、ティン・ソウ（一九二五―二〇〇五）、ダウン・ヌエー・スエー（一九三一―八五）、八八年以降では、サン・サン・ヌエ（ターヤーワディー）＊（一九四五）、マ・ティーダー（サンヂャウン）＊（一九六六）、ニー・プ・レー（一九五二）、サウン・ウィン・ラッ（一九四九）など枚挙に暇がない〔南田一九九六：二六七―二六九〕(2)。

3 現代文学が描く「政治」

「政治」的題材の限界

かつて監獄は「人生大学」と呼ばれた。それは政治囚の学習の場であり、むしろ恵まれた階層にあった作家たちが、民衆生活から学ぶ場でもあった。そこから多くの監獄小説も生まれた。しかし一九七〇年代以降は、囚人の待遇の劣悪化とあいまって、同時代の監獄を題材とした小説は書かれなくなっていく〔南田一九九六：二六七、二七〇―二七二〕。

題材としての扱いが困難となるのは、戦後文学の「花形」・抗日長編も同様であった。抗日長編を主要人物から大別すれば、第一に、『我が祖国』（一九六一キン・スエー・ウー＊一九三三）のように、ビルマ軍とその周辺の人びとの闘争を描くものがある。第二に、『夜が明ければ』（一九六二ソー・ウー前出）のように、ビルマ族男性とカレン族女性の愛ならびに、両民族の協力による抗日闘争を描くものがある。第三に、『闘争の呼び声』（一九六五テー・マウン一九二七）のように、民間人による抗日闘争を描くものがある〔南田一九九一：五〇―五一〕。

対日協力したビルマ軍が、真の独立が得られず失望して決起するというビルマ「正史」の流れに沿って、軍主導型の抗日の栄光を称える第一のタイプは、その後は体制協力の文学に吸収されて存続した。第二のタイプは、反政府軍との和平交渉がなされた一九六三年前後に顕著に見られた傾向である。史実にほど遠い両民族の共闘を虚構に再現することは、「正史」の枠内でのみ可能であった。第三のタイプにおける、抗日統一戦線の重要な構成要素・共産党の形象化も同様である。分断社会で、合法世界の文学の題材として非合法世界の事物を扱う際、「正史」の枠を逸脱すれば、出版の道が閉ざされるのは明白であった。

史実を用いた安易な虚構は、現実にいささか危険な反作用を及ぼす。それを回避するには、沈黙を守ることもひとつの道であった。テイン・ペー・ミン（前出）が『東より日出ずるが如く』（一九五八）を日本軍侵略直後の抗日の萌芽で閉じるにとどめ、その後の作品から政治性を消去したのは、ある種の警告だったともいえよう［南田一九九四：一四〇］。

「新しい文学」の終焉

一九七四年、「労働者階級の世界観にもとづく革命的文学批評」を意図した『雨季に先立つ嵐』（以後『嵐』と略す）が出版された。一三名の執筆者は、全員がコウコウ島流刑から帰還した元政治囚で、三、四名が共同で五点の文学を批評した。うち三点は、いずれも一九七三年に出版の『剣の山を越え火の海を渡る』（ミャ・タン・ティン一九二九―九八）、『血の絆』（ジャーネージョー・マーマーレー＊一九一七―八二）、『エーヤーワーディー河の上で』（バモー・ティン・アウン一九二〇―七八）である。

三点の著者は、著名であると共に拘束経験者でもあった。すなわち、ミャ・タン・ティンは、一九五八年から六〇年に投獄され、一九六三年から六八年に流刑となった。ビルマ作家協会会長も務めたジャーネージョー・マ・マレーは、一九六〇年代中ごろに自宅軟禁生活を送った。バモー・ティン・アウンは、議会制民主主義時代に逮捕されて以来、流刑も含めて述べ一三年の獄中生活を送った。

『剣の山を越え火の海を渡る』は、絶海の孤島に漂着した詩人、ヘロイン中毒青年、荷担ぎ労働者の共同生活からビルマ社会を透視させ、公の筋からは「社会主義リアリズムの手本」「労働者階級の指導性を示す」と絶賛された。しかし孤島の生存闘争で活躍する荷担ぎ労働者は一匹狼であり、組織労働者ではない。また密輸業者が労働者の主要な敵として設定されたことで、『嵐』は同書を階級闘争軽視の改良主義的小説だと批判した。

『血の絆』は、ヤンゴンに着任した女性日本語教師の、元日本軍将校の亡父とビルマ女性との間に生れた異母弟探しと、ファシスト憎悪に燃える異母弟との葛藤から和解への兆しを描く。同書は初版の七〇〇〇部が一週間で完売するほどの人気を博した。しかし『嵐』は同書が、ファシスト日本の侵略性を隠蔽し、ビルマ人民の反ファシズム・反植民地精神を後退させ、日本ファシズム・軍国主義を免罪すると批判した。

『エーヤーワーディー河の上で』は、英領時代から日本占領期終焉にかけて、一人のジャーナリストの良心的行動と政治的感慨の軌跡をたどる。『嵐』は、同書の記述が史実と乖離すると批判した。そして中間的人物である主人公が憲兵の拷問に黙秘で耐えるクライマックスも、労働者・農民・人民のたたかいを無視した個人的な英雄行為とみなした。

『嵐』は、事後検閲によって発行の二、三ヶ月後に発禁となった。それ以後、「新しい文学」を継承する潮流は鳴りを潜めていく。

4　現代社会におけるビルマ文学

検閲体制の強化

『嵐』は、被抑圧階級である労働者・農民・人民を解放する立場から、彼らの闘争に光をあてよと説いた。しかし前述のような情勢の中で、彼らの抑圧者、すなわち社会主義の名において生産手段を占有する軍事官僚独裁政権との闘争を題材とすることは、至難の業であった。『嵐』はそれを承知の上で、良心的な作家たちを挑発したのである。

一九七三年十二月に採択されたビルマ社会主義連邦共和国憲法に基づく第一回人民議会選挙が七四年に行われ、同年三月に第一回人民議会が開催され、形式的民政移管が完了した。同憲法一五三条では、言論表現、思想信条等の自由が謳われたが、それは、原住民族との団結や国家の治安、および社会主義体制に抵触しない限りにおいて認められるもので、それに抵触した場合は法的措置が執行される旨の明記がなされていた。これに基づいて七五年頃より事前検閲が始まった。さらに七九年にビルマ社会主義計画党は、事前検閲の手続きを詳細に定めた「文学とマスメディアに関する原則」を発行した［南田一九八四：四〇］。

『嵐』が批判した三名の書き手のうちミャ・タン・ティンは、他の二名が世を去った後も執筆を続けたが、七五年を境に長編の筆を折り、翻訳に転じた。

検閲の爪あとを超えて

体制協力を義務付けられた出版物は、検閲側の求める改変に応じた場合にのみ出版が許可された。言語芸術として創造された作品は、削除・修正・加筆などによって［南田二〇一一：三一―三六］轢断され、変質を余儀なくされていく。

純文学界では、被抑圧階級解放の道筋やその闘争を提示せず、主張を明確にせず、さまざまな階層の人生を描く「人生描写」と呼ばれるビルマ式リアリズムも、ひとつの潮流をなしていた。一九七〇年代中ごろからは、マウン・ター・ヤ（前出）、サン・サン・ヌエ（ターヤーワディー）（前出）、モウ・モウ（インヤー）＊（一九四五―九〇）、マ・サンダー＊（一九四七）などによる「人生描写」長編が、純文学界の主流となった。しかしそれらは一九八八年以降、検閲の強化にともなう技法上の困難［南田一九九九：二二七―二二八］、マウン・ター・ヤの休筆、サン・サン・ヌエの投獄、モウ・モウの死などもあいまって、減退していった。長編の減退は雑誌掲載短編を浮上させ、「短編黄金時代」を招じた。「人生描写」短編は、民衆の日常の断片とそれにまつわる感慨を描いたが、一九九〇年代に入ると、主張をさらに明確にせず、超現実的で実験的な「モダン」と呼ばれるビルマ式モダニズムの短編も登場した。

二〇〇〇年代に入り、短編の書き手に、亡くなる者、国外に移住する者、断筆する者、ジャーナリズムや出版業へ転出する者などが相次いだこともあって、雑誌に掲載される短編が減少した。着実に書き続ける者は、キン・キン・トゥー（一九六二）＊など一握りとなった。すでに事前検閲を通過して雑誌に掲載された短編で短編集を編む場合も、再度事前検閲を受ける。二〇〇〇年以降の短編集に収録された作品を、雑誌掲載時の状態と照合すれば、年を追って検閲が強化されている事実が透視された。轢断された作品のなかには、もはや言語芸術の体をなさないものも見受けられた［南田二〇一〇b：四〇―四八］(3)。

二〇一一年の「民政移管」後も事前検閲は続いた。二〇一二年に入ると、長期投獄体験を持つ民主化闘争指導者の手記や長編、社会主義時代以来発禁となっていた長編などが書店に並ぶようになり、同年八月に出版物の事前検閲が公に解除された。作家たちは複数の文学組織を結成し、文学講演会や作品朗読会を開催するなど活発に動き出した。しかし、貸し本屋の衰退、若者の活字離れ、ノンフィクションの隆盛、文芸月刊誌の廃刊などによって、純文学は新たな困難に直面している［南田二〇一四：一一〇―一一二］。

長期の検閲が現代ビルマ文学の質量に与えた影響は軽微なものではない。しかしそれは、書き手の多くが権力と距離をとり、この国に暮らす多数者の心の営為に寄り添う姿勢をとって、受難を共有した証である。ゼロ地点にたちかえった現代ビルマ文学が、トラウマを超え、囚われた心を解放し、被害と加害の記憶をも再生可能な、名実共に「新しい」成熟した言語芸術に脱皮したとき、新たな困難も克服されているであろう。

注

（1）終戦直後で日本占領期文学作品収集が不十分だったことに起因するにせよ、ターヤーが挙げた日本占領期の作品は三点のみであった。しかし、彼の発言は、後世まで無批判に受容された。現在もビルマ側では日本占領期文学の分析や作家の対日協力の総括は十分ではない。今後も慎重な検討が必要である。

（2）作家名の後の（　）内の数字は生年と没年を、存命者の場合は生年のみ示す。また作家名に続く（　）内のカタカナ表記は筆名の一部であり、出身地名、学寮名、学位などを示す。＊は女性である。作家の逮捕歴は、名鑑等に記載されない場合も多く、詳細な調査が今後の課題となろう。作品名の後の（　）内は出版年、作家名、生没年である。

（3）削除された表現や用語は、女性の喫煙、停電、女神信仰、貧富の差、薬物使用、賄賂などビルマ社会で衆知の日常茶飯事に関係する。減少した雑誌掲載短編の後を埋めるように二〇〇〇年代に詩が浮上するが、それに関しては南田二〇一五b解説を参照されたい。

＊本稿には、平成二七年度の日本学術振興会・科学研究補助金、基盤研究（C）「ビルマ文学史における一九四〇年代の研究～日本占領期文学から戦後文学へ～」の研究成果を取り入れた。

引用文献

南田みどり 一九八四年「ビルマの文学」『日本の科学者』Vol.一九、No.一一（日本科学者会議）：三七―四一ページ。
南田みどり 一九九一年「暗黒時代の果実―ビルマ反ファシズム長編小説のゆくえ」『世界文学』No.七二（世界文学会）：四九―五六。
南田みどり 一九九四年「事実が虚構をしのぐ時代の文学―テインペーミンの抗日時代―」『大阪外国語大学 アジア学論叢』第四号（大阪外国語大学アジア研究会）：一〇七―一六二ページ。
南田みどり 一九九六年「寒い国から帰ってきた作家たち―「熱烈歓迎いたします」とその背景―」『世界文学』2（大阪外国語大学世界文学研究会）：二六三―二九九ページ。
南田みどり 一九九八年「人民時代・人民文学―一九四五～四九のテインペーミン」『大阪外国語大学論集』第二〇号：一〇一―一二八ページ。
南田みどり 一九九九年「憤怒の女性作家―サンサンヌエ〈ターヤーワディー〉」大阪外国語大学世界文学研究会『世界文学』四 二一三―二五一ページ。
南田みどり 二〇一〇年a「日本占領期におけるビルマ文学―小説の役割を中心に」『大阪大学世界言語研究センター論集』第三号：一〇九―一三六ページ。
南田みどり 二〇一〇年b「短編小説の語るビルマ文学最前線」『EX ORIENTE』Vol.一七（大阪大学言語社会学会）：二九―五八ページ。
南田みどり 二〇一一年「ビルマ語版『ビルマの竪琴』は何を語る?」『世界文学』No.一一三（世界文学会）：三九―四一ページ。
南田みどり 二〇一三年「一九四五年のビルマ文学～日本占領期から英領期へ～」『世界文学』No.一一八（世界文学会）：七九―八九ページ。
南田みどり 二〇一四年「検閲廃止のあとさき」『世界文学』No.一一九（世界文学会）：一一〇―一一四頁。
南田みどり 二〇一五年a「一九四五年のビルマ文学」補遺 ～戦後文学に向けたさらなる歩み～」『世界文学』No.一二一（世界文学会）：一〇五―一一四ページ。
南田みどり編・訳 二〇一五年b『二十一世紀ミャンマー作品集』大阪：大同生命国際文化基金

参考文献

Bamaw Tin Aung.2013.(2nd ed.).*Myit Eyarpawwe*:Yangon: Myanandar Saouk Taik.
Kyi Naing & others.1974. *Moe Kyo Mondaing*.Yangon:Dagaung Saouk Taik.
ジャーネージョー・ママレー 一九七八『血の絆』原田正春（訳）東京：毎日新聞社（原著 Gyanegyaw Ma Ma Lay. 1973. Thway.Yangon. Gyanegyaw Ma Ma Lay Sapay.
ミャタンティン 一九八三『剣の山を越え火の海を渡る』南田みどり（訳）東京：井村文化事業社（原著 Mya Than Tint. 1973. *Da Taung go Kyaw Ywe Mi Pinle go Phyat myi*. Yangon:Nyan Lin Saouk Taik.

第6章
国家と宗教
—2008年憲法に見る仏教の位置づけ—

奥平龍二

いわゆる「民主化闘争」の最中の一九八八年八月、ミャンマー国軍が事態の鎮静化を企図して出動し、ソー・マウン上級大将率いる「法秩序回復評議会」が政権を掌握して以来、二〇間にわたり社会主義共和国憲法（一九七三年）が停止されたままの状況にあった。漸く、二〇〇八年五月、新たに「ミャンマー連邦共和国憲法」が制定された。この憲法は、大統領を頂点とする民主政権樹立のための、また、憲法の名の通り多民族をもって構成される「連邦共和国」の基本法である。この憲法は、前タン・シュエ軍事政権の下で起草され、同政権下で承認された軍事政権の所産である。それ故に、同憲法の下で招集された連邦議会は、人民代表院（*Pyithu Hluttaw*, 下院）及び民族代表院（*Amyotha Hluttaw*）の両院からなるが、いずれの議会も現役国軍議員が四分の一を占め、憲法改正に必要な四分の三以上の賛成が必要であり、国軍選出議員全員の反対があれば憲法改正は不可能であることや、国家非常事態宣言の発出は、大統領ではなく、国軍参謀司令官によって行われるなど、国軍に優位な内容となっており、未だ、民主憲法というには少なからずの問題点を孕んでいる。このような新憲法の問題点はあるものの、同憲法では宗教、とりわけ、仏教はどのように取り扱われているのであろうか、本稿（＊）では、その位置付けを国家と宗教という視点に立ち、ミャンマーが歩んできた歴史を振り返りながら考察する。

1　二〇〇八年憲法制定の歴史的背景

（1）「上座仏教国家」政体

二〇〇八年公布された現行ミャンマー連邦共和国憲法は、直接的には独立に際し制定されたミャンマー連邦憲法（一九四七年）およびビルマ式社会主義国家建設に際し制定されたビルマ連邦社会主義共和国憲法（一九七三年）に続く三度目の憲法として制定されたものであるが、このうちで、社会主義共和国憲法を除く二つの憲法においては、仏教に特別の地位を与えている。これは、仏教が歴史的に国造りに果たした役割の大きさを物語っている。すなわち、古く一一世紀のバガンの統一王朝の創始者であるアノーヤター王が南部モン族の都タトンに興隆していたスリランカ系上座仏教を王室の「公的宗教」として導入して以来、ミャンマーでは仏教を基軸に政治的統合を行い、いわゆる「仏教国家」（上座仏教を受容して樹立された国家であるが故に「上座仏教国家」と称することも可能であろう）という独特の国家政体が形成されてきたことと深い関わりがある。

上座仏教国家とは、インドに起源を有する上座部（テーラーヴァーダ）の一派がスリランカに伝えられ、そこで王権の庇護のもとに大成した基本的には「サンガ（出家者）仏教」であり、東南アジア大陸部に伝えられ国王の「公的宗教」として信仰されると同時にその仏教の核にある「ダンマ（正法）」が支配の正統性原理として機能するような基本的構造を具えた国家を指した［石井 一九七五：八一―八二］。すなわち、支配者たる国王はブッダの教え（ダンマ）を実践する生きた存在としての出家僧を最も大切に庇護した。それは単に出家僧を盲目的に庇護するのではなく出家僧をしてブッダの教え（ダンマ）を遵守し忠実に実践させる、とりわけ、国王は出家僧に財政的支援（＝財施主）、すなわち、修行に専念できるよう生活面を保障することでヴィナヤ（律）の励行を促しダンマを正しく嗣続させることによって、ダンマが国王による王国の支配を正当化する原理として機能するというものなのである。また、国王自身も、上座仏教の教え、とりわけ、「国王が履行すべき一〇種の徳目」(1)に背く統治を行えば王位を剥奪《はくだつ》される宿命を背負っていた。このように、ミャンマーの前近代においては、国家を支配する国王の権力（＝政治権力、*ānazet/ānācakka*）と仏教教団組織（サンガ＝宗教権威、*dhammazet/ buddhacakka*）が相即不離の関係を保ちながら、時に、両者がせめぎ合いながら共存してきた歴史がある。

（2）政治権力と宗教権威のせめぎ合い

ミャンマーが自主権を剥奪された植民地時代においては、上にみたような「政治権力」と「宗教権威」のせめぎ合いは、上座仏教国家という政体そのものが崩壊し王権が喪失したため、自然消滅した。国王というサンガを支える強大な財施主にかわって「在家仏教徒組織が登場し一般信徒が大規模な布施を行なう仕組みができた」［蔵本 二〇一一：一八二―一八三］しかし、英国植民地政府の宗教不介入政策は、「浄化と布施という王の役割が失われたこと」［蔵本 前掲書：一八五］によってサンガ組織が受けたダメージは計り知れないほど大きく、結局サンガ仏教そのものの衰退を招いた。英国による植民地支配は、「正法」（ダンマ）に対する「非法」（アダンマ）の統治であり、反植民地主義抵抗運動こそがミャンマー人にとってダンマの政治を取り戻す唯一の手段であった。

独立闘争を勝ち抜いて達成された英国からの独立（一九四八年）によって、自主権を回復したミャンマーは、独立に先立ち制定された行政参事会議長（首相職）アウン・サン主導の「ミャンマー連邦憲法」（一九四七年）は、もはや、上座仏教を国家の公的宗教と位置付けていた王朝時代とは異なり、世俗社会中心の国家建設を目指したものであったが、この憲法において、仏教は伝統的に国民の絶対多数が信仰してきた宗教なるが故に、「特別の地位」(2)が賦与された。特に、アウン・サン暗殺（一九四七年七月一九日）後を受けて、独立時（一九四八年一月四日）に成立したウー・ヌ政権下で仏教を国教化したため大きく「宗教国家」の方向へ傾斜した時期はあるものの、一九六二年のクーデターによって政権を掌握したネー・ウイン革命評議会議長の下で進められたミャンマー式社会主義路線のもとで一九七三年制定された「ミャンマー連邦社会主義共和国憲法」では、厳しい政教分離政策が断行され、仏教に対して特別の地位は勿論のこと、仏教に関する規定そのものが削除され、宗教全般に対する姿勢として、「信仰の自由」（第一章三四条）のみが謳われた。しかし、二〇〇八年のミャンマー連邦共和国憲法では、再び、仏教が伝統的に誉れ高い宗教として特別の地位が賦与（第八章三六一条）され、国民に信仰の自由及びすべての既存の宗教に対し同等の支援を約束しながら、実質的には仏教優遇政策を打ち出している。ただ、独立後のいずれの「政治権力」もサンガ組織に対する介入を辞さず「宗教権威」に大きく勝る権威を持ち続けて今日に至っている。

2　二〇〇八年憲法と宗教関連条項

（1）国家理念

二〇〇八年憲法の「前文」では、タン・シュエ政権下の一九九三年より制憲会議を招集して以来、憲法制定過程を述べたあと、（一）連邦分裂の回避と国民の団結及び主権の保全、（二）「正義」「自由」「平等」という「世法」(*lawkapala-taya-mya/eternal principles*)[3]を一層発展させながら、国民の恒久平和と繁栄のための不断の実践、（三）民族的平等による連邦精神の育成、および（四）世界平和と国家間の友好関係維持と平和共存のための不断の努力、という四つの決意を述べている。この決意はアウン・サンの独立憲法（一九四七年）の精神を再び甦らせ、「正義」、「自由」および「平等」という「世法」（永遠不滅の原理）を基礎とする「独立主権国家」を維持し、さらに発展させていく決意を新たにしたものといえよう。

（2）独立憲法との比較における二〇〇八年憲法の宗教関連規定の特徴

全四五七条からなる二〇〇八年憲法は、独立憲法とは異なり、宗教関係の章立てではない。また、独立憲法第二章の「基本的人権」項目内に設けられていた「宗教関連の権利」という見出し項目もない。二〇〇八年憲法では、宗教関連規定として、「信仰の自由」（三四条）、「宗教の政治目的への利用の禁止」（三六八条）等に言及しているだけである。また、宗教組織構成員（すなわち、サンガ）の選挙権及び被選挙権について、独立憲法では、「何人も宗教信仰や信条を理由に権利を与えられないなど差別されてはならない」(三二条三項)と規定しながら、同七六条では、「いかなる宗教組織構成員も選挙の投票権を得ることも国会議員になることも禁止する」という例外規定を設けている。これに対して、二〇〇八年憲法では、「宗教組織の構成員の選挙権は認めない」(三九二条)とし、併せて彼らに国会議員の被選挙権がない旨(一二一条九項)も規定している。

他方、宗教という表現については、二〇〇八年憲法は、独立憲法同様、ビルマ語でバーダー・タータナーという言葉を用いているが、その中で、仏教に対しては、独立憲法では「国民の最大多数が信仰するところの特質を完備した大宗教である」と規定し、「大宗教」(バーダージー)という表現を使用しているが、二〇〇八年憲法では、ナッ信仰(神霊崇拝、単にバーダーと表現)以外の仏教を含むすべての宗教に対してバーダー・タータナーという表現を用い、仏教に対し他の宗教と同等レベルの表現を用いている。にもかかわらず、他方で、仏教は「国民の最大多数が信仰するところの特質を完備した宗教である」(三六一条)とし、英語表現の「特別の地位」という表現よりさらに踏み込んだ「特別の名誉ある宗教」(4)と位置付けている。

3 国家と宗教―二〇〇八年憲法に見る仏教の位置付け

(1) 仏教重視政策

二〇〇八年憲法は、宗教に関して、独立憲法と同様、連邦を構成する諸民族の信仰する既存の宗教、すなわち、仏教、イスラーム教、キリスト教、ヒンドゥー教及びナッ(精霊)信仰をすべて承認した上で、さらに、それらの宗教に対して「可能な限り援助し保護する」(三六三条)という新たな条項を設けることによって、少なくとも文言上は全ての宗教に対して平等な取り扱いをすることを明言しながら、他方で、長い伝統を有し最大多数の信者を擁する仏教に対して、「特別の名誉ある地位」を保障するという、仏教重視の政策を打ち出している。先に見た通り、前近代のミャンマーでは、王権が仏教を政治的統合の手段として活用し国家が大きく仏教、すなわち、その教えを現実に実践しているサンガ（教団）に常に自浄努力を促すなど大きく介入し仏教国家体制を維持してきた歴史的経緯がある。また、現在も国民の約九〇％が仏教を信仰している国情を考えれば時の政権が仏教に特別の関心を抱き、その浄化、安定及び発展を期することは自然の成り行きであろう。

確かに、「国家と宗教の関係は、これを歴史的経過から見れば、国によって多少の差はあるとしても、政教一致から政教分離の方向に進んできたことは否定しえない」［相沢一九七七：二八］。すなわち、近代国家においては、宗教は飽くまで個人の内面的生活に関わるもの故、国家はこれに介入すべきではないというのが一般的原則である。いわゆる「政教分離」の原則である。しかし、各国にはそれぞれの歴史があり、「政教分離」の原則を定めたとしても、その実態は複雑で、この「原則」を徹底的に実行している国家はむしろ少ないように思われる。例えば、英国では英国国教会を国教と定め女王がその首長であるが、同時に信仰の自由をも認めている。また、米国では大統領などが公職に就任するときはキリスト教の神への宣誓が要求される。さらに、同じ上座仏教圏のタイでは国王は仏教徒でなければならない（憲法一〇条）し、カンボジアでは仏教を国教と規定すると同時に信仰の自由を保障している（憲法四三条）。ミャンマーでは憲法上、国家が既存の宗教のみではあるが、これを宗教として承認しながら、他方で仏教に「特別の地位」を与えるなど、国家と宗教との強い関わりを感じさせる。

（2）政教分離と信仰の自由

ミャンマーはアウン・サンが独立憲法の策定にあたって目指した通り、一九四八年の独立以来、一貫して「世俗国家」を標榜してきた。この「世俗国家」の対極にあるのが「宗教国家」であるが、それは政教一致の国家政体を意味する。これに対して、「世俗国家」の要件としては、一般的に「政教分離」と「信仰の自由」がある。このうち、「政教分離」とは、「確立された体制ではなく、国家と宗教とのあるべき関係を巡って模索が続いている状態」［志賀二〇一〇：七］

であり、その「過程は、時代ごとの社会的動向と政治的思惑から自由でない」［志賀二〇一〇：八］。すなわち、「政教分離」の問題は、「ミャンマーという国家の歴史的文脈に即して分析し明らかにされて行くべき課題」［奥平二〇一四：七八］であろう。従って、「政教分離」を旨としたビルマ連邦社会主義共和国憲法（一九七三年）は勿論、独立憲法も二〇〇八年憲法も、宗教組織構成員、すなわち、サンガの政治参加の禁止を謳い政教分離を堅持しているのが現状である。また、後者の「信仰の自由」については、これは個人の内面的・精神的生活や基本的人権にかかわる問題であり、独立憲法や社会主義憲法と同様、二〇〇八年憲法もこれを認めている。このように、二〇〇八年憲法が国民統合の見地から他の宗教とのバランスを取りながらも仏教重視の姿勢を示唆し、「政教分離」の原則をある程度尊重しながら、「信仰の自由」を全面的に保障する「世俗国家」といいえよう。

おわりに

以上見てきたように、国家と宗教の関係からミャンマーの世俗国家を考察すれば、憲法で国家が仏教を誉れ高き宗教として特別の地位を与えること自体、厳密な意味での「政教分離」の議論とはかみ合わない。しかし、だからと言って「宗教国家」の如く「政教一致」が行われているわけでは毛頭ない。これは、やはり、かつて前近代の為政者たる王権が仏教を国家構造の中心に置き彼らの支配の正統性原理として位置付けたことに由来する。そこでは、宗教たる仏教を、保坂が言うように「人間の心の領域の問題とせず、国家・社会と密接に結びつく、あるいた直接それらと結びつく存在として捉え直すことが必要である」［保坂二〇〇六：二二一―二二三］と考えるならば、かつてスリランカ系の上座仏教を受容し国家形成を行ったミャンマーをはじめとする東南アジア大陸部の諸国家（タイ、カンボジア、ラオスなど）における「政教分離」とは、志賀が上で指摘している通り、「政治的思惑から自由ではない」、政治と宗教との独特の関わりの上に成り立っているといえよう。

なお、目下ミャンマーでは仏教徒とイスラーム教徒との確執が問題視され様々な法改正や新法が制定されているが、この問題が憲法改正にどのように反映されるか注目される。

＊［本稿は、下記引用参考文献の拙稿「現代ミャンマー世俗国家の特質」『東南アジア歴史と文化』（No.43号）をもとに、二〇〇八年憲法を「国家と宗教」の視点に立って検討を加えたものである。］

（1）布施、持戒、喜捨、正直、柔和、苦行、無念、無害、忍辱及び無対の「一〇の徳目」を指す。

（2）「独立憲法」では、「仏教は国民の大多数が信仰する名誉ある大宗教であることを承認する」［ビルマ語文：第二一条一項］とあり、同上同項の英文は「国家は仏教を連邦市民の大多数によって公言された信仰であることを承認する」とあり、いずれも、国家が仏教に特別の地位を賦与することを謳ったものである。

（3）*lokapāla-taya:-mya:* とは、「世界が無秩序に陥りことから守るところの恥辱と恐怖という抑制原理」（ミャンマー語辞典）、すなわち、「自ら犯した悪行を恥じ、また、そのような行為を忌み嫌い畏れることが世の中を救う抑制原理として働くことを意味する。

（4）*goun-du: withethahnit pye-soon-thaw batha thatha. na* というビルマ語表現を用いている。

引用参考文献

相沢　久　一九七七年『国家と宗教』第三文明社。

石井米雄　一九七五年『上座部仏教の政治社会学—国教の構造—』創文社。

奥平龍二　二〇一四年「現代ミャンマー世俗国家の特徴—新憲法（二〇〇八年）の「宗教関連条項」および「前文」を中心に—」『東南アジア—歴史と文化—』No.43

蔵本龍介　二〇一一年「第4章ミャンマーにおける仏教の展開」奈良康明・下田正弘編『静と動の仏教』（スリランカ・東南アジア）

志賀美和子　二〇一〇年「植民地期インドの宗教改革と政教分離論争」『国家と宗教：日印政教分離論争』（赤松徹眞・志賀美和子・長崎暢子編）龍谷大学現代インド研究センター。

保坂俊司　二〇〇六年『国家と宗教』（光文社新書）光文社。

Pyidaun-zu. Myanma Naingan Hpwe.si: Ouk-chouk-poun Achegan Ubade (The Constitution of the Union of Burma)（ミャンマー連邦憲法）1948. Yangon: *Myanma-naingan-daw Aso:ya Poun-hneit-taik*

Pyidaun-zu Thamada Myanmar Naingan-daw Hpwe.si:-poun Achegan Ubade (Constitution of the Republic of the Union of Myanmar ミャンマー連邦共和国憲法) 2008. Yangon: Ministry of Information.

第V部
ミャンマー経済の現状と展望

フレーダン地区（ヤンゴン）のインセイン通り

第1章 メコン地域協力をめぐる中国、日本、米国の対応

白石昌也

冷戦期を通じて、タイを除く大陸部東南アジア（もしくはメコン地域）は、東アジアにおける経済発展の波から取り残されてきた。しかし、一九八六年のラオスとベトナムにおける開放路線の採択を皮切りとし、一九九一年のカンボジア和平を大きな転換点として、CLMV（カンボジア、ラオス、ミャンマー、ベトナム）諸国は次々とASEAN（東南アジア諸国連合）への加盟を果たした。以上のような状況を前にして、一九九〇年代になると、GMS（大メコン圏）開発協力やAMBDC（ASEANメコン流域開発協力）、ACMECS（エーヤーワディー・チャオプラヤ・メコン経済協力戦略）など、この地域を舞台とする様々な開発協力の枠組みが発足した（表1参照）。

以下では、それらのうち、この地域に強い影響力を持つ中国、日本、米国がそれぞれ深く係る枠組みを取り上げて概観することとしたい。

1 中国とメコン地域（1）：GMS協力

メコン地域を舞台とする開発協力枠組みの中で最も早く発足したのは、GMS（大メコン圏）開発協力である。提唱者はマニラに本拠を置くADB（アジア開発銀行）であった。

正式に発足した一九九二年一〇月時点で、協力の対象地域は大陸部東南アジア五か国と中国の雲南省であったが、その後二〇〇五年になって新たに中国の広西チワン族自治区が追加された。総面積二五〇万平方キロ（日本の約六・五

表1　メコン地域を対象とする主要な協力枠組み

	メコン地域諸国	それ以外のメンバー	発足年	主要な会議
GMS（大メコン圏）開発協力	C、L、M、V、T	中国（雲南、広西）（＋ＡＤＢ）	1992	首脳会議、経済閣僚会議
黄金の四角協力	L、M、T	中国	1993	各種閣僚級会議
FCDI（インドシナ総合開発フォーラム）	C、L、V	日本、その他多数の国、機関	1993	高官レベル準備会議、1995 閣僚会議
MRC（メコン河委員会）	C、L、V、T		1995	理事会（閣僚級）
AMBDC（ASEAN メコン流域開発協力）	C、L、M、V、T	その他の ASEAN 諸国、中国	1996	閣僚級会議
インドシナ産業協力WG（ワーキンググループ）	C、L、M、V、T	その他の ASEAN 諸国、日本	1996	ASEAN・日本経済閣僚会議傘下の専門家会合
AMEICC（ASEAN 日本経済産業協力委員会）	C、L、M、V、T	その他の ASEAN 諸国、日本	1999	ASEAN・日本経済閣僚会議傘下の専門家会合
ACMECS（エーヤーワディー・チャオプラヤ・メコン経済協力戦略）	C、L、M、V、T		2003	首脳会議、経済閣僚会議
日本・CLV 協力	C、L、V	日本	2004	首脳会議、外相会議
日本・メコン協力	C、L、M、V、T	日本	2008	首脳会議、外相会議、経済相会議
LMI（メコン下流域イニシャティヴ）	C、L、M（当初は不参加）、V、T	米国	2009	外相会議
FLM（メコン下流域フレンズ閣僚会議）	C、L、M（当初はオブザーバー）、V、T	米国、日本、韓国、豪州、NZ、世銀、ＡＤＢなど	2011	外相級会議
メコン・ガンガ協力	C、L、M、V、T	インド	2000	閣僚級会議
BIMSTEC（当初：バングラデシュ・インド・ミャンマー・スリランカ・タイ経済協力）	M、T	インド、バングラデシュ、スリランカ	1997	閣僚級会議
BIMSTEC（拡大：環ベンガル湾マルティセクター技術経済協力）	M、T	インド、バングラデシュ、スリランカ、ネパール、ブータン	2004	首脳会議、閣僚級会議

C: カンボジア、L: ラオス、M: ミャンマー、V: ベトナム、T: タイ

表２　メコン地域各国・地域の経済指標 (2009 年)

	面積 km^2 （%）	人口 1,000 人 （%）	人口密度 人 /km^2 （平均値に対する %）	GDP 100 万米ドル （%）	一人当り GDP 米ドル
カンボジア	181,035 (7,0)	14,957.8 (4.5)	83 (64.9)	10,359.2 (1.7)	692.6
ラオス	236,800 (9.2)	5,922.1 (1.8)	25 (19.6)	5,579.2 (0.9)	942.1
ミャンマー	676,577 (26.2)	59,534.3 (18.1)	88 (69.1)	24,972.8 (4.1)	419.5
ベトナム	331,212 (12.8)	87,228.4 (26.5)	263 (206.7)	96,317.1 (15.9)	1,104.2
タイ	513,120 (19.9)	66,903.0 (20.3)	130 (102.4)	264,322.8 (43.7)	3,950.8
雲南省	394,139 (15.3)	45,710.0 (13.9)	116 (91.0)	90,314.6 (14.9)	1,975.8
広西チワン族自治区	248,390 (9.6)	48,560.0 (14.8)	195 (153.5)	113,580.8 (18.8)	2,339.0
メコン地域全体	2,581,272.4 (100,0)	328,815.5 (100,0)	127 (平均値 100.0)	605,446.5 (100,0)	1,841.3

Source: Masami Ishida ed., *Border Economies in the Greater Mekong Subregion*, Palgrave MacMillan, 2013, p.5.

倍）、人口三億以上（二・五倍）を擁している（表２参照）。

協力分野については六分野で発足したが、現在では農業、エネルギー、環境、人的資源開発、投資、通信、観光、交通インフラ、物流・貿易円滑化の九分野に及んでいる。分野ごとに、具体的な計画の策定や協力の調整に当るフォーラムもしくはワーキング・グループが設置されている。それらを統括する協議体として、発足当初から大陸部東南アジア五か国と中国による経済閣僚級会議が、毎年開催されてきた。

これに加えて、二〇〇二年からは関連六か国首脳およびＡＤＢ総裁の参加するＧＭＳサミットが三年毎に開催されるようになり、長期戦略など重要事項を承認する場となっている。第一回サミット（二〇〇二年一〇月）は、プノンペンでＡＳＥＡＮ＋３会合のために関連諸国首脳が集まった機会を利用する形（バック・トゥー・バック方式）で開催された。しかし、それ以降の第二回（二〇〇五年七月、昆明）、第三回（二〇〇八年三月、ヴィエンチャン）、第四回（二〇一一年一二月、ネーピードー）、第五回（二〇一四年一二月、バンコク）は、すべてＧＭＳサミットのためにわざわざ各国首脳が集まる形で開催されている。

GMS開発協力がとりわけ着目されるようになったのは、「GMS経済回廊」というコンセプトが提起されてからである。ADBの提案に基づき、一九九八年マニラで開催されたGMS閣僚会議で承認され、さらに二〇〇二年の第一回GMSサミットで一〇年計画の旗艦プロジェクトに加えられた。

GMS経済回廊とは、雲南~ラオス・ミャンマー~タイ、雲南~北部ベトナム、そして(二〇〇五年以降に追加された)広西~北部ベトナムを結ぶ三本の南北回廊、中部ベトナム~ラオス~東北タイ~ミャンマーを結ぶ東西回廊、および南部ベトナム~カンボジア~タイを結ぶ南部回廊（本線と二つの支線）から構成されている（図1参照）。

その趣旨は、基幹となる越境交通インフラに加えて通信インフラなどをも整備し、それを起爆剤としてモノやヒト、情報のフローを促し、回廊沿いへの投資を誘引し、経済発展や貧困削減につなげることにある。南北と東西のルートが交差する結節点や、回廊の終点としての海の玄関に、物流と産業の集積地を形成し、そこから周辺へと発展の波を広げていくことを予期している。また、従来は陸の孤島であった国や地域を、海の出口へと連結することも、強調されている課題の一つである。

経済回廊構想が最初に提起されてから二〇年近くを経た今日、越境幹線道路網はかなり整備され、メコン本流など主要河川を跨ぐ橋梁も各ルートで建設された。それに伴って、国境地帯には新たな経済特区や工業団地、免税ショッピング・センター、ホテルなどが設けられている。

交通インフラの整備が進む中で、次に重要な課題として浮上しているのが、モノやヒトの越境流通を円滑化するための制度構築と運営である。そのための基本的な文書となるCBTA（越境交通協定）は、まず一九九九年にラオス、ベトナム、タイの三か国間で先行的に調印された。その後、カンボジア、中国、そして最後にミャンマーが二〇〇三年に署名し、同年末にはGMS六か国による批准が完了した。さらに、関連付属文書や議定書、覚書（MOU）も多数締結されつつある。そこでの主要な課題は、車両の相互乗り入れ、貨物のトランジット輸送などのルール作りとと

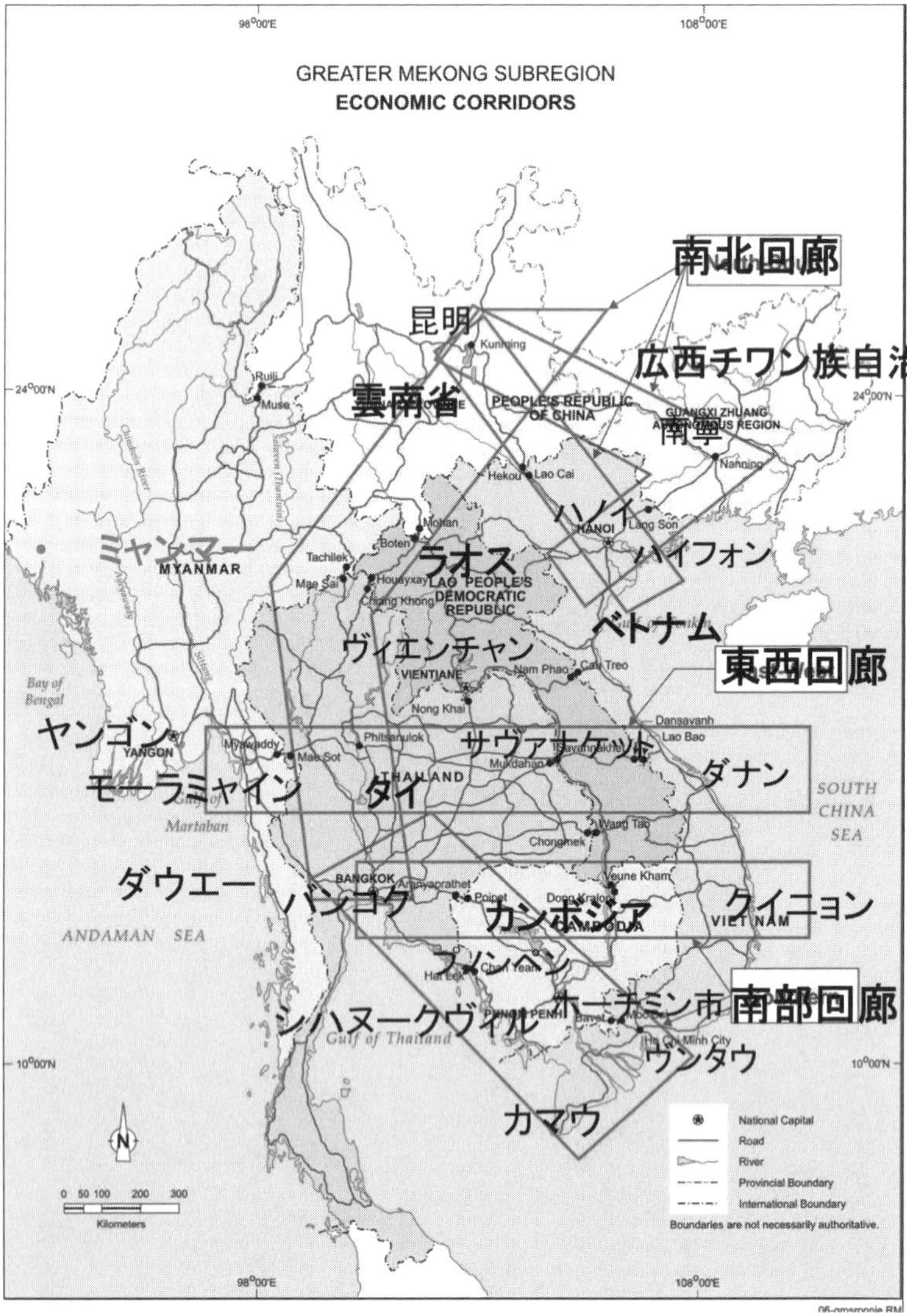

図１　ＧＭＳ経済回廊（交通インフラ）
出所：アジア開発銀行（ＡＤＢ）資料

もに、国境ゲートでの通関や検疫、旅券審査のワンストップ化である。

GMS協力に対する中国の取り組みは、当初は雲南省が中心であった。中央政府は、辺境に位置する地方レベルのマターであると認識していたきらいがある。そのような姿勢に変化が見られるようになったのは、中国の対東南アジア外交が活発化し、かつASEAN＋3の協議枠組みがスタートした一九九七～九八年アジア経済危機以降のことである。とりわけ、二〇世紀末から二一世紀初めにかけて、中国の西部大開発戦略、走出去政策（中国企業の国外進出奨励）、WTO正式加盟、中国ASEAN・FTA成立などの事象が重なったことによって、中国大陸に南接し、ASEANやインド洋へのゲートウエイに位置するメコン地域の重要性が高まった。前述のとおり、GMSサミットが開催され始めたのも、この頃のことである。

中国はラオスやカンボジア、ミャンマーなどへのODAを拡大し、また企業の進出、そしてとりわけGMS諸国への輸出を急拡大させつつある。それを象徴するのが、昆明―バンコク間の南北回廊であろう。同回廊のミッシング・リンクとなっていたラオス領内の道路整備の一部を中国が担当し、さらにメコン本流に架かるラオス・タイ間の第四国際橋の建設を、タイ政府と折半する形で請負った（二〇一三年末に開通）。

ただし、GMS協力をめぐって中国が対処すべき課題も多い。その一つは、中央政府と雲南省、広西チワン族自治区地方政府の三者間の円滑な連絡、調整の難しさである。

2　中国とメコン地域（2）：その他の協力枠組み

メコン地域を対象とする協力で、中国が早くからメンバーとして参加した今一つの枠組みとして、AMBDC（ASEANメコン流域開発協力、一九九六年発足）がある。正式メンバーは、東南アジア一〇か国と中国である。協力の主たる内容として、一つにASEAN新規加盟諸国のキャッチアップ支援があるが、今ひとつの目玉事業はシンガポールと昆明を結ぶ鉄道網（ＳＫＲＬ）の構築である。

ＳＫＲＬには三つのルートが存在するが（図２参照）、技術的に最も実現性が高いとして当初有望視されたのは、シンガポール～バンコクから東回りにカンボジア、ベトナムを抜けて雲南省に至るルートである。しかし、同ルートのミッシング・リンクとなっているカンボジア国内、そして南部ベトナム領内の一部路線の整備が、ほとんど進捗していない。

これにしびれを切らしたのも一因であろう、中国はバンコクからヴィエンチャン経由でまっすぐ北上して昆明に至る中央ルートの整備を急ぐ方針に転じ、ミッシング・リンクとなっているラオス領内の鉄道建設支援に手を上げた。

図２　ＳＫＲＬシンガポール昆明鉄道構想

中国国内での高速鉄道事故（二〇一一年七月）の影響もあって、その気運が一時的に萎えはしたものの、最近になって、「新シルクロード構想（後述）が追い風となり、新たな動きが生じている。すなわち、二〇一五年一一月にヴィエンチャンから雲南省との国境ボーテンに至る約四二〇kmの鉄道建設事業に関する合意契約が中国・ラオス間で結ばれ、そして一二月初めにはヴィエンチャンで同鉄道の着工式が挙行された。

残りの、バンコクからミャンマーを抜けて雲南省に至る西回りルートに関しては、山岳部の難工事が予想され、実現までにはまだ時間がかかりそうである。

中国が早くから参加している今一つの協力枠組みとして、同国およびラオス、ミャンマー、タイのメコン上流域四か国で構成される「黄金の四角協力」（一九九三年発足）がある。

そこから生まれた最大の成果は、二〇〇〇年に締結されたメコン本流商業航行協定である。これによって雲南省四双版納地区とミャンマーやラオスの沿岸、北部タイとを結ぶ貨物船や観光船の往来が始まった。ただし、二〇一一年には中国の貨物船二隻が麻薬取引を疑われてタイ軍に襲撃される事件が発生し、運航が一時的にストップした。また最近では、上述のとおり南北回廊の陸路が全通したことによって、水運の重要性そのものが相対的に低下したと思われる。

内陸省の雲南は、海へ出るルートの確保に大きな関心を有する。その点で、同省から広西、広東や北部ベトナムを経て太平洋へと通じるルートも重要であるが、それ以上に重視するのは、ミャンマーを経てインド洋に至るルートの開拓、そしてその延長上に位置する南アジアや中近東へのゲートウエイとなることである。

事実、スィットウエー港周辺からミャンマーの国土を縦断して雲南の省都昆明へと通じる天然ガスおよび石油のパイプライン建設が、二〇〇九年に着工され、二〇一三年に完成した。これによって、ミャンマー国内で採掘される分のみならず、中東から運ばれる石油、天然ガスも、マラッカ海峡を経ずに中国へと搬送できるルートが整備されたこととなる。

雲南にとって懸念事項の一つは、民主化、対外開放を進めるミャンマーが、欧米や日本などとの関係を修復する一方で、従来親密であった中国との間に、今後どのような距離を保つことになるのかということである。事実、二〇一一年九月にはテイン・セイン大統領が中国企業によるミィッソン電源開発計画の凍結を決定し、このことがミャンマーの「中国離れ」の兆候としてマスコミに報道された。

他方、広西チワン族自治区は、前述のとおり、ＧＭＳ協力に二〇〇五年から参加することとなった。ただし、広西自身はＧＭＳ協力よりも、太平洋に面しているという地の利に基づく独自の協力構想のほうに関心を向けている。すでに、省都の南寧では二〇〇四年から、中国・ＡＳＥＡＮ博覧会（ＣＡＥＸＰＯ）が毎年開催されるようになった。このことからもうかがえるように、広西が追求する協力構想は、メコン地域に限定されず、東南アジア全体を対象とする広がりを持つ。

それを象徴するのが、二〇〇六年に南寧で開催された第一回環北部湾経済協力フォーラムの場で、広西党書記の劉奇葆が打ち出した「一軸二翼」構想である。その形状から、「M型戦略」とも呼ばれる。一軸とは南寧とシンガポールを陸路で結ぶ「南新走廊」、左の翼は「GMS協力」、そして右の翼はトンキン湾（北部湾）、南シナ海を囲む「汎北部湾経済協力」で、対象範囲はベトナムのみならず、フィリピン、インドネシア、ブルネイなどの東南アジア諸国に及ぶ。

M型戦略は、ベトナムの提案によって二〇〇四年に中越間で合意された「二回廊一経済ベルト」構想に刺激を受けつつ、広西側からの対案として提起されたものである。ちなみに、中越間で合意されたもともとの構想における、「二回廊」とは雲南～北部ベトナム、広西～北部ベトナムの二つの南北回廊を意味する。すでにGMS協力で合意ずみのものである。これに対して「一経済ベルト」は新たなアイデアであって、トンキン湾を囲む形で広東、広西、海南から北部ベトナムの沿岸諸省にかけて形成される経済地帯を意味する。いずれにせよ、中越の二国間に限定された協力構想であった。これに対して広西の提案するM型戦略は、それを越えて、はるかに広い地域を包含する。

もっとも、M型戦略そのものについては、二〇〇七年に劉奇葆が四川省書記に転出してからは、あまり言及されなくなった。ただし、その一部に該当する「広西北部湾経済区」発展計画（対象範囲は広西領域のみ）は、二〇〇八年に国務院から国家プロジェクトとして承認された。また、環（汎）北部湾経済協力フォーラムのほうも、中国の近隣省やベトナムを含むASEAN各国、そして域外諸国から官民の専門家が参加する形で、毎年開催され今日に至っている。

総じて言えば、広西は海洋ルートを通じて東南アジアへのゲートウエイとなることを、強く指向している。ただし、中国と東南アジア関連諸国の間にくすぶり続ける南シナ海紛争が、広西の意欲を阻害するファクターとなっている。

そのような中で、習近平政権は二〇一三年以来「一帯一路」構想を打ち出した。「一帯」とは中国からユーラシア大陸を横断して欧州に至るかつての「陸のシルクロード」、「一路」とは中国から東南アジア、南アジア、中東を経て海路で欧州に至るかつての「海のシルクロード」に沿った経済圏を形成しようというもので、「新シルクロード」構想とも呼ばれる。二〇一四年一一月北京のAPEC総会の折りに、中国は同構想を具体化するために単独出資による「シルクロード基金」の設置を表明した。さらに、二〇一五年六月には、中国が主導する国際金融機関として、AIIB（アジアインフラ投資銀行）も発足した。

本稿で紹介してきたGMS南北回廊や雲南のゲートウエイ構想、広西の一軸二翼構想は、全てこの「一帯一路」に包摂される。つまり、従来の様々なアイデアや協力イニシアティヴに、新たな刺激や資金が注入される条件が整ったこととなる。果たして、二〇一四年一一月にネーピードーで開催されたASEAN中国首脳会議の席で、李克強首相は、ランサン・メコン協力（LMC）枠組みを提唱した。それを受ける形で、二〇一五年四月と八月の関連高官会合を経て、同年一一月には最初のLMC外相会議が雲南省の景洪で開催され、LMC枠組みの正式発足が合意された。ランサン（瀾滄）江はメコン河上流域を指す中国語の名称である。すなわち、中国独自のイニシアティヴによって、同国とメコン地域五か国による新たな協力枠組みが誕生したこととなる。ADBが主導してきたGMS協力とメンバー構成が完全に一致しており、両者の関係がどのようになるのか、今後の推移が着目される。

3　日本とメコン地域（1）：カンボジア和平成立以降

一九九一年にパリ和平協定が成立してカンボジア紛争が解決すると、翌一九九二年に日本は関連諸国に呼びかけてカンボジア復興閣僚会議を東京で主催し、また先進諸国の先陣を切ってベトナムに対する円借款を再開、インドシナ三国に対するトップドナーに躍り出た。そして、一九九五年には東京でFCDI（インドシナ総合開発フォーラム）閣僚会議を主催し、国際社会による対インドシナ三か国支援を促した。

同じ頃、通産省（現・経産省）のイニシアティヴによって、日本とタイなど東南アジア先発諸国が連携して後発のCLMV各国を支援する協力枠組み「インドシナ産業協力ワーキング・グループ」が発足し（一九九六年）、その後AMEICC（ASEAN・日本経済産業協力委員会）へと発展した（一九九九年）。さらに、経産省が深く関わる国際的研究機関ERIA（東アジア・ASEAN経済研究センター、本部ジャカルタ）も二〇〇八年に発足した。同機関は、（CLMV諸国などを対象とする）域内格差是正を活動目標の一つに掲げている。

カンボジアがASEANに正式加盟して「ASEAN10」が実現した一九九九年前後からは、日本外務省もCLV諸国（および一定程度までミャンマー）に対する支援を通じて、ASEAN先発諸国との格差を縮小し、東南アジアの地域統合に寄与することを、ODA政策の重点課題として明示するようになった。また、ASEAN先発諸国が新規加盟諸国を支援する「南南協力」に対して、日本が財政的、技術的に協力するスキームも活用し始めた。二〇〇六年には、七五億円の供出金をもとにJAIF（日本・ASEAN統合基金）を設置した。

他方、上述のGMS開発協力に関しても、「経済回廊」構想が提起されてからは、積極的な支援を実施している。ただし、その具体的な対象は東西回廊と南部回廊に位置するCLV三国の港湾、道路、トンネル、橋梁などの整備事業に限定されており、中国と東南アジアの連結性に寄与する南北回廊については、直接的な援助を行っていない。

もっとも、二国間協力で実施した事業の中には、例えば、ベトナム国道五号線の整備（首都ハノイと北部随一の海港都市ハイフォンを結ぶ）やバイチャイ橋の建設（ハイフォンと中越国境を結ぶ国道一八号線におけるボトルネック解消）のように、結果として中国と東南アジアの連結性を増進するプロジェクトが、全くないわけではない。日本政府からの支援が予期されているベトナム南北高速鉄道建設事業も、結果として中国～シンガポール間の交通網整備の一環としての意義を有している。

ちなみに、中国と東南アジアの連結性強化を強く指向する今一つの協力枠組みAMBDC（前述）については、その発足以来今日に至るまで、日本政府はコミットしていない。

4　日本とメコン地域（2）：日本・メコン協力

日本（外務省）が「メコン地域」全体を対象とする明示的な政策的意図を表明したのは、二〇〇三年一二月のことであった。東京で開催された日本・ＡＳＥＡＮ特別首脳会議に、政策文書「メコン地域開発のための新たなコンセプト」を提出したのである。ここで言う「メコン地域」は、ＧＭＳとは異なって中国の雲南や広西を含まず、大陸部東南アジア五か国（つまりＣＬＭＶおよびタイ）のみで構成される。

もっとも、この時点では、ミャンマーの処遇問題もあったのであろう、日本政府はただちにメコン地域五か国全体を対象とする協力枠組みを立ち上げるには至らなかった。代わりに発足させたのが、インドシナ三か国のみを対象とする「日本・ＣＬＶ」対話である。

最初の機会は、二〇〇四年一一月のことであった。ＡＳＥＡＮ＋３首脳会議に参加するためにヴィエンチャンを訪れた小泉純一郎首相が、ホスト国ラオス、およびカンボジア、ベトナム各国首相との四者会談に臨んだのである。

これをきっかけとして、日本・ＣＬＶの首相級もしくは外相級の会合が、ＡＳＥＡＮ＋３関連会合の機会を利用する形（バック・トゥー・バック方式）で、二〇〇八年まで継続的に開催された。それらの会合では、様々な分野での協力、交流の拡大や、各国が関心を共有する国際的、地域的諸問題について話し合われたが、目玉となったのはＣＬＶ「開発の三角地帯」に対する支援である。

「開発の三角地帯」とは、ＣＬＶが接する国境周辺の貧困地帯を意味し、その経済的浮上や社会的安定を三か国が協力して進めようというものである。そのような「南南協力」に対して、日本が財政的、技術的な支援に乗り出したわけである。

二〇〇七年一月、日本外務省は「日本・メコン地域パートナーシップ・プログラム」を発表して、いよいよメコン地域五か国全体を対象とする協力枠組みの発足に踏み切った。実際に初めての日本・メコン外相会議が開催されたのは、二〇〇八年一月東京においてであった。この会議で、翌年を「日本・メコン交流年」とすることが決まった。「交流年」の二〇〇九年には官民様々のイヴェント（約五〇〇件）が実施され、また第二回の外相会議の他に、初めての経済相会議、首脳会議が開催された。交流年のハイライトとなる首脳会議は一一月に東京で開催され、「東京宣言」と「日本・メコン行動計画63」が採択された。これ以降、首脳会議（三年に一度は日本で開催）、外相会議、経済相会議、高官会議が毎年開催されて、今日に至っている。

翌二〇一〇年一〇月にハノイで開催された第二回首脳会議では、外相会議（七月ハノイ開催）によって提起された「緑あふれるメコン（グリーン・メコン）に向けた一〇年」イニシアティヴの行動計画、および経済相会議（八月ダナン開催）によって提起された「日本・メコン経済産業協力イニシアティヴ（MJ-CI）」の行動計画が採択された。前者は、河川・森林・都市環境、生物多様性、炭酸ガス排出規制、メコン河水質管理などを対象分野とし、後者は、インフラ整備、物流、中小企業・裾野産業、サービス業、ハイテク分野などをカバーしている。

それぞれにおいて、官民連携（PPP）方式による協力を強調しているのが、特徴の一つである。日本の外務省が主導する官民合同の会合としては、「メコン地域における官民協力・連携フォーラム」や「グリーン・メコン・フォーラム」、経産省が主導する会合としては、「日本・メコン産業政府対話」が随時開催されている。

首脳級および外相級の会合としては、その後二〇一二年四月に東京で実施された第四回日本・メコン首脳会議で、上述の「行動計画63」を継承する「日本・メコン協力のための東京戦略２０１２」（二〇一二～一五年）が合意された。ちなみに、この機会にミャンマーからはテイン・セイン大統領が来日、野田首相との個別会談で、凍結されていた円借款の再開が決まった。

二〇一二年七月にプノンペンで実施された第五回日本・メコン外相会議では、「東京戦略２０１２」の行動計画が採択された。さらに、翌二〇一三年一二月に東京で日本・ASEAN特別首脳会議が実施された機会を利用する形で、

第五回日本・メコン首脳会議が開催され、「改訂版『東京戦略２０１２』の実現のための日メコン行動計画」が採択された。

そして、二〇一四年一一月ネーピードーでの第六回首脳会議を経て、翌二〇一五年七月には東京で第七回日本・メコン首脳会議が単独の会合として実施され、「日・メコン協力のための新東京戦略２０１５」が合意された。同年八月クアラルンプルで開催された第八回日本・メコン外相会議において、同戦略実現のための行動計画が採択された。なお、二〇一五年四月には、日本の国会議員有志によって日本・メコン地域諸国友好議員連盟が発足している。

5　米国とメコン地域協力：ＬＭＩ

冷戦前半期にインドシナに過剰介入した米国は、一九七五年のベトナム戦争終結以降、一転して（タイを除く）メコン地域諸国から距離を置く姿勢を取ってきた。とりわけベトナムとは、長らく国交断絶状態にあった。ようやく一九九四年に禁輸解除、翌九五年に外交関係正常化、そして二〇〇〇年に通商条約の締結（批准は翌年）を実現した。一方、ミャンマーについても、同国の一九八八年政変以来、厳しい経済制裁を課してきた。

そのような米国の姿勢が顕著に変化し始めたのは、二〇〇九年一月のオバマ政権成立以降のことである。すなわち、同年七月タイのプーケットで開催された一連のＡＳＥＡＮ関連会議に出席したヒラリー・クリントン国務長官が、メコン下流域四か国（ＣＬＶとタイ）の外相と会合を持ち、ＬＭＩ（メコン下流域イニシアティヴ）を立ち上げた。

それ以降も、クリントン国務長官がＡＳＥＡＮ関連会合に出席するために東南アジアを訪問する機会を利用して、五か国の外相会議を実施している。二〇一〇年七月にハノイで開催された第二回ＬＭＩ会議に際しては、参加した外相たちがメコン河とミシシッピー河の両委員会の姉妹提携に関する覚書調印に立ち会った。ちなみに、メコン河委員会（ＭＲＣ）は、ＬＭＩ参加国であるＣＬＶとタイの四か国を正式メンバーとする政府間組織であり、メコン上流域の中国とミャンマーは未加盟である（オブザーバーに留まる）。

次いで二〇一一年七月にバリで開催された第四回ＬＭＩ外相会議では、教育（とりわけ英語教育）、保健・医療、環境（水資源、気候変動など）、インフラ（関連技術・知識の移転や人材育成に重点）の四分野を柱とする五年間の行動計画が採択された。主要な協力分野はその後再編成されて、二〇一五年一〇月現時点では、農業・食糧安全保障、連結性、教育、エネルギー安全保障、環境・水資源、健康の六分野を柱としている。

二〇一一年七月のバリでは、同上会議に続けてさらに、クリントン国務長官が主宰する初の「メコン下流域フレンズ」（ＦＬＭ）閣僚級会議が実施された。正式参加はＬＭＩ五か国（米国、ＣＬＶ、タイ）の他に、日、韓、豪、ニュージーランドの各国、ならびに世銀、ＡＤＢの各機関であり、中国は除外された。他方、ミャンマーはオブザーバー資格ながら会議に招待された。

同年初めに軍政から民政へと移管したミャンマーに対する米国の対応が注目されたが、以上の会議から四か月後の二〇一一年一一月末〜一二月初めに、ヒラリー・クリントンが米国の国務長官として（一九五五年のダレス長官以来）五六年ぶりとなるミャンマー訪問を果たした。彼女はネーピードーでテイン・セイン大統領などと会談、またヤンゴンではアウン・サン・スー・チーと会見した。

翌二〇一二年七月、クリントン長官はカンボジアでのＡＳＥＡＮ関連会合出席に先立って、ハノイとヴィエンチャンを訪問した。米国高官のラオス訪問は、同国が社会主義化した一九七五年以降初めてのことであった。プノンペンで開催された第五回ＬＭＩ閣僚会議、そして第二回ＦＬＭ閣僚会議には、ミャンマーが初めて正式メンバーとして参加した。

二〇一三年七月ブルネイでの会合には、新たに国務長官に就任したジョン・ケリーが米国代表として出席している。二〇一四年八月ネーピードーで実施された第七回ＬＭＩおよび第四回ＦＬＭ閣僚会議では、ケリー国務長官とともにホスト国ミャンマーのワナ・マウン・ルイン外相が共同議長を務めた。この時のＦＬＭ閣僚級会議出席者は、ＬＭＩ

六か国（米、ＣＬＭＶ、タイ）、日、韓、豪、ニュージーランドの各国、ならびに世銀、ＡＤＢに加えて、ＥＵ（欧州連合）、ＡＳＥＡＮ事務局の各機関であった。中国は従来と同じく不参加であった。

翌二〇一五年八月のクアラルンプルでは、ＬＭＩの第八回閣僚会議は開催されたが、慣例化していたＦＬＭ閣僚会議は実施されなかった。それに代わるものとして、同年二月にラオスのパクセで、初のメコン下流域フレンズ（ＦＬＭ）特別会合（米国とラオス共催）が実施されている。閣僚級ではなく次官級の会合である。

6　競合、対立か？　協調か？

以上に見てきたように、アジア太平洋地域で影響力を持つ中国、日本、米国が、こぞってメコン地域を対象とする協力に関心を向けている。ただし、それぞれが深く関わる協力枠組みに、他の二か国は参加していない。すなわち、ＧＭＳ開発協力および最近になって発足したＬＭＣ（ランサン・メコン協力）はメコン地域五か国と中国、日本・メコン協力はメコン地域五か国と日本、ＬＭＩ（メコン下流域イニシアティヴ）はメコン地域五か国と米国を正式メンバーとしている。

メコン地域協力をめぐって、中国、日本、米国は競合的、対立的なのか、それとも協調的なのか？

確かに、日本・メコン協力の諸会合は、メコン地域を舞台とする他の協力枠組みとの協調を繰り返し表明している。一方、米国はＬＭＩと並行して、前述のとおり、日本などに呼びかけてＦＬＭを立ち上げた。さらに、二〇一四年四月にオバマ大統領が来日した際に安倍首相との会談で作成された「ファクトシート:日米のグローバル及び地域協力」では、日本の「日本・メコン地域諸国首脳会議」と米国の「メコン河下流域開発」との「より緊密な連携を通じたメコン地域における取組」に言及している。しかし、日本と米国の間での「連携」は、現時点では掛け声に終始していると思われる。

他方、日本と中国の間では、「日中メコン政策対話」が実施されてきた。第一回対話が実施されたのは二〇〇八年四月のことである。それが実施されたタイミングは、第一回日本・メコン外相会議が東京で実施された三か月後、第三回GMSサミットがヴィエンチャンで実施された一か月後のことであった。この事実が、両国がお互いを競合相手と見なしていることの証左である。しかも、この会合は外務省局次長レベルのものであり、かつそれぞれのメコン地域政策に関する情報交換の域を出るものではない。

日・中間の「対話」はその後も、二〇〇九年六月に第二回（東京）、二〇一〇年四月に第三回（雲南省景洪）、二〇一一年四月に第四回（東京）と、年次開催された。しかし、それ以降は、尖閣諸島問題を直接的な契機として日中関係が極度に悪化したために、対話も中断された。

第五回の対話が実施されたのは、ようやく二〇一四年一二月のことであった。前月のAPEC北京総会で安倍晋三首相と習近平主席の間で初の首脳会談が実現したことによって、日中関係が好転し始めた兆候であるとマスコミは報道した。ただし、同対話では、日本側が日本・メコン協力の最新の成果について説明し、中国側がGMS地域経済協力プログラムの枠組みの下で実施している具体的な取組みや「一帯一路」構想などについて説明すること、すなわちそれぞれの活動や政策に関する情報交換に留まった。

米国と中国の間には、メコン地域協力をめぐる対話のチャネルそのものが欠如している。前述のとおり、二〇一一年に米国の提唱で始まったFLM閣僚級会議に中国は招かれてない。米国は他方で、同年の会議にミャンマーのオブザーバー参加を認め、またその直後にはクリントン国務長官によるミャンマー訪問を実現した。

それから三週間ほど後の同年末、ミャンマーの首都ネーピードーで第四回GMSサミットが開催されたが、中国は温家宝首相の出席を取りやめ、代わりに戴秉国・国務委員（党中央外事弁公室主任兼務）を派遣した。今後一〇年間の協力戦略を決定する重要な会議に、中国が副首相格の人物を代理出席させた事実は、米国に急接近するホスト国ミャンマーに対する不快感の表明と見なされた。

さらに最近では、前述のとおり、中国が「一帯一路」構想を打ち上げて「シルクロード基金」を設立、またＡＩＩＢ（アジアインフラ投資銀行）を発足させた。「一帯一路」は日本や米国を除外する構想であり、他方、ＡＩＩＢに日本と米国は不参加の方針を取っている。この間、ＡＳＥＡＮ関連会合やシャングリラ・ダイアローグなどの場では、南シナ海紛争をめぐって日本・米国と中国の間で舌戦が展開されている。

結論として、メコン地域協力をめぐって、日・米の関係は対立的ではないにしても、真に協調的とは見なせない。他方、米・中、日・中の関係は、競合的、さらには対立的でさえあると考えられる。メコン地域諸国にとって、以上三か国の「競合」が混乱を引き起こさない範囲で推移するのであれば、こぞって支援してくれることは迷惑どころか、むしろ歓迎すべき事態であろう。しかし、現在の状況、とりわけ米・中、日・中の対立的な関係については、戸惑いが存在するように思われる。また、さらに最近になって、ＡＤＢ主導のＧＭＳ協力にいわば挑戦するかのように、中国がランサン・メコン協力を新たに立ち上げたことは状況をさらに錯綜させる可能性がある。

＊本稿は『ワセダアジアレビュー』一二号（二〇一二年九月）に掲載した旧稿「メコン地域協力と中国、日本、米国」を下敷きにしつつ、二〇一五年末までの状況変化を踏まえて、補足、修正を加えたものである。

コラム11　春日尚雄　ASEAN内交通・運輸の改善とミャンマー

かつてミャンマーを視察されたことのある方は、市内の道路で走る多くの車が日本の中古車であることを目撃されたことであろう。幹線であるはずの道が舗装されていないことも含めて、三〇～四〇年前のモデルとおぼしき古色蒼然とした乗用車、バス、トラックが走る様子は、まるで日本の原風景を見る思いでもあった。ミャンマー以外のASEAN加盟国はとりわけ二〇〇〇年代以降、加速度的な経済発展と社会インフラの蓄積を経験した。この数年のヤンゴン市内の変化は、その速度をさらに上回るスピードで過去のこうした風景を一変させてゆく予感をさせる。

ASEAN先発加盟国のこれまでのめざましい経済成長は、外国からの直接投資の寄与が大きい。外国資本にとって、ASEAN自由貿易地域の進展と、交通分野におけるインフラの改善は、関税の削減と企業物流であるサプライチェーン確保の両輪となってきた。ASEAN全域の交通・運輸分野のさらなる改善が、二〇一五年末に発足したASEAN経済共同体深化のための重要な要素であると考えられており、具体化策としてASEAN連結性マスタープランが示されている。二〇一五年までの中期計画であるブルネイ行動計画においては、陸上輸送、航空、海上輸送、交通円滑化、の四つのセクターに分け、それぞれ目標や推進方法を提示している。

陸上交通のうち国際越境道路については、古くから取り組まれてきたアジア・ハイウェイが下敷きとなっており、一九九二年に始まったGMS（拡大メコン圏）プログラムで推進された経済回廊のルートともなっている。ASEANハイウェイ・ネットワークに指定されたのは全体で三八四〇〇キロメートルであるが、道路の設計基準で最も下位のランクであるクラスⅢ以下の路線は現在ASEANハイウェイの6％とされ、その大部分がミャンマー区間である。ミャンマー国内の道路総延長距離は約一五キロメートルとされるが、幹線にあたる26％の距離が建設省公共事業局（MoCPW）、地方道、市町村道にあたる62％の距離が国境少数民族開発局（NATA

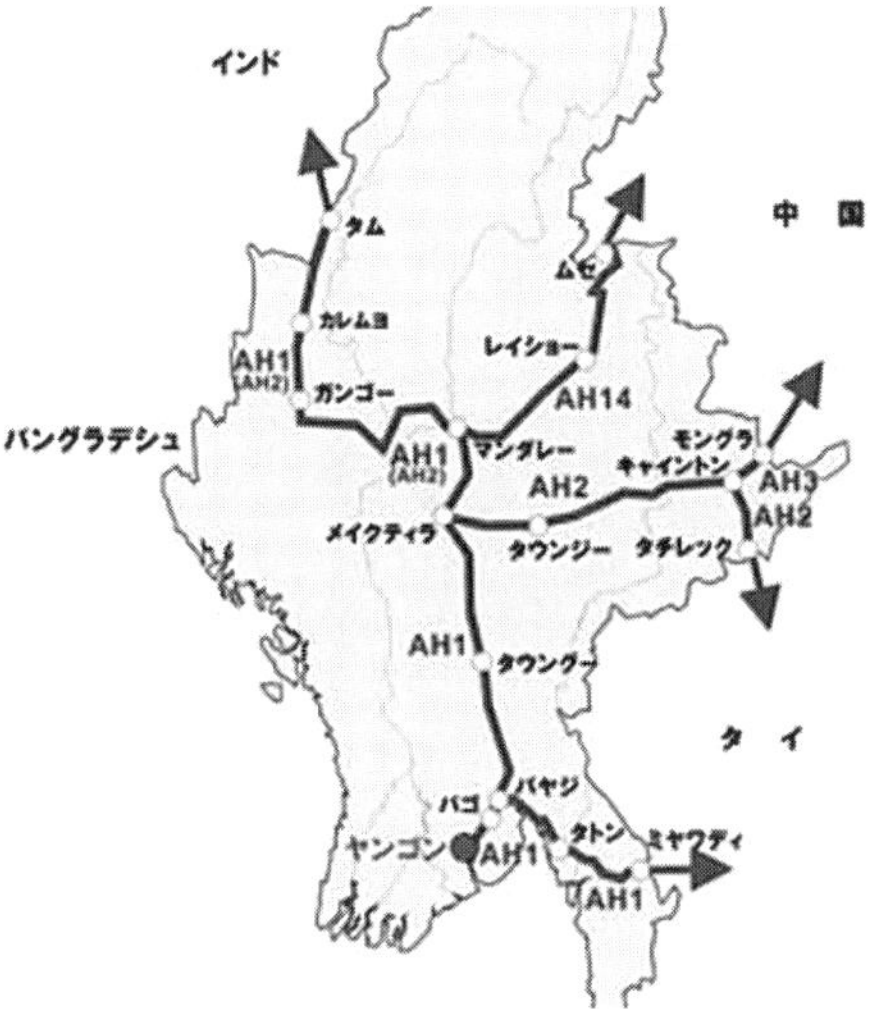

図　ミャンマー中央部のアジアハイウェー路線
（国土交通省HPより）

LA）あるいは地域開発局（DRD）の管轄下にある。国家的な整備計画はMoCPWより長期計画が示されているが、その実現への具体的な道筋は現時点では明確なものではない。

　鉄道についてはミャンマー国内の総延長は約七〇〇〇キロメートルで、自動車同様に日本のJR、私鉄などからの多彩な中古車両が譲渡、購入され運行されている。国内幹線ではヤンゴン—ネーピードー—マンダレー間が日本のODAで新規化される見通しである。国際越境鉄道では、中国、タイとの間の路線が過去に調査されている。しかしASEAN連結性の主要プロジェクトと位置づけられている、シンガポール・昆明間鉄道リンク計画（SKRL）の長距離路線は東回り（カンボジアルート）が検討され、ミャンマールートは現時点で実現性が低いとされている。鉄道整備については、現実には戦時中に建設された路線が途切れている「ミッシングリンク」の回復すら計画通りに進んでいない状況でもある。大きな建設コストに見合わない需要の問題、あるいは異なるレールゲージ（レール幅）規格の統一などといった問題のある国際越境鉄道網の整備は、地域全体にとってハードルが高い課題である。

二〇一一年三月のテイン・セイン政権発足以前は、隣接国にとってはミャンマーそのものがミッシングリンクであったと言える。中国、タイ、インドなどミャンマーと国境を接する国からは、自国とミャンマーとの間の交通路整備を中心に支援され、いずれの国もインド洋へのアクセスを求めていた。中国によるチャウッピュー島と雲南省を結ぶ原油・ガスパイプラインの整備計画は、エネルギー政策が根幹にある。またタイ・バンコク周辺の産業集積のアンダマン海側への出口となるダウェーの開発については、紆余曲折の中でタイ政府の関与が強まりミャンマー政府との間でＳＰＶ（特別目的事業体）が設立された。二〇一五年七月、同ＳＰＶへ日本の参加が表明されたが、ダウェーＰＪについては解決すべき問題が多いとされている。

タイの人件費上昇や政治混乱、二〇一一年の大洪水といった企業投資環境のマイナス要因は、いわゆる「タイ・プラスワン」を加速させると思われる。現時点ではカンボジア、ラオスとの国境付近に生産をシフトする傾向も見られる。しかし、カンボジア、ラオスの人口規模などから、本命はミャンマーであることは論を待たない。造成中のヤンゴンに近いティラワ経済特別区（ＳＥＺ）は第一期分が完売したと言われ、同工業団地はさらなる拡張工事に入っている。二〇一四年一月のミャンマー外国投資法・経済特区法改正で、法人税減免期間が五年から一二年に延長（Free Zone の場合）されたことも大きい。またここへの進出予定企業は、海路による輸送の確保はもちろんであるが、タイとの陸路の改善が短期間におこなわれることを見込んでいるとされる。本来ダウェー開発が経済効果のより大きいプロジェクトであるが、これが一時的に停滞したとしても、日本主導のティラワ開発とインフラ整備によって、日本とミャンマーの経済関係を一気に近づけるきっかけとなってもらいたい。

第2章
ミャンマーの対外開放政策
—新たな時代の成長戦略—

工藤年博・熊谷聡

ミャンマー経済は「ビルマ式社会主義」時代（一九六二〜八八年）及び軍事政権時代（一九八八〜二〇一〇年）を通じて、およそ半世紀にわたり国際経済において閉鎖的な状況にあった。しかし、二〇一一年に軍事政権から「民政移管」により誕生したテイン・セイン政権の大胆な政治・経済改革によって、ミャンマーは半世紀ぶりに本格的に国際社会に復帰し、世界経済に再び参画していくこととなった。これにより、ミャンマーは世界の市場、資本、技術、経済協力へのアクセスを回復し、高成長を目指す国際環境を得たのである。

ミャンマーが閉鎖的経済にあった半世紀の間、とくに一九八〇年代以降、近隣のタイや中国を含む東アジア諸国は、開放経済のなかで高成長を実現してきた。テイン・セイン政権発足直前の二〇一〇年において、隣国タイの一人当たり国内総生産（GDP）はミャンマーのそれの七倍以上に達していた。同じく社会主義経済を経験したベトナムでも一人当たりGDPは、ミャンマーのそれの一・七倍に成長していたのである。これらの新興国の経験をみれば、途上国が世界経済に統合されることなく高い成長を実現することは困難であることがわかる。実際、東アジアには健全な輸出部門を持たずに高成長を実現した国はない。輸出主導の工業化の初期段階では、資本財や中間財の円滑な輸入も重要である。また、輸出志向成長戦略を実現するためには、外国投資の誘致も必要となる。本章では、新たな国際環境下のミャンマーの輸出志向・外資導入の成長戦略の進捗と課題を検討する。

1　揺れ動く対外開放

先に、ミャンマー経済は半世紀にわたり閉鎖経済におかれてきたと述べたが、「ビルマ式社会主義」時代と軍事政権時代とではその理由が全く異なる。端的にいえば、前者の時代では社会主義政権が自ら国を閉ざしたのに対し、後者の時代では軍事政権は対外開放を目指したものの、欧米諸国からの制裁を受け、結果としてそれに失敗したのである。その背景を知るには、一九四八年のミャンマー独立後の歴史を振り返る必要がある。

ミャンマーでは独立後一四年間は、民主主義の下で市場経済体制が採用された。独立ミャンマーを担ったウー・ヌ政権は、理念としては社会主義の建設を目標としていたものの、それは穏やかなかたちで推進された。市場経済の基本的枠組みは維持され、その中で一部産業を国有企業が担う混合経済が目指された。外国企業は概ね自由な活動を許されていた。

しかし、こうした穏健な政策を社会主義からの逸脱と判断した軍部は、一九六二年クーデターにより権力を握ると、一挙に社会主義化を推進した。「ビルマ式社会主義」である。以来二六年の長きにおよび、同国では極めて閉鎖的な社会主義計画経済が追及されたのである。

「ビルマ式社会主義」の思想の背景には、植民地期の苦い経験が存在する。植民地期、ミャンマーの経済開発は自由放任の下に進められた。例えば、それまで湿地帯であったイラワジ・デルタが開墾されたのは、自由貿易によって輸出市場が出現したためである。市場経済の力によって、イラワジ・デルタは穀倉地帯へと変貌したのである。

しかし、一九三〇年代の世界恐慌を経て、多くの農地がインド人金貸しの手に渡り、農業の外国人支配が確立していった。一方で、近代産業は英国を中心とする欧米資本に牛耳られ、商業や小規模な製造業は中国系・インド系に担われていた。こうした植民地期における外国人支配の苦い経験が、強力な経済ナショナリズムを包含する「ビルマ式社会主義」を生み出す背景となったとされる。

「ビルマ式社会主義」の時代を通じて、政府は民間企業に疑いの目を向けてきた。民間企業は農民や労働者を搾取する主体とみなされ、企業家は財産を国有化された。貿易は国家独占となり、当然のことながら外国企業の活動は禁止された。この時代、ミャンマー政府は自ら閉鎖経済を選んだ。

しかし、一九八八年の民主化運動を弾圧して登場した軍事政権は、再び対外開放政策を開始した。社会主義末期の混乱のなかで登場した軍事政権は、まず経済危機からの脱却を図らなければならなかった。軍事政権の民主化運動弾圧に抗議して主要先進国が援助を凍結したことにより、事態はより深刻となっていた。軍事政権には必要最低限の物資を輸入する外貨さえなかったのである。ここに至って、軍事政権は対外開放へと踏み出した。というより、踏み出さざるを得なかった、というべきであろう。

まず、コメ、チーク材、原油、天然ガス、宝石などの規制品を除き、貿易への民間企業の参入が認められた。さらにはそれまで密輸であった国境貿易が公認され、中国、タイ、インド、バングラデシュ各国との国境に貿易拠点が開設された。

外資にも門戸が開かれた。軍事政権は政権奪取後間もない一九八八年一一月に「外国投資法」を公布し、二五年ぶりに外資の受け入れを開始した。外国企業による一〇〇%出資をも認め、かつ各種のインセンティブを供与する本法の制定は、社会主義下の閉鎖経済と決別する画期的な政策であった。翌一九八九年五月には「国有企業法」が発布され、これにより一九六五年の社会主義経済体制設立の根拠法が廃止された。引き続き国家独占とされた一二業種を除き、それ以外の産業分野への民間企業の参入は原則自由化された。

2　失敗した輸出戦略

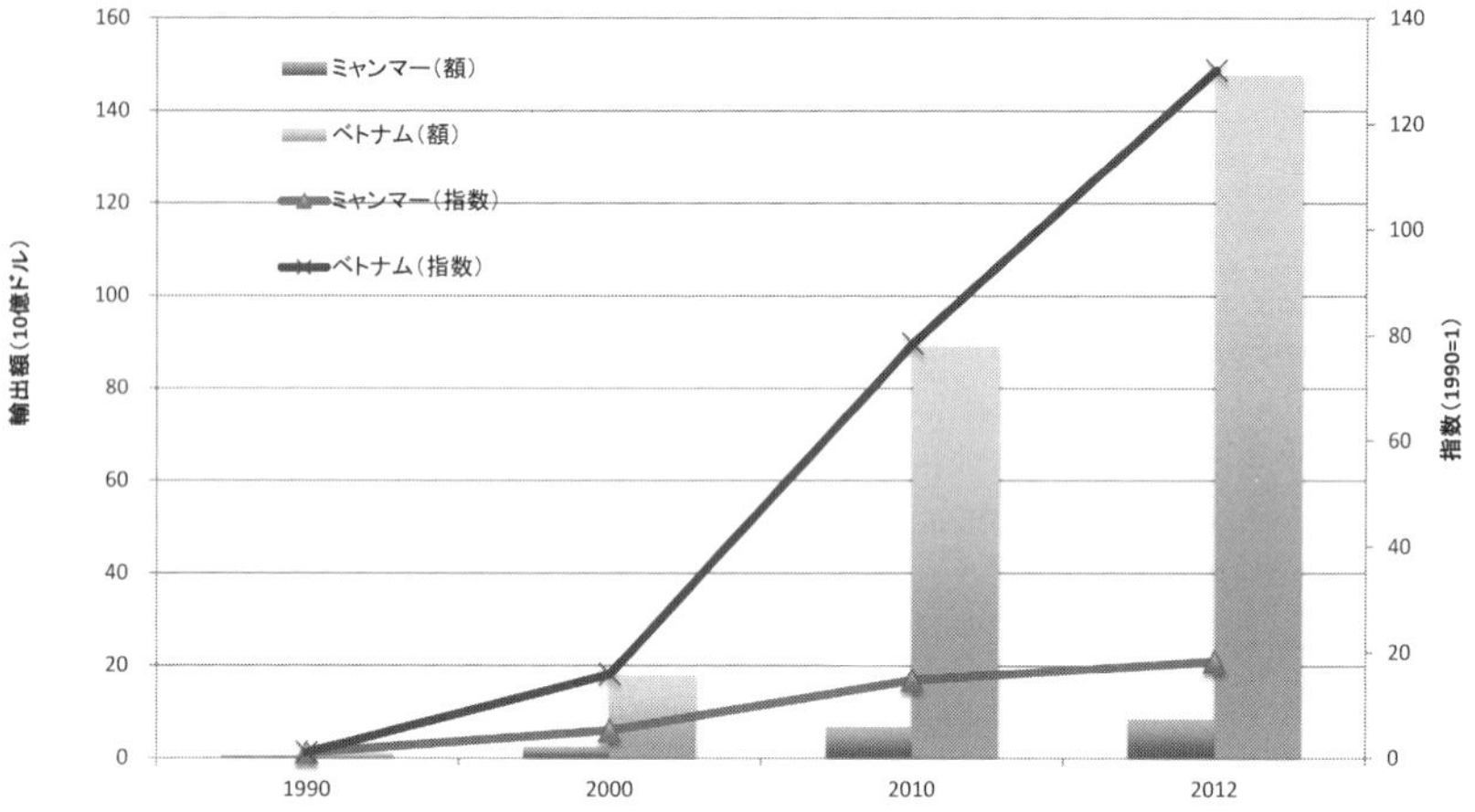

図1　ミャンマーとベトナムの輸出額（出所）UN Comtrade.

このような軍事政権下の対外開放政策は、一定の成果をあげた。ミャンマーの外国貿易は一九九〇年代から二〇〇〇年代にかけて拡大し、この期間に輸出額は一六倍、輸入額は一五倍に増加したのである。

しかし、これをもって、軍事政権下のミャンマーが先進ＡＳＥＡＮ諸国と同様、輸出志向型成長を達成したとはいえない。なぜなら近隣諸国、例えば、ほぼ同時期に対外開放政策を進めたベトナムと比べてみると、二〇一二年においてミャンマーの輸出額はベトナムの六％以下に留まっているからである（図1）。ベトナムの輸出額は一九九〇年にはミャンマーの二・五倍の規模であったが、二〇一二年には一七倍以上の規模に拡大した。同じく対外開放政策に踏み切りながら、なぜ両者の間にこのように大きな格差が生じたのであろうか。

もっとも大きな相違点は、両国の輸出品目の多様化の度合にある。表1は、二〇一二年における両国の一〇大輸出品目の輸出額とシェアを示したものである。ミャンマーでは天然ガスが輸出総額の四一％を占めている。天然ガスは、二〇〇〇年頃から、マルタバン湾沖合で採掘され、タイにパイプラインで輸出されてきた。さらに、ラカイン州沖合のシュエー・ガス田において開発が進められていたが、二〇一三年から中国への輸出が始まった。同国の天然ガ

表1　ミャンマーとベトナムの輸出上位10品目（2012年）

ミャンマー			ベトナム		
品目	輸出額（100万ドル）	シェア	品目	輸出額（100万ドル）	シェア
天然ガス	3426.5	40.6%	通信機器	28737.1	19.4%
木材	1149.9	13.6%	衣料	18153.8	12.3%
衣料	1048.3	12.4%	靴	13099.4	8.9%
野菜・果実	950.0	11.3%	電気機器・部品	9888.2	6.7%
魚・甲殻類	302.6	3.6%	原油	9122.6	6.2%
非金属鉱物製品	280.9	3.3%	事務機器	7420.1	5.0%
鉄鉱石	233.6	2.8%	魚・甲殻類	6366.4	4.3%
ゴム	196.9	2.3%	コーヒー・茶	6277.5	4.2%
靴	119.3	1.4%	家具	5853.6	4.0%
穀物（コメ）	112.5	1.3%	衣料	4023.9	2.7%
その他	612.8	7.3%	その他	38856.0	26.3%
総額	8433.3	100.0%	総額	147798.6	100.0%

（出所）UN Comtradeより計算。

ス輸出額は、二〇〇〇年の一億八六〇万ドルから、二〇一二年には三四億二七〇〇万ドルに増加した。第二位の輸出品目は木材（シェア一四%）で、これに衣料（一二%）、野菜・果実（一一%）が続く。このようにミャンマーにおいては、わずか四品目が輸出総額の約八割を占めた。

これとは対照的に、ベトナムの輸出品目は多様化している。二〇一二年において、携帯電話などの通信機器が最大の輸出品目であり、そのシェアは一九%であった。これに衣料（一二%）、靴（九%）、電気機器・部品（七%）、原油（六%）等が続く。一〇大輸出品目合計でも、ベトナムの輸出総額に占めるシェアは七割程度に留まっており、輸出品目が多様化していることがわかる。さらに、ベトナムの輸出総額に占める原油のシェアは、一九九〇年の三三・四%から二〇〇〇年に一九・七%に、二〇一二年には六・二%へと低下した。ミャンマーの輸出が天然ガスや木材など資源中心であるのに対し、ベトナムは各種の工業製品を生産し、輸出額を伸ばしてきたのである。

ベトナムでは製品輸出が本格化したのに対し、なぜミャンマーではそれが起きなかったのであろうか。ここでは、代表的な二つの製品―衣料品と電気・電子機器―を例に検討してみよう。

3　衣料品の事例―マーケット・アクセスの有無―

衣料品はミャンマーから輸出される数少ない製品である。図２はミャンマーとベトナムの衣料品輸出額の推移を示したものである。一九九〇年代を通じて、両国の衣料品の輸出額は徐々に増加した。二〇〇一年の時点では、ベトナムの衣料品の輸出額はミャンマーのそれの一・八倍であった。しかし、両国の輸出パフォーマンスは二〇〇二年以降、乖離していく。ベトナムが大きく輸出を伸ばしたのに対し、ミャンマーの衣料品輸出は二〇〇一年をピークに下降もしくは横ばいの状態となった。そして二〇一〇年においては、ミャンマーの衣料品の輸出額はベトナムの約二〇分の一という低水準に留まったのである。

このような大きな格差がついてしまった理由として、経済主体の違い、マクロ経済や産業政策の違い、人的資源の違いなど様々な要因が指摘されている。しかし、最大の要因は両国を取り巻く国際経済環境の違いにあった［後藤・工藤二〇一三］。ベトナムが二〇〇一年一二月の米越通商協定を梃子に巨大なアメリカ市場へのアクセスを得たのに対し、ミャンマーは二〇〇三年七月のアメリカの制裁により、当時ミャンマー衣料品の最大仕向地であったアメリカ市場を

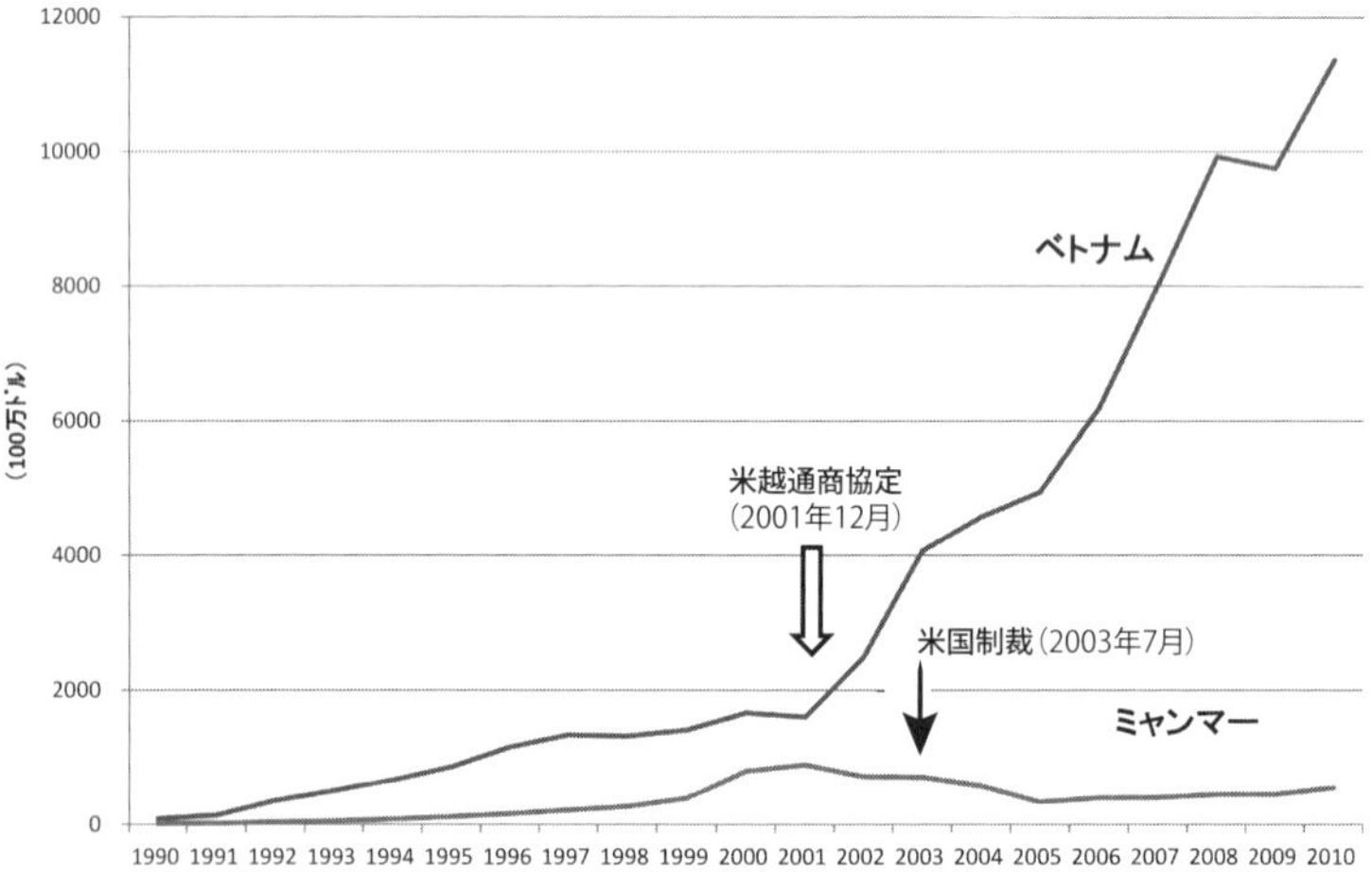

図２　ミャンマーとベトナムの衣料品の輸出額（出所）UN Comtrade.

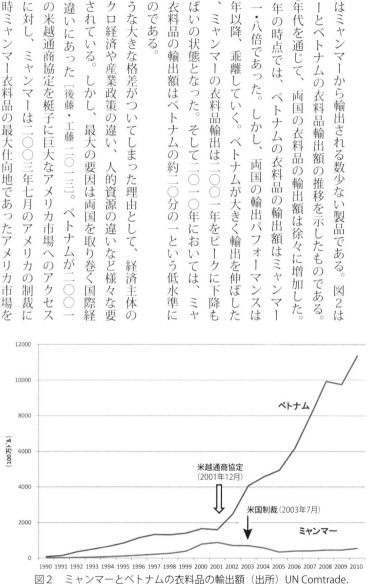

失ったのである。のみならず、当時アメリカに次ぐ仕向地であった欧州連合（EU）の大手バイヤーも、アメリカの制裁を嫌気しミャンマーからの衣料品の購入を手控えるようになった。ベトナムの衣料品輸出は二〇一〇年には一一三億ドルに達し、輸出総額の一八％を占める最大品目に成長した。

一方、ミャンマーの衣料品輸出についても、二〇〇五年に底をつけた後、欧米の制裁の影響を受けなかった日本および韓国向け輸出で徐々にではあるが回復していった。このことからも分かるように、ミャンマーの縫製産業には国際競争力はあったのである。ベトナムとの格差を生み出したのは国際市場へのアクセスの有無であったということができる。しかし、テイン・セイン政権の改革が進むなかで、欧米諸国の制裁措置は緩和・解除された。ミャンマーの縫製産業は国際市場へのアクセスを回復し、再び成長軌道に乗りつつある。衣料品輸出におけるこれまでのベトナムとの「格差」は、今後はミャンマーの「伸び代」となろうであろう。

4　電気・電子機器の事例―外国投資の有無―

次に、電気・電子機器についてみてみよう。本稿では電気・電子機器を、標準国際貿易商品分類（SITC）の第七五類（事務機器等）、第七六類（通信機器等）、第七七類（電気機器・部品）に属する製品と定義する。電気・電子機器の輸出は東アジアの生産・物流ネットワークへの参入の度合を示す代表的な指標とされる。歴史的にも、電気・電子機器は多くの東アジア諸国の主要輸出品目であった。とくに一九八五年のプラザ合意の後、日本およびアジアNIEsの多国籍企業がその生産基地をASEAN諸国に移転し、その結果、アジア域内に稠密な生産・物流ネットワークを構築したのである。

図3は、いくつかのASEAN諸国の輸出額に占める電気・電子機器のシェアを示したものである。先進ASEANのマレーシア、タイでは電気・電子機器の輸出におけるシェアが高い。二〇〇〇年において、マレーシアでは輸出

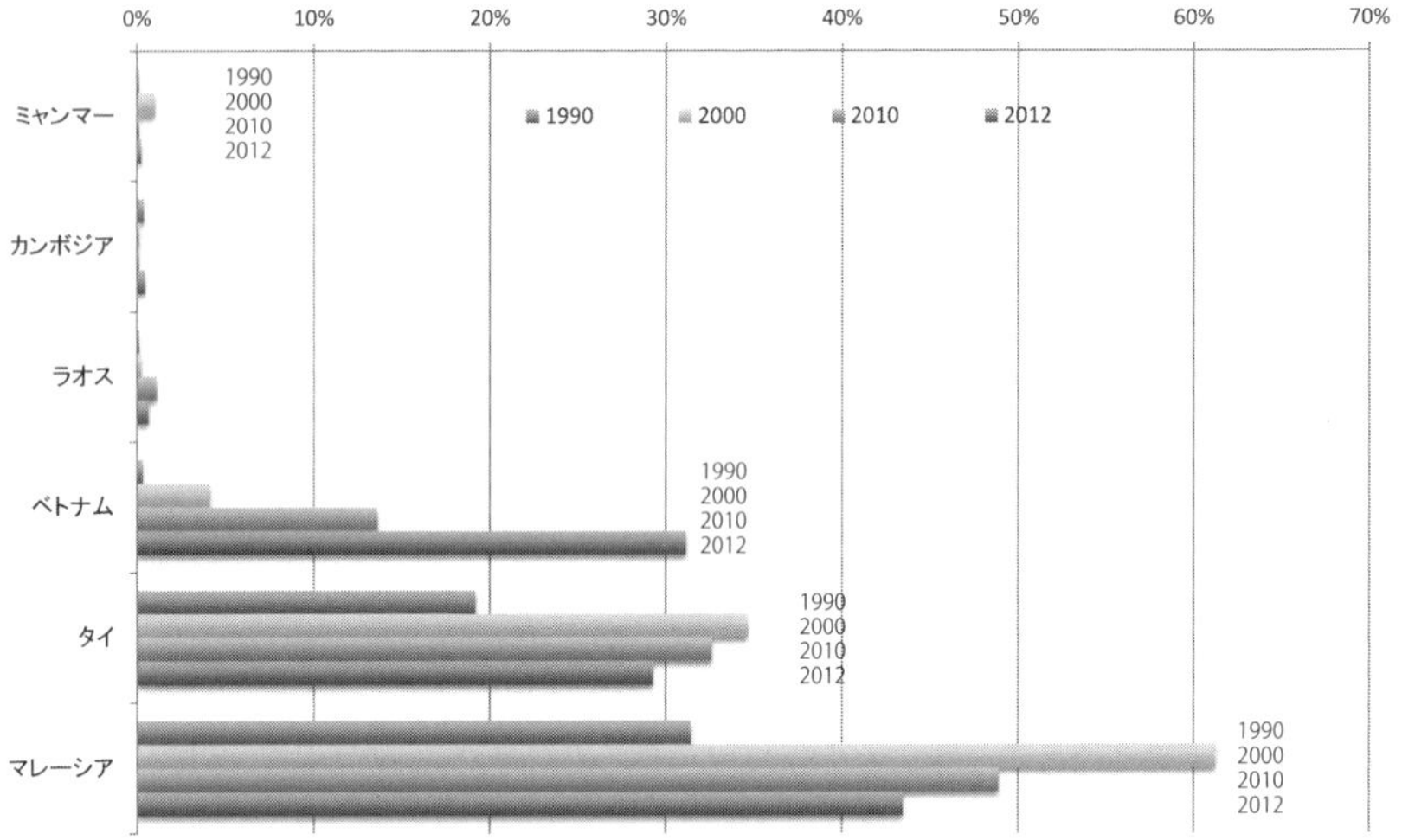

図３　輸出額に占める電気・電子製品のシェア（出所）UN Comtrade.

総額の六割以上、タイでは輸出総額の三割以上を電気・電子機器が占めていた。しかし、両国ともに二〇一〇年、二〇一二年にはそのシェアは低下しており、タイの自動車輸出の拡大など、より資本・技術集約的な製品への輸出のシフトが観察される。

一方、後発ASEANのCLMV（カンボジア、ラオス、ミャンマー、ベトナム）のなかでは、ベトナムだけが電気・電子機器の輸出シェアを伸ばしている。とくに二〇一〇年から二〇一二年へかけて、そのシェアは一三・六％から三一・一％へと急伸した。これは、韓国サムスン電子によるベトナムでの携帯電話の生産・輸出が本格化したためである。表１で通信機器がベトナムの最大輸出品になっていたのは、このためである。これとは対照的に、ミャンマー、カンボジア、ラオスの三カ国は東アジアの電気・電子機器の生産・輸出のネットワークにまだ参入できていない。これはこの分野に対する外国投資の欠如によるところが大きい。

ベトナムのサムソン電子の例に限らず、マレーシアやタイにおいても電気・電子機器の生産・輸出は主に外資系企業によって担われている。一般に発展途上国において、電気・電子機器のように設備などの初期投資が大きく、生産工程が複雑で、原料・部品と製品の取引が頻繁に海外と生じる業種については、

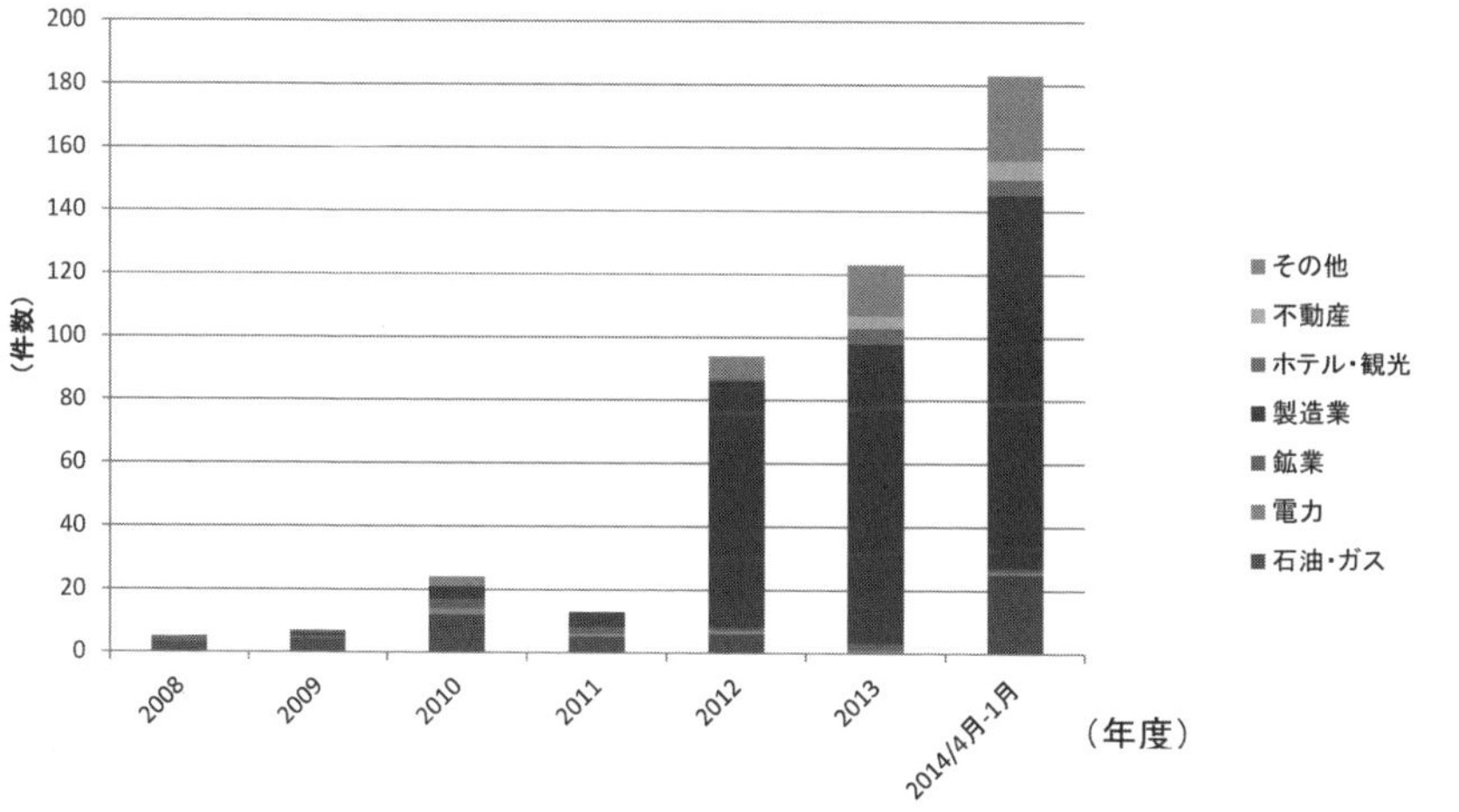

図4　ミャンマーの外国投資認可件数（分野別）
（出所）ミャンマー投資委員会

地場企業がこれに参入するのは容易ではない。この点では、地場企業の活躍の余地がある縫製産業と異なる。国際社会から制裁を受けていたミャンマーの場合、外資系企業が製造業に投資をすることはほとんどなかった。これまでミャンマーへの外国投資は、水力発電、天然ガス、鉱業など資源分野へ集中していたのである。

製造業への外国投資が少ないのは、インフラ（とくに電力）の未整備、投資認可制度の不備、技術者や中間管理職の不足など、投資環境に問題があることも影響している。しかし、同様な問題はベトナムに関しても、とくに一九九〇年代には存在していたわけで、やはり外資系企業にミャンマーへの進出を躊躇させた最大の要因は、欧米諸国を中心とする国際社会の制裁にあったと考えるべきであろう。

しかし、二〇一一年以降の欧米諸国の制裁の緩和・解除により、ミャンマーは「アジア最後フロンティア」として多国籍企業から熱い視線を送られる存在となった。実際、ミャンマー投資委員会による外国投資認可件数は、二〇一一年度の一三件（内、製造業は五件）から二〇一二年度には九四件（内、製造業は七八件）、二〇一三年度には一二三件（内、製造業は九五件）、二〇一四年度（四月～一月までの一〇カ月間）には一八三件（内、製造業は一一八件）へと急増した（図4）。依然として縫製産業への投資案件が多いが、今後、電気・電子機器、あるいは自動車部品などの分野へ外資の進出が進めば、ミャンマーの輸出構造を大きく変えていくことになるだろう。

今、新たな国際経済環境の下で、ミャンマー経済は再びグローバル経済に統合されようとしている。この機会を活かすためには、ミャンマーは輸出志向・外資導入の成長戦略をとる必要がある。この新たな成長戦略を成功させるためには、なにが必要だろうか。まず、すでに成長軌道に乗っている縫製産業やこの延長線上の製靴業のさらなる発展が重要である。これに続き、電気・電子機器（あるいは自動車部品等）のより高度な製品の生産・輸出に参入することが、次の挑戦になる。そのためには、外国投資の誘致がどうしても必要である。さらには、こうした外来の産業と国内産業のリンケージを強化していくことが、裾野の広い工業化を実現する上で鍵となるだろう。

参考文献

後藤健太・工藤年博　二〇一三年「縫製産業におけるパフォーマンス格差とその要因」久保公二編『ミャンマーとベトナムの移行戦略と経済政策』アジア経済研究所、一〇一～一三五ページ。

本稿は、工藤年博「揺れ動く対外開放政策」『アジ研ワールド・トレンド』No.155（二〇〇八年八月）、及び工藤年博・熊谷聡「ミャンマーの輸出志向・外資導入の成長戦略」『アジ研ワールド・トレンド』No.221（二〇一四年三月）を基に、大幅に加筆修正したものである。

付属資料1　ミャンマー経済概況

経済情勢

概況

●名目GDPは631億ドル（2014/15年度IMF推計）、一人当たりGDPは1,228ドル（同）と、ASEAN域内で最低水準であり、2014/15年度は7月に発生した全国規模の洪水により減少が見込まれる（経済成長率は8.5%→7.3%に減少見込み）。
●力強い成長気運及び拡張的なマクロ経済政策を反映し、中期的に年8.50%の経済成長が期待される。
●大幅に拡大する経常収支及び貿易収支赤字により，現地通貨チャットは減価し、インフレ率は2016年度には10%を超える見込み。

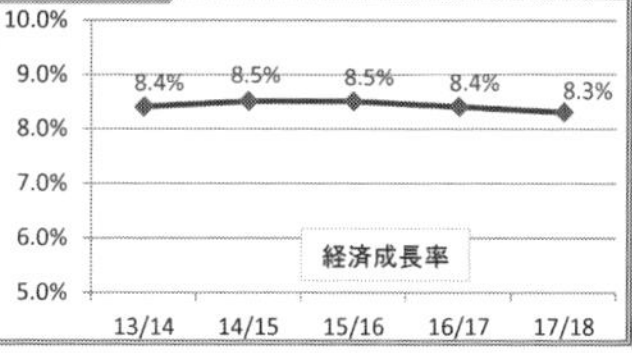

貿易

●2011/12年度まで貿易黒字。その後の輸入規制緩和策に伴い、輸入が増加し貿易赤字となった。
【輸出】125.2億ドル
【輸入】166.3億ドル（2014/15年度）

●主要貿易品目
【輸出】天然ガス、豆類、木材、ひすい、縫製品
【輸入】一般・輸送機械（含む中古自動車）、石油製品

投資

●2011年11月の新外国投資法の公布以降、資源関係や製造業を中心に外国投資は急増
（2012/13年度14.2億ドル→2014/15年度80.1億ドル）。

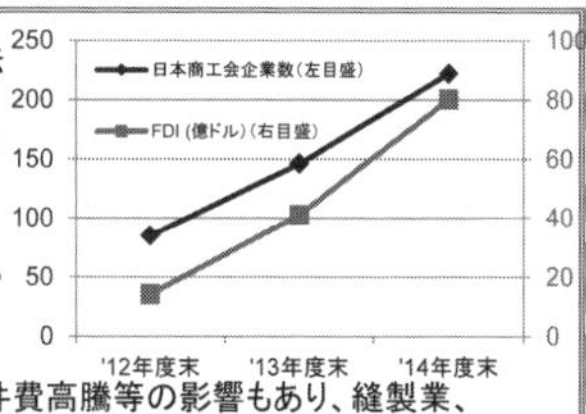

●近年の中国、ベトナムの人件費高騰等の影響もあり、縫製業、食品加工等の分野でも、ミャンマーへの委託加工生産が増加。

財政

●2015/16年度予算（補正予算及び修正含む）
【歳入額】17兆8,720億チャット
【歳出額】21兆5,314億チャット

●財政収支は3兆6,594億チャットの赤字。
●引き続き、課税対象の拡大及び税務行政の改善を通じた税収増を進める必要がある。

電力事情

●ミャンマー国内における発電容量は約4,700MW（2015年）。
世帯電化率は33%（2014年9月）。
●水量に左右される水力発電が約7割を占めることや、発電燃料の不足、送配電網の老朽化、配電ロス等もあり安定した供給がなされていない。

産業構造

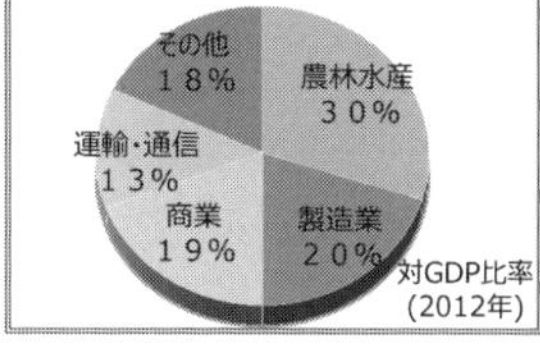

ミャンマー国家計画経済開発省統計に基づき作成（「メコン地域研究会」）

付属資料2　ミャンマーの統計

工藤年博

1　経済統計

ミャンマーでは軍事政権時代に多くの統計が政治的に歪められた。とくに、一九九九年度（四月～三月）以降、国民経済計算（GDP統計）が軍事政権の経済運営の実績を国内外にアピールするために、過大に見積もられるようになった。当該年度以降、民政移管が実現する前年の二〇一〇年度まで、ミャンマーのGDP成長率は毎年二桁成長を記録した。しかし、この期間、生産拡大に必要な原材料やエネルギーの使用量は伸びておらず、GDPが過大評価であったことは明らかである。

この影響は大きく、GDP成長率二桁を達成するために、全ての分野の生産統計が過大に申告される事態を招いた。初めに、農業部門において公式統計上、作付面積が拡大し、単収が向上した。実際には農業機械化が進まず、化学肥料の投入量も少ないままであったので、農業生産の拡大は辻褄が合わなかった。しかし、統計上とはいえ、農業生産の拡大には限界がある。極端な話ではあるが、作付面積が国土面積を超えることはできないし、単収もすでに非現実的な数字になっていた。

そこで次に、工業生産の公式統計の操作が行われた。工業は農業と違い、「自由に」統計上の生産を増加させることができる。もちろん、工業生産に不可欠な電力使用量が伸びないなど他の統計との不整合はあったが、農業ほどには目立つものではなかった。こうして、公式統計上は、二〇〇〇年代を通じてミャンマーの工業化が大きく進むことになった。ミャンマーGDPにおいて二〇〇〇年度に第二次産業（製造業、鉱業、建設業などを含む）の構成比は一一％にすぎなかったが、二〇一〇年度には二六％にまで上昇した。同じ時期、第一次産業（農林水産業）の構成比は五七％から三六％に低下した。

このように軍事政権時代、ミャンマーの統計はGDPを起点として大きく歪んでいた。また、政治的介入による歪みに加えて、行政能力の欠如やいわゆる闇市場の存在などにより、そもそも正確な統計が取れないという問題もあった。テイン・セイン大統領は、二〇一二年六月に発表した経済改革の四つの目標のひとつとして、信頼できる統計制度の確立を挙げた。以降、少なくともGDP統計への政治的介入はなくなっている。

表1は生産、価格、財政、国際収支に関する統計を示したものである。この表は、国際通貨基金（IMF）が協定第4条に基づき年に一度加盟国と行う経済状況・政策に関する協議に基づき作成された報告書から抜粋したものである。二〇

表１　ミャンマー主要経済統計　（％）

	2011年度	2012年度	2013年度	2014年度	2015年度
【生産・価格】					
実質国内総生産（GDP）成長率	5.6	7.3	8.4	8.7	9.3
消費者物価指数上昇率（期中平均）	2.8	2.8	5.7	5.9	12.2
【財政】					
歳入	12.1	23.4	23.3	26.4	20.8
連邦政府	6.6	9.6	10.8	12.6	11.1
（内 税収）	3.9	7.1	7.8	8.2	8.2
国有企業	7.8	15.4	13.7	13.8	10.1
贈与	0.0	0.1	0.3	0.5	0.5
歳出	16.7	25.1	25.1	29.3	25.6
経常支出	9.8	16.9	17.0	21.3	18.6
資本支出	6.8	8.2	8.1	8.0	7.0
財政収支	－4.6	－1.7	－1.8	－2.9	－4.8
【国際収支】					
経常収支	－1.9	－4.2	－5.2	－6.1	－8.9
貿易収支	－0.3	－3.8	－4.6	－8.2	－11.6
輸出	18.3	18.6	19.9	19.6	18.9
（内 天然ガス）	6.3	6.6	5.8	6.8	5.4
輸入	－18.6	－22.4	－24.4	－27.8	－30.5
金融収支	3.7	9.2	8.5	7.6	8.9
外国直接投資（FDI）	3.7	5.0	4.6	5.2	5.5
総合収支	－1.7	3.8	2.6	0.8	0.0
GDP（億ドル）	560	556	567	631	658
1人当たりGDP（ドル）	1,118	1,100	1,112	1,228	1,269

（注）2013年度は速報値、2014年度、2015年度は予測値。
（出所）IMF Country Report No. 15/267（2015年9月）。

一三年度は速報値、それ以降は予測値となっている。

二〇一一年度以降、GDP統計の政治的な歪みがなくなり適正な数字が出されるようになったが、それ以降GDP成長率は加速してきている。ミャンマー政府の見通しでは二〇一五年度にはGDP成長率は九・三％に達する見込みである（ただし、IMFは八・五％と予測）。これは東南アジア諸国連合（ASEAN）のなかでも、もっとも高い成長率である。GDPは二〇一一年度の五六〇億ドルから六五八億ドルに増加する。但し、経済成長にともない消費者物価の上昇が大きくなっている。とくに二〇一五年度は通貨安による輸入物価の上昇もあり、庶民は物価高に苦しんだ。

財政については、歳入・歳出ともに伸びているが、歳出の伸びの方が大きく、結果として財政赤字が拡大している。歳入はテイン・セイン政権が発足した二〇一一年度にはGDP比で一二・一％しかなかったが、翌年度以降は二三％を超える水準にまで上昇した。これは税収、国有企業からの上納金のいずれもが増加したためである。財政に貢献している国有企業は資源輸出やインフラ関係が多いと考えられる。そのため上納額は、資源価格の変動や外資との契約金の有無に左右される。安定した財源として税収の増加が図られているが、それはGDP比で七〜八%にとどまっておりいっそうの徴税努力が求められている。

国際収支については、貿易赤字の拡大により経常収支の赤字が大きくなっている。貿易赤字の要因は、輸出がGDP比で一八〜一九%代で伸び悩んでいるのに対し、輸入が二〇一一年度の▲一八・六%から二〇一五年度には▲三〇・五%にまで拡大していることである。第2章でも議論したとおり、ミャンマーの輸出は天然ガスなど資源が中心であるが、近年の資源価格の低迷により輸出額が大きく伸びないのである。これに対して、貿易自由化を受けて輸入は急増した。経済成長にともない人々の消費意欲が高まり、住宅や工場の建設も活発になったが、生産基盤が脆弱なミャンマーの国内産業はこうした需要に対し製品を供給することができなかった。結果として、輸入が急増したのである。但し、こうした経常収支の赤字は直接投資を含む金融収支の黒字等でファイナンスされ、総合収支は均衡している。

ミャンマー経済は民政移管後の五年間を通じて、高い経済成長を達成してきた。しかし、財政赤字と経常収支の赤字が拡大し、インフレも高進するなど、マクロ経済の不均衡も目立ちつつある。高い成長を維持しつつ、いかにマクロ経済のバランスをとるのか。ミャンマー政府には難しいかじ取りが求められている。

2　国勢調査（センサス）

ミャンマーでは二〇一四年四月に、一九八三年以来三一年ぶりとなる国勢調査（センサス）が行われた。ミャンマーでは独立後、一九五三年、一九七三年、一九八三年と三回のセンサスが実施された。西暦の一桁目が三の年に実施されるのが慣例であったが、軍事政権時代（一九八八年九月〜二〇一一年三月）には一度も行われなかった。

この間ミャンマーの人口は、一九八三年センサスを基に人口増加率を推定して計算されてきた。二〇一四年センサスの実施時において六〇〇〇万人を超える人口がいるものと推定されていた。しかし、実際には五一五〇万人であることが判明した。但し、この数字には治安上の問題から調査を実施できなかった地域の推定人口約一二〇万人が含まれている。したがって、詳細な分析をする場合は、これを除く約五〇三〇万人を対象とする。

今回のセンサス及び過去のトレンドから、ミャンマー移民・人口省は二〇〇三年から二〇一四年までの人口増加率を年平均〇・八九%と推定した。これは、一九七三年から一〇年間の人口増加率が年平均二・〇二%、一九八三年から一〇年間のそれが一・四%、一九九三年から一〇年間のそれが一・三八%であったのと比べて、大幅な低下である。ミャンマーではすでに少子化が進んでおり、人口ピラミッドは完全な末広がりではなくなっている（表2）。

表２　人口（年齢層別、性別、都市・農村別）

年齢層	人口（合計）			都市			農村		
	男女計	男性	女性	男女計	男性	女性	男女計	男性	女
合計	50,279,900	24,228,714	26,051,186	14,877,943	7,114,224	7,763,719	35,401,957	17,114,490	18,2
0 - 4	4,472,130	2,262,783	2,209,347	1,081,128	549,584	531,544	3,391,002	1,713,199	1,6
5 - 9	4,819,077	2,438,372	2,380,705	1,146,876	583,310	563,566	3,672,201	1,855,062	1,8
10 - 14	5,108,362	2,595,749	2,512,613	1,355,792	703,305	652,487	3,752,570	1,892,444	1,8
15 - 19	4,625,989	2,290,998	2,334,991	1,467,120	740,956	726,164	3,158,869	1,550,042	1,6
20 - 24	4,331,069	2,091,525	2,239,544	1,460,572	711,405	749,167	2,870,497	1,380,120	1,4
25 - 29	4,146,134	1,995,465	2,150,669	1,320,591	638,841	681,750	2,825,543	1,356,624	1,4
30 - 34	3,898,861	1,884,549	2,014,312	1,229,010	595,549	633,461	2,669,851	1,289,000	1,3
35 - 39	3,563,480	1,705,630	1,857,850	1,092,916	518,880	574,036	2,470,564	1,186,750	1,2
40 - 44	3,283,073	1,548,942	1,734,131	1,025,669	474,286	551,383	2,257,404	1,074,656	1,1
45 - 49	2,946,148	1,375,041	1,571,107	918,610	414,377	504,233	2,027,538	960,664	1,0
50 - 54	2,559,232	1,182,341	1,376,891	783,327	346,474	436,853	1,775,905	835,867	9
55 - 59	2,051,937	935,979	1,115,958	631,743	275,176	356,567	1,420,194	660,803	7
60 - 64	1,576,845	712,040	864,805	477,041	206,172	270,869	1,099,804	505,868	5
65 - 69	1,064,493	466,618	597,875	333,747	140,316	193,431	730,746	326,302	4
70 - 74	713,170	301,679	411,491	212,747	87,697	125,050	500,423	213,982	2
75 - 79	553,298	228,315	324,983	165,732	65,960	99,772	387,566	162,355	2
80 - 84	335,576	130,875	204,701	99,573	36,945	62,628	236,003	93,930	1
85 - 89	158,069	56,979	101,090	51,127	17,118	34,009	106,942	39,861	[illegible]
90 +	72,957	24,834	48,123	24,622	7,873	16,749	48,335	16,961	[illegible]

（出所）*The 2014 Myanmar Population and Housing Census*, Ministry of Immigration and Population, May 2015.

表２においてもうひとつ気になるのが、男女比（女性に対する男性の人口比）の低さである。一五歳未満の年齢グループにおいては、男性の方が女性よりも多い。しかし、一五歳以上になると男女比は逆転し、その後年齢が高くなるほど、男女比が小さくなる。一九八三年と比べても男女比は低下している。表３に示すように、男女比がとくに低いのは、マグエー地域、ザガイン地域、マンダレー地域等の上ビルマである。これらの地域は中央乾燥地帯など貧しい地帯をかかえている。そのため、男性が国内外へ出稼ぎに出ることが多いため、このような低い男女比になっているものと考えられる。

なお、都市・農村別にみると、都市部に全人口の約三割、農村部に約七割が居住している。

ミャンマーには七つの地域と七つの州、及びネーピードー連邦地域がある。七つの地域及びネーピードー連邦地域はエーヤーワディー河流域の平野部が中心で、最大民族のビルマ族が多く居住している。七つの州はこの平野部を馬蹄形に取り囲む山岳地帯が中心で、少数民族が多く居住している。二〇一四年センサスによれば、人口が最も大きいのは、

表3　人口（地域・州別、性別）

地域・州	人口（男女計）	（構成比、%）	男性	女性	性比（男/女）
ヤンゴン地域	7,360,703	14.3	3,516,403	3,844,300	91.5
エーヤワディー地域	6,184,829	12.0	3,009,808	3,175,021	94.8
マンダレー地域	6,165,723	12.0	2,928,367	3,237,356	90.5
シャン州	5,824,432	11.3	2,910,710	2,913,722	99.9
ザガイン地域	5,325,347	10.3	2,516,949	2,808,398	89.6
バゴー地域	4,867,373	9.5	2,322,338	2,545,035	91.2
マグウェー地域	3,917,055	7.6	1,813,974	2,103,081	86.3
ラカイン州※	3,188,807	6.2	1,526,402	1,662,405	89.2
モン州	2,054,393	4.0	987,392	1,067,001	92.5
カチン州※	1,689,441	3.3	878,384	811,057	108.6
カレン州※	1,574,079	3.1	775,268	798,811	96.6
タニンターイー地域	1,408,401	2.7	700,619	707,782	99.0
ネーピードー連邦特別地域	1,160,242	2.3	565,155	595,087	95.0
チン州	478,801	0.9	229,604	249,197	92.1
カヤー州	286,627	0.6	143,213	143,414	99.9
合計※	51,486,253	100.0	24,824,586	26,661,667	93.0
7地域（ネピドー含む）	36,389,673	70.7	17,373,613	19,016,060	91.4
7州	15,096,580	29.3	7,450,973	7,645,607	97.5

（注）※は調査実施していない地域の推定人口を含む。
（出所）*The 2014 Myanmar Population and Housing Census,* Ministry of Immigration and Population, May 2015.

最大都市ヤンゴンをもつヤンゴン地域（全人口の一四・三%）、次に同国最大の穀倉地帯であるエーヤーワディー地域（同一二・〇%）、続いて同国第二の都市マンダレーを有するマンダレー地域（同一二・〇%）、そして最大少数民族のシャン族が多く住むシャン州（同一一・三%）である（表3）。これら四つの地域・州で全人口の約半分を占める。

ミャンマーには一三五ともいわれる多様な民族が住んでいる。しかし、民族別（及び宗教別）の人口はまだ発表されていない。同国には民族紛争や宗教対立が残っており、これに関する数字の公表には微妙な問題を伴うのである。そのため、現時点では民族別の人口構成は分からない。しかし、七つの地域と七つの州の人口構成比が七対三であることから、ビルマ族と少数民族の人口構成比もおおよそこれに近いものと推察される。

また、二〇一四年センサスでは、海外に住んでいる家族がいるかを聞いている。その結果、約二〇〇万人の家族が海外に居住していることが分かった。そのうち約一二〇万人（六一％）が男性であり、約一七〇万人（八三％）が一五歳から三九歳の年齢グループであった。以上から、多くが出稼ぎ目的の海外移住であると考えてよい。海外移住者が多い地域は、モン州（約四三万人）、カレン州（約三二万人）、シャン州（約二四万人）である。いずれも隣国タイに近いか、国境を接している州である。二〇一四年センサスによれば、約二〇〇万人の海外移住者のおよそ七〇％はタイに、一五％はマレーシアに居住している。なお、正確な数字は分からないが、タイにはミャンマー人移民労働者が三〇〇万人いるともいわれている。

以上、二〇一四年センサスの結果を簡単に報告した。センサスは人口を把握し、国民生活を理解するための貴重な情報源である。今後、全ての統計情報が公開され、以前に行われたセンサスとの比較を含めて、詳細な分析がなされることが期待される。

第3章
ミャンマーと日本企業

小林英夫

1　全体動向

二〇一〇年以降ミャンマーへの企業進出ラッシュが続いている。ごく最近の統計データーを見てもミャンマーへの企業進出は急増を続けている。二〇〇九／一〇年に七件、三・三億ドルだった外国投資は二〇一〇／一一年には二四件一九九・九億ドルへと急増した。韓国企業による石油・天然ガス開発投資がその大半を占めた。翌二〇一一／一二年は、その反動で一三件、四六・四億ドルへ、そして二〇一二／一三年には九四件、一四・二億ドルと二年連続で減少を示したとはいえ、二〇一〇／一一年を例外とすれば二〇一〇年以降確実に増加傾向にある。投資を分野別にみると二〇一〇／一一年には石油・天然ガス開発投資が圧倒的比重を占めていたが、次第に減少し、それに代わって二〇一二／一三年には製造業投資が増加を開始した。国別投資残高をみると軍政下で関連を深めた中国が一四一・九億ドル（認可ベース）でトップを占め、以下タイ、香港、英国、韓国、シンガポール、マレーシア、ベトナム、フランス、インドの順になっていた。貿易動向を見ておこう。かつては米が主要輸出品であったが、天然ガスの輸出が増加を開始し、これに縫製品などが加わり、工業化の進展の兆しが見え始めた。輸入は、工業製品で、ここでも日本からの中古自動車輸入が大きな比重を占め、日本の対ミャンマー貿易を中国、タイ、インドに次ぐ第四位の位置に押し上げた［ＡＲＣ国別情勢研究会、二〇一五］。

2　戦後日緬関係の始まり

さて、次第に貿易面でその存在感を強めつつあるミャンマーでの日本の活動であるが、これまでの日緬関係を振り返ってみると、未だしの感をぬぐうことはできない。ごく簡単に日緬関係を見ておこう。

一九四八年にミャンマーはイギリスから独立するが、独立したてのミャンマーに経済的援助を実施した国は、日本だった。一九四〇年代の冷戦の深化のなかで、西側陣営の工業拠点として位置付けられた日本は、賠償負担を軽減されるなかで、急速な戦後復興を遂げていくこととなる。そして一九五〇年六月の朝鮮戦争の「特需」を契機に急速な回復を遂げた日本は、五五年以降高度成長の軌道に乗ることとなる。その際、日本の工業製品販売市場の一つとして位置付けられていたのが東南アジアであり、欧米諸国から独立を達成して間もない東南アジアの国々だった。

朝鮮戦争さなかの冷戦の深化のなかで、日本を西側陣営に早急に復帰させせんとした米英は、日本の負担を軽減させるため無賠償主義を掲げて一九五〇年にサンフランシスコ講和条約を準備した。しかしこの米英の方針に異論をはさんだのが、太平洋戦争中に日本に占領された東南アジア各国だった。彼らは、サンフランシスコ講和条約第一四条にこれらの国々から賠償請求があった場合には個別の交渉に応ずるという一項を盛り込むことで、条約の調印に応じたのである。賠償請求を行った国はミャンマー、フィリピン、インドネシア、南ベトナムの四カ国であった。

交渉過程で一番早く妥結したのがミャンマーで、一九五四年に一〇年間に二億ドルを支払うという契約だった。賠償の内容は、ミャンマー奥地のバルーチャン発電所の建設と当時の首都ラングーンの市街地整備と港湾設備の復旧計画、外・内航貨物船、トロール船、巡視艇などの供与が盛り込まれていた。バルーチャウン発電所は発電容量八・五万キロワット、首都ラングーン地区の発電需要の八〇％、全国の電力需要の六〇％をまかない、ミャンマー全賠償額の一七％を投入する一大プロジェクトであった。この水力発電事業で必要となる水車・水力発電機おのおの三台は、いずれも日立製作所製で、製作した一九五九年時点では水車落差、水力発電容量ともにこれまでの記録を塗り替えるほど大規模なものであった。日本企業は当時としては最新鋭の設備をミャンマー賠償につぎ込んだことになる。したがって、現在でもこのバルーチャウン発電所は、ミャンマーの電力需要をまかなうための重要な発電所として機能しているのである。このまま日本の援助が機能してミャンマー経済に大きな意味と役割が生まれれば、ミャンマーはタイと並ぶ東南アジアの産業拠点に成長する可能性は十分にあったのである。

3 軍事政権下とその後の日緬関係

しかし一九四〇年代後半以降の冷戦の激化と東西対立の結果、ミャンマーは国内の治安の悪化と軍による制圧が繰り返されるなかで、国軍のネー・ウィン将軍が権力を握り始める。彼は、六二年に軍事クーデターを起こすとビルマ社会主義計画党のもとで独特のビルマ式社会主義路線を採用して大統領に就任して軍事独裁制を布いた。

しかし社会主義経済がインフレと経済停滞の中で破たんの危機を招くと八八年に反政府運動の高揚のなかでネー・ウィンは引退した。そのあとを継いだのはクーデターで政権を掌握した軍部で、独裁体制を布いて、公約した総選挙を無視して、民主化運動の指導者のアウン・サン・スー・チーを軟禁し、彼女が率いる国民民主連盟を弾圧した。しかし、九〇年の総選挙では国民民主連盟が勝利し、これを機にミャンマーの民主化の動きが加速度化した。しかし軍は総選挙の意向を無視して議員の四分の一を国軍司令官が任命する新憲法を制定、権力の維持を画策したが、二〇一一年発足したテイン・セイン政権はアウン・サン・スー・チーとの対話を実現し、彼女の政治活動に自由を与えた。自由化が進行するなかで実施された二〇一五年一一月の総選挙ではアウン・サン・スー・チー率いる国民民主連盟が大勝し、ミャンマーの民主化時代の到来が生み出された。

この間日本は、軍事政権、アウン・サン・スー・チー両陣営と接触してきたが、軍事政権に対する欧米側の制裁が、その交流の拡大に障害となった点は否めない。この間、中国が西側の制裁の間隙をぬってその影響力を拡大してきていた。しかし、テイン・セイン政権の誕生とともに交流は活発化し、二〇一三年五月、安倍晋三総理がミャンマーを訪問し両国の経済交流が活発化し始めた［田村克己・松田正彦二〇一三］。

4　活発化する各国企業のミャンマー進出

民主化というミャンマーが抱える政治課題の解決の進行と同時に海外企業のミャンマー進出が積極化してきている。国別投資残高をみると中国がトップを占め、以下タイ、香港、英国、韓国、シンガポール、マレーシア、ベトナム、フランス、インドの順になっていることは前述したとおりだが、中国、香港、韓国に次いでアセアン各国からの投資が多いことがミャンマーでの特徴である。中国は、ミャンマーの長い軍政の統治下での国際孤立のなかで、政府間の連携を深め、その関連を通じて企業進出を活発化させた。中国企業は水力発電や地下資源開発といったプロジェクトに進出し、その影響力を拡大した。他方、韓国企業は、ガス田開発などに投資すると同時に衣料、電気電子などの分野への進出を計画している。しかし、より積極的なのはアセアンの各国である。タイは隣国の強みを生かしてすべての産業分野で対ミャンマー進出を試みており、シンガポールも持ち前の金融力・技術力を生かした工業団地やホテル経営に進出を開始している。そのほかマレーシアはタンチョン・モーターが日産と組んで自動車事業に乗り出し、百貨店が進出を試みている。その他インドネシア企業がセメント工場を、フィリピン企業がコメの生産を計画するなど、アセアン各国企業の熱い視線がミャンマーに注がれているのである［牛山洋一二〇一三］。

5　進出を強める日本企業

日本企業の対ミャンマー進出は、こうした国々の動きと比較するとやや出遅れの感はぬぐえない。戦後対ミャンマー企業進出では賠償を契機に先鞭を切ったものの、その後の軍政下では、経済協力を通じた関係維持はあったものの、本格的な進出を見る前に中国、韓国などに後れを取ってきた。しかし日本は、軍政下でも政府幹部や反政府活動を展開してきたアウン・サン・スー・チーとの交流を継続してきたこともあって、二〇一三年の安倍晋三総理の訪緬を前後して日本企業の対ミャンマー進出は積極化した。国際協力銀行の「わが国製造業企業の海外直接投資に関する調査報告―二〇一四年度　海外直接投資アンケート結果（第二六回）」によれば、ミャンマーは二〇一一年以来「中期的（今後三年程度）有望事業展開先国・地域」の一〇位以内にアセアンのなかではインドネシア、タイ、ベトナムと並んで入っており、日本企業の進出先として評価が高い。二〇位以内に位置するフィリピン、マレーシア、シンガポール、カンボジアなどよりはるかに高い評価を受けているのである。

このことを反映してヤンゴン日本人商工会議所の会員数は二〇一二年三月の五三社から二〇一三年一月には七五社に、同年五月には一〇五社へと激増してきており、日本企業のミャンマー進出の勢いの一端が示されている〔前掲ARC国別情勢研究会二〇一五〕。ミャンマーに進出していても日本人商工会議所に登録していない企業も少なからずあると聞くから、実際の企業進出数はこれをはるかに上回るものと想定される。

一体いかなる企業がミャンマーに進出しているのであろうか。牛山洋一が作成した二〇一三年二月までの企業進出データーに依りながらその特徴を見ておくこととしよう。これによれば、合計一〇三社のミャンマー進出日系企業のうちで、その内訳を見れば（計画中も含む）、「商社・エンジニアリング」関係が一四社、「建設・エネルギー・環境」関係が七社、「金融・会計・コンサルタント」関係が一八社、「運輸観光」関係が一〇社、「小売りなど」が四社、「IT・通信」関係が一四社、「電機、輸送機器」関係が一〇社、「食品、日用品など」などが一〇社、「縫製」が一六社を数えている〔前掲牛山二〇一三〕。外資系企業へ開放したてであることを反映してか、コンサルタント関連の事業が一八社と多いが、業種的には「縫製」関連が一六社でこれに次いでいる。ミャンマーでの低賃金を活用した比較的熟練を要しない典型産業の一つである「縫製」が、二〇一五年現在では外資系製造業の中心となっている。紳士服の青山、コナカ、衣料のワコール、イオンなどがそれである。

6　激戦地となったミャンマー電機市場

家電業界にとってミャンマーは激戦場だ。ミャンマー最大の都市であるヤンゴンを見てみよう。街中にはサムソン、ＬＧの看板が目立つ。電気製品でもスマートフォンでも韓国のサムソンやＬＧブランドが幅を利かせている。最近目立ってきたのは、韓国勢よりも価格が安い中国のHUAWEI（華為）で、これが急速にシェアを伸ばしてきている。しかし、ミャンマーではインフラの状況が悪く、通信回線も不安定で、電話も常に途切れがちの状況で使い勝手は悪い。また、インターネット料金も割高である。その代わりとわけではないが、若者たちは、街のカフェやレストランに設けられたWi-fiから発せられた電波を使用することが少なくないため、スマホを活用してFacebookやLineを自由自在に操っている。日本ブランドは依然として富裕層には人気である。

家電製品を代表する冷蔵庫や掃除機などは、この国では商品としてはまだ緒に就いたばかりの状況である。電気冷蔵庫と掃除機の販売実績をとれば各々四万台と二万台で、タイの三〇分の一から五〇分の一ですこぶる小さい。これは別の見方をすれば、今後の成長が大いに期待できる市場でもあるといえよう。

そうしたなかで、二〇一〇年以降の動きとしては、ルームエアコンと電気冷蔵庫がミャンマー市場で伸び始めたということである。特にルームエアコンに関しては、二〇〇九年比で二〇一〇年には約二・七倍、二〇一一年には三倍まで需要が高まった。今後ののびが期待できる。

7　これからの自動車市場

電機部門と比較すると自動車企業の進出はこれからである。ミャンマーで目立つのは日本製の中古車で、中古車市場の九〇％は日本車で占められているという。特に二〇一〇年以降の中古車輸入の増加はすさまじく二〇一一年の一〇九億円から一二年には五一七億円へと約四・七倍に増加し、自動車登録台数も二〇一一年の二六・七万台から一二年には三三・一万台へと増加した。二〇一二年に中古車輸入が激増したのは、輸入規制が緩和され、それまで対象が二〇〇六年以前に生産された中古車に限られていたのをそれ以降に生産された中古車まで拡大されたのと関税率が大幅に下げられた結果だった。もっとも輸入には政府の許可が必要であり、輸入段階で官僚主義的な細かい手続きが必要となる点は以前と変わらない。

新車市場は中古車ほどではないが、しかし着実に伸び始めている。主だった動きを見ておこう。二〇一三年以降世界主要各社がいっせいに販売店やショールームの開設に動き出した。二〇一三年の五月には起亜が、六月にはタタが、八月にはフォードが、一一月にはダイムラーが、いずれもヤンゴンにショールームを開設した。そして、起亜は自社のラインアップすべて、タタは超小型車の「ナノ」を、フォードはSUVの「レンジャー」を、ダイムラーはセダン「CLS」と「Eクラス」の販売を開始した。そして二〇一四年に入ると一月には北京汽車とマツダとGMが、二月には東風汽車が、三月にはトヨタがショールームや販売店をオープンした。北京汽車は「AI」ミニ、マツダはSUV「CX５」を、DMは小型車「クルーズ」やピックアップトラックの「コロラド」の販売を開始したのである。もっとも各社にはそれぞれミャンマー市場への思い入れには温度差があった。

新車市場にいち早く進出したのが韓国の起亜と現代そして欧米メーカーのフォード、GMなどで、商用車部門ではダイムラーであった。一方、日系自動車メーカーは中古車整備拠点を中心にした販売店をようやく新車販売拠点を兼ね備えた店舗に改装している段階である。トヨタは豊田通商を通じて新車を販売し、三菱、マツダ、日産が販売店を設立した。

8　進みはじめた自動車現地生産

自動車の現地生産も徐々にではあるが進みはじめている。ミャンマー市場へ最初に入ったのはスズキである。スズキはミャンマーの隣国のインドで小型車生産を展開し、インド自動車市場の四〇％を占める最大企業だが、一九九九年にミャンマーに進出、現地生産を開始した。進出した時は軍政下ということもあり操業もままならぬ中で二〇一〇年には生産を中断した。しかし、ミャンマーをめぐる国際環境も好転し、規制も緩和されたもとで二〇一三年五月には操業を再開した。スズキは、小型トラック「キャリー」をＣＫＤ〈部品を輸入し現地で組み立てる〉生産しているが、その生産規模は月産一〇〇台程度で本格的生産には程遠い。ミャンマーで乗用車のＣＫＤ生産を計画しているのは日産である。日産の場合には自社進出するのではなく、マレーシアのタンチョンが委託生産を行う計画である。韓国の現代や起亜の委託生産を行っているのが、ミャンマー企業のスーパー・セブンスター・モーターである。同社は起亜ブランド車の販売代理店で、起亜の「カレンス」、「K2700」、「ピカント」などの輸入・販売も行っている。このように、ミャンマーでは、いま現地生産がやっと緒に就いたばかりというのが現状である。

文献

ＡＲＣ国別情勢研究会　二〇一五年『ＡＲＣレポート二〇一三／一四』五三―五六ページ。
田村克己・松田正彦　二〇一三年『ミャンマーを知るための六〇章』明石書店。
牛山洋一　二〇一三年「外国企業のミャンマー進出同行」『アジア新・新興国戦略』日本経済研究センター。

コラム12　玉生　肇　ミャンマー貿易秘話

二〇〇二年四月から二〇〇五年十月まで、大手総合商社のヤンゴン事務所長としてミャンマーに赴任。軍政華やかなりし時代に、アジア最後のフロンティアに楔を打ち込むべく奮闘した当時のトピックスを紹介させて頂く。

ミャンマーへの投資

当社の繊維部門は、繊維縫製事業の拠点の一つにミャンマーを加えることを決定。二〇〇二年私が赴任した直後に日系資本一〇〇%のYシャツ縫製工場を設立した。

ミャンマーのような後発途上国で生産された繊維製品には、暫定八条という特恵関税が適用され、本来繊維製品を日本で輸入した際に課される関税が免除される仕組みがある。それが価格競争力の一因となるため、比較的安価な縫製品の製造は暫定八条が適用される国で行われるケースが多い。

当社はミャンマーにおける事業会社設立に関わる様々なリスクを勘案した上で、同国の縫製事業における高い潜在性に着目し投資を実行した。当時工員の給与が月額四〇米ドル／人以下であり、最安と言われたバングラディシュの半分程度であったことが、投資実行の最大の決め手となったことは言うまでもない。

暫定八条認定の要件を満たす産地の場合、現地で調達できる原料はほとんど無く、縫製に必要な生地、付属と呼ばれるボタン、糸などのあらゆる原料を国外から無償で持ち込み、それを加工して製品に仕上げて輸出するのが一般的であった。海外の輸入者は原料を工場に預けた上で、工賃のみを縫製メーカーに払えば良い。

この形態の加工貿易をCUT、MAKE、PACKの頭文字を取ってＣＭＰと呼ぶ。このＣＭＰ事業は、工場を設立して技術指導ができる企業を誘致しさえすれば、大量の雇用を実現できる投資形態であると同時に、虎の子の輸出獲得外貨を使わずに輸出産業を育成できることから、ミャンマー政府もＣＭＰを目的とした外資の導入には積極的な姿勢を見せていた。

当社の縫製事業は、当時欧米からの経済制裁が厳しさを増す中、欧米企業が次々と撤退を決め込むのを尻目に行った日系一〇〇％の新規投資として話題となった。その後、同工場は様々な問題を克服しながら成長し、一二年経った現在では、ミャンマー最大のシャツ工場の一つとして、従業員六〇〇人を超える規模で順調に稼働を続けている。今後は、日本向けのみならず、経済制裁が解除された欧州向けのシャツ製造拠点として二シフト操業を行い、更なる事業拡大に向けた計画が策定されている。そして、二〇一一年には操業の成功の証となる海外の株主への利益配当も実現。ミャンマーでの繊維縫製事業が他国に劣らぬ有望な投資先であることを証明して見せた。日本の商社・製造業が経済制裁に苦しむ当時のミャンマーに合弁で投資し、現在更なる規模拡大を狙う成功例として紹介させて頂く。

泰緬国境貿易

タイには幅広い分野の日系企業が進出し、製造・物流拠点を置いていることを知る人は多い。一方で、労働コストの安いミャンマー人がタイの多くの製造業を支えている現状を知る人は少ない。私はミャンマー駐在以前タイに四年間駐在し、建材品の製造事業を合弁で行うプロジェクトに関わり、タイという国が抱える問題を深く理解する機会に恵まれた。その両国に駐在して思ったことは、タイとミャンマーの二国が垂直分業を行うことで相互補完し合い、互いが共存発展できる関係にあるということであった。

この両国は一八〇〇キロメートルに及ぶ国境を有する。タイのバンコクからミャンマーとの国境ポイントがあるメソッド市までは乗用車で五時間余りの道のりである。そこから、ミャンマーのヤンゴンまでは一昼夜の道のり。国境での手続きを考えても、丸二日あればヤンゴンに到着できるのだ。一方で、バンコクから海路物資を移動させるとなると、シンガポールかマレーシアで積み替えを行い、一週間から十日の行程になる。私は中国や日本からミャンマーに海路送付していたYシャツ用の生地や付属を、タイからの陸路に変えることでリードタイムやコストを大幅に削減できることに気がついた。

当時ミャンマーでは輸入を行うには、輸出で獲得した外貨を用いて決済すること、輸入案件ごとにライセンスを取得することが義務付けられていた。ただし、陸路国境経由で行う貿易の場合、ライセンス取得は必要であったものの、現金決済が発生しない物物交換を行うことで成り立っていることが分かった。すなわちミャンマーからタイに百ドル相当の物品を売った業者は、売った相手から百ドル相当の物品を輸入する権利を政府から与えられ、それを国境から輸入してミャンマー国内で販売して代金回収するという仕組みである。

しかし、実際にその仕組みで代金回収を行う輸出業者はほとんどなく、第三国にある子会社で現金回収しているケースがほとんどであった。調査の結果、表面上は輸出を実行したまま代金回収していない輸出業社の輸入ライセンスが余っており、政府はそれを第三者が利用することを認めていた。本件は当局に何度も確認し、タイ・ミャンマーの物流会社と仕組みを作り、東京本社からの確認も取って二〇〇四年に上記の仕組みを利用したタイ・ミャンマー国境貿易を開始させたのである。結果は予想通りの内容となり、大幅にリードタイムを削減することができた。その後本商圏を繊維原料のみならず、合成樹脂、化学品等にも応用しかなりのトレードを構築することができた。現在では、貿易の仕組みも大きく替わり、海路輸入する方がコスト的なメリットが大きいため利用しづらくなっているようだが、タイ・ミャンマーの国境貿易はミャンマーの民政移管に伴い今後大いに利用される可能性が高まるものと期待している。

ミャンマーという国は単独で見るよりも、隣国のタイ・中国・インドと併せた地政学的な見地に加え、タイムラグによる発展段階の差異を利用した相互保管関係の観点で判断すると、その重要性がより鮮明に見えて来ることを申し添えたい。そうした意味でミャンマーは、アジア最後のフロンティアであると同時に中国、インド経済圏への基点となるアセアンの最前線だと確信している。

第４章

日本の村、ミャンマーの村

―共同体とコミュニティ―

髙橋昭雄

本稿は、髙橋昭雄（2012）『ミャンマーの国と民―日緬比較村落社会論の試み―』の第４章「日本の村、ミャンマーの村」および髙橋昭雄（2015）「比較の中のミャンマー村落社会論――日本、タイ、そしてミャンマー」を大幅に改稿したものである。より課題の設定を明確にし、日本の村は共同体、ミャンマーの村はコミュニティ、という対照性をより前面に出している。

1　共同体とコミュニティ――課題の設定――

日本の村落は「生産と生活」(1)の「共同体」であるのに対し、ミャンマーの村落は「生活」の「コミュニティ」である。すなわち両者の対比は、第一に「生産と生活」vs.「生活」、第二に「共同体」vs.「コミュニティ」の二つの部分に分けることができる。まずは後者の共同体とコミュニティに関する一般論からはじめ、次に日本とミャンマーの村落内の様々な集団や組織(2)の具体例に進んで、その「共同性」の内実を検討し、さらにはそれが生産に関するものであるのか、生活に関するものであるのかを分別することによって、「生産と生活」vs.「生活」の議論に入っていくことにしよう。

なお「共同体」については、ヨーロッパ共同体、国際航空通信共同体のように地球規模の広い連携を指す場合もあるが、本稿では「村落共同体」と呼べるような狭い共同社会をいう。また「コミュニティ」についても、インターネット・コミュニティとか○○ファンのコミュニティといった広範囲なつながりに使用される場合があるが、本稿では、コミュニティ研究の祖というべきR．M．マッキーバーが、「地域性はコミュニティ形成の必要条件である。」［MacIver R.M. and C. H. Page 1950: 8-10］といった「コミュニティ」、つまり空間的には村落共同体と一致するような社会空間を意味する。

大塚久雄によると、共同体（Gemeinde）の物質的基盤は「土地」にあり、共同体はこの土地を占取する主体である。またその社会的基盤は「共同組織」（Gemeinwesen）であり、社会関係の基本が共同体の形態をとっているかぎり、その根底には原始的血縁組織を原型とする「共同態」（Gemeinschaft）が何らかの形の「共同組織」として生きのびており、その集団性の基本的外枠を形づくる［大塚 一九五五：二五―二八］。すなわち「共同態」は集団性の原理であり、地域的限定性を包含しない。そしてそれが土地を占取する段階に達すれば「共同体」となる［長島 一九九七：六四］のである。ただし大塚によるとこうした共同体は産業資本主義の登場とともに理論的には消滅し、残存するのは「遺制」でしかない。

大塚と同様にマルクス的歴史観に基づき、テンニースは人々の相互肯定的な関係によって形成される集団を「結合体」と呼び、これをゲマインシャフト（Gemeinschaft）とゲゼルシャフト（Gesellschaft）に二分した［テンニエス 一九五七（上）：三四―三五］。彼によれば、前者の成員の結合が「実在的・自然的」な「本質的意志」に基づいているのに対し、後者のそれは対照的に「観念的・人為的」な「選択意志」に基づく［間庭 一九七八：二三］。前者では人々は本質的に結びついており、あらゆる分離にも拘らず結合し続けるのに対し、後者では人々は本質的に分離しており、あらゆる結合にも拘らず分離し続ける。前者の結合原理は先験的・必然的に存在する統一性から導き出される社会的共感すなわち「了解」である［テンニエス 一九五七（上）：五八―五九］のに対し、後者のそれは新しい人工的・擬制的な自由の設定を基になされる「協約」である［テンニエス 一九五七（上）：一一二］。テンニースのこの議論は、共同体（あるいは共同態）がゲマインシャフトの系列に属することを示している。テンニースもゲマインシャフトの時代にゲゼルシャフトの時代が続き、前者は消滅しつつあると述べる［テンニエス 一九五七（下）：二〇七―二一〇］が、依然として社会生活の実体を形成しているとも述べている。ともかく共同体、ゲマインシャフトのいずれにせよ、それらが前近代的あるいは前期的な社会関係であるという歴史観に基づいていることは共通しており、近代以降はそれが残存するにすぎない(3)。

一方「コミュニティ」であるが、この概念を最初に用いたアメリカの社会学者マッキーバーは、初期の研究においては、コミュニティを「共同生活の一定領域」と定義し、具体的には村、町、地方、国、さらには人類世界がこれに該当するとした［マッキーバー一九七五：四六―四七］。すなわちコミュニティの意味には村や町を意味する「地域社会」と国民社会や人類世界とかを意味する「全体世界」の二義があるが、後者の全体世界を意味する用法が支配的であった［小笠原 一九七六：一〇九］。それが後期になると、コミュニティの基礎は「共同生活感情」（community sentiment）と「地域性」（locality）にある［MacIver and Page 1950: 9-10］とし、コミュニティにその主観的基礎を追加するとともに、客観的基礎を地域に限定した［小笠原 一九七六：一〇九］。

ヒラリーによるとコミュニティの定義は九十四通りあるが、「領域」と「共通の絆」をほとんどの定義が含む［ヒラリー 一九七八：三二三―三二五］。すなわちコミュニティの諸定義には「地域性」と「共同性」という最低限の共通項が見られる。「地域性」については、共同体を村落「共同体」という範囲に限るならば、共同体についてもこれはあるということができる。また「共同性」の具体的内容は、共有の価値、帰属意識、規制と拘束といった「共同生活感情」であるので、これも共同体に当てはまる。すなわち、「地域性」と「共同性」というコミュニティの最低限の共通項は共同体にも存在するということができる。

表1　共同体とコミュニティ

	（村落）共同体	コミュニティ
共同性	（地域性と共同生活感情） （共有の価値、帰属意識、規制）	
歴史性	前近代的、遺制	超歴史的
総和性	個々の関係に還元しえない総和以上の何か	個々の合成
自発性	自動的に成員に	個々の意思で形成
個性	個性に対して抑圧的	成員の個性を発展させることができる
開放性	封鎖性	開放性（中間組織）

（筆者作成）

しかしここで考慮されなければならないのは、それが区別されて使用される文脈においては、やはり特別な意図が込められているということである。両者の相違点を表1にまとめてみた。

上述のように、マッキーバーはコミュニティを超歴史的存在［マッキーバー一九七五：一九一―一九三］、大塚は共同体を前近代的存在、とそれぞれ考える。福武直は、コミュニティは決して歴史的概念ではなく、地域性と地域社会感情によって特徴づけられる地域的な社会である［福武一九五六：五］とし、齋藤仁は、自治村落である日本の村落共同体は、「超歴史的な共同関係ではなく、一定の歴史的な規定性を持った社会関係である［齋藤一九八九：v］」と述べる。すなわち、「コミュニティ」は超歴史的概念であるのに対し、「共同体」は歴史的規定性を持った概念である。

コミュニティは個々の合成以上のものではなく［マッキーバー一九七五：一一三―一一六］、共同体は個々人の関係に還元しえない総和以上のものをその関係に含む［岩谷二〇〇四：六八］。それは個人の行動を規定する、超個人的な単一の社会意識［鈴木一九六八：九七―一〇七］であり、また経済的には、土地占取の主体が村落共同体であるがゆえに、（個人を超えた）その全体が物的条件に規定されて、内部の構成員の自由な私的な行動を許さない［古島一九六三：vii―viii］。このように共同体が個性に対して抑圧的に働くのに対し、コミュニティは類似的個々人の単なる結びつき以外の何ものでもないので、その社会性の中で成員の個性を発揮し発展させることができる［間庭一九七八：二五］。コミュニティという仮名文字が使用される場合、それには自主的主体的な民主的社会連帯をつくり出したいという願いがこめられている［福武一九七八：一八七］。つまり、コミュニティは個々が意図して能動的に形成されるものであるのに対し、共同体は個々の意思に関わらず受動的に属してしまうものである。

共同体とコミュニティはその開放度についても差異がある。ゲマインシャフト（共同体）はその外部に対しては疎遠となり一種の封鎖性が支配する［間庭一九七八：二四］が、コミュニティは本来的に外部に開かれた存在である。コミュニティは個体と社会の間に重層的に存在する中間集団であり、原初から内部的関係だけでなく外部的関係を持つからである［広井二〇〇九：二四―二五］。

以上、共同体とコミュニティについて、歴史性、総和性、自発性、個性、開放性といった観点から、その対照性について論じてきたが、実際の地域社会はこのような極端な二分法では分類はできないであろう。よってこうした諸項目に留意しつつ、共有の価値や帰属意識といったものが村の内外のどの範囲でどのように創出され、村の「凝集性」あるいは「集団性」がどのよう形成にされてくるのかに着目して、日本とミャンマーの村を考えていく。

2　村落内諸集団の態様

共同体は歴史的な規定性を持った社会関係であり、地域的限定を加えるならば地域社会集団でもある。では歴史的規定性とは何か。本稿ではこれを政治、行政、経済体制といった上部構造と村落および村人との関係史、と考える。これを踏まえ、日本とミャンマーの歴史の中で、政治権力と村落との相互関係の差異が、両者にどのような共通点あるいは相違点をもたらしたのかについて考察する。

次に上部構造と村の類推から、宗教と村について見ていく。宗教にもいろいろあるが、日本とのミャンマーの共通

表2　生産および宗教に関する村内諸集団の比較

1．政治権力（行政）と村落の「生産的」集団		
	日本	ミャンマー
土地管理	検地→村切	地租査定→クィン
現物課税	年貢村請	籾供出制→農民 vs 政府
水管理	村単位	水路単位
協同組合	村単位（生産）	村単位（生産→消費→消滅）
2．生産的集団の性格		
共有地	総有としての入会地	運営は個人に
労働交換	結（集団的）	レッサー・アライッ（二者関係） カウッ･サイッ･スィー（二者関係）
3．宗教と村		
寺院・僧院	領域性なく、個人的信仰	領域性なく、個人的信仰
神社・ナッ （自生的精霊信仰）	氏子は村民と一致。村の精神	領域神であるが、限定的
慶弔組合	組ないしは同族	村単位もあるが、複数ある場合も

（筆者作成）

点に鑑み、仏教と精霊信仰の存立形態を対比する。
さらにはこのような枠に入りきれない資源管理、労働慣行、金融講などの在り方からみた村の集団性についても考えてみたい。（表2参照）

1　土地と水の管理と村

日本近世の村落（4）は、蔵米知行を骨格とする政治構造に制約された［有賀一九五六：四五］。検地による「村切り」で、村人と居住地と耕地が一体となった村領域が確定し、村は「土地占有の主体」となった。同時に年貢村請制が導入され、用水管理の単位も村となった。現在、農地や用水の管理は土地改良区が担っており、個人は「家」→「村」→「土地改良区」という重層的集団に帰属する。また、第二次大戦中から行なわれてきた米穀の供出および一九七〇年代からの減反政策に伴う供出量の割当や減反面積の戸別調整は部落で行なわれた。村切りや村請の残滓は後々まで残ったといえる［高橋二〇一四：一三八―一五〇］。

一方ミャンマーの場合、日本の検地にあたる植民地期の地租査定調査では、村とは無関係なクィン（単位耕作地）が基礎となり、村は地租徴収の単位とはならなかった［高橋二〇一四：一三九］。用水管理に関しては、利害関係者のみが行うことになっており、村に複数の用水路があって、複数の村の農民がこれに関わり、灌漑局の命令と指導に従うことになっているので、村が管理の主体となることはない［高橋一九九三：五一―五六］。

日本の部落の多くが総有の入会地を持つ。生活だけではなく、村の農業生産にとって欠かすことのできない土地であった。つまり、日本の村（部落）は村請と村切があったこと、水利の基本単位であること、部落共有地があること、およびそれらに伴う様々な共同労働によって、強い凝集性を保ってきた［高橋二〇一二：一五一］。

ミャンマーにもアミャーバイン（皆が持つ）・ミェー（土地）と呼ばれる入会地に相当する森林や沼沢地がある。だが誰でもこの土地に入って木や魚を取ることができるので、やがては適当な資源が枯渇してしまうという、コモンズ（オープンアクセス）の悲劇が起こりうる。そこで国家が保護林や国有地の制度を導入して、これを阻止しようとする。一方ユワー（村）・ミェー、すなわちクローズドな村有地も散在する。村に隣接する三日月湖や沼地、無主となった水田、草地や荒蕪地、焼畑地などがこれにあたる。ただし、これらの土地を村が保有するという観念はあるが、実際に村や村人が共同管理する例は少なく、したとしてもそれは短期間であり、結局のところ管理は個人に任されることになる［高橋二〇一二：一五二―一六二］。村有の荒蕪地を宅地化して個人に売る、ということもしばしば見られる。つまりオープンであろうが、クローズドであろうが、共有地は国家か個人かのどちらかに管理されることになる。村内の特定の集団が運営することはあるが、村そのものが管理の主体となることはほとんどない。

2　宗教と村

鈴木栄太郎は社会集団の累積状況の分析から、旧村（＝部落）を「自然村」と命名した。ただしこれは単に集団の累積や社会関係の堆積ではなく、一つの自律的社会意識であり、体系的な行動原理であり、「村の精神」が統べる社会的統一体である。そしてこの村の精神を表象し、自然村そのものを守護するのが氏神であり、それを祭る神社である［鈴木一九六八：三三二］。氏子集団の圏と自然村の地域圏は一致する。すなわち氏神は自然村（＝部落）という地域を守る領域神である。それに対し寺は地域社会の地域的範囲や地縁的集団にはほとんど無関心である。氏子は地域的集団が集団として神社を崇拝し維持するのであるが、檀家は各個人が寺院に繋がることによって相互に繋がるので、その集団的結束や統一は比較にならぬほど弱い［鈴木一九六八：三三七］。このように鈴木は神社と寺院を対照させ、神社こそが村の象徴であり、寺院はそうではないと結論づける。

ビルマ民族やシャン民族の村にはたいてい僧院やパゴダがあり、これらが日本の村の寺院に相当するものと考えてよい。下ミャンマーにあるズィーピンウェー村には、一九八六年時点で仏教僧院が二つあり、それぞれの信徒集団が村を二分していた。この集団は地理的にも東地区と西地区に分かれており、両者はあまり仲がよくなく、通婚も地区内のものと比べて極端に少なかった〔高橋一九九二：四二一—四三二〕。その後村周辺の農地を造成して、新たに三つの僧院が立てられ、村からも信徒がそちらに移った。上ミャンマーのティンダウンジー村にも僧院が二つあり、隣接して一つの村落区を成すタウンフルエー村にも僧院が二つある。それぞれの村の仏教徒は自分の好きな僧院に通い、それは村の内外を問わない。同一世帯内で、親と子が違う僧院に通う事例もある。また、二〇一四年にズィーピンウェー村とティンダウンジー村の両村それぞれ五十世帯で、どの僧院に斎飯を提供するか聞いたところ、両村とも半数以上の世帯が一世帯で複数の僧院に斎飯を供与していた。斎飯を順番に準備する斎飯供与組は、そもそも各僧院によって組織されるものであり、ズィーピンウェー村では使者が村を周って組に入ることを呼びかけていたし、ティンダウンジー村の僧院には供与者の当番表が貼り付けてあった。ちなみにチン州のフニャーロン村は全員がキリスト教徒であるが、村内には四つものアティンドーと呼ばれる信徒集団があって、別々に村人を組織していた。ミャンマーでは仏教徒の村だけではなく、キリスト教徒の村においても、信徒集団は村の中にいくつもあり、宗教が村の結束制を高めるという構造にはなっていない。仏教もキリスト教も、個人個人がある宗派の教義や教典を信じ、信じる者のみが救われるという、神や仏と自分自身という一対一の二者関係（ダイアド）が基本であるので、原理的に集団性や地域性は想定されない。

仏教と異なり、領域性を持ち、自生的信仰であるという意味で、日本村落の氏神に相当するのはナッ（nat）であろう。神社にあたるのはナッ・スィンと呼ばれるナッの祠である。ナッは水田、家、堰といった一定の守るべき領域を持っており、領域性を持たないキリスト教の神様や仏教の仏様とは対照的である。そして村という領域を守護するのが、ユワー・サウン・ナッである。ただし、宗教上の社会的位階は、僧侶→男→ナッ→女という順番になっており、ナッに祈り、ナッ・スィンを保守するのは、女性、しかも高齢層が多い。また、領域神であるナッ（ネー・サウン・ナッ）は村に一つとは限らず、下ミャンマーに至っては、ナッは各々の世帯に引っ込んでエイン・サウン・ナッとなり、村を守るユワー・サウン・ナッは存在しない。一つの部落に一つだけ神社があって、それが部落という領域を守護し、部落の倫理と精神の象徴となっている、というような日本的な氏神とユワー・サウン・ナッはかなり異なるものであると言わざるをえない［髙橋二〇一二：一六六―一六八］。

3　ミャンマー村落内の生活集団

以上見てきたように、生産活動における村の役割は非常に少なく、また村の凝集性を前提とするあるいは促進させるような生産活動もない、というのがミャンマー村落である。

では協同的な労働もないのだろうか、というとそうでもない。まず金銭を伴わない労働交換として、レッサー・アライッという慣習が知られている。だがこれは一対一の二者関係で行われるものであり、日本で行われる結のように近隣や親族でグループを形成して、そのグループへの労働拠出を行う、というわけではない。しかも、同程度の経済状態の特定の階層内の、ごく限られた範囲で行われ、二者関係を辿って容易に村の境界を超える［髙橋二〇一二：一一五―一一九］。

日本の結に似たように見えるグループで、カウッ・サイッ・スィーと呼ばれる早乙女組が上ミャンマーの村にある。ただし、結は内部で労働交換を行なう組織であるのに対し、早乙女組は外部で稼いでメンバーに歩合制賃金を払う組織である［髙橋二〇一二：一一四―一一五］。スィー・ガウン・サウン（組の頭）は、賃金の前貸しによって早乙女を集め、原則十人から十五人一組で田植えをする田に彼女らを派遣する。組織は頭と個々の早乙女との二者関係で成り立っており、組員相互の結束はない。

金融講（ス・チェー・グェー・アプェ）も散見されるようになってきたが、これも一人の組織者とメンバー個々人の二者関係で組織される。掛け金の盗難や紛失、メンバーの中途脱退など、様々なリスクに関するすべての責任を組織者が一身に負う。すなわち構成員同士の信頼関係は一切不要であり、金融講の成立と存続は、メンバー一人一人が組織者を信用するかどうかのみにかかっている。生産活動に関わりのある早乙女組や金融講の原理は二者関係によるものであり、村の凝集性とは無関係である［高橋二〇一五：一五］。

しかし、耕地の村界には無頓着でも、村の居住区の境界は明確で、村人たちには「自分の村」という意識がある。そのような中で自生的に慶弔組合（ルーフムイェー・アティン）、仏塔管理委員会（ゴーパカ・アプェ）、飲料水利用委員会（イェー・コーミティ）、治安維持会（ロウンジョウンイェー・アプェ）などが生成し、官製の集団としては、消防組合（ミータッ・アプェ）、婦人会（アミョーダミー・イェーヤー）、母子会（カレー・ミーギン・イェーヤー）、PTA（ミーバ・サヤー・アティン）などがある。

官製といえば、社会主義政権時代に協同組合省の指導の下、村単位で生産目的の協同組合が作られたが、結局石鹸や油を配る消費協同組合だけが残り、やがて配給するものがなくなるとそれも消えていった。

以上に述べたように、ミャンマーの村には、村という「全体」あるいは「社会的統一体」が個人を規制するような生産組織はない。ただし、生活のための集団や組織は、組織原理こそ日本とは異なるものの多数存在する。ミャンマーの村人は生産面における村落内の共同を必ずしも必要としないが、村で生活していくためにはやはり生活面での互助は必要であるので、こうした様々な組織ができる［高橋二〇一二：一七六―一七七］。ミャンマーにおける集団や組織形成のメカニズムと村落との関係を考察していくことにしよう。

3　ミャンマーの村は生活のコミュニティ

1　日本村落の共同体的性格

「個人等の意志や関係が村を作るのではなく、「村の精神」が、個人等の意志や関係を鋳出するのである」［鈴木一九六八：九七―一〇七］と鈴木がいうように、村の精神は個人の主張を犠牲にして自己を主張する。日本の村では、相互扶助や相互規制は当事者間のダイアディックな関係ではなく、超個人的な共同体的原理を行動規範として遂行されるものである。

こうした個人の意思や行動を制約して型にはめる規範は、上述のように生産力が低く相互に依存しなければ生計が成り立たないという歴史的条件に規定された生産の共同性によるものである。例えば村請制の場合、潰れ百姓すなわち年貢を負担できない者が出ると他の村人がその分を補填しなければならないので、メンバーが脱落しないように生産面だけでなく生活面でも強い拘束が必要である。村が管理する灌漑システムも誰かが管理を怠ると下流の者が迷惑し、村の米生産の成否に関るので監視が必要である。個人の側からみると、メンバーからはずされてしまうと、一気に収入源を断たれてしまい、当然生活も成り立たなくなる。村の生産的集団や組織からの脱退あるいは追放は村で暮らす個人や世帯にとって致命的である。このように生産的集団としての村は個人を強く拘束する。時代が下るとともに、生産力の増大により小農間の相互依存性は減少したが、日本の近世村は、幕藩体制崩壊後も、入会地の保持、水利の管理、農村組合運動、小作争議、そして第二次大戦後も農地改革、供出制度、耕地整理、減反政策といった生産に関わる諸活動の単位となる部落（自然村）として現在に至るまで存続し、同族や組、様々な講、神社の祭礼、婚姻や葬儀、子供会や青年会といった生活面での共同行為の単位としても機能してきている(5)。集団への強い帰属意識、メンバー丸抱えの半閉鎖的集団体系、これらの規範や関係に準拠した人間の行動様式といった「集団主義」［間庭一九七八：一三］は依然として残っている。日本の村は、先述の「共同体」的性格を強く持っているのである。

有賀が「鈴木のいう社会的統一体がどうして生じたかはその時代の政治構造の性格に結びつけて考えなければ到底理解することはできない」［有賀一九七一：一六九］と述べ、齋藤が「部落は近世封建体制下の封建権力による支配に対する対抗と従属の中で形成された」［齋藤一九八九：三二］と言うように、生産的「共同体」は政治権力との関係によって創出されたものである。すなわちミャンマー村落でそのような生産を目的とする共同性が希薄であるのは、生産力（労働生産性）がさほど低くはなく、共同を必要とする政治経済構造が歴史的に出現しなかったからであろう。

2　場の親族としてのミャンマー村落

それではミャンマー村落内の生活のための社会集団はどのようなメカニズムでは生成するのであろうか。タイ農村社会では子供たちが結婚した後世帯を別にしても、親が農地を統御しているために、農業生産の面で共同関係が生じ、子供夫婦は親の屋敷地内に居を構えて、「屋敷地共住集団」という家族形態が形成される〔水野一九八一：一〇九〕。そして親の死によって相続がなされると屋敷地は分割され、近接居住世帯群に移行する〔北原一九九〇：一三〇〕。ミャンマーでもこうした集団が観察される〔高橋一九九二：五三―五八；二〇〇〇：九七〕。ただし、これらの集団はタイやマレーシアと同様に、共通目標や共属感情を必ずしも持たず、集団内の個人間関係はダイアディックである。

ミャンマーでは世帯内において親は子供を「息子よ」「娘よ」と呼び、日本のように「お兄ちゃん」「お姉ちゃん」と最年少の子供から見た家族内の地位を示すような呼び方を親がすることはない。世帯という小集団の中でさえ、個人（ego）は世帯内での地位を意識することなく、自分を中心に他者を息子、娘、父、母、弟、妹、兄、姉と呼ぶ。家族や世帯は個人を超越した集団としてではなく、二者関係の累積体として認識されているにすぎない。そしてこうした世帯内の呼称は、egoを中心に世帯外にも放射状に広がり、オジ、オバ、イトコ等の親族に限らず、非親族にも拡大する〔高橋二〇一二：一七一―一七二〕。これらの関係はあくまでもegoと他者との一対一の二者関係であり、集団はそれが結ばれる「場」を提供するにすぎない。このダイアディックな関係を、水野に因んで「間柄の論理」〔水野一九八一：一一〇〕と呼ぶことにしよう。

このような「間柄の論理」を辿って村人たちは頻繁に世帯間を行き来する。屋敷地の親族間分割による親族の近隣居住、村内婚の充溢〔高橋二〇〇〇：九九―一〇〇〕、他人の屋敷地の往来の自由や家屋の開放性〔高橋二〇一五：一八―一九〕といったミャンマー村落の特質が、これを助長し促進する。また既述の様々な集団活動で村人達が会合する機会も多い。こうして村人たちが頻繁に会うことを「頻会の論理」と呼ぶことにしよう。「頻会」によって村人たちは濃密な社会的ネットワークを形成し、相互の愛着や共感といった情緒的絆も強くなる。頻会の頻度は物理的距離に強く規定されるので、ダイアディックなネットワークが村内でより濃密になるのは当然である。

ミャンマーでは血族や姻族関係の範囲が日本より広く、また親族関係のない人に対しても親子やキョウダイと同様の呼称を用いることがよくある。村は親族関係で表される用語で満ち満ちている。そしてそれでも言い表せない関係には、「ヤッ・スェ・ヤッ・ミョー」という言葉が適用される。スエ・ミョーは親族、ヤッは場所という意味なので、ヤッ・スェ・ヤッ・ミョーは「場の親族」となる。その中の世話役的人物は「ヤッ・ミー・ヤッ・パ」、すなわち「場の父母」と呼ばれる。親族の外縁がここに示され、村人は「場の親族」に包摂されることになる。「間柄の論理」で結ばれ、「頻会の論理」で強化された二者関係の社会ネットワークが、はじめて共同の「場」を意識することによって、「村」という社会圏が認知されることになるのである。

3　ミャンマー村落のコミュニティ的性格

累積的二者関係に裏打ちされる「場の親族」に様々な「触媒」が作用することによって、様々な集団が形成される。すなわち、葬式や結婚があれば慶弔組合、パゴダがあれば仏塔管理委員会、僧院ができれば斎飯供与組、火事や牛泥棒が頻発すれば治安維持会、消防車の寄付があれば消防委員会、国際機関から揚水ポンプの寄付があれば飲料水利用組合ができる。生活が行き詰れば集団的反乱や最近新聞紙上を賑わせている農地耕作権奪還運動も起こりうる。魅力的なリーダーシップや豊富な資金ももちろん触媒となりうる。最近は政府やＮＧＯの働きかけによって小規模金融組織やコミュニティ・フォレストリーの集団もできている［髙橋二〇一二：一七五］。

ただし、こうした間柄の論理からなる集団は個人間の繋がりを基礎としているので、集団の外側の殻が脆弱で、部落という規制がある日本の村落の集団ほど強固ではない［髙橋二〇一二：一七五］。二者関係、特にリーダーとの関係が拗れたり、「触媒」の魅力がなくなったりすると、個人はあっさりと集団を抜け、脱退者の数が増えれば集団や組織そのものが有名無実し、消滅への道をたどる。国家主導で作られた婦人会や母子会、省まで設けられている協同組合などがその好例である。脱退しても生活が成り立たないような集団はそもそも村にはなく、別のネットワークに乗り換えて、村内外の別の集団に属したり新たに作ったりすることも容易である。ミャンマーでは集団や組織からの個人の自立性が高く、離脱の自由度が高い。

日本の村の「共同体」的性格とは対照的に、ミャンマーの村は「コミュニティ」的性格が濃厚である。日本の村は「生産と生活の共同体」であり、ミャンマーの村は「生活のコミュニティ」であるということができる。

注

（1）本稿では生産と生活を峻別する。ここでの「生産」とは、商品としての財やサービスを造りだすための活動のことである。そして「生活」とは、共同体あるいはコミュニティ内で消費される非商品的財やサービスを作り出すための行為、およびこの行為や「生産」活動によって提供される財やサービスを消費する営為のことをいう。

（2）本稿では「集団」を共通の目標や関心があり（共同目標）、成員のあいだにわれわれ感情が懐かれ（共同意欲）、多少とも持続的な相互作用（コミュニケーション）が行なわれている人びとの集合体、「組織」を構造化された集団、すなわち地位と役割が分化・明確化・制度化され、持続的指揮系統も持つ集団、と定義する。組織は個人（成員）の総和以上のものであり、個人の特性に還元できない固有の創発的な現象や特性を示す。ただしミャンマー村落では集団と組織の差異があいまいであるので、特に分ける必要がない場合、本稿では集団と組織を区別せず、「集団や組織」とひとくくりに扱う。

（3）大塚の共同体論もテンニースのゲマインシャフト論も「歴史観」であり、これが「歴史的事実」であるかというと、そうでもない。［高橋二〇一二：一三二―一三三］

（4）明治二十二年の町村合併以前の村、いわゆる旧村がこれに当たる。現在では大字あるいは部落と呼ばれる。本稿でいう「村」とはこれを指す。これに対応するのがミャンマーでは「チェー・ユワー」であり、それがいくつか集まった最小の行政単位である村落区（チェー・ユワー・オウッス）ではない。

（5）権力への対応がいつの時代においても村（部落）単位であったのは、生産活動を補完するように生活の単位ともなっているからであろう。

参考文献

有賀喜左衛門　一九五六年「村落共同体と家」村落社会研究会（編）『村落共同体の構造分析』：一一―四九ページ、東京：時潮社。

有賀喜左衛門　一九七一年「村落社会の理論」（有賀喜左衛門著作集Ⅹ）『同族と村落』：七九—一七九ページ　東京：未来社。
岩谷　將　二〇〇四「書評：内山雅生著『現代中国農村と「共同体」—転換期中国華北農村における社会構造と農民』」『アジア経済』四五（一）：六五—七〇ページ。
大塚久雄　一九五五年『共同体の基礎理論』東京：岩波書店。
小笠原真　一九七六年「アメリカ社会学史の一説—R.M. マッキーバー研究—」『奈良教育大学紀要』二五（一）：一〇—一二〇ページ。
北原　淳　一九九〇年『タイ農村社会論』東京：勁草書房。
木村　礎　一九八〇年『近世の村』（教育社歴史新書105）東京：教育社。
齋藤　仁　一九八九年『農業問題の展開と自治村落』東京：日本経済評論社。
ヒラリー　一九五五年「コミュニティの定義—合意の範囲をめぐって—」（原著 Hillery, G. A. Jr. 1955. "Definition or Community : Areas of agreement" *Rural Sociology*. 20.）鈴木広（編）一九七八『都市化の社会学』（増補版）東京：誠信書房：三〇三—三二一ページ。
髙橋昭雄　一九九二年『ビルマ・デルタの米作村—「社会主義」体制下の農村経済—』東京：アジア経済研究所。
髙橋昭雄　一九九三年「上ビルマ・チャウセー地方の河川灌漑と農業」『アジア経済』三四（一二）：三三—六四ページ。
髙橋昭雄　二〇〇〇年『現代ミャンマーの農村経済—移行経済下の農民と非農民—』東京：東京大学出版会。
髙橋昭雄　二〇一二年『ミャンマーの国と民—日緬比較村落社会論の試み—』東京：明石書店。
髙橋昭雄　二〇一五年「比較の中のミャンマー村落社会論——日本、タイ、そしてミャンマー」『東南アジア歴史と文化（東南アジア学会誌）』四四：五—二六ページ。
テンニエス　一九五七年『ゲマインシャフトとゲゼルシャフト：純粋社会学の基本概念（上・下）』（杉之原寿一訳）岩波書店（原著 Ferdinand Tönnies. 1887. *Gemeinschaft und Gesellschaft. Grundbegriffe der reinen Soziologie*. Leipzig: Fues.）
長島武敏　一九九七年「大塚久雄の共同体論」岩本由輝・國方敬司（編）『家と共同体—日欧比較の視点から』東京：法政大学出版会　六〇—九五ページ。
広井良典　二〇〇九年『コミュニティを問いなおす—つながり・都市・日本社会の未来—』東京：筑摩書房。
福武　直　一九五六年「現代日本における村落共同体の存在形態」村落社会研究会（編）『村落共同体の構造分析』東京：時潮社　一—二〇ページ。
福武　直　一九七八年『日本の農村』（第二版）東京：東京大学出版会。
マッキーバー　一九七五年『コミュニティ— 社会学的研究：社会生活の性質と基本法則に関する一試論—』（中久郎、松本通晴監訳）京都：ミネルヴァ書房。（原著　MacIver, R. M. 1928. *Community: a sociological study : being an attempt to set out the nature and fundamental laws of social life*. London : Macmillan.）
間庭充幸　一九七八年『共同態の社会学』京都：世界思想社。
古島敏雄　一九六三年『共同体の研究』（古島敏雄著作集第七巻）東京：三陽社。
水野浩一　一九八一年『タイ農村の社会組織』東京：弘文堂。
MacIver R.M. and C. H. Page. 1950. *Society: an itroductory analysis*. London : Macmillan.

写真　伝統的生業の水がめ

写真　テイラワ経済特区（タニィン地区）（第Ⅴ部第３章参照）

第Ⅵ部
日本外交官の見たミャンマー

在ミャンマー日本国大使館（ヤンゴン）遠景
（藤村瞳氏撮影）

第1章
鎖国から開国へ

田島高志

1　現政権の善意と使命感

ここに見てきたように、ミャンマーの民主化の問題は、決して単純なものではない。

まず、軍事政権側は、善意と使命感を持って政治を行なおうとしているが、それが十分に民衆に伝わっているとは言えない。そのようでは、安定した政治状況を維持することは困難であろう。したがって、軍事政権の目標について幅広い国民から真の理解と支持を得るように、政府側は民衆に対する説得と意見交換を十分に効果的に行なうよう努力すべきだと思う。

他方、NLD側は、理想に走りすぎており、政府との対決により一挙に改革を行なおうと考えているように見える。それは、革命を起こそうというに等しく、軍事政権を相手に行なう民主化運動としては、過激で非現実的なアプローチであろう。

政府側と反政府側の双方が、お互いに頑固であり、柔軟な政治的発想に欠けている点が残念である。軍人は善意と愛国心から出発しているのかもしれないが、民衆のなかには、軍に力で押しつけられていると感じているものも多い。政府がそのような国民の率直な感じをくみとらなければ、政治と社会の真の安定は確保されないであろう。国民が落ち着いた気分で生活の安定と将来への希望を感じる政治を行なうことが肝要と思われる。

また、欧米諸国は、ミャンマーの実情や政府側の真の意図を理解することなく、民主化が遅れ人権状況が完全でないことのみに関心を向け過ぎている。ミャンマーの実情に照らし、どのような政治的、経済的、精神的援助を行なえば、国民の福利の向上に役立つのか、民主化を前進させるために真に効果があるのか、という方策を探る努力がさらに必要である。

非難し、攻撃を行ない、圧力を加えることだけでは、ミャンマーの状況は改善できない。むしろ軍事政権を反発させ、ますますかたくなにさせ、自己の殻に閉じこもらせる逆効果しか生まない。いまミャンマーは、長年の閉鎖社会から抜け出して、何とか一人前の国家になろうと、経験不足のなかを悩みながら、産みの苦しみを続けているのである。国際社会は、もう少し心の通った真の援助の仕方を考えて、この潜在力に富んだ豊かな国と心のきれいな国民を引っ張りあげるように、友人として行動すべきだと思う。

軍事政権は、団結心が強いので、外向けには内部が一致しているように見えるが、実際には、内部にいろいろな考え方が当然あるはずである。したがって、軍事政権が努力して改善の方向に向けた措置をとった場合には、それを大いに評価し、その後ますます同様の方向に向けた措置を取り続けるようにエンカレッジすべきなのである。

その観点から、スー・チー女史が解放された際、国際社会はもっとそれを評価し、それに対する褒章を与えるべきであった。それなのに、女史が「自分が解放されただけで、何の変化もない」と発言したことをそのまま受けて、一時的な評価に終わらせたことは、国際社会の大きな誤りであったと思う。せっかくよい方向へ向かいはじめたのに、それを引き上げようとせず、反対側へ追い込んでしまったように思われる。政権内部で、女史の解放を主張した改革派の面子をつぶし、その立場を弱めてしまったのではないか。

学校でも、もし問題視されている生徒が善行を行ない、素直な心を見せたときには、すかさずそれをオーバーなくらいに褒めたたえれば、その生徒は自信をつけ、さらに善行を続けるインセンティブを与えられることになると思う。それを反対に、そんな行為は大した価値はない、もっと大きな善行をやってみせろと言われたとしたら、その生徒はかえって反発し、周囲の声には耳を貸さなくなるのではなかろうか。

2 閉鎖社会から国際社会へ

ミャンマーの人びとは、軍人を含めて大変真面目で、純粋で、善意の心を持っている。しかし、彼らは三〇年も閉鎖社会に生きてきて、他国の実情について直接肌で感じた経験や理解に乏しく、国際社会にうといのである。

したがって、国際社会は彼らに善意をもって接触しようとしているのだということを理解させることから出発しなければならない。彼らが人権を侵害しているとか、政権を維持するために権力にしがみついているという認識だけでは、この国を救うことはできないであろう。

スー・チー女史についても同じである。彼女は聡明であり、情熱に満ちているが、その政治手法は老練ではない。欧米流の理念が先に立ち、ミャンマー社会に通ずる婉曲な手法を知らないように見える。彼女を助ける十分なブレーンがいないのは残念なことである。

何人かのミャンマーの閣僚が、スー・チー女史を評して次のように言った。彼女は、ネー・ウィン時代に年に一度くらい短期間帰国するだけであり、政治や民主化の問題に触れたことは一度もなかった。八八年に母親の病気見舞いに帰国した際、たまたま民主化運動に遭遇し、反政府派にかつがれて政治に入った。マンデラは、夫人とともに長年一貫して政治運動をしてきた。アキノは、政治家の夫が殺されたので、夫に代わって政治を行なった。したがってスー・チーはマンデラともアキノとも異なる。スー・チーの夫は英国人であり、彼女も夫も学者として長年外国で生活をしてきた。ミャンマーの政治を理解していない。本来、学問や文化の面でミャンマー社会に大きく貢献できたと思うのに、残念である。これが、現政権側の彼女に対する見方のようである。

九五年一一月、NLDは国民会議から脱退した。しかし、私の見方としては、NLDは国民会議にとどまり、完全に民主的ではない新憲法ではあってもその制定に参加し、新憲法の下で総選挙が行われた暁に政権をとり、そのうえで民主化をさらに進めるべく行動するという、長期的な戦略を考えるべきではなかったかと思われる。

軍事政権を圧力と非難だけで倒し、革命的に民主政権を樹立するという考え方は、現実的とは思えない。しかし、スー・チー女史は、それを追い求めているように見えるし、そのために諸外国が軍事政権に対する経済援助を止め、民間企業の投資も抑え、制裁を加えることを願望しているように見える。それでは、単に経済発展を遅らせ、国内を混乱に陥れ、逆に民主化を遅らせる結果しかもたらさないのではないか。

民主化は、世界の東西どの国の例をとっても一挙には実現していない。近年、東南アジアのほとんどの国が、独裁的な政治の時代を経て、経済の基礎を築いてから、徐々に民主化を実現してきたように、ミャンマーも同じような道を歩むと見るのが、現実的な見方であろうと思う。政治の改革のみを先行させれば、本来の目的である国民の生活水準の向上につながらないことは、最近の世界の歴史がすでに証明しているとおりである。

3　民主化と経済発展の道

ミャンマーが過去数年にあげた経済再建の成果を生かすために、今後政治の安定を維持する最善の方法は、政権側がより柔軟な姿勢を示し、国民各層が協力し団結して国造りを行なう方途を探ることであろう。そのためには、まず、長年敵対していた少数民族グループとの協力と共存の道を求めて、話し合いを続けることである。この面では、現政権はこれまで相当な努力をしてきた。さらにいっそうの努力を続けることを期待したい。

同時に、スー・チー女史およびＮＬＤとも理解と協力の道を探るため、話し合いを行なうことが必要であろう。政治は妥協の芸術であると言われる。将来を見通して柔軟な発想を行なうことが求められる。話し合いの方法は、他の政党やグループを一緒に加えての方法もあるし、公開の方法、秘密の方法、予備的会談、本会談など、当然のことながら多くの方法があり得る。

その話し合いは、忍耐強く、繰り返し何回も行なう必要があろう。すでに相当大きく対立し、相互に強い不信感があることを考えれば、一挙に相互理解と協力関係が可能になることを期待することはできない。時間をかける必要があろう。

最も重要なことは、国内の安定を得ることであり、そのためには国民多数の心からの支持を得る政治運営を行なうことである。それこそ、この軍事政権がミャンマーの歴史に名誉ある記録を残す鍵となるのではなかろうか。

諸外国は、地方の少数民族地域の経済開発のために、経済援助を積極的に行なうべきである。それにより、この国の貧困撲滅を進めることができ、国内の安定と民主化への条件を整えることができよう。そのうえで、諸外国が、善意をもって現政権に対してより民主的な政治を勧め、説得し、協力するならば、ミャンマーは必ずや真の民主化と経済発展の道を歩むようになることは間違いない。

編著者解説

本稿は、田島高志『改訂版　ミャンマーが見えてくる』(有朋書院、二〇〇二年)所収であるが、元来は『ミャンマーが見えてくる』(サイマル出版会、一九九七年)に掲載されていたものである。田島氏はミャンマーにおける民主化と自由化が進展していた一九九三年から一九九五年の間、駐ミャンマー日本国大使として在勤された。同氏がミャンマーを離任されてから間もないころに書かれたと思われるこの一文は、当時の日本外交官の見方を伝えるものとして有益である。なお、本稿転載に関しては、田島高志元大使および有朋書院難波俊樹社長の許可を得たことを付記する。

(阿曽村邦昭)

第2章
キン・ニュン首相失脚
—その背景とミャンマーのゆくえ—

宮本雄二

本稿は、私がミャンマーに在任した2002年8月からの2年間、同国の政治を現場から眺め、読み解くことによって、ミャンマーの民主化の可能性を考察したものである。

1　果たしてミャンマーは変わりうるか

ネー・ウィンの第一次軍事政権は、一九八八年、経済運営と民主化運動への対応に失敗して二六年間の統治を終えた。その後を継いだ第二次軍事政権は、基本的に第一次軍事政権と同じ考え方に立って政権運営を行っていた。それでも第一次軍事政権の失敗に学んだ点はある。第一に国民をコントロールする手法にさらに磨きをかけ、反政権の動きや民主化運動を抑えこむことに一応成功していた。政党としてのNLDも完全に抑え込まれていた。だが、国際社会の支援を得たアウン・サン・スー・チー女史との関係だけは悪戦苦闘を続けていた。第二に、少数民族との関係においてもさらに優勢となっていた。第三に、経済の分野では、何度か試みた経済改革はすべて中途半端であり、経済人に任せ切れず、最後は軍人が口出しをして失敗してきた。それでもミャンマーが崩壊しなかったのは、地下経済を黙認したからである。だがそこは腐敗の温床となっていた。これが第二次軍事政権の統治の基本構造であった。しかし、そこには未来への展望は何もなかった。ただ現状を続けるという惰性しか見えなかった。

かくしてミャンマーは、出口のない袋小路に入っていた。政治的には、国際社会との関係が最大のネックとなっていた。いわゆる民主化を実現しないと国際社会との関係を改善できず、経済も動かない仕組みになってしまっていた。この制約をかいくぐる数少ない手の一つが、ＡＳＥＡＮ、とりわけタイのタクシン首相と組んで、経済だけはとりあえず前進させ、社会の変化を待つというやり方だった。もう一つが、民主化の道を模索し政治的にも現状を打開する道であった。これは二〇〇三年にキン・ニュン首相が完成させた「民主化ロードマップ」であった。だが、キン・ニュンの失脚とともに、これらの可能性も消えた。少なくとも指導部には、自分たちが抱えている問題は理解されているように見受けられた。だが、その解決策が本格的に実施に移され成果を挙げることはなかった。私は、この国がこのような無作為を続ければ、体制はいずれ崩壊すると判断せざるを得なかった。

そうならないためには、全権を掌握する国軍に変革の意思がなければならない。だが軍人の多くは現状に満足する現状維持派に見受けられた。彼らこそが最大の既得権益層だったのだ。地方の軍管区司令官は知事を兼ね、その地域において絶大な権限を持ち、〝封建領主〟の生活を享受していた。しかも彼らにすれば、第二次軍事政権は、第一次軍事政権と比べればよくやっているという自己評価なのだ。それは、あながち間違っているとも言えない。前政権と比較して経済状況が改善されていたことが、二〇〇七年の反政府デモが一九八八年のような大規模なデモに発展しなかった原因の一つであったと分析できる。

私は、もしミャンマーに変化が起こるとすれば、国軍自体が考え方を変えるか、内外の経済の力が国軍の変化を求めるかの二つのシナリオしかないと想定していた（二〇〇六年に米英両国がミャンマー問題を国連安全保障理事会にかけたことが、その後の大きな政治的変化を作りだしたことを考えれば、対外関係、とりわけ米国の動きはやはり大きな影響力を持っていたと判断すべきであろう）。しかし、国軍の現状維持志向に照らし、国軍が全体として変わることができるかどうかについて、私は悲観的な判断であった。ところがミャンマーの知識人たちは、この八方ふさがりの状況の中で、国軍内部から改革の動きが出てくる可能性があると言うのだ。多くの軍人たちがミャンマーの現状に懸念を抱き変革しなければならないという気持ちを抱いていると言うのだ。表からの観察と裏からの観察の違いであり、結局彼らの方が正しかった。

2　軍政の権力構造

軍事政権である以上、軍の序列が物を言う。一九八八年、ネー・ウィンが全ての公職から身を引いたあと、軍序列第一位のソー・マウン大将が後を継いだ。一九九二年ソー・マウンが病気を理由に辞任すると、序列第二位のタン・シュエ大将が「国家法秩序回復委員会」（ＳＬＯＲＣ）の議長（国軍総司令官）に、序列第三位のマウン・エー大将が副議長（陸軍司令官）に、第四位のキン・ニュン中将が第一書記にそれぞれ昇格した。これで第二次軍事政権の基本構造ができ上がった。一九九七年には、政権名を「国家平和開発評議会」（ＳＰＤＣ）と改称した。この間、ネー・ウィンは依然として影響力を保持していたと言われている。だが、二〇〇二年三月ネー・ウィンの娘婿一家が国家反逆罪の廉で逮捕され死刑判決を受けた。これでネー・ウィンの影響力は完全に排除され、同年一二月ネー・ウィンは死去した。名実ともにタン・シュエ時代の到来であった。

二〇〇二年にタン・シュエが上級大将に、マウン・エーが副上級大将に昇格したとき、キン・ニュンも大将に昇進した。この三人より一世代近く若いトゥラ・シュエ・マンも、異例の抜擢で中将から大将に昇進した（彼は二〇〇五年国軍総参謀長に就任し国軍の中枢に座った）。さらに、二〇〇三年二月、空席となっていたＳＰＤＣ第二書記に防空司令官ソー・ウィン中将が就任し、また、同八月、キン・ニュン第一書記の首相就任に伴い、ソー・ウィンが第一書記に昇格し、第二書記にテイン・セイン中将（現大統領）が就任した。こうして、国軍内部における世代交代への準備が整った。

私の在任中は、タン・シュエへの権力集中はほぼ完成していた。彼が軍・政府ともにトップの地位を確保していた。重要な行事の最後にはミャンマーの踊りと歌劇が出てくる。すべて国王の歴史物語であり、国王の事跡が称えられるのだが、その事績たるやタン・シュエがその時点で重視している農業などの重点政策そのものなのだ。やはりタン・シュエは国王なのだなと思わされた。

もっとも、権力相関図が赤裸々に表面に出ないのがミャンマー風というか、タン・シュエ風である。政治権力の〝定理〟とタン・シュエの実際の行動が食い違うように見えるのは彼の性格が大きく影響しているのではないかと思われる。慎重さ、ある意味での優柔不断さが、タン・シュエ時代のミャンマー政治の特徴となった。私が、ミャンマーの情況を八方ふさがりと感じたのも、このタン・シュエの政治スタイルの影響でもあったと言っても良いだろう。。

3 キン・ニュンの首相就任と失脚の背景

二〇〇三年八月、タン・シュエはそれまで兼任していた首相の座をキン・ニュンに譲った。軍のポストは不変だ。これは、規定路線と見るべきで、自らが元首（ＳＰＤＣ議長）の役割に徹し、それ以外はキン・ニュンに担わせるという仕事分担と見受けられた。キン・ニュンは首相就任後直ちに、政策演説を行い、いわゆる「民主化ロードマップ」(1)を発表する。これを手土産に、同年十月、インドネシアでのＡＰＥＣ首脳会議に出席し、また、同年十二月には日本ＡＳＥＡＮ特別首脳会議にも参加するなど、国際的デビューを果たし、国内的にも存在感が増していく。例えば経済問題に関しては、これまでマウン・エーがその最高意思決定機関である産業委員会委員長として大きな影響力を有していた。ところが産業委員会についてもキン・ニュン首相のところで荒ごなしをした上で議案に載せる方法が取られるようになり、マウン・エーの影響力がその分削がれてしまった。この急激なキン・ニュンへの権力の集中がキン・ニュン失脚の背景にあると私は考えている。

キン・ニュンは、一九八三年にネー・ウィンによって国防省情報総局長に抜擢された。ネー・ウィンの腹心として絶大な信頼と格別の愛顧を受けていた。軍情報総局はあらゆる種類の情報を取扱う極めて重要な組織であり、対外関係はもとより、政治・安全保障から経済や文化に至るあらゆる分野について熟知している。軍の〝開明派〟の牙城は、実はキン・ニュンを総師と仰ぐこの情報総局であったのだ。それ故にＡＳＥＡＮとの関係を重視し、ミャンマー経済の発展を考えてスー・チーとの関係を処理しようとし、「民主化ロードマップ」を打ちだすことにしたのだ。

しかし、国軍はタン・シュエとマウン・エーが掌握し、キン・ニュン首相の介入する余地は全くない。国防省の一部局である情報総局以外の組織は、地方軍管区司令官を含め全て軍主流派が掌握している。特にスー・チー問題はタン・シュエの「専管事項」である。また、行政でも軍と対立する。地方政府は軍管区司令官が司っており、中央政府とるとの確執は十分予想された。この辺りの摩擦が、結局キン・ニュンの命取りとなる。

とにかく国家組織としての体をなしていないのである。力関係は軍の序列を見ればわかる。タン・シュエを頂点とする軍内の序列に沿った配置がなされている。ところが政府組織は、そうなっていない。キン・ニュン首相の下に、タン・シュエが国防大臣を担い、国防大臣配下の軍情報総局長をキン・ニュン首相が担うという珍妙な仕組みなのだ。彼らにとって政府とはその程度の存在なのかと思わざるを得ない。この相関図を眺めて分かることは、キン・ニュンの力の源泉は、軍情報総局だけだったということだ。軍情報総局長のポストを手離せば、タン・シュエは国防大臣のポストを譲った可能性がある。それで政府内の「ねじれ」現象は解消されるが、情報は「力」なりと信じるキン・ニュンはそれを手放さなかった。それは、力の源泉をもぎ取られて名目だけの首相に祭り上げられてしまいかねないことを察知したからであろう。このキン・ニュンの情報総局長掌握へのこだわりが彼を追い落とす動きを強めることになってしまった。

4　キン・ニュン首相の解任

二〇〇四年十月十九日、ミャンマー政府は、キン・ニュンが健康上の理由で首相を辞任する旨発表した。私が同年八月末、離任表敬した際のキン・ニュンの元気な姿からは「健康上の理由」はとってつけた感が否めなかった。さすがにそのような理由付けでは通らないことに気がついてか、ミャンマー政府は、同年十月二一日、外務大臣を通じヤンゴンの外交団に対してキン・ニュンが国境地帯で発生した汚職事件の責任を取って首相を辞任したことを伝えた。併せて「民主化ロードマップ」に従って今後も国民会議のプロセスを推進し民主化と少数民族問題の解決に努力を続けると明言した。キン・ニュンの辞任にタイのタクシン首相との緊密な関係が問題視された。ついで、政府は、翌二二日、「国家情報機関法」の撤廃を発表した。これは、情報関係諸機関の中核にある軍情報総局を壊滅させることを意味した。さらに、同月二四日、トゥラ・シュエ・マンは、国営放送を通じ、キン・ニュンが国境地帯の汚職のみならず、不正や賄賂の授受にかかわっていたこと、軍規に基づく命令の拒否やその他の規則違反を行った旨、また、「政府関係者が、収賄や汚職及び職権乱用といった法令違反をしたり、不適切な手段で国民に影響力を行使したり、脅迫をしたりすることがないように、国家情報機関を解散し、国民に対し保護をあたえた」という興味深い説明を行った。それは、一つには、軍情報総局が軍関係者にも影響力を行使できる多くの〝不適切〟な手段を持っていたことを意味した。もう一つは、国家が最も緊迫した時期に、タン・シュエではなくトゥラ・シュエ・マンが登場したことであり、この時点においては次期指導者争いにおいてトゥラ・シュエ・マンが優位にあることを示したと言える。

私は、この背景について仮説を立ててみた。タン・シュエが首相を兼任していた時期は、軍情報総局はタン・シュエを経由しない限り強大な力を持つことはできなかった。しかし、キン・ニュンが首相の座に就くと、もうその必要はない。キン・ニュンが、いろんな分野に直接関与するようになると、事態が一変する。ミャンマーには首相府がないからである。それ故に、あらゆる案件が「首相府」としての軍情報総局と関係してくる。そこに「力」が生まれ、それがキン・ニュンの「影響力」となる。軍の傍流である情報総局がいまや軍の主流を脅かす存在になったのだ。このような事態を看過できず是正措置が取られるべきだとの反発が軍主流から起こり大きなうねりとなってキン・ニュンの更迭に至る。キン・ニュンの能力を高く買っていたはずのタン・シュエが個人的な確執からキン・ニュンを排除したとは考えにくい。むしろ、軍主流の多数がキン・ニュンの更迭をタン・シュエに直訴し認めさせたというのが実態ではないであろうか。軍情報総局長のポストさえ手放せば首相職を続行してよいとするタン・シュエの提案に、キン・ニュンが部下を捨ててまで首相の座に留まることを潔よしとしなかったという巷の噂もある。

以上のように、指導者個々人の思惑と時代の流れが交錯する中で、ミャンマーの現実が形づくられている実態が見えてくる。全体の戦略を描き、そのための具体的プログラムを準備し、粛々と進めていく指導者の姿が見えてこないのは、日本とよく似たミャンマー社会が持つ「状況対応型」という特質の故であろうか。これが、キン・ニュン失脚後のミャンマーが漂流する最大の原因であった。

あとがき

いかなる国にも開明派ないし改革派および守旧派ないし現状維持派はいる。ミャンマーも同じだ。キン・ニュンなどの開明派は、自国経済の立て直しが喫緊の課題だと考えていた。本来、豊かであるべきミャンマーが、世界最貧国(LLDC)に認定されるまでに貧困化した。少数民族と反乱軍の問題が軍備の増強を迫り、経済再建の能力を著しく制約している。世界経済の中でミャンマー経済を発展させるためには、対外開放を進め外国資本と技術を導入することが不可避である。そのためには投資環境を整備する必要があり、経済改革は避けて通れない。それには国際社会との協調は不可欠である—これらが開明派の経済ロジックであった。JICAによる「ミャンマー国経済構造調整支援調査」に協力的であったことも、そのことを示している。幸いなことにこの調査報告書は、現在に至りミャンマーの経済改革に活用されている。国内の安定のためには、スー・チー＝NLD問題を解決する必要がある。それは国際社会と和解をし、経済を発展させるためにも不可欠だった。それ故にASEAN諸国のアドバイスを得ながら、「民主化ロードマップ」の作成に熱心であった。また、統一と安定という至上課題のために少数民族との和平合意を急いだ。

にもかかわらず、既得権益層でもある国軍の現状維持派には、切迫感は感じられなかった。しかし新たな動きは常に少数の〝開明派〟が作り出すものだ。それ故、私もキン・ニュンに期待をかけた。だがキン・ニュンは急ぎ過ぎて失敗してしまった。だがキン・ニュン失脚後も「民主化ロードマップ」のプロセスは続き、二〇一一年三月新しいミャンマー政府成立したことにより、それは完成した。大統領に就任したのは野心家のトゥラ・シュエ・マンではなく人望の厚いテイン・セインであった。タン・シュエと軍の多数が彼を支持したからであろう。テイン・セインは、〝若い世代の方が新しいものに対する理解は速いし、改革の必要性も容易に理解する〟し、〝指導者として国際社会にさらされれば、急速に理解を深めるだろう〟という私の期待に応え、〝開明派〟になっていたのだ。経済改革もテイン・セインはやり始めた。そして新しい政策に賛同する軍関係者が結構いることが分かってきた。私のミャンマー時代に、変革を求める軍人は少なくないと言っていた友人たちの判断は正しかったのだ。現在、ミャンマー自身が外部の力を使ってミャンマー経済を変え始めている。スー・チー女史には、ミャンマーの現実を踏まえ、国軍を関与させながら国軍を変革させ、ミャンマーに民主主義を根付かせてもらいたいと心から思う。

注

（1）（一）国民会議の開催、（二）真の規律ある民主主義体制に向けた必要なプロセスの段階的な実施、（三）国民会議の提示する基本原則および詳細な基礎的原則に従った新憲法の起草、（四）国民投票による憲法の承認、（五）新憲法に則る議会のための自由且つ公正な選挙実施、（六）国民議会の開催、（七）近代的で発展した民主的国家の建設

編著者注

（1）本稿は、拙著『激変―ミャンマーを読み解く―』（東京書籍、二〇一二年）の第六章、「〝開明派〟キン・ニュン首相の登場と失脚、それに続く混迷」（一八六―二二三頁）を東京書籍の了承を得て、著者自身が改稿したものである（奥平龍二）。

（2）「キン・ニュン首相の突然の失脚については、梁、ビンガム、ディヴィス編著、阿曽村邦昭訳・注『メコン地域開発論』（古今書院、二〇一二年）三三六―三三七ページの訳注13にも記述されている。なお、二〇一二年までのミャンマー情勢に関しては、同書二五三―二六三ページの「補論・最近のミャンマー情勢」参照。

第3章
アウンサンスーチーさん、待ちぼうけ

赤阪清隆

二〇一五年十一月にミャンマーで行われた総選挙の結果、アウンサンスーチー党首が率いる野党NLD（国民民主連盟）が上下院の過半数の議席を獲得して圧勝した。この結果、彼女が主導する政権が二〇一六年春にも発足する運びとなった。

約二〇年前のことであるが、この稀代の指導者アウンサンスーチーさんに、こともあろうに待ちぼうけを食わせた日本の御仁がいた。中嶋宏WHO（世界保健機関）事務局長がその人である。いや、その責任は、彼ではなく、彼の補佐官だった私が負わねばならない。話は、一九九六年春にさかのぼる。

一九九〇年の総選挙では、彼女が率いる国民民主連盟（NLD）が大勝したにもかかわらず、軍事政権側は、権力の移譲を拒否し軍政を敷き続けた。この軍事政権に真っ向から立ち向かった彼女は自宅軟禁され、一九九一年に受賞のノーベル平和賞授賞式にも出席できなかったが、一九九五年七月にいったん自宅軟禁から開放された。

当時、ジュネーブに本部を置くWHOでは、ポリオを二〇〇〇年までに撲滅しようと世界中でキャンペーンを展開していた。その一環としてミャンマー軍事政権も、WHOやユニセフなどの協力を得て、一九九六年二月にミャンマー全土でポリオ・ワクチンの一斉投与キャンペーンを挙行することを決定し、WHOの中嶋事務局長にこれに合わせて同国を公式訪問するよう招待状を送った。同事務局長はこれを大張り切りで承諾したが、WHO幹部の間では、世界の非難を浴びている軍事政権の下へはせ参じることに懸念を表明する声もあった。

案の上、ミャンマーに向けてジュネーブを出発する日の数日前になって、ニューヨーク国連本部のブトロス・ガリ事務総長から中嶋事務局長に対して、ミャンマーを訪問するからには、軍事政権の指導者だけでなく、アウンサンスーチー女史にも会うべしとの指示が来た。圧制を続ける軍事政権に対して、国連としては、民主化と人権擁護の旗振り役としての立場から、彼女への敬意を示すことによって国連としての立ち位置をミャンマー内外に示すとの趣旨からであった。また、アウンサンスーチーさんは当時しばしの行動の自由を許されていたから、国連本部は、物理的にも彼女に会えないことは無いはずだと判断した模様であった。

しかし、中嶋事務局長は、このニューヨークからの指示にいたく困惑し、不満を隠さなかった。ミャンマーの軍事政権の招待で同国を公式に訪問する以上、反政府運動の代表に会ってその政権首脳を怒らせることはしたくないという気持ちが強く働いた。当時の状況からして、アウンサンスーチーさんに会わせてくれと軍事政権側に頼んでも断られることは火を見るよりも明らかであった。断られるだけでなく、今回の公式訪問を台無しにし、同政権とＷＨＯとの協力関係を決定的に悪くする危険すらあった。その結果、ポリオ撲滅キャンペーンにも支障が出るかもしれなかった。

しかし、民主化運動の指導者たるアウンサンスーチーさんと会えというのは、国連事務総長からの指示である。これを無視した暁には、そのあとＷＨＯが国連本部からどのような処分を受けるか心配である。軍事政権に媚を売ったと国連グループ内で冷たい目で見られるかもしれない。また、中嶋事務局長に批判的な欧米のメディアに知れたら、どんな非難記事を浴びせられるか分かったものではない。

このような懸念が必ずしも過大すぎるものでなかったことは、それから一〇年以上たった二〇〇九年のバン国連事務総長のミャンマー訪問の結果を見れば、よく理解できるだろう。十分な準備もなくミャンマーを訪問したバン事務総長は、時の軍事政権の指導者タン・シュエとの会談で、当時再び軟禁状態にあり、突然自宅に飛び込んだアメリカ人と接触したかどで裁判にかけられることを目前にしていたアウンサンスーチーさんと会わせてくれと、拝まんばかりに懇願した。しかし、裁判が近いということもあってかその願いは拒否され、結局彼女に会えないままニューヨークに戻ったバン事務総長は、文字通り世界中のマスコミから袋叩きにあった。国連にとってアウンサンスーチーさんは、軍事政権に勇敢に立ち向かう民主化運動のリーダーであり、その人物に会うこともできない国連事務総長は腰抜けと批判されたのである。

話を一九九六年に戻そう。中嶋事務局長は、このようにアウンサンスーチーさんとの会見を巡って、ミャンマーの軍事政権とニューヨークの国連本部との間に、あちらを立てればこちらが立たず、こちらを立てればあちらが立たず、という進退窮まる難しい立場に置かれてしまった。

しかし、中嶋事務局長の図太いところは、WHOの目的は世界のすべての人の健康の確保なのだから、その目的のためには、相手が軍事政権であれ、独裁政権であれ、必要な相手と手を握ることになんら躊躇しないことであった。一九九五年、ザイールのキクウイット村を襲ったエボラ熱の制圧の際には、首都キンシャサから直線距離で計って一二〇〇キロも先にいた独裁者モブツ大統領に小型飛行機をチャーターして会いにゆき、延々二二時間も待たされたあとで大統領との会見にこぎつけた。

それでも今回の場合、ミャンマー軍事政権の意向を斟酌することは、国連本部からの指示に従わないことを意味した。WHOの国連専門機関としての立場とその将来を考えれば、これは相当危険な行動であった。それでなくとも日頃、中嶋WHOに批判的な欧米諸国のメデイアの出方を考えると、むしろ一時的に軍事政権を敵に回してもアウンサンスーチーさんと会ったほうがメリットが大きいと考えることもできた。

私は、当時外務省からWHOに出向して政務担当の顧問をしていた。欧米諸国からの厳しい批判にさらされていた中嶋事務局長のお守り役であった。アウンサンスーチーさんに会うのかどうかについて結論を出さないまま、中嶋事務局長はミャンマーに向けてジュネーブを発った。それに同行した私は、機中、高校の教師だった父親の教頭時代の話を思い出していた。

私の父は、教頭を務める大阪の高校の卒業式に日の丸を立てる、立てないの論争で学校側と一部教師側との間で激しい対立が続く中、卒業式の当日、日の丸の旗竿を両手でささげ持ちつつ、高校の玄関先の溝をまたいで仁王立ちを続けた。日の丸反対派がやってきて、「教頭、日の丸を持って何をしているか」と問えば、旗竿を支える片足は学校の外にあるので問題はないはずだと答え、他方日の丸支持派が問えば、もう一方の片足は学校内にあるのでこれも問題はないはずだと答えて、両者を納得させたという。私は、「そんなふうに、ミャンマー軍事政権とニューヨーク国連本部の双方をうまく納得させることができる妙案は果たしてあるだろうか？」と自問し続けたが、いい案は浮かばなかった。

二月八日、ヤンゴンのホテルに着いた夜、ミャンマーで国連を代表する国連開発計画（ＵＮＤＰ）の常駐調整官も交えて、事務局長の部屋で対応を協議した。私は、国連本部からの指示だということを正直に明らかにして、軍事政権側に協力を求めてはどうかと提案したが、中嶋事務局長は、「そんなことはできない。そんなことをしたら、そんな目的のために来たのかと政権側を怒らせて、今回の訪問を中止して帰ってくれといわれるかもしれない」と、頑として同意しない。

話しは堂々巡りで結論が出ないまま、深夜になった。ＵＮＤＰの常駐調整官は既に立ち去って、私と事務局長のさしの話し合いとなったが、ふたりともワインで酔いがまわってきたせいか、だんだんと険悪な雰囲気になってきた。私も、民主主義を踏みにじる軍事政権の横暴は断じて認めないという国連やＷＨＯの面目と矜持、ひいては中嶋事務局長を生んだ日本の面目と矜持にもかかわる一大事だと思ったから、アウンサンスーチーさんとの会見をたやすくあきらめるわけにはいかない。

「今回彼女に会わなければ、事務局長は国連だけでなく、世界中から非難の矢面に立ちますよ」と、脅迫じみた言葉も発してみたが、それでも事務局長は応じない。「あなたはどうして私をそんなに苦しめるのですか」と、事務局長の声は、嘆願調になってきた。

「分かりました。それでは、事務局長は何も知らないことにして、すべてを私に任せてください」。最後にこう言ってその晩は別れたが、私には一計を案じる腹づもりがあった。

ミャンマー軍事政権が作った公式日程に従えば、翌九日は、ヤンゴンでのポリオ撲滅のためのキャンペーン式典に参加。一〇日は、ヤンゴンから北に約七〇〇キロ離れた古都マンダレーに飛行機で移動。そして、十一日は、ミャンマーが世界に誇る大仏教遺跡のあるパガンを訪問。十二日朝にパガンを発って国内便でヤンゴン空港に午前九時五〇分に戻る。同空港まで戻れば、それでミャンマー訪問の公式日程はすべて終わりだが、それから十二時三〇分発のシンガポールへ向かう国際線ミャンマー航空（ＵＢ）２３１便に乗り換えるまでに、二時間四〇分の待ち時間がある。その時間を使えば、公式日程の枠外で事務局長とアウンサンスーチーさんとの会談を実現できるのではないか。

そう考えた私は、早速行動に移すことにした。しかし、これはミャンマー軍事政権側に知られないよう極秘裏に進めなければならない。政権側にさとられれば、計画は絶対つぶされる。盗聴されているだろうからホテルの部屋の電話は使えない。「そうだ、公衆電話を使えばいい」──こう考えた私は、マンダレーのホテルに着いてから、周りに誰もいないことを確かめつつ、ホテルの廊下にあった公衆電話を使ってＵＮＤＰの常駐調整官と連絡を取り、十二日の朝一〇時三〇分にアウンサンスーチーさんにヤンゴンのＷＨＯ事務所に来てもらって、中嶋事務局長を待ってもらう手はずを整えた。

それから後はできるだけ知らん振りをして、その日を待つだけであった。次から次と寺院や遺跡を訪問する日程が組まれていた。サマーセット・モームも訪れたマンダレーの広大な景色もすばらしかったが、パガンでは、整然と並ぶ何千ものソツーパ（仏塔）が作り出す荘厳な美に心底圧倒される思いであった。ひと時、アウンサンスーチーさんのことは忘れた。

そして、いよいよ十二日朝が来た。中嶋事務局長一行は、パガンの空港のＶＩＰ待合室に午前七時すぎに到着し、午前七時五五分に飛び立つ予定の国内便を待った。午前九時五〇分にヤンゴン到着予定だから、約二時間の飛行である。ミャンマー側は、多くの関係者や軍人、政府関係者がＶＩＰ待合室に集まった。にこやかに、我々一行全員には羽織のような赤い色の着物がお土産として配られた。軽口が飛び交う。そこにいる人たちの間で、ヤンゴンに着いたらＷＨＯの事務所で中嶋事務局長がアウンサンスーチーさんと密かに会う手はずになっていることを知るものは、同事務局長と私しかいない。

「さあ、これからが勝負だ」と私は意気込んだが、どういうわけか七時三〇分を過ぎても飛行機の姿が待合室の前に広がる空港敷地に現れない。広々とした空港は果てしなく空っぽのままである。そして、出発予定の時間が来たが、我々の飛行機はまだ来ない。「遅れるのかな」と思って私は待合室から外に出て空を仰いだが、飛行機の姿はどこにも見当たらない。「遅れるのですか」と近くの軍人に聞いてみたが、返事がない。少々焦る気持ちを抑えつつ、待合室に戻って飛行機が来るのを待った。

ようやく飛行機が来てパガンを飛び立ったとき、時間は午前九時近くになっていた。機内では、私は窓側に座った。ヤンゴンの街を一刻も早く白い雲の波の間から見たかった。いつヤンゴンに着けるかと心配で自分の腕時計をにらみ続けながら、「一〇時三〇分に着けば間に合う、いや、十一時に着いてもまだ何とかなるだろう」と、自分に言い聞かせ続けた。

そのころ、首都ヤンゴンでは、午前一〇時三〇分きっかりに、ＷＨＯ事務所にアウンサンスーチーさんが到着し、中嶋事務局長一行の現れるのをＷＨＯ関係者と一緒に待っていた。

我々の飛行機は、予定の到着時間よりも約一時間一〇分遅れて、午前十一時にやっとヤンゴン空港に着いた。シンガポールへ向かう便まで残る待ち時間は一時間半となったが、空港からＷＨＯ事務所までは、車で急げば二、三〇分である。ちょっとの間だけなら中嶋事務局長がアウンサンスーチーさんに会うことが出来るはずであった。空港到着ロビーで自分の荷物の確認を急ごうとしていた中嶋事務局長に私は、「何をしているんですか。荷物なんか後でもいいではないですか」と大声で叫んで、空港を一緒に出ようとしたら、ミャンマーの政府関係者が我々の前に立ちふさがって、「空港を出るのはだめです、次の飛行便に間に合わなくなる」と我々を止めた。

「いや、ＷＨＯの事務所にちょっとだけ立ち寄るためです」と私は答えて先を急ごうとしたが、今度は多くのミャンマー関係者が出てきて我々を囲んでブロックした。私は、ええい、仕方がない、ことここに至った以上ミャンマー側にこれまでの計画をばらして、お情けを受けてでもＷＨＯ事務所に急ぐのを許してもらうしかないと観念した。「実は今この時間に、アウンサンスーチーさんがＷＨＯ事務所で中嶋事務局長を待っているのだ。公式日程はすでに終わっている。五分だけでもいいから会わせて欲しい」と、政府幹部と思しき人物に慌てて舌をかみそうになりながら頼んだ。

「その時間はない」と、にべも無い返事が返ってきた。その政府役人は若かったが、頑としてこちらの言うことには応じないという冷たい態度をしていた。「それじゃ、空港から電話をさせてくれ。中嶋事務局長が彼女と電話で話す」と応じたが、「だめだ、電話をするなら、シンガポールからやれ」と言う。押し問答を続けたが、ミャンマー側は「だめだ」の一点張り。

空港に着くまで穏やかで何の変哲もなく見えた彼らの顔つきが、今はみな軍人の顔に変貌していた。これがミャンマーの軍事政権の本当の姿なのだと、改めて思い知らされた。そうか、君たちは、すべて知っていたのか。飛行機の到着も故意に遅らせたのか。

私の胸は怒りではち裂けそうであったが、結局、あきらめざるを得なかった。そして、中嶋事務局長は、シンガポールに着いてからアウンサンスーチーさんに電話をかけ、待ちぼうけを食わせたことを深く謝るとともに、ミャンマーの保健状況の一層の改善と彼女の活躍を期待している旨を伝えた。彼女は、事情をよく察して、不満めいたことは一言も言わず、ＷＨＯの一層の発展を願っていると応えた。

ジュネーブに戻ってから、私はニューヨークの国連本部に簡潔に報告書を書いた。中嶋事務局長は、ヤンゴンでアウンサンスーチーさんと会見する段取りをつけ、彼女には当日ＷＨＯ事務所で待ってもらったにもかかわらず、飛行便が予定よりも遅れたために、残念ではあったが会うことが出来なかった、しかし、シンガポールについてから彼女と電話で話すことが出来た、と。これに対して、国連本部からは何の音沙汰も無かった。一件落着であった。

他方、ミャンマーの軍事政権側も、その後この件をまったく問題にすることは無かった。それもそのはず、中嶋事務局長はミャンマー訪問中アウンサンスーチーさんのことは一言も触れず、接触することも全く無かったのだから。私は、一所懸命に何とか難問を解決しようともがいているうちに、謀らずして、ニューヨークの国連本部とミャンマーの軍事政権の双方とも納得させるような結論となったことに我ながら驚いた。とたんに、親父の日の丸が目に浮かんだ。

編著者解説

本稿は、元来、社団法人「霞関会」の『霞関会会報』二〇一三年一月号に掲載され、その後、「霞関会」のホームページにも掲載されるにいたったものを、転載につき赤阪清隆氏および「霞関会」の許可を得、冒頭部分を赤阪氏が一部修正の上、本書に転載した。　（阿曽村邦昭）

コラム13　ミャッカラヤ　ミャンマー人から見た日本

青春時代を過ごした日本は、私にとって第二の故郷でもあり、ミャンマーより長く生活をしている。繁忙な毎日を過ごしてきた私は、ここで来日したきっかけ、来日する前とその後、日本に対する印象、日本での生活や経験したこと、感じたことを振り返ってみたいと思う。

私の出身地であるメイッティーラ（Meiktilar）は、第二次世界大戦末期の激戦地であったため、家の近くに建立されているナガヨン・パゴダで日本人の退役軍人や遺族らによる慰霊祭が毎年行われてきた。私も機会があればそれに参加するようにしていた。そのため、私に戦友会の知人が多い。子供ながら日本人の愛国心の強さ、亡き戦友を思う気持ち、戦争の悲惨さや平和の大切さ等が強く印象に残った。いつか日本に行き、日本の文化や様々な体験をしたいと思うようになり、高校を卒業後、日本へ留学することを決心した。

最初の一年間は、料亭や居酒屋を営んでいる身元保証人の所でホームスティーしながら、日本語学校へ通った。そこで、日本人の酒と組織コミュニケーション「飲みニケーション」文化についてふれることができた。酒にはストレスや緊張を和らげ、場を和ませ、本音を出しやすくし、その場にいる相手との距離を縮めコミュニケーションを円滑にする力があると言われている。職場のコミュニケーションをよくするためには普段の会話が大切であるが、緊張感や声のかけづらさ等で最初は難しいと思われる。様々な場面で会話を重ね、分かり合うことで、よりよい関係が増幅されるため、アフターファイブの飲みニケーションが大事であると、ホームスティー先で教わった。

しかし、近年の高度情報化とグローバル化により、仕事の質・量の変化、仕事の高密度化、競争の激化等で職場環境は変化し、飲み会も減ってきたようである。また電子メールの発達により会話が減少し、職場の人間関係や付き合いが希薄化している。そのため、「社内うつが起きやすい職場」や「インターネットを通じた集団自殺」も増加しているようである。警察庁生活安全局より報告された統計によれば、二〇一三年の自殺者総数は二万七二八三人であった。自殺者総数は四年連続で減少しているが、それでも、自殺死亡率は依然として高い。自殺の背景としては、経済問題、生活問題、家庭問題、健康問題等の様々な要因が重なり合い、複雑な心理的過程があると考えられるが、日本人の宗教的帰属意識の欠如も一つの理由として考えられる。日本では、季節や一生の折り目における宗教的儀式の中には国民的行事といえるものが存在し、日本人は八百万の神と仏様とキリストと精霊を信仰する珍しい民族とよく言われているわりには、自殺予防活動において宗教の役割が薄い。

一方、情報通信技術の発展に伴い、バーチャル界で楽しんでいる若者は急増している。その代表的な例として、音声合成ソフトの仮想アイドルの「初音ミク」を挙げることができる。「初音ミク」というアイドルのライブイベントでは動員数が一万人を超え、若者間で人気急上昇である。ステージで歌い踊るのは、生身の人間ではなく、特殊な透明スクリーンボード上に映像として現れ、イベントが終われば消える「バーチャルアイドル」である。リアルとバーチャルの融合を楽むことは日本の新しい文化であるということができる。

来日したばかりの頃、感心した「治安の良さ、生活便利さ、公共交通機関の正確さ、日本人の真面目さ、礼儀正しさ、日本の清潔さ、お手洗いのハイテク等」はもう慣れた。しかし、未だに感銘を受けているのが、「サービス」の進化である。それは、「お客様は神様」という日本独特の教育かも知れない。サービスについてはこんなこともあった。一昨年、ミャンマーから来日した母親と戦友会の遺族に会うため新潟に行ったときのことである。先方に「今から新幹線に乗ります」と連絡をしている最中に電話がつながらなくなった。そのため、新潟駅で下車すればいいと思っていた。しかし、しばらくすると、「ミャンマーからお越しのミャッカラヤ様、お降りになる駅は新潟駅ではなく、燕三条駅でございます」と、車内放送が流れた。それには母も私もとても感動したことを未だに覚えている。

高速道路のサービスエリア・パーキングエリアのサービスの進化も驚きの連続である。パーキングエリアはもはや単に休憩する場所ではない。テーマパークであり、ショッピングモールでもある。お手洗いのクオリティーも素晴らしい。

ところで、日本語の中で好きな言葉がいくつかあり、その中で最も好きな言葉が、「思いやり」である。その、思いやりの気持ちがサービス向上、技術発展にもつながると思う。

現在、急速な経済発展を見せているミャンマーも伝統的文化を守りつつ、日本の「思いやり」を模範として、持続的な発展・成長をしてほしいと切に強く願う。

ヤンゴン市内にある金融センター

コラム14　根本　敬　ミャンマー人の対日観

よくミャンマーの人々は親日だと言われる。「なぜあんなに親日なのでしょう」という質問を受けることすらある。しかし、彼らは本当に親日なのだろうか。

通常、ある国民がほかの国民を丸ごと「好き」になったり「嫌い」になったりすることは稀である。日本人の対米観を考えてみればよい。国家としての日本は対米関係を最も重視する「親米」国だが、それでも貿易交渉やアジア・太平洋戦争の評価をめぐる歴史認識問題に関しては対立することもあり、親米一色とはいえない。国民の対米観はなおさらである。世論調査で量的な傾向をつかめば「親米」の日本人が多いだろうが、反米を主張する人も必ずいるし、何よりも一人の人間の中に「親米」と「反米」が複雑に同居している場合が最も多いように思われる。

ミャンマーの場合、戦後の日本が平和国家を貫き、目覚ましい経済発展を実現させたことから、国民の対日イメージはけっして悪くない。しかし、アジア・太平洋戦争中、日本軍が英領植民地だったこの国を三年半にわたって占領し、その間に中途半端な「独立」しか与えず、最後には組織的な武力闘争が日本軍に対して展開された事実を、ミャンマーの人々は学校教育を通じて学んでいる。日本では教育の現場で語られることのないこの史実が、ミャンマーでは「独立の父」アウンサン将軍の偉業と結び付けられ教えられているのである。

幸い、独立後のミャンマー国家が日本軍占領期を歴史的過去として認識し、現実の対日関係と分けて国民に教育してきたため、戦後の日本人はミャンマー人の敵意にさらされることはなかった。また、国民の九割を占める上座仏教徒が「辛い過去を忘れる」ことによって「かつての敵を赦す」という姿勢を持って生きてきたことも、結果的に日本や日本人への憎しみを生みにくくさせたといえる。けれども、ミャンマーの人々の心には「平和国家」「経済大国」という日本に対する正のイメージと共に、「苦しみを与えた占領者」という負のイメージも併存していることを忘れてはならない。

日本では激戦が展開されたビルマ戦線に兵隊や下士官として行かされた元軍人たちが記す戦記物の中に、ミャンマー人の親日性に触れた記述が登場する。ミャンマーへ遺骨収集に行く日本人の中にも、苦しい戦線で自分たちを助けてくれたミャンマーの村人への感謝の気持ちを抱く人を見かける。恩返しとしてミャンマー人留学生に奨学金を無償付与している元軍人もいる。しかし、ミャンマーの人々が戦時中の日本軍将兵に同情的だったという見方は、バランス感覚を持って受け止めるべきである。というのは、彼らが戦時中、英国人に対しても同様にやさしかったという事実が英側の公式記録に残されているからである。それは日本軍がミャンマーを占領中の一九四三年十一月に、英領ビルマ総督ドーマン＝スミスがまとめた「ビルマ作戦報告書(一九四一―四二)」(*Report on the Burma Campaign 1941-1942*, 10th November 1943, British Library IOR M/8/15)という分厚い秘密報告書の中に登場する。

ここでいう「ビルマ作戦」とは、英軍がミャンマーに侵入した日本軍に敗北を喫した初期のビルマ防衛戦のことを指す。わずか半年のあいだにビルマを占領され、英軍部隊と英人行政官およびその家族らは、険しい山々やジャングルを徒歩で乗り越え、西隣の英領インドに避難せざるを得なかった。パニック状態にあったなか、多くの英人はミャンマーでの反英独立運動の強さを知っていたため、彼らから「仕返し」をされるのではないかと恐れた。しかし、西北インドのシムラに避難を終えたあとに総督が実施した調査によると、ミャンマーからの避難中、誰ひとりそのような目に遭った英人はおらず、逆にさまざまに助けてもらったエピソードがたくさん集まった。総督はこれに感激し、「ミャンマーの人々は英国を嫌っておらず、我々の帰還を待ち望んでいる」と報告書の中で記している。

こうなると、ミャンマー人は戦時中、日本人にも英国人にも親切だったということになる。共通点はそのような「語り」が、いずれも日英それぞれの敗戦状況下で生まれていることにある。ミャンマー人は「困っている外国人」には共通してやさしく接する特徴があるのだろうか。そのような見方をけっして否定はしないが、戦後の日英両国に対するミャンマー人の好意的対応と結び付けることには次に示す留意が必要である。

英国も日本もミャンマーから離れた遠い国である。戦後、日英ともにミャンマーを去り、その後は地理的距離の遠さから、これら二国が再びミャンマーに危害を加える可能性をミャンマーの人々は感じにくくなった。その結果、両国への敵意や憎しみが和らぎやすかったのではないかとみなせる。このことは、ミャンマーと国境を接する中国、インド、タイの人々との関係が独立後一貫して微妙であることを考えるとわかりやすい。地理的にあまりに近い他者とのあいだでは、日常的な接触が多いだけに、大小の亀裂が国民や国家によって感じ取られ、それが蓄積されやすい。ミャンマーから見て、戦後の遠い地理的距離こそが、英国と日本との関係を友好的なものに変容させる好条件として機能したのではないだろうか。

私たちはミャンマー人「親日説」を安易に信じることなく、ここで述べた諸要素を複合的に受け止めながら、実際に出会うミャンマーの人々と対等な関係を築くよう努めたいものである。

コラム15　寺井　融

ミャンマーの展望―日本のマスコミ論調の問題点―

ミャンマーで二〇一五年一一月八日、総選挙が行われた。朝日新聞同月一〇日付朝刊で「スーチー氏、勝利に自信、ミャンマー総選挙、与党大敗認める」と報じている。一面トップ四段抜き見出しではあるものの、日頃の朝日としては、思いなしか扱いは小さい（特に断りがないものは朝日紙面からの引用である）。

ここで、本稿を書き進める上における表記について、基準を明らかにしておく。

まず国名である。本稿では一九八九年のミャンマーへの変更以前はビルマ、それ以降はミャンマーと記す。

次に、名前である。アウン・サン・スー・チー女史が正しいが、短い表記が便利であり、かつ定着もしているので、一般紙と同様にスー・チー女史を使用させていただく。

さて、二〇一五年の総選挙である。朝日では「ミャンマー、民主化の新たな一章」との社説を掲載した（二〇一五年一一月一三日付）。「投開票はおおむね公正に行われた」「政策はほとんど論争にならず、体制選択が争点だった」「日本を含む国際社会は民主化への支援を惜しんではならず、一方で状況を慎重に見守る忍耐が必要となるだろう」とある。

実は一九九〇年の総選挙前の「ミャンマーの民意を尊重せよ」（一九九〇年五月一六日付）から、朝日ほか新聞各紙の社説を注目してきた。五月二七日の選挙で、ＮＬＤは四八五議席中、三分の二以上の議席を獲得した。政権側のＮＵＰ（国民統一党）は一〇議席を占めたに過ぎない。「ミャンマー民主化への一歩」(一九九〇年五月三〇日付)と評価していたが、政権交代が進まなかったため、九月五日付で「ミャンマーの軍政いつまで」と批判している。

その後も朝日は「ミャンマーは民政移管を急げ」(一九九一年六月一一日付)、「軍政権は和解の対話を進めよ」(一九九五年一二月五日付)と提起してきた。

一九九七年のASEAN加盟に関しては「ミャンマー加盟の懸念」(一九九七年六月二日付)を表明し、「ミャンマー、アジアの連携で圧力を」(二〇〇〇年九月二九日付)と呼びかけた。「民主化に向け、対話促せ、ミャンマー軍政」(二〇〇〇年十月二日付)と要求する。そして、「ミャンマー、軍政がアジアを脅かす」(二〇〇九年八月一〇日付)とまで言い切っている。

九〇年総選挙の結果を無視して軍政が続いていたのだから、それら論調を少しは理解する。しかし、その後の〝民政移管〟過程では納得できない社説が多い。

例えば「ミャンマー、民主化の空約束は通じぬ」(二〇〇八年二月二四日付)である。「ミャンマー(ビルマ)の軍事政権が、新憲法を制定したうえで二〇一〇年に総選挙を行うと発表した」が、「その内容や手順にあまりにも問題が多い」と批判し、新憲法法案は「NLDや少数民族の代表を排除したまま起草を進めた」と決めつけている。

起草を担当した国民会議には、軍人、僧侶、九〇年選挙で当選した国会議員、学者文化人の代表など、多彩なメンバーで構成されていた。NLD国会議員も、九二名参加している。ところが、スー・チー女史が本来の獲得議席数に比例していないと同会議をボイコットさせた。〝排除〟ではなく、〝出て行った〟のだ。

政府と停戦合意に至っていなかった少数民族代表は、同会議に参加していない。しかし、少なからぬ民族代表は加わっている。だからこそ自治権問題で「憲法論議」が長引いて行ったとも言える(「意図的に長引かせた」との説もある)。

その〝空約束〟社説では「日本を含め、国際社会や国連はもっと関与を強めていく必要がある」と内政干渉の勧めまで行っている。

そして、前回の二〇一〇年総選挙については「ミャンマー、茶番選挙は許されない」(同年四月四日付)と題し、「ミャンマー(ビルマ)の軍事政権は野党の声に耳を貸さないまま総選挙へ突っ走るつもりらしい。鳩山政権は手をこまねいている時ではない」「岡田克也外相を現地に派遣する。そうした踏み込んだ対応が必要だ」「形ばかりの総選挙ではこの国の民主化は遠のく」と言い募った。

さらに、同選挙の前日（同年一一月六日付）の社説「ミャンマー、不公正きわまる総選挙」では、「そもそも正統性のない選挙である」と断じた。

テイン・セイン大統領が誕生したときも、「国の変化や『民主化』への期待感がまったく伝わらない門出」と付し、「ミャンマー、新政権は民主化へ行動を」（二〇一一年二月八日付）と主張している。

そして「ミャンマーの春、憲法改正で民主化急げ」（二〇一二年一月二三日付）とまで要求した。例えば「ニューヨークタイムズ」に、「日本は憲法改正で軍備強化急げ」と書かれたら、朝日はどう反応するのだろうか。

実は、二〇一〇年総選挙を辛く分析していたのは、朝日だけではない。日経は「ミャンマー総選挙は茶番だが」（「日経」二〇一〇年一一月九日）と疑問を呈し、選挙が終わると「ミャンマー総選挙、筋書き通りのむなしさ」（「日経」同年一一月一三日付）と断じている。読売も「民政移行へ国際監視必要だ」（「読売」同年一一月一三日付）と呼びかけていた。

それが、二〇一五年総選挙では、日経が「歴史的なミャンマー政権交代」（二〇一五年一一月一三日付）と評価し、読売は「ミャンマー選挙、経済発展路線の継承が課題だ」（同年一一月一二日付）となる。

その読売社説では「理解し難いのは、選挙前、スー・チー女史が『我々が勝利すれば、私は大統領よりも上に立つ』と語ったことである。自ら民主化を掲げながら、傀儡政権を作るつもりだろうか」「選挙遊説では、政権構想を語らず、具体的な政策も見えない。政治手腕は疑問視されている」「NLDは国政を担える人材を欠く。政権交代を実現しても、軍やUSDPの協力なしには、早晩、立ち行かなくなるだろう」と厳しく分析し、日経は「官民が連携し、ミャンマーの改革を引き続き後押しすべきだ」と訴えている。同感できる点も多い。

先に戻る。二〇一〇年の「茶番選挙」後、スー・チー女史は〝自宅軟禁〟を解かれた。軍政から民政に替わり、言論や労働組合活動の自由が認められ、経済成長もあった。その上で、二〇一五年総選挙が行われて、政権交代が確実となって行ったのだ。それを忘れてはなるまい。

故・神谷不二元慶大教授は「ミャンマーのニュースとなると大方アウン・サン・スー・チーさんのことばかりだ。しかもほとんどのマスコミはいつもスー・チーと彼女の下に集うＮＬＤ（国民民主連盟）を善玉に描き、彼女の自由を拘束する現軍事政権の担当者ＳＬＯＲＣ（国家法秩序回復評議会）を悪玉として描く。だが、果たして、それだけでいいのだろうか」（産経「正論」一九九六年八月九日付）と疑問を呈していた。正に慧眼である。

ところでなぜ、スー・チーさんが〝善玉〟か。一九八八年の「ヤンゴン騒乱」のとき、母親の看病のため帰国していた彼女が、反体制派の先頭に立つ。それで三回通算一五年余にわたって、〝自宅軟禁〟とされる。彼女の自宅は、東京でいえば田園調布にあたるような高級住宅地に一エーカー（一二二四坪）の敷地に建つ洋館である。お世話をする人もいる。軍の監視付きではあったが、〝自宅軟禁〟というより〝政治活動の制限〟といった表現のほうがふさわしい気もする。

スー・チー女史と同様にノーベル平和賞を受けた中国の劉暁波氏が、受賞当時もいまも刑務所に収監され、外部と接触できない。天安門事件のとき失脚した趙紫陽総書記も〝自宅軟禁〟され、動静が明らかにされずに亡くなられた。ミャンマーにおいても、キン・ニュン首相が二〇〇四年に失脚。二〇一二年一月まで〝自宅軟禁〟されていた。それらも日本のマスコミは、ほとんど報じてこなかった。

軍は〝悪玉〟だという。ただ、独立を成し遂げたのも軍の力だった。独立後に民主政治が行われたが、少数民族軍、共産党軍、国民党残党軍、麻薬栽培の武装集団らが跋扈し、そして経済の実権は印僑、華僑らに握られる。政党間の争いは絶えず、少数民族は自治権を要求し、また、ウー・ヌは一九六〇年の総選挙に勝利するや仏教を国教化し、非仏教徒の反発を買って政治的混乱を招いた。業を煮やしたネー・ウィン将軍が一九六二年、軍事クーデターを起こした。経済は低迷をきわめ、民主主義とはほど遠く、「８８８８事件」へとつながって行く。

インドネシアや韓国は、軍政時代に、いわゆる開発独裁が機能して経済を発展させてきた。ミャンマーの場合、外国から経済制裁を科せられていた事情があったにせよ、充分な経済成長をさせてこなかった。批判されるところである。

それにしても、マスコミの〝ミャンマー叩き〟は異常であった。ミャンマーが民主主義でないと批判する。では、中国、北朝鮮、ベトナムといった共産主義国はどうか。軍政が怪しからんともいうが、お隣のタイで軍がクーデターをしばしば起こしている。二〇一四年にも民主選挙で選ばれたインラック首相を、軍事力で追い落とした。しかし、なぜか、〝批判の声〟があまり伝えられてこない。

ところで、朝日新聞の最近のミャンマー報道はどうか。「軍政ナンバー4で改革は期待できない」と発足時に否定してきたテイン・セイン大統領（二〇一三年一〇月一二日付）や、ミン・アウン・フライン・ミャンマー国軍最高司令官（二〇一五年八月二二日付）へのインタビュ―を一面と国際面に載せたりもしているから、驚く。

では、ミャンマーは今後どうなるのか。

筆者は、基本的に前途を楽観している。なぜなら①ミャンマーの混乱をのぞんでいる外国はいない②国内各政治勢力も実力行使に出ないと思われる③アヘンや通行料といった資金源も枯渇しつつあり、少数民族の反政府武力勢力も支援国がなければ成り立ちにくい④何よりも国民が平和と安定を希求している。

ただし、問題は経済だ。「大統領より権限は自分にある」と宣ったスー・チー女史が、政策遂行をできるのか。かつて「観光客も来るな、投資もするな」と言ってきた彼女が、どれほど経済政策を理解しているのか。

日本の明治新政府は「尊王攘夷」の旗を降ろし、旧幕臣やお雇い外国人の知恵をも吸収して富国強兵に努めた。スー・チー女史が、仮に女西郷だとして、果たして大久保利通はいるのか。もし、経済発展がかなわなかったとしたなら、スー・チー女史への期待が大きかった分だけ、失望のほうも、より大きくなるであろう。

ヤンゴン郊外に行って見ると、農村から流入してきた人たちの簡素な住居、いわゆる掘っ立て小屋が、たくさん並んでいる。市の中心部でも、物乞いの姿が目立つようになってきた。いま、経済格差が確実に拡大しているのである。

〝ASEAN経済共同体〟も発足した。広く公正な徴税システムの確立も急がれている。電力や道路、鉄道輸送などのインフラ整備も必要不可欠である。何よりも英国植民地六〇年、軍政約五〇年、計一一〇年に培った〝指示待ち気質〟を一掃しなければならない。自ら働く意欲の向上が肝要なのである。

中国では、「改革開放」に呼応した華僑がいた。ベトナムには、「ドイモイ」の掛け声に反応した越僑がいる。ミャンマーの在外同胞に、大きな資本を投下できる人はいるのか。

いま、ミャンマーに進出したい、という経営者がよくやってくる。そのとき、「なぜですか」と必ず聞くことにしている。「人件費は安そうですし、今後、発展しそうですから」、とか、また「親日国と聞いたから」というものもある。

かつて「ミャンマーは、台湾やトルコと共に世界三大親日国」と言われてきた。たしかに台湾は一部の例外を除いて段違いに〝親日〟であることは認める。しかし、ミャンマーは、それと同じであろうか。

加えて〝親日、反日〟といった、いわば〝心情〟を、経済活動の基準とすべきではない。

「人や風土が好きだから」とか、「一緒に発展したいから」と言う人となら、一緒に無い知恵でも絞ってみたい。

ひょっとすると、今回のＮＬＤの大勝利は、二〇〇九年の日本の民主党新政権誕生に似ているのかもしれない。

懸案の解決が何も進まず、官僚がサボタージュする、既得権益者が抵抗するといったことも、大いに懸念されるところである。

話は替わる。

二〇一二年、テイン・セイン・ミャンマー大統領来日の一ヶ月前、筆者は産経新聞（二〇一二年三月二一日付）で、「ミャンマー首都に大使館移転を」を提案した。

二〇〇五年に最大都市ヤンゴンから中央部のネーピードーへ首都移転を発表し、翌〇六年三月には実際に移っている。ところが、隣国バングラデシュを除く各国は、大使館をヤンゴンに置いたままである。日本も、新首都のホテルの一室に、現地雇用のミャンマー人駐在員を一人置いているだけで、大使館そのものは、いまだにヤンゴンにある。中央官庁との調整が増えたいま、それでは不便である、と聞いていた。また、日本が友好国の証として、大使館移転を率先することが、政治的に大きな意味がある、と思っていたからである。

日緬首脳会談（二〇一二年四月二一日）で、野田佳彦総

理（当時）から「大使館が首都へ移転する際はよろしくお願いいたします」との要請が行われ、テイン・セイン大統領（当時）からも、「その際は協力いたします」との答えがあったと聞いている。しかし、その日本大使館の移転は実現していない。

さらに、もう一つ。二〇一二年一一月、日本のＯＤＡ（政府開発援助）でヤンゴン郊外のティラワ地区に工業団地が建設されることが、両国の間で調印された。

そのティラワ地区は、早くから工業団地の開発が予定されていたところである。ところがミャンマー政府の財政難もあり、当初の計画がなかなか進まなかった。そこで一度、代替地に移転したはずの農民が、また舞い戻ってきて、無断耕作を続けていたりもする。そこで、日本の特定非営利法人メコン・ウォッチが無断耕作者の支援に乗り出す。「日本のＯＤＡ反対、環境を守れ、農民の生活を守れ」というのが、彼らの主張である。

二〇一二年末、工業団地造成のため、ミャンマー政府が当該農家に「二週間以内の転居」を求めた。メコン・ウォッチは「ＯＤＡ中止要望書」を岸田文雄外務大臣らに出し、ミャンマー国内においても、各方面へ「反対」を働きかけている。

ミャンマーでは、「土地はすべて国有」であり、使用権が取引されているに過ぎない。農村には、その耕作権を持っている農民と、持っていない農民とがいる。当該地の農民は、金額は少なかったかもしれないが、政府から補償金をもらい、代替地にいったん移転した人たちが多い。また、一部には政商が値上げ見込みで、それら農民から耕作権を買い占めている土地もある（「産経」二〇一三年四月六日付）。

いずれにせよ工業団地は、ミャンマー自身の経済発展にとって欠かせないものとなる。それを妨害するとは、何らかの意図があると考えるべきであろう。

メコン・ウォッチは二〇一三年三月二六日、参議院議員会館で「ティラワ開発反対」の集会を開いた。それを、社民党や民主党の一部国会議員が支援している。このプロジェクトのレールを敷いたのは、民主党政権であったことを考えると、民主党議員の反対はおかしいと言わざるを得ない。

一部から反対もされたが、第一期分の造成が順調に進み、二〇一五年九月二四日には、麻生太郎副総理兼財務相出席のもとで、竣工式が行われた。

いまNLD政権誕生に向けて、政策づくりが急ピッチで進められており、党の経済委員会には、優秀なスタッフが集められていると聞く。問題は、その意見をスー・チー女史が採択し、任せることができるのか。二〇〇九年に誕生した日本の民主党政権は、船頭が多くて山に登った感もある。

ミャンマーのNLD新政権の場合、船頭は一人である。独裁となるのか、カリスマ性を発揮して、後世に「経済発展の祖」と呼ばれるような業績をあげるのか、それは分からない。いまは〝化ける〟ことに期待しておく。

最後に、余談である。

かねがねヤンゴン在住の日本の外交官は任国に愛情深い人が多い、と評価している。専門職の人らを中心に、ヤンゴンの僧院において日本語を教えている。もちろんまったくのボランティアである。そこからも多数の日本語遣いが生まれた。いま通訳や企業人として活躍をしている人も多い。その人たちとお会いする機会があって、レベルの高い日本語を話すので、ビックリしたことが多々ある。

友人のI君も、その一人であり、交際が二〇年以上も続いている。

筆者注

本稿は、拓殖大学海外事情研究所発行の「海外事情」(二〇一三年十二月号)に発表した「新しい時代に入ったミャンマー」と政策研究フォーラム発行の「改革者」(二〇一六年一月号)『朝日』に見られるミャンマー」の両論文に依拠し、改稿しております。また、主要部分が、拙著『本音でミャンマー』(カナリアコミュニケーションズ、二〇一六年)と重複していることをご了承下さい。また、それらの原形の初出は、京都大学東アジア経済研究センター協力会、社団法人大阪能率協会アジア・中国事業支援室共著『激動のアジアを往く』(桜美林大学北東アジア総合研究所発行、二〇一三年三月)に発表した「分水嶺を越えたミャンマー」です。同稿を多角的に発展させて全面的に書き改めたものです。

コラム16　高橋ゆり

民話に見るミャンマーのユーモア感覚

ミャンマーで本格的に民話を記録するようになったのはそう古いことではない。それは作家のルードゥ・ウー・フラ（一九一〇～一九八二）が一九四〇年頃から全国に伝わる諸民族の民話を精力的に調査していった業績に負うところが大きい。当時、独立運動で勢力を拡大していたタキン党の階級闘争史観に啓発され、ルードゥ・ウー・フラも権力に対する民衆という新たな視点を得て、民衆文化探求の一環として民話の採取を始めたようだ。彼の民話集に目を通すと味わい豊かなユーモアを感じさせるストーリーがかなりの数あることに気づく。限られた紙面ではあるが、三編の民話を紹介したい。

モン族に伝わる「アラン・アウンとその友達」という民話。

昔々、五百頭の野性象の群れがヒマラヤのふもとを旅していて、大きな洞窟が二つ並んでいる場所に辿りつき、穴の中に入って一休みした。それは何と巨人のアラン・アウンの鼻の穴で、鼻の中を象に歩かれたアラン・アウンは思わずくしゃみをした。このため象たちは空中に吹き飛ばされて着いたところはヒマラヤから遠く離れた不毛の土地。そこでアラン・アウンの友人（こちらも身長が椰子の木百本分に等しい巨人）にどうしたらヒマラヤに帰れるか相談すると、彼は象たちに自分が料理の火を起こす時に使う火吹き竹の中に入れと言う。彼のひと吹きでまた五百頭の象たちはもとのヒマラヤのふもとに帰れたという。めでたし、めでたし。ほほえましい童話的な民話だが、なんともスケールの大きい話である。

家族の新メンバーと暮らす泣き笑いを伝える民話もある。ラフ族の「猟師とその婿」を見てみよう。

ある日、猟師が新しく迎えた婿を連れて猟に出かけた。猟師は肩に鉄砲を担ぎ、婿は天秤棒に食料を結び付けて義父の後からお供をした。猟場に着くと猟師が言った。

「この木の幹についている蟻たちを見るがいい。上にのぼっていくものもあれば、下におりていくものもある。こんな具合に丘の斜面を上に向かって走る獲物もあれば、下に逃げるものもある。わしはむこうで銃をかまえて獲物を待っているから、上に行ったか下に行ったか声をあげてわしに知らせるんだ」

しばらくすると、婿の「父さん、上だ、上だ」「父さん、下だ、下だ」という叫び声が聞こえたものの何の獲物も見あたらなかった。猟師が婿に近づくと、婿は木の幹を上下している蟻の群れを見ながら「上だ、上だ」「下だ、下だ」と言っているのだった。怒った猟師は

「おまえは食うことしか能がないやつだ」

とわめきちらすと、のどの渇きを癒しに近くの泉まで行ってしまった。そこで婿は義父の言葉に忠実に持ってきた二人分の食料を一人で食べてしまった。獲物もとれず空腹のまま「なんてこった、うちの婿は」と心の中でぼやきつつ、猟師は足取りも重く家路に着いたのだった。

しめくくりは恋の民話で。

ミャンマーでは昔、唇を重ね合わせるキスの習慣がなかったという。それよりもいとしい女《ひと》の頬に鼻をおしつけるのが愛の表現で、これは女性が頬に塗ったタナッカーの香りに酔いしれる甘美なひと時でもあった。その昔、シャン州インレー湖近くの村に夫婦が住んでいた。二人にはマイ・フラインという美しい娘がいた。しかし彼女の父親ポウ・ティンは短気な性格でマイ・フラインに近づこうとする若者たちから疎まれていた。その中でついにマウン・トゥンが彼女の心を射とめる。

月のないある夜、マウン・トゥンは自分と彼女の関係がまだ信じられずにいる親友のマウン・ハンを伴ってマイ・フラインの家に近づいた。その夜は愛の証しに彼女がマウン・トゥンに手織りのスカーフをくれることになっていたのだ。

高床式の家の戸が静かに開くとマイ・フラインがしのび足で階段を降りてきた。マウン・トゥンは親友を家の

そばに待たせると彼女と一緒にしばし闇の中に消えていった。

「だれだ、そこにいるのは！」

階段を降りてきた彼女の父親ポウ・ティンの声が響き渡った。マウン・ハンはびっくりして逃げ出した。そこへマウン・トゥンが一人で戻ってくると、暗闇にいたポウ・ティンを親友と思いこみ「どうだ、これが俺さまが手にいれたものだぜ」とその顔にスカーフをこすりつけた。驚いたポウ・ティンが叫び声をあげるとマウン・トゥンもびっくりして一目散にその場を逃げ去った。

ポウ・ティンが階段に腰をおろして一息ついたところへマイ・フラインが戻ってくると、暗闇に座っている人物が自分の父親だとは夢にも思わず、てっきりマウン・トゥンが名残惜しくてそこに留まっているのだと思い、

「まだいたの？　ほんとに懲りない鼻ね」

と言いながら、いたずらっぽくその鼻をつねりあげた。仰天したポウ・ティンは飛び上がると、今度は二人の若者を追いかけて暗闇のジャングルに向かって走って行った。

この滑稽な恋愛小咄は「懲りない鼻」という題名でインレー地方で父親から年頃になった息子に語り継がれてきたという。

写真　ヤンゴン市内中心部の目抜き通り

第Ⅶ部
現代ミャンマー社会の諸問題

食事をとる修行僧（アマラプーラ・マハーガンダヨン僧院）

第1章
仏教徒とイスラーム教徒の共存の可能性

土佐桂子

ミャンマーではロヒンギャとヤカイン（ラカイン）仏教徒の対立に端を発し、イスラーム教徒（ムスリム）と仏教徒との対立が各地に広がり、国際社会も注視する社会問題ともなった。ロヒンギャとはベンガル系の一方言を母語とするムスリムで、後述するが、彼らがミャンマーの「民族」であるか否かについて激しい議論が交わされる存在でもある。ネー・ウィン政権時代から軍事政権にかけては、主な対立軸はまず「民族」であったといっても過言ではない。民族独立・自治派と国軍の対立によって局地的に内戦状態が生じた時期もあり、民族内の宗教的差異を内包しつつも、ひとまず民族問題の解決が喫緊の課題とされてきた。テイン・セイン政権になって、民族武装勢力との休戦協定が結ばれつつあるなかで、新たに「宗教」における対立が前景化したといえる。本稿では、テイン・セイン政権以降の宗教対立、さらには、仏教徒側に見られる民族宗教保護運動と婚姻法制定などを追いつつ、宗教対立の背景となる政治、歴史、社会的状況を鑑み、宗教共存の可能性について考えてみたい。

1　二〇一二年以降の宗教対立

（1）ロヒンギャ問題から宗教対立へ

ヤカイン州から全国に広がる宗教対立については、その都度の報道や報告書で書かれているので、ここでは経緯を簡単に見てみたい（1）。

二〇一二年五月二八日にヤカイン（ラカイン）州ラムリー郡で女性暴行殺害事件が起こるが、犯人がロヒンギャ人だったことで、六月三日には、タウングッ郡で仏教徒がムスリムの乗るバスを襲撃、一〇名殺害という事件が起こった。さらに、マウンドー郡でロヒンギャが今度は仏教徒を襲い、近辺の治安が守られず、大統領が非常事態宣言を行った。暴動は、八月末、一〇月末にヤカイン州都スィットェー等で再発する。

これらは主にロヒンギャとヤカイン仏教徒の間で生じたものだったが、その後二〇一三年三月マンダレー管区域メイッティーラで(2)、金商に預けた品の扱いを巡るもめ事から仏教徒とムスリムの対立が生じた。一か月後の四月三〇日、ヤンゴン管区北部オゥカン郡でも見習僧とムスリム女性がぶつかったことを契機として小競り合いが発生した。さらに、四月二八日シャン州北部ラーショーでムスリム男性が市場の女性にガソリンを撒いて火をつけた事件から暴動が生じている。

テイン・セイン政権は「改革」を標榜し、国際社会もこれを歓迎し門戸を開きかけた矢先でもあり、宗教対立には神経をとがらせていたといえる。早期に外出禁止令を発令し、イスラーム系住民の保護にも動き、宗教大臣を交代するなどの対策を講じた。当時宗教省大臣は軍事政権時代以来トゥラ・ミン・アウンが務めてきたが、大統領府は彼に変え、エーヤーワディー管区議会議長で、人望があった元軍人のサン・スィンの登用を決めた(3)。新大臣は僧侶にムスリム避難民への避難所提供を依頼、多宗教間会議の開催、ミャンマー・イスラーム協会への訪問などの宗教対立緩和策をとってきた(4)。

(2) 対立の背景：ヤカイン州

しかしこれらは問題に対する目先の緩和策に過ぎないともいえる。こうした宗教対立が長期化した場所では、宗教上の慣習、価値観の相違、違和感が日常生活に入りこみ、深く刷り込まれていることがある。最初の対立にいかなる背景があるのかを簡単に記したい。

ヤカインは、ミャンマー連邦、ひいて言えば東南アジアの最西端に位置し、インド世界と隣接するという地理的特徴を持ち、そのゆえの宗教・民族的多様性を有している。ヤカイン人は紀元前まで自らの王朝の歴史を辿っており、上座仏教についてもビルマ人より早く取り入れてきた。最後のムラウー（一四三〇―一七五九）王朝は、ベンガル湾の交易に重点を置き、版図はチッタゴンに及んだ時期もある。国王がイスラーム教に改宗したかについては異論があるが、イスラーム名を持ち、宮廷内にベンガル、ペルシャ、アラブ出身事務官が登用されていた(5)。ただ、その後ビルマのコンバウン王朝に滅ぼされ、ビルマ人の支配に入った。第一次英緬戦争が終わり、一八二四年には英国領土に組み込まれ、インドの一部となった。例えば、英国政府による国勢調査によれば、インド系移民が年々増加し、特にアキャブ（現在のスィットェー郡）のムスリム人口は多かった［Bennison 1933, 斎藤二〇一二参照］。ちなみに、一九三一年センサスは、この地域に見られるインド系の「人種（race）」としてインド人とインド系ビルマ人（Indo-Burman Races）の二種類を挙げる。後者にはヤカイン・ムスリム、ザーバディ（*Zerbadi*）、ヤカイン・カマン（*Arakan Kamans*）、ミエドゥ（*Myedus*）が含まれる［Bennison 1933: 245, 230-31］。「ザーバディ」とは一八九一年センサスから見られ、名称の由来については諸説があるものの、内実はインド系ムスリムとビルマ系女性の混婚による子孫とされ、宗教はイスラームが大多数とはいえ、キリスト教徒、仏教徒も数名見られることから、あくまで「民族」のくくりとされている［斎藤二〇一二：一六―二〇、Bennison 1933: 231］。その後制定された国籍法にざっくり当てはめれば、後者はほぼ国民、前者は外国人とみなされる範疇だといえる。

一方、「ロヒンギャ」とは前述の通り、ベンガル系の一方言を母語とするムスリムで、ベンガルからミャンマーのヤカイン地方、特にマユ地方（行政区ではマウンドー、ブーディーダウン両郡に当たる）に居住する。このヤカイン地方には、八世紀前後からアラブのムスリム商人が訪問していることが伺われ、ロヒンギャの側は、彼らがこの地に歴史的に住み着いたムスリムの末裔であることを主張する(6)。一方ヤカイン人歴史家のエー・チャンは「ロヒンギャ」という呼び方は一九五〇年代の初頭にしか見当たらないことを指摘する［Aye Chan 2005］。すなわち、移住時期がいつであれ「ロヒンギャ」という名乗りは独立以降であり、英国時代のセンサスや歴史資料には、例えば「ヤカイン・ムスリム」として記述されていたことは考えられるものの、その名称での居住については証拠が出せぬまま、双方の主張は平行線を辿る。いずれにせよ、ウー・ヌ政権（一九四八―一九六二）時代には、ロヒンギャのイスラーム穏健派の国会議員が存在し、ヤカイン州の設置をめぐって仏教多数派のなかで脅威を抱くイスラーム派に配慮し、ウー・ヌはマユ地方辺境行政区を作った［根本二〇〇七：一八―一九］。

その後、クーデターでネー・ウィン政権が樹立すると、少数民族に対する政策は厳しくなる。ロヒンギャに対しても辺境行政区は廃止され、違法移民と認識されるようになっていった。一九八二年には国籍法が発布され、土着の民とは一八二三年以前に居住していたものとされ、一九四八年の連邦国籍法で市民権（国籍）を得たものを準民、一九四八年の独立以前に居住し、一九八二年の国籍法で国籍を得たものを帰化国民と呼ぶと定められた。さらに一九八八年の民主化運動の際にロヒンギャがアウン・サン・スー・チーを擁護したことがきっかけで、一九九〇年代末に軍事政権から激しい弾圧に会う［田辺二〇一二］。この時期にも相当数が難民化してベンガルに逃れた。

テイン・セイン政権のロヒンギャ政策もこうした歴史的経緯の延長上にある。また国民の多くは、長年情報が政府に統制されてきたこともあり、ロヒンギャとは植民地以降入植した移民、あるいは、近年になってベンガルから侵入した不法移民とみなしている。また、この問題が、民族宗教保護運動や総選挙における支持政党にも深く関わる。政権の方針に対し、アウン・サン・スー・チーは人道的対応を訴えてきたが、ヤカイン人をはじめ、ビルマ仏教徒の保守派層を中心に強い反発が出た。それ以降、ロヒンギャやイスラーム問題に対して明確な言及を避けるようになったが、この対応は、総選挙前ということもあり、多数派の仏教徒票を睨み、選挙における悪影響を避けるためと解釈された。

（3）他地域における宗教対立の社会的背景と要因

ロヒンギャ問題がその後の宗教対立につながったことは間違いない。ただ、述べてきたように、この争点は、ロヒンギャを自称する集団がいつから国内に居住しているかであり、本来は、エスニック集団の国籍の問題といえる。それがなぜ「宗教」というくくりで他の地域に飛び火していくのだろうか。

観点を変えてみよう。ヤカインは確かに歴史的にも現在もムスリムの人口比は他と比して格段に多く、仏教徒ヤカイン人とイスラーム教徒ロヒンギャの対立も存在した。それに対して対立が見られた地域は、宗教別人口比でみれば、ムスリム人口はさほど突出していない。最新の二〇一四年度人口統計では民族・宗教関連の数値はまだ発表されていないため、宗教省所轄の二〇一二年の数値（推定）を見てみたい(7)。マンダレー管区で見ると、例えばピンウールウィン、チャウッセー、ピョーボエの各郡のイスラーム人口は総人口の六％以上、ピンマナー郡は一〇％を超えるが、メイクティーラ郡は三・一％である。ラーショーについては県レベルの数値しか得られていないが人口比は一・四％で、いずれもムスリム人口過密地域とはいえない。こうした地域において、なぜ新たな宗教対立が生じたのだろうか。

背景として考えられるのは、第一に、ミャンマーにおける宗教間関係のむずかしさ、より明確にいえば仏教徒が漠然と抱く「ムスリム脅威」観である。すでに記したように、国勢調査は、一九八三年以降行われず、従来発表されてきた宗教人口はいずれも推定値であり、宗教人口比は三〇年間定位のままであった。すなわち、仏教、キリスト教、イスラーム教、精霊信仰、ヒンドゥー教の人口比は八九・三％、五％、三・八％、一・二％、〇・五％で変化していない。しかし、実際にはムスリム人口急増の認識は広く共有されており、ムスリム以外の人々は脅威を抱くこともあった。現政権下で行われた三〇年ぶりの国勢調査において、民族・宗教関連の数値が未だ公表されていないことも、宗教対立に配慮してのことと憶測されている。

第二は政治の宗教利用、より具体的には政治における仏教イデオロギー利用である。民主化運動を押さえて登場した軍事政権は、薄弱な正統性の補強として、仏塔修復、建築や僧侶への喜捨等のパフォーマンスをメディアで流し、政治的に利用しようとしてきた。軍事政権が主となって作った二〇〇八年憲法にも、同様の姿勢が見られる。ミャンマー国内に存在する宗教として上記五宗教を挙げつつも、一九四七年憲法では仏教の「特別の位置」を認めていた。この文言は一九七四年憲法で外されたものの、二〇〇八年憲法では再度戻されており、世俗主義を標榜しながら、宗教重視への揺れ戻しが窺える。

第三に、政治が宗教を取り込む側面と並び、僧侶側にも世俗・政治への参与という回路が生じつつあったことである。最も顕著なのが、二〇〇七年在家の生活苦改善と僧侶への暴力に対する謝罪を要求して僧侶が行ったデモである。政府はこのデモを政治活動とみなし、参加僧侶の逮捕を行い、僧侶の世俗への参与だと批判した。しかし、当時は在家の苦難を守ろうとしただけという解釈が主流で、仏教徒以外の人々からの支援、支持もあった。こうした契機により、僧侶が世俗社会内における重要性が増したともいえよう。こうした要因に加え、より直接的に影響があったのが、九六九運動であった。

2　九六九運動の高まり

二〇一二年頃から九六九と呼ばれる運動の一つが目立ち始めた。とりわけ海外メディアが取り上げたのが僧侶ウィラトゥである。ウィラトゥは正式の僧名をアシン・ウィセイタービウンタといい、二〇〇三年にマンダレーで反イスラーム運動を扇動した罪で投獄され、二〇一二年の大統領恩赦で釈放された(8)。マンダレーの近郊モンユワ郡レッパダウンの中国企業による銅山開発問題にも関わり、海外のメディアのインタビューやフェイスブック等を通じて、仏教保護を強調し、一部の出家・在家を引き付けてきた。ただ、海外メディアは九六九運動がウィラトゥに率いられているかの如く報道してきたが、これは誤りである。

「九六九」とは、「仏陀の九徳」「法の六徳」「僧伽の九徳」から取った数字で、実際には二〇〇〇年初期、当時の仏教発展普及局局長チョウ・ルィンが国家仏教学大学の講演会等で何度か言及し、それ以降広がり始めたという(9)。

三の倍数はミャンマー仏教において信仰の核となるものの、これ以前に宗教の象徴として数字が用いられることはなかった。一方国内ではイスラーム系のレストランなどハラール食を提供することを示す意味もあり、「七八六」と掲示することが多い[10]。九六九はこれに対抗する仏教の象徴として使われた。一方、こうした運動は反イスラームというより、仏教への自省と再構築から始まったものも多い。軍事政権時代から、経済的には開放政策を取り、出稼ぎを含め一般の人々の移動が格段に増え、他者と出会う機会も増加した。僧侶界のなかでも、スリランカ、インド、英国などへの僧侶の海外留学が盛んとなり、彼らは植民地時代以降仏教改革を進めるスリランカ等から多々学んで帰国した。他方、国内の社会変化に伴い、道徳低下が問題となり始める。他者と出会う機会の増大や国内諸問題と向き合うなかで、出家・在家双方が「ミャンマー文化」を再考したり、「仏教」衰退危機を共有したりしはじめた[11]。軍政時代から、子供たちに夏期休暇などに一定期間仏教の基礎を教える「文化講習会」が広がりつつあったが、モン州カレン州を中心に、毎週子供に仏教基礎を教える「ダンマスクール」運動が広がった。興味深いのは、もともと他の宗教から学ぶべきという発想から始まった点である。キリスト教徒やムスリムは、日曜学校やモスクでの礼拝という形で子供に適切に宗教教育を与えているが、仏教徒は僧院を瞑想や説法等、大人の精進の場とみなし、子供が邪魔することを恐れて自宅に置いてくることも多かった。そのために、子供がきちんとした宗教を理解する機会を逸してきたという反省に基づく。ダンマスクール開設の動きは、在家による斉飯供与協会（スンラウンアティン）等と絡みつつ広範に広がりつつあった。九六九運動はこうしたダンマスクール仏教活動と合わさり、急速に広がったといえる。他方でロヒンギャ問題に重ねて、歴史的に存在してきた反ムスリム言説が再登場する[12]。説法会で、これら反イスラーム的言説を使いながら、聴衆を扇動したのがウィラトゥといえるだろう。ウィラトゥたちは、他地域の暴動の広がりに直接の関係はないと主張しており、確かに、暴動などの具体的な指示を出したわけではない。また、当時与党内でもさまざまな政治的駆け引きが存在しており、元軍政寄りの保守派が暴動を組織化したという見方もないわけではない。しかし、ウィラトゥを初めとする過激派僧侶がこの時期にロヒンギャ、ムスリム批判を公然と続けた影響は有形無形に及んでいたことも事実である［Walton and Hayward 2014］。

こうした保守派のヘイトスピーチを含む動きは世界の衆目を集めた。二〇一三年六月三〇日、米国タイム誌は、「仏教テロリストの顔」と名付け、表紙に、前掲のウィラトゥの顔写真を掲載した。それに対して、宗教問題の拡大への危惧から七月一日に大統領府から、国内での販売を禁じる発表がなされた。また、二か月後の九月二日には国家サンガ大長老会議で運動の自粛が定められ、全国に九六九の活動は控えるようにいう趣旨の通達がなされている。

3　民族仏教保護法とマバタの運動

（1）仏教保守派の新たな動き

こうした九六九に見られる反ムスリム的傾向が高まるのとほぼ同時に、こうした動きを危惧し、より温厚な方法で仏教保護を打ち出すための機関設立が高僧を中心に模索された［Walton and Hayward 2014:14-15］。すなわち、民族宗教保護協会（*Amyo Hbatha Thathanaye Saungshaukye Ahpwe*）通称マバタである。ウォートンらはマバタ結成を二〇一四年一月とするが［Walton and Hayward 2014:14］、実際にはもっと早い。

二〇一三年六月一三日、一四日の二日ヤンゴン管区フモービー郡ゼィタウントーヤ・セィケィンダーヤーマ僧院での会議が発端と考えられる。つまり、タイム誌の報道とほぼ同時期ともいえる。これは国家サンガ大長老会議議長のバモー師が議長となり、州、管区の責任ある僧侶二二七名が参加したものである［Maung Thwe Hkyun 2013:51-52］。会議では、イスラーム教徒との宗教対立問題が話し合われた。また、ウィラトゥが仏教徒女性緊急婚姻法制定を目指して議会へ働きかけることを提案したという記録がある［Maung Thwe Hkyun 2013:58-59］。

そして約二週間後の六月二十七日、インセイン郡アウンサントーヤタッウー僧院モーゴゥイェイターの会議で、マバタが正式に結成される。マバタ内では「インセイン僧侶会議」と呼ばれ、出席者は僧侶一五三〇人に及び、民族宗教保護法の制定が改めて目標となった〔Mabatha 2013a〕。会長は国家サンガ指導委員のインセイン郡ユワマジー僧院住職アシン・ティローカビウンタ、副委員長には、ザガインのティーダグー国際仏教大学学長アシン・ニャーネィタラ（別名ティーダグー師）、アシン・サンダーターラ（マグェ管区マグェ市セインダーヤーマ僧院住職）、アシン・カウィダザ（カレン州パアン郡メーバウン僧院住職）の三名が選ばれる。ちなみに、最初のアシン・ニャーネィタラは軍政時代には政治批判も含めた発言も行い、幅広い福祉活動でも知られ、国内でもっとも影響力のある僧侶である。この運営委員会名簿によれば、発足当時七九名の出家者が任命された。委員は七管区域七州九行政区域とネーピードー連邦領すべてから三名前後選ばれ、海外の僧院居住僧侶も名を連ねる。また各管区域・州内でも、郡のバランスが配慮され、各地域の中核となるような教学僧院、あるいは布教僧院のメンバーが含まれている〔Mabatha 2013a〕。一方、会長名で国家サンガ大長老会議宛に、これらはサンガ内で禁止されている新宗派結成ではなく、公式宗派内での仏教保護活動であると説明し、活動許可依頼の文書が送られた。また地方の各住職宛に活動への理解と協力を求める文書が届けられた〔Mabatha 2013a〕。すなわち、サンガ組織の法律ともいうべき「基本原則」と組織化の原理を十分踏まえたうえで、既存の組織を利用しつつ、当初から全国的な運動を展開することが目されている[(13)]。

当初マバタが挙げた草案は①宗教登録法、②ミャンマー仏教徒女性婚姻緊急法の二つであった。その後、③一夫一妻制法に、ヤカイン州で出されたロヒンギャを想定した産児制限法（④）を加えた四つの制定を、国家サンガ指導委員会ティローカビウンタ（中央民族宗教保護協会・会長）の署名で、議会や大統領府などに提出、この陳情書には僧侶指導者、一般出家者、市民一三三万五六〇〇人の署名が含まれていた〔TKT1-17〕。

法案策定は連邦議会で行われたが、多数の組織や団体からの反対に遭った。ちなみに、元の仏教徒女性婚姻緊急法（草案）では「仏教徒女性の配偶者は仏教徒でならねばならない」とする条項が主で、海外の人権団体のほか、国内の仏教徒からも相当の批判が出た。また、時期は不明だが、ウィラトゥらは法案化を国民民主連盟（ＮＬＤ）のアウン・サン・スー・チーらに打診したが、賛同は得られなかったという〔Mabatha 2013b〕。マバタはその後、与党と大統領に直接働きかけ、二〇一四年二月二五日大統領から連邦議会議長あてに、法案策定の依頼文が出された(14)。つまり、大統領の強力な働きかけで法案制定へと進んだ側面もあり、マバタの急先鋒僧侶たちはこの後、NLD批判、与党USDP支持を明確に打ち出すようになり、その後選挙運動にも加わる大きな契機となった。

その後各省庁から出された草案をもとに、議会内で議論、修正が加わり、五月に④産児制限法(連邦法第二八号、五月一九日付)が、八月に①宗教登録法(連邦法第四八号、八月二六日付)、②ミャンマー仏教徒女性婚姻特別法(15)(連邦法第五〇号、八月二六日付)③一夫一婦法(連邦法第五四号、八月三一日付)が連邦議会で認められた。

議会を通過した仏教徒婚姻法では、仏教徒は仏教徒のみと婚姻すべきという条項は消え、婚姻手続きに婚姻届の公開義務が加わり、仏教徒以外の男性が仏教徒女性と結婚しようとする場合に、彼女に改宗を強要せず、家内での仏像崇拝等信仰実践の継続を認めることなどが記されている。こうした仏教信仰に関わる項目を除けば、この婚姻法は、英領時代から存在した一九五四年仏教徒女性婚姻相続法の条項と相当類似している。さらに、一夫一婦制はムスリムの婚姻法を想定していたが、仏教徒男性にとってこれまで重婚が可能であったこともあり、むしろ広く国内の男性に動揺を与えたともいわれる。いずれにせよ、ミャンマーで歴史的になぜ婚姻法が焦点となってきたのか、またなぜ仏教徒婚姻法が作られたのかという経緯を理解する必要があるだろう。

4　宗教と婚姻：仏教徒女性関連の法律について

ミャンマーの法律は、ダンマタッなどの伝統法を核としていたが、植民地時代に、インド法典と同様に、ビルマ法典(The Burma Code)が作られた(詳しくは奥平二〇〇二)。一方、すでに述べてきたように、英領ビルマには、多数の移民が入りつつあった。そのため、一八七二年ビルマ裁判所法(The Burma Courts Act)第六条、さらに、一八九八年ビルマ法令法(The Burma Laws Act)第十三条第一項で、婚姻、財産分与、相続、宗教関連の道具、建築物に関して、仏教徒は仏教の法を、イスラーム教徒にはイスラーム法、ヒンドゥー教徒であればヒンドゥーの法に基づくと定められた［Ba Maw 1992:5, Myin Aung 1974:11, Gutter 2001］(16)。しかし、現実には異なる宗教を信仰する人間の結婚（以降「混婚」と呼ぶ）が多く、現実にはさまざまな問題が生じた。対して、一九三九年に英文による「仏教徒女性特別婚姻相続法」が制定され、独立後「一九五四年仏教徒女性特別婚姻・相続法」として制定されることになった(17)。

それではなぜ男性ではなく女性に特化して婚姻・相続法が制定されたのだろうか。第一の要因は、植民地時代の移民に見られるジェンダー差である。例えば一九三一年センサスをみると、移住者の出身地は中国、ネパール、タイ（シャム）ヨーロッパなどがあるものの七九・五％が当時のインド、その約二七％がムスリムである。さらに、インド系移住者に占める女性はヒンドゥー教徒の場合二二％、ムスリムは一一％で、圧倒的に男性が多い［Bennison 1933:60, 62, 表1、4参照］。すなわち、移民男性と土着の女性の婚姻が増え、宗教区分に基づく婚姻規定にほころびが出たと考えられる。加えて以下のように、ビルマ人仏教徒女性が不利になる要因が社会・文化的に存在した。

第二は、宗教により婚姻の取り扱いが異なったことにある。仏教において、婚姻は基本的に世俗に位置し、仏法の根幹に関わる問題ではなかった。従って、「仏教徒法」は誤訳でビルマ慣習法とすべきだという法学者は多かった(16)参照。仏教以外のイスラーム教、ヒンドゥー教、キリスト教は、婚姻の際に宗教的な規定があり、「宗教」が意識される局面がある。例えば、イスラーム教徒やヒンドゥー教徒の場合、改宗しない限り、仏教徒と宗教上合法な婚姻を行うことは不可能であった。一方、仏教徒の婚姻は述べた通り世俗事とされ、婚姻の際に喜捨を行うことはあっても、婚姻そのものに仏教や僧侶が関わることはなく、圧倒的に仏教徒側が改宗することが多かった。また、キリスト教徒との婚姻においては改宗は不要だったが、仏教徒はインドの離婚法のもとで、キリスト教徒に離婚を申し立てることができないという不利益があった(18)。

第三に、ビルマ仏教徒（慣習）法の婚姻の特徴である。ビルマ仏教徒（慣習）法では婚姻はあくまで「社会的認知」

を核としてきたため、婚姻に際して有効な書類、証拠を示せなかった。さらに、仏教徒（慣習）法では男性には重婚が認められた。ムスリム男性はコーランの定めにより、四人まで妻を持てる。しかし、キリスト教は、宗教上一夫一妻を基礎としている。こういうことも、ムスリム男性と仏教徒女性という組み合わせが増加する要因となったとも考えられる。

しかしながら、第四に、ビルマ仏教徒（慣習）法の特徴は、その他の婚姻上の取り決め、例えば資産の共有や相続などにおけるジェンダー差はほとんどなかった。逆に言えば、改宗により、仏教徒女性は慣習法で有してきた多くの権利を失うことになった。

これらが問題化されて、上記の法律が定められ、その第四条で「仏教徒女性とその女性の仏教徒以外の夫」に対しては、いかなる法律、慣習にも優先し、本法律が効力を有することが認められたのである（一九五四年本文）。

歴史学者の池谷は、一九三〇年代には、女性が移民と結婚することにバッシングが存在し、女性に民族（ビルマ民族）を守る役割が課せられていたことを指摘する [Ikeya 2011 Ch.5]。また、英国人を初めとする白人（ボー）との婚姻は上方婚（玉の輿）であるのに対して、インド系移民（カラー）との婚姻は下方婚とみなされた。今回の民族宗教保護法も「国民」と「宗教」の保護が女性に象徴的に課されるという点で、同様の指摘が成り立つだろう。しかし国家を守る女性という言説レベルにおける重要性と同様、これは多宗教共生、とりわけ宗教間の婚姻において考察すべき実質的な問題を孕んでいる。仏教徒女性保護法が突発的に、単に保守派の運動として出てきただけでなく、歴史的には宗教多元的社会が形成されるうえで生じた諸問題、さらに、それを克服するための法案を踏まえていることにも注目すべきであろう。

5　おわりにかえて

上述の通り、法律が制定されて以来、国内外で人道的批判が出ている。それに対して、マバタは法律成立を記念し、十月四日にトゥウンナ国立競技場で集会を行い、一万人以上が集まった[Aung Kyaw Min 2015]。委員長のインセインユワマ僧院の住職ティローカビウンタ師のほか、副委員長のティーダグー僧院住職ティーダグー師などがスピーチを行ったが、後者は二つの若干相反するメッセージを伝えた。法案が通ったからといって安心せず、今後の情勢を注視すべきといい、他方で、多宗教共生の必要性を説き、相互理解や忍耐、寛容を呼びかけている(19)。また、ウィラトゥや、マバタ書記のウィマラブッディ(モーラミャイン、ミャゼィディ僧院)らは徹底して反NLDを明言し、与党を支持、選挙運動にもかなり積極的に関与してきた(20)。

しかしながら、二〇一五年選挙の結果はNLD圧勝で終わった。この結果は、今後民族宗教保護運動やイスラームとの関係にいかなる影響をもたらすだろうか。

僧侶の政治参加問題は今後新たな角度から議論される可能性がある。上座仏教社会において世俗から距離を置くべきとされる僧侶は、「婚姻」から最も遠い存在である。出家・在家を問わず、婚姻法制定運動への僧侶の関与に対しては批判的な意見も少なくなかった。とくに、婚姻法認定プロセスにおける一部急進派僧侶による与党支持の呼びかけについては、都市部の知識人層を中心に相当批判が出ていた。例えば、「民主化運動」への参加や二〇〇七年僧侶デモに関しては、反軍事政権の運動であり、より広い国民の利益を代弁しているとみなされ、前述の通り、仏教徒だけでなく、キリスト教徒やイスラーム教徒内でも支持があった。それに対して、九六九やマバタの活動、とくに急進派僧侶の政治活動については、都市部を中心とする仏教徒のなかからも、かなり批判的な意見が出ていた。それでも、総選挙以前は混乱を恐れてか、急進派僧侶への公然の批判は限定的で、一部のマスコミにとどまった。しかし、選挙後、特にウィラトゥへの批判は厳しく、メディアでも批判が出るほか、彼の参加予定の説法会の中止が相次ぐなど、仏教徒内での多数のボイコットが見られた。

一方政治の側ではどのような変化が考えられるだろうか。スー・チー氏は恐らくこれまで控えてきたムスリム問題に何らかの形で取り組もうとし、宗教多元主義的な政策の方向性を探ることは考えられる。その際に、適切な婚姻法の制定は大きな課題となるだろう。今回の一連の婚姻関連の法律は、マバタによる政治的圧力と仏教徒票田の取り込みがあって、問題を残したまま拙速に制定された側面もあろう。ただし、宗教多元的社会の一つの側面である宗教間混婚において、歴史的に多くの問題を有してきたことは事実である。ただし、仏教徒女性特別婚姻法は、植民地時代にはむしろ被統治側の土着住民の権利保全という側面があったといえよう。ただし、独立以降、そして現在のミャンマーにおいては、仏教徒はどれほど脅威を感じようと、多数派住民である。そのなかではマイノリティへの配慮や協調もまた必要となるだろう。

注

(1) 経緯については、斎藤［二〇一四］のまとめも参照。イスラーム側の動きなどは斎藤［二〇一五］に詳しい。
(2) 同年二月にヤンゴン管区域（地方域）タケタ郡区でも衝突が生じている。
(3) 連邦大臣への抜擢には、エーヤーワディ管区住民一万人の署名とともに慰留嘆願書が提出された。ただ、サン・スィンは二〇一四年六月マハータンディトゥカ僧院の対応に失敗し、贈賄容疑で宗教大臣から解任された［MT2014/6/27］。
(4) 五月三一日宗教省主催でピンウールィンにて宗教間会議、六月初旬に大臣の依頼で、キャンプ開設など［MT 2015/8/3］。ラーショー市のシャン系のマンスー僧院には暴動後多数ムスリムが匿われた。
(5) Aye Chan 2005:398.
(6) 例えば、「バタ（ブディダウン）」というペンネームで、ロヒンギャ自らの歴史が一九六六年に書かれている［Batha 1966］。
(7) 数値に関しては、宗教省の協力による。
(8) Walton and Hayward 2014, Marshall 2012 など参照。
(9) 筆者のインタビュー調査による（二〇一三年九月カレン州、調査は文部科学省科学研究費基盤研究（C）による）
(10) 七八六は、コーランのアラビア語の「仁慈あまねく慈悲深き、アッラーの御名において」を数字に置き換えたものとされ、南アジアやミャンマーで使われる。これに対して、九六九は、仏陀、仏法、僧侶の守るべき徳の数を並べたものである。
(11) 一例はヒタダヤ青年会。ヒタダヤ仏教講習会（ダンマスクール）を開催してきた。
(12) 九六九運動の多数のパンフレットとして、古い文書が再印刷されている。これについては斎藤［二〇一五］も参照。
(13) 基本原則等の宗教政策については、小島［二〇〇五］のほか拙稿［土佐二〇一二］参照。

（14）依頼文書全文はマバタ広報誌に掲載されている [TKT1-17: 9-10]。連邦議会は「この法律の策定に関しては宗教だけでなく、社会、在家の問題が含まれる」ことを配慮し、法案検討省庁を以下のように定める。①改宗法は宗教省、②婚姻法は連邦最高裁判所、③一夫一妻法は連邦最高裁判所、④産児制限法は出入国管理・人口省で、その他、外務省、内務省と既存の人権委員会とも連携を取ることとされた。

（15）全文は『チェーモン』[KY 2015/8/30:15-16] 書式等 [KY2015/9\1:15-16]

（16）当時、用語に誤解があるという点について、法学者の指摘が相次いだ。本来、婚姻等は世俗（ローキー）のことであり、来世的事柄（ローコゥタラ）を目指す仏教、僧侶には関わりがない。婚姻関連の係争に対しては慣習法を用いて判断したものであり、仏法とは関係がなく、ミャンマーに居住する仏教徒が有してきた「慣習法」という意味で、ミャンマー慣習法と呼ぶべきという考えが主流となる [Myint Aung 1974:11, Mya Sein 2011:1 など]。その後一九六九年最高裁判所判事の会合で「ミャンマー慣習法」に変更された［奥平龍二先生のご教示による］。ちなみに、植民地時代の法律では、イスラーム法（シャリーア）では、両者がムスリムでなければならず、仏教徒との婚姻では改宗が必要となる。それに対して、ミャンマーにおけるキリスト教徒の場合はあくまで個の信仰の問題とされ、配偶者がキリスト教徒であるかはさほど問われなかった。ただ、キリスト教徒はキリスト教会での式が課される。これに対して、ビルマ仏教世界において婚姻は「宗教（仏教）」内に埋め込まれていない。平たくいえば、イスラーム教、そしてキリスト教も婚姻が宗教と関わるが、上座仏教では婚姻はあくまで世俗（ローキー）に関する慣習の事柄であり、本来的に宗教（ローコゥタラ、来世的事柄）とは関わらない。

（17）「ナースィーティーとアプースィー、一九六九、マタサ一五五頁」[Ba Maw: 51-55, 60]。

（18）一八七二年のキリスト教婚姻法XVによれば、仏教徒とでも、教会で式を行うか登記人（Registrar）列席の世俗的な結婚を行うことで、婚姻は可能であった。

（19）スピーチはユーチューブにアップされている。[https://www.youtube.com/watch?v=Vh2nt18QLXU; accessed 2015/12/5]。

（20）例えば Phyo Thiha Cho, 2015; Aung Kyaw Min, 2015

参考文献

略語、ジャーナルなど

KM: Kyemon（『鏡』日刊新聞）

ML: Myanma Alin（『ミャンマーの光』日刊新聞）

MT: Myanmar Times（『ミャンマー・タイムズ』週刊新聞）

TKT: Thakithwe（『釈迦一門』、マバタ広報誌）Yangon, Mabatha.

Aung Kyaw Min, 2015 “Ma Ba Tha justifies religion in politics”, *MT* 2015/10/15 [http://www.mmtimes.com/index.php/national-news/16818-ma-ba-tha-justifies-religion-in-politics.html; accessed 2015/12/20]

Aye Chan 2005 “The Development of a Muslim Enclave in Arakan (Rakhine) State of Burma (Myanmar)”, *SOAS Bulletin of Burma Research.* 3-2: 396-420.
Ba Maw, U 1992 *Myanma Nainngan Eintaunhkan Upademya* (ミャンマーの婚姻法). Yangon, Win Sape.
Ba Tha (Buthidaung) 1966 “Muslim in Arakan: A Brief Study of the Rohingyas, a Muslim Racial Group of Arab Descent in Arakan”, *The Islamic Review* (1966 April) : 25-30.
Bennison, J.J.I.C.S. 1933 *Census of India, 1931 Volume XI (Burma)*. Rangoon, Office of the Supdt., Government Printing and Stationery, Burma.
Gutter, Peter 2001 “Law and Religion in Burma”, *Legal Issues on Burma Journal* 8:1-17. [http://www.ibiblio.org/obl/docs/LIOB08-pgutter.law%20andreligion.htm; accessed 2015/11/10]
Ikeya, Chie 2011 *Refiguring Women, Colonizlism, and Modernity in Burma*. Honolulu, University of Hawai`i Press.
小島敬裕　二〇〇五「ミャンマー連邦サンガ組織基本規則」『東南アジア：歴史と文化』三四：一〇三―一一七ページ。
Mabahta (Amyo Hbatha Thathana Hteinthain Saungshaukye Ahpwe) 2013a *Baho Uhsaung Hsayatawmya hma Htokpyan thaw Baho Ahpwe Hpwesipon hnin Pyine, Tain, Myone, Kyeywa, Yatkwe Hpwesipon*.（中央運営委員発表の中央組織と管区域、州、郡、村落群、地区組織）未刊行コピー版。
Mabahta 2013b *Thathana Wunthapala Ahpwe Myawadimyo, Myawadi Hkayain*.（タータナ・ウンターパラ協会ミャワディ県ミャワディ市）、未刊行コピー版。
Marshall, Andrew R.C. 2012 “Special Report: Myanmar gives official blessing to anti-Muslim monks”, *Reuters*.(2013/6/27) [http://uk.breuters.com/article/us-myanmar-969-specialreport-idUSBRE95Q04720130627;accessed2015/11/20].
Maung Thwe Hkyun 2013 *Amyo Saung Upade hnin patthetywe Amya Thishilelanainseyan*（民族宗教保護法に関して皆が知るべきこと）In Tilawkahbiwuntha, Ashin (Insein) ed. 2013, *Nainngan Thitsa Saungthithu (1+2)* , Yangon, Swetaw Ponhneiktaik. Pp.51-62.
Mya Sein, U 2011 *Myanma Dale Htontan Upade* (ミャンマー慣習法). Yangon: Gonhtu Sape.
Myint Aung, U 1974 *Myanma Mithasu Upade* (ミャンマー家族法). Yangon: Gawki Sape.
奥平龍二　二〇〇二年『ビルマ法制史研究入門：伝統法の歴史的役割』日本図書刊行会。
Phyo Thiha Cho 2015 “Suu Kyi Not Ready to Govern, Says Radical Buddhist Monk.” *The Irrawaddy*. (205/11/4).[http://www.irrawaddy.com/election/news/suu-kyi-not-ready-to-govern-says-radical-buddhist-monk; accessed2015/11/30]
斎藤紋子　二〇一二年「ミャンマーにおける「バマー・ムスリム」概念の形成：一九三〇年代ナショナリズム高揚期を中心として」『東南アジア：歴史と文化』四一：五―二九ページ。
斎藤紋子　二〇一四年「ミャンマーにおける反ムスリム暴動の背景」『アジ研ワールド・トレンド』二二〇：二二―二五ページ。
斎藤紋子　二〇一五年「ミャンマー社会におけるムスリム：民主化による期待と現状」工藤年博編『ポスト軍政のミャンマー：改革の実像』アジア経済研究所。一八三―二〇四ページ。
田辺寿夫　二〇一二年「ビルマ（ミャンマー）民主化の難問：ラカイン州非常事態宣言とロヒンギャ民族」『ワセダアジアレビュー』一二：二四―二九ページ。

土佐桂子　二〇一二年「ミャンマー軍政下の宗教：サンガ政策と新しい仏教の動き」工藤年博編『ミャンマー政治の実像：軍政二三年の功罪と新政権のゆくえ』アジア経済研究所。二〇一―二三三ページ。
根本　敬　二〇〇七年「ロヒンギャー問題」の歴史的背景：「仏教国」ビルマの中のイスラム教徒たち」『Aling-Yaung（アリンヤウン）』三二：一〇―二一ページ。
Walton, Matthew J. and Hayward, Suzan 2014 Contesting Buddhist Narratives: Democritization, Nationalism, Communal Violence in Burma. *Policy Studies* 71. East-West Center.

第2章
ジェンダーをめぐる問題

飯國有佳子

ミャンマーにおけるジェンダーをめぐる語りのうち、最もよく知られているのは、ビルマの女性は総じて男性と対等に活躍し、その地位は高いというものである。後述するように、こうした言説には問題があり、その取り扱いには注意を要するが、本稿では、「高い」とされる女性の地位の中でも、常に例外的扱いをされてきた政治と宗教におけるジェンダーを中心に、現在いかなる問題があるのかをみていきたい。

1　二〇一五年総選挙とジェンダー

二〇一五年一一月八日、ミャンマーで五五年ぶりに行われた公正かつ自由な歴史的総選挙は、国会の過半数の議席を単独で確保したNLD（国民民主連盟）の圧勝で終わった。二〇一五年八月二〇日の連邦選挙委員会の発表によると、上院（民族代表院）、下院（国民代表院）、地方議会の計六一八九議席に対し、約八百名の女性候補者が立候補したとされる［IDEA 2015, DVB and Eleven Media 2015］(1)。総議席数に占める女性立候補者の割合は一三%に過ぎないが、前回の二〇一〇年選挙では約三%に留まっているため、一〇%以上立候補者数が増加したことになる［IDEA 2015, DVB and Eleven Media 2015］(2)。

国政に着目すると、二〇一五年の連邦議会選挙において、上下院合わせ六四名の女性議員が当選し、女性は軍人議員枠を含む計六五七議席(3)の少なくとも九・七%を占めることとなったと、ミャンマータイムスは明らかにして

表1　2015年総選挙　連邦議会における女性比率

	上院		下院		全体	
	改選枠	軍司令官指名枠	改選枠	軍司令官指名枠	改選枠	軍司令官指名枠
当選女性議員数	23名	未指名	41名	未指名	64名	未指名
議員数	168名	56名	323名（330名）	110名	491名（498名）	166名
	224名		433名（440名）		657名（664名）	
割合	13.6%	女性指名数0の場合10.3%	12.7%	女性指名数0の場合9.5%	12.8%	女性指名数0の場合9.7%

出典：Macgregor, Fiona 2015 “Woman MPs up, but hluttaw still 90% male” Myanmar Timesを基に、筆者作成

いる[4]（表1参照）［Macgregor 2015a］。二〇一五年一二月現在、改選議席四九一議席に占める女性議員の割合は約一三%であるが、現行の軍司令官指名枠の女性議員数[5]を足すと、女性議員比率は全体として約一〇%になると考えられるという［Macgregor 2015a］。選挙前の女性国会議員比率は四・四%であったため［土佐二〇一三：三四］、今回選挙では女性議員比率は大幅に増加したといえる。

上院では、二二四議席のうち軍人枠を除いた一六八議席が争われ、女性はその二三議席を占めた。これにより、改選による上院女性議員比率は一三・六%となり、非改選の軍司令官指名枠を合わせても、少なくとも上院の一〇・三%を確保する見通しとなった。下院では、四三三議席のうち軍人枠を除く三二三議席が争われた結果、四一名が当選し、改選による下院女性議員比率は一二・七%となり、非改選の軍司令官指名枠を合わせても、少なくとも下院の九・五%を確保する見通しとなった［Macgregor 2015a］。

また、二〇一五年総選挙では、国政のみならず地方[6]における女性の政治参加の機会も増加した。二〇一五年総選挙前の状況は、州や管区域地域といった地方議会における女性議員は六二五議席中二五名と四%以下であり［San Yamin Aung and Solomon 2015］、村レベルではわずか〇・一%、村落区レベルでは皆無であったとされる［Burma Partnership 2015］。しかし、二〇一五年総選挙では、地方議会における女性議員比率は全体として国会

よりも高く、二〇一五年一一月現在、六二九議席中八一名の女性候補者が勝利し、女性比率は一二・八％となったとされる［Macgregor 2015a］。

今回の総選挙では、各党とも女性候補者の擁立に力を入れるとし、格差是正のため、自主的にクオータ制の導入も検討されていた（7）［San Yamin Aung and Solomon 2015］。その結果、NDF（国民民主勢力）は二〇％を女性候補者とするという努力目標を達成したが［Ei Ei Toe Lwin and Wa Lone 2015］、それ以外の政党は二〇％に満たない数値に留まった。たしかに、NLDは最も多い女性立候補者を擁立した政党であり、全立候補者の一五％に相当する一六八名を擁立したが、二〇一二年の補欠選挙では、全候補者の三割（四四名）を女性が占めていたことを考えると、NLDの女性候補者擁立割合は減ったことになる［Macgregor 2015b］。また、NDFと同じくクオータ制の導入を検討していたNUP（国民統一党）は、三三〇の選挙区で半分以上の女性候補者を立てるとしつつも［Hein Ko Soe 2015］、実際には全立候補者七五六名のうち一・四％にあたる七九名の女性候補者しか擁立できず、政権与党のUSDAに至っては七二名、七％に留まった［Yen Snaing 2015, Ei Ei Toe Lwin and Wa Lone 2015］。

以上、二〇一〇年総選挙及び二〇一二年補欠選挙と比較すると、二〇一五年総選挙ではたしかに女性の躍進は顕著であるといえる。しかし、約一〇％という国政における女性議員割合は、裏を返せば、議会の九割が男性議員で占められていることを示している。二〇一四年に実施されたセンサスの結果をみても、女性人口は男性より多い（8）ことを考えると、その割合の不均衡さは否めない［Census 2015］。また、女性の躍進がみられた二〇一五年総選挙結果をもってしても、女性議員比率はASEAN域内でも低位に留まる（9）［IPU HP］。

このように女性の政治参加が低調な背景には、複数の要因が考えられる。一つ目に軍政に対する不信を基盤とした、政治関与そのものに対する危険視が挙げられる。軍事政権下では政治に関わる機会はほぼ軍に限定されており、一般人の政治への関与とはすなわち民主化運動への参画を意味していた。軍政による度重なる弾圧の結果、政治への関与そのものが危険視されてきたという過去の記憶があり、その危惧が女性に政治参加をためらわせる要因となっている

[Sang Hnin Lian 2015, Myanmar Now 2015, Macgregor 2015a]。

二つ目に、女性に関する伝統的価値観の影響を指摘できる。NLD議長のアウン・サン・スー・チー氏の存在により、ミャンマーにおける女性の政治参加は進んでいるようにみえるが、実際には、独立から社会主義時代の一九八七年までの、議会における女性数と女性比率をみると、女性比が最も高い年でも三・一%、最も低い年では〇・五%に留まる[土佐二〇一三:三四]。このようにミャンマーで女性の政治参加が必ずしも進んでこなかった背景には、政治は男性の領域、家庭は女性の領域とする伝統的価値観が存在する。

実際、二〇一五年総選挙でも、「女性は使い物にならない」とインタビューで答えた党首がいたり(10)[Yen Snaing 2015]、女性の貞節のみを重視する伝統的価値観に基づき、女性候補者を侮辱する等の嫌がらせが、選挙キャンペーンとして行われた(11)[Myanmar Now 2015, England 2015]。また、特に国政の場合には、議会出席のため首都に八か月もの間滞在する必要があるため、女性候補者は家族に対する責任との間で板挟みになったり、本人に立候補の意思があっても、家族の同意を得られず断念するという傾向もみられる(12)[Ei Ei Toe Lwin and Wa Lone 2015]。さらに、たとえ政治活動をしていても、女性の役割は飲み物や食事の手配などの家内領域に限定され、一般に女性が意思決定に携わることは少ないとも言われる。

2　ビルマのジェンダーをめぐる議論

前項では、政治は男性の領域、家庭は女性の領域と対比的に捉えられていることを示したが、ミャンマーにおけるジェンダーに関する言説にはどのようなものがあるのだろうか。

冒頭でも述べたように、政治や宗教などの例外はあるものの、ビルマの女性は総じて「伝統的に」男性と対等に活躍し、その地位は他地域に比べ恵まれているといわれる。こうした言説は当該社会の女性自身によっても再生産されてきた［Mi Mi Khaing 1996(1946), 1984, Kyi Ma 1975, Saw Moun Hnin 2000(1976), Khin Myo Chit 1995(1978)］。

その源泉は、旅行記や植民地行政官の記録等にまで遡る。例えば、一九世紀に英国植民地行政官としてビルマに滞在していたホールは、西洋やインドの女性と違い、ビルマの女性は何にも縛られず、自分自身で活動する自由を持つとしている［Hall 1995 (1898) : 173］。このように、ビルマの女性の「高い」地位という言説は、西洋の視点から、他地域との比較の中で形成されてきたものであり、当該社会内の男性との比較ではない点に留意すべきである(13)。

こうした言説はその後も受け継がれ、特に軍政期に国内で出されたジェンダーに関する書物は、女性の地位の「高さ」を追認するものが多かった(14)［Win May 1995, ニー・ニー・ミィン二〇〇三］。根本は、高学歴女性の間で「フェミニズム運動」や「開発とジェンダー」といった話題が決して積極的に取り上げられず、男によって差別されているという実感がそれほどない可能性を指摘しており［根本一九九七：二五］、実際筆者も、「ビルマにおける女性の地位は高いので、フェミニズムというような西洋主義的な考えは、我々には必要ない」という大学の女性教員の声を聴いたこともある。

たしかに軍政期の男女間の賃金格差は、社会主義時代に比べ減っており(15)［ニー・ニー・ミィン 二〇〇三］、初・中等教育では女児の就学率は男児とわずかな差で低くなっているものの(16)、二〇〇四年度の高等教育における女子の就学率は男性の一・五倍であり、大学院レベルの平均は、男性の三倍にも及ぶ(17)［MWAF 2006 : 11-13］。しかしウィン・メイが全ての省庁で長官、取締役、議長、学長といった要職に就いている女性は五人しかおらず、閣議に参加し、大使として派遣される女性は皆無であるとするように［Win May 1995 : 64］、軍政期における女性の意思決定機関への参与は大幅に限られていた。閣僚ポストが退役軍人で占められていた軍政期には、「ガラスの天井」に阻まれた女性は、管理職に就くことが非常に困難である上、たとえ管理職についても、単独での意思決定はできなかった。

こうした男性中心主義的傾向は、軍政下で編まれた憲法にも反映されている。国家は全ての市民の法の下での平等を認め（三四七条）、国家による市民に対する差別を禁止し（三四八条）、賃金の男女格差を律している（三五〇条）。

一方、三五二条では、公務員採用時に性別等に基づく差別は禁止されているが、それには「男性にしかふさわしくない地位への男性の登用を妨げるものではない」という但し書きがついている。しかも、「男性にしかふさわしくない地位」の詳細についての記載はみられない［MOI 2008］。

ここから、軍政という男性中心主義的な支配体制下において、女性の地位の高さを示すことは、ある種の政治的意味を持つことがわかる。実際には、政治領域への参入は極めて限られ、女性はジェンダー規範のなかで許された分野でのみ活躍を許されていたにもかかわらず、女性の地位の高さを強調することは、民主主義や人権、フェミニズムといった西洋由来の言説を排除する意味でも、軍政のリベラルさを示す意味でも、重要な政治的意図を持っていたとみることができるだろう。したがって、前述の高学歴女性の語りは、こうした文脈の中で発されたものであることに留意すべきである。実際、軍政期には「ミャンマー母子福祉協会」や「ミャンマー女性問題委員会」、「ミャンマー女性企業家協会」など、女性に関わる「ＮＧＯ」が結成され、ミャンマー女性の手による女性の地位の「高さ」を記した文献の復刻版が相次いで出版されていた［Mi Mi Khaing 1996(1946), Sàw Moun Hnin 2000(1976), Khin Myo Chit 1995(1978)］。

ミャンマーの「女性の地位が高い」という言説は、オリエンタリストによる他地域との比較の中から登場し、当該社会にも浸透するようになった。しかし、ミャンマー社会のなかで男性と比較した場合、こうした言説は必ずしも常に当てはまる訳ではない。したがって、特定の分野における位置づけを取りあげて、それを自らの価値観に則って全体に敷衍することは慎むべきであり、それがいつどこで誰によって発されたものであるのかに留意する必要がある。また、複数の相反する言説が存在することを念頭に置きつつ、権力関係の網の目の中で、多様な状況にある個人をみていくことも重要であろう。

3　マイノリティへの暴力とその権利

次に、宗教におけるジェンダーを見てみたい。これまでの研究では、特に仏教的文脈を中心に、女性の宗教的・精神的劣位が繰り返し指摘されてきた[18]。上座仏教は出家を男性に限定するため、国際的な比丘尼サンガ復興活動もおこなわれているが、東南アジアの上座仏教社会では、比丘尼としての女性の正式な出家を認めるところはまだない。こうした出家の可否をめぐるジェンダー差もあり、ビルマ族を中心とする上座仏教徒の間では、経血に象徴される女性の再生産能力は、威徳の大きな仏塔や仏像の他、男性の身体に多く備わる「ポン」（徳）を減じるものとして危険視されてきた。シュエダゴン・パゴダやマンダレーのマハームニ・パヤーなどで、女性の接近が禁じられるのはこのためである。

このように、ミャンマー仏教は出家できる男性を中心とする家父長的な側面を有しているが、実は、二〇一五年の総選挙前に、それが色濃く打ち出される出来事があった。それは、「民族宗教保護法」と総称される四つの法案の成立である[19]。これらの法案は、反イスラームの排他的愛国主義を掲げる強硬派僧侶を中心とする「民族宗教保護協会」（通称マバタ）主導で起草されたものである。二〇一五年選挙戦の不利が囁かれていた政権与党はこれに追随することで、選挙権は持たないものの、軍に匹敵する人口規模を有し、民衆に対し絶大な影響力を誇るサンガを味方につけようとしたものと考えられる。実際、二〇一五年総選挙前には、「民族宗教保護協会」がイスラーム寄りとされるアウン・サン・スー・チー氏率いるＮＬＤに投票しないよう呼びかけを行っている。

「民族宗教保護法」は、①「改宗法」（the Religious Conversion Bill）[20]、②「仏教徒女性特別婚姻法」（the Buddhist Women's Special Marriage Bill）[21]、③「一夫一婦法」（the Monogamy Bill）[22]、④「人口統制保健法」（the Population Control Healthcare Bill）[23]の四法案から成る。

これらの草案が二〇一四年初頭に発表された後、「ミャンマー女性ネットワーク」傘下の諸団体をはじめとする女性の権利活動家らは、こぞって非難の声を上げた。二〇一四年五月初旬には、一〇八の市民社会組織が「仏教徒女性特別婚姻法」に反対する大統領宛の手紙とともに共同声明を発表し、一六六の女性の権利保護や開発を推進する人権ネットワークや宗教団体もこれを支持した［AWID 2014, Human Rights in Asean online platform HP］。

声明の概要をまとめると、以下のようになる。同法案は、女性は総じて男性より身体的、精神的に弱いため、管理、保護を要するという差別的信念に基づき、女性の自己決定権や選択の自由、主体性を制限するものである。ここから、同法案はミャンマーの仏教徒女性のみならず女性全体を差別するものであり、女性にのみ人種、宗教、文化、伝統の保存の責任を課す点で問題がある。また同法案は国際人権基準に合致しない上、ミャンマーが条約義務違反する(24)ことを意味するため、憲法を含む女性を差別する法や規制の修正や女性の政治領域への参加を促進し、女性に対するあらゆる暴力を禁止することこそが重要である。また同法案は、「政治目的での宗教の乱用を禁止する」とした憲法三六四条に反する他、国家の団結の実行と進行中の和平交渉プロセスを妨害し、宗教的紛争を更に煽る可能性があるとされている［Human Rights in Asean online platform HP］。

この共同声明発表後、すぐに急進的宗教ナショナリストである「九六九運動」(25)を展開していたマバタが、女性権利団体や市民社会組織などの「法案に反対する活動家は、国内問題に対する裏切り者」であるとの声明を出し、「海外の団体の支援を受け、国家に忠誠を誓うことも、公益のために働くこともせず、人権問題として取り上げるこれらの批評家を非難する」とした［Nyein Nyein 2014］。九六九運動の表看板であるアシン・ウィラトゥは、ザ・イラワディーのインタビューに対し、法案はムスリム男性から「女性を守る」ものであり、「女性の権利を侵害するものではない」と語っているが［Nyein Nyein 2014］、共同声明発表後少なくとも四名の活動家がオンライン・メッセージや電話を通して、「女性を守る」はずの法案の支持者から、殺人を含む脅迫を受けたとされる［Yen Snaing 2014］。

こうした法案に対する反対意見の一方で、マバタが一〇〇万人以上の署名を集めたという点にも留意する必要がある［Lawi Weng 2014］。実際、同法案通過後、「法案のおかげで自分自身あるいは家族の身を守ることができる」という安心感や、法案の必要性や重要性を訴える仏教徒女性の声も聞かれた。特に宗教対立が激化したラカイン州などに暮らす仏教徒女性は、自らの身体が危険な状態に曝されているという危機感を、皮膚感覚として感じていた可能性が高い。しかし、「ミャンマー女性ネットワーク」の代表アガタ・ヌ・ヌが、「なぜ九六九とマバタは仏教徒女性の事だけを考えて改宗法と異教徒間婚姻法を提出したのでしょう。国は国際法を採用し、女性に対する暴力に反する法律を作るべきです」というように［AWID 2014］、「女性を守る」はずの同法案には、女性が最も差し迫った危機として考える暴力を禁じる項目は入っていない(26)。

ここから、「民族宗教保護法」は、「異教徒から『攻撃されやすい』仏教徒女性を、我々が『保護』しなければならない」という、仏教徒男性の視点から作られたものであるといえる。その結果、周縁に位置するもの、すなわち非仏教徒だけでなく、正式な出家が認められず、宗教的・精神的劣位におかれる女性仏教徒の人権は、「保護」という名目で制限されることとなる。ここでの問題は、男性より可傷性の高い身体を有する女性を守る主体は誰で、どうそれを守るのかや、法案によって引き裂かれた女性たちの主体性をいかに捉え、両者が多様性を認めつつ手を携えるにはどうすべきかということであろう。

本稿では、ミャンマーにおけるジェンダーをめぐる問題として、政治と宗教における問題の一端を提示したが、他にも、少数民族戦闘地域における女性への暴力や性的少数者に対する差別など、多くの問題が存在する。今後も社会変動に伴い、加速度的に変化するジェンダーを注視する必要がある。

注

（1）ＩＤＥＡ（民主主義・選挙支援国際研究所）は、上院一二一名、下院二三一名、地方議員四四九名の計八〇一名という数値を出している［IDEA 2015］。一方、ＤＶＢは、上院一二一名、下院二二八名、地方議会四五四名としている［DVB and Eleven Media 2015］。

（2）民政移管後の選挙における、全立候補者と当選者数の女性比率は、以下の通り。二〇一〇年総選挙では、全立候補者数三〇六九名中女性は一一四名で、女性比率は三・七%、二〇一二年の補選では、全立候補者数一五七名中女性は二四名で、女性比率は一五・三%であった［土佐　二〇一三：三四］。ちなみにIDEAは、前回選挙の立候補者数を一一〇名、立候補者数全体の三%とし［IDEA 2015］、DVBは一〇一名（三・三%）としている［DVB and Eleven Media 2015］。

（3）シャン州等一部の選挙区では、治安上の理由から選挙の実施が見送られたため、二〇一五年一二月現在、下院の七議席が未確定となっている。

（4）六六四名で構成される連邦議会における女性数の内訳は、二〇一〇年総選挙では一九名、二・九%、二〇一二年補選の場合、一九名、四・四%である［土佐　二〇一三：三四］。

（5）二〇一五年一二月現在、軍は新たな国会議員の指名を行っておらず、現状では軍司令官指名枠一六六議席のうち女性議員数は二名である［Macgregor 2015a］。

（6）ミャンマーの地方区分は、以下の通り。地方は、各七つある州（State）と地方域（Region）の他、首都ネーピードーのある一つの連邦直轄領（Union Territory）、五つの自治管理区域（Self-Administered Zone）及び一つの自治管理区（Self-Administered Division）に大別される。州や地方域の場合、その下に県（District）があり、更に郡（Township）が来る。町の場合には、以下区（Ward）が、村落部の場合には、以下村落区（Village-Tract）、村（Village）と続く。

（7）NDFとNUPは、二〇一五年二月時点でジェンダーの不平等を是正するためのアファーマティブアクションとしてクオータ制の導入を検討していた［San Yamin Aung and Solomon 2015］。

（8）全人口約五一四七万人中、女性人口は二六六六万人、男性人口は二四八二万人である［Census 2015］。

（9）IPU（国際議会連合）による二〇一五年一一月一日現在の調査によると、ASEANに属する各国の女性議員比率の順位は以下の通り。四四位フィリピン（下院二七・二%、上院二五・〇%）。五一位ラオス（一院制二五%）、五二位ベトナム（一院制二四・三%）、五四位シンガポール（一院制二三・九%）、六八位カンボジア（下院二一・三%、上院一六・四%）、八一三位インドネシア（一院制一七・一%）、一一三位マレーシア（下院一・四%、上院二三・一%）、一一八位タイ（一院制六・一%）。ちなみに日本は一一六位で衆議院（下院）九・五%、参議院（上院）一五・七%となっている［IPU HP］。

（10）有力紙ザ・イラワディーのインタビューに対する、MFDP（ミャンマー農民発展党）党首チョー・ゾワ・ソー氏の発言。一方で、同党女性総書記のキン・タン・ウーは、党首を含め党全体で女性のエンパワーメントに力を入れているとし、同党の女性候補者は一二・五%（約四〇〇名中、五〇名程度）であった。党首の発言は、「子どもの失敗で親の気が動転するのと同様に、候補者として出てくる女性が、十分な資格を持たないことにいら立った情に基づく憤りである」と彼女はしているが［Yen Snaing 2015］、女性と子供を同一視する発言は、政治的領域において女性を周縁化し、不十分な行為主体とする点で、政治的領域における女性の在り方の一端を浮き彫りにするものといえる。

（11）独身女性候補者が、事実に基づかない性的な噂を流されたり、男性の支援者と村々を回る間に、支援者との関係を取り沙汰されるといった出来事があった［Myanmar Now 2015, England 2015］。

（12）愛国民主党（Wun Thar Nu Democratic Party）のマンダレー支部書記のナン・シュエ・チャーは二〇数名の女性に立候補を呼びかけたが、家族の意見を考慮した結果、最終的に三名しか残らなかったとしている［Myanmar Now 2015］。

（13）現在、歴史学において、女性の地位の「高さ」に関する言説の問い直しや、その構築過程についての研究が進んでいる［Ikeya 2011,

Tharaphi Than 2014]。また人類学でも、女性は象徴的・宗教的側面における劣位ゆえに、カネという世俗的な経済活動に携わらざるを得ないという場合もあるため、経済的側面における女性の活動が、必ずしも象徴的・宗教的領域における地位の「高さ」につながる訳ではないとされる。

(14) たとえば、ウィン・メイは、女性官僚や閣僚など意思決定にかかわる女性の少なさを指摘し、改善の余地はあるものの、現在に至るまで、歴史的な女性の地位の高さは連綿と続いているとしている [Win May 1995]。

(15) ちなみに、「女性問題連盟」は、男女間の賃金格差はないとしている [MWAF 2006 : 30]。「女性問題連盟」は、一九九六年に政府主導で作られた女性に関わるNGOである「ミャンマー女性問題委員会」の後継団体として二〇〇三年に設立された [土佐 二〇一三 : 二九]。

(16) 二〇〇四年度の初等教育の就学率は男児五〇・三%、女児四九・七%、中等教育就学率は男児五一・六六%、女児四八・三四%となっている [MWAF 2006 : 11]。

(17) [MWAF 2006 : 13] をもとに、二〇〇四年度の各専門分野(教育、科学技術、医療、農業、林業)での就学率の平均を取ると、男性二四・一五%、女性七五・八五%となる。

(18) 紙幅の制限上、邦文文献のみを挙げると、[土佐 一九九七、川並 二〇〇七、飯國 二〇一一、二〇一三] などがある。

(19) 二〇一五年五月二三日に「人口抑制保健法」が成立したことが明らかになり、八月二六日に「改宗法」と「仏教徒女性特別婚姻法」が成立、八月三一日に「一夫一婦法」が成立した。

(20) 「改宗法」は、改宗を希望する者が郡レベルで組織される「改宗関連登録組織」に申請を行い、その許可を得られた場合、改宗が許可されるというものである。改宗希望者は申請後、最長一八〇日間、希望する宗教の基礎や婚姻法、離婚と財産分与相続や子育てなどの慣習について学び、その後も改宗の意志が固ければ改宗できるとされ、悪意を持った改宗や、強制改宗、改宗希望者の妨害などには、罰則規定も設けられている。

(21) 「仏教徒女性特別婚姻法」は、仏教徒女性と非仏教徒男性との婚姻を規定するものである。両者の結婚申請に際しては、地方事務官の許可の下、一四日間の公示期間が規定され、カップルは反対がない限りにおいて結婚でき、同期間に反対意見があれば、全て法廷に持ち込まれる。二〇歳以下の仏教徒女性が非仏教徒との結婚する場合、両親の同意を要するとされ、財産分与等に関しては、慣習法上女性への分与規定のない非仏教徒男性であっても、分与しなければならない等、仏教徒女性の権利を保障する内容になっており、罰則規定も盛り込まれている。

(22) 「一夫一婦法」は、一人以上の配偶者を持つ、あるいは配偶者ではない未婚のパートナーと同居することを刑罰化するものである。同法は、他の現行法や宗教法、慣習法に先行し、いかなる男女の間の婚姻も一夫一婦である限りにおいて合法とすると規定する。また既に配偶者を持つ者は、その関係が法的に有効である間、第三者との結婚や違法な婚外関係を持ってはならないとされる。たとえ宗教法・慣習法上許される複婚をした場合でも、新たな婚姻は無効とされる他、刑法四九四条に基づき、複婚あるいは不貞行為を犯したものとして処罰される。また、最初の婚姻関係が法的に無効にならないうちに新たな婚姻関係に入った場合も、処罰される。

(23) 「人口統制保健法」は、特定地域の女性に、出産後三六か月の出産間隔を課すものである。出生率の加速や乳幼児あるいは母死亡率の増加、人口増加、国内移動に伴う低い社会経済指標と地域食料不足による人口と資源の不均衡など、地方の発展に影響を及ぼす事柄が認められる場合、州・地方域政府は「保健保護実施地区」の申請を大統領におこない、出生率を制限する大統領命令を求める権

(24) 限を持つ。特別地域としての地域の選定は、不必要であることがわかれば、無効となる。

(25) ミャンマーは一九九七年、CEDAW（女子に対するあらゆる形態の差別の撤廃に関する条約）に署名している。

(26) 仏教徒にとって最も重要な三宝（仏法僧）に含まれる、仏陀の九徳、法の六徳、僧の九徳の数字をとったもの。

(27) 但し、「仏教徒女性特別婚姻法」には、非仏教徒男性による仏教徒女性の配偶者に対する暴力に関する規定があるが、女性に対する暴力そのものを禁じる法案はまだない。

参考文献

AWID 2014 "Women's Rights Activists Resist Myanmar's Proposed 'Law on Protection of Race and Religion' http://www.awid.org/news-and-analysis/womens-rights-activists-resist-myanmars-proposed-law-protection-race-and-religion#sthash.JiAxWxt3.dpuf

Burma Partnership 2015 "2015 Elections Highlight Longstanding Gender Imbalance" http://www.burmapartnership.org/2015/09/2015-elections-highlight-longstanding-gender-imbalance/

Census 2015 The 2014 Myanmar Population and Housing Census The Union Report. https://drive.google.com/file/d/0B067GBtstE5TeUlIVjRjSjVzWlk/view

DVB and Eleven Media 2015 "2015 Election: Women account for 13% of candidates" http://www.dvb.no/news/2015-election-women-account-for-13-of-candidates-burma-myanmar/57024

Ei Ei Toe Lwin and Wa Lone 2015 "Women ready for tilt at more seats" Myanmar Times. http://www.mmtimes.com/index.php/national-news/16395-women-ready-for-tilt-at-more-seats.html

England, Charlotte 2015 "Female candidates face fierce, unfair fight in Myanmar's elections" The Guardian. http://www.theguardian.com/global-development/2015/nov/05/myanmar-elections-female-candidates-face-fierce-unfair-fight-cheery-zahau

Hein Ko Soe 2015 "NUP to encourage female candidates" Mizzima. http://archive-3.mizzima.com/mizzima-news/politics/item/10822-nup-to-encourage-female-candidates/10822-nup-to-encourage-female-candidates

Hall, H. Fielding 1995(1898) *The Soul of People*. Bangkok: White Orchid Press.

Human Rights in Asean online platform "Statement of Women's Groups and CSOs on preparation of draft Interfaith Marriage Law in Myanmar" http://humanrightsinasean.info/campaign/statement-women%E2%80%99s-groups-and-csos-preparation-draft-interfaith-marriage-law-myanmar.html#sthash.ODFlALHO.dpuf

IDEA 2015 "Facts about women, ethnic candidates in Myanmar elections" http://www.idea.int/asia_pacific/myanmar/facts-about-women-ethnic-candidates-in-myanmar-elections.cfm

飯國有佳子　二〇一三年　「自由な女性と不自由な女性―ジェンダー」田村克己・松田正彦（編）『ミャンマーを知るための60章』明石書店。

Ikeya, Chie 2011 *Refiguring Women, Colonialism, and Mondernity in Burma.* University of Hawai'i Press.

IPU "Women in national parliaments" http://www.ipu.org/wmn-e/classif.htm
川並宏子　二〇〇三年「仏教」田中雅一・川橋範子（編）『ジェンダーで学ぶ宗教学』世界思想社。
Khin Myo Chit 1978 *Colourful Burma:* a Collection of Stories and Sketches. Enlarged ed. Rangoon: Theikdi Sarzin.
Khin Myo Chit 1995(1978) *Colourful Myanmar.* 3rd ed. Yangon: Parami Bookshop.
Kyi Ma, Tetkáthout 1975 *Myanma ámyòdhámì làwká*.（『ミャンマー女性の世界』）Rangon: Sapei Beikman.
Lawi Weng 2014 "Rights Groups Say Interfaith Marriage Bill Is an Unnecessary Distraction" *The Irrawaddy.* http://www.irrawaddy.com/burma/rights-groups-say-interfaith-marriage-bill-unnecessary-distraction.html
Macgregor, Fiona 2015a "Woman MPs up, but hluttaw still 90% male" *Myanmar Times.* http://www.mmtimes.com/index.php/national-news/17910-woman-mps-up-but-hluttaw-still-90-male.html
Macgregor, Fiona 2015b "A new dawn for women's rights" *Myanmar Times.* http://www.mmtimes.com/index.php/opinion/17604-a-new-dawn-for-women-s-rights.html
Mi Mi Khaing 1996(1946) *Burmese Family.* Bangkok: Ava Publishing House.
Mi Mi Khaing 1984 *The World of Burmese Women*. London: Zed Books.
MOI (Ministry of Information) 2008 *Constitution of the Republic of the Union of Myanmar* 2008. Ministry of Information.
Myanmar Now 2015 "Despite record numbers, women candidates still face hurdles in Myanmar's male-heavy election" http://www.myanmar-now.org/news/i/?id=7de02293-1d0c-45b3-ab45-9cfa922cb28a
MWAF (Myanmar Women's Affair Federation) 2006 *Gender Statistics in Myanmar.*
ニー・ニー・ミイン、伊野憲治（訳）二〇〇三年『ミャンマーにおける女性の地位』アジア女性交流・研究フォーラム。
根本　敬　一九九七年「ヤンゴンの雨とヤンゴンの女性は支配できない？」田村克己・根本敬『アジア読本ビルマ』河出書房新社。
Nyein Nyein 2014 "Nationalist Monks Call NGOs 'Traitors' for Opposing Interfaith Marriage Bill" *The Irrawaddy* http://www.irrawaddy.com/burma/nationalist-monks-call-ngos-traitors-opposing-interfaith-marriage.html
San Yamin Aung and Solomon, Feliz 2015 "Political parties pilot gender quotas" *The Irrawaddy.* http://www.irrawaddy.com/election/news/political-parties-pilot-gender-quotas
Sàw Moun Hnìn 2000(1976) *Myanma ámyòdhámì*.（『ミャンマー女性』）Rangon: Myanma ámyòdhámì sìbwáreì swànhsaunrhinmyhà áthìn.
Tharaphi Than 2014 *Women in Modern Burma*. Routledge.
土佐桂子　一九九七年「社会の中の女性、精神世界の中の女性」田村克己・根本敬（編）『アジア読本ビルマ』河出書房新社。
土佐桂子　二〇一三年「ジェンダーの視点から見たミャンマーの民主化プロセス」『ジェンダー史学』九：二三―三八ページ。
Yen Snaing 2014 "Activists Face Violent Threats After Opposing Interfaith Marriage Bill" *The Irrawaddy.* http://www.irrawaddy.com/burma/activists-face-violent-threats-opposing-interfaith-marriage-bill.html/attachment/phone-blur
Yen Snaing 2015 "In November polls, odds already against women's empowerment" *The Irrawaddy.* http://www.irrawaddy.com/election/feature/in-november-polls-odds-already-against-womens-empowerment

第3章
ミャンマー人仏教徒の死生観

奥平龍二

ミャンマーは多民族からなる連邦国家である。その約九〇%が仏教徒であるといわれるが、主として、最大多数民族のビルマ族（約七〇%）をはじめ、かつてビルマ族と同様、仏教王国を築いたモン、ラカイン（アラカン）、シャンなどに加え、パオー、ポー・カレンなどの少数民族が仏教を信仰している。しかし、これらを総称してミャンマー人仏教徒という場合、当然のことながら、パーリ語聖典を戴く、いわゆる上座仏教徒から土俗の信仰と融合した民間仏教徒にいたるまで様々な仏教徒がおり、また、基本的に宗教信仰というものが飽くまで個人に関わることであるから当然のことながら、その深さにおいても人それぞれ受け止め方が異なり一様ではない。このことを前提としない限り、ミャンマー仏教の理解は難しい。

ここで問題にするのは仏教徒ミャンマー人の死生観である。よくミャンマー人仏教徒は来世志向が強く、この世は輪廻転生という気の遠くなるような長い道のりのほんの一里塚に過ぎず、来世でより高められた存在として再生できるよう、今世において出来る限り功徳を積むのだといわれる。他方で、あのナッ（精霊）の祭礼に見られるような現世での利益を追求しより良い暮らしを営みたいという願望も見受けられる。果たして、彼らミャンマー人仏教徒は、「死」といかに向き合いいかに生きるか、現世から来世へどのように渡ろうとしているのであろうか。

1　民間仏教と上座仏教

ミャンマーでは一一世紀中葉、バガン王国を中興しビルマ族の統一王朝を創始したアノーヤター王が南部ミャンマーのモン族の王都タトンに興隆していたスリランカ系の上座仏教（テーラーワーダ、長老の言説）を王都バガンに導入して政治的統合のための支えとしたと同時に、ミャンマーに一大宗教改革をもたらした。この仏教は、出家者（サンガ）中心の教団組織化された仏教であり、これ以前に、ピュー族、モン族、ラカイン族などの先住民が受容していたインド仏教（小乗＝上座部、大乗、密教系）とは明確に区分しておく必要があろう。というのは現代ミャンマー仏教を考える上で重要な意味を持つからである。

現代ミャンマーを眺めてみると、全国津々浦々に大小無数の仏塔や僧院が点在する事実だけでもミャンマーは紛れもなく仏教の国である。にもかかわらず、仏教徒としてどの程度仏教と深い関わりを持っているかということを考えた場合、パーリ三蔵聖典を学習し実践する出家僧の存在から、日々の生活の安寧を求めて仏壇に手を合わし僧侶が作った仏典の抜粋(1)を読誦し、あるいは仏塔にお参りしてブッダに祈りを捧げ、あるいは瞑想道場に出向き僧侶の説法を聞き、また座禅を組み瞑想にふけったりしながら、他方で先祖伝来のナッ（精霊）や神々にも供養を欠かさないという穏やかで平凡な民間仏教信者の存在まで、様々な仏教信仰のありようが窺える。

すなわち、上座仏教は、いわゆるスリランカ経由で伝来した本来出家者のための宗教であり、その拠り所となるものが律蔵、経蔵、および論蔵からなるパーリ語で書かれた三蔵聖典であり、また、その蔵外経典であるアッタカターー（註釈）やティーカー（復注）などである。その起源を辿れば、古くブッダ入滅後一〇〇年後に上座部（テーラヴァーダ）と大衆部（マハーサンギーカ）に根本分裂が起こり、さらに上座部全部で一一部派に分裂していく過程で、当初から保守的で厳格な教義を貫く本上座部（雪山部）の流れを汲む一派がスリランカに伝来し、マハーヴィハーラ

（大寺）派として確立し、一二世紀の王によってこの一派が最終的に唯一の正統派仏教として承認されたが、このマハーヴィハーラ派の仏教が今日ミャンマー、タイ、カンボジア、ラオスなど東南アジア大陸部にもたらされ興隆している仏教なのである。これに対して、後者、すなわち、一般仏教徒の民間仏教は、勿論、パーリ仏教、すなわち、パーリ語で書かれた三蔵聖典を独自で学ぶことはできるが、エリートのための難解な教えであるので、通常は聖典に通暁した高僧からやさしく現地語で解説を受け間接的に教えを受ける。それ故、一般仏教徒が日々の生活において、どれほどパーリ仏教に親しんでいるか、あるいはどれほど仏教理論を理解しているか、ということになれば、人さまざまである。この学習と実践は、在家のままでは容易ではなく、世間を離れ、同じ志を抱く出家者集団（サンガ）による厳しい修行あって習得可能な宗教である。それ故、一般仏教徒の民間仏教とは峻別して考えてみる必要がある。ただ、一般仏教徒、特に男子は一度は出家して僧院での修行を積む慣行があり、ひとたび、出家すれば、民間仏教を捨て聖典中心の上座仏教の実践をおこなうことになる。他方、還俗も許されることにより出家と在家の垣根は低いが、前者の社会的地位は後者に比べて比較にならないほど高い存在である。当然、上座仏教の社会への影響や民間仏教への影響も大きい。

では、一般仏教徒は、具体的に日々どのような信仰生活を送っているのであろうか。彼ら在家者の一般仏教徒に、どのような宗教を信仰しているかと問えば、きまって仏教と答え、ことさら上座仏教とは言わないのは、わざわざそういう必要がないからだという。しかし、ミャンマー人仏教徒が日常信仰している仏教を何と呼んでいるかと尋ねると、ミィヨウパラー・ボウッダバダー（*miyopala bouddabada*）だという。「ミィヨウパラー」とは、ビルマ語で「先祖伝来」を、「ボウッダバーダ」とは仏教を意味する言葉であるので、「先祖伝来の仏教」という意味である。ただ、この仏教は、単に「伝統仏教」とか「民間仏教」とかに言い換えるだけでは理解しにくい。両親、祖父母、親戚などが信仰している「血縁的仏教」と呼ぶべき性格のものなのである。この「血縁的仏教」はナッの供養も超能力信仰も一切合財を含んだ信仰であり、そのことに対して、一般仏教徒は何らの違和感もなく問題も生じない。その背景には、

写真　パゴダ参りをする仏教徒（シュエダゴン・パゴダ境内）

釈迦亡き後、民間に広まった素朴な仏舎利信仰がのち、仏塔信仰としてミャンマーの領域に伝わり、ピューやモンなどの先住民族に受け入れられていたものがビルマ族によって継承された事情がある。この仏教は、時を経て、次第にナッ（精霊）やインド伝来の神々なども包含した固有の信仰とも結び付いた地域仏教へと発展していった。この民間仏教には上座仏教のような聖典と呼びうる典籍が存在しない伝統慣行に基づく種々の儀礼の伴ったいわば八百万《やおよろず》の仏教と呼びうるものなのである。

2　「諸行無常」のことわり

もともと、古く一一世紀の半ば、バガンに統一王朝を築いたアノーヤター王が、政治的統合のための支配の正統性原理として公的宗教として導入したのがスリランカで大成した南方上座仏教であり、それは、本来出家者のための仏教であった。しかし、上座仏教は、出家僧のみならず、王権による手厚い保護と信仰で始まったものの、彼ら特権階級だけの占有物ではなく、何人も等しくねはん（涅槃）への到達を求める道を平等に提供してくれる教えであることが、時代の経過とともに次第に普く民衆の末端に至るまで流布し、今日では、ミャンマー国民の多数派が信仰する宗教として定着するに至ったゆえんである。では、ミャンマー人が魅せられた仏教とはどのような宗教なのであろうか。仏教とは、今から、二五〇〇年以上も前にインドのゴータマ・シッダルタ（のちの、ゴータマ・ブッダ、釈尊）が説いた教えであり、また、人間ゴータマ・シッダルタのように究極的に悟りを開いて完成された人格者になることを目指すことを説く教えでもある。それ故に、ミャンマーではゴータマ・ブッダはあくまでも「完成された人間」であり、われらに生きる道を示した先駆者として崇め奉るのであり、決してゴータマ・ブッダの像を「絶対者」とか「神」として崇めるのではなく、むしろ、人々はゴータマ・ブッダの像を通じて、悟りを開いた偉業を讃え、自分自身もゴータマ・ブッダのような存在になりたいと祈願するのである。

では、ゴータマ・ブッダの説いた仏教の原点にあるものは何か。シャカ族の王族としてカピラ城で幼少の頃から何不自由ない絢爛豪華な生活を送っていながら内省的であったゴータマ・シッダールタが妻子を捨て王宮を去り、剃髪して一人修行の旅に出た背景にあったもの、それは、「人生は苦なり」ということであった。楽しいはずの人生がなぜ「苦」なのだろうか。人はなぜ苦しむのであろうか。それは、人がこの世の存在が「無常」であることに対する認識を欠くからなのだと説いた。この世で何一つじっと留まっているものはない。この地球上に限らず、宇宙そのものが移ろい行く。何一つ永遠なるものはない。まさに「万物は流転する」。また、何一つ永遠なるものはない。生じたものは必ず滅亡する。造られたものいつか必ず壊れる。わが国の古典的名著として名高い平家物語には、人間世界の有様を称して、「諸行無常」であり「栄えるもの久しからず、盛者必衰のことわりをあらわす」、とも、また、方丈記には「行く川の流れは絶えずしてしかももとの水にあらず」とも「よどみに浮かぶうたかた（泡沫）は、かつ消えかつ結びて」と世の「無常」を表現している。同じような表現はミャンマーでも見られる。一二世紀後半ナラパティスィードゥー王治世下の大臣アーナンダトゥーリヤが王の逆鱗に触れ処刑される直前に詠んだ「自然のなりゆき」（ダマダー）という詩歌において、同大臣は、王宮の絢爛豪華な生活や幸福を「大海原の表面のうたかたのようなものに過ぎない」と譬え、さらに続けて、私が「仮に処刑を免れたところで、死を避けることはできない」(2)と。では、なぜこの世は「無常」なのだろうか。仏教では、ある条件が整うことを「縁」という。また、それによって起こる現象を「起」という。これが「縁起の法」と呼ばれるものである。また、ある原因があってその結果が生起することから、「因果」関係としても説明される。ゴータマ・ブッダはこの法、すなわち、「ことわり」を認識することの重要性を説いた。その卑近な例は、生・老・病・死という過程であり「生きとし生けるもの」すべてが避けて通れない「苦」の現実なのだ。ならば、この現実に目をそむけることなくありのままを受け入れ、自力でその「苦」から解放されるための厳しい努力を実践するしかない。遠くバガンのミャンマー人たちがブッダの教えを素直に受け入れそれを信じ敬虔な仏教徒になった所以であろう。

3　「自力本願」の理念――「己こそ寄る辺」

ゴータマ・ブッダは、「象がひとりで林の中をドシンドシン歩くように一人で行けといわれた」［友松 一九七四：一七九］という。これこそは、ブッダが説いた仏教の基本姿勢である。「自力本願」の姿勢である。ただし、原始仏教経典のひとつであり、のち、上座仏教経典として取り入れられたダンマパダ（『法句経』）の一節、「よくととのえしおのれこそ まことえがたき よるべをぞ獲ん」（『法句経』第一六〇パーリ偈句、友松訳 前掲書：一六七）とあるとおり、よく努力し鍛えあげた自分こそもっとも頼りになる救済者であると説いている。ミャンマー人は、キリスト教の絶対者の存在は承知していても、それを認めようとせず、「己こそ寄る辺」であり、自身の行いの結果が招く功徳運のみを信ずる。これは、上座仏教が絶対者（神）を立てない宗教［石井 一九六九：二七］といわれる所以である。

では、どうすれば、自身を「苦」から解放することを可能にするのであろうか。ブッダは「四聖諦」という考え方を説いた。「四聖諦」の「諦」（パーリ語 *sacca* パーリ借用ビルマ語 *thitsa*）とは「真理」の意で、「苦諦」（迷いながらの生存は苦そのもの）、「集諦」（苦が生起する原因）、「滅諦」（渇愛などの苦が完全に捨て去られた状態）および「道諦」（苦を滅ずるための道）の四つを指す。この「苦」の原因となる愛・憎や種々の煩悩を滅ずる手段として、上座仏教では、「八正道」、すなわち、（一）正しい物の見方をする、（二）正しく意思決定をする、（三）常に真実を語る、（四）殺生や盗みを行わず生類に対する慈しみの心を持つ、（五）規則正しい生活を送る、（六）善行を積み目的に向かって精進する、（七）正しい意識を持ちながら理想の実現を目指す及び（八）精神の統一を図る、という八つの正しい行為を実践することの重要性を説く。出家者も在家者もこぞってこの道を求め、究極的には、煩悩が吹き消された状態、迷いのない境地、すなわち、涅槃への到達を夢見て日々、忍耐強く修行に励む。上座仏教は、僧院で僧侶が在家者に説法したり、瞑想道場で僧侶の指導の下で、分かりやすく教授される。

4 「死」に対する心構え――輪廻転生

ミャンマー人仏教徒がとりわけ信じて疑わないのは「輪廻転生」の思想である。おおよそ仏教徒の誰に尋ねても九割以上の人(3)が来世を信じ、より良い再生、出来れば人間界に生まれ変わりたいという。そのために、今世で仏・法・僧に帰依し出来る限り功徳を積んで来世に備えたいという。しかし、これは、釈迦（ゴータマ・ブッダ）が説いた仏教にはなかった考え方であったといわれる。それを裏付ける挿話は「毒矢の譬え」(4)であろう。ゴータマ・ブッダが入涅槃の際、愛弟子アーナンダがブッダに死後の世界について尋ねた際、ブッダは死後の世界があるともないとも答えず、代わりに「毒矢の譬え」話［片山訳 中部経典第六三 小マールキャ経 一九九九：二二五―二二七］をしてアーナンダを納得させた有名な話がある。今、毒矢を放たれ傷を負った人が、この矢は誰がどこから放ったものか、などと尋ねているうちに、毒が全身に回って命を落としてしまうではないか。一番大切なことは、まず毒矢を抜き患部を治療することだ。それと同じで、人間の考えの及ばない死後の世界について詮索するより、現実の世界を直視しその法を知ることだと。しかし、ブッダの入滅後、バラモン教の「輪廻」観が仏教に影響を与え、ミャンマー人仏教徒の間でも、古くバガンの人たちにはじまり今日にいたるまで、何が輪廻転生するのか、我がなのか、霊魂がなのか、といったことが科学的に問われないままミャンマー人仏教徒の揺るぎない信念にさえなっている。ミャンマー人仏教徒にとっては、今世よりも来世のために「死」を意識する。来世があり、まだまだ続く「輪廻転生」を想定することによって、人間誰しも抱くであろう「死」への怖れを軽減しているかのようでもある。

このように、「輪廻転生」観は、ミャンマー人仏教徒にとって、自己の運命を左右する重要な考え方だけに、日々、良い行いを実践することによって「功徳」を積み上げ来世に備えるということになる。男子ならば最高なる功徳行為としての自らの出家、他者の出家支援、仏塔や僧院などの宗教施設への惜みない金品の寄進行為などは、大方のミャンマー人の日常生活なのだ。

5 現世利益と来世志向のはざま

仏教が「輪廻転生」の思想を取り入れ、人々の来世の運命にかかわる教えであること以外に、現世における幸福について仏教はどのように関わりを持つのであろうか。現在のミャンマーでは、僧侶が在家仏教徒のために「護呪経典」(パイェイッ)として攘災・招福のための特定の仏典(5)を選び、夫々の用途に応じて、在家者のために読誦することによって、人々の災難を除去し幸福を将来しようとする。

他方、どの国にもありえたことだが、外来の大宗教を受け入れる際には、それまで流布していた民族固有の信仰が、大宗教に取って代わられるだけではなく、その固有の信仰を取り込んでいくのが一般的である。ミャンマーの場合も、仏教を受容する以前から彼らが信仰していた土俗の信仰(精霊や神々)が大宗教である仏教によって置き換えられていく過程で、排除されずに取り込められていった。これらの固有の信仰は教義・教典を保持せず、ナッ（精霊）の神殿で祭祀や祭礼に霊媒（ナッガドー）が介在して人々の現世での様々な願い事を伝えるものから、自然界に宿る多様な精霊（ナッ）に平和で豊かな現世での生活を祈る。さらに、ヒンドゥー教の神々が仏教的に転化したもの、例えば、ブラフマ神（ビャマミン、梵天）、インドラ神（ダジャーミン、帝釈天）、ガネシャ（マハーペインネー、歓喜天）、サラスヴァティ（トゥーラダッティメードー、弁才天）などで、ミャンマー人のナッ（神）として祀られ、夫々の現世利益の祈りの対象となっている。加えて、一般のミャンマー人の日常生活において欠かせないものに超能力者信仰(6)や占星術などもあり、それらへの依存度も決して小さくはない。

にもかかわらず、ミャンマー人仏教徒、特に男性はナッの大祭などへの参加よりも、より仏教実践に重きを置く。正式の僧侶（比丘尼）になれない女性ですら、ティーラシン（仏教修道女）の道が開かれており、現在では若い世代もこの道を目指すものが増大している。また、全国各地にある瞑想道場では、特に多くの女性信者が高僧の説法を聞き、その指導のもとに厳しい瞑想修練を行う。その背景には、仏教を受け入れたミャンマー人の意識の奥に潜んでいる「無常」観があろう。「無常」を目の当たりにするのは、人が人の死に出遭った時である。何人にとっても、「死」以上の重大事件はない。「ケイッサ・シデー」は本来、特に、人の「不幸な出来事」（ター・イエー・ケイッサ、葬式、裁判などどちらかといえばマイナス・イメージの用事のとき）に使う言葉であったという。だからミャンマー人にとってはそれ以外のことは、「ケイッサ・マシバーブ」（大事なことではない、大したことではない、和製英語のドンマイに相当）なのだ。それほどまでに、「死」にまさる厳粛な現実はないのである。さらに、それがいつか間違いなく己の身に降りかかることであるからこそ、人の死に直面して、「無常」を実感するのである。その時、人は改めて、生・老・病・死をわが事として実感し居住まいを糺すのである。のみならず、「死」の前に、「貪欲」（ローバ）、「怒り」（ドータ）及び「蒙昧」（モーハ）という三つの悪行(7)が何の意味も持たないことを高僧たちは説き、そのことを折に触れ在家者に諭す。めまぐるしく発展する近代文明の利器にあまり浴してこなかった分、ミャンマー人は長い間己《おのれ》と向き合う時間、「死」を想念する時間、「無常」を意識し内面を観察する心のゆとりがあったともいえよう。しかし、社会が大きく変貌し近代化が進み行くミャンマーで、仏教徒の考え方はどのように変化していくのであろうか、注目されるところである。

おわりに

ともあれ、無常観が、ミャンマー人の国民性の形成を大きく左右したと言えるであろう。ミャンマー人の親戚縁者だけでなくすべての他者に対する思いやり、慈しみの心、やさしい笑みやまなざしは、やがて、死にいく「生きとしいけるもの」の運命共同体としての仲間意識からくるものなのではなかろうか。また、何事においても、執着心や物事へのこだわりの心を捨て、程よい「加減」で満足する気質、怒りや不快感を他者にあらわにしない穏やかな気質、人間のみならず地球上の「生きとしいけるもの」すべてに施したり、等しく分け与えたりする気配り、こういったことは、ミャンマー人仏教徒の本性というより、古くに上座仏教という清浄な教えと倫理・道徳の鏡を受け入れた時代を経て、そうあらねばならないという教訓として受け止め鍛錬してきたミャンマー人の自然に備わった心情なのではあるまいか。

注

(1) 例えば、瞑想センター(タータダナーイエイッター)などで使用されるビルマ語本 *wut-yut-sin* の類がある。
(2) Rev.Fredrich V. Lustig 編 *She-khit Myanma Kabya-mya*(〝ミャンマー古典詩集〟)(発行年不詳)Rangoon Gazette Limited. p.36(ビルマ語原文および英訳対照)に収められている。
(3) 池田正隆.一九九九。「ビルマ(ミャンマー)仏教徒の生活と信仰」『真宗文化』一九―三一頁で、一九九八年八月にミャンマーで行なったアンケート調査で、ミャンマー人仏教徒の三七人中、三三人が来世を信じると答えている。(二四頁)

（4）ゴータマ・ブッダは、静かな場所で一人瞑想に耽っていたマールキャプッタから死後の世界について質問を受けた際、そのような形而上学的な問題に対しては沈黙を守ったといわれる立場を最も良く例証している［前田一九九六：二一四―二一九参照］

（5）ミャンマーでは、ラタナ・スッタ（宝経）、メッタ・スッタ（慈経、マンガラ・スッタ（吉祥経）など、効用に応じて一一種の「護呪経典」が使用されている［池田一九九五年：一八五参照］これらの仏典には呪術的な機能を備えているものと考えられ、例えば、僧侶は在家者に他人の怨みごとに対処するためにはメッタ・スッタ（慈経）、祝い事に際してはマンガラ・スッタ（吉祥経）を読誦する。また、僧侶がいくつかの経典から抜粋して読誦することもある。

（6）ミャンマーの著名な仏塔には、ボーボーアウン Bo Bo Aung）やボーミンガウン(Bo Min Gaung)の人物像が配置されているが、これらは歴史的に実在した人物で、今も生きて人々を救済していると信じられている。これは一般的にウェイザー信仰として知られ、特に都市部のミャンマー人仏教徒の間では仏教の神格化された存在と考えられている。ウェイザー信仰に関しては、土佐桂子（二〇〇〇年）に詳しく解説し論じられている。

（7）これらの三悪は、「煩悩」を意味するパーリ語 *klesa* の主たる悪業で、「心身を乱し悩ませる汚れた心的活動」［岩波 仏教辞典 二〇〇二：945］に属す。

参考文献

池田正隆　一九九五年『ビルマ仏教―その歴史と儀礼信仰―』法藏館。
石井米雄　一九六九年『戒律の救い』淡交社。
片山一良（訳）一九九九年『パーリ仏典 中部（マッジマニカーヤ）中分五十経篇I』大蔵出版。
フジタ ヴァンテ編・奥平龍二監修　一九九七年『ミャンマー 慈しみの文化と伝統』東京美術。
土佐桂子　二〇〇〇年『ビルマのウェイザー信仰』勁草書房。
友松圓諦　一九七四年『法句経講義』雪華社。
前田專學　一九九六年『ブッダを語る』日本放送出版会。

バガンの寺院めぐりをする乗合馬車

コラム17　水野明日香　扇椰子をめぐる問題

ミャンマーには、タラヤシ（ビルマ名：*pe bin*, ラテン名：*Corypha elata*, カッコ内の名称の順序は以下同様）、コヤシ（*oung bin*, *Cocos nucifera*）、ビンロウジュ（*kundhi bin*, *Areca catechu*）、ニッパヤシ（*dani bin*, *Nipa fruticans*）、キレハマルオウギヤシ（*salu bin*, *Licuala peltata*）など多くの種類のヤシが生息し、実、葉、幹が食用、飲料、嗜好品、日用品、壁や屋根など家屋の建材として様々に利用されてきた。中でもオオギヤシ（以下、扇椰子）（*than bin*, *Borassus flabellifer*）は、古くからビルマ族が居住していた上ビルマに多く生息し、パガン時代の碑文には、扇椰子の植栽や利用方法、寺への寄進についての記載が見られ、扇椰子の利用が産業として既に確立していたことがうかがわれる［Maung Lin Thu 1989: 13-15］。

扇椰子から作られる産物の中でも、とりわけ重要なものはヤシ糖である。ヤシ糖は植民地時代以前には、ハチミツを除いて唯一の甘味料であり、人々の日常生活で欠かせない食品であった。一九六〇年には人々の甘味の中心はまだヤシ糖であり、製造量は約五万トン、一人あたりの消費量は年間約二・五キログラム程度であったと推計されている［水野二〇一五：五五］。既成の菓子を手に入れるのが難しかった時代には、ヤシ糖とローストした豆は農村部での客人へのおもてなしの定番であり、仏像へのお供えや托鉢用にも需要は大きかった。ヤシ糖は消化を助けるとも言われ、特に老人は食後に一つまみしたものである。現在でも人々が大好きな甘味であり、伝統的な菓子や薬にも使われている。植民地時代に行われた推定では、ヤシ糖の四割は製菓に利用され、三割はそのまま食された。残りの二割がアルコール原料、一割は飲料や製薬に使用されていた［Director of Agriculture 1951: 1, 9-10］。

ヤシ糖は扇椰子の花序の花茎および花梗から採取される糖液を煮詰めて作られる。糖液が採取可能な時期は、場所によっても異なるが、雄株でおよそ三月から六月、

写真1　扇椰子

雌株は六月から十月の計八ヶ月である。採取時期は三つに分けられる。第一の採取時期は、雄株の花が咲き始める三月から四月である。この時期の花序は厚い鞘に被われており、これを尖ったナイフで取り除き、広がる花序をヤシの葉を利用した紐で束ねた後、花序の先から三分の一くらいを刀で切り落とし、素焼きの小さな壺を数個、先端に紐で吊るして採取される。しばしば薄く切込みを入れながら、一つの花序で四〇日くらい採取される。五月から六月になると第二の採取時期となる。この時期には、花序の上部を覆っていた鞘は落ちているので、剥き出しの花序は木製の大きなハサミでゆっくりと圧力をかけながら絞られ、その後は第一の時期と同様に糖液が採取される。雄株からの採取時期が終わる頃には、雌株からの採取も始まる。雌株の場合には、花序についた果実と花柄を金槌で砕いてから採取が行われる[Maung Lin Thu 1989: 53-67, 101-114; Director of Agriculture 1951: 13-15]。

採取した糖液を煮詰めてヤシ糖を作る作業は一家総出で行われる。糖液を溜める壺は毎日朝晩、交換されるが、登り手は糖液が入った壺を樹の根元に置いておく。これを竈のある小屋まで運び、次に取り付ける壺を樹の根元に準備しておくのは、かつては子供たちの仕事であった。一九八九年に出版された本でもまだ子供の仕事と書かれている。これはしばしば子供が小学校を中退する原因であった。糖液を煮詰めるのは妻の仕事である。竈は細長い窪みで作られ、ここに中華鍋が三個と大鍋が二個程度並べられる。糖液は、工程によりこれらの鍋を使い分けながら煮詰められ、仕上げは木のへらですくい成形される。一ガロン（四・五リットル）の糖液から約一ポンド（四五四グラム）のヤシ糖が作られる[Maung Lin Thu 1989: 138, 153-161; Director of Agriculture 1951: 15-16]。

平均的な登り手は、一日に四〇から五〇本のヤシに登り、一シーズンで登るヤシ樹の本数は八〇から百本に達する。朝は暗い内から午後は日没まで、高さ三〇メートルを超えるヤシに登り、糖液を採取する労働は過酷であり、危険を伴う。落下事故は稀なことではない。そのためヤシ樹の所有者が自ら採取することは少なく、ヤシは登り手に貸し出される。ヤシの賃貸は、一般的には製造されたヤシ糖の三分の一にも達する。ヤシの糖液の採取、ヤシ糖の製造は、農村部で最も貧しい最下層の人の仕事として知られている。これは扇椰子をめぐる問題の一つである。また、ヤシ糖の製造は燃料に大量の薪を必要とするため、かつて扇椰子は「木を食べる鬼」と呼ばれ、森林破壊の原因と見なされていた。これもまた扇椰子をめぐる問題である [Maung Lin Thu 1989: 82-83, 161; Director of Agriculture 1951: 4-5, 19]。

写真２　市場で売られるヤシ糖

写真３　糖液を採取する壺

近年は新たな問題にも直面している。一つは消費がグローバル化するなかでの人々の嗜好の変化である。ヤシ糖の製造量自体は近年でも増加していると思われるが、現在では甘味はチョコレートやケーキなど多様化し、西洋の風味が好まれるようになっている。それでもミャンマーの人々が甘蔗糖とは風味の異なるヤシ糖を求めなくなることはないだろう。しかしながらもう一つ直面している問題はヤシ糖の作り手が今後も存続するかである。糖液の採取は厳しい労働であり、人がやりたがる仕事ではないが機械化は難しい。

参考文献

Director of Agriculture. 1951 (Reprinted). *Burma, Market Section, Survey No.16, Palm Jaggery*. Rangoon: Supdt., Govt. Printing and Stationery Burma.

Maung Lin Thu. 1989. *Than hnin Thanloutngan Saingya Thi Kaungsaya* (扇椰子と扇椰子の仕事にかかわる知っておくべきこと) Yangon: Sape-beikman.

水野明日香　二〇一五年「グローバル化されるもの・されないもの―ミャンマーにおけるヤシ糖生産の動向」亜細亜大学経済学会『経済学紀要』第三九巻第１／２号。

第4章
あるＮＧＯの現場報告

中川善雄

1　アジアで最も長く続く内戦地、カレン州に挑む（1）

AAR Japan（難民を助ける会、Association for Aid and Relief, Japan）は、ミャンマー南東部に位置するカレン（カイン）州で地雷対策を実施するべく、二〇一三年五月から同州での調査活動を開始した。同年七月からは同州の州都パアンに事務所を設立し、本格的な地雷対策に向けて調整を進めている。

ミャンマー独立直後の一九四九年、カレン族の自治権やカレン州の領土をめぐり、ミャンマー政府と意見が対立、およびミャンマー軍によるカレン族への弾圧などが原因となって、武器を手にした勢力「ＫＮＵ（カレン民族同盟）」による反政府運動が発展、内戦が勃発した[MPSI 2014:2]。六〇年以上続く内戦の中で、ＫＮＵから派生した「ＤＫＢＡ（民主カレン仏教徒軍）」をはじめ複数の少数民族グループが内戦に参加したことで、カレン州の情勢は混乱を極めた。

二〇一二年、テイン・セイン大統領率いる新政府はＫＮＵやＤＫＢＡを含む少数民族武装勢力と停戦合意したものの、六〇年以上の内戦がカレン州内の人々の生活にもたらした被害は甚大であり、人々が安心して暮らすことができる生活を取り戻すためには国際社会からの支援が欠かせない状況である。

とくに、カレン州内の内戦地に居住していた人々は故郷を追われ、約二五万人が国内避難民となり、約一三万人が難民としてタイ国境沿いの難民キャンプで生活しているといわれている[Jolliffe 2014:1]。今後、和平協定の進捗によって内戦から逃れたカレン州の国内避難民やタイ側へ避難した国外避難民の帰還が期待されている。しかしながら、帰還後の再定住地域において、生計手段や教育などを含め彼らの生活が困難を極めることは明らかである。その中でも、六〇年以上の内戦で使われた多くの地雷が人々に与える影響は大きく、地雷によって汚染された土地は彼らの帰還だけでなく帰還後の生活を脅かす要因にもなる。

2 カレン州の地雷汚染の現状と対策

ミャンマーは世界最悪の地雷汚染国のひとつといわれており、一九九九年から二〇一二年の一四年間に報告されただけでも、地雷被害者数は三三四九名にも上る [LCMM 2014:11]。内戦が最も激しかったカレン州はミャンマーの中でも地雷の被害が深刻であり、二〇一三年に報告されたミャンマー国内における地雷被害数約四五〇名のうち、約三〇〇名が同州での被害者である [NPA 2014:1]。地雷の多くは、政府軍や少数民族武装勢力によって埋設されたものだが、村落住民が政府軍や武装勢力の侵入を防ぐために地雷を使用した例も報告されている [LCMM 2014:5-7] [LCMM 2013:6]。これらの地雷は、内戦終結後も長く人を傷つけ、さらに除去が進まない土地での農業や地域開発の妨げとなるなど、経済発展にも大きな影響を及ぼしている。

二〇一二年一月の停戦合意以降も、ミャンマーは対人地雷禁止条約（オタワ条約）に署名をしていないものの、国際社会の場で地雷問題について言及するようになったことは大きな第一歩と言える。しかし二〇一二年一二月に開催されたASEAN首脳会議では、テイン・セイン大統領が地雷について「人々の生命や財産の保護のために地雷を使用することは必要だが、必要以上に地雷を使うことには反対である [NLM press 2012:9]」と発言しており、また、地雷禁止国際キャンペーン（International Campaign to Ban Landmines：ICBL）の代表団とアウン・ミン大統領府大臣の会合（二〇一三年五月）では、「地雷除去は必要だが、少数民族武装勢力との問題が解決するまで地雷除去を進めるのは難しい」と発言している[LCMM 2014:3]。これらの発言からもわかるように、地雷問題はミャンマーにとっていまだ微妙な問題であり、少数民族武装勢力との和平協定に大きく影響する問題であると推察される。

少数民族武装勢力の中でも最大規模のKNUを抱えるカレン州では、地雷問題に対してさらに厳しい姿勢を見せている。カレン州は地雷被害が深刻であるにも関わらず、他州に比べて地雷対策は遅れており、地雷による被害を回避するための知識を普及する「地雷回避教育」や地雷被害にあった人々を支援するための「被害者支援」はほとんど実施されていない。地雷被害が集中する村落部では、「注意すれば自分で地雷を除去できる」といった間違った知識が普及し、地雷被害者への支援においては、赤十字国際委員会による助成のもとミャンマー赤十字社が義足などの移動補助具を提供する支援はなされているものの、就学・就労支援など、被害者の生計を支援するような事業は実施されていない。

3　AAR Japan カレン州での活動

AAR Japan はジャパン・プラットフォーム(2)少数民族帰還民支援プログラムのもと、「カレン州における地雷回避教育および地雷被害者を含む障害者支援」事業を開始した。プログラム実施期間は二〇一三年七月～二〇一六年三月である。

(1) 地雷回避教育

地雷回避教育用の教材を構成する重要な要素は、「地雷・不発弾の種類」「埋設場所」「適切な回避方法」などであり、地雷回避教育を実施する団体は、教材を通じて、地雷の危険性や被害を回避するための必要な知識を人々に普及する。しかしながら、ミャンマーにはそのような地雷回避教育用教材が存在しない。そのため、地雷回避教育の実績をもつ国連機関や海外NGOが独自に制作するか、もしくは他国で使用されている地雷回避教育用教材を活用し、一部の州で導入しているというのが現状である。とくに、カレン州では地雷対策活動が許可されていないため、既に地雷回避教育などが導入されている一部の州と比して教材が存在しておらず、地雷や不発弾による被害を回避するための適切な知識や方法が普及していない。

AAR Japanは、カレン州の言語や文化に合う地雷回避教育用教材を制作するべく、既に他州で教材制作に取り組んでいた国際NGOに協力を仰ぎ、教材制作に必要な情報収集を開始した。カレン州政府が地雷回避教育に対し、とくに敏感であったため、情報収集には予想以上の時間を要した。制作を予定していた教材の種類は、地雷の危険性などを伝えるための紙芝居や地雷の種類を描写したポスターなどであったが、制作過程における州政府からの干渉は厳しく、教材内容に対する規制も多かった。例えば、教材へ地雷の写真を掲載することは禁じられ、埋設場所を想定させるような軍用基地の描写も規制された。われわれは、できる限り実物の地雷に近い描写になるまでイラストを何度も修正したり、地雷被害の多い村落部の生活習慣を取り入れたイラストを用いたりするなどの工夫をして、全六種類の地雷回避教育用教材をおおむね完成させた。これらの教材を完成させるためには実際に村落住民を対象にフィールドテストを行わなければならない。

当初、これらの教材が完成した後、カレン州において地雷回避教育の講習会を実施する予定であったが、州政府の地雷回避教育に対する方針が事業開始後に急遽変更され、一時中止することになった。地雷回避教育の実施は大統領府管轄下のミャンマー平和センターと交わした文書でも合意され、ミャンマー政府も許可していたにも関わらず、突然の出来事であった。地雷回避教育に係るすべての事業を中止するよう州政府から要請があったことについて、具体的な理由は説明されなかったものの、カレン州の少数民族武装勢力との和平プロセスに向けた停戦合意が影響していることが考えられる。地雷回避教育を通じて、「地雷」という兵器に焦点が当てられることで、複雑かつ微妙な政治・社会状況のバランスが崩れることをカレン州政府が懸念しているのではないかと推察される。これらの突然の方針転換により、カレン州における地雷回避教育の実施はいまだかなわない状況ではあるが、われわれの制作した教材を参考にしたいという要望が他州で活動中の国際ＮＧＯからあり、以降は教材の完成に向けて作業を続けているところである。

（2）地雷被害者を含む障害者支援

AAR Japan は、包括的な地雷対策を行うべく、地雷被害者支援事業も実施している。カレン州には、内戦から逃れた国内避難民や障害者が多く居住する村が幾つか存在する。カレン州政府との協議を経て、そのうちの一つであるカレン州都パアンから北東部に位置するラインブエ地域のティサエイミャイン村で事業を開始した。カレン州では基本的に州政府が事前調査地・事業地を選定するため、支援団体が調査結果に基づいて独自に決めることはできない。AAR Japan が同村以外の地域におけるニーズ調査実施を州政府へ申請した際、許可が降りなかったことがあるなど、国際機関やＮＧＯの活動は厳しく管理されている。

写真１　撮影日：2014 年 4 月 10 日、場所：ラインブエタウンシップ、カレン州（筆者撮影）AAR Japan が舗装した村内の主要道路（写真中央）を利用する村人。写真中央手前の二人はともに地雷被害者。

同村は約一五〇〇名の村民が居住しているが、そのうち九四名は地雷被害者である。村内の生活用道路や給水設備は未整備のため、特に地雷被害者を含む下肢障害や視覚障害のある人々は不便な生活を強いられていた。村内の主要道路は未舗装で大小の石や岩が無数に転がり、雨季の豪雨で深い溝もできており、障害者だけではなく子どもたちが利用するのも危険な状態であった。また、住民が生活用水を得る貯水槽には屋根がなく、周囲には石や岩が転がり、不衛生かつ危険な状態であった。世帯あたりの貯水槽の数も不足していたため、水浴びの回数も少なくなり皮膚病や感染症を引き起こす恐れもあった。AAR Japan は住民からの

写真2　撮影日：2014年8月26日、場所：ラインブエタウンシップ、カレン州（筆者撮影）上水道の修理等を行い衛生環境の改善に取り組んだ。自宅の近くで水を汲むことができるようになり、住民の負担が軽減された。

要望が高かった貯水槽の修理・新設、村内の主要道路の舗装、橋の設置を行った。これらの活動により、子どもや障害者が村内を安全に移動し、安心して水を得られる環境を整備した。また、住民主体の水管理委員会も組織し、整備した貯水槽の掃除や修理等の管理を住民自身が行う体制も整えた。現在は、同村で不足している公衆トイレの整備や村内の上水道の修理等を行い、衛生環境の改善にも取り組んでいる。公衆トイレには、バリアフリー設計を取り入れることで、障害の有無に関わらず、誰もが利用しやすい生活環境を作り出すことを目指している。

（3）洪水被災者緊急支援

カレン州では毎年雨季になると、集中豪雨によって川が氾濫し、酷いときには各地で洪水が発生する。AAR Japanが事務所を開設した二〇一三年に起こった集中豪雨は、カレン州でも十年に一度と言われるほどの雨量であった。豪雨と河川の氾濫は鉄砲水を引き起こし、三万三千人以上が避難する事態となった［OCHA 2013:1］。およそ二カ月間、断続的に降り続いた集中豪雨は、備蓄していた食糧だけでなく、生活用品、種モミ、家畜を流し去り、井戸を泥水で汚染するなど、人々の生活に大きな被害を及ぼした。中央政府はカレン州に対し、約一一万一千ドル相当の食糧、医薬品、復興補助金を供与したが、被災状況が甚大であったため、それらの供与だけでは足りず、国際社会からの援助を要請した［OCHA 2013:1］。それに応えるように、国連機関およびAAR Japanを含む国際ＮＧＯ約十団体が食糧や生活必需品等を配布した。

カレン州政府は国際社会へ支援を要請したものの、国際援助機関に対する管理は厳しく、国際職員が物資配布に同行することは決して許されず、州政府が主催する緊急支援調整会議に外国人が出席すること、国際機関や国際ＮＧＯ

が独自に会議を開催して情報交換することも禁止された。

このような厳しい管理体制の中、AAR Japanは現地職員六名とともに、二〇一三年八月～一〇月初旬までの約二ヵ月間、被害が甚大にもかかわらず国際社会からの支援が行き届いていなかった二〇村落で食糧や生活必需品などの緊急支援物資を配布した。日本人職員は村落へ同行することはできなかったが、現地職員が円滑に配布活動をできるよう配布手順を入念に打ち合わせるとともに、物資調達や通信手段の手配などを進め、計七〇五世帯に緊急支援物資を配布した。支援対象地の中には、ぬかるんだ道を徒歩で進んだ後、さらにボートを使って川を渡り、片道三時間かけてようやく辿り着くことができる村落もあった。これらの村落は交通アクセスが非常に悪かったこともあり、これまで一度も国際社会による支援が行き届いていなかった。AAR Japanの現地職員が訪問した際には、村民から「国際社会から忘れ去られていなかった」「こんな遠くまで来てくれて本当にありがとう」といった感謝の声を聞くことができた。これも、ミャンマーという国、とくにカレン州がこれまで国際社会に対し閉鎖的であったことを推察させる。

（4）AAR Japanによる今後の支援

ミャンマーはテイン・セイン大統領が就任した後、新政府主導による民主化、国民和解（少数民族との和平交渉、停戦合意の推進）、経済改革に向けた取り組みは大きく注目されている。政府と少数民族武装勢力との対話が続けられ、全国的な停戦協定に向けた取り組みも行われている。社会情勢の変化は激しく今後の見通しは不透明であるが、国内避難民や周辺国に逃れた難民の帰還が議論され始めている。帰還に際しては国内避難民や難民が中心となり、地域関係者とともにプロセスに参加し、社会的に弱い立場にある女性、高齢者、子ども、障害者、などに配慮する必要があろう。

本稿の執筆に当たって、カレン州出身の現地職員に和平プロセスによる影響を尋ねたところ、「自由に移動できるようになった」、「政府軍の徴税や強制労働に駆り出されることがなくなった」ことが挙げられた。彼が幼かった時、父親と兄弟が過酷な強制労働へ駆り出され、戻ってきたときには衰弱しきっていたという。人々が六〇年以上にわたる内戦で受けた恐怖や不安は計り知れない。彼はカレン州に住む人々が政府へ不信感を抱かなくなるのは次の世代より後ではないかとも述べていた。人々が何より望むのは平和であり、二度と内戦に巻き込まれずに暮らしたいと切に願っている。和平プロセスの先行きは依然として不透明であり、進展しても地雷による汚染など、まだ取り組むべき課題は多いが、人々の安全が保障されて安心して生活できる日が一日も早く来るように活動を続けていきたい。

注

（1）本報告は執筆時の二〇一四年九月現在の内容である。

（2）ＮＧＯ、経済界、政府が対等なパートナーシップの下、三者一体となり、それぞれの特性・資源を活かし協力・連携して、難民発生時・自然災害時の緊急援助をより効率的かつ迅速に行うための日本のシステム。

略号

MPSI=The Myanmar Peace Support Initiative
LCMM=Landmine & Cluster Munition Monitor
NPA=Norwegian People's Aid Myanmar
NLM=The New Light of Myanmar
OCHA=United Nations Office for the Coordination of Humanitarian Affairs

引用文献

Jolliffe, Kim. 2014. *Ceasefires and durable solutions in Myanmar: a lessons learned review.* Switzerland: Policy Development and Evaluation Service United Nations High Commissioner for Refugees.

Landmine & Cluster Munition Monitor. 2013. *Landmine Monitor Report Myanmar/Burma 2012*. Yangon.

Landmine & Cluster Munition Monitor. 2014. *Landmine Monitor Report Myanmar/Burma 2013*. Yangon.

Norwegian People's Aid Myanmar. 2014. *Mine Accident Data in Myanmar.*

The Myanmar Peace Support Initiative. 2014. *Lessons Learned from MPSI's work supporting the peace process in Myanmar: March 2012 to March 2014*. Yangon.

The New Light of Myanmar Press. 2012. *The New Light of Myanmar* Vol. XX, Number 213. Nay Pyi Taw: The News and Periodicals Enterprise, Ministry of Information of the Republic of the Union of Myanmar.

United Nations Office for the Coordination of Humanitarian Affairs. July 2013. *Humanitarian Bulletin Myanmar Issue* 06/ 1-31 July 2013.

第5章
難民と国際協力の問題

田辺寿夫

1　難民から定住者へ

二〇一五年六月末現在、日本には一万二一三二人（短期滞在者を含めると一万二五九〇人）[1]のミャンマー国籍者が住んでいる。ちなみに日本に住む外国人の総数は二〇一五年六月末現在で二一七万二八六六人に上る。国籍別に見ると中国・台湾籍の約七〇万人、韓国・朝鮮籍の約五〇万人が群を抜いている。アセアン諸国出身の日本滞在者はフィリピンが二二万人ともっとも多く、タイは四万人強、インドネシアが三万人強、それにつづくのがミャンマーである。

在日ミャンマー人の数は一時期一万人を割り込んでいたが、ここ数年漸増の傾向を見せている。二〇一二年から各年次のいずれも一二月末における数字を見ると、二〇一二年八〇四六人、二〇一三年八六〇〇人、二〇一四年一万二五二人と年を追って増加してきている[2]。周知のとおりミャンマーでは二〇一一年三月末に一九八八年九月以来の軍事政権による施政が終焉した。二〇一〇年一一月に実施された総選挙によって選ばれた国民議院（下院）、民族議院（上院。ただし両院それぞれの総定員の二五％は選挙を経ない国軍議員が占める）から選出されたテイン・セイン大統領が政権を組織し、いわゆるデモクラシー・ピュウビンピャウンレーイエー（民主化改革）をめざす政治改革がはじまった。母国でのこうした動きは在日ミャンマー人の動向にも影響が及んでいる。軍事政権時代（二〇一〇年）と現在の在日ミャンマー人の状況を比べてみると、総数は八五七七人から一万二〇〇〇人強に増えた。そのほかにもいくつかの変化に気づく。留学生の数は、一六八四人から三〇七五人へとほぼ倍増している。研修生（技能実習生）は一五〇人ぐらいだったのが一四〇〇人ぐらいに、こちらは一〇倍もの増加が見られる。日本の企業で働く、あるいは自ら起業して経済活動をすることができる「人文知識・国際業務」のビザを取得して日本で働くミャンマー人は二〇一〇年には四三一人にすぎなかったが、現在では一二七九人と三倍に増えている(3)。こうした変化は日本とミャンマーの関係がいわば正常な状態で機能しつつあることを示している。

一方で、一時期多かったミャンマー国籍者の難民認定申請者および難民認定者、難民としては認めないが人道上の配慮から在留を認められる（在留特別許可）人の数は減りつつある。ここでいう難民とは日本も加盟している難民条約（難民の地位に関する条約およびその議定書）の定義に該当する人である。その定義とは「人種、宗教、国籍もしくは特定の社会的集団の構成員であること、または、政治的意見を理由に迫害を受けるおそれがあるという十分に理由のある恐怖を有するために、国籍国の外にいる者であって、その国籍国の保護を受けられない者またはそのような恐怖を有するためにその国籍国の保護を受けることを望まない者」(4)である。

日本政府は難民認定申請者について書面審査やインタビューを行ない、定義に該当する人物であると確認すれば、難民として認定し、在留資格を与え、その人物を庇護する責務を負っている。例えば一九八八年民主化闘争に参加し、そのことのゆえに当局に追われて国外へ逃れ、なんらかの手段で来日した人物が難民認定を申請したとする。この人物が反軍事政権を標榜する学生グループの一員である（あった）とすれば難民条約にいう「特定の社会的集団の構成員」にあたり、政府とは異なる「政治的意見」を持つ者といえる。この人物がもし母国へ帰れば逮捕され、投獄されるといった「迫害を受けるおそれがあるという十分に理由のある恐怖を有する」と日本政府法務省（入国管理局難民審査官）が認めれば、法務大臣によって難民として認定されることになる。またカチン、チン、カレンといったキリスト教徒の比率が高い少数民族の人たちで、そのことの故に迫害を受けてきた、これからも受けるおそれがあるとして「人種、宗教」云々の定義に該当するところから難民認定を申請する人たちも少なくなかった。イスラム教徒であるロヒンギャ民族についても同じことがいえる。

一九八八年民主化闘争になんらかのかたちで参加したミャンマー国籍者が日本へ来るようになったのは一九九〇年頃からであった。彼ら、彼女らのうち多くは難民認定を申請する前に入国管理局の施設（Detention Center）に収容された経験を持つ人が多い。この人達は、ミャンマー政府当局の目をかいくぐって出国する、あるいは出国せざるを得なかったため、偽造旅券（名前や生年月日を偽ったもの。他人名義の旅券に自分の写真を貼ったものなど）で入国したり、日本の査証が三カ月や六カ月の短期滞在であるにもかかわらず、その間に難民認定を申請しなかったために不法入国や不法滞在にあたるとして収容されたのである。そんな人々も少なからずいたミャンマー国籍者が、日本政府によって難民として認定されるようになったのは、ようやく一九九〇年代の後半になってからである。一九九八年に八人のミャンマー国籍者が難民認定を受けた。同時に難民としては認めないが人道上の配慮から在留を認められたミャンマー人は一一人、したがってこの年にはあわせて一九人のミャンマー人が日本政府から庇護を受けたことになる(5)。その後、ミャンマー国籍者は毎年一〇人前後が難民認定される状態がつづき、二〇〇五年（平成一七年）には難民認定者三七人、人道的な配慮から在留を認められた人四三人、あわせて八〇人のミャンマー国籍者が庇護の対象となった。この年の難民認定申請者総数は三八四人、そのうち二一二人がミャンマー人であった。法務省はプレス・リリース「平成十七年における難民認定者数等について」のなかでこう述べている。

「（前略）申請者の国籍別では、申請の多い順に、ミャンマー、トルコ、バングラデシュとなっているが、特にミャンマー国籍を有する者の申請が急増している。難民と認定した者の国籍も、その九割以上がミャンマーであった。」

このように一九九〇年代終わりごろから二〇〇〇年代にかけて、日本において難民認定申請者、難民認定者、人道上の配慮から在留を認められる外国人のなかでミャンマー国籍者が圧倒的多数を占めるという状況がつづいた。この時期、ミャンマーの国内情勢の故に難民認定を申請せざるを得ない人たちは少なくなかった。軍事政権の支配がつづくミャンマーでは一九八八年民主化闘争の後も、大学封鎖がつづくなど社会情勢は不安定であった。一九九六年には学生らによる抗議活動があり、二〇〇七年には燃料費値上げに抗議する行動から始まった「八八世代学生グループ」や僧侶たちによる大規模なデモがあった。「サフラン革命」とも呼ばれたこの運動では、日本人ビデオ・ジャーナリスト長井健司さんがヤンゴン街頭で取材中に軍によって射殺され、日本社会にも大きな衝撃を与えた。

しかし二〇一一年四月以降、軍事政権が退き、テイン・セイン政権による民主化改革が始まるとともに難民にかかわる状況も変わってきた。昨年二〇一四年に難民として認定された人は一一人、人道的見地から在留を認められた人は一二一人である。法務省はそうした人物の国籍は公表しないので、そのなかにミャンマー国籍者が含まれているかどうかは現段階ではわからない。ただし難民認定申請者の数とその国籍は明らかにされている。それによると、申請者の総数は五〇〇〇人、国籍は七三カ国にわたり、その国籍は、ネパール一二九三人、トルコ八四五人、スリランカ四八五人、ミャンマー四三四人、以下ベトナム、バングラデシュ、インドとつづく。ミャンマー人申請者の数が激減したわけではないが、申請者総数に占める比率はあきらかに下がっている。そんななか現在もなお難民資格を求めて認定を申請するミャンマー国籍者は四〇〇人以上いる。そのうちの多くは内戦状況がつづくカチン州やシャン州出身のカチン民族や国民としての権利を奪われているラカイン州出身のロヒンギャ民族などであろうと推測される。このように外国へ脱出して難民認定を申請せざるを得ない状況を生んでいるミャンマーの民族問題は二〇一五年一一月の総選挙で圧勝したNLD(国民民主連盟)が政権を掌握したとしても、解決にはかなりの時間がかかるものと思われる。

なお法務省入国管理局の在日外国人統計では、難民認定者は「定住者」とされ、人道配慮による在留許可取得者は、はじめは「特定活動」と分類され、その後数年たてば「定住者」という滞在資格で表示される。この人たちのうちには、日本在留が長くなるとともに「永住者」資格を取得する人もいる。さらにその後に日本国籍を取得（帰化）する人もいるが、これは統計からは読み取れない。在日ミャンマー人の在留資格についてどのような傾向が見られるか、二〇一〇年と二〇一四年の在日外国人統計から見てみると、「特定活動」枠は一七〇〇人から一一二四人に減り、「定住者」は一一一六人から二三一二人に増えている。また「永住者」は九六三人から一五九八人に増えている(6)。このように正規のビザをもつミャンマー人の数が増え、難民認定者、人道配慮から在留資格を与えられた人も定住者、あるいは永住者として日本で比較的安定した生活を営めるようになりつつあるのが在日ミャンマー人社会の趨勢であるといえる。

2 在日ミャンマー人はいま

在日ミャンマー人社会の動きは相変わらず活発である。政治性を持つイベントも少なくない。どんな団体・グループによってどのような集会やイベントが開催されているのか、二〇一五年八月から九月にかけて筆者自身が出席した催しや会合を例に報告する(7)。

八月八日、民主化を求める国民行動が最高潮に達した一九八八年八月八日(八八八八)を記念する集会とデモが例年のように行なわれた。ビルマ民主化同盟(LDB)、在日ビルマ少数民族協議会(AUN)、国民民主連盟・解放地域(NLD.LA)日本支部など長年にわたって日本で母国民主化の声をあげてきた団体が共同して主催した。平日(金曜日)であったが、午後三時ごろにはおよそ三〇〇~四〇〇人のミャンマー人が集合場所の五反田南公園に集まり、短い集会のあと、北品川のミャンマー連邦大使館に向けてデモ行進を行なった。シュプレヒコールで強調されていたスローガンは「国民和解の実現」、「二〇〇八年憲法の改正」などであった。

八月一六日(日)には「第六五回カレン民族殉難者の日」記念集会が都内池袋の豊島区民センターで開催された。独立前後の時期に活躍したカレン民族指導者で一九五〇年八月に殺されたソー・バ・ウー・ヂー(Saw Ba U Gyi)を悼む集会である。在外カレン民族機構（ＯＫＯ＝Oversea Karen Organization）日本が主催し、五〇人ほどの在日カレン人と在日の各民族団体や民主化をめざす団体の代表らが列席した。政府軍とＫＮＵ（カレン民族同盟）との休戦協定が一応成立していたこの時期、カレンの人たちは「大幅な自治」、「民族自決権の確立」を求める政治対話の重要性を強調していた。

八月二三日（日）にはＮＬＤ．ＬＡ日本支部創立二〇周年記念集会が池袋のトシマ健康プラザで開かれた。出席者は七〇人ほどだったが、さすがにＮＬＤは日本でもよく知られているせいか日本人の出席者も多かった。連合国際部の幹部や元民主党代議士らも招待されていた。そのなかの一人、イギリス留学時代からアウン・サン・スー・チーさんと親しかったという美術史家宮下夏生さんからはアウン・サン・スー・チーさんの要請で始めたという移動図書館設置を日本から支援する活動が日本の自動車メーカーの協力もあって軌道に乗っているという報告があった。そのほかの主催者側の発言、在日ビルマ人団体代表の発言はほとんどが「目前に迫った総選挙に勝って、ほんとうの民主主義と国民和解を実現しよう」というトーンだった。

八月三〇日には在日ミャンマー人団体による集会が二つあった。一つは在日のモン民族の人たちの団体「ポンニャカリ　モン民族協会（日本）(Punnyakari Mon National Society(Japan)。Punnyakari　はモン民族のモン語による自称）」が主催した第六八回モン民族反乱記念日の催しである。高田馬場駅に近い豊島区の区民施設で開かれた。ビルマ連邦独立前の一九四七年にモン民族の人たちが民族自決の原則にもとづいて自治を求め、「モン州」の設立を要求するたたかいをはじめたことを記念する集会であった。（モン州が正式に制定されたのは一九七四年）。この集会でもモン民族の人たちは新モン州党（ＮＭＳＰ）のもとに団結をかため、大幅な自治、民族自決権の確立のためにたたかいつづけるとの決意を述べた。出席したラカイン（アラカン）、カレン、パラウン（タアン）など諸民族の代表たちも、「真の連邦（フェデラル）国家」の実現に向けて、ともにたたかって行こうという挨拶をおくっていた。

八月三〇日の午後には高田馬場の駅に近い新宿区立戸塚地域センターで在日ビルマ市民労働組合（FWUBC＝

Federation of Workers・Union of Burmese citizen in Japan）のワークショップが開催された。ＦＷＵＢＣは二〇〇二年に結成された日本で働くミャンマー人労働者の組合である。組合員数は年度によって増減はあるが、一〇〇人～一五〇人ほどのメンバーがいる。そのほとんどは難民認定者、人道配慮による在留特別許可を得た人、難民認定申請中の人などである。労働災害の補償や給料の遅配といった労働現場の問題に取り組むほか、日本での生活にかかわる健康保険や年金制度を学ぶなど積極的な活動をつづけてきた。設立以来連合傘下の日本の労働組合組織であるＪＡＭが協力している。ミャンマー国内ではテイン・セイン政権になってから労働組合の結成が認められるようになり、その数は増えつつある。今回のワークショップではＩＴＵＣ（国際労働組合総連合会）ミャンマー事務所所長中島滋さんを招いて、現在のミャンマーの労働事情を学び、労働組合活動の「先輩」である在日ビルマ市民労働組合としてどのような協力、支援ができるか、知恵を出しあっていた。

九月六日には同じ戸塚地域センターで在日ラカイン（アラカン）民族の団体が主催する「第七六回ウー・オッタマの日」の集まりがあった。日本でもその名が知られているオッタマ（U Ottama）僧正の命日（九月九日）を記念する集会である。ラカイン州出身のラカイン民族であるオッタマ僧正は一九一〇年代に来日し、「東洋の小国日本が大国ロシアに勝ったのは何故か」を学んで、帰国後、規律と団結を強調して独立運動の先駆け的役割を果たした。ラカイン民族の人たちは、オッタマ僧正の業績をあらためて学び、今後の活動に生かしていこうとするのがこの集会の基調であった。

3　民主化活動から社会的活動へ

前項で報告したとおり、一九九〇年代から日本で活動をつづけているミャンマー人民主化組織や諸民族の団体は今も活発に活動をつづけている。しかし一方で、母国での民主化へ向かう動きとともに、彼ら、彼女らの在日年数が長くなり、日本の社会の中での立ち位置が定まってきているなどの要素から、民主化、権利獲得を叫ぶだけの活動ではなくなってきているのも事実である。ミャンマーの状況を伝えながら日本人の協力を求めつつ、問題の解決を図ろうとする動きも見られる。そうした団体のいくつかを紹介する。

「在日ビルマ難民たすけあいの会　BRSA=Burma's Refugee Serving Association in Japan」は二〇〇八年以来、おもにミャンマー人難民認定者、難民認定申請中の人たち、入国管理局に収容されている人たちを対象に支援活動をつづけている。およそ二〇〇人のメンバーには会長をつとめる熊切拓さんなど日本人も含まれているが、大半は在日ミャンマー人である。この団体は生活相談や医療費の支援なども行なっている。

このほか、対象をミャンマー人と限定はしていないが、難民認定者や定住者の支援をしている日本人を主体とした団体にはAPFS（Asian People's Friendly Society）や「難民を助ける会（AAR）の姉妹団体である「さぽうと21」などがある。また政府系の機関であるアジア福祉教育財団難民事業本部（通称 RHQ=Refugee Assistance Head Quarters）は日本における難民支援のほか、六年前からタイ・ミャンマー国境の難民キャンプからおもにカレン民族のミャンマー難民家族を第三国定住難民として受け入れている。二〇一五年にははじめてマレーシアからロヒンギャ一家族を含むミャンマー人難民家族を受け入れた。

「ピース（PEACE）」は二〇一二年に発足し、二〇一三年にはNPO法人として認められた。この団体はその活動目的を以下のように述べている(8)。

……ミャンマー連邦共和国に住む諸民族とミャンマー連邦共和国外に住む諸民族が平和で安全な生活を営もうとする自助努力を支援するための様々な事業を行い、もって多民族との友情を育んでいくことを目的としています。

「ピース」には日本で長年にわたって活動してきたミャンマー少数民族の活動家（代表は在日カチン民族女性活動家）のほかに日本人の協力者たちが加わっている。カチン州では避難民キャンプへの支援などを通じて、内戦状況の終結をめざす道を模索している。さらにカレン州における井戸採掘プロジェクトなどにも取り組んでいる。日本国内では、文化庁や日本財団の補助を受け、「（ミャンマー人）成人に向けた日本語教育事業」や「（ミャンマー人）子どもに向けたミャンマー語教育事業」を行なっている。毎週末に開かれているこの日本語、ミャンマー語の講習には、在日ミャンマー人の大人と子供あわせて八〇人ほどが学んでいるという。親は生活のために働くのが精一杯で日本語を学ぶ時間がなかったため、日本語がよくできない。話すことはいくらかできても読み書きとなるとほとんどの人がお手上げの状態である。一方、子どもの方は小学校、中学校と日本で学び、日本人とまったく変わらない日本語能力を持つようになるが、母国語はほとんどできない。そうなると親子の間ですらコミュニケーション・ギャップが生じてしまう。親が日本語を学び、子どもたちがミャンマー語を学ぶのは、親子のあいだの意志疎通を図るばかりでなく、日本で生活してゆくうえでどうしても必要なことである。

こうした教育や相互扶助について、さらに大がかりに取り組んで行こうという動きが在日ミャンマー人社会で始まっている。二〇一五年一一月には新しい在日ミャンマー人団体の設立が決まった。これまで母国民主化をめざして日本で活動をつづけてきたＬＤＢ（ビルマ民主化同盟）、ＢＤＡ（ビルマ民主化行動グループ）、ＡＵＮ（在日ビルマ少数民族協議会）などの活動家たちが集まって討議し、設置を決めたものである。団体名（仮称）は「ミャンマー・ナインガンダーミャー・アティン（ジャパン）Burmese Association, Japan」である。この団体の公表しているホームページには次のような活動をめざしている(9)。

・在日ミャンマー人が相互に助け合うネットワークを構築する。

・ミャンマー人子弟がミャンマー語や上座部仏教などミャンマーの歴史・文化を学ぶ機会を設ける。
・日本においてもミャンマー伝統文化の維持につとめ、それらを日本社会に発信して行く。
・日本で働くミャンマー人労働者のかかえる問題を積極的に取り上げ、改善を図る。

このほか二〇一五年に活動を開始した団体に葬儀支援奉仕会（セーダナー・ナーイエー・クーニーフム・アティン Setana Funeral Supporting Association　）がある。その名の通り、日本で亡くなったミャンマー人同胞の葬儀に力を貸そうという組織である。この団体はおそらくミャンマー本国で活動する組織にならったものであろう。ミャンマーでは著名な俳優であり映画製作者でもあるチョー・トゥー（Kyaw Thu）が中心になって二〇〇一年に設立した同様の団体（ナーイエー・クーニーフム・アティン　Free Funeral Service Society）がある。親族がなくなっても経済的な理由から人並みの葬儀を出せない人たちの代わりに葬儀一切の費用を負担し、必要な手配をして実施してくれることから国民のあいだでたいへんな人気を得ている。こうした社会的な活動が評価されてチョートゥーは二〇一五年度マグサイサイ賞を受賞している。

ミャンマー本国では二〇一六年三月には総選挙で圧勝した国民民主連盟が新しい政府を組織することになる。政権交代が無事に済み、社会が安定すれば、在日ミャンマー人の多くが帰国を現実の課題として検討するだろう。しかし、日本に残ることを選択するミャンマー人も少なからずいると考えられる。母国で安定した収入を得られるような仕事があるかどうか不安視する人のほか、日本で生まれ、日本で教育を受けてきた子弟のいるミャンマー人家族は子どもの教育環境を優先して残る可能性が強い。いま在日ミャンマー人社会の動きが民主化闘争から社会的な活動へと重点を移しつつあるのはそうした状況を反映したものといえる。

注

（1）法務省入国管理局「在留外国人統計」（平成二十六年六月末）
（2）法務省入国管理局「登録外国人統計」および「在留外国人統計」（各年次）
（3）同上
（4）「難民の地位に関する条約」第一条
（5）在日ビルマ人難民弁護団資料に拠る
（6）法務省入国管理局「登録外国人統計」および「在留外国人統計」（各年次）
（7）筆者自身の見聞に拠る
（8）「ピース」ホームページから
（9）主な参加者たちと筆者のインタビューに拠る

コラム18　大野　徹　パガンの歴史

九世紀頃移住してきたビルマ族は、十一世紀頃には完全に中部ビルマの覇者にのしあがっていた。そこには、仏教文化に基づく華麗な国家が築き上げられていた。パガンの廃墟に今も残る大小様々な仏塔・寺院群が、当時の繁栄ぶりを如実に物語ってくれる。

チョースワーおよびティーハトゥーの王妃であったミンソーウが建立した僧院の中に、一三四二年付けのビルマ語碑文があるが、それによると当時の栄華の様がうかがえる。

「このパガン王国は、あらゆる王国の中で最も住み心地がよく、そして最も美しいが故に、そうよばれる。そしてまた、戦に強く勇敢で、敵をよく征服し得る人々の居住地であるが故に、アリ・マッダナーともよばれる。住民達は危険を知らず、苦痛のない平和を楽しんでいる。あらゆる技芸にすぐれ、諸々の工具を所有している。国は有用な財に満ち、民は豊かでその収入は莫大なものがある。故にこの王国は、神々の国よりも望ましいとさえいうことができる。それは栄光の王国であり、その隷属者達は栄光と強勢とで知られる」

パガンの住民達はけいけんな仏教徒であった。その信仰ぶりは素朴ではあったが、熱烈であった。彼等は仏陀に帰依し、涅槃《ねはん》を望んで数々の仏塔や寺院を建立した。一二〇七年と一二三一年に記された次の二つのビルマ語碑文に、その心情がうかがえる。

「ビルマ暦紀元五六九年一月白分一日、シュリ・トリバワナーディトヤ・パワラ・ダムマラージャと称されるナダウンミャー王は、菩提を得んがため、宝石のみの珍稀な仏像をお作りになり、三蔵を写経なさった。伽藍もお建てになった。踊り子たちの舞踊を奉納なされ、金銀の煎り米、灯油、米等を御献上あそばされた。田も献上なされた。（中略）予が献上せしかくも清浄なる土地を没収せんとする者あらば、たとえ王、王子、王妃であれ、宰相、将卒であれ、破壊者は娑婆においては八種の罰に当たるべし。肉体亡びし後も、娑婆で数えて九百万年が一日となる等活《とうかつ》地獄、三千六百万年が一日となる黒縄地獄、一億四千四百万年が一日となる焦熱地獄、五億七千六百万年が一日となる大焦熱地獄、二十三億四百万年が一日となる衆合地獄、九十二億千六百万年が一日となる叫喚地獄、三百六十八億六千四百万年が一日となる大叫喚地獄、千四百七十四億五千六百万年が一日となる阿鼻地獄、これらの地獄に堕ちて煮えるべし」

「南無仏陀。ビルマ暦紀元五九三年六月白分十一日、仏法僧の三宝に深く帰依するチャウマングラットは、諸々の苦しみから逃れられる涅槃を求めんとして、かつ得難き三宝を長く保存せんとして、金銀財宝を棄てトゥングキュワットの東の地に、煉瓦のみの壮麗なる円形欄楯をめぐらし、その内側に仏塔と窟院とを建立した。仏塔には純金の法輪を載せ、美麗なる錫を以て貼布した。窟院には蓮華の台座上に仏像を安置した。仏弟子、阿闍梨《あじゃり》を住まわせんがため、伽藍を建てた。（中略）私が献上せしこれらの献上物を掠奪破壊せんとする者あらば、娑婆においては八種の罰を受けるべし。肉体が亡びし後も、等活、黒縄、焦熱、大焦熱、衆合、叫喚、大叫喚、阿鼻、これらの地獄にて、提婆達多《だいばだった》が蒙りし以上の苦しみを、百倍も千倍も、一万倍も十万倍も受けるがよい。わが奉納せし土地を奪いし者は、死しても厚さ、長さ、幅すべて六十日行程の大磐石の下に組み敷かれ、水も食物も永久に得られず、舌を五尋も出して苦しむがよい。わが功徳を尊崇せし者あらば、水と陸との支配者たる王であれ、偉光すぐれた宰相であれ、はたまた貧しき者であれ、人となりては尊き人、神となりては尊き神とならんことを。願わくんば人の栄華、神の栄華を享受して涅槃の幸を得さしめよ」

パガンの王土は、こうして二世紀にわたって仏塔・寺院で覆われた。だが、このビルマ民族のもつエネルギーも、十三世紀になるとより強大なエネルギーの前に蹂躙されてしまう。

当時、世界征覇を目指す元の勢力は、物すごい勢で東西にのびていた。その波はビルマにも押寄せ、パガンを呑込んだ。時に一二八七年であった。この時の戦については、元朝征緬録、元史緬伝、元史類編等の中国側史料や、マハーヤーザウィンドーギー、フマンナンマハーヤーザウィンドーギーといったビルマ語の年代記に詳しい（もっとも両者の記述は必ずしも一致していない）が、ここではベニスの旅行家マルコ・ポーロの記録から戦闘の模様を抜粋してみる。

多数の兵士と広大な国土と豊かな富をもつ緬甸（ビルマ）の国王は、韃靼軍が永昌にやってきたことを知ると直ちに攻撃を決意した。敗北することによって、二度と国境に駐屯兵を派遣するような気持を大汗に抱かせないようにすることが、そのねらいであった。国王は多数の象を含む多勢の軍隊を集結させ、象の背中に十二名から十六名の兵士を収容し得るような木製のやぐらをのせた。その後で王は、無数の騎馬兵と歩兵を率いて、汗配下の軍勢が駐屯している永昌に向かった。

ビルマ国王が多勢の軍隊を率いて迫って来るとの報せをうけた大汗軍の司令官ネスタルディン（ナスル・エディン）は、勇敢でしかも有能な指揮官ではあったが、その配下にはわずかに一万二千の兵しかもっておらず、大いに驚いた。敵は六万、しかも武装した象を引連れている。だが彼は、不安におののくことなく永昌平野に進出して、大森林の側面に布陣した。それは、部下たちが猛狂った象の突進を支えきれなくなった時、退却してそこから矢を射かけて敵を悩ますことができるように、との配慮からだった。（中略）韃靼兵が平面に降りて来たことを知ったビルマ国王は、直ちに軍を移動させて一マイル離れたところに司令部を置いた。そして象を前線に、その背後には騎兵と歩兵とをかなりの間隔をおいて二列に配置した。それから彼は、自ら指揮をとり、彼我の兵力は四対一で味方が優勢である。(ビルマ側の記録『フマンナン年代記』によると、騎兵六百万、歩兵二千万の韃靼軍に対して、これを迎え撃つビルマ軍は象兵、騎兵合せて四十万であった、と逆になっている。ペーマウンティンおよびルース訳『ビルマの璃玻王宮年代記』〔英訳〕、ユーバー訳『パガン王朝の滅亡』〔仏訳〕、荻原弘明訳『マンナン・ヤーザウィン』〔邦訳〕などから)しかも、武装した象軍と戦ったことのない敵は、すでに戦意を失っているといって、兵士達の士気を鼓舞した。国王は無数の楽器を鳴らして下知をくだし、防塁で護りを固め、身動きさえしようとしない韃靼軍に向かって、進軍を始めた。やがて韃靼軍も激しい勢いで突撃に移った。

だが、見慣れない巨大な動物を目撃した韃靼軍側の馬は、恐怖のあまり逃げ出そうともがき始めた。騎兵達は馬を制御することさえできなかった。この予期しない混乱に直面した司令官は、あわてもせず直ちに兵を下馬させて、馬を森の中につながせた。兵士達は間髪を入れず徒歩で象の列に向かい、矢を浴びせた。やぐらの上に乗りこんでいたビルマ兵もその他の兵士達も、一斉に応射し始めた。だがその弓は韃靼兵の弓ほど威力をもっていなかった。韃靼兵は、ビルマ兵よりはるかに強力な弓を使っていたのである。

しかも韃靼兵達は、象に向かって間断なく矢を浴びせた。矢は象の全身に突き刺さり、象は後列の兵陣内に逃げこんで大混乱をひき起した。こうなっては象騎手達がどんなに下知をくだしても、もはや象を制止することはできなかった。矢傷の痛みと敵のときの声とに驚いた象は、どうにも手に負えなくなり、指示も統制もきかず、四方に向かって走り出した。恐怖のあまり狂ったようになった象は、韃靼兵のいない森のなかへと逃げこんで、背負っていたやぐらを大木の枝にぶつけて壊し、中に乗っていた人達を潰した。

象の潰走に勇気づいた韃靼兵達は、馬にとび乗り一団となって突進した。血なまぐさい戦闘が展開された。ビルマ国王配下の軍勢も、勇気に欠けていたわけではない。親衛隊に護衛された国王自身も、象を失うという突発事態に決してあわてはしなかった。だが、射術の巧みな韃靼軍は、彼等にとっては手強い敵だった。双方矢を射尽した後は、剣と矛との戦になった。たちまち多くの負傷者が出た。四肢が切り落とされ、多くの装甲兵が斃れた。戦場は血の海と化した。撃ち合う剣の音、叫び声、悲鳴は、まさに天に達せんばかりであった。（中略）そして結局、韃靼軍が勝利を得た。（ヘンリー・ユール『マルコポーロの本』〔英語本〕、ジョン・メースフィールド『マルコポーロの旅』〔英語本〕、リュスティシアン・ドゥ・ピースおよびポーシエ『マルコポーロの本』〔仏語本〕などから）

この時の敗北はパガン国王ナラティーハパテにとって大きな衝撃であった。彼は下ビルマのパテインに遁走した。そのため、後にタヨウピェー・ミン（中国軍から逃げた王）というありがたくない名前でよばれるようになった。雲南軍はパガンに攻め入り、城を占領した。パガン王朝はこうして恐怖すべき韃靼軍の血と火炎の間に壊滅した。熱帯の灼熱した太陽に照らされたこの寂寞としたパガンの廃墟には、七百年昔の面影をしのばせる物は何も残っていない。歴代の国王たちが築いた数々の仏塔・寺院を除くと、そこにあるのは、ただおびただしい煉瓦の破片と赤茶けた土、そしてそここに生えているサボテンだけである。

編著者解説

（1）本稿は大野徹著『知られざるビルマ』（一九七〇年、芙蓉書房）からの抜粋であるが、バガンの歴史を概観するうえで格好の資料と考えられるので、著者及び出版社のご厚意により転載許可を得たことを付記する。

（2）なお、著者自身により原文の中の「仏塔」を「仏塔や寺院」、「仏塔・寺院群」ないし、「仏塔・寺院」に修正が行われた。また、パガンは、ビルマ語では「バガン」と発音されるとの補足説明があった。

（奥平龍二）

コラム19　ミャンマーの多様な文化遺産と国家アイデンティティ

阿曽村智子

二〇一二年八月七日、ミャンマーのU Thein Sein大統領以下、五名の主要閣僚（外務大臣、鉄道大臣兼国家平和構築委員会副委員長、教育大臣、文化大臣、科学・技術大臣）を国際連合教育科学文化機関（＝ユネスコ）パリ本部に迎えた事務局長のイリナ・ボコヴァは、ユネスコがミャンマーの教育、文化、そして情報分野における新たな変革に全面的な協力を惜しまないと公約した。これに対して、外務大臣U Wunna Maung Lwinは、国連と協力する新しい政治・経済制度は、同国の外交政策の礎石であるとして、信頼醸成、国家統合、そして民主主義を確立するための活動にユネスコが果たし得る主要な役割への期待を表明した。古来、インド文明をはじめ、東西南北のさまざまな文化・文明が錯綜する交通の要衝として栄えたこの地には、多くの民族が住み着いている。ひとつ間違えば紛争の火種にもなりかねない一〇〇余の少数民族の存在を積極的に認め、その文化的伝統を尊重しながら近代的な国家として統合を進めるための国家アイデンティティを確立・推進することは、同国にとって不可欠の、しかし、きわめてチャレンジングな事業である。

同様の国家アイデンティティ確立の問題を、しかし、植民地からの独立を果たした多くのアジア・アフリカ諸国が既に経験している。また、これらの国々が共通に抱えているもう一つの懸案は、帝国主義時代の遺産（言語、制度といった無形の遺産から、建造物のような有形の遺産まで）をいかに自らの近代国家としてのアイデンティティティの中に納得のいく形で位置づけるかという問題である。文化、教育等を専門とするユネスコは、こうした新生国家の国民意識の醸成や文化観光等を通じての開発の推進を、一九七〇年代頃より文化遺産保護政策を通じて支援している。ユネスコの文化遺産政策というと、日本では「世界遺産」が最も良く知られている。だが、それだけではない。現在、六つの条約や幾多の勧告・宣言から成る一つのグローバルな規模での文化遺産保護体系の下に、ユネスコは多様な国際文化協力活動を実践しているのである。

ミャンマーは、一九四九年（当時はビルマと称されていた）にユネスコに加盟した。その後の孤立時代を経て、一九九四年に「世界遺産条約」に加盟したものの、歴史都市バガンは、もろもろの事情から登録を逸し、代わって二〇一四年に「ピュー王朝の古代都市群」（タイェーキッタヤー、ベイッタノーおよびハリン）が初めて世界遺産に登録された経緯がある。

新生ミャンマーは、二〇一二年に「無形文化遺産条約」への加盟準備を始め、二〇一四年五月七日に批准を済まして一六〇番目の加盟国となった。こうした遺産関連条約に加盟したり、とりわけ自国の文化遺産がユネスコの文化遺産に登録されたりすると、ユネスコから技術的、財政的な支援が得られるだけでなく、それをお墨付きにして二国関係でも国際協力が進む呼び水になるという効果がある。日本の場合、ミャンマーの仏教遺跡に対する評価はかねてより高い。現在では国立文化財研究所など主要な専門機関を通じての国際協力も本格的に進められている。また、無形文化遺産についても、既に一九九六年〜二〇〇〇年に漆器技術保存等の分野での文化協力が開始されている。言語、音楽、舞踏、手工芸、祝祭などの無形文化遺産の保護の目的で一九九三年に設立された「無形文化遺産保護日本信託基金」の資金がミャンマーでの関連ワークショップで活用されている。

さて、筆者は、二〇一五年一月上旬に倉敷外語学院の国際教育交流活動の一環として、大山正史理事長のご好意により同国を訪問する機会を得た。奨学留学生の選考に係わる訪問でもあったが、同時に同国の文化遺産に触れる機会ともなった。文化遺産に関する学術的・考古学的な説明は専門家に譲って、以下では、ささやかな知見から得られた上記の問題意識に関する所感を簡単に報告したい。

1　仏教遺跡に示される歴史的な文化・宗教的共存

古都バガンのパゴダ群は、文化的・考古学的価値としても、その質・量からしても、疑いもなくアンコールワットやボロブドゥールと並ぶ世界三大仏教遺跡の一つと見なされているものの、上記の通り保存方法の見解の不一致など技術的な理由から、現在のところユネスコ世界遺産入りを果していない。しかし、世界遺産であるか否かにかかわらず、その魅力に変わりはない。同地には、かつては五〇〇〇以上の寺院があったが、現在残っているのはそのうちの約二〇〇〇ほどであるという。市街地から農村まで、いたるところに膨大な数の大小の寺院が立ち並ぶ光景には誰もが圧倒される。

実際、戦争中にこの地を訪れた日本兵にも人々の信仰心の篤さとパゴダの荘厳さに強い感銘を受けた者が少なくなかった。戦争中に、惨憺たる失敗に終わったインパール作戦から撤退してようやくエーヤーワディー川を越えた多数の日本傷病兵が収容されたのもこのバガンの寺院であった。この地で果てた日本兵を弔うための碑（生き残った日本兵が後年現地僧侶の協力を得て建設した）もバガンに現存する。

仏教遺跡の歴史的景観もさることながら、それらの内部の壁に刻まれた碑文や壁画の数々もまた、たいそう印象的である。それらに特徴的なのは、しばしばそこに一つの言語でなく、複数の言語が記されていること、壁画も注意深く見ると、その多くに仏陀や阿弥陀と言った仏教関係の像と並んで、ヒンドゥー教の神々が、一つの壁にきわめて自然な形で収まっていることなどである。これらは、当地における多言語、多文化、多宗教の平和的共存がいたって歴史的な日常であることをまざまざと実感させてくれる証ともいえよう。

2　帝国主義時代（colonial past）の文化遺産保存

英国統治時代に主要な貿易港であったヤンゴン（英国時代の対外呼称はラングーン Rangoon）には優れた都市計画が施され、市街中心部には、伝統的な建築物である高さ四八メートルの八角形の黄金の仏塔スーレー・パゴダと並んで、立派な英国コロニアル風の市庁舎、病院、銀行、貿易センターなどが立ち並んでいる。この地で自らも英国人官憲として勤務しながら植民者の人種差別的な姿に批判的であったジョージ・オウエルが、作家としてのデビュー作として書いたのが『ビルマの日々』（*Burmese Days*）（一九三四年）で、その背景となったのが、このヤンゴンの街並みである。その後九〇年、かつては威圧的ですらあった壮麗・重厚な建造物群も時とともに劣化し、二〇〇五年に同国の首都がネーピードー（Naypyidaw）に移転して以後は、さらにいっそう朽ち果てるままになっていた。この状況を危惧して政府を説得し、二〇一五年にヤンゴン・ヘリテジ・トラスト（Yangon Heritage Trust）を設立して、英国統治時代の都市計画、また個別の病院、その他の近代的建造物群の文化遺産としての保護に着手したのが、アジア初の国連事務総長ウー・タン（ト）の甥で、ミャンマーを代表する歴史家として国際的にも知られるThant Myint-Uである。

美しい景観が保護されることは、観光や貿易推進のためにもプラスになると内外の識者に訴えて、遺産保護の専門家たちとともにヤンゴンの歴史的街並み保存を提唱・実践している。筆者は同財団の手配で英国病院の修復作業を見学する機会を得た。さまざまな国籍の専門家が現場で働く現場もまた、一つの国際文化協力の具現であった。同プロジェクトについては、ミャンマー政府の資金を基に行われており、それに他国の支援を募集するという形をとっているという。この他にも、趣のある区域を保護・保存する運動が市民の間からも巻き起こっている。高層ビルのある近代的な地域と並んで、一九世紀を思わせる華麗なコロニアル風の街並み、その隣にはエスニックな趣のあるインド人街や中国人街もあり、美しく整備されたヤンゴンは、大いに魅力ある観光都市になりそうな予感がする。そしてその魅力の背景には、植民地文化も排除しない、異なる文化へのおおらかな融和性というミャンマーの人々の国民性があるようだ。

3　若者たちの国民意識

日本で勉強する希望を持つ学生との面談も、当地の人々の国民意識をかいまみる貴重な機会であった。たまたま奨学生希望で面談に現れた二〇代後半の女性は、国立ヤンゴン外国語大学で日本語を勉強し、現在は有力な外資系企業に務める才媛であった。食事をしながらのくだけた懇談の中で、彼女は問わず語りに自らのアイデンティティを次のように語った。「私の親族は母も祖母もみなキリスト教徒ですが、私は自分で本を読んだりしているうちに思うところがあり、仏教徒になりました。民族的出自としては、ビルマ系、インド系、シャン系などの血が混ざっています。父方の祖父母はシャン族なので、子供のころにその地方を訪ねたことがあります。でも私は、自分自身を〝ミャンマー人〟と認識しています。日本に留学することも自分の意思で決めましたし、家族はもう大人なのだからと私の考えを信頼してくれています。」

彼女の中では、こうした異なる民族や宗教は、相対立するものではなく、自分の中で自然に混淆するものとして存在することがその会話の端々からもうかがわれた。そして自分の力で働いて得た資金を基に日本に留学して更なる飛躍の機会を求める姿を見て、このたおやかな女性のどこに、そのような強さが秘められているのだろうと感銘を受けた。学術的な見地からは、多数派とはいえ、同国の一民族の名称に過ぎない「ミャンマー」を国名とすることを疑問視する専門家も少なくないようだが、近代教育の結果とはいえ、こうした新たな世代の「ミャンマー人」が形成され、彼らがのびのびと新しい時代に自らの将来を築こうとしていることに大いに心を打たれた。ミャンマー人と日本人とは、外見上もメンタリティも共通する部分が多いと言われることが間々ある。筆者も現地を初めて訪れてそのことを実感した。しかし、その一方で、異文化に対する柔軟性という意味ではミャンマー人と日本人には相当な隔たりがあるようだ。古来、諸民族が往来する要衝に位置する同国の人々の経験から、私たちが学ぶことは多いのではないだろうか。

写真　バガン・パレスサイト博物館周辺の道路脇のパゴダ群
（2015 年 1 月 4 日筆者撮影）

コラム20　奥平龍二

ミャンマー文字文化財
――碑文・貝葉写本・折畳み写本

諸言語による文字文化

ミャンマーの現地語による歴史文献は、先住民族として、ピュー族やモン族、ラカイン（アラカン）族などが高度なインド文化を受容して彼ら独自の文字を開発し、ピュー文字やモン文字やラカイン文字を考案し、刻文や写本の形で書き記した。古くにはナーガリー文字のサンスクリット語や南インド系の文字言語も使用されていた。

その後、遅れて八～九世紀頃、現在のミャンマーの領域に移住してきたビルマ族、カレン族やシャン族など諸民族が独自の文字を開発し、現地産の材料を用いて書物を著していった。

ビルマ族がバガンに都を置き、その統一王朝初代アノーヤター王が一一世紀後半ミャンマー南部モン族の都タトンを攻略し、その地に興隆していたスリランカ系仏教（南方上座仏教）文化をバガンに導入した際、モン族の文字を改作してビルマ語文字を開発し、一二世紀初頭にはビルマ語で刻まれたミャゼーディー碑文（一一一三年、四面にそれぞれ同一内容のことがビルマ語のほか、パーリ語、モン語、及びピュー語で刻まれたもの）が登場したが、このうち、ビルマ語面は現存最古のビルマ語碑文といわれている。

ビルマ語の文字文化

ここではミャンマー諸民族の中で、十一世紀中葉以降、一九世紀末期、全土が英国の植民地支配下に至るまでのミャンマー中部を中心に三度の王朝（バガン、タウングー及びコンバウン）を樹立した主流民族であるビルマ族の言語、すなわち、ビルマ語で書かれた文字文化遺産について触れたい。

ビルマ語で書かれた歴史文献の材質および形態には、石碑文（チャウッサー）、墨文（フミンザー）、梵鐘文（カウンラウンザー）、祈願版（オウックェッサー）、金版文書（シュエベー）、貝多羅文書（=貝葉、ペーザー）、折畳み写本（パラバイッ）、などがある。

このほか、僧院で使用されるカマワーサー（kammawa-sa）と呼ばれる仏典からの抜粋文献があり、これは、金箔を施した木版の上に文字を黒漆で浮き彫りにした特殊なものでもある。以上のうち、一二世紀以降、一九世紀に西洋から印刷機が導入され製本が普及し始めるまで文書の中心的存在であったのが、石碑文、貝葉写本および折畳み写本である。

石碑文

石碑文については、全国に大よそ三千基現存しており、そのうちの約千八百基がバガンとその周辺にあるが、主要なものは、バガン博物館に纏めて展示されている。時代的には、その大半は、一一～一三世紀のバガン時代、特に最後の一世紀にビルマ語で刻まれた碑文がその主流をなしているが、内容的には、仏塔や寺院の寄進という功徳行為を始めとする宗教行為に関するものが全体の九割を占め、残りの僅か一割程度の中に、当時の社会や政治や司法などのことを垣間見ることができる。

写真１　碑文

また、この地域にパガン時代末期までに建立されたといわれる五千基にのぼる仏塔や寺院のうち、現存する二、二〇〇余のなかでも、特に重要な約四〇〇基には、登録番号が付されており、そのまた、最重要建造物には、建立の由縁を刻んだ記名碑が遺されている。そのほか、インワ、タウングー、ピィー、バゴー、シュエボー、アマラプーラ、マンダレー、ヤンゴンなどの旧都の宗教施設内などに、石碑や梵鐘などに碑文が遺されていて重要な歴史文献となっている。

貝葉写本と折畳み写本

上記、碑文が比較的古い時代の歴史文献であるのに対して、近代に至るまで主として公式文書として使用されてきた材料の中心的存在は、ペーザー（貝多羅文書＝貝葉：「ペー」は貝多羅椰子、「サー」（ザー）は文）である。これに類するものとして、扇椰子（タンビン）の若葉上に文字を刻んだタンブーザーと呼ばれるものもあるが、ペーザーが一般的である。ペーザーは、貝多羅椰子の葉を乾燥させ、長さ五〇センチ、幅六・五センチ位の長方形に形を整え、その上に先の細く尖ったカニッタンと呼ばれる鉄筆で文字を刻み、その上から布で原油を滲み込ませ、表面の原油を拭き取るとできあがる。さらに、文書の表面の左右対称の位置に穴を二箇所開けてひごを通し、文書の内容により、数十～数百枚単位で束ね、最後に、赤色などの漆を施したチャンと呼ばれる厚手の板で上下から挟み、保存用の布に包み外から、ペースィージョウと呼ばれる紐で縛り文書として保管しておく。

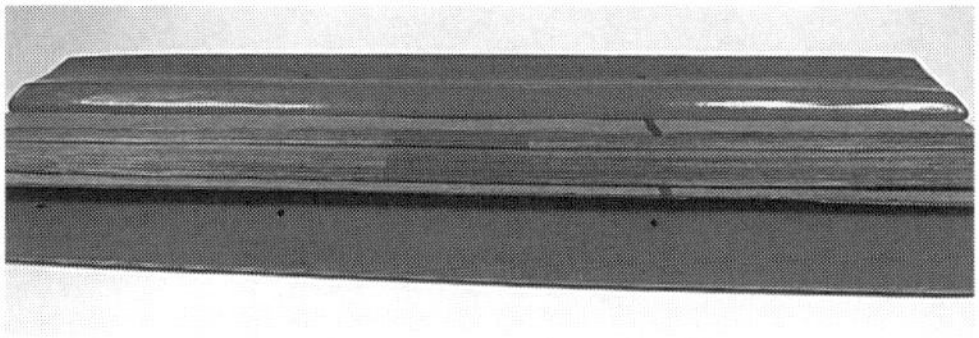

写真２　ペーザー（貝葉）

他方、パラバイッ（折畳み写本）は、大半は弾力性のあるボール紙のような一枚の厚手紙を、上から下へ、あるいは右から左へアコーディオン式に交互に折り畳んだものである。サイズは、大型のもので長さ四〇センチ余、幅一五センチ余のものから、長さ一五センチ、幅八センチ位の小型のものまで様々である。

白色パラバイッと黒色パラバイッの二種類がありスレート筆（カングーザン）が使用されたが、前者は王室などで使用される上質で耐久性があり、文書ばかりでなくカラフルな絵図も描かれた。これに対して、黒色パラバイッは低廉で、広く社会で使用され、耐久性に乏しい反面、上から墨を塗って消せば書き直しも可能で、ペーや白パラバイッに浄書する前のドラフティングとしても利用された。

文書の内容は、一冊のパラバイッ

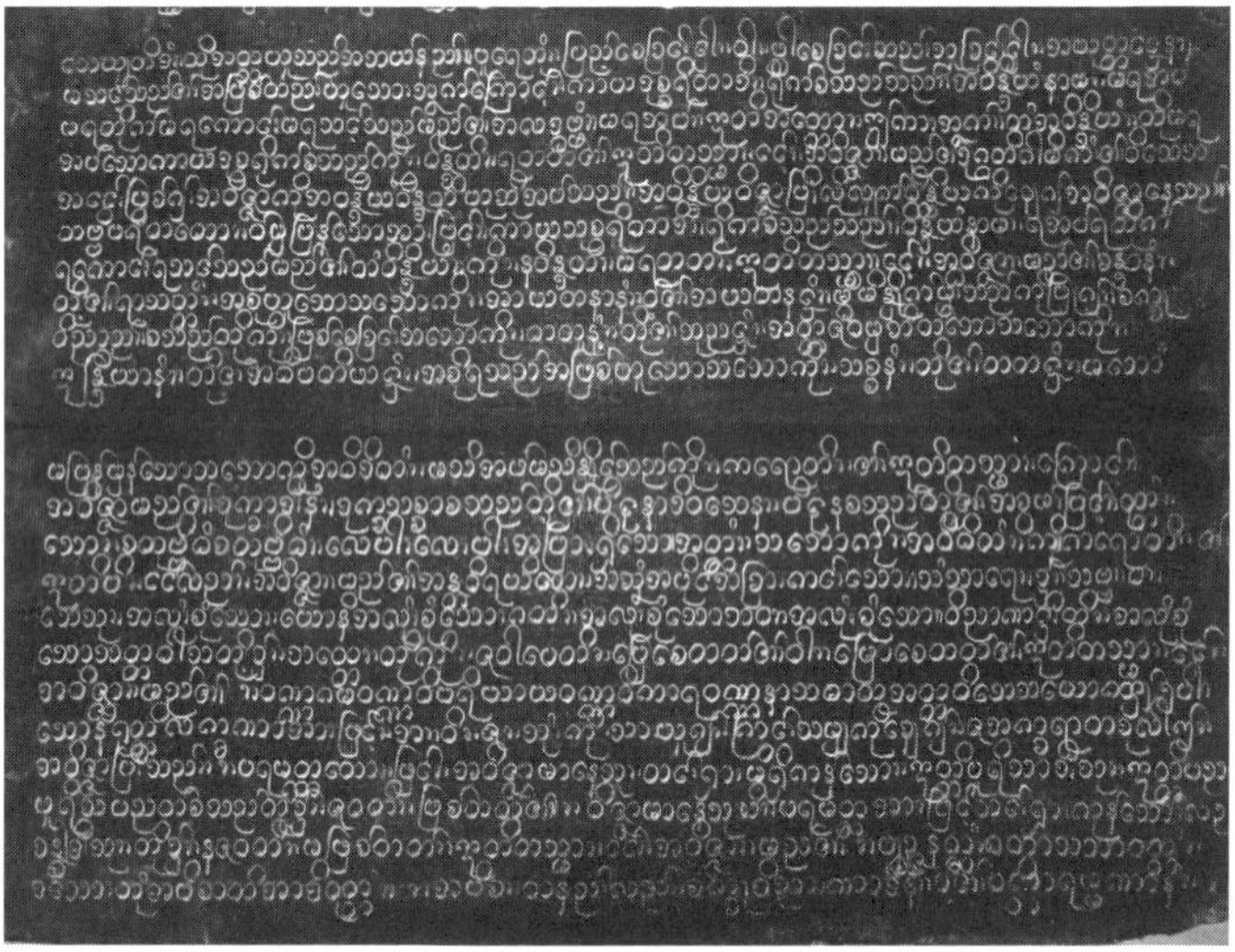

写真３　パラバイッ（折り畳み写本）

に一件とは限らず、相互に無関係なものが複数ごた混ぜになっているものも少なくない。折り方も、一枚だけのもの、一回折から六四回折まで七種類ある。

内容的には、十九世紀末期王室の図書館に勤務したマハーティリ・ゼーヤードゥーが著した『ピタカタマイン・サーダン』（一八八五年）を見れば一目瞭然であるが、当時存在したペーやパラバイッに書かれた王室図書館所蔵のパーリ語やビルマ語で書かれたありとあらゆる文献を整理・分類して提示しており、ペーについては、パーリ語三蔵聖典をはじめとする仏典類、仏塔史、文学、年代記、法律書、医薬書、占星術、天文学など多岐にわたった。また、パラバイッについては、売買や譲度契約書や誓約書、借用証書など地方文書にも及んでいる。

史料的価値

ペーは、すぐれた保存環境に置けば本来五〇〇年位保存が可能であるといわれる。しかし、ミャンマーのように高温・多湿に加え、虫食い、洪水や耐火性に弱い、などの自然環境のほかに、戦火による消失や海外への流出など人為的理由など、様々な悪条件によって、実際には、一九世紀以前の文献は僅少で、今日残存し、なお且つ判読可能なものは、今から精々二〇〇年位しか遡れない。また、白・黒パラバイッともインク書きであるため、長期間の保存は困難で、正確な耐久時間を推定することは困難であるが、特に後者の黒パラバイッは精々一五〇年位が限度といわれ、悪条件が重なれば、その期間はもっと短くなる。

したがって、これら二種類の写本から再構成できる歴史は、精々二～三世紀のことであり、一八世紀以前の歴史をこれらの文献を使って再構成することはほとんど不可能に近い。ペーザーの紀元はピュー時代初期（紀元一世紀頃）にさかのぼりうる [U Thaw Kaung 2005 : 52] とし、パラバイッは一四世紀頃から利用されたという。以来それらの文書は耐久年数内に書き写されながら、一九世紀に向かって各時代の重要な文献として存在し続けた。時代が下がるにしたがって書き写されていくものであるから、写本の形で、オリジナルの形や内容はある程度推定はできる。ただ、同時代の文書を欠く以上、厳密に言えば、一四～一八世紀のミャンマーの歴史は僅かな刻文以外には、漢籍資料や、伊・葡・西・蘭・英・仏などの西洋人の見聞記録に依拠せざるを得ず、研究上の障害になっていることも事実である。

また、こうして原本が写し取られていく過程で、誤字・脱字・加筆などのために、オリジナリティが失われていく可能性も秘めており、時に、何が本来のものであったか、判然としないものもある。例えば、一七五六年頃書かれた貝葉原本の写本（一七六〇年頃）を一八四七年に英国人 David Richardson が原文付き英訳本を刊行した。ところが、この写本が現存しないため、一七八二年に書かれ現存している同一タイトルの貝葉写本との比較を困難にしている。一九世紀に西洋から印刷術が導入されて、主要なペーザーが英国植民地政府や西洋人によって印刷刊行された。その際、オリジナルないし写本の制作年月日が刊本に明記されない場合が少なくなく、また、手書き文字から印刷文字に作り変えて数多くのコピーを作成し広く一般読者に公開するために、読みやすく西欧流に項目一覧を頭につけたりして体裁よく整理したり、都合よく削除したり、表題を替えたりして刊行したために、写本の文字や体裁がそのまま伝えられず、刊本の資料的価値を損なっている場合も見受けられる。

保存の問題

以上のような問題もあり、せめて現存するあるいは将来発掘されうるペーザーやパラバイッ写本は、時代が経つとともにそのオリジナリティが損なわれる問題はあるものの、原本に最も近く純学術的に極めて価値ある貴重な史料であると思料される。加えて、一国の歴史は、古代から中世、近世、近代を経て現代まで途切れることなく連綿と続いてきたものである。それ故に、前近代と近代と現在はひとつの歴史の流れの中にあり、決して分断できるものではない。

　したがって、ミャンマーの現代を理解する上で、近代を学び、また、それに直結する前近代を学び研究することが不可欠である。その意味において、前近代において、ミャンマー人が作成した記録文書は、保存するに値する重要文献なのである。

　然るに、ミャンマー人は、一般的に、伝統的に作りだされたものに対する執着心が余りなく、「すべてのものは移ろい行く」とか「生じたものは必ず滅す」という仏教の無常観をことのほか受け入れ、自然破壊や消滅を「世のことわり」として受け入れるところがある。ミャンマー人の間で保存の重要性を認識し始めたのは、漸く一九九〇年代に歴史家が中心になってその保存の機運が高まりだしてからであり、この動きは、一九九四年九月、教育省管下で「伝統写本保存国民委員会」の設置を機に本格化した。この委員会は、省庁横断的に緊密な連携の下に組織的に収集を行うことを狙いとし、外国の大学の支援を足がかりに関連文書のデジタル化が進められてきているが、恒常的に財政難を抱えるミャンマー政府に対して、国際社会の理解と支援が強く望まれるところである。

参考文献

Myanmar Book Centre(ed.).2005. *U Thaw Kaung: The Learned Librarian of Myanmar.* Yangon: Myanmar Book Centre.

Okudaira, Ryuji. 2006. Manuscript in the Studies of Pre-modern Legal History in Myanmar. (in) *Enriching the Past-Preseravation, considraration and Study of Myanmar Manuscriputs.* Edited by Teruko Saito & U Thaw Kaung, 2006. The Centre for Documentation & Area Transcultured Studies, Tokyo University of Foreign Studies. pp. 42-53.

第6章
ミャンマーの保健・医療問題
—マラリアをめぐって—

白川千尋

1　統計からみた状況

世界保健機関（ＷＨＯ）の統計（World Health Statistics）によると、ミャンマーの平均寿命は二〇一二年の時点で六六歳。これは統計の対象となったＷＨＯに加盟している一九四カ国中の一三九番目に当たる。参考までにミャンマーも構成国である東南アジア諸国連合（ＡＳＥＡＮ）のほかの国々をみると、ラオスも六六歳。一方、それ以外の国々は、シンガポール（八三歳）から順にブルネイ（七七歳）、ベトナム（七六歳）、タイ（七五歳）、マレーシア（七四歳）、カンボジア（七二歳）、インドネシア（七一歳）、フィリピン（六九歳）と、いずれもミャンマーとラオスよりも平均寿命が長い。ちなみに日本は八四歳で一九四カ国中首位である。

同じ統計によりつつ、もう少しミャンマーと周辺諸国の状況をみてみよう。二〇〇〇年の国連ミレニアムサミットで採択されたミレニアム開発目標（ＭＤＧｓ）には、国際社会が協力して取り組むべき八つの目標が掲げられており、そこには保健や医療の分野に直接関係する目標も含まれている。乳幼児死亡率の削減、妊産婦の健康の改善、ＨＩＶ／ＡＩＤｓやマラリアなどの疾病の蔓延防止の三つである。先の統計にはこの三つの目標に関係する指標として、出生千人当たりの五歳未満児の死亡数（乳幼児死亡率）、出生一〇万人当たりの妊産婦の死亡数（妊産婦死亡率）、人口一〇万人当たりのＨＩＶ／ＡＩＤｓ

表1　ＡＳＥＡＮ諸国と日本のMDGs関係指標の数値

	乳幼児死亡率	妊産婦死亡率	ＨＩＶ／ＡＩＤｓ死亡率	マラリア死亡率
ミャンマー	51	200	21.6	5.4
インドネシア	29	190	10.8	3.8
カンボジア	38	170	17.1	1.7
シンガポール	3	6	0	0
タイ	13	26	31	0.2
フィリピン	30	120	0.1	0.1
ブルネイ	10	27	1.1	0
ベトナム	24	49	12.1	0.1
マレーシア	9	29	16.6	0
ラオス	71	220	6.4	4.4
日本	3	6	0	0

＊ WHO World Health Statistics による。
＊乳幼児死亡率と妊産婦死亡率は2013年時点、ＨＩＶ／ＡＩＤｓ死亡率とマラリア死亡率は2012年時点。

による死亡数（ＨＩＶ／ＡＩＤｓ死亡率）、同じく人口一〇万人当たりのマラリアによる死亡数（マラリア死亡率）などがある。

これらの指標について、ミャンマーを含むＡＳＥＡＮ加盟一〇カ国に日本を加えた一一カ国の数値を表1にまとめた。表からはミャンマーの数値がいずれもほかの国々に比べて高い水準にあることがわかる。乳幼児死亡率と妊産婦死亡率はラオスに続いて一一カ国中二番目に高い。ＨＩＶ／ＡＩＤｓ死亡率もタイに次いで二番目に高く、マラリア死亡率はもっとも高い。冒頭でみた平均寿命も含めてこうした情報に接すると、ミャンマーの人々の保健や医療の状況は、ほかのＡＳＥＡＮ諸国や日本に比べて厳しいものであるとの印象を受けよう。

たしかに例えば乳幼児死亡率や妊産婦死亡率をみると、数値がもっとも低いシンガポールや日本はもとより、タイ、ブルネイ、マレーシアといった第二グループの国々、あるいはそれに続くベトナムとの間には数倍の開きがあり、この分野でのミャンマーの抱える課題の大きさが窺える。とは言え、先の統計で時間を遡り、一九九〇年の数値をみてみると、ミャンマーの乳幼児死亡率は一〇九、妊産婦死亡率は五八〇となっている。状況はここ二十年強の間に改善されてはいるわけだ。

ところで、以上のようにMDGsの目標に関係するいくつかの指標に対象を限定したとしても、ミャンマーの保健や医療の状況について述べるうえで取り上げるべきことはなお多く、紙幅に余裕がない。そこで本稿では、先の四つの指標のなかのマラリア死亡率と関係するマラリアにとくに目を向けることにしたい。そして、それとの関連でミャンマーの保健・医療の状況の一端を述べることにする。マラリアに着目するのは、それがミャンマー政府によって保健・医療面での最重要課題の一つと位置づけられてきたことに加え［白川 2008:70］、私自身がミャンマーで日本の国際協力機構（JICA）によるマラリア対策プロジェクトに関わり(1)、ほかのことがらよりも実状を比較的詳しく理解していることによる。

2　医療施設のネットワークと問題

マラリアはマラリア原虫を病原体とする熱病である。マラリア原虫はハマダラカ属の蚊によって媒介される。このため、マラリアはハマダラカの生息する熱帯や亜熱帯の国々を中心に広く分布している。マラリアには、マラリア原虫の種の違いに応じて熱帯熱マラリア、三日熱マラリア、四日熱マラリア、卵型マラリアなどがある。このうち熱帯熱マラリアは、発症後早期に治療を始めないと重症化したり、死に至ったりする危険性が高い。

WHOの情報によると、二〇一三年には世界で五八万人以上もの人々がマラリアによって命を落としているが(2)、この背景には、致死性の熱帯熱マラリアに罹る人々の数がマラリア罹患者全体の半数以上を占めていることがある。ミャンマーの状況も同じだ。ミャンマーでは、全国に三三〇ある郡（township）のうち二八四郡でマラリアの感染が恒常的に起きており、全人口の七割弱がマラリアの感染リスクのある地域で暮らしているとされる（二〇〇九年時点）。こうしたなかで、二〇一一年には約五三万人もの罹患者が出ており、その約七割が熱帯熱マラリアに罹っていた[NMCP 2012:4-5]。先にミャンマーのマラリアによる死亡率がＡＳＥＡＮ諸国のなかでもっとも高いことに触れたが、その背景には以上のような熱帯熱マラリア罹患者の多さがある。

熱帯熱マラリアによる重症化や死のリスクを減らすためには、罹患者の早期発見と治療が非常に重要である。マラリアにはワクチンは未だないものの根治薬はある。したがって、致死性の熱帯熱マラリアに罹ったとしても、早い段階で発見し、治療を行えば治すことができる。このため、適切な診断と治療を行える医療従事者や医療施設の有無が、マラリアに対応するうえで不可欠となってくる。この点に関してミャンマーの医療施設の状況をみてみよう。

ミャンマーには公的な医療施設として、ヤンゴンなどの大都市には大規模な総合病院や専門病院があり、地域(region)や州(state)の中心都市などには地域病院や州病院がある。これらは都市部の医療施設だが、地方部に目を転じると、各郡の中心地には郡病院がある。郡病院には医師を含む複数の医療従事者がおり、数十床の病床がある。

一方、郡の中心地を離れた村落部にはステーション病院、地域保健センター(Rural Health Center)、補助保健センター(Sub Health Center)がある。ステーション病院は基礎的な医療サービスのみを提供する非常に小さな病院だが、通常医師一人、もしくは数人の看護師や助産師がいる。これに対して、二種類の保健センターには医師はおらず、助産師が常駐している。

このように地方部の公的医療施設は、規模の大きい順に郡病院、ステーション病院、地域保健センター、補助保健センターとなっており、この順にしたがって地方部の中心から周辺へと設けられている。こうしてみると、ミャンマーの公的な医療施設のネットワークは、都市部から地方部へ、あるいは中心から周辺へとシステマチックに張り巡らされており、マラリア罹患者の早期発見と治療の面でも申し分ないもののようにみえる。しかし、実際にはそうではない。なぜなら、マラリアの感染はもっぱら、保健センターへのアクセスが容易な地域よりもさらに周辺の遠隔地で頻発しているからだ。

マラリア原虫はハマダラカ属の蚊によって媒介されるが、ハマダラカ属のなかには数多くの種が存在する。ミャンマーでマラリアを媒介する主要な種は、コガタハマダラカ（*Anopheles minimus*）やダイルスハマダラカ（*Anopheles dirus*）などである。とりわけここで名前を挙げた二種のハマダラカは、山地部の林のなかを流れる川などを繁殖源としている。このため、ミャンマーではこれらのハマダラカの生息する山地部がマラリアの感染リスクの高い地域となっており、そうした状況を指してしばしば「森林マラリア（forest malaria）」という言葉が使われてきた。

マラリアの感染が頻発している山地部に散在する村々のなかには、保健センターから離れているところが多い。加えて、雨季になると未舗装の道が泥土と化したり、水流によって寸断されたりして、車やバイクなどが使えなくなる。そうなると、保健センターへのアクセスがさらに困難になる。こうした状況ではマラリア罹患者の早期発見と治療も難しくなってしまう。

ミャンマーのマラリアをめぐる大きな問題の一つは、このように感染リスクの高い地域が既存の医療施設のネットワークの外にあることである。では、この問題に対応するためにはどうしたら良いか。選択肢の一つとしてすぐに思い浮かぶのは、山地部に保健センターを増やし、感染リスクの高い村々からのアクセスを容易にすることだろう。しかし、この場合、施設の建設費や勤務する医療従事者の人件費などのために、ミャンマー政府は大きな財政負担を強いられることになる。したがって、この選択肢は短期的にみると現実的ではない。

これに対して、私が関わったプロジェクトでは、ＣＨＷ（Community Health Worker）との連携という手法をとっていた。ＣＨＷは感染が頻発している遠隔地の村々から選抜された村人たちで、各自の居住する村で、いわばボランティアとしてマラリア罹患者の診断と治療にあたる。そして、プロジェクト本部に定期的に罹患者数などを報告する。他方で、プロジェクト本部は、ＣＨＷの選抜やＣＨＷを対象としたマラリアの診断と治療のトレーニング、薬剤の供給などを行う。この手法の結果、感染リスクの高い遠隔地での罹患者の早期発見と治療が進み、プロジェクトの対象地域ではマラリアによる重症患者や死亡者が減少した。

3　山地部への人の移動

　ところで、世界のマラリア対策の現場では、罹患者の早期発見・治療とともに車の両輪のような存在となっている手法がある。感染地の人々に対する蚊帳の配布である。使用される蚊帳には殺虫剤がつけられていることが多い。夜行性のハマダラカは、マラリア原虫を人に媒介する吸血活動を日没から日の出までの間に行う。こうした行動特性から、マラリアの予防には蚊帳が効果的であるとされてきた。しかし、ミャンマーの場合、必ずしもそうとは言えないところがある。それはミャンマーのマラリアをめぐるもう一つの大きな問題とも関係する。

　先述のようにミャンマーのマラリアはしばしば「森林マラリア」と呼ばれてきた。この特徴に即して考えると、マラリア対策は感染が頻発している山地部の村々をターゲットとして行うべきだということになる。先にみたＣＨＷとの連携という手法もその一つである。ところが、ことはそれほど簡単ではない。と言うのも、山地部と平地部などの間には人々の活発な往来がみられるからだ。なかでもマラリアとの関連で重要になってくるのは、平地部から山地部への人の移動、より正確には平地部の人々の山地部との往来である。この点について、バゴー地域（Bago Region、旧バゴー管区）のオウッポウ（Oakpho）郡の人々のケースを取り上げながら、具体的にみてみたい(3)。

　ヤンゴンの北に位置するバゴー地域は、中央を南北に横切るバゴー山地によって東西に二分されている。東側にはスィッタウン川、西側にはエーヤーワディー川がそれぞれ南北に流れており、オポ郡は西側にある。東西に長い郡内の東側はバゴー山地に含まれる山地部で、その西側にはなだらかな丘陵地帯があり、そのまた西側にはエーヤーワディー川沿いに開けた平地部が広がる。

　マラリアの感染が起きているのは東部の山地部である。これに対して、丘陵地帯や平地部はハマダラカの分布域の外にある。そのため、マラリアの感染も起きず、人々はこれらの地域の街や村で暮らしている分にはマラリアに罹ることもない。また、罹患することによって形成される免疫ももたない。

しかしながら、丘陵地帯や平地部で暮らしている人々のなかには、現金収入を得るために山地部での植林、木材や竹の伐採、炭焼きなどに従事している者がいる。竹は家屋の建材や建築現場の足場材などとして需要が大きい。また、普段は水稲耕作などで生計を立てている人々のなかにも、農閑期には山地部に出かけて同じような活動に従事する者がいる。加えて、自家消費用の竹などを入手するために山に入る者も少なくない。

ハマダラカは夜行性なので、日没前に山地部を後にすれば問題はない。しかし、人々は往々にして日帰りせず、数日間から長い場合は数週間、山地部に滞在する。そうなるとマラリアに感染するリスクは必然的に高まる。また、マラリアに対する免疫がないので重症化する危険性も高まる。

このオウッポウ郡のケースからもわかるように、丘陵地帯や平地部から山地部への人の移動によって、本来ならば感染リスクのない地域の人々の間でも罹患者が出ていることが、ミャンマーのマラリアをめぐるもう一つの大きな問題である。山地部でマラリアに感染した場合、潜伏期間があるため、平地部などに戻ってから発症するというケースも多い。したがって、こうした問題に対処するには、山地部のみならず、平地部などでも罹患者の早期発見と治療の体制を整える必要性が出てくる。

「森林マラリア」という言葉にとらわれるあまり、感染リスクの高い山地部だけをターゲットにしていては、マラリア対策としては十分ではない。とすると、先に触れた蚊帳の配布も、山地部の村々で暮らす人々のみならず、山地部に出かけて行く平地部などの人々も対象にする必要があるということになる。言うまでもなく、山地部での滞在の際に使ってもらうためである。

しかしながら、実際にはなかなかその思惑通りには行かない。オウッポウ郡の人々のケースに戻ると、数週間にわたって山地部に滞在する場合、人々は作業をしている場所の近くに簡単な小屋をつくって寝泊りすることが多い。この場合、配布した蚊帳は小屋のなかで使うことができる（実際に使うかどうかは別として）。

これに対して、より短期間、例えば数日間しか滞在しない人々は、もっぱら木の下や自身が乗ってきた牛車の荷台などで野宿する。こうした例は自家消費用の竹などを入手するために山に入る成人男性たちに多くみられるが、マラリア対策の現場で配布されているのは四方を吊る箱形の蚊帳であるため、野宿する場合、そもそも蚊帳を吊ること自体が難しい。

ミャンマーでは、マラリア対策の一環として蚊帳が配布される以前から、人々の間で広く蚊帳が使われてきた。しかし、オウッポウ郡の山地部で野宿している人々のほとんどは蚊帳を持参していなかった。蚊帳はマラリアの予防に効果的であるとされるが、以上のような状況ではその効果を期待することができない。

したがって、こうした事態に対応するためには、蚊帳の配布に代わる選択肢を考える必要がある。あるいは蚊帳を配るにしても、四方を吊る箱形の蚊帳ではなく、一点で吊る円錐形の蚊帳や、吊る必要のないテント型の蚊帳などを使用するといった工夫が必要となってこよう。ちなみに、東南アジア大陸部には、それらの蚊帳と形態的に似ている伝統的な用具として、仏教僧が山野で瞑想修行などを行う際に持参した傘型の小さなテントがある。

4　蚊帳の位置づけ

先に触れたようにミャンマーの人々の間では蚊帳が広く使われてきた。地方の小さな街でも蚊帳を売っている店をみつけることはそう難しくないし、ヤンゴンの市場には蚊帳を専門的に扱う店が軒を連ねている一画さえある。それらの店で売られている蚊帳の多くは網目のある蚊帳、言ってみれば普通の蚊帳である。しかし、なかには網目の大きさが非常に細かいものや網目がないようなものもある。

一見すると布でできた箱形のテントのようなそうした蚊帳が、網目のある蚊帳よりもかつてはよく使われていたらしい。例えばヤンゴンからバゴー地域あたりの人々の間では、一九六〇年代にヤンゴン近郊にナイロンの工場ができ、ナイロン製の蚊帳が出まわるようになる以前は、白い綿布でつくられた網目のない蚊帳が使われていたという（4）。同じような網目のない布の蚊帳は、例えばチン州のチン人の間でも伝統的に使われてきた［Fraser and Fraser 2005:268］。

こうした蚊帳は網目がないために通気性が悪く、暑くて快適ではなさそうにみえる。しかし、通気性が悪いので保温性が高く、気温の低い時期にはかえって使い勝手の良いものとなる。加えて、透過性がなく、内部がみえないため、大家族が一つの部屋で寝起きを共にしている場合、この蚊帳を使うことによって私的な空間を創り出すこともできる。これは親と同居している新婚の夫婦などにとって重要であろう。

そのような機能に着目するならば、この網目のない蚊帳は、蚊帳というよりも正確には帳と言った方が良いようにみえる。帳のような蚊帳が使われてきたところにマラリア予防の用具としての蚊帳が入ってきたことで、ミャンマーの人々にとっての蚊帳の位置づけは今まさに変容しつつあるのかもしれない。

註

（1）このプロジェクトは正式にはミャンマー主要感染症対策プロジェクト（Myanmar Major Infectious Diseases Control Project）と言い、二〇〇四年度から一四年度までの十年間にわたって実施された。私はＪＩＣＡ短期専門家として二〇〇四年から一四年にかけて計六度派遣され、マラリア対策の活動に関わった。
（2）http://www.who.int/gho/malaria/en/、二〇一五年五月二十六日最終アクセス。
（3）以下のオポ郡の人々のケースに関する記述は、別稿の一部と内容的に重複する部分がある［白川 二〇〇八：七一―七七］。そこで触れたように、このケースに関する知見は二〇〇四年二～三月、八～九月、二〇〇六年一～二月（合計約二カ月）にかけて得た。
（4）私が関わったプロジェクトのミャンマー人スタッフからの情報（二〇一二年十二月）。

引用文献

白川千尋　二〇〇八年「国際医療協力における文化人類学の二つの役割」松園万亀雄・門司和彦・白川千尋編『人類学と国際保健医療協力』明石書店 六一―八六。
Fraser, David W. and Barbara G. Fraser　2005　*Mantles of Merit: Chin Textiles from Myanmar, India and Bangladesh*. Bangkok: River Books.

NMCP (National Malaria Control Program)　2012　*Accomplishment Report on Malaria Control Program in Bago, Magway Regions and Rakhine State in 2010 and 2011: Bilateral Collaboration between Japanese Government and Myanmar Government Supported through Japan Grant Aid and JICA Technical Assistance*. Yangon: National Malaria Control Program, Department of Health, Ministry of Health, Myanmar.

第7章
ミャンマーにおける日本語教育と対日理解

水野敦子

一般的にミャンマーの人々は親日的な感情を持っており、なかでも比較的厚い日本語学習者層が、親日層の中核を占めてきた。一方で、軍政時代のミャンマーにおいては、外国からの情報の流入が統制され、日本に関する情報、知識を得ることは容易でなかった。そのため、知日層が育つ環境ではなかったことから、ミャンマーにおける知日層は元留学生など滞日経験者に限られてきた。二〇一一年の民政移管以降、海外情報の入手が容易になり、日本との関係が緊密化したのに伴って、日本への関心も高まってきた。本章は、こうした現状に鑑みて、ミャンマーにおける日本語教育環境と対日理解の現状について、検討を試みる(1)。

1 親日層の中核を占めてきた日本語学習者：日本語能力試験の実施動向から

ミャンマーでは、軍政時代の情報統制により、日本に関する情報に接する機会も限られていたことから、日本に関心を持つ人たちにとって日本語学習が日本について学ぶための主要な手段となってきた。ミャンマーの基礎教育では日本語教育が実施されておらず、日本語学習者の殆どは、基礎教育修了後あるいは高等教育進学後に自らの意志で学習を開始する。こうした背景から、日本語学習者は、ミャンマーにおける親日層の中核を占めてきた。

ミャンマーにおける日本語教育は、日本統治期に遡ることができるが、近年

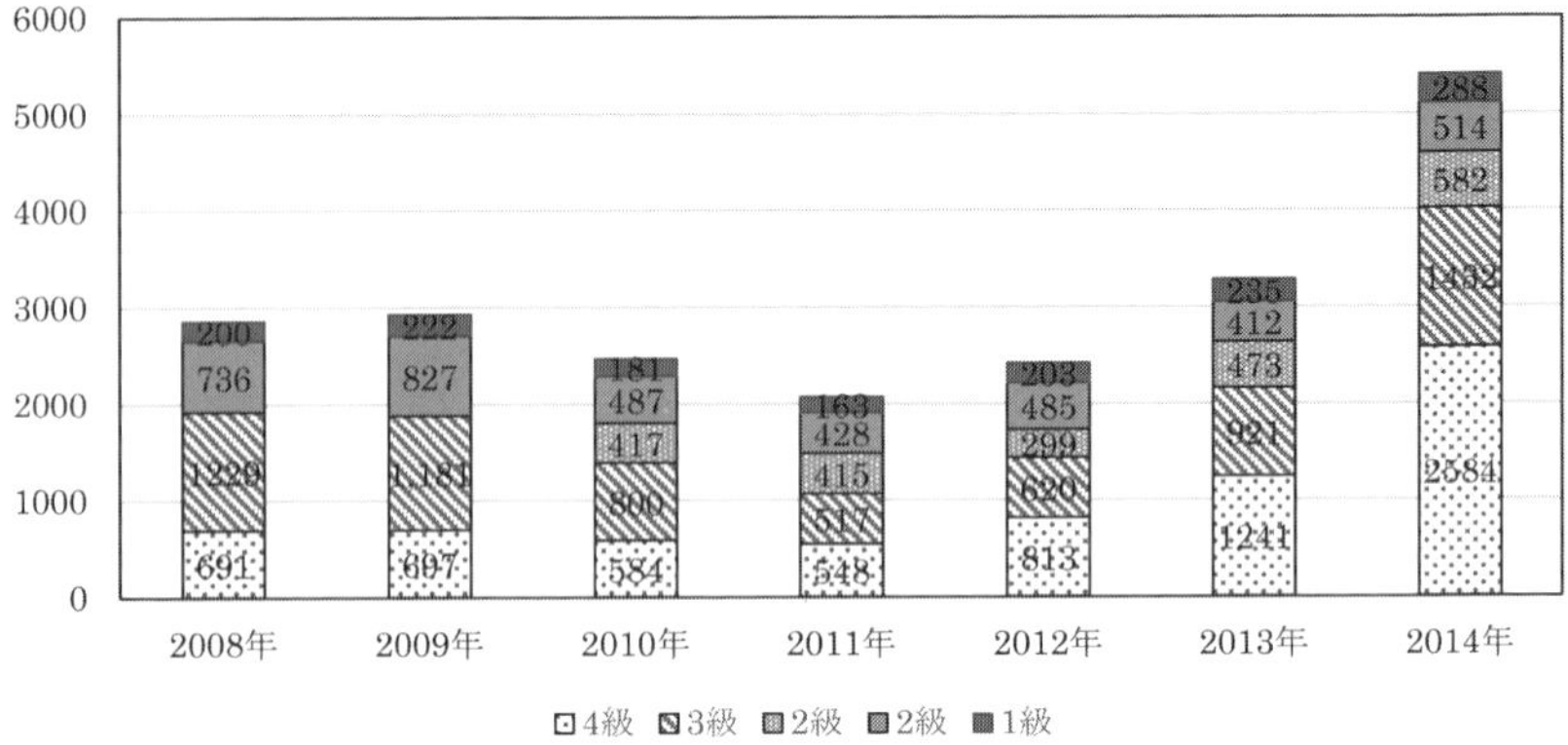

図１　日本語能力試験レベル別応募者数の推移（2008-2014年）
（出所）日本語能力試験ウェブサイト（http://www.jlpt.jp/）過去の統計データより筆者作成。

において学習者が大幅に増加したのは、一九九〇年代半ば以降であった。この背景には、一九八九年に軍政によって市場経済化が開始され日本企業の進出が見られたことや、一九九六年の観光年に観光客が増加したことがあった。

ミャンマーにおいて日本語教育機関の多くは、一九九九年に初めて実施されて以降、毎年一回一二月に実施される日本語能力試験を意識した授業を提供している。多くの日本語学習者も、その受験を日本語学習の目標にしている。従って、ここでは日本語能力試験の受験応募者数の推移から、日本語学習者数の動向を伺い、親日層の形成について検討する。

日本語能力試験の受験応募者は、一九九九年の開始から二〇〇〇年代半ばまで大幅に拡大した。以降、二〇〇九年まで毎年三千名弱程度で横ばいに推移してきた（図１）。ところが、二〇一〇年から二〇一一年にかけて、対前年比一六％程度の減少を続けた。この減少の要因の一つとして、二〇一〇年より日本語能力試験の制度が変更されたことが考えられる。新制度では、従来の四段階（一～四級）の二級と三級の間にＮ３を設けた五段階（Ｎ１～Ｎ５）になった。しかし、二〇一〇年の応募者増減をレベルごとにみれば、この制度改定だけが、日本語能力試験応募者の減少を招いたとは考え難い。

まず、初級（四級／Ｎ５）レベルは、制度改定が受験を見送る大きな理由にはならなかったと考えられるが、申請数は一六・二％減少していたことから、新規に日本語学習を開始した者が減少したと考えられる。中級（三級／N4）、中上級レベル（二級／N2、N3）レベルについては、中級レベル三割強も減少した一方で、中上級は1割弱増加したが、かなりの応募者が受験すべきレベルの一段階上のレベル（例えば、三級所持者がN3ではなくN2に）申請したと推定できる。従って中～中上級についてはレベル毎の申請動向を分析することが出来ないが、中～中上級レベル全体としては、二〇〇九年の二〇〇八人から二〇一〇年の一七〇四人へと一五・一％減少した。上級（一級／N1）レベルについては、新制度への移行が受験を見送る要因となり得るとはいえ、減少率は一八・五％で最も高かった。また、新制度移行から二年目となる二〇一一年の受験応募者も減少していたことからも、ミャンマーにおける日本語学習者数は、この間減少傾向にあったと言えよう。

この背景には、二〇〇七年に僧侶を中心とした反政府デモ「サフラン革命」及びその取材中の日本人ジャーナリストの死亡事件や、二〇〇八年のサイクロン「ナルギス」の災害発生以降、日本からの観光客が減少し、経済関係も停滞する状況が続いたことがあった。そのため、後述するように、当時ミャンマーにおいては、高い日本語運用能力を得ても、それを活かす機会が大きくなかった。

ところが、二〇一二年以降、日本語能力試験の応募者が再び増加に転じ、二〇一三年には対前年比三五％増の三二八九人に、二〇一四年には更に同七二％増の五六七二人に上った。二〇一一年の民政移管以降、日本との間で多くの分野における交流の活発化とそれによる日本への関心の高まりが、日本語学習者を増加させたことが窺われる。当面は、日本語学習者数が増加する傾向が継続すると予想される。

また、民政化以降、海外情報の入手が容易になり、就労先としての日本への関心も高まるなど、日本語学習以外にも日本の情報に触れる機会は大幅に拡大した。今後は日本語学習者以外にも親日層が広がっていくと考えられる。

2　ミャンマーの教育事情と日本語教育

ミャンマーの公的基礎教育機関では、英語以外の外国語教育が行われておらず、学童期の日本語学習者は殆どいない。多くの日本語学習者は、基礎教育を終えた青年期に学習を開始している。ミャンマーは、二〇一三年の成人の平均就学年数が、僅か三・九五年に過ぎず［UIS］、未だ基礎教育の普及途上にある。従って、日本語学習者の教育水準は、比較的高い。

（1）基礎教育の現状

ミャンマーの基礎教育制度は、初等教育（小学校）五年、前期中等教育（中学校）四年、後期中等教育（高校）二年の一一年(2)である。就学年齢は満五歳、基礎教育修了時の年齢は満一六歳で、日本と比較して二年早く基礎教育を終える。世界では就学年齢六歳、基礎教育期間は一二年が一般的で、就学年齢が五歳以下で且つ基礎教育期間が一一年以下であるのは、ASEAN加盟国ではミャンマーとフィリピンのみである［UIS］。初等・中等教育における外国語教育は、国境地域の一部を除き、英語以外は認められていない。

初等教育就学率は、一九八八年には六七％に過ぎなかったが、二〇〇九年には九八％にまで高まった［pyankya:ye:wankyi:thana 2010］。教育省は、就学率を向上させるために、一九九九年から新学年開始直前の五月最終週に全国で小学校入学促進運動を行っている［Ministry of Education 2004:8］。

こうした、初等教育就学率の高まりは、ミャンマーの識字率向上に寄与してきた。二〇一五年のミャンマーの成人識字率は、九三％に上る［UIS］。図2は、ミャンマーと周辺諸国の識字率を比較したものである。CLMV諸国の中では、一人当たりが最も高いベトナムとミャンマーの識字率が同水準であり、カンボジアとラオスよりもかなり高い水準にある。

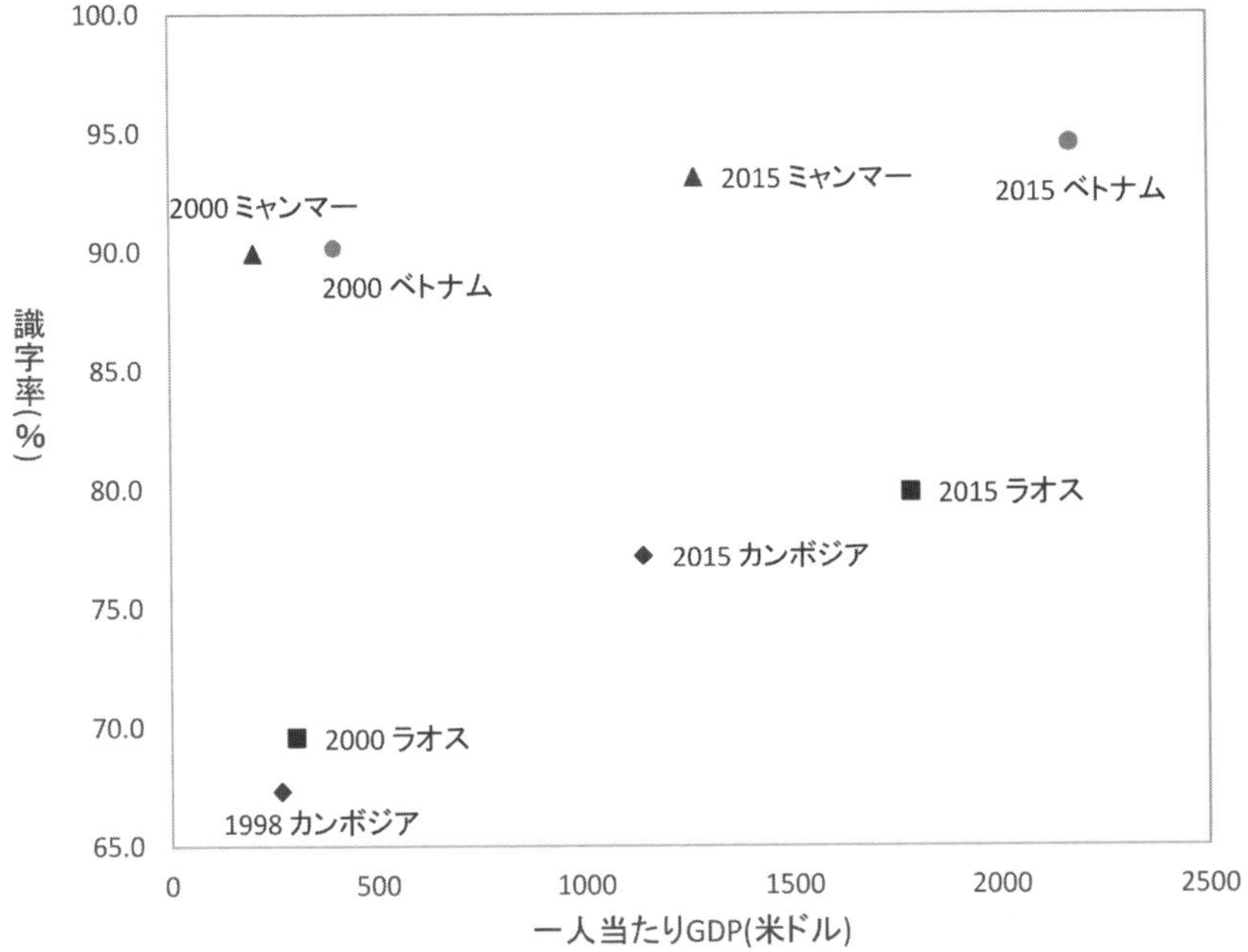

図２　ミャンマーと周辺諸国の識字率と一人当たり GDP の比較
（注）2015 年は推計値（出所）一人当たり GDP は IMF, 識字率は UIS より筆者作成

高い識字率の要因としては、近年の基礎教育就学率の向上のみならず、伝統的に寺院（僧院学校）が識字教育を担ってきたこと、社会主義時代から積極的に識字率向上に取組まれてきたことが挙げられる。ミャンマーは、社会主義時代から現在に至るまでその経済水準からすれば高い識字率を誇っている。ビルマ式社会主義時代の一九六〇年代後半以降、識字率向上運動が全国的に実施され、一九七一年と一九八三年には、ＵＮＥＳＣＯより、国際識字賞、野間識字賞が其々授与されている。一九五〇年代に三五％に過ぎなかった成人識字率は、一九八八年には七九・七％に達していた。一九九〇年代以降も、識字率向上運動は、政府、ミャンマー母子福祉協会、ＵＳＤＡなどの支援によって、実施されてきた。二〇〇〇年三月には、日本政府の草の根無償資金供与とＵＮＥＳＣＯアジア太平洋文化センターの支援を受けて、Myanmar Literacy Resource Center が Myanmar Education Research Bureau に設立されている [Ministry of Education 2004]。

しかし、二〇〇八年の小学校出席率は八三%、最終学年までの在籍率は七二%である。また、前期中等教育（中学校：第六～九学年）への就学率は、二〇〇七年において四九・三%にすぎず、五割強が五年以下の基礎教育しか受けていない状況にあった［UIS］。

初等教育における高い留年率と中退率を引き下げるために、教育省は二〇〇〇年三月に「国民のための教育促進特別四ヵ年計画（二〇〇〇～二〇〇三年）」を策定し、初等・中等教育を含めた教育全般にわたる教育課程の見直しを行なった。その後、「教育促進長期三〇年計画（二〇〇二～二〇三一年）」に引き継がれた。なかでも、カリキュラム改訂といった教育の質の向上よりも、教育機関数、就学率など量的拡大が優先されてきた。公的基礎教育機関数は、かなり増加した。特に、中学校就学率の上昇を目的として、二〇〇一年度に導入された第七学年までを有する拡大小学校（Post-Primary School）は、二〇一〇年度には六五二六校に上った［CSO 2012］。中学校就学率は、二〇一〇年には五八%に上昇した。ただし、同年の中学校修了率は、四三%に留まっている［UIS］。

中学校修了率が依然として低い要因として、貧困層にとって教育費用の負担が大きいことが挙げられる。小学校までは授業料は無償で、中学校以上も授業料自体は非常に低額であるが、教科書など教材購入費は自己負担で、施設維持費、スクールバス代なども負担しなければならない。また、一般化している学校教員が行う例が多い私的な補習塾の受講料も必要である。貧困層にとってこれら経費負担は決して小さくない。さらに、都市部の名門校では、多額の寄付金納入が慣例となっている［水野二〇〇九］。

なお、寄進やボランティアによって運営される僧院学校は、貧困家庭の児童・生徒や孤児を受入れており、基礎教育機関として公的基礎教育機関の補完的役割を担っている。かつては、僧院学校は公的には基礎教育機関と認められなかったが、一九九七年度以降、教育省のカリキュラムに添った授業が行われれば、基礎教育の修了資格が与えられるようになった。二〇一〇年度の僧院学校数は、小学校一〇七一校、中学校三五六校、高校二校であった［CSO 2012］。

以上のように、ミャンマーは未だ基礎教育の普及途上にある一方で、一九九〇年代以降、特に都市部において高額な授業料の私立基礎教育機関が増加してきた。都市部の富裕層には、公立校に(多くは何らかの手段で在籍したままで)通学せず、高価な私立教育機関に就学するケースが多かった。こうした教育機関の殆どは英語による欧米式教育を行っており、就学期間は一二年間である。また、第二外国語として中国語などを教えている学校も多い[水野二〇〇九]。従来、これらの私立教育機関は公的教育として認められなかったが、私立学校登録法(Private School Registration Law)が二〇一一年一二月に制定され、二〇一三年度には、一五九の私立学校が認可を受けた[Ministry of Education 2014b:13]。

なお、後期中等教育(高校:第一〇～一一学年)進学率は、一九九九年の二五%から二〇一〇年の三五%に上昇した[UIS]。二〇〇〇年代の高校卒業試験受験者数は、五〇万人程度、合格率は凡そ三五%であった[CSO 2012]。

(2) 高等教育の現状

一九八八年当時全国に三一校存在した大学は[pyankya: wankyi: thana, 2010]、学生運動の勃発以降二〇〇〇年まで断続的に閉鎖された。多くの都市中心部のキャンパスは、大学院課程のみとなり、学士課程は全国各地に建設された地方、または郊外の新設大学に移転された。教育省によると、大学などの公的高等教育機関は、二〇一四年の一六九にまで増加した[Ministry of Education 2014b]。

なお、教育行政は、主として教育省の管轄下にあるが、専門性の高い高等教育機関は、関連する省庁が其々所管している。例えば、科学技術省の工科大学やコンピューター大学、保健省の医科大学や歯科大学、国防省の国家防衛大学、協同組合省の協同組合大学、文化省の文化大学のほか、ミャンマーに特徴的な大学として、宗教省の国家仏教学大学や国際仏教布教大学、国境省の連邦民族開発大学などがある。

高等教育(大学及びその他全ての高等教育機関・課程)への就学率は、一九九〇年の五%から二〇〇一年の一〇%に増加して以降伸び悩み、二〇〇七年の就学率は、二〇〇一年から変化しなかった。二〇一一年には一三・八%と若干上昇している[UIS]。ただし、大学生約六〇万人弱のうち、通信大学(3)の在学生が、凡そ三分の一を占めていることには、留意が必要である[CSO 2012]。

軍政時代に大学は断続的に閉鎖され、後に公的高等教育機関数は増加したが、設備、人材の不足によって質の高い教育を提供することはできなかった。施設数増加に重点を置いた高等教育は経済開発を担う人材を十分に育成できず、教育需要との齟齬を生じていた。さらに、国内では近代的労働市場の拡大が遅れてきたこと、学歴に見合った就職先を得ることは難しかったことが、後述するように、富裕層の海外留学が増加する要因となった。

（3）高等教育における日本語教育

ミャンマーにおける公的教育機関における日本語教育は、一九六四年に設立された国立外国語学院（Institute of Foreign Languages：IFL）に日本語学科が設置されたことを起源としている。ＩＦＬは一九九六年にヤンゴン外国語大学（Yangon University of Foreign Languages: YUFL）に改組され、一九九七年一二月には、第二の都市マンダレーに、マンダレー外国語大学（Mandalay University of Foreign Languages：MUFL）が創設された。両外国語大学では、日本語の他に、英語、フランス語、ドイツ語、中国語、韓国語、ロシア語、タイ語（タイ語はヤンゴンのみ）も教えられている。両大学とにも当初は、専門課程（Diploma）のみだったが、一九九九年に学士課程が設置された。二〇〇九年に修士課程準備コース、二〇一〇年に修士課程が設置された。なお、大学院生は全て外国語大学の教員である。外国語大学は、特にヤンゴン外国語大学は学士課程で唯一市内中心部に位置していたことからも人気が高く、医科大学、工科大学、情報技術大学、海洋技術大学、歯科大学等に次いで入学に際して高い得点が必要であった。なお、民政移管以降、都市部の大学キャンパスにおいても、順次、学士課程が実施され始めた。

専門課程は高校卒業者以上を対象として、午前中二時間の講義を四年間で修めるもので、勤労者の通学も多い。高卒以上対象で、三ヶ月間のコースの三レベルの夜間部も設けられ、全過程を修了すれば専門課程への編入が可能となる。二〇一三年一二月末時点で、ヤンゴン外国語大学日本語学科の在籍者は、専門課程に一二〇名、夜間部に三七五名、学部に二二五名、大学院に一一名の計七三一名であった。同じく、マンダレー外国語大学日本語学科は、専門課程二〇名、夜間部二五名、学部二五〇名、大学院六名の計三〇一名であった［国際交流基金二〇一四］。

なお、高等教育機関で日本語教育を実施していたのは外国語大学のみであったが、二〇一四年八月にヤンゴン大学が東京外国語大学と締結した大学間交流協定に基づき、東京外国語大学がヤンゴン大学ミャンマー文学科に設置したGrobal Japan Office（GJO）の主催で二〇一五年一月よりヤンゴン大学全学科の学生（及び一部教員）を対象に日本語教育が行われている(4)。これは、日本の国立大学がミャンマーの高等教育機関で世界に先駆けて英語以外の外国語の授業を開いた事例として注目される。

（4）公的教育機関以外での日本語教育

公的機関以外での日本語教育は、日本統治期に遡ることができる。また、戦後も残留した元日本兵が日本語を教えていたこともあったようである。その後、ミャンマー人が日本語を教授する日本語教育機関が設立され、一九八〇年代後半になると日本人ボランティアがヤンゴン市内の僧院で日本語を教えるようになった。民間の日本語学校が増加し始めたのは一九九〇年代中頃で、ヤンゴンを中心に日本語学校の設立が増加し、数は少ないが日本人による日本語学校も見られるようになった。その他、ヤンゴン外国語大学やマンダレー外国語大学からの卒業生や訪日経験者などが、小規模な学習塾や家庭教師で日本語教育を行なってきた。ヤンゴン、マンダレーの二大都市以外にも、バゴー管区バゴー市、タウングー市、マンダレー管区ピンウールイン市、ザガイン管区モンユワ市、カヤー州ロイコーなどの地方都市にも日本語教育機関がある。

民政移管以降は、日本語習得者に対する雇用需要の高まりを背景に、日本語教育機関が増加する傾向にある。ミャンマーでの日本語学校経営に乗り出す日系企業も見られるようになった。二〇一〇年七月には全国で四四機関（うちヤンゴンが三四、マンダレーが六）であった民間教育機関数は、二〇一三年七月には五七機関（うち、ヤンゴンが五〇、マンダレーが七）に増加した［国際交流基金二〇一二、二〇一四］。

（5）日本語教師

ヤンゴン外国語大学には、二〇一〇年に教員のための修士課程が設立されたが、学部学生あるいは外部の日本語教師に対する研修制度は設けられていない。民間においても、専門的に日本語教師の育成を行っている機関は、存在しない。

外国語大学の正規教員の採用条件は、「日本語学科を優秀な成績で修了したミャンマー国民であること」とされている。なお、外国語大学において日本人の日本語教師の受け入れに関しては、資格要件や採用枠は定められておらず、個別の申請に対してその都度、教育省等関係政府機関との協議の上判断されてきた。軍政時代には、国際親善文化交流協会よりヤンゴン外国語大学にボランティアの日本語講師が一名派遣されていたほかは、日本人教師の受入れは極めて少なかった。国際交流基金は、世界各国に多数の日本語専門家を派遣しているが、軍政下のミャンマーに対する派遣は実現できなかった。漸く二〇一三年一二月に、ヤンゴン外国語大学日本語学科に国際交流基金から日本語専門家が派遣された［国際交流基金二〇一四］。また、ヤンゴン大学内のＧＪＯには、東京外国語大学から常時プロの日本語教師が派遣されている(5)。

民間の教育機関では、日本語教員は各々が定める資格要件によるが、ミャンマー人が運営する教育機関では、特に資格要件を定めていない場合が多い。日本人経営の場合でも、公的資格を必要としていないことが多い。また、僧院の語学学校では、在留邦人がボランティアで日本語を教えている。従って、日本人教師の中には、専門的な日本語教授法の知識を有していない者も含まれる。日本人教員は、日本語で日本語を教えるいわゆる直接法を採用している場合が多く、ビルマ語を解する日本人教師は少数である。

3　ミャンマーにおける対日理解

（1）ミャンマーにおける対日感情

ミャンマーにおいては、日本は同じアジアに位置する仏教国であり、風俗習慣等において共通点が多いと認識されている。また、英国植民地支配からの独立の契機に日本軍が関与したこと、遺族会を始めとする様々な人的交流があったこと、更に、経済面においても、日本が戦後賠償に始まる種々の経済協力を行ってきたことや、日本の経済発展に対する強い憧れも相まって、一般的にミャンマー人は親日的な感情を持っており、これは有識者についても同様である。

両政府間においても、伝統的な友好関係を有してきた。ただし、一九八八年の軍事政権成立以降は、日本政府は、民主化の進展と人権状況の改善のための努力を求め、経済協力は基本的に人道分野の支援に限ってきた。これは、軍事政権に不満を抱かせる結果となり、緊密な外交関係は維持されなかった。

二〇一一年の民政移管以降、日本政府は、ミャンマー政府が、テイン・セイン大統領の下、民主化・法の支配の強化・国民和解・経済改革に向け取り組んでいることを評価し、これらの取組を支援する姿勢を明確にした。有望な生産拠点、市場として日本企業の関心も高まった。経済関係の強化に加え、地域情勢や安全保障、インフラや法制度の未整備、少数民族問題などについても支援を提供するなど、二国間関係は緊密化に動いた。民政化の恩恵は一般市民に共有されており、それを支援する日本への感情も基本的には肯定的なものである。ただし、日本政府が支援する大型インフラ開発事業に関連して、地域住民の一部に不満があること、またそれを支援する識者がいることも指摘しておきたい。

（2）対日関心分野と対日理解

一般市民の日本に対する関心は、経済、文化、風俗などあらゆる側面に及ぶ。経済面では、アジアの中で他国に先んじて経済発展を果たしたことや、それを支えた技術力の高さなどに関して、憧れを帯びた関心が寄せられてきた。文化面では、伝統的文化に対する関心も根強いが、現代風俗（生活様式、ファッション等）への関心も高い。

日本への関心は日本語学習への動因となってきたが、日本語学習者が、日本への理解を深め、正しい知識を持つ知

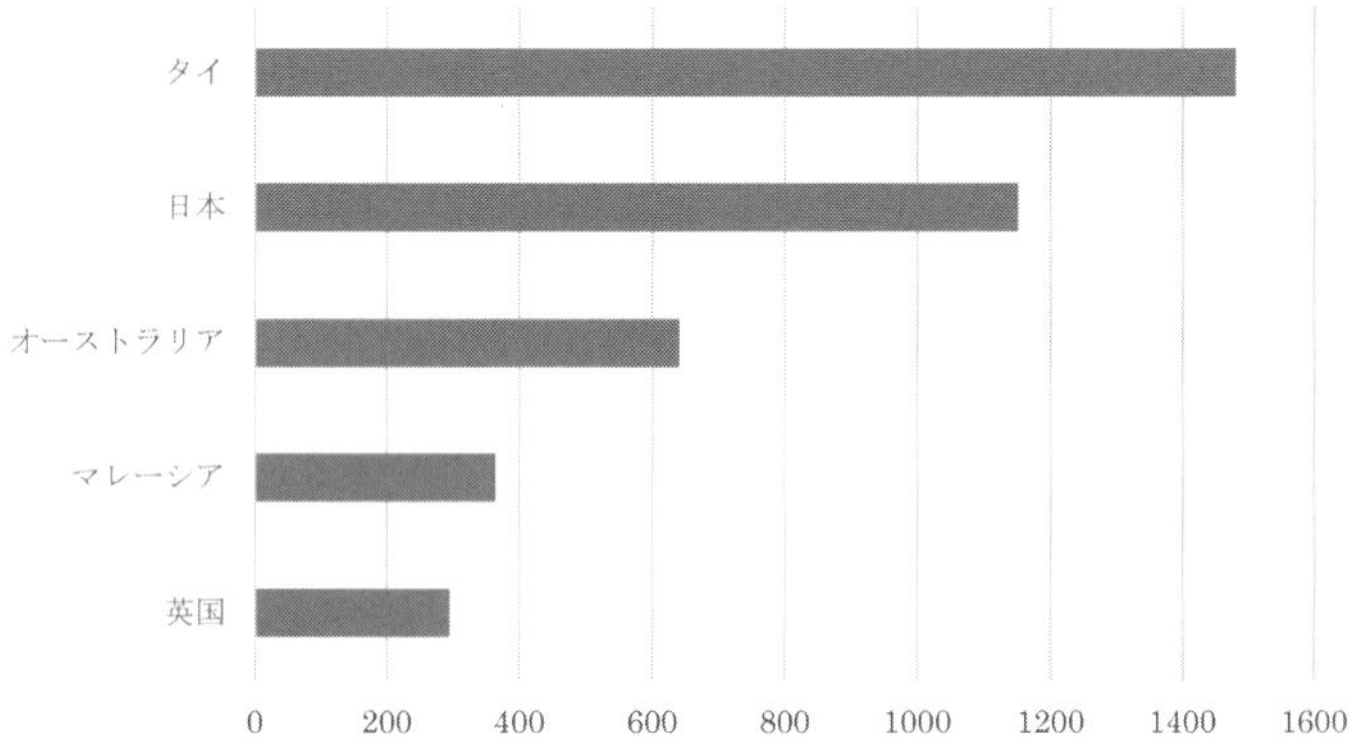

図3　ミャンマーの主な国別留学生数（2012年）
（出所）UISより筆者作成

日層に育つ環境は整ってはいなかった。公的機関で日本語を学べるのは二校の外国語大学に限られ、日本事情や日本研究についての情報は入手困難であった。長い軍政下で、海外渡航の機会や外国の報道に接する機会に恵まれなかったために、一般国民にかぎらず知識層、オピニオンリーダーにあっても、現代日本に関する十分な知識を持つ知日層は、必ずしも厚くなかった。知日層は、日本への留学や研修などの渡航経験を有する者に限られてきた。

（3）日本への留学経験者と知日層

一九八八年以降、大学が断続的に閉鎖されたこともあって、富裕層の海外留学が拡大してきたが、特に二〇〇〇年代半ば以降の拡大は顕著であった。主な留学先は、シンガポール、マレーシア、タイ等の近隣諸国の他、日本、アメリカ、イギリス、オーストラリアなどである。図3は、主な留学先国別の学生数であるが、最大の留学先となっているシンガポールは国別の留学生数を公表していないため含まれていない。現地の大手海外留学紹介業者は、シンガポールへの留学は少なくとも他の国の三倍に上ると指摘していた[5]。従って、日本はミャンマーにおいて、第三の留学先となっていると見られる。日本学生支援機構の外国人留学生在籍状況調査によると、日本におけるミャンマー人留学生は、二〇〇〇年代末には千人程度であったが、以降増加を続け二〇一四年には一九三五人に上った。

経済発展の遅れるミャンマーにおいては、近代部門の労働市場が狭小で、賃金水準も低いことから、一般に留学生の多くは、卒業後、留学先に留まるかもしくは第三国で就職することが多かった。しかし、日本への留学生は、省庁その他公的機関からの国費留学生の占める比率が高かったことから、ミャンマーへ帰国する人が多かった。このように留学を通じて知日派・親日派となった人材が政府関係者に多数存在したことが、日本との友好的外交関係の維持に寄与してきたことは言うまでもない。また、近年では、民間からの日本留学も増えており、留学を通じた知日層、親日層の拡大は継続すると予想される。

4　民政移管以降の日本語習得者の就業機会の拡大と今後の展望

ミャンマーにおいては一九九〇年代末以降、日本語学習に対する教育需要は高かった。しかし、ミャンマーへの日系企業の進出は拡大せず、日本人観光客数は、特に二〇〇〇年代半ばから低水準で推移してきた。そのため、二〇一一年の民政移管まで日本語習得者の日本語を活かした就業機会は限定的であった。

ヤンゴンにおいては、二〇〇〇年代の半ばから日系IT企業一社が数百人規模のIT技術者に日本語を学習させていたほか、観光ガイド、日系企業、日本人所有の飲食店の従業員、日本語教師など、日本語能力を活かした就業が一定程度可能であった。しかし、地方都市においては、日本語教師を除けば、日本語を要する仕事は皆無に等しい状況であった。例えば、二つの外国語大学の学部課程の第一期生は二〇〇二年に卒業したが、日本語運用力を行かした就職は難しかった。就業機会が限られる中で、上級レベルの教育需要は高まらず、国内で高度な日本語力を持つ人材育成が進む環境になかった。実際に、専門的な内容にも対応可能な通訳者は少数であった。

しかし、二〇一一年の民政移管以降、日本との経済交流の活発化にともない、日本語運用力を有する人材への需要は急増した。例えば、専門的な内容に対応可能な日本語通訳の謝金は、それまで日当百ドルに満たなかったが、数倍に高騰した。このようなミャンマー国内における日本語習得者に対する雇用需要の高まりのみならず、日本国内への就労希望も増加している。日本においては外国人技能実習生の受入れが拡大しており、ミャンマーからの受入れ数も増加する傾向にある。このような日本語習得者に対する就業機会の拡大は、今後も継続すると予想され、これまで以上に幅広い層で日本への関心が高まることが見込まれよう。

現在、ミャンマーでは日本での技能実習生候補者を対象に、日本の生活習慣、日本語を教育する人材育成機関の設立もみられる(6)。しかし日本への渡航を諦め、台湾や韓国への就労に向かう者が少なくない(7)。一般に日本の「技能実習生」の派遣は、民間の仲介業者が担っており、渡航費が高い。一方、韓国と台湾では、「実習生」ではなく労働者としての受入れ制度が設けられ、政府が外国人労働者の派遣に直接に関わるなど、外国人労働者の権利保護が進んでいる。海外就労志望者にとって日本が必ずしも魅力的な渡航先となっていない現実は、これまで非常に親日的で憧れを帯びていたミャンマーにおける対日感情が、変化しつつある可能性を示唆しているのかもしれない。

注

(1) 本稿は、筆者が在ミャンマー日本大使館の専門調査員として作成した報告書（水野二〇一〇b）及び水野（二〇一〇a）を基に書き下ろしたものである。本稿の特に注のない記述については筆者が在任中に収集した情報による。ただし、本稿の内容は筆者個人の見解であり、日本大使館及び外務省の見解を表すものではない。

(2) ミャンマー語では、第一学年は幼児課程（thunge:dan）と呼ばれ、以降を第一～一〇年と数える。各学年の公的英語呼称はGrade 1～11である。本稿では、英語呼称に倣って学年を表記する。なお、政府は基礎教育過程を一二年に延長する計画である（Ministry of Education 2014a）

(3) 通信大学は一九九二年六月に設立されたもので、専攻は、学士課程として、文学、理学、法学、経済学、また、修士課程として教育学が設けられている。

(4) レベル1（初心者）、レベル2（既修者）の二クラス割で、各クラス週二回放課後九〇分授業及びレベル2用に週二回六〇分の補講が開かれている（GJO奥平龍二東京大学名誉教授による）

(5) GJO奥平龍二東京外国語大学名誉教授による

(6) 例えば、日経のグループ企業では二〇一二年ヤンゴンに、二〇一五年カヤ州政府と協力してロイコーに産業人材育成トレーニングセンターを設立している。

(7) 例えば、日本への「外国人技能実習生」を育成するヤンゴンの学校では、入学者の四割が途中で辞め、出稼ぎ先を日本から韓国に切

り替えるという。（ＮＨＫ、クローズアップ現代、アジア労働者争奪戦、二〇一四年七月九日放送）

引用文献・参考文献

Central Statistical Organization; CSO. 2012. *Statistical Yearbook 2011*. Nay Pyi Taw: Central Statistical Organization, Ministry of National Planning and economic Development

IMF.2014. World Economic Outlook Database: April 2014 Edition http://www.imf.org/external/pubs/ft/weo/2014/01/weodata/index.aspx（二〇一四年一一月一日アクセス）

国際交流基金　二〇一三年『海外の日本語教育の現状　二〇一二年度日本語教育機関調査より』くろしお出版。

国際交流基金　二〇一四年「日本語教育国・地域別情報」http://www.jpf.go.jp/j/japanese/survey/country/2013/myanmar.html（二〇一四年一二月一日アクセス）

Ministry of Education. 2004. *Education in the Union of Myanmar: A Brief Overview.*

Ministry fo Education. 2014a. National EFA review report: Myanmar; education for All 2015 national review: Myanmar. http:// unesdoc.unesco.org/images/0022/002297/229723e.pdf（二〇一五年一月五日ダウンロード）

Ministry of Education. 2014b. *wankyi:thanaalai' tekkathou | digayikolei'sayin*（「省別大学・単科大学一覧」）http://www.myanmar-education.edu.mm/wp-content/uploads/2014/03/169-myanL-Uupdate.pdf

水野敦子　二〇一〇年ａ「ミャンマーの教育事情」日本学生支援機構『留学交流』第二二巻第五号二二—二五ページ。

水野敦子　二〇一〇年ｂ「ミャンマーにおける日本語教育環境および有識者の対日理解の現状と広報文化事業について」在ミャンマー日本国大使館専門調査員最終報告書。

日本学生支援機構　二〇〇九年—二〇一五年版（平成二〇—二六年度）　外国人留学生在籍状況調査　http://www.jasso.go.jp/statistics/intl_student/ichiran.html（二〇一四年一二月一日アクセス）

日本語能力試験公式ウェブサイト「過去の試験のデータ」http://www.jlpt.jp/statistics/archive.html（二〇一五年十一月一日アクセス）

pyankya:ye:wankyi:thana. 2010. tamato aso:ya le'hte' nainganto hpwanhpyu:to:te'hmu hma'tan:(1988-31.12.2009). ponhnei'hnin. saou'htou'ye:lou'ngan:（情報省「国軍政府治世　国家発展記録（一九八八—二〇〇九年一二月三一日）印刷出版公社」）

UIS（UNESCO Institute for Statistics）http://data.uis.unesco.org/Index.aspx?DataSetCode=EDULIT_DS&popupcustomise=true&lang=en（二〇一五年一二月一日アクセス）

コラム21　野口　昇　ウー・タントと国連大学の誕生

ウー・タント国連演説

国連大学は、国連総会決議によって設立された国連機関の一つであり、その本部は東京に設置されている。その生みの親とも称すべき人が、ミャンマー出身の第三代国連事務総長ウー・タント（U Thant）氏である。

当時のウー・タント事務総長は、一九六九年の第二四回国連総会の年次報告の導入部分において、要旨、以下のように述べた。「ここ数ヶ月、私は国際大学の設立について思いをめぐらして来た。真に国際的な性格を持ち国連憲章の目的に奉仕する国際連合大学の設立について真剣に検討すべき時が来たと感じている。教授陣は多くの国から集められ、さまざまな国と文化圏から集う若者は国や文化の垣根を越えて相互理解を深める。このような国際大学の第一義的目的は、政治や文化の面で国際理解を増進することであろう。このような計画は、ユネスコの関心事であり、ユネスコがこの構想を発展させていくことを願うものである。また、このような大学は、寛容の精神と思想の自由を持つ国に設置されるべきである。」　ここに国連大学設置の構想が明らかにされ、これ以降

さまざまなプロセスを経て、一九七三年の第二八回国連総会は「国連大学憲章」を採択し、大学本部を東京首都圏内に設置することを決定する。なお、教育者でもあったウー・タント事務総長がこの構想を打ち上げる前に、多くの人が同様な考えを持っていたとされているが、その頃のエリザベス・ローズ女史（米国のデンバー出身）の献身的な働きが特筆されるべきであろう。ローズ女史は、何度も訪日しユネスコ関係者や教育関係者と面談し、

国際大学の設立を熱く語り、東洋と西洋の文化交流の場として日本に設置されるべきだと訴えた。ローズ女史は、日本のみならず豪州やインドはじめ多くの国々でもその構想を説明し、また、ウー・タント事務総長の子息に会った際、その構想のペイパーを渡し父の事務総長に伝えてほしいと依頼したこともあったようである。東京・青山に設置された国連大学本部ビルに、ウー・タントの名を冠したホールが設けられ、エリザベス・ローズの名を付した会議室が存在するのも、この二人の功績を銘記したものと言えよう。

可能性検討と主要先進国の反対

ウー・タント構想が表明された一九六九年の国連総会以後、国連は一九七〇年に「専門家パネル」を設置して具体案の検討をはじめ、また、教育を扱う国連の専門機関のユネスコでもコンサルタント・グループを中心に国連大学の可能性の検討（feasibility study）を実施することになった。こうした検討作業において、主要先進国は、国連大学構想にかなり慎重あるいは否定的な反応を示した。

例えば、ユネスコでの執行委員会では意見が割れ、米・英・仏・カナダなど主要先進国は、提案に対し反対票を投じた。その理由として、そもそも西欧および北米の大学は歴史的に見ても国際的な性格が強いこと、新たな国連機関の設置は望ましくないこと、特に義務的拠出が増えることには反対である、などの点が指摘されたようである。他方、日本をはじめ他の先進国や国連組織で多数を占める発展途上諸国は熱心に支持した。こうして、一九七二年四月、国連の専門家パネル第三回会合は、国連大学に関する最終報告を国連事務総長とユネスコ事務局長に提出。要旨は、「国連大学は、平和共存、社会・経済開発など国際的な問題に取り組み、大学院レベルの研究・教育を実施すべき」というものであった。同年十一月、ユネスコ総会は、「第二七回国連総会が国連大学の設立を決定するよう勧告する」旨の決議を採択。一九七二年一二月、第二七回国連総会は、ついに「国連大学の設立を決定する」旨の決議を採択する。同時に、大学憲章を起草するための設立委員会を設置。一九七三年一二月、第二八回国連総会は、国連大学憲章を採択し、大学本部の東京首都圏内設置を決定。

日本政府の熱心な誘致運動

わが国においては、ウー・タント構想が表明されるや、官民あげての国連大学本部の熱心な誘致運動が展開され、一九七三年六月、日本政府は、以下の寄与を申し出て、国連大学本部の誘致を強力に推し進めた。

「(1) 国連大学基金に対し一億ドルまでの拠出、(2) 国連大学本部と研究・研修センターを日本に設置するための資本的経費全額と、研究・研修センターの経常経費の二分の一以上を負担することを検討する用意がある。」

大学ではない大学

ウー・タントの当初の構想は教授陣や学生を擁するいわゆる伝統的な意味での大学を意図したものであったと考えられるが、前述のように先進主要国の反論などもあり、国連大学憲章第一条は、「国際連合大学は、学者・研究者の国際的共同体であり……先進国・途上国に置かれる研究研修センター及び研究研修計画のネットワークとしてその機能を果たす」ものと規定された。

全く新しい構想に基づく大学としてスタートを切ることになった。その目的は、「人類の存続、発展及び福祉にかかわる世界的な問題についての研究、研修及び知識の普及を行うこと」と規定され、また、国連機関とはいえ、大学である以上、当然のこととして学問の自由と大学の自治が保障された(憲章第二条)。この憲章において、国連大学はその基本的性格として、世界各地の既存の大学・研究機関および国連大学が新設することになる直属の研究・研究センタのネットワークとして機能すること、東京の本部はその企画調整センターであると規定された。東京の本部には、学生やいわゆる教授陣もいない大学である。余談だが、私も国連大学に勤務していた頃、しばしば国連大学に入学したいのだが、との質問が寄せられた。そのつど、〝大学ではない大学である〟と説明したものである。

学位授与機能の追加

一九七四年、個人的資格による国連大学理事二四名が任命され、第一回理事会がニューヨークで開催。同年十一月、国連事務総長は、米国のジェイムス・ヘスター氏(ニューヨーク大学総長)を初代国連大学学長(Rector)に任命。同年一二月、国連大学本部仮事務所が帝国ホテル内に設置され国連大学の活動が始動することになる。

日本に本部を置く国連大学は、当初、世界の飢餓、天然資源の利用と管理、人間と社会の開発の三つの領域を設定し研究・研修活動を開始。その後、重点領域を広げながら多様な活動を展開してきたが、二〇〇九年一二月、国連総会は国連大学憲章を改定。大学院レベルの学生を受け入れ、学位授与の機能が備わることとなった。ここに、国連大学には、伝統的な意味での大学機能が追加されることになった。

本部施設の建設

最後に、国連大学本部施設について、短く触れておきたい。日本政府は、誘致に際しての表明に従い、同施設を無償で提供することになった。帝国ホテル内の暫定施設、次いで渋谷の東邦生命ビルのフロアを政府の予算で借り上げ国連大学に無償で提供。その間、本部施設の用地確保に努力が払われたが、かなり難渋した。紆余曲折の後、永井道雄元文相の働きかけと当時の鈴木俊一東京都知事の英断により、青山の都電車庫跡地が国連大学に無償貸与されることになった。この土地の上に、日本政府の予算により、丹下健三氏の設計による国連大学本部ビルが一九九二年に完成。特別措置法により、このビルは国連大学に無償で提供されている。

おわりに

ウー・タント氏は、国連事務総長として一〇年間勤務。かずかずの世界的課題に取り組み顕著な功績を残したが、仏教徒としての温厚で誠実な人柄も慕われていたと評価されてきたようである。そして、国連大学の生みの親として東京の本部ビルのホールの名とともに末永く人々の記憶に残ることであろう。

主な参考文献等

C.V. Narashimhan. 1994. *History of the United Nations University, A Personal Perspective*, The United Nations University
Ramses Nassif. 1988. *U Thant in New York 1961-1971, A Portrait of the Third UN Secretary- General*, London, C. Hurst & Co., Ltd.
『国連大学関係資料集』（文部省学術国際局、一九八三年）
『国連大学―その概要とわが国の協力―』（文部省学術国際局、一九八八年）
エリザベス H. ローズ　西野入円訳『ユネスコ、国連大学と私』（(財) 国連大学協力会、一九八八年）。
木田　宏「国連大学の母―エリザベス・ローズ夫人」目黒ユネスコ協会創立三五周年記念講演（一九八九年一〇月三日）

編著者解説

ウー・タントのラテン文字綴りはU Thantであるが、ミャンマー人には姓がなく、Uは英語のMr.に相応する年輩の男性に対するミャンマーでの敬称である（ただし、若輩であっても、極めて高い地位につけば、Uの敬称がつけられることもある)。ミャンマーではThantの最後のtは発音しないので、正しくは「タン」と発音表記すべきであろうが、日本では「ウー・タント」として知られている。本稿ではこれを考慮し、一般に「ウー・タント」というカタカナ表現とした。

U Thantは、一九〇九年にヤンゴンの約七五キロ西にある穀倉地帯に立地するパンタノーに生まれた。同地の高校卒業後、ラングーン大学で史学を専攻、在学中に後に独立後最初の首相となったウー・ヌ(U Nu)と親交を結んだ。卒業後、パンタノーの高校教師を務め、若干二五歳で校長となった。

一九四七年、ビルマ政府Press Directorに任命されたが、四八年、大東亜戦争中のバ・モー政権で外相、情報相を務め、アウン・サンとは異なり、最後まで英国側に投じなかったウー・ヌがアウン・サンおよび多数閣僚の暗殺により独立後の初代首相となるや、ラングーン(ビルマ語、ヤンゴン)のdirector of Broadcastingに就任、四九年、情報省書記官、一九五一~五七年にはウー・ヌ首相の最も信頼の厚い秘書官、五七~六一年にはビルマの国連常駐代表、六一年十一月三日、国連事務総長ハマーショールドの飛行機事故死に伴う後任事務総長代理に任命され、次いで六二年十一月三日に正式の事務総長(欧米人以外では初めての事務総長)となった。六六年に再選、七一年一二月三一日に任期を終え、引退。

U Thantが国連事務総長就任して四か月後に、後ろ盾であるウー・ヌ首相がネー・ウィン(Ne Win)将軍の軍事クーデターで倒され、ウー・ヌの直系とみなされていたU Thantは、母国新政府から冷たくあしらわれ、引退後も母国に帰ることなく、ニューヨークで生活せざるを得なかった。事実上、亡命生活であったともいわれている。

U Thantが国連事務総長を務めた時代は、東西冷戦たけなわな中で、戦後独立を果たしたアジアなどの新興諸国を中心とした非同盟運動が盛んで、中立主義を唱えるウー・ヌ下のビルマから事務総長を選ぶことは米ソにとって妥協できる人事であったといわれている。U Thantは、国連事務総長在任中、国連大学の創設を含め各種専門機関の充実、ベトナム戦争および中東戦争調停に尽力した。

引退後、七四年十一月にニューヨークで没し、遺体はヤンゴンに運ばれたが、軍事政権の態度は冷ややかで、空港には出迎えの高官の姿もなければ、儀仗兵もいなかった。同年一二月五日、葬式の日に埋葬予定地の選択をも含め政府の冷たい仕打ちに怒った学生・僧侶が棺を奪い去り、政府はこれを厳しく弾圧した。世にいう「U Thant暴動」である。

軍事政権が打倒したウー・ヌの直系で、国外で反軍事政権運動を行っていたウー・ヌや国内民主派とも関係があるとみられていたU Thantについて軍事政権が好意を持つはずもなく、その功績を顕彰するようなことはしなかったから、U Thantは、少なくとも、民主化以前のミャンマーでは、歴史に埋没しつつあるような感じであった。

なお、ウー・タントの国連大学設置構想に対し、一九七〇年に当時の佐藤栄作首相が積極的な支援を与えることを約束したが、七四年にノーベル平和賞を受賞した後、その賞金を基に「佐藤栄作記念国連大学協賛財団」が設立され、九〇年以降毎年、国連関係テーマの「佐藤栄作賞論文」コンテストが行われている。

(阿曽村邦昭)

コラム22 中西 修 ミャンマーズの日本語教育

一九九七年一月一日にヤンゴン市内に「ウイン（WIN）日本語学校」を開校、校長として勤務し十八年が経過した。この期間中に当校で学習した生徒数は実に三万人を超えた。卒業者の一部は観光ガイド、通訳として第一線で活躍している。また日本に留学した生徒も千人を超えている。

日本でミャンマー人に会えば、当校で勉強した生徒である確率は非常に高い。

現在、「最後のフロンティア」で知られるミャンマーに日系企業も相次いで進出しているため、日系企業から高給で雇われている卒業生も多い。

生徒数が最も多い最盛期は二〇〇六年で、一年間に三二〇〇人が当校に通ったという記録がある。これは当時、日本以外に留学や出稼ぎのチャンスがなかったからだ。

その後、シンガポール、マレーシアへ簡単に留学や出稼ぎができるようになった影響でだんだんと学習者数が減る傾向となった。

二〇一〇年三月十一日に起きた東日本大震災の影響で、「日本は危険」という風評が広まり二〇一二年の生徒数は一一三二人と大きく落ち込んだが、二〇一三年から再び上向きに転じ、二〇一四年は二五〇〇人とかつての勢いを取り戻すことができた。そして瞬間的ではあるが初めて在学生数が一〇〇〇人を超えたのだ。

さらに今年（二〇一五年）に入っても日本語熱は続いており、開講するクラスはすぐに満員になる盛況ぶりだ。そのため、現在は教室と教師不足のため日本語学習希望者のニーズに全て応えることができていないのが残念だ。これは贅沢な悩みでもある。

日本からお見えになったお客さんから「どんな苦労がありましたか?」とよく質問されるが、いつも答えに窮してしまう。

というのは、開校して十八年間、一度も大きな苦労をしたとか、問題が発生したとか、全くなかったからである。

強いて言えば、二〇一〇年の電気事情が最悪だったということだろうか。

当時、四十度を超える最も暑い時期の四月、五月で毎日十二時間以上の停電がほぼ毎日続いた。

総じて言えば、ミャンマーにおいて日本語教育は非常にやり易いと言えるだろう。

原因としては

(1)ミャンマーでは年長者や先生を敬うという習慣があるため、先生の言うことをよく聞く。

(2)ミャンマー人はどちらかと言えば、理屈や理論ではなく教えられたことを暗記するのが得意なため、外国語の習得に向いている。

(3)ミャンマー語と日本語の語順や文法が非常に似ているため、ミャンマー人にとって日本語は習得しやすいこと　などが挙げられるであろう。

それらの原因のため、ミャンマー人の日本語学習者は日本語の習得スピードが非常に速いと言える。

以前、東南アジアで展開している日本語学校の代表者による会議に出席したことがあるが、マレーシア、シンガポール、インドネシア、タイの民間の日本語学校では二級(現在のN2)以上のレベルは教えていないそうだ。

それに比べると、ミャンマー人の場合は二級、一級に進級する生徒が非常に多く、実際にも多くの生徒が二級以上の試験に合格している。

非漢字圏でありながら、これほど日本語の習得が速いのは漢字圏以外ではナンバーワンと言っても過言ではないだろう。

ミャンマー人がなぜ日本語の習得が速いのか、原因はいろいろある。

先に述べたようにミャンマー語と日本語の語順が同じ、格助詞、終助詞などがあり文法的にも似ている、などがあるが、さらに言葉の発想自体もよく似ているのである。まず、簡単な例をあげると、

・「帽子を買う前にかぶってみる。」の「みる」はチィデー（見る）をそのまま使う。
・「旅行に行く前に切符を買っておく」の「おく」はターデー（置く）
・「暑くなってきた」の「きた」はラーデー（来た）

以前の授業で、以下のような日本語の文章があった。「日本の小学校で英語を必修にしても効果は少ない。あえて強制すれば出口は日本語でも英語でもない、カタカナ語に求める他はなくなるであろう。カタカナ語はカッコがよいのではない。英語の強制が生み出す挫折のはけ口なのだ。」

この文章の「出口」とか「はけ口」というのをミャンマー語で何というのだろうか。

苦し紛れにミャンマー語の出口に当たる「トェッパウッ」と言うと、これが「大正解」だったのである。この例だけでもミャンマー語と日本語の発想は実に似ていることがわかる。

他の例として、
・「スキー場ができて村がうるおう」の「うるおう」
・「平和を願う気持ちは人々に浸透している」の「浸透」
・「困ったときにお金がものをいう」の「ものをいう」

などの比喩的に使う場合も日本語の発想と全く同じである。また、
・「ご飯を食べないで学校へ行く」
・「学校へ行かないでうちで勉強する」

の二つの文で、先の例は「付帯的状況」、後の例では「代替」をそれぞれ表すが、ミャンマー語でも同じような表現があるため、いちいち区別し説明する必要がなく、教える側も時間と労力の節約ができる。

以上のような理由により、我々日本人教師にとってミャンマー人に日本語を教えることは容易であり、またミャンマー人にとっても日本語の習得は取り組み易いため、ミャンマー人の日本語習得のスピードが速いのではないかと思う。

ただ、そうはいっても何も問題がないわけではない。ミャンマーの子は、学ぶことは覚えること、と理解しているようで優秀な子も丸暗記型が多い。科学も数学もそうしたがる。ということは、自分で考えることが苦手なことにつながる。論理的に物事を考える癖をつけるため

には、まず数学、つまり数学の力を伸ばことが根本問題ではないかと思う。

ミャンマーにおいては二〇一〇年以降、民主化を進めているため現在、日本とミャンマーの間で人的な交流が進んでおり、そのためミャンマー人の日本語学習者はさらに増えるであろう。一八年間の間に培った知識と経験を生かしてミャンマー人のための日本語教育をさらに充実させていきたいと思う。

ミャンマーの最高学府ヤンゴン大学コンボケーションホール（奥平龍二撮影）

コラム23　吹浦忠正　ミャンマー国旗物語

二〇一〇年に変更された現在のミャンマー国旗

二〇一〇年一〇月二一日、ミャンマーの国営放送は、憲法の施行に先立ち、この日から軍事政権が新たな国旗を使用すると発表した。政治変革の兆候が最初に国旗に現れたのであった。

黄色は国民の団結、緑は平和と豊かな自然環境、赤は勇気と決断力を象徴し、三色の帯にまたがる白星はミャンマーが地理的・民族的に一体化する意義を示していると説明された。

アウン・サン将軍時代のビルマ国旗

思い起こしてみれば、この三色旗は日本が第二次世界大戦中にバ・モーを中央行政府長官に担ぎ、アウン・サン将軍（一九一五〜四七年）らが「建国」したビルマ国の国旗と酷似している。すなわち、この旗は、日本が強力な後ろ盾となっていた一九四三年から四五年初頭にかけてのビルマの国旗であり、中央の紋章は最後の王朝であるコンバウン朝（一七五二〜一八八五年）のしるしである緑色のクジャクだった。

太平洋戦争開戦直後の一九四一年一二月一六日に、アウン・サンと同志たちは、南方派遣軍の南機関の支援を得てタイの首都バンコクにビルマ独立義勇軍を創設し

た。同義勇軍は日本軍と共に戦い、四二年三月にはラングーン（＝ヤンゴン）を陥落させ、同年七月まではビルマ全土から英軍を駆逐することに成功し、ビルマ防衛軍に改組した。

南機関の指導でビルマに軍政を敷き、四三年三月、日本は弱冠二八歳のリーダーであったアウン・サンを東京に招聘、叙勲し、帰国後の同年八月一日にバ・モーを国家元首兼首相とするビルマ国が誕生すると国防相になった。日本名を「面田紋次」とし、親日派の代表的な存在となった。ビルマ防衛軍はさらにビルマ国民軍に改組された。

しかし、アウン・サンは、その後、日本軍の帰趨を眺め、英軍に転じた。

共和制時代のビルマ連邦の国旗

終戦から三年、一九四八年に独立したビルマの国旗は、以後一九七四年三月までこの国旗を使用した。一九六四

年の東京オリンピックにはもちろんこの国旗のもとで参加した。

アウン・サン（将軍）の長女であるアウン・サン・スー・チーや亡命政権は基本的にこの国旗のみを認めている。それは、次のデザインの国旗を採択したのが、ネー・ウイン将軍らが一九六二年のクーデターで樹立した軍事政権であったからであり、

アウン・サン・スー・チーらが軍事政権の正当性を否定してきたからであり、共和制時代のビルマ連邦のこの国旗を、ミャンマー民主化の象徴として使用していた。

　中央の星は国民の六九・四四％（六八％）を占めるビルマ族。周囲の星はシャン族（八・四七％、九％）、カレン族（六・二二％、七％）、ラカイン族（三・五％、四％）、モン族（二・〇％、二％）、カチン族（一・三六％、一・五％）のより多数の少数民族を表わす。同国にはカヤー族、中国系の人（華僑）、インド系の人（印僑）などがおり、その他にもさまざまな少数民族がいるという複雑な民族構成であり、これがこの国の不安定要因の一つである。

　この国旗の白は純粋さと清潔、青は和と誠実、赤が勇気と団結を象徴していると説明されていた。なお、ミャンマー国内の民族構成については正確な、また近年行われた厳密な調査結果がない。カッコ内の数字は前者が一九八三年のセンサスであり、後者は英語版Wikipediaの推計によるもの。因みに、二〇一四年に三〇年ぶりに行われたセンサスでは、民族別人口は未発表である。

ネー・ウイン将軍によってデザインが変更された国旗
一九七四年一月三日、ビルマ連邦社会主義共和国のネー・ウイン将軍によって国旗のデザインが変更された国旗。農民を表わす稲穂、労働者を表わす歯車と一四個の星からなる。この星はタインと呼ばれる七管区とピーネーと呼ぶ七つの州を表すもの。

　諸外国には小麦やモロコシを描いた国旗はあっても、稲穂を描いた国旗は二〇一〇年に現在の国旗に変更するまでのこの国旗だけであった。したがって、現在、世界の国旗で稲穂を描いたものはない。
　一九七六年のモントリオール・オリンピックから、二〇〇八年の北京オリンピックまではこの旗で参加した。

一九四八年以来の二代の国旗は星が一つであるチリの国旗や、台湾の「青天白日満地紅旗」と子どもたちには混同されることがあった。しかし、現在の黄・緑・赤の国旗はむしろ、同じ三色のボリビアの国旗同様、アフリカ諸国旗に共通のものであることから、アフリカのどこかの国かと言われることもある。

世界の国旗の専門家の中には、同国の未だ不安定な政治状況とともに、いずれまた変更される可能性が高いと見る者もいる。

おわりに

奥平龍二

本書の出版に至る過程には次のような背景があった。東南アジア大陸部諸国の歴史を土台にして政治、外交、経済、文化および社会を、同島嶼部をも視野に入れながら、包括的に理解しこの地域を一つの纏まりとして綜合的に理解しようという目的から二〇〇七年九月、阿曽村邦昭先生（元ベトナム、チェコおよびベネズエラ大使）を会長とする「メコン地域研究会」が発足した。以来今日まで八年半の歳月が過ぎたが、この間、会員をはじめ外部からもこの地域に関わる各方面の有識者の方々をお招きして、原則的にほぼ毎月、発表形式でこの地域に関わる様々なテーマを取り上げ議論が重ねられてきた。テーマとしては基本的には、この地域に属するミャンマー、タイ、ラオス、カンボジアおよびベトナムに関する時事問題を中心に始められたが、次第にその背景になっている文化や社会にも目が向けられ、様々な問題が議論されるようになった。その過程で、最初に、『ベトナム—国家と民族—』（阿曽村邦昭編著、二〇一三年八月、上下二巻、古今書院）が刊行された。

そのような中にあって、次に注目されたのがミャンマーであった。このベトナム本に次ぐ第二弾として、過去から現代までの歴史を辿りながら、半世紀にわたる軍人支配から民主政権へ移行するという劇的な変化がもたらされつつあり世界でもっとも注目を浴びていた国の一つとしてミャンマーを取り上げ、「はじめに」において阿曽村会長が述べている通り、二〇一三年末、企画書の立案が開始されたのである。以来、今日まで、阿曽村会長のもとで、ミャンマーのそれぞれの分野ですぐれた研究成果を挙げておられる学界・調査機関の関係者はもとより、官界やそのOBや実業界でご活躍されている方々からの様々な有益な論考を賜ることができた。欣快に堪えない。また、官界出身で学界でも幅広く活躍されてきた阿曽村会長のように世界を視野に入れながら、第三者の立場からミャンマーをベトナムを含む東南アジア大陸部やインドと比較しながら鋭く確かな目で捉え直し分析された論考（特に、「大東亜戦争とビルマ」や「ビルマの竪琴」考など）には、ミャンマーの中にだけ閉じこもって勉学している私の立場からすれば、新鮮で斬新的な論考であり、改めてミャンマーを世界的規模で観察しなければならないという教訓を得た。

本書刊行の目的は、古くにスリランカ系の上座仏教を受容して「国造り」を行ったミャンマー国民の伝統的な物の考え方・見方とはどのようなものか、東南アジアのなかで他に類例を見ないミャンマー連邦国家の基盤をなす一三五種にも及ぶ「多民族」を抱える政権にとっての「国民国家」建設にはどのような困難が立ちはだかっているか、「大東亜戦争」という忘れがたきミャンマーと日本との歴史的関わりは、今日の両国にどのような影響を与えているか、等々を踏まえ、ミャンマーが現代抱える諸問題を明らかにし、その未来を展望することにある。

周知の通り、昨年一一月実施されたミャンマー総選挙でアウン・サン・スー・チー党首率いる「国民民主連盟」（NLD）が軍人枠を除けば圧勝し、その結果、今年三月には「国民民主連盟」が与党として政権を担うこととなった。スー・チー氏は、ことのほか、国の発展に不可欠な教育改革と教育の向上に熱心に取り組もうとしていると仄聞している。特に、一昨年から始まった学生や民主化市民グループと政府との間で教育の自由化に関する度重なる交渉の結果、昨年3月「国民教育基本法改正法案」が議会で承認されたものの、学生や民主化市民グループからの要求がどこまで充たされたかが不透明のまま今日に至っている。スー・チー氏の今後の政権運営で、どのような教育改革が行われていくのかも注目される。

ともあれ、新政権成立の機に合せて刊行された本書が、ミャンマーを体系的にとらえ、過去から現代、そして未来を展望できる新たな地域研究書としての役割を果たすことが出来るとすれば、私ども編著者の望外の喜びとするところである。

最後に、ミャンマーが大きく変わりつつあるなかで、ミャンマー関連の仕事に携わる本書の執筆者の方々が一段と多忙を極める中で、本書の出版のためにご理解とご協力を頂きご執筆頂いたことを心から御礼申し上げる。また、本書の企画から刊行までの長きにわたり、私たち編著者の無理難題をも寛容に受け止め、柔軟に対応して頂いた古今書院、特に、編集部の関田伸雄氏のご支援とご理解がなかったなら、本書の刊行は到底実現しなかったであろう。この場をお借りして深甚なる謝意を表したい。

付属参考基本資料I

バー・モウ『ビルマの夜明け』
（横堀洋一訳・太陽出版、一九九五年新版）

第八章「ビルマ人の時代」より

軍国主義のたね

一九四二年はわれわれが日本軍と協力して本格的な戦争行動をとった最初の年であった。しかしこの戦争協力の性格と限界、われわれの側の信念と理由、そこから得たわれわれの利益、いかにすべての協力行動をわが国の利益に結びつけたか等々については、私はすでに述べた。これは日本軍との最初の共同作業であった。

次にはビルマ軍の徴集であった。国軍はわれわれにとっても最初に必要とするものだったから、これも基本的にはわれわれの利益のために行なわれた。われわれはこの軍隊を現実のものとするために、決意をもってこれと取り組んだ。しかし日本側は、われわれの必要とするものを彼らの条件で与え、ビルマ軍の枢機を掌握し、その精神までも日本的にしてしまった、つまりは軍は国民の主人であり下僕ではないと考える、ほかならぬ日本軍国主義精神を吹きこんだのである。ビルマ人が何世代ぶりかに自分たちの軍隊を持ち、昂ぶっていた雰囲気の中では、人々には吹きこまれた精神が将来もたらすかもしれぬ危険を見通すことは不可能だったし、日本軍がそれを盛んに鼓吹していた時に、警告がましい言動をとれば非愛国的だと非難されるのがおちであった。

当時、ビルマ人は正気の人たちでさえ、くずのようなビルマ軍が英国軍と中国軍を追放したことの記憶に心を奪われて、将来など考えもせずに、ビルマ軍がどのように大きくなろうと、どのような形をとろうと、かまわないと思っていた。そういう状況の裏には、オン・サンの発する個人的雰囲気があった。また国家的闘争の真只中に生まれたビルマ軍は、何かの政治的ビジョンにつかれた若者たちで成り立っていたから、一つの政治的軍隊であった。こうして、不安な政治的夢と野心と、有害な軍国主義の爆発性混合物が生まれた。そしてそのような危険な混合物は、いつかは爆発せねばならなかったのである。それはまず日本人に対して爆発した。せっぱつまった抵抗だったが、たまたま効果的だったから後日の爆発を必然的にしたのである。

私は一九四六年八月のオン・サンとの話し合いを覚えている。私は巣鴨拘置所から帰ったばかりだったが、オン・サンは私を訪ねてきた。私は完全に政治から手をひいてしまったから、多くの事についてより自由に話し合えるだろうといった。その一つはビルマ軍の将来であった。英国が再びビルマに戻っていた時でもあり、私はビルマ軍が存続するものかどうか、とても確信がなかった。オン・サンはすでに文官生活に戻り、権力政治に深く首をつっこんでいたので、ビルマ軍とそれが起こした問題について、より詳しく客観的に考えてみる気があるだろうと思った。真のビルマ軍を常に存続させることに強い熱意を示して、私は前にも何度となくいったことを彼にくり返して話した。全面的な国家闘争という状況下では正しい必要なものも、勝利の後は誤った不必要なものになるかもしれない。なぜならば、正しい政治的適応なくしては、善もその闘争が終わったときには弁証的に悪と化してしまい、闘争心だけが軍の内部に存続するかもしれない。私はこの点を強調した――「そうなっては、その時にはビルマは運よく独立を達成してしまっているだろうから、闘争は独立のためではなくなってしまう。独立のためではなく、新しい独立国家内部の権力のための闘争になってしまう」

　私は軍国主義者が最も特権を与えられ最もよく組織されていたが故に軍国主義国家になってしまった日本の例をあげた。私はオン・サンに警告した――「これが独立後のわが国の最大の問題の一つになるだろう」。固定観念に駆られて行動する人間の常で、オン・サンはそこまでは見通せなかった。彼はなおその時点での固定観念に縛られていた。彼は大衆を前にして話すように、私にファシズムについてとうとうと話した。政治勢力としてのファシズムがすでに崩壊し、今はただ政治的に利用するだけのぬけがらになってしまったのを知らずに……。あるいは彼が政治的利益のために、ファシズムを叩いていたのかもしれない。しかし彼はそうすることによって、ビルマにおける日本の罪悪の真の意味を見そこなっていた。それが西欧側の宣伝したごときファシズムではなく軍国主義だったこと、それがいかなる政治体制下でも、どの民族でも、どこでもありうる軍国主義という悩みのたねであったことを、彼は見そこなっていたのである。

タイ・ビルマ（泰緬）鉄道

われわれの次の共同作業は、タイ・ビルマ（泰緬）鉄道建設工事だった。これにはわれわれはビルマ側の部分の建設のために労働力を提供したのである。この工事、とくにそのための労働力の確保の方法は、結局工事に従事させられた捕虜を含む多くの労働者が全くの飢えと病気と疲労のため死に、敵側がこれを〝死の鉄路〟と称して宣伝して、日本軍の東南アジアにおける戦時行動のうちでも、もっとも論議の的となった問題の一つであった。長い間、英国はこれを称して、邪悪な心をもった民族によるアジアにおける最も邪悪な戦争犯罪といい、ヨーロッパにおけるナチの虐殺のアジア版と呼んだ。これについて私にいえることはない。私はすべての事実を知らない。知っているのはビルマ側の問題に関してだけである。以下、私の知るところをすべて記してみよう。

　一九四二年末、後にこの工事の主任になった佐々木大佐が、極東諸国を結ぶ広はんな通信網の一部として、ビルマとタイの国境をまたぐ鉄道を建設する計画について私と談合した。佐々木大佐は実に献身的な人物だった。彼はアジア統一のダイナミックな構想に深い信念を抱き、そのためにアジアの隣接諸国を物理的に近づけるべく、道路と鉄道を建設する必要を説き、具体的にビルマとタイを結ぶ鉄道の建設計画を示したのである。彼の言葉は、現在われわれが戦っているアジアの将来の一つの姿を私に示してくれた。それ以上に、この構想は過去に犯した歴史的誤ちを正してくれると思ったのである。すなわち、これらについて国は、ヨーロッパ帝国主義勢力によってただ彼らの利益範囲を守るために、従来互いに孤立化されていた。私は、久しく夢みていたものを実現してくれることと思えた佐々木の計画にただちに魅せられた。具体的には、鉄道はわれわれの戦時必需品を早く安全に確保する手段となるはずであった。いずれの面からも、これは遠大な計画だったのである。

政府内部の者はすべてこの計画に賛意を示した。これに参加することによりビルマ人は自らの将来を開く仕事をすることになる——われわれはただちにビルマ側工事のために労働力の提供に同意した。しかしわれわれは東方に開かれる門戸と、それがビルマ人にもたらす豊かな将来とを思うことで夢中になり、厳しい現実に思いをいたすことをしなかった。ビルマ人にとっては全く新しいタイプの手仕事のためのぼう大な労働力を、ビルマでも名うての悪疫はびこる未開の密林で、しかも間断ない敵国軍の攻撃下でいかに確保し維持するか。しかし、結局は当時はそのようなことをあまり考えなかったのが、今思うにかえってよかったのかもしれない。

われわれの側の仕事はタキン・バ・セイン労働相が担当した。彼は大がかりなチームを組織して労働分遣隊を徴募、組織して国境の密林に送りこんだ。これが戦前タキン党が組織していた政治有志団体の名を借りた、いわゆるレッ・ヨン〝強腕隊〟と呼ぶものであった。後にこれは正規軍〝血の軍隊〟ツウエ・タッと並び称されて、チユエ・タッ〝汗の軍隊〟と呼ばれた。こうしてわれわれは、ようやく大規模な未来を目指した仕事に従事するようになり、他の面での日本軍との交渉に有利な材料を得た。

佐々木は第一年度に二万六千人を要求してきた。われわれは徴募できる限り、彼が受入れ使用できる限りの労働力を提供した。それに対してわれわれはいくつかの条件を示した——一定期間が過ぎた後に労務者の家族の呼び寄せを許可すること、キャンプに出発する際労務者は報酬の先払い分と旅費を支給されること、雇用期間中は労務者はすべての必需品の配給と保護を受けること等。佐々木はこれらの条件をすべてのんだ。工事を円滑に進行させるため、他にもいくつかの処置がとられた。強力な労務局が設置されわれわれの政治組織ドバマ・シンエタ党が労務者徴募に活発に動き、常任の検査官や大臣を含むビルマ人の高官によって随時構成された視察団が、工事現場や労務者徴募状況を視察してまわった。ちなみに一九四二年末には、副首相のタキン・ミヤと労働相のタキン・バ・セインが新鉄道の起点タンビュウザヤを訪れ、一万の汗の軍隊が適正な条件のもとで就労しているのを現地に視察して、後にその状況を報告している。

一方、他に大臣、次官、常任労働担当官、それに共産主義グループの急先鋒バ・ヘインのような第一流の政治家を含む視察団が組織され、ペグー・インセイン地区を巡回して徴募促進に努めた。完全な調和と理解の上に工事は進捗していたが、このムードは一九四三年一月一日第一期工事完成を祝う宴会にも反映していた。宴会には、タキン・ミヤ、バンドラ・ウ・セイン、ウ・バ・ウィン、タキン・バ・セイン、チョウ・ニェン内閣官房長、その他党の要人を含むビルマ政府を網羅する代表が出席した。席上、日本側の佐々木大佐と彼の部下に対して賞賛の言葉が呈され、タキン・ミヤは演説の中で佐々木大佐を、長年両国間を分け隔てていた障壁を切り崩した〝偉大な有徳かつ高潔な人物〟と讃えたのである。

初期のころは、希望に満ちて実際の工事も大いに進捗した。しかしそのためにビルマ人の支払った代償も大きかった。現地に着くと労務者は、ただちに雑木の生い茂ったむし暑いマラリアの蔓延する密林に投入された。密林深くさまよい住む種族の他は住む人もない未開の原始林の中で、彼らは小屋を作り生活を立てなければならなかった。第一期工事の終わりには密林のほとんどは切り開かれたが、労務者の大半は、あるいは脱走し、あるいは黒水熱や致命的なマラリアなど密林の伝染病にかかって蝿のように死んでいった。これらの労務者たちは、死を覚悟で工事に挺身した。今でこそなお名も知られず、尊敬も受けず讃えられもせず、相応しい墓に眠ることも叶わずに放置されてはいても、いつの日か書かれるであろうあの戦争の正しい歴史の中に、あの世界大戦でビルマが生んだ真の英雄たちにまじってその名をとどめるであろう。いまは、後世の人々に彼らの骨のありかを知らせる墓標すらもない。

われわれはこのショッキングな悲劇をつぶさに調べ、背後の真実をほぼ知ることができた。多くは工事自体の性格と規模、それが実施された時の戦争状況、完成するまでの時間との競走が原因であった。佐々木と上層部の人々は、労務者たちのために全力を尽くした。しかし工事初期にはあの荒涼たる原始林を切り開かなければならなかったし、資材はなお輸送中であった。組織の面でもなすべき事が多かった上、この種の作業を初めて経験する労務者の取扱いから生じる問題が次々と出てきた。

佐々木は具体的な資料を示して事態がほどなく改善されるはずだといった。「労務者の力をフルに出させるために彼らを健康に丈夫に満足した状態におくことは、日本側にとっても非常に必要なのだ」と彼はつけ加えた。彼の話は筋が通っていると思えた。彼が約束したように、やがて状況は好転のきざしを見せはじめ、密林は開け鉄路は着々と延び、沿線各所に小さな停留所が作られた。それとともに周辺の開けた土地に、日本流にきちんと整理された永久的な居留地が現われた。まもなく施薬所も設けられ医師が派遣された。白い小さなパゴダ（塔）さえあちこちに見られるようになった。大きな居留地にはビルマの村では見たこともない電灯がともった。病疫伝染の原因となる水の汚染を防ぐために、新鮮な流水の確保、廃物の衛生的処理に周到な注意が払われた。

このような変化とともに十分な量の衣類、食料、薬品とくにキニーネが急ぎ供給された。その結果、各地で密林の熱病や伝染病が抑えられ、物資もなく、あっても法外な金を払わなければ買えなかった周辺の地域と比較して、死亡率がさがったのである。統計によると工事地区には総計六万五千人の労務者が送られ、少なくともその半数が密林各所で工事に従事した。そこで生じた問題がかつて経験したことのないようなひどいものだったのは必然だった。多くの居留地は大いに改善されていたが、なお遠く離れた小さな労働キャンプでは、状況は原始的でひどかった。そのような小さな労働キャンプは密林の奥深くにあって、労務担当官や視察団が入っていくことができなかった。そのような人の訪れぬ場所では、日本軍の監督官は労務者たちをあたかも奴隷のように扱い、工事のためには近在から何の補償もせず、何でも取りあげ、全く奴隷監督のように振舞ったのである。その結果、工事キャンプには二つの姿があった——人の行ける大きなキャンプではすべてが行き届いて、派遣された日本軍将校も普通に振舞ったが、視察団の手の届かない地区の小さなキャンプは、ただ工事の進行のみを考え労務者の状態には目もくれない人間によって、あたかも奴隷キャンプのごとき様相を呈したのである。悪人は現場の監督官であった。彼らにとりえがあったとすれば、彼らも労務者たちと同じ条件下で同じように、時には厳しい労働を強いられたことであろう。労務者をこき使うとともに、自分たちをもこき使った献身的な奴隷監督であった。

　これにはもう一つの、ビルマ人労務者と家族にとってもっとひどい面があった。彼らはある日突然、住み馴れた家を離れて見知らぬ土地に放り出されて、全くの流浪の生活を強いられた。それ自体ひどいことであったが、これがあまりにもいまわしい仕方で行なわれたため、これは戦時中にビルマ人に対して行なわれた最もいまわしい犯罪の一つとなったのである。最も悪かったことは、主犯が実はビルマ人自身だったことだ。中央政府は徴募の全権をビルマ人の地方行政機関に委ねる方式をさらに強化し、日本軍は単に傍観し必要な労務者の員数をきめ、求められる時だけ援助して、彼らを工事現場に送り届けるだけだった。

　本来この方式はビルマ人を保護するためにとられたものだったが、とくに中央の支配が及ばない遠隔の地で大変な脅迫とゆすりの場になってしまったのである。日本軍将校がある地域からある数の労務者を要求してくる。これを受けたビルマ人の役人がたまたま悪徳役人だと、彼は管轄下の町村への割当てリストを作る際、彼の敵の名を並べるとともに、後日大金の賄賂をしぼりとれそうな金持ちの名を忘れずに加えておくのである。その際、脅迫する相手を多くするためにリストには必要以上の数をのせておく。そしてこれらの人々はそれぞれ運命を知らされる。こうしてリストから名前をはずしてもらおうと猛烈な運動がはじまり、最も多額な賄賂を出した者が難を逃れたのである。もし要求された数に満たない場合は、町の浮浪者が狩り出され、わずかの金を握らされて工事現場に着くまでに逃げ去るように秘かに指示されて送り出された。ある労務担当官の話によると、徴募した中の四分の三は現場まで到着しなかったという。近在の地区ではビルマ人と日本人の徴募担当官は、人々を待伏せて強引に連れ去る強募方式さえとった。戦争も後半期に入ってからは、このもうけ仕事をさらに続けたい徴募役人によって、働ける状態で工事現場に送られる労務者の数は常に少なくされ、脅迫、ゆすりは頂点に達した。いろいろな理由でわれわれにもこれをすべて抑えることはできなかった。中央政府の威勢は、遠隔の地域まで及ぶほど強くはなかった。とくに日本人が彼らなりの理由で介入してくる場合はそうであった。したがってわれわれが真相をきわめ、完全に把握できることはめったになかった。たとえそれができたとしても、戦況が急速に傾いていた時に、効果的な行動をとることはできぬことであった。そして最終的には常に〝戦争遂行上の必要〟という論法がもち出されて、地方政府役人を脅かしたのである。日本軍の労務担当将校のほとんどは、ただ集まるべき労務者を集めることだけを考え、どのようにそれが行なわれているかなどについては、とくにビルマ人が扱っている場合は一切構わなかったのである。

こうして脅迫行為は一九四四年中いろいろな形で続きビルマ人の心に忘れえぬ記憶を残したのである。労務者徴募に積極的に参画した政党が、結局は政府首相であった私個人にすべての責めを負わせて逃れようとしたことは、多くの人々の忘れられない事実である。しかし他の意味では無実であっても、自分が憲法上はたしかに有罪であったと考えていたから、私はあえて罪を否定しようとはしなかった。あのような恐ろしい大量犯罪を未然に防げなかったことの償いとして私は非難を甘受した。

そして一年後、記念すべき日がきた。ビルマとタイ両国側から着々と延びていた二本の鉄路が結ばれ、鉄道が公式に開通したのである。当初の計画では、ビルマ側から私が、タイ側からピブン・ソンクラム首相が、両端から最初の列車に乗って国境で劇的な握手を交わすことになっていた。私は胸を躍らせてこの日を待った。しかし、この日に列車に対する英軍の猛攻撃があるという情報が入って、結局このランデブーは実現しなかった。

一九四五年六月、ビルマ側の終着点タンビザヤを訪れた時、私は初めて鉄道を見た。そしてその年の八月日本が降伏した後、日本へ向かう途次タイへ逃れる時初めてこの鉄道を走ったのであった。四月、私は残ったビルマ政府関係者とともにラングーンから撤退する日本軍に加わり、タンビザヤから数マイル離れたモールメン地区のムドンに着いた。ムドンで私は鉄道と労務者に関する多くの事実を知った。周辺のより恵まれた居留地から男女がモールメンに定期的にやって来ては、日本軍から支給されたものを売っていた。実はこれがこの地区の人々にとって衣料や薬品を手に入れる重要な手段だ、と私は知らされた。

一九四五年八月十五日、私はこの鉄道でタイへ向かった。初めて自分の目で全線を見ることができたのである。長く幅広く密林は切り開かれて人間の住める状態になっていた。鉄道については、ただすばらしいの一語に尽きた。最悪の条件のもとで労務者たちの手で完成した鉄路は、時間に追われた日本軍が猛烈なカミカゼ・スピードで飛ばす機関車のきしみにもびくともせず、スムーズに延びていた。木と竹で作られた橋はロープやワイヤーで縛られてあり、ところによって縄を使っている場所もあった。峡谷に沿って、時にはその上に危なげに突出して作られた長い橋を渡るときは息をのんだ。急カーブあり登坂ありループありの難路であったが、われわれの列車はこともなげにスピードも落とさずに走り通した。あの旅は私の最も忘れえぬ経験として残るであろう。

夜は国境に近い、名は忘れたが小さい居留地にとまった。私は自分の目で居留地の様子を見ようと思った。路地を歩きながら私はすれ違う人たちに叫んだ―「戦争は終わったのです。もと通り家に帰れますよ」。私は笑いながら大声をあげた。しかし、他に笑う者は誰れ一人としていなかった。意外に思った私はなぜ家に帰るのが嬉しくないのか尋ねてみた。人々は当惑して答えかねている様子だった。私が重ねて問いただすと、一人がこう答えた。「私たちはここに落着いてうまくやっているのです、何かここが私たちの村のようになってしまったのです。家の者も友人も来ていますし、帰る方がかえって苦労です」。私は改めてこの小さな村を見わたした。そしてしっかりした小屋が整然と並び、明るいモンスーンの花が咲きほこり、野菜が作られている庭さえあるのに驚いた。あたりの密林はすっかり切り開かれて、小さなパゴダが建てられていた。学校もありまにあわせの施薬所さえできていた。当然私はマラリヤや伝染病のことを聞いてみた。人々はそれはもうほとんどないと答えた。男も女も、とくに子供たちは健康そうで食べ物も十分にとってきちんとした服装をしていた。この居留地の人々にとって〝死の鉄路〟は別の意味のものだったし、それは彼らに新しい生活をもたらしていたのである。

私はただビルマ側の話をしただけで、あの鉄道がタイ側でどのように建設されたか、われわれの間にくわしく知る者はいない。タイでの労働の形や条件がどのようだったか、わかっていない。ビルマ側のわれわれの経験を思い起こす時、おそらく他のキャンプでも多くの生命が失われ苦難があったことは想像に難くない。しかし一方あの鉄道建設工事は大きな利益をもたらしたのである。有史以来タイとビルマを隔ててきた広大な密林地帯が征服されたこと――歴史的に見ると、このことが他の一切よりまさると判断されるかもしれない。このように歴史的見地からみると、戦争を通じてこの鉄道建設工事ほど、実質的なビジョンをもっていた事業は少なかったことがわかるであろう。しかし、日本の敗北とともにそれは消滅し、ただ痛ましい記憶だけが残った。手入れの行き届いた英軍戦没者の墓地を除いて、一帯は再び荒野と化してしまった。そこに生命を散らせたアジア人は、ビルマ人も日本人も、その骨は散々に失われ永久に忘れ去られてしまった。

農村問題

次にわれわれは農村問題を取り上げた。政府内の各党は、ビルマに生存する秩序の最大の犠牲者は農民であるとする社会主義的立場を何らかの形で掲げていたから、農村問題は基本的な問題であった。従来、農民は過酷な状態におかれていた。彼らは自分たちが丹精こめて豊かにした土地の所有者ではなかったから、永久に基盤のない生活を送らなければならなかったし、負債から逃れるすべもなかったから、常に奴隷のごとき境遇を強いられ、外国の独占会社におもな作物の処分を支配されて貧乏な暮らしに甘んじなければならず、彼らには関心を寄せることのない政治機構の下でいつも無気力な無視された存在だった。私自身についていえば、私の党はシンエタ（貧民）政策を掲げて、すべての農地を農業労働者の手にとり戻し、一切の負債を清算し農村のレベルから上へ向かって改革を行なうことを公約していた。従って、われわれが早急にこの問題と取組んだのは当然であった。

しかし、事態の進展はわれわれの行動より早かった。われわれが農村問題に至った時はすでに多くは消滅してしまっていたのである。下ビルマで全農地の半分近くを所有していたチェティヤ〔訳注＝インド人の金貸し〕は、土地を小作人の手に残したまま、英軍とともにインドに逃げ去っていた。ビルマ人の大地主たちは、戦時下の混乱状態でそれぞれ所有地と小作人を効果的に管理することができなかった。日本軍も自らの食糧確保のために、農業労働者の空地を耕作する権利を保護した。

われわれもそのような状況を利用して、農民たちが家族ぐるみ耕作しうる土地を取得することを許可した。その結果、ビルマ農民は耕作する土地を所有するようになった。同様に、ほとんどの負債の債権者だったチェティヤの逃亡があり、安い日本通貨が流入してきたこともあって、農業負債の問題は事態を解決してしまった。

次に米や他の穀物の取引を独占した外国会社が同じく退去した後、農民たちはこれら独占会社が支配していた外国市場に依存しなくてもすんだ。日本軍が米その他の農産物の余剰分を買付け、政府は価格を公正に保つよう配慮していたからである。こうして農民たちの問題は一時的ではあっても戦争によって解決されていた。そこには問題の永久的解決のための基盤ができていたのである。われわれはすべての農地を、公正に永久的な形で農民に分配する計画を進めた。また、農村地区を行政的、経済的、社会的に独立した単位にするために、農村自治の機構を発展させようと努めた。しかし戦時下の混乱状態でわれわれの努力は実をあげることができなかった。われわれが推進に全力をあげた協同運動さえほとんどストップしてしまっていた。

穀物や車、牛などを取り押えられたり、強制労働に人間さえ駆り出されるなど農民たちもわれわれと同様苦難をなめたが、全般的に戦争の被害はあまりひどいものではなかった。われわれはこれらの襲撃から彼らを守りきることはできなかったが、そのような手段はやむをえない軍事的理由のある場合に限られるべきこと、農民から取りあげた物品については相当の補償を支払うこと、彼らの日常の仕事や重要な活動に必要な物は一切取りあげないことなどを主張して、これがひろがるのを抑えた。時がたつにつれて、日本軍がこちらの条件を守らぬことを訴える声は少なくなった。事実、農民たちの間には現実に集団的不満はみられなかった。このことは、彼らが戦争末期の抗日運動に加わらず、多くの大衆とともに関わりをもたなかったことでも証明された。

結論的に言えばビルマにおける戦争は、他の社会各層より農民を実質的に解放した。それは農民たちを、耕作する土地を所有できない問題と、際限ない負債問題の二つの基本的問題から解放した。戦争はこれらの問題が再び同じ形で現われることを不可能にした。これはビルマの農民にとって、新たな未来の始まりであった。

編著者解説

（1）バ・モー（Ba Maw）は大東亜戦争の過程で独立したビルマの国家元首兼首相（一九四三年八月一日～一九四五年四月）であった。戦後、彼は一九四六年八月、英国政府の恩赦により巣鴨プリズンから解放され、ビルマに帰国し、復権したが、ネー・ウィン将軍が一九六〇年に政権を掌握すると六〇年代後半から七〇年代初めにかけ、五年間、政治犯として裁判なしで投獄されていた。しかし、彼は一九五〇年代から書き始めた英文の回想録をまとめ密かに米国に送り、それが一九六八年に米国のイェール大学プレスから *Breakthrough in Burma — Memoir of a Revolution, 1939-1945* として刊行された。この回顧録はビルマで戦後主流となったアウン・サン、タキン党、パサパラに対し可成り批判的であることからビルマでは出版を禁じられているが、日本語版は横堀洋一氏の全訳が太陽出版から一九七三年に刊行され、九五年には新版が出版されている。今回の本書『ミャンマー—国家と民族—』の刊行にあたり、大東亜戦争当時の対日協力政権指導者の見た事実なり考え方なりを知るうえで極めて貴重な本回顧録の一部を横堀氏の御好意により転載することが出来た。ここに記して感謝の意を表す次第である。

（2）バ・モー（一八九三年～一九七七年）はビルマ独立運動と深くかかわった知識人政治家である。エーヤーワディー河河口のデルタ地帯にあるマウービン（Maubin）出身。父親は英国がビルマを植民地とする前のコンバウン朝最後の二王に仕えた高官。母親はビルマ人とポルトガル人双方の血を引く裕福な家庭の出身。カルカッタ大学卒後、ケンブリッジ大学等に留学し法廷弁護士の資格を取得。ボルドー大学で一九二四年にビルマ人初の哲学博士号取得。農民の大叛乱の指導者サヤー・サン（Hsaya San）の弁護人として有名になり、政治への道を歩むこととなった。彼は一貫して穏健左派で、英国や日本に対し「協力姿勢を基盤にして相手の信頼を獲得し、そのうえで可能な範囲で自己主張や抵抗を行う」のがその手法であった（例、ビルマ語使用の徹底、国家元首の権威強調、行政管区の合理化等）。他方、余りの高学歴と母方からのポルトガル系の血脈による準白人的容姿のためか、大衆的人気に乏しかったことは否めない。

一九三七年、英領ビルマ初代首相。一九四〇年投獄、四二年六月にビルマに侵攻した日本軍の要請を受け中央行政府長官、四三年八月に独立したビルマの国家元首（ビルマ語での「元首」に相当するアディパディー（*Adipadi*）は、「最高権力者」「総統」といった意味を含む）兼首相に就任、英領ビルマ初代首相退任後手を組んでいたタキン党のアウン・サン（Aung San）を国防相に、ウー・ヌ（U Nu）を外相に迎え入れ、統治経験を積ませる配慮を示した。

日本の敗色が濃くなって来た一九四四年一〇月にラングーンに駐ビルマ大使として赴任した石射《いしい》猪《い》太郎《たろう》は、その回顧録において、「バー・モウ氏の人となりに対して加えられた悪評は、東京を出る前から耳にした。ビルマの国教に反してキリスト教信者だとか、混血児だとか、口舌の雄に過ぎないとかいうのである。（中略）こうした非難や反感はともあれ、その識見、才幹、ケンブリッジ仕込みの教養において、ビルマ第一流の人物に相違ないバー・モウ氏であることは、一面識の間においても窺われる。タキン党の領袖であり、外相であるタキン・ミヤにしても、その他の閣僚にしても、バー・モウ氏の前には、その秘書官たるに過ぎない観があった。」と述べている。（石射猪太郎『外交官の一生』（中公文庫、一九六一年、四五四ページ）。また、バ・モーは、一九四五年三月のアウン・サン指揮下のビルマ軍部隊の日本軍攻撃計画に関する情報を得ていたが、これを日本側に通報することはなかった（バー・モウ『ビルマの夜明け』（邦訳、四〇〇ページ）。

日本軍敗退後、石射大使や日本外務省の尽力により一九四五年八月二三日に日本に亡命し、新潟県石打の薬照寺に匿われていたが、四六年一月にGHQ（連合軍最高司令部）に自首。同年八月、英国の恩赦によりビルマ帰国、政界復帰を試みるも失敗。六〇年後半には五年間も政治犯として刑務所に収監され、不遇であった。なお、読売新聞社編・刊の『昭和史の天皇』第八巻は四五三ページ中の二六九ページ、すなわち約六割をバ・モーの日本亡命にかかわる oral history にあてており、貴重な記録である。

参考文献

読売新聞社編『昭和史の天皇』8（読売新聞社、一九八〇年）。

根本敬『ビルマ独立への道―バモオ博士とアウンサン将軍―』（彩流社、二〇一二年）。

広池俊雄『泰緬鉄道―戦場に残る橋―』（読売新聞社、一九七一年）

リンヨン・ティッルウィン、田辺寿夫訳『死の鉄路―泰緬鉄道ビルマ人労務者の記録―』（毎日新聞社、一九八一年）。

ジャック・チョーカー、根本尚美訳『歴史和解と泰緬鉄道―英国人捕虜が描いた収容所の真実―』（朝日新聞出版、二〇〇八年）。なお、本書の「主な参考文献」はすぐれた文献資料である。

レオ・ローリングズ、永瀬隆訳『イラストクロイ河捕虜収容所―地獄を見たイギリス兵の記録―』（社会思想社、一九八四年）。

Wikipedia（Ba Maw）。


（阿曽村邦昭）

付属参考基本資料Ⅱ

BSPP第一回党大会とネ・ウィンの歴史的演説

鈴木　孝

ネ・ウィン議長は、政府の要職にその最も信頼する軍人たちを配置し、前内閣以来の文官でもネ・ウィン革命の思想に共鳴する信頼できる者は、これを登用した。そして異常な決意と熱意をもって国の再建に邁進した。幹部の軍人たちの多くは、ネ・ウィン将軍の選挙管理内閣時代に行政の経験を積んでいたから、時に試行錯誤はあっても大局は誤らなかったと言える。しかもネ・ウィン議長は閣僚以下に対し質素を旨とすることを説き、厳に汚職腐敗を戒めた。政治は勤労国民の負託であることを忘れるな、との趣旨である。

やがて九年目の一九七一年六月、ビルマ社会主義計画党を国民政党に移行させるための第一回党大会が開催され、このための各種決定を行った。社会主義新憲法の起草もその一つであった。この大会でネ・ウィン議長が行った開会演説は、ビルマの過去、現在、将来にわたっての問題点を鋭く指摘し、ネ・ウィンの政治哲学を謙虚かつ明瞭に示した歴史的な総括演説であり、今後のビルマを理解しようとする者にとって必読の文字であると私は考えるので、次に全訳する。

わが国の歴史に残るべきこの意義ある日に当たり、直ちに行動を必要とする三つの大きな課題について述べたい。三つの課題とは、固く結束した党の建設、国内諸種族の統一の達成、そして新憲法の起草である。もちろんわが党は他に多くの問題を抱えているが、本大会は差し当たり今述べた三つの課題に議論を集中すべきである。わたしがこの三つの課題で特に言及するのは、その他の課題はこの三つの課題を達成して得られた積極的成果を基礎としてのみ、成功裡に遂行できるからである。

わたしが党の結束を強調しなければならないのは、それが重要な役割を演ずるものであり、かかる結束の欠除は党の不幸を招くのみならず、国家全体の不幸をもたらすからである。それ故にわたしは、党は完全に固い結束を保ち、明確で正しい考え方をもって働かねばならないということを繰り返したい。党が強力であるための前提条件は、党内部の結束である。これなくしては、我々が将来取り組む課題は成功しないであろう。たとえ成功したとしても、我々の行動は遅いものとなろう。であるから、我々は党内結束を達成しなければならないし、このために党員は広い度量と先を見る眼を持たなければならない。党員は正しい判断を下し、正しく考え、正しく行動せねばならない。

この点に関し、過去においてわが国の政党が広い度量と先を見る眼を欠いたがために、分裂し分解してしまったことをわたしは指摘したいと思う。このような結果になったために国が被った損害は莫大なものであった。それだからこそわたしは、わが党は過去の政党の誤りから教訓を十分に引き出し、彼らの犯した誤りを繰り返さないために、確固たる基礎の上に正しい路線に沿って建設されねばならないと言うのである。かつての政党の党内結束は、分派的な考え方と行動のために蝕まれていった。この分派主義の亡霊に、ビルマの過去のすべての政党はとりつかれたのであった。

それ故わたしが党員各位に訴えたいことは、党内に派閥を作るのは避けよということである。この意味は、結束のために妥協すべきだということではない。もし我々が当然の議論もせずにすべての事にただ頷くべきものとすれば、わが党は「イエスマンの党」になり下がってしまうであろう。我々は党内民主主義を最大限に実行せねばならぬ。我々は党内民主主義を良き目的のために行使するため、我々自身を訓練せねばならない。わたしは、党員各位が自らを訓練して正しく行使すべき民主的権利の重要性というものを、これまで繰り返し強調してきた。

党内結束を実現するには、自分の意見を表明する自由がなければならない。しかし、他人の不快を買うことを恐れて何らの発言も批判もあえてしないという他の極端に走らないよう注意する必要がある。結束を取り繕うためだけに妥協すべきではない。

さて、我々はこのように固く結束した党を建設しつつあり、既に成功しつつある。しかし我々はこの結束をさらにいっそう強固にするために努力しなくてはならない。重要なことは、党を能率ある強力なものとすることであり、党員は一人ひとり自らの技能と力量を磨くことに努めるべきである。以上が第一の課題である。

第二の課題に移ろう。もしビルマが一個の国家として存続していくべきであるならば、国民の統一が必要である。すなわち、単一の考え方の上に立つ連邦内諸種族の統一である。ここで、我々は我々の過去の誤りと欠如について学ぶために、歴史を振り返ってみよう。国民の統一を実現するためには、このような誤りと欠陥を繰り返してはならない。もし我々が忍耐するならば、その方法を必ず発見できるはずである。

時期を四つに分けて検討してみよう。第一はビルマがイギリスに支配される前の時期、第二はイギリス支配の時期、第三は——これは別の機会に取り扱うことにするが——自由獲得闘争の時期、そして第四が独立後の時期である。

第一の時期においては、交通の困難のために国内諸種族は互いに孤立していた。支配階級の頭にあるのは利己的、封建的な考えだけであった。また、その頃は家族や一族の狭い利益がまかり通った。こういうわけで、最も進歩し文化的なはずであったビルマ族を代表したはずのビルマの王やその朝臣たちは、利己的で狭量であった。ビルマ族とその他の諸種族との関係は極めて薄く、かつ対等者のそれではなかったのである。

これら他の諸種族は、用語の上でも原始的と呼ばれていた。わたしはこのことをただ歴史的事実として指摘しているに過ぎない。当時の支配者たちは、遠隔の地域との間にこのような誤った関係を作ったのみならず、彼らが到達できる地域は剣をもって支配した。同胞であるビルマ族の間においてすら、これら封建的支配者たちは、搾取し威張り散らす無法者の態度をとった。一口に言って彼らの行った支配は国の統一をもたらすようなものではなかった。要するに彼らには国の統一の必要性が分かっていなかったのだ。他の諸種族を圧迫し搾取することだけが、彼らの欲したすべてであった。

こういうわけであるから、この時期には国の統一などできるはずもなかった。言い換えれば、これら封建的支配者たちは国の統一を達成する代わりに、彼らの誤れる支配をもって国の統一を壊していたのである。

このような悲しむべき状態を作った責任の所在を分析するならば、ビルマの諸種族の中で最も進歩し最も文化の進んでいたはずのビルマ族に、最大の責任があると言わざるを得ない。支配階層、すなわち王や貴族やその手の者たちが、この責任の大半を負わなければならない。これらの王たちに見習ってビルマ族自身もまた、他の諸種族を見下す態度をとったのである。こんなことで、ビルマ族と他の諸種族との関係が円満友好的であり得ようか。こんなことで、他の諸民族がビルマ族に愛情を持ち得るだろうか。かくて不満が根をおろした。要するに、国の不統一については、ビルマ族に大きな責任があると言うべきである。

やがて第二のイギリス支配の時代が来た。その当時のわが国の辺境は明確には画定されていなかった。そこでイギリス人たちは「ビルマ本土」と「辺境地域」に別々の行政組織を作った。その結果イギリス人たちが発見したことは、ビルマ族が「辺境地域」の住民をなおざりにしていたこと、これらの住民に教育らしいものは何一つ与えていなかったこと、そしてビルマ族とこれら住民との関係は極めて薄いということであった。イギリス人たちにとっては、ビルマを永く支配できればできるほど、有利であった。イギリス人たちはビルマを永久に搾取することを欲した。そして幸運にも、彼らはその目的を達するために非常に有効な武器を手にすることができたのである。武器というのは、ビルマ族の間違ったやり方が生んでいた諸種族間の不和、これを煽《あお》る「分割統治」のタクティックであり、彼らはこれを、彼らに最大の利益をもたらすように使ったのである。

イギリス人たちは辺境の住民を、宗教（キリスト教）と社会時事業を通じ、かつビルマ族に中傷を加えることによって組織化した。この中傷の材料には事欠かなかった。ビルマ族はこれら辺境の諸種族との関係で賢くなかったからだ。イギリス人たちのこの陰険なやり方は、相当の成功を収めたのである。彼らがこれにどんなに成功したかを知るには、後世になってこれら辺境諸種族の心の中にビルマ族に対する愛情、理解、尊敬のひとかけらも残っていなかったという事実を考えさえすればよい。このことは、後にも述べるように、ビルマ独立のためのイギリスとの会談の際の経験で、極めて明白になったことである。

　さて、イギリスによるビルマ再占領の時期、第二次大戦直後について述べよう。ビルマの独立のために我々がイギリスと交渉した時期である。イギリスはビルマの諸種族の分裂状態を保つための綿密な計画を立てていた。そして彼らはそれにかなり成功もしたのである。我々が独立のための交渉を始めた時のイギリスの計画は、「ビルマ本土」には独立を与えるが、「辺境地域」は別個にイギリスの支配下に置くというものであった。我々が交渉を行っている一方で、「辺境地域」のイギリスの役人たちは、その計画を実現すべく懸命に動き回っていた。工作の目的はビルマ族に対する不信感を植えつけることであった。

　我々がイギリスに対し、一つの国家としてのビルマの完全独立の要求をし始めたのは、一九四五年、大戦終了直後であった。その時からパンロン会議に至るまでの期間、イギリスは不和の種を播き、分裂の現状をさらに悪化させるために全力を挙げたのである。

　イギリスはこの企図にほとんど成功するかに見えた。しかし、アウン・サン将軍の誠意、外交手腕、善意は、辺境住民の信頼をかち得てパンロン会議の開催とその成功をもたらした。この会議で諸種族間の意見が一致した。この会議があったからこそ、完全に統一され、自由で独立の、「辺境地域」を包含したビルマ連邦が実現したのである。

　ここでわたしは、イギリスの役人たちの陰謀の結果起こったある事件について話しておきたい。党員各位はご記憶であろうが、アウン・サン将軍がイギリスで独立獲得の交渉を行っている最中に、シャン州の土侯たちがイギリス政府に電報を打ち、アウン・サン将軍はシャン州を代表するものではないと申し入れたのである。これは、わたしが今述べたイギリスの役人たちの一部の者の仕業であった。つまり彼らは、自己に不利な大勢に不満を持っていた封建領主の土侯たちを焚きつけたわけである。この電報がイギリスに到着したため、アウン・サン将軍と将軍の同僚たちが、はなはだ困惑したのは当然である。イギリス政府はアウン・サン将軍たちに、「あなた方は全ビルマの代表としてここに来られたと言われるが、シャン州の代表ではないとの電報が届いている」と告げたからである。

　しかしこれを知ったシャン州の進歩的分子たちは、この電報は打ち消さねばならぬとして、シャン州住民大会を招集した。そしてアウン・サン将軍は自分らの代表であるとの決議を直ちに採択して、この旨をイギリス政府に打電した。これで初めて在ロンドンのビルマ代表団の仕事は円滑化した。この事件からでも、イギリスの役人たちの懸命な妨害が分かるというものである。

　しかしわたしは、公平の立場から、イギリスの労働党政府は我々の独立獲得の努力に対し立派な態度をとったことを述べておきたい。

　パンロン会議が開かれていた時でも、シャン州の土侯たちはこの会議を潰《つぶ》すことに全力を傾けた。そして彼らの分離主義的活動を指導したものは、他ならぬ「辺境地域」のイギリスの役人連中であった。その同じ時にイギリスでは保守党に代わって労働党が政権の座に就いており、同政権の考え方は政治的に進歩的であった。労働党は、イギリスの植民地制度は時代遅れであると信じていた。労働党政府の代表団がビルマに到着した時、これらのイギリスの役人たちは、「辺境地域」の住民たちはビルマとともに独立するのを欲していない、むしろ一人立ちしたいとの希望である、との意見を述べた。しかし代表団はこの意見を否定し、ビルマにはビルマ全土の独立が与えられるべきであると宣言した。この代表団は同じイギリスの役人たちの底意ある主張には耳を傾けず、本国政府に対し、ビルマは完全な一つの国家単位として独立を与えられるべきであると進言した。ビルマが一体として独立をかち得たのは、このおかげである。

かくてビルマは独立を獲得した。これは当時のビルマ人の熱意によるものであるが、しかし「辺境地域」の指導者たちは、この事態の変化には少なからず不満であった。これらの者を満足させるために、多くのことがなされねばならなかった。憲法に彼らのための特権を規定せねばならなかったのである。しかし当時最も緊要なことは独立の獲得であり、憲法起草のために使える時間はあまりなかった。一方ではその時間を制限しようとする人々があり、他方「辺境地域」には騒いでいる一部住民がいる。憲法をすべての点で完全に満足できるようなものにするだけの十分な時間は、得られなかったのである。

イギリス政府の方では、独立は憲法が出来上がった時にのみ与えられると言っていた。このような事情の下では、憲法の起草者としては、与えられた状況の下で最善を尽くす以外に手はなかった。肝心なことは、できるだけ速やかに憲法を持つことであった。あとで問題が起こり得ることが分かっていた若干の条項も、その時の状況下では憲法に挿入せねばならなかった。「辺境地域」の指導者たちが、明らかに一つの魂胆を持って参加していたからである。

このように独立は獲得したものの、国家の統一は完全に満足には具現されなかった。ここで我々は独立後の時期ともいうべき第四の時期に入ることになる。

第四の時期は二期に分けられる。第一の時期はAFPFLが団結していた時期であり、第二の時期はAFPFLが分裂した後の時期である。

AFPFLが団結していた時は「ビルマ本土」の指導者と「辺境地域」の指導者は大変仲良くやっているように見えた。彼らは手をつないでいるように思えた。しかしこれは表面だけのことであった。それは真の友好ではなかった。シャンの土侯たちは絶えず陰謀を行っていた。AFPFLがまだかなり強く団結していた時、既に両者の関係は悪化し始めていた。小さな誤りが言葉の上、あるいは行動の上で犯された時、カチン族、チン族は懸念を持ち始めた。彼らは新体制への信頼を失い始めたのである。

AFPFLが強かった時は、シャンの土侯たちは本心を隠していた。AFPFLが分裂して弱体化するや、土侯たちは久しく抱いていた不満を表に現し、政府に圧力をかけ始めたのである。彼らの不満が事実その通りのものであったなら、我々は文句の言いようがなかったはずである。我々自身が喜んで彼らの言い分を支持したであろう。しかし実際はそうではなかった。

わたしが言いたいのは、土侯たちが要求した権利や特権は、民衆のためというよりは彼ら自身のためのものであったということである。土侯たちは、彼らがイギリス人の下で享受していた封建的な権利や特権が引き続き保護されることを欲したのみならず、特権の追加さえ要求したのである。彼らの貪欲には際限がなかった。

土侯たちが求めるものを得られなかった時、彼らとＡＦＰＦＬの指導者との関係は真に悪化し始めた。ＡＦＰＦＬが強力で結集していた時の表面上の民族的団結は、ＡＦＰＦＬの分裂によって破れ、土侯たちは彼らの要求をムキ出しにし始めたのである。かくて一九六二年までに情勢は非常に悪化し、たとえビルマの国土が寸断されなかったとしても、少なくとも「ビルマ本土」と州領の二つに両断されてしまうところであった。

このような両断状態が起こったとしたらどうなっただろうか。自分の要求を持ち出す時は団結しているかに見えた各州も、一旦分離されれば間もなく彼らの間でバラバラになっていたであろう。一旦権力を握らんか、これらの州が団結を失うことは目に見えていた。

わたしがこのことをあえて言うのは、我々軍人はこれらの州で起こりつつあることを非常によく知っていたからである。チン丘陵を例にとろう。ハカ、テイディム、ファラム、カンペトレの人々は団結していただろうか。旧来の偏見は容易には無くならず、地方的な偏見は今日まで続いている。カチン州でも同様で、アジ、マル、ラワン、リスー、ジンパウの各種族も、同様の問題を持っている。しかもそれぞれの種族のなかにも、さらに方言が違うという分離的な要素が存在しているのである。

シャン州にも、パラウン族とパオ族がいる。パオ族の方が数は多いが、パラウン族の方が大体においてその地域内に住んでいる。それでも彼らはさらに多くの小部族に分かれている。ところがある時、パオ族は我々に対し、シャン州から分離したいと告げたことがある。もしこのような分離が実現していたとすれば、パオ族が今度はその仲間同士で戦いを始めたことは確実である。このような異和と分裂は、誰の利益にもならない。すべての者にとって有害である。

ここでわたしは過去における考え方について一言したい。過去においては、自分が繁栄すればそれでよい、自分の属する種族集団が繁栄すればそれでよいということであった。この考え方でいくと種族の団結は得られない、団結が得られないからビルマ族が先頭に立って支配を行うということになる。我々がもし欲すれば、このやり方はできたであろう。しかし我々は、そうしてはならぬことを知っている。それは正しくないからだ。我々の欲するのは全種族の団結である。我々が種族的団結を欲するならば、トリックを用いたりしてはならない。一つの種族を他の種族と争うように仕向けて分裂を起こさせ、両方に君臨するような態度をとってはならない。我々は、イギリス人がしたようにビルマ族と「辺境地域」の住民を分割し、支配するようなことをしてはならない。我々にとっては、「辺境地域」の住民は国土をともにする我々の同胞である。だから我々は仲介の労をとり、彼らの間の不和の克服を助けねばならない。争い合う彼らをさらに引き離すような近視眼的態度をとってはならないし、彼らが弱体化したからといって、これに漬けこんで彼らをいじめるようなことをしてはならない。こういうことをしてはならないことを我々は知っていたから、それをしなかったのだ。我々が、やればできることを知らなかったのではない。我々はそういう機会を持っていたが、それをしなかったのは、ひとえにそれをしてはならないことを知っていたからである。

ここでわたしは、一つの重要な点に触れておきたい。それはビルマ独立後AFPFLが団結していた頃、上層部に陰謀を企んでいる人間たちがいたということである。それをよく知っていた我々はなんとか手を打たなければならなかった。これらの「辺境地域」出身の人間たちは「ビルマ本土」からの指導者たちに極めて友好的な態度を示したが、これは陰謀のための巧みな芝居であった。その頃行なうべきであったことは、これらの人間たちにその誤りを悟らせること、これらの人間たちよりもずっと政治的には成熟しているはずのビルマ族の主導者たちが、彼らを教育することであった。しかし指導者たちはそれをしなかった。

指導者たちはそれをしなかったが、我々軍の者は出来るだけのことをした。我々は「辺境地域」、特にシャン州の民衆に接触することに努めた。しかし土侯たちは、我々が民衆に接触して彼らを教育するのを欲しなかった。土侯たちはビルマ族の指導者に対し、軍が「辺境地域」で良くないことをしていると訴えた。これら土侯たちの中には、社会主義に転向したと称して社会党に接近する者がいた。その頃、閣僚は全て社会主義者であり勢力があったから、軍が実施しつつあることを止めてもらいたいという彼らの頼みは容易に聞き入れられ、軍は手を引かざるを得なかったのである。

しかし、土侯たちのビルマ族指導者たちとの親近関係は表面だけのものに過ぎず、誠意に欠けていた。ビルマ族指導者たちは、土侯たちが術策を弄していることを知りながら、彼らを正気に戻すことをしなかった。さらに悪いことには、指導者たちは、諸種族間に団結がなければならぬことは百も承知していたということである。AFPFLが結束していた時には国民の間に団結と理解を促進し得る非常に良い機会があったのだが、彼らはこれをなおざりにしたのである。彼らがこういう態度であったから、一九六二年の初めにいわゆる「連邦計画」その他の要求が次から次へと持ち出されるに至り、「辺境地域」の指導者たちは彼らの地域の住民の支持をアテにしてその要求の貫徹をはかるようになった。

このような事態になってきたから、我々は介入せざるを得なかったのである(一九六二年三月のネ・ウィン革命を指す)。わたしが前に述べたように、彼らの要求というのはビルマの国土を少なくとも二つに分断し、場合によっては寸断するものであった。我々は介入を余儀なくされた。しかしよい気持ちではなかった。我々の良心には翳（かげ）りがあった（傍点は筆者）。この時以来我々は、国家の権力はその正当の持ち主、すなわち国民に回復すべきであると信じてきた。この信条の下に、この目的に向かって我々は一貫して働いてきた。我々の努力の結果として、今直ちには国家権力を国民の代表に返還できないにしても、ビルマの国民の少なくとも相当の部分を代表する我々の党には、今日から移譲することができる。今わたしが概要を述べたビルマ王朝の時代からＡＦＰＦＬの時代に至る歴史的背景の中で、国家の団結・統一をはかる真面目な試みがなされたことは、一度もなかった。あったのは逆に破壊、ただそれだけであった。それ故、各種族は不信感を持ち、猜疑心は今日でも残っている。これが我々が過去から学んだ教訓である。前にも言ったように、我々としては、国家全体、種族全部が、場合のいかんを問わず固く団結せねばならぬという信条を徹底させねばならない。

　過去に起こったことは、良くなかった。それ故、過去の誤りを正すために何をすべきかを考えるのが、わが党の義務である。種族間に、指導者の間のみならず民衆の間にも、正直、率直、公平な取り扱いを促進することが大切である。交通通信その他の要因が改善された時にはこのことは実現するであろうが、しかし我々は今スタートを切らねばならぬ。特に我々ビルマ族が行うべきことは、我々ビルマ族が惹起《じゃっき》した不信感を払拭《ふっしょく》することである。我々はそのための犠牲を惜しんではならぬ。我々は、彼らが我々を利用して不合理な要求をするのを許すことはできないが、我々も、もっと寛大でなければならぬ。我々はできる限りの譲歩を行い、彼らが我々を理解するように努めねばならぬ。

　このようにして我々が信頼と理解を回復した時に、わが国の種族的団結は必ずや達成されるであろう。種族の団結がなければ、いかに我々が努力しようと、いかに我々がたくさんの計画を作ろうと、進歩は遅いであろう。たとえ我々が完全に失敗はしないとしても。

　最後に、第三の課題、憲法の起草について述べよう。ビルマ社会主義計画党は、同志の党たる地位から国民の党に移行した。党は憲法の起草については率先努力しなければならぬ。党員の見解や提言を集めるための措置も行わねばならぬ。憲法の細かい点については後に譲るが、二つの点だけには触れておきたい。その一は、人による人の搾取ないし一つの種族による他の種族の搾取の禁止であり、其の二は、全ての国民の基本的人権の保障ということである。この二つの点は注意深く新憲法に入れる必要がある。社会主義経済であるとか社会主義制度であるとかといったような事柄は後で細かく取り扱うことができる（傍点は筆者）。

　わたしが繰り返し強調したいことは、人による人の搾取があってはならないのみならず、一つの種族による他の種族の搾取もあってはならないということである。この点を強調するのは、このような搾取が今まで実際に行われてきたからである。イギリス統治以前においてすら、ある程度搾取は行われた。後のＡＦＰＦＬ政権の時代には搾取という程のものは無かったけれども、種族間の関係は幸福なものではなかった。それは単に人による人の搾取だけのためではなかった。私がこれを言わなければならないのは、わがビルマに存在してきた独特の状況のためであるが、一つの種族による他の種族の搾取は絶対にあってはならないという点も、特に銘記しなければならないのである。

以上私が述べた三点、すなわち、党の結束強化と種族間の団結の達成、そして憲法の起草は、我我が今直ちに実行せねばならぬ課題である。党員各位はこの目的に向かって学び、準備し、率先躬行《きゅうこう》せねばならぬ。

党内の結束のため我々は努力せねばならぬが、種族的団結はわが党だけでは達成できない課題である。これは全種族の課題である。憲法の起草もまた、わが党のみのよくなし得るところではない。憲法は、よし全部の国民によって受諾されないものであっても、大多数の国民に受諾されるものでなければならない。したがって全国民は憲法の起草に参加すべきである。私は全国民に対し、わたしが今述べた三つの課題の遂行のためにわが党のもとにはせ参じてもらいたいと訴えつつ、わたしの話を終わる。

編著者解説

本稿は、故鈴木孝著『ビルマという国―その歴史と回想―』（国際ＰＨＰ研究所、一九七七年）（第一章、一五五―一六八頁）からの抜粋である。ネー・ウィン（Ne Win）は、本名シュ・マウン（Shu Maung）、中国人の血を引くビルマ人家庭に生まれ、医師を希望していたが諦めてラングーン大学を中退、郵便局員を経てタキン党に入党し、第Ⅲ部「大東亜戦争におけるビルマ―南機関と藤原機関―」の南機関による海南島訓練を受けた「三〇人の志士」の一人となる。日本名は高杉晋。アウン・サン暗殺後、ウー・ヌ政権の国軍司令官（国防相）として治安の回復に成功、次いで一九六二年にクーデターにより政権を奪取し、ビルマ式社会主義と中立政策をとったが、経済運営に失敗し、一九八八年にビルマ社会主義計画党（ＢＳＰＰ）議長を辞職した。ネー・ウィンの物の見方、考え方を知る好材料と思われるので、ＰＨＰ研究所のご好意で転載の許可を得たものである。なお、本文中、ＢＳＰＰが「ビルマ社会主義計画党」を意味することは既に述べたが、ＡＦＰＦＬとは、アウン・サン将軍が率いていたビルマ国軍とビルマ共産党、ビルマ人民革命党の三者が結成した「反ファシスト人民自由連盟」（最初は「ファシスト撲滅人民解放組織」という名称であった）を意味する。

（奥平龍二）

付属参考基本資料Ⅲ

「恐怖からの自由」

アウン・サン・スー・チー著
阿曽村邦昭訳

　このエッセイは、アウン・サン・スー・チー（Aung San Suu Kyi）が欧州議会の「一九九〇年、思想の自由に関するサハロフ賞」を受賞したことを記念して、編者(1)が刊行のためにはじめて公表したものである。授賞式は、一九九一年七月一〇日、彼女が欠席のまま、ストラースブルグで行われた(2)。エッセイを公表した同じ週のうちにその全文ないし一部がロンドンタイムス紙の文芸特集版、ニューヨークタイムス紙、ファーイースタン・イコノミックレビュー誌、バンコックポスト紙、タイムスオブインディア紙ならびにドイツ、ノールウエイおよびアイスランドの各プレスで報道された。

　人を堕落させるのは権力ではなく、恐怖である。権力を失う恐怖が権力を振るう人々を堕落させ、権力の鞭への恐怖が権力に従わされている人々を堕落させる。ビルマ人であれば、ほとんどの者が四つの「ア・ガティ」（*A-gati*）、つまり、四種類の堕落(3)についてよく知っている。

　「サンダ・ガティ」（*Chanda-gati*）とは、欲から引き起こされる堕落であって、賄賂欲しさに、あるいは愛する人々のために、正しい道を踏み外すことである。「ドータ・ガティ」（*Dosa-gati*）とは、敵意を抱いている相手を困らせるために誤った道を歩むことであり、「モーハ・ガティ」（*Moha-gati/Mogha-gati*）とは、無知が原因で正道を踏み外すことである。

　四つの堕落のうちで、最も悪いのは、おそらく、「バヤ・ガティ」（*Bhaya-gati*）であろう。というのは、「バヤ」、すなわち、恐怖は、善悪の観念をすべて抑圧し、徐々に蝕んで行くのみならず、他の三種類の堕落の根底にあることが少なくないからである。

　「サンダ・ガティ」は、貪欲から生ずる場合もあり得るが、そうでなくても、貧困に対する恐怖、あるいは自分が愛する人々の好意を失う恐怖からも生じ得る。これとまったく同じように、何らかのやり方で抑圧され、屈辱をなめさせられ、あるいは肉体的に危害を加えられるということへの恐怖が敵意に油を注ぐ場合もあり得る。恐怖にとらわれずに真実を追求する自由がなければ、無知を排除することは困難であろう。恐怖と堕落とのかかわり方にはきわめて深いものがあるので、恐怖に満ちている社会では、どこであれ、ありとあらゆる形の堕落が深く、しっかりと根を張るのだ。

　一九八八年の学生デモに端を発したビルマの民主化運動

は、生活苦に対する民衆の不満が主因だと見られてきた。なるほど、長年にわたる支離滅裂な政策、政府の適切さを欠いた措置、急激なインフレの亢進および実質所得の低下が国を経済的な破滅に追い込んだのだが、しかし、昔から性質が善良で物静かな人々が堪忍袋の緒を切ったのは、かろうじて耐え忍ぶことができる程度の生活水準をほそぼそと維持することが難しかったということばかりではなかった。それ以上に、堕落と恐怖によって自分たちの生き方が損なわれてしまったという屈辱感も、原因となっていたのである。学生たちは、単に仲間の死に対して抗議していたのではなく、有意義であるべき今現在を奪っておきながら未来への希望を与えてくれない全体主義的体制が自分たちの生きる権利を否定することに対して抗議していたのである。そして、学生の抗議行動が大方の人々の不満をはっきりと形に表していたので、デモは急速に全国的な運動へと広がることになった。

民主化運動を最も熱烈に支持した人々の中には、ビルマ式の体制下で何とか生き延びるだけではなく、わが世を謳歌できるテクニックとコネを身につけた実業家たちも見受けられた。しかし、この人たちが富裕になっても、本当の意味での安心なり、達成感が得られた訳ではない。そして、自分たちやその同胞たる市民たちが、貧富の差にかかわりなく、生きるに値する人生を送るためには、説明責任のある政府が十分条件ではないまでも、少なくとも必要条件であることが、この人たちには、とにもかくにも、わからなかったのだ。

ビルマの人々は黙従するしかないままに不安の念にかられているという不安定な状態に置かれていたのだが、そこでは、人々の存在は権力の「丸めた手のひらに掬われた水のような」なものであった。

丸めた手のひらに掬われた水のように
わたしたちは
エメラルド色に冷たくひっそりとしているように見えるかも
でも、ひょっとしたら変身できるかも
丸めた手のひらの中の
鋭くとがったガラスの破片のように

ガラスの破片は、その中の一番小さなものでも、押しつぶそうとする手から自分の身を守ろうとする、鋭くとがったきらりと輝く力を持っているが、それは、抑圧の支配から自由になろうとする人々の本質的な特性である勇気のきらめきを鮮やかに象徴していると見ることもできよう。

アウン・サン将軍は自分は革命家であると考え、試練の時代にビルマが抱えていたいろいろな問題をどう解決したらよいのか、その答えを粘り強く探索した。彼は、人々に対し勇気を奮い立たせるよう熱心に説いた。曰く、

他人の勇気と大胆さに頼るだけではだめだ。諸君の一人ひとりが、諸君の全員が犠牲を払い、勇気と大胆さを備えた英雄とならなければならない。こうしてこそ初めて、われわれ

全員が真の自由を享受できるようになるのだ。

恐怖の影が毎日の生活に必ずつきまとうような環境の下で堕落しないでいるにはどれほどの努力がいるのか、運よく法治国家で暮らしている人々にはとってはすぐにはピンと来ないであろう。

正しい法は、単に罪を犯した者に対して公正な罰を科することによって堕落・腐敗を防ぐだけではない。それは、人々が堕落・腐敗した慣わしに頼らずに、人間としての尊厳を保つのに必要な基本的な諸要件（basic requirements）を充足することができるような社会を作り上げる上でも、助けになるのだ。

このような法がないところでは、正義や良識の諸原則を守るという重荷を担うのは庶民である。

理性や良心が恐怖によってゆがめられた国を法のルールが存在する国へと変えるのは、こういう庶民のたゆまぬ努力と不動の忍耐が積み重なった結果なのであって、この法のルールの存在こそが、人間の本質に根ざしているとはいえ、あまり好ましいとは言えない破壊性を抑制する一方で、人間の調和と正義に対する欲求を育むのである。

現代は技術が飛躍的に進歩した結果、殺戮兵器が作り出され、弱者や無力な人々を力ずくで支配するために権勢のある人々や道義を弁えぬ人々がこれらの兵器を用いることが可能であり、また実際に用いている時代である。このような時代には、国家的なレベルのみならず国際的なレベルでも政治と倫理とを一層密接に結び付けることが緊要である。

国際連合の世界人権宣言は、「社会の各人および各機関」が人種、国籍または宗教に関わりなく、すべての人間が有する基本的人権と自由を促進するために努力しなければならないと宣言している。

しかし、自らの権威が国民の委託に基づくというよりも、むしろ、力ずくの強制を基盤とするような政府が存在し、また長期的な平和と繁栄よりも短期的な利益を重視する利益団体が存在する限り、国際的な協力行動が起こされたとしても、その闘いは部分的なものに留まるのが関の山であろう。抑圧による犠牲者たちが人類の一員としての奪うことのできない権利を守るために頼るものといえば自分自身の精神力しかないような戦の場が存在し続けることであろう。

革命は、本来、精神の革命であって、それは、国の発展の方向を形造るものの考え方や価値観を変革しなければならないのだという確信を頭に叩き込むことから生まれるのである。

物質的な諸条件の改善を目的として単に政府の施策や制度を変えることを目指す革命では、真の成功はほとんど期待できない。精神の革命がなければ、古い秩序の悪を生み出した勢力が依然として影響力を持ち、改革と再生の過程に絶え間なく脅威を与えることとなるであろう。自由、民主主義および人権を求めるだけでは、十分とはいえない。闘いを完遂し、永遠の真実の名において犠牲を払い、欲望、敵意、無知および恐怖のもたらす堕落的な影響力に抵抗するという一致団結した決意が存在しなくてはならないのだ。

聖人とは試練を受け続ける罪人《つみびと》である、といわれてきた。それと同じように、自由な人間とは、試練を受け続け、その過程において自由な社会を維持する責任を負い、自分自身をそのための規律を守るにふさわしい人間とする被抑圧者なのである。

自分の生活が満ち足りた締め付けのないものであればよいと願っている人々が望む基本的自由の中で、恐怖からの自由は手段であるとともに目的として際立っている。国家が発動する権力に対する保障として強固な民主的諸制度がしっかりと打ち立てられているような国家を国民が築こうとするならば、まず自らの心を無気力と恐怖から解放しなければならない。

アウン・サンは他人に説いたことを必ず自分で実行する人であって、彼自身、絶えず勇気を示した—その勇気とは、肉体的勇気の類《たぐい》にとどまらず、真実を語り、自分の言葉を守り、批判を甘受し、欠点を認め、過ちを改め、反対する者に敬意を払い、敵と話し合い、自らの指導者としての価値を人々の判断に委ねることを可能にした種類の勇気であった。彼が単に軍人たる英雄としてのみならず、国の精神的指導者および良心としてビルマで変わることなく敬愛されているのは、この精神的な勇気のためである。

ジャワハルラル・ネルー（Jawaharlal Nehru）がマハトマ・ガンジー（Mahatma Gandhi）を語るに際して用いた言葉は、アウン・サンにも当てはまるであろう。

彼の教えの本質は、恐れを知らぬ心と真実、それにこの二つと結びついた行動であったが、その際、一般大衆の福祉をいつも念頭に置いていた。

非暴力の偉大な主唱者たるガンジーと一国の軍隊の創始者たるアウン・サンとでは、人となりに大きな違いがある。しかし、権力主義的支配の脅威に関しては、いつ、いかなる時でも、当然、同一であった。それと同じように、この脅威に対抗して立ち上がる人々に固有の資質には似たところがあるのだ。

ネルーはインド国民に対して勇気を浸透させたことをもってガンジーの最大の業績の一つであるとしたが、ネルーは政治的には現代主義者であった。そのネルーが、二十世紀の独立運動に必要なもののうちで何が重要なのかを推し量っていた時にはたと気が付いたのが、古代インドの哲学に目を向け、頼りにするということであった。彼は、こう言っている：

一個人あるいは一国民にとっての最大の贈り物は……「アバヤ」（*Abhaya*）、つまり、怖れを知らぬ心であって、それは単に肉体的な勇気のみならず、心の中に恐れる気持ちがないことでもあった。

なるほど、怖れをしらぬ心は贈り物になるかもしれない。

しかし、おそらくもっと貴重なのは、努力を通じて獲得される勇気、怖れによって自分の行動が支配されるのを拒む習慣を涵養することから得られる勇気、「苦難の下での精神的強靭性」—この精神的強靭性は、厳しく、絶え間のない強圧に直面する際に繰り返し蘇るのだが—ともいうべき勇気である。

基本的人権を否定する体制の下では、恐怖が大手を振ってまかり通ることになりがちである。

恐怖とは何かといえば、それは、投獄への恐怖、拷問への恐怖、死への恐怖、友人、家族、財産あるいは生計の手段を失うことへの恐怖、孤立への恐怖、失敗への恐怖である。

最もたちの悪い形の恐怖は、これが常識だとか、世間の知恵だとかさえも偽って、人間の自尊心や人間固有の尊厳を守るために役立つ日常のささやかな勇気のある行為をば馬鹿げているとか、向こう見ずだとか、無意味だとか、無益だとかと非難する類《たぐい》のものである。

「力は正義なり」という原則の冷厳な支配の下で恐怖に心身を蝕まれてきた国民が気持ちを萎縮させる恐怖の毒から自由になるのは、容易なことではない。にもかかわらず、どのように強大な国家機構の下でも、勇気は繰り返し、繰り返し湧き上がる。その理由は、恐怖が文明人にとって自然な状態ではないからである。

野放図な権力に直面した際に、勇気や忍耐の源泉となるのは、通例、ありとあらゆる挫折があっても、人間は、畢竟、精神と物質の両面において前進するための路を歩むよう運命づけられているという歴史認識と結びついた神聖な倫理的原則に対する堅い信念である。

人間が単なる野獣と異なる最大の特徴は、人間には自らを改善し、自らを贖《あがな》う能力があるという点である。人間の責務の根底にあるのは、完璧というのはどんなことなのかということについての観念、それを達成したいという衝動、そこへ向かう路を見出そうという知力、そして、よしんば最後まではたどり着けないにせよ、この路を少なくとも自分の限界や自分がおかれた環境による障害を乗り越えるに必要な距離までは歩みたいという意思である。

人間が欠乏と恐怖のない社会の建設にあえて取組み、苦難の道を歩むようになるのは、理性的で文明化された人間に適した世界についてのビジョンが彼らにあるからなのだ。真実、正義、思いやりといった概念を陳腐なものとして退けてはならない。というのは、今現在、情け容赦のない権力に対抗する上で、このような概念がただ一つの防壁となることが少なくないからである(4)。

訳者注

(1) ここにいう「編者」とは、スー・チー女史の夫で、当時まだ存命であった英国人マイケル・アリス氏のこと。

(2) スー・チー女史が出席できなかったのは、ミャンマー軍事政権によってヤンゴンの自宅に既に三年間拘禁されていたからである。スー・チー女史に先立ってこの賞を受賞した人々をあげると、南アフリカのネルソン・マンデイラ、ソ連のアナトーリ・マルチェンコ、チェコ・スロバキア（一九九二年のチェコとスロバキアの分離以前）のアレクサンダー・ドブチェック—スロバキア出身—など、錚々たる人物である。この中で、「プラハの春」の立役者であるドブチェック氏は、訳者のプラハ在勤中に上院議長として活躍していたが、たまたま議長公邸が当時日本の駐チェコ・スロバキア大使であった訳者の公邸に隣接していたこともあり、ピアノ好きで音楽に通暁していた同氏を何度か公邸でのコンサートにお招きしたことがある。温顔が懐かしい。

なお、スー・チー女史は、この後、一九九一年ノーベル平和賞をも受賞しているが、旧知のチェコ・スロバキア（受賞当時。分離後は、チェコ共和国の）バツラフ・ハベル故大統領も「、非暴力による正義の象徴」としてスー・チー女史をこのノーベル平和賞受賞者に推挙したことを誇りに思う旨述べている。共産主義政権時代に幾度となく投獄されながら、「ビロード革命」のリーダーとして民主主義政権を樹立したかっての自分の姿を彼女にみたのであろうか。

（3）*A-gati* はパーリ語であって、本来の意味は「非道」である（水野弘元『パーリ語辞典』（増補改訂、春秋社、二〇〇五年）。しかし、スー・チー女史は、英文の原文において *A-gati* は corruption という意味であると述べているので、訳者としては corruption を日本語に翻訳せざるを得なかった。なお、*A-gati* のパーリ語としての本来の意味に関しては、本書共編著者奥平龍二氏の示唆があったことを付記する。

（4）このエッセイは、一読すればすぐわかるように、用いられている概念や用語（例えば、キリスト教用語の感じが強い self-redemption など）をはじめとして、極めて欧米的な発想に満ち満ちていて、まるで欧米知識人のエッセイを読んでいるような感じを受ける向きもかなりいるのではないかと思われる。それが、また、西側諸国の政治家、官僚、知識人、マスコミに彼女の人気が高い理由の一つかもしれない。しかし、それが、本当にミャンマーの現実に合致しているのかは別問題であろう。

文中で、スー・チー女史はガンジーやネルーに触れている。彼女が父アウン・サン将軍の暗殺後、一九六一年に、隣国の新興大国たるインド駐在ビルマ大使となって（当時スー・チー女史は一五歳）六七年までその任にあった母ドー・キン・チーの下でニュー・デリーで暮らした折に、ガンジーとネルーの思想と行動に彼女の若い感性は大きく影響されたといわれる。彼女の思想と行動の一致ならびに非暴力思想にはガンジーの影響が明白に見受けられる。

他方、スー・チー女史にとってガンジーもネルーも自国の伝統の中の最高のものと欧米的なものの中の最高のものを一体化させながら、知的にも政治的にも現実のインド社会を指導した傑出した人物であって、ミャンマーにはこのような人物がいなかったと考えているようである。彼女の言を引用すれば、「ビルマではエリートが存在しないため、大きなことを達成しようにも、人々を指導したり鼓舞したりする人物がいなかった。若い世代の指導者が現れたものの、その登場は遅すぎて、第二次世界大戦の勃発前に、有効な変化をもたらすことはできなかった。一九四〇年以後のビルマの発展は、急激な転変推移の繰り返しだった。そして、ビルマ社会は本来の潜在能力を発揮できないまま今日に至っている。」（アウン・サン・スー・チー著、マイケル・アリス編、ヤンソン由美子訳『自由』（集英社、一九九一年）二二ページ、同書第三章「植民地統治下のビルマとインド」末尾）。

ガンジーやネルー、そしておそらくは若くして暗殺された父、アウン・サン将軍をイデアルティプスとするスー・チー女史は、はたしてミンマーの救世主となれるのだろうか？

二〇一五年一一月八日に実施された総選挙で彼女が率いる国民民主連盟（ＮＬＤ）が大勝し、二〇一六年三月には彼女が主導する新政権が発足する。しかし、ＮＬＤでは彼女以外に知名度の高い人物が見当たらない上に、少数民族との内戦を終わらせるには国軍との協力が必要であり、少数民族居住地域の経済開発やロヒンギャ（バングラデシュから移住したイスラーム教徒）問題にどう取り組むのか、教育、保健衛生、農村開発等々、困難な問題が山積している。経済開発に対するグランド・プランについては、現政権もＮＬＤも何ら示すところはないが、彼女にこれが出来るのか、良い助言者を探し出せるのかは、これからの問題である。

アウン・サン・スー・チー（建国の父アウン・サン将軍の令嬢、2016 年 3 月発足する新政権の最高指導者）

付属参考基本資料Ⅳ

民間外交推進協会（FEC）のミャンマー訪問記録より

（1）沼田幹夫駐ミャンマー日本国大使主催昼食会およびヤンゴン日本人商工会議所との懇談

■日時　二〇一三年三月二〇日（水）　12時～14時20分
■場所　駐ミャンマー日本大使公邸
■先方　沼田幹夫駐ミャンマー日本国大使、
丸山市郎在ミャンマー日本国大使館公使、
松尾参事官、
朝比奈志郎ヤンゴン日本人商工会議所会頭
（三井物産ヤンゴン事務所所長）、
広江透同会議所副会頭
（伊藤忠商事ヤンゴン事務所所長）、
妻鹿英史同会議所副会頭
（アジア住友商事ヤンゴン所長）
■当方　山口団長、中垣副団長、湯下顧問、今田団員、
川合団員含め団員計一六名

沼田大使　昨年一一月にヤンゴンに着任した。着任前の昼食会で、中垣相談役よりミャンマーの電力事情の話を伺い、大変強い印象を受けた。着任後、月に何度も停電があるなど電力不足は実感するものの、当地の電力不足に最近は慣れてしまった感もある。

本日は丸山公使、総務経済を兼務している松尾参事官が同席している。丸山公使は日本人の中で、一番ミャンマーについて詳しいと思っている。商売のことは別として、社会情勢や政治情勢については、丸山公使に問合せ願いたい。また、本日はヤンゴン日本人商工会議所の会頭で、三井物産ヤンゴン事務所長の朝比奈志郎氏、副会頭で伊藤忠商事ヤンゴン事務所長の広江透氏、同じく副会頭で、アジア住友商事ヤンゴン所長の妻鹿英史氏が出席している。まず昼食をとり、その後に朝比奈氏からの講演とQ＆Aを設けたい。

着任後四ヵ月しか経っていないが、ミャンマー政府側の感触に一つの変化が見られた。赴任当初一一月頃は、ミャンマー政府から、日本人が訪問して様々な話を聞いてくれて大変ありがたいと聞いていた。特に、ソー・テイン大統領府付大臣は日本の民間企業・政府関係者に、累計で一〇〇〇人近くに会い、経団連一行が来た後は一五〇〇人に会ったと、実に多くの日本人に会って話をしたと言っている。しかし、それに対する結果が一向に伴わないことを彼は嘆いている。したがって、ただ訪問して形式的な話をすることはやめて欲しい。即ち、具体的な案件をあげて議論し、投資が進まないのにはこういう障害があるからだとハッキリ伝えてほしい。そうで

なければ、双方に誤解が生じ、ミャンマー政府は日本が進出してくれるだろうという期待を抱いてしまう。私は、この件について、日本人が来て話をするのは皆、ミャンマーに関心を持っているからであり、日本政府もＯＤＡなどを通じて支援する体制にあるが、法制度面、インフラ面での現状の整備状態では、日本企業も投資に二の足を踏んでしまうことを理解して欲しいとソー・テイン大臣には説明をしている。ミャンマー政府が望むことは日本企業が投資をして、永続的な雇用を作りだすことには異論がないため、その点を十分考慮に入れて、具体的・前向きな議論をしてほしい。

まず、昼食を頂き、一五分後くらいに、朝比奈会頭より話を伺いたい。ミャンマーの商売に関しては、この人を置いて他にはいないというくらいの方で、様々な話が聞けると思うので期待してほしい。

朝比奈会頭　ミャンマーの概況についてお話したい。これから話すことは自分の私見を含んでおり、多少異論もあると思うが了承頂きたい。また、ヤンゴン一六年というベテランの丸山公使が同席されており、話しにくいが進めていきたい。異論等は後で個人的にお伺いしたい。

私は二〇一〇年四月末、軍政の真っただ中に赴任した。自動車もボロボロで、数えるほどしか走っていない。ハノイから横滑りでこちらに来たが、六時過ぎにヤンゴンに到着したときは電気が殆どなく真っ暗という状況だった。ミャンマーの民主化への第一歩となったのが二〇一〇年一一月に行われたミャンマーの総選挙と、その一週間後のアウン・サン・スー・チーの解放であった。その後の注目すべき出来事として、一一年八月にテイン・セイン大統領とスー・チー女史の会談がネーピードーで行われた。この会議の際、スー・チー女史の父、アウン・サウン将軍の肖像が掲げられたことは注目すべき出来事である。一一年一〇月のＡＳＥＡＮ首脳会議で、一四年の議長国にミャンマーが選ばれ、同会議に出席していたオバマ米国大統領がクリントン国務長官にヤンゴンに行くよう指示し、同年一二月に同長官がヤンゴン入りした。同長官のミャンマー訪問が最も大きな転換期となったと思う。これを契機としてアメリカによる経済制裁が緩和に向かうとの思惑から、日本を含む諸外国から、様々なミッションが、ミャンマーを訪れた。月によってはＪＥＴＲＯが通算八〇〇人応対したといった状況であった。一二年になりスー・チー女史が国政に復帰し、現在に至っている。一二年一二月に、アメリカが経済制裁を解除したので、米国企業も本格的に進出する。推測ではあるが、米国企業は経済制裁下でも、ＮＧＯの名前でミャンマー市場に入ってきて市場調査等を進めていたのではないかと思われる。特に、穀物商社であるカーギル、コカコーラ、マクドナルドといった大手企業が、ミャンマー市場の調査をし、いつでもスタートを切れる状態となっていたと思われる。

日系企業進出状況は、ミンガラドン工業団地に縫製工場が数社進出、また長期間閉鎖しているが味の素のリパック工場などもあるが、これらは一九九〇年代後半に進出してきた企業が大半であり、二〇〇三年の米国による経済制裁強化により、二〇〇三年以降昨年迄は日本からの投資はすべて止まっていたが、昨年の米国による経済制裁緩和・解除により、昨年後半から日系企業による投資申請件数が増えてきている。

この国にはメリット・デメリットがあり、メリットは、①人口が多い、つまり豊富な労働力がある点、②労働賃金が安い、③資源、例えば鉱物資源、ガス、石油が豊富である点、④非常に親日的な点、⑤ミャンマー人は頭が良い点（皆優秀であり、英語が出来る人も東南アジアの中でフィリピンに次いで多い。）が挙げられる。

一方、デメリットとしては、①電力、道路、港湾、鉄道などの産業インフラが未整備である点、②法制度面での未整備。最近二月に漸く新外国投資法が出ており、今後、税法、経済特区法などの法整備が期待される、③頭が良い反面、独創性に欠ける点、これは一九八八年の軍政以来、自分でものを考えることを抑圧されていたため、指示にはよく従うが自分で考えて行動するという面に欠けている点がある。これは今後の教育、人材育成のテーマであると思う。

このような中で、ミャンマー政府は現在四つの政策目標：①雇用拡大、②農村・農業の開発、③付加価値品の開発、④インフラの充実を掲げている。

雇用拡大については、日本政府も協力を約束しているティラワ工業団地の開発があり、多いに期待されている。

農村・農業の開発では、米作の開発発展が大きなテーマになっている。経済制裁前は、年間二〇〇万トンのコメが輸出されており、これを再開する動きが高まっているが、イネの育成方法がまばらで、単粒米と長粒米が一緒にまかれ、収穫、精米されるため、生産効率は非常に低い。又、保存や流通過程の未整備で、収穫、精米、乾燥まで行く過程で、五〇%前後のロス率となっているのが現状にて、農業の機械化、精米事業の高度化が大きなテーマとなっている。

更に、発電事業を電力不足解消の解決策として考えなければならない。現在ガス開発が行なわれているが、その生産物の九〇%は、中国、タイに輸出され、ミャンマーにおいてガス火力の原料としてはほとんど使えない。現在考えられる電力不足解消策にしては、現状存在する発電所（例えば北部にある水力発電所等）のリハビリ、更に変電所、送電網のリハビリを行い、北部の水力発電から供給される電力を全てヤンゴン等に十分供給出来る体制作りが必要。それから新しいガス鉱区を開発し、それを利用して火力発電、肥料などのプロジェクトを進めることも肝要である。

付加価値製品については、例としてはトウモロコシからコーン油を製造・販売を行う事業などを考えている。

現在、ＯＤＡや円借款などが再開される予定であるが、この国の事業は、短期、中期、長期の視点から考える必要があると思う。短期的ビジネスとしては、まずは貿易の促進で、商売ごとに輸出ライセンスが必要だったが、この四月から、許可取得が不要になり、輸出入の促進、活性化につながるものと期待している。現在、米、ゴマ、豆、エビなどの農水産品が大きな輸出産品である。さらに、鉄鋼製品（屋根材等に使用される鋼材）、石油化学製品などが輸入産品として挙げられている。

中期的事業としては、ＯＤＡを使ったインフラ整備の事業などが挙げられると思う。長期的事業としてはオイル、ガス権益事業が挙げられると思う。

最近非常に積極的にミャンマー国内で活動をしているのは米国勢で、例えば米国のコカコーラはローカルパートナーを決めて、まずはタイとマレーシアから製品を輸入・販売しマーケティングを開始、更には認可次第ではあるが、五月から現地生産を開始するとの噂も流れている。サンキストやペプシも同じような動きをしている。ケンタッキーフライドチキンも進出して来るとの情報あり。米国企業は、経済制裁をある意味で利用し、マーケティングなどの準備を整え、制裁解除とともに一気に進出を図るというしたたかな動きをしている。

その他の国としては、韓国の大宇がガス開発、ポスコが進出しており、サムソン、ＬＧという企業も進出を図っている。中国は、ミッソンダムの建設中止以降、ミャンマー政府からやや距離を置かれているが、もともとミャンマーを席巻しようとしていたので、通信ネットワークなどの分野でかなり入りこんでいる。

現在、ミャンマー政府の最大の関心事は、二〇一五年の総選挙に勝つことであり、テイン・セイン大統領以下、これに向けて努力している（編著者注１）。誰が大統領になるかに関心が集まる中、いろいろな説が出ている。スー・チー女史は、息子が英国籍であるため、今の憲法の下では大統領になれない。前評判では、現職のテイン・セイン大統領続投への待望論が日増しに強くなってきている。これは新政権発足以降実行力に富み、民主化を推し進め、経済発展にも力を入れている上、汚職の撲滅に尽くしているところも評価されている表れと思う。八月の内閣改造で守旧派と言われる一派を殆ど更迭すると共に汚職の事実があった大臣級も更迭、更には今年の三月であるが二人の大臣がやはり汚職で更迭されており、その実行力は高く評価されている一方、現在六九歳と高齢である点が心配される。次の選挙でテイン・セイン大統領以外の候補者が大統領になった場合には、民主化のスピードが鈍ることが懸念材料として挙げられており、その観点からもテイン・セイン大統領続投がミャンマーにとってベストの選択肢と思われる。

最後に、この国はバンコクに遅れること三〇年、ジャカルタには二〇年、ホーチミンには一〇年、ハノイには五年であるが、遅れている年数の半分乃至半分以下でこれらの国々に追いつくものと思われる（編著者注２）。成長のためのマスタープランを作って、実行しているという経験がミャンマー政府にはないので、日本政府、日本企業の協力が、この国の発展のためには必要である。

湯下顧問　マスタープランを作る方向に持っていくためには、日本としては何をすべきか。どうしたら彼らがその必要性に気付くか。

朝比奈会頭　ＪＩＣＡが現在進めているヤンゴンの都市計画マスタープランは、日本工営などの民間企業が政府に入ってマスタープランづくりを進めている。これを契機にミャンマー政府がしっかり勉強していくことが大切である。しかし、気を付けるべき点は、すべて人任せ・ＪＩＣＡ任せになることであり、最近その傾向があるので気をつけたい。

中垣副団長　朝比奈会頭の見解に同意する。この国は、経済発展にしてもエネルギーの開発にしても、基礎的な枠組みや、長期的・組織的視点から考えていく経験も能力もないように思える。経済成長のための総合的なマスタープラン、それを支える電力・エネルギーのマスタープラン、資源開発のテーマを日本との協力の中で進めていく必要があるのではないか。長期的なプランなしに出来るところから手をつけるやり方はうまくいかない。長期的なプランの中に短期的な目標を入れて実行していく中で、Ｊパワーとしては、電力の問題に関してお手伝いできると思う。ＪＩＣＡが中心に動いているが、もっと専門的な事業会社を有効に使うべきではないか。電力開発については、短期的には既存設備のリハビリ、石炭輸入のためのバースの改良、小規模な水力発電設備の設置をしながら、長期的にはガス石油開発をして大きな火力発電所を作っていくという両面からのアプローチをしていくことを政府にもお願いしたいし、商工会議所からも提案してほしい。

朝比奈会頭　小水力発電というものに興味はあり、ヤンゴンから東に行ったモン州というところのデルタ地帯の河川を使った小水力発電を調査中である。おっしゃるとおり、大きな発電所を作るというのは最終ゴールではあるが、小水力で電力確保というのは日本企業の取り組むべきというテーマと考える。J-Powerをはじめとする日本企業の協力協力という話について、大使館と商工会議所で、日緬共同イニシアチブというものを作り、ミャンマー政府と協議の場を作ろうとしている。その中で、マスタープランの考え方などを伝えていきたい。この共同イニシアチブの開催により、様々なことが改善されていくことを期待している。成果があった事例として、滞在ビザの問題がある。ビザは業種により、管轄の省庁が違い、その省庁により取り扱いが分かれていた。つい最近、ＤＩＣＡという投資局が一本化してビザを出すように改善されたが、これは共同イニシアチブの協議の成果である。ミャンマー政府は頭が柔軟なので、新しいアイデアを評価できれば、対応してくれる。

山口団長　産業社会の発展のためには、投資がしっかり行なわれることと、雇用の拡大がバランス良く進むことが必要だが、ミャンマー政府が二〇一五年の総選挙に勝利することを念頭に、短期的に早急に成果を出そうとしている現状を考えると、バランスよく進めるのは重要だが、大型投資はそれなりの検討と時間がかかるわけであり、一方において、雇用を生み出す政策を優先されるとすれば、軽工業分野での進出というものが現実的だろうと思われる。投資促進と雇用拡大のバランスを取ることは理想的ではあるが、二〇一五年の総選挙に向けて、短期的に雇用促進のための投資で実績を作り、その間に中長期的な大型投資の案件を検討していくというウェイト付けというのはいかがなものか。

朝比奈会頭　山口団長のおっしゃる通り、二〇一五年の総選挙をにらんで、雇用拡大が優先課題であるというのはミャンマー政府が目指しているところであり、まさにティラワ工業団地の開発というのはその流れの中にある。ただし、港は河川港と言うこともあり、一〇メートルしか掘れない。そうなると、繊維の縫製工場、食品加工、自動車の組み立てといった軽工業等が中心となる。ティラワについてはそのような雇用拡大というテーマで、日本が寄与していく。次のステップとして、最近話題になっているダウエー工業団地という話が出てくる。ここなら、深海港も可能であり、タイ側のプロジェクトともうまくマッチする。ダウェーが重要な理由の一つは、ここがミャンマーにとって、重化学工業の拠点となりうるという点である。ここなら大型船が入ってくるため、鉄鉱石、LNG、石炭の積み入れ港となり得るし、結果石油精製事業、石油化学事業、製鉄業などが発展する可能性を秘めている。ミャンマー側で、ティラワとダウェーの役割、ミャンマーへの寄与の棲み分けができるのではないかと考える。

今田団員　昨年二月に、テイン・セイン大統領から、「民主化を促進」、「経済発展」、「国民和解」とう三つの目標を聴いたが、その後も紛争が起こっており、前述の二つに比べて、「国民和解」という目標が停滞気味であるように思える。農業の発展というテーマで、日本が協力する場合、農村部への人員派遣が必要であるが、地方での紛争がある以上、危険な地域に人は送れない。また、安全・安心というのは二〇一五年の総選挙でも大きなテーマとなるであろう。この点の現在の進捗状況、あるいは今後の展望はいかがか。

朝比奈会頭　この問題は、本来は大使館の管轄だと思うが、民間サイドでつかんでいる情報に基づいてお応えする。テイン・セイン大統領が少数民族問題を解決するというのは、米国が経済制裁を解除する一つの条件だったため、ミャンマー政府もかなり力を入れて取り組んできている。紛争の激しかったカチン州では停戦の合意が出来ているが、まだ、紛争の種は残っている。カチン州は、中国と国境を接しており、レアアースなどの資源が豊富にあることから、中国がそこの利権を確保するために、独立運動をバックアップしている節がある。また現政権にとっての頭の痛い問題の一つが、ミャンマー政府が認知していない、バングラデシュからの難民であるロヒンジャという部族（イスラム教徒）と仏教徒の紛争である。バングラデシュに帰還させようとしても、押し返されてしまい、抑圧しようとすると、民族弾圧という問題に抵触しNGO団体等から非難を受ける為、有効な手が打てない。少数民族の問題の解決に向けて大きな成果が出ているが、この二つの問題が残っており、総選挙に向けての重要な課題となっている。

沼田大使　少数民族問題については、朝比奈会頭から説明のあった通りであるが、楽観してもらっていいと思う。一一の民族のうち一〇については和解が成立し、残っているのはカチン州だけとなった。日本政府は笹川陽平日本財団理事長を政府代表として、和解成立に尽力しており、年内には成立する方向で動いている。国家予算五〇〇〇億円の内、四割は国軍に取られ、残り三〇〇〇億円の内、国民和解に使われている予算がほとんどなく、紙の上で合意が出来ても、具体的な成果をその少数民族に帰属させるのは難しい。危険が大きすぎて、今まで反政府勢力のいる場所にＯＤＡが使われた実績はないが、状況は改善していくであろう。この点において、笹川氏の功績は大きい。ロヒンジャにしても、カチンの問題にしても、西側諸国は改善が進んでいないと批判するが、ミャンマー政府としてはこの少ない予算で努力しているし、もっと評価してもらいたいというのが彼らの本音だ。ロヒンジャの問題を除き、夏までには和解の方向性は出る。投資に関して安全面でほとんど心配はない。犯罪はあるが、貧富の差から来るものではない。日本は、共同イニシアチブを立ち上げ、解決に向けて努力している。民主化は着実に進んでおり、経済も凸凹はあるが右肩上がりに成長している。少数民族問題も、西側メディアは批判するが、日本は静かに貢献している。

■各テーブルにおける懇談内容■■

テーブル1
（沼田大使、朝比奈会頭、山口団長、中垣副団長、湯下顧問、今田団員、川合団員、西田団員）

山口団長　昨年、大統領とも一時間以上話をすることが出来、その中で全日空の成田―ヤンゴン便の開設という極めて具体的な話が出た。たまたま、メンバーの中に西堀団員がおり、本社に話を持ち帰って実現の運びとなった。ＦＥＣの成果の一つと考えている。

沼田大使　現在の閣僚は土日もほぼなく、外国に飛んで、民主化の成果を国民に分かってもらおうと知恵を絞っている。そのあたりの事情を頭の片隅に入れて、閣僚との面会に臨んで頂きたい。

湯下顧問　そこはよく理解できる。一点質問があるのだが、団長の会社である味の素は、ミンガラドンで、製品包装をしたいと考えており、それは雇用の増加にもつながる。その後、電力事情が良くなれば、原料生産から製品化までの一貫した事業を行うことを希望しているが、これに対して、ミャンマー政府は始めから原料から生産しないのであれば許可をしないと言ってきている。この件について今回話をしたいが、どういう球を投げたらいいだろうか。

沼田大使　まず全体計画を見せ、包装作業を行うとこれだけ雇用が増えるなど具体的な話をしていくしかない。最初から電気がないならダメだというネガティブな話をすれば、先方も反発する。夢があるので進出してきたくらい言うことも大事なのではないか。

山口団長　十数年前に一度工場を動かしたが、経済制裁の影響に十年以上工場を止めていた。それを今回再開すれば、雇用は増え、ミャンマー当局が要請するフルライン生産の投資についても、様々な条件のやり取りの中で、柔軟性と幅を持って対応するつもりだ。

今田団員　当社は化学工業のため、投資額は大きく、回収するのも長期間に及び、その国で長期間仕事をするつもりで進出する。電気も量だけあればいいのではなく、二四時間操業するので、電気の質も良くなければならない。一瞬でも電気が止まれば大きな損失になる。材料供給のための港湾を始めとした物流インフラ等、そういった条件が整ってはじめて、進出が可能になる。その意味で、ティラワを日本でやるということであれば、そこに集中的に投資をするべきだと思う。

沼田大使　ティラワには集中的に投資をしていく。三月までに五〇〇億円の投資をするうち、二二〇億円はティラワへの投資となる。当然、港湾、水道、ロジスティクス、パワープラントも整備する。土地造成が終了するには二〇一五年くらいまでかかると思うが、間違いなくティラワを生産拠点にする。その暁には、是非進出して頂きたい。

湯下顧問　去年、大統領との話の中で、ティラワの開発は日本が官民を挙げて取り組むということに言及しており、その完成には若干時間がかかるので今直ちに出来ることは少ないため、今回はティラワ以外の既存の工業団地の活用について話をしようと思う。また、工業団地が完成しても、働く人のレベルを上げないと操業できないので、人材育成についても協力したいと考えている。また、ミャンマーが重視している農業問題についても、増産より流通システムを整備し、農産物の腐敗等による損失を減らすことが重要で、そのために何かできないかと考えている。ティラワ以外の既存の工業団地としてはどこが考えられるか。

沼田大使　ティラワ以外の事を話題にしてほしくない。日本政府がティラワ開発に協力することを財界も支持をしている。ミンガラドンは、一応既成の工場があり、操業に向けて整備中である。新しい工業団地としては、ティラワにすべてを集中してほしい。民間が進出しないところを開発するにはＯＤＡしかなく、五〇〇億円と限られた予算の中で、幾つものことをやるのは無理だ。まずは、三年くらいティラワに集中するのが妥当である。既存の工業団地のリハビリは予算的に難しい。

山口団長　個々の企業で人材育成を行っていると思うが、今回、我々のメンバーの中には日本の人材育成を担ってきた日本能率協会という組織のメンバーが参加しているので、人材育成についても話もしてみたい。

沼田大使　人材育成には二〇年かかる。

西田団員　ミャンマーで三ツ星ホテルを五軒から一〇軒建てたいと思っている。この国でどうやってパートナーを見つければいいだろうか。

沼田大使　それは割と簡単だ。ホテル観光大臣にプランを話して、どう進めるかを相談するか、又は商工会議所のウィン・アウン会頭に相談するのも良いだろう。

　共同イニシアチブを作り、二八日にキックオフをする。経団連、日本商工会議所にも意見をもらって改革していく。日本のためではなく、ミャンマー、世界のためにも鋭意努力していきつつ、その中で日本の旗を立てていきたい。

テーブル2

（丸山公使、広江副会頭、西堀団員、木村（丈剛）団員、兒嶋団員、佐渡団員、平野団員）

広江副会頭　私の事務所横のホテル用の建物は二〇一四年開業予定でヒルトンが契約したようだ。

丸山公使　ヒルトンホテルは、ヤンゴン、ネーピードー、マンダレーに建設準備中で、ヤンゴンが一番進んでおり、今年完成し、来年から営業開始予定だ。

西堀団員　今回は、団員の中に東横インの人もおり、ホテルを五〇軒建てたいと言っている。

兒嶋団員　まだ各国の大使館はヤンゴンにあるのか。

丸山公使　ネーピードーに大使館を置いている国は一つもない。

　最近変化してきていることは、報道が自由で、来月あたりから民間の日刊新聞の発行が許可される。今は週刊新聞だが、情報の伝播は目覚ましく、政府批判なども自由に論評される。日刊紙になれば国民の間に情報がもっと広がるだろう。

平野団員　途中のバスの中で、最低賃金の話が出ていた。それは学校の先生の話で、月額九〇〇〇円くらいまで毎年上がっているという話だが、一般のホワイトカラーの賃金、ワーカーの賃金も同様に上がってきているのか。

丸山公使　セクレタリー系は、人手が足りないためかなり高くなってきている。単純労働者については、最低賃金法が出来たので今後も上がるだろう。もう一つ議会で議論されているのは、外国人労働者と同じ仕事をしている場合は、差をつけるべきではないという話で、これが将来、ホワイトカラーの賃金を押し上げることになると言われている。

広江副会頭　事務員の傾向として新しい動きが出ている。最近シンガポールなど海外で働いていた労働者が帰国してきている。そういう人を対象に事務職員を募集すると、月一〇〇〇ドルくらいを要求してくるため、二〇〇ドル程度を想定している当方は当然雇えない。ただ彼らは英語が良く出来、経験も積んでいるので魅力的な人材だ。しかし、雇えば、今いるスタッフと軋轢が出る可能性もあり、困っている。

　ミンガラドンに伊藤忠が経営する縫製工場があり、一二〇〇人ほど働いている。半年前はなかなか雇えなかったが、最近は五〇人～六〇人くらいは容易に雇えるようになった。しかし、離職率は八％くらいで、入ってすぐやめる傾向がある。歩いて通ってくる人はいないので、バスを用意しているが、近くに会社が出来るとそちらへ行ってしまう。賃金は月額一〇〇ドルいかない。

西堀団員　その賃金は安いですね。最低賃金はいくらか。

丸山公使　法律で定めて、細則で業種ごとに決めていく。ミャンマーの省庁の課長クラスで、月給二万円くらいであったが、あまりに安いということで、前回三千円（月額）、今回二千円（月額）の昇給が議会で可決された。大統領の月額給料が五〇万円、大臣クラスで三〇万～四〇万円となっているが、一部返納することを奨励されている。

西堀団員　大臣の中には富裕層が多いか。

丸山公使　相続税がないので、資産家は多い。

兒嶋団員　土地は所有が認められるか。

丸山公使　土地の最終所有者は国となっているが、私有は認められている。しかし、外国人は所有できないため、長期リース又はミャンマー人名義で土地を所有している。リースは五〇年の後、一〇年、一〇年と更新が可能である。

西堀団員　ヤンゴン―ネーピードー間の飛行機は週三便順調に飛んでいるか。

丸山公使　状況はあまり変わっていない。ミャンマー航空がインターナショナルを持っており、飛行機の融通がうまくいかない。

木村団員　商船大学にトレーニング等で、ＯＤＡが付く話はないか。

丸山公使　現時点では、商船大学に焦点を絞ったメニューはない。工科大学や医科大学に対する支援の話は聞いている。

木村団員　特定の民間企業が、研修という形で絡むことはあるか。

丸山公使　研修などは、ＪＩＣＡが取りまとめているため、その中で、民間企業への派遣という形で参加することは可能だ。

平野団員　法制度面の遅れという点が指摘されていたが、制度会計、税法、監査制度などのインフラはどういう状況か。実際に進出企業が、決算をするのに困難を伴ったり、監査がまともに受けられないといった悩みは出ているか。

広江副会頭　ここは英国の会計税務の制度の伝統がある。会計基準として、英国ＧＡＡＰに準拠している。外資系の会計事務所はなかったが、ローカル事務所にノウハウが残っているので、ローカルの弁護士やＣＰＡが決算、監査をやってくれている。成文化された基準に従って、というより、「こういう風にしたいのだけど、いいでしょうか」という持って行き方をせざるをえない。これは軍政の名残じゃないかと思う。

平野団員　経済制裁の影響で外資系の会計事務所が撤退したため、そのあたりのインフラが著しく遅れていると思う。

広江副会頭　仰る通りだ。しかし、最近シンガポール系の事務所が進出してきたため、その辺は改善されていくのではないかと思う。一番ネックになっているのは為替の処理だ。ずっと多重為替制をとってきたが、去年それが廃止されたので、だいぶ良くなった。一本のレートに統一されたため、会計処理は楽になった。以前は、七本くらいあった。

丸山公使　ミャンマー政府が決めた公定レートはあったが、それは政府と取引するときだけで、あとは複数の闇レートを使っており、非常にややこしかった。

広江副会頭　公定レートが一ドル五・八チャットくらいで、貿易で使うのは四五〇チャットととても乖離している。私が来た時は一二〇〇チャットで、現在は八七〇チャット。従業員への給与はチャットで払うため、給与をどのレートで換算するのかという問題があった。貿易ライセンスの取得も昔は大変で、相場変動によって契約単価が変わるため、ライセンスが取れなくなる。これはこの四月からだいぶ改善されるので、貿易についてはかなり環境は良くなると思う。

西堀団員　空港の改修は進んでいるか。

丸山公使　国際入札で業者を決めるようだ。政府は、ヤンゴン空港を国内線用にして、別に国際空港の建設を考えている。

西堀団員　現在の空港を改修するのに誰がお金を出すのか。

丸山公使　探している状況である。ティラワ工業団地もそうだが、韓国企業などはどんどん入ってきている。韓国は意思決定が早く、すぐにＭＯＵを締結してしまう。一般に日本は円借款でやるため、ＭＯＵは結べない。民間でも政府でも、借款だと議会の承認が必要となるため、韓国企業に後れをとっている。

（２）カン・ゾー国家計画・経済開発大臣との会談

■日時　二〇一三年三月二一日（木）18時～19時30分
■場所　国家計画・経済開発省
■先方　カン・ゾー国家計画・経済開発大臣
　U Aung Naing Oo, Director General
　Daw Mya Thuza, Adviser
■当方　山口団長、中垣副団長、湯下顧問、今田団員、川合団員含め計一五名

山口団長（ＦＥＣ概要説明後）ＦＥＣ訪問団として昨年に続き、ミャンマーは三度目の訪問となる。この内の何名かは昨年も多くの閣僚にお会いした。発展に向けたミャンマーの改革のスピードには強い印象を持って拝見している。本日も大臣と具体的なディスカッションをしたい。昨年以降の団員企業の活動を報告し、共有したいと考える。

西堀団員　昨年の二月にＦＥＣ訪問団の一員として訪問し、大統領、運輸大臣、ホテル観光大臣から運航再開の強いご要望を受けた。帰国後、社長の伊東や関係役員にメッセージを伝えたところ、ポジティブに受け止め、予想以上のスピードで三月には運航再開を決定した。六月に再度ネーピードーを訪れ、関係各所のサポートを依頼した。その後、運輸大臣と航空局長の支援をいただき、一〇月一五日には初フライトと全日空としても異例のスピードで実現することが出来た。これは政府皆様の強いご希望とサポートによるものであり、またＦＥＣ訪問団がミャンマーを訪れたことが大きなきっかけとなっている。五ケ月経過したが、正直なところ、充分とは言えない実績であるが、今後のミャンマーの発展を期待し、使用する航空機をＢ７３７から大きな機体のＢ７６７に変えたり、週三便を更に増便したりということも検討したい。将来はミャンマー航空やミャンマー国際航空が規模を拡大し、双方からのフライトを実現し、両国間の往来が増えることを期待したい。

中垣副団長　私も昨年に続き、二度目の訪問である。電力供給が貴国の成長にとって大変重要であると強く感じているが、残念ながらその状況はあまり良くはないという印象を受

けているので、いかに進展を図るかという考えを経験のもとにご提案したい。

カン・ゾー大臣　電力は我々の最も最優先事項であり、産業のためにも最重要であるためぜひアドバイスをお受けしたい。

中垣副団長　送配電が全般的に脆弱でグリッドが小さいことが挙げられる。したがって、出来るだけ急速に改善すべきではあるが、大規模開発を一気に進めるのは、資金的にも技術的にも無理がある。従って、短期、中長期とステップを踏んだ進め方が必要である。この点につき日本は官民一体となり以下のような方向で協力の意志を持っている。

(1)短期的対応の一つ目として、小規模の水力の開発がある。灌漑用の水力を使用した発電を検討スタディさせて頂いている。一基一〇〇〇kw程度であるが、数を揃えれば大きな力となる。ヤンゴンなどの都市部に加え、少数民族の住居地域を供給エリアに加えることも大事であると考える。国民調和の大きな助けともなろう。合わせて再生可能エネルギーの太陽光、風力などの小規模開発も考えられる。小水力の開発は今後の発電計画検討の試金石となると考える。協力をする場合はODAが中心となる。

二つ目に天然ガスの活用がある。ミャンマーは膨大なポテンシャルがあるが、ほとんどがタイなどへの輸出供給にあてられており、国内使用にはあてられていない。よって天然ガスの既開発分につき増産計画が必要と考える。天然ガス火力の開発、都市ガス活用への道筋を考えていくべきだ。比較的投資期間が短くて済むという利点もある。

三つ目には既存火力発電所のリハビリ活用がある。一部の設備ではODAの活用が進んでいるが、今後更に進めるべきと考える。ただ現在、一部の発電所には、中国により作られたものもあるので容易にリハビリが進んでいないのも事実だ。こうした発電所のリハビリに日本が取り組むには、ミャンマー政府による対中国の調整が望まれる。

(2)中長期的対応の一つ目だが、水力に大きなポテンシャルがあると考える。ただし、かなりの地点が既に中国との共同開発と決められており、わが国にとってはこれが投資のネックとなる可能性がある。ミャンマー国内の開発を容易に進めるためには、主要河川における有望な地点の一般的な調査を改めて行うことが重要と考える。その際、発電目的のみならず治水、灌漑など多目的な長期開発に結び付けるのが大事だ。ミャンマーが立案した開発計画に立って、中国側の開発も進められれば良いと考える。ご要請があれば計画策定への支援に日本側は協力の準備がある。

二つ目は石炭火力である。昨秋、石炭性状等情報収集調査を実施したが、国内炭のポテンシャルはあまり大きくないことが分かった。品質的にも硬いものが多く発電用には適さない。しかし、この中で北部のカレワ地区の炭田のものは適すると思われる。二〇万から三〇万kwの可能性はある。資金的には円借款が考えられる。また、例えば海外炭も日緬両国間で覚書が交わされたティラワを中心に活用が考えられる。港湾の水深が一〇mと少し浅めとのことだが、一万トン以下の船舶によるインドネシアなどからの輸送は可能と思われる。これも資金的には円借款が考えられる。

三つ目には天然ガス火力が挙げられる。前に述べたとおり、都市ガス利用と合わせた発電計画の立ち上げが望まれる。

最後に、送配電だが、需要と見合った計画の策定が必要である。発送配のバランスの取れた一体的な検討が重要であることを申し加える。

また、全体の短期ならびに中長期の開発体制について述べると、まず、電源開発基本計画（毎年見直しを前提とするローリングプラン）が必要不可欠と考えられる。経済、民生の発展と不可分なものであり、基本計画を五〜一〇年のものとして策定し、毎年見直しをしながら進めていくシステムが必要である。このため電源開発のための調整審議会の設置が勧められる。総合的・横断的重要性から大統領がトップとなり、大統領府が他省庁との横断的調整を行いながら進めるべきである。私の経験から申し述べたが参考になると幸いである。

山口団長　三つ目は当社の件である。調味料製品につき、昨年の訪問に前後してFDAからの許可をいただき、今年一月に投資法の細則も発効したことから一〇数年前に設備投資した工場の再稼働を相談しているところである。包装の要員、販売要員の雇用創出があり、再稼働を非常に楽しみにしている。一年の間に三案件につきご報告できるほど大きく進捗しており、感謝とともに今後のご指導、支援をお願いしたい。

カン・ゾー大臣　まずは航空、電力、「味の素」という食品の分野で協力が得られていることを感謝する。航空分野では二〇一一年の来国者は六〇万人だったが、二〇一二年には一二〇万人が入国した。中部のネーピードー、マンダレーそしてヤンゴンにANAの国際線をもっと飛ばすことが出来るのではないか。ちょうど大統領とともにオーストラリア、ニュージーランドへの訪問から帰国したところだが、ヤンゴンの空港でANAの機体を目にした。ミャンマーと日本の間の乗客は増加すると思うが、ビジネスクラス以外のクラスも設定して頂きたい。現在、韓国やベトナム路線は毎日就航している。私自身、タイ航空の席が取れなかった際、ソウル経由で訪日したことがある。駐日大使は空軍出身なので航空分野についてアドバイスできる人物だ。我々としては観光客も増やそうと考えており、これは国の開発につながる大事な計画である。皆様にも協力をお願いしたいので、運輸大臣にもワーキングレベルで伝えて具体的に進めて欲しい。

また、電力は政府として最優先事項である。あらゆるタイプの電力を開発強化したい。大統領も他国を訪問時には必ず電力部門と面会している。ODAの利用により、大都市での停電がない安定した供給を一、二年の間に実現させようとしている。ぜひご提案をお待ちしている。水力発電では三つの大きな河川があるが、ダムを使わず自然な流れを残しての発電を目指したい。イラワジ川では少なくとも五、六ヶ所、一〇ヶ所ぐらいは可能ではないだろうか。ＯＤＡを利用して実現したいと考える。石炭やガスの火力発電については二〇一五年以降は国内産使用による国内用電力という計画を持っている。日本ではクリーン・コール技術が進んでいるため、その技術を利用してティラワでの発電をＪＩＣＡが調査中である。J-Power が参加されていれば、ティラワ特区での発電所設置を進めたい。

委員会を大統領トップで設置する件だが、その下にワーキングチームを設置してという形で組織がすでに出来上がった。日本とミャンマーの協力、ＯＤＡのローンにより、三年間で形が見えるような協力を期待したい。麻生副首相とＯＤＡの有効利用を相談したが、四月一日新年度からティラワ特区での協力開発が決まっており、スピードを上げて取り組んでいきたい。ＯＤＡに関しては、当省が責任担当部門であり、ＪＩＣＡや業者間の調整を図るので計画への提案やタイムライン、Ｆ／Ｓを出して頂ければ各分野で三年間のうちに何かが見えてくるように進めたい。

西田団員　日本で二五〇軒五万室の三ツ星ホテルを経営する西田です。ミャンマーで三〇軒のホテルを作りたいと考えている。必ず観光のために役立つと思う。日本でも来日観光者の一〇％が当社のホテルを利用する。出来れば皆様のお力を借りて、出資者へのプレゼンテーションの機会を頂けるとありがたい。土地を持っている方にホテルを建てて頂き、当社が運営するというスタイルを採るので、対象となりえる方に対してプレゼンテーションをすることが必要だ。多くの方が集まることが当社にとっても有益なので是非宜しくお願いしたい。

カン・ゾー大臣　ミャンマーでは観光のプロモーションをするにあたり、ホテルが重要である。明日、ホテル観光大臣に会われるようだが、喜んで受け止めてもらえると思う。土地を持っていて、ジョイント起業をしたい人も存在するだろう。当省としても投資委員会と話し合って実施協力をしたい。いつ頃が良いのだろうか。

西田団員　四月にもスタッフを派遣できる。ミャンマー側の窓口ご担当者をご紹介頂けるか。

カン・ゾー大臣　投資委員会の秘書に直接提案文書を出して頂ければ進められる。

山口団長　お仕事の終わられた後の時間にお会いいただき感謝申し上げる。今後も具体的な話で進めて行きたいと思うので宜しくお願いしたい。

カン・ゾー大臣　我々も皆様には出来るだけ早く形が見えるような方法で進めて頂くことを希望する。

編著者注

（1）二〇一五年一一月八日に行われた総選挙（完全小選挙区制）でアウン・サン・スー・チー女史の率いる国民民主連盟（NLD）が各選挙区で公認候補者ではなく「NLDに投票せよ」と宣伝したのが成功したこともあって、地滑り的な大勝を博した（一一月一五日現在の「民選部分の両議院議席占有率七八・四％）。州議会・地域議会でもNLDは軍人枠を含む総議席の五三・九八％を占め、圧勝した。

（2）ミャンマーの一人当り国民総所得（GNI）は、二〇一四年に日本円換算で一五万円であったが、これはメコン地域で最も低い水準に属する。ミャンマーの隣国であるタイの一人当りGNIは約六六万円で、ミャンマーの四倍以上であった。なお、二〇一二年以前の同国経済情勢については、梁、ビンガム、デイヴィス編著、阿曽村邦昭訳・注『メコン地域経済開発論』（古今書院、二〇一二年）第9章「ミャンマーの経済開発に対するグローバル化の影響」および同章補論・「最近のミャンマー情勢」参照。

編著者解説

（1）ここに収録した（1）「沼田幹夫駐ミャンマー大使主催昼食会及びヤンゴン日本商工会議所との懇談」と（2）「カン・ゾー国家計画・開発大臣との会談」は、いずれも、民間外交推進協会（FEC）の第一五次FECアセアン訪問団報告書（平成二五年四月二四日付け）に掲載されたものであるが、発言内容が忠実に再現されており、現地での「生の声」を伝えている点で貴重な資料と言えよう。二つの記事転載に関しては、FEC湯下博之専務理事を通じ、FEC側の許可をいただいたことを明記する。なお、報告書に掲載されていた写真は、割愛させていただいた。

（2）上記の（1）および（2）に出席したFEC側団員の中で名前（姓）の記載されている方々のフルネームと当時の地位は、各々、左記の通り。

山口団長＝山口範雄　FEC副会長兼日アセアン文化経済委員会委員長、（株）味の素代表取締役会長

中垣副団長＝中垣喜彦　FEC副会長兼日アセアン文化経済委員会副委員長、（株）電源開発相談役・前社長

湯下顧問＝湯下博之　FEC専務理事兼日アセアン文化経済委員会顧問、元駐ベトナム・フィリピン大使

今田団員＝今田潔　（株）信越化学工業顧問

川合団員＝川合正矩　（株）日本通運代表取締役会長

西田団員＝西田憲正　東横イングループオーナー（創業者）

西堀団員＝西堀勝仁　（株）全日本空輸マーケティング室担当部長

（阿曽村邦昭）

編著者紹介

阿曽村邦昭　あそむら　くにあき

一九三五年、秋田市生まれ。東京大学農業経済学科および（米国）Amherst 大学政治学科各卒業。外務省に入り、駐ベトナム、チェコスロバキア、ベネズエラ各大使歴任後、富士銀行顧問、麗澤大外国語学部学客員教授、吉備国際大学大学院国際協力研究科科長（教授）、（秋田市所在）ノースアジア大学法学部教授、（特活）日本紛争予防センター所長、（特活）ジャパン・プラットフォームＮＧＯユニット理事、（社）ラテンアメリカ協会理事、日本ベネズエラ協会会長、（株）インターナショナル映画取締役会長等を経て、現在、（岡山県）公設国際貢献大学校教授、法務省認定倉敷外語学院特別顧問兼教授（大学院進学コース科長）、日本教育再生機構代表委員、「メコン地域研究会」会長。専門は、政治学、開発経済学。

奥平龍二　おくだいら　りゅうじ

一九四〇年、兵庫県生まれ。大阪外国語大学外国語学部インド語学科（ヒンディー語専攻）卒業。一九六五年、外務省入省、同年在ビルマ日本国大使館に配属、ヤンゴン文理科大学（現ヤンゴン大学）に二年八か月在籍し、ビルマ語・文学科および史学科に学ぶ。一九六八年～八一年外務省勤務、一九八一年文部省に出向、東京外国語大学外国語学部助教授として赴任、一九八五年～教授、二〇〇二年定年退職、名誉教授の称号授与、現在に至る。この間、一九九八年から一年間、英国・ロンドン大学東洋アフリカ研究学院（ＳＯＡＳ）に研究留学。また、二〇一五年一月から三か月間、ヤンゴン大学において、東京外国語大学特任教授として、同大学グローバル・ジャパン・オフィス（ＧＪＯ）の開設に携わる。「メコン地域研究会」会員。専門は、歴史、ミャンマー史。

書　名　ミャンマー―国家と民族―
コード　ISBN978-4-7722-8116-4　C3031
発行日　2016（平成 28）年 4 月 20 日　初版第 1 刷発行
編著者　阿曽村邦昭・奥平龍二

発行者　株式会社古今書院　橋本寿資
印刷所　三美印刷株式会社
製本所　渡辺製本株式会社
発行所　古今書院　Kokon-Shoin
〒 101-0062　東京都千代田区神田駿河台 2-10
電　話　03-3291-2757
ＦＡＸ　03-3233-0303
振　替　00100-8-35340
ﾎｰﾑﾍﾟｰｼﾞ　http://www.kokon.co.jp/
検印省略・Printed in Japan

人名索引

う

え

お

か

き

く

け

こ

さ

し

す

せ

そ

た

ち

つ

て

と

な

に

ぬ

ね

の

は

ひ

ふ

ほ

ま

み

む

も

や

ゆ

ら

り

る

ろ

わ

事項索引

略称・略号

AAR 難民を助ける会 622
ABCD 米、英、中、蘭の四ヵ国連合 130, 266
ABSDF 全ビルマ学生民主戦線 410
ACMECS エーヤーワディー、チャオプラヤ・メコン経済協力戦略 472
ADB アジア開発銀行 472
AFPFL 反ファシスト人民自由連盟 89, 292, 339, 363, 393, 394, 712, 713, 714, 715, 716
AIIB アジアインフラ投資銀行 481, 489
ALP アラカン解放党 410
AMBDC ASEAN メコン流域開発協力 472, 477
AMEICC ASEAN 日本経済産業協力委員会 473, 482
APFS 「アジア人友好協会」(AsianPeople'sFriendlySociety) 546, 637
ASEAN 東南アジア諸国連合 1, 254, 472, 482, 484, 490, 546, 725
AUN 在日ビルマ少数民族協議会 638
BDA ビルマ防衛軍 84, 291, 292, 323, 349, 363, 638
BDA ビルマ民主化行動グループ 638
BIA ビルマ独立軍 82
BNA ビルマ（国民）軍 84, 323, 330, 331, 333, 338, 339, 340, 341, 342, 353, 363
CBTA 越境交通協定 475
CHW Community Health Worker 661
CLMV 後発アセアン諸国（カンボジア、ラオス、ミャンマー、ベトナム） 472, 482, 483, 487, 500
CLV 「開発の三角地帯」483
CLV インドシナ三国（カンボジア、ラオス、ベトナム） 482
CNF チン民族戦線 410
CPB ビルマ共産党 427, 430, 433
DKBA 民主カレン仏教徒軍 1, 32, 430, 434, 622
DICA （ミャンマー）投資局 728
DRD （ミャンマー）地域開発局 491
ESSA 東シャン州軍 430, 433, 435, 25
EWUBC 在日ビルマ市民労働組合 636
FCDI インドシナ総合開発フォーラム 481
FLM メコン下流域フレンズ閣僚会議 473
GCBA ビルマ人団体総評議会 90, 91
GHQ 連合軍最高司令部 707
GJO Global Japan Office（University of Yangon） 675, 676, 680
GMS 大メコン圏 472, 475, 476, 490
IDP カチン族国内避難民 412
IIL インド独立同盟 298, 300, 301, 303, 304, 306, 308, 310, 311, 312, 313, 314, 315, 316, 318, 320, 324, 335, 351

IDEA　民主主義・選挙支援国際研究所 603
IMF　国際通貨基金　504, 505
INA　インド国民軍　304, 306, 308, 309, 310, 312, 313, 314, 316, 318, 319, 320, 322, 323, 324, 329, 330, 331, 333, 334, 335, 336, 337, 338, 341, 350, 351
ITUC　国際労働組合総連合会　636
JAIF　日本・アセアン統合基金　482
JETRO　日本貿易振興機構　725
JICA　国際協力機構　728, 734, 738
KHB　カロートゥーボー武装組織
KIA　カチン独立軍　408, 409, 412
KIO　カチン独立機構　408, 409, 430
KMT　中国国民党残党軍　99
KNDO　カレン民族防衛機構 98, 426, 427, 429, 433
KNLA・PC　カレン民族解放平和協議会　410
KNPP　カレンニー民族開発党　429, 430, 431
KNU　カレン民族同盟（連合）　98, 99, 398, 408, 410, 426, 427, 430, 434, 622, 624, 635
KRC　反共的カレン革命評議会　429
LMC　ランサン・メコン協力　487
LDB　ビルマ民主化行動グループ　638
L（I）MI　メコン下流域イニシアティブ　473, 485, 487
MABAHTA　マバタ（ミャンマー）民族宗教保護協会
MAO　モン問題機構　427
MJ-CI　日本メコン経済産業イニシアティブ
MFL　モン自由連盟　427
MNDO　モン民族防衛機構　427, 433
MNDAA　ミャンマー民族民主同盟軍　430, 433, 435, 31
MoCPW　（ミャンマー）建設省公共事業局　491
MPF　モン人民戦線　427
MUFL　マンダレー外国語大学　674
NATALA　（ミャンマー）国境少数民族開発局　491
NDAA　民族民主同盟軍　430, 435
NDA-K　新民主軍カチン　430, 435, 15
NLD　国民民主連盟　254, 268, 397, 402, 404, 407, 408, 411, 413, 415, 417, 418, 419, 438, 439, 442, 443, 444, 448, 538, 540, 541, 543, 549, 551, 565, 566, 567, 568, 570, 572, 586, 587, 590, 595, 597, 598, 601, 633, 634, 635, 696, 722, 739
NMST　新モン州党　410
NMSP　新モン州軍　428, 429, 430, 635
NSCK-K　ナガランド民族社会主義評議会　410
NUPA　アラカン民族統一党　410
ODA　政府開発援助　725, 726, 727, 730, 731, 733, 736, 737, 738
PBF　愛国ビルマ軍　99, 393
PNLO　パオ民族解放組織　410, 430
PPP　官民連携　484
PTA　ミーバ・サヤー・アティン（父兄会）　530
RHQ　アジア福祉教育財団難民事業本部　637
RASU　ラングーン大学同盟、ラングーン文理科大学　686
SEZ　ティラワ経済特別区　492
SLORC　国家法秩序回復評議会　106, 247, 392, 397, 430, 438, 439, 545, 568
SPDC　国家平和発展（開発）評議会　248, 392, 397, 402, 407, 417, 420, 421, 430, 545,

アルファベット

あ

い

う

え

お

か

き

く

け

こ

さ

し

す

せ

そ

た

ち

つ

て

と

な

に

ね

の

は

ひ

ふ

へ

ほ

ま

み

む

め

も

や

ゆ

わ

参考文献一覧

① 邦文献は主として1990年以降に出版されたミャンマー関係の学術書（単行本）を中心に掲載したが、1990年以前についても基本的に重要と思われる文献は収録した。ただし、語学書、エッセイ、旅行記、紹介書や観光案内書の類は、いずれも有用ではあるが、紙面の制約上、原則的に割愛した。また、論文・研究ノートは除外した。
② 翻訳書は、ビルマ文および欧文からのものを取り上げたが、文学作品はかなり多いため、原則的に1990年以降刊行のものを掲載した。また、原著タイトルは省略し簡便にした。
③ 本「参考文献」はミャンマーを知るための基本的文献を網羅したものであり、本書の各執筆者が文末に掲げる「引用参考文献」に含まれる文献と重複するものも少なくない。
④ 外国語文献は、若干古いものも含め基本的には主要英文学術書に限定した。
⑤ 東南アジア関係の邦語文献は、数多ある中で、本書ではミャンマーを理解するための基本的な学術書に限定した。

A．邦文

1．東南アジア関係

東南アジア学会編 2008『東南アジアを知る事典』（改訂版）平凡社。
岩波講座（2001 ～ 2003）『東南アジア史（第1巻～第10巻＋別巻）
池端雪浦編 1994『変わる東南アジア史像』山川出版社。
石井米雄 1977『世界の歴史 インドシナ文明の世界』（第14巻】講談社。
石井米雄・桜井由躬雄編 1985『東南アジア世界の形成』（ビジュアル版世界の歴史12）講談社。
石井米雄・桜井由躬雄編 1999『新版東南アジア史I(大陸部)』（世界各国史5）山川出版社。
今井昭夫編 2014『東南アジアを知るための50章』明石書店。
倉沢愛子編 1997『東南アジア史のなかの日本占領』早稲田大学出版部。
荻原弘明・和田久徳・生田 滋編 1983『東南アジア現代史4ビルマ・タイ』（世界現代史8）山川出版社。
斎藤照子 2008『東南アジアの農村社会』（世界史リフレット84）山川出版社。
根本 敬・桐山 昇・栗原浩英（共著）2003『東南アジアの歴史—東南アジアの歴史—人・物・文化の交流史』有斐閣。
矢野 暢（企画代表）1991 ～ 1993『東南アジア学』（第1巻～第10巻＋別巻）
吉川利治編著 1992『近現代史のなかの「日本と東南アジア」』東京書籍。

2．概説

綾部恒雄・石井米雄編 1994『もっと知りたいミャンマー』弘文堂。
伊東利勝編著 2011『ミャンマー概説』株式会社 めこん。
田村克己・根本 敬編 1997『暮らしがわかるアジア読本 ビルマ』河出書房新社。
田村克己・松田正彦 2014『ミャンマーを知るための 60 章』明石書店。

3．文化・社会

飯国有佳子 2010『ミャンマーの女性修行者ティーラシン―出家と在家を生きる人々』風響社。
飯国有佳子 2011『現代ビルマにおける宗教的実践とジェンダー』風響社。
伊東照司 2003『ビルマ仏教遺跡』柏書房。
井上さゆり 2007『ビルマ古典歌謡の旋律を求めて－書承と口承から創作へ－』
井上さゆり 2011『ビルマ古典歌謡におけるジャンル形成』大阪大学出版会。
大野 徹 1980『ビルマの仏塔』講談社。
大野徹・井上隆雄 1978『パガンの仏教壁画』講談社。
斎藤紋子 2010『ミャンマーの土着ムスレム－仏教と社会に生きるマイノリティの歴史と現在』風響社。
田辺寿夫 1996『ビルマ－発展のなかの人びと』岩波書店。
土佐桂子 2000『ビルマのウェイザー信仰』勁草書房。
土橋泰子 2009『ビルマ万華鏡』連合出版。
フジタヴァンテ編・奥平龍二監修 1997『ミャンマー 慈しみの文化と伝統』東京美術。

4．民族

新谷忠彦編 1998『黄金の四角地帯―シャン文化圏の歴史・言語・民族』慶友社。
高谷紀夫 2008『ビルマの民族表象―文化人類学の視座から―』法藏館。
久保忠行 2014『難民の人類学―タイ・ビルマ国境のカレンニー難民移動と定住』清水弘文堂書房。
吉田敏治 2001『森の回廊』（上、下 2 巻）日本放送出版協会。
山本宗補 1996『ビルマの大いなる幻影―解放を求めるカレン族とスーチー民主化のゆくえ』社会評論社。

5．宗教

生野善應 1975『ビルマ仏教―その実態と修行』（増補版 1995 年）大蔵出版。
生野善應 1980『ビルマ上座部佛教史』山喜房佛書林。
池田正隆 1995『ビルマ仏教－その歴史と儀礼・信仰』法藏館。
蔵本龍介 2014『世俗を生きる出家たち』法藏館。

小島敬祐 2011『国境と仏教実践 中国・ミャンマー境域における上座仏教社会の仏教実践』京都大学学術出版会。
西澤卓美 2014 ミャンマーのマインドフルネスー日本人出家僧が見た、ミャンマーの日常と信仰』サンガ。

6．歴史

伊野憲治 1998『ビルマ農民反乱（1930-1932）－反乱下の農民像―』信出社。
遠藤順子 2003『ビルマ独立に命をかけた男たち』PHP 研究所。
奥平龍二 2002『ビルマ法制史研究入門』日本図書刊行会。
太田常蔵 1967『ビルマにおける日本軍政史の研究』吉川弘文館。
大野 徹 2002『謎の仏教王国－碑文の秘めるビルマ千年史―』日本放送出版協会。
田村克己 2014『レッスンなきシナリオ―ビルマの王権、ミャンマーの政治―』風響社。
根本 敬 1996『アウン・サンー封印された独立ビルマの夢』岩波書店。
根本 敬 2010『抵抗と協力のはざまー近代ビルマ史のなかのイギリスと日本』岩波書店。
根本 敬 2012『ビルマ独立への道―バモオ博士とアウンサン将軍―』彩流社。
根本敬 2014『物語ビルマの歴史―王朝時代から現代まで―』、中央公論社（中公新書）。
根本百合子 2007『ティンサ ビルマ元首相バ・モオ家の光と影』石風社。
馬場公彦 2004『『ビルマの竪琴』をめぐる戦後史』、法政大学出版局。

7．政治・外交・戦争

会田雄次 1990（第 20 版 ;1973 年初版）、『アーロン収容所』中央公論社（中公文庫）。
会田雄次 1988『アーロン収容所再訪、』中央公論社（中公文庫）（元来は、1975 年文芸春秋社刊行）。
石射猪太郎 1986『外交官の一生』、中央公論社（中公文庫）（初版：1972 年、太平洋出版社刊行）。
泉谷達郎 1989『ビルマ独立秘史＜その名は南機関＞』、徳間書店（徳間文庫）
伊野憲治 2001『アウンサンスーチーの思想と行動』アジア女性交流・研究フォーラム。
工藤年博 2012『ミャンマー政治の実像―軍政 23 年の功罪と新政権のゆくえ』アジ研選書 29。
佐久間平喜 1984『ビルマ現代政治史』（増補版 1993 年）勁草書房。
信夫清三郎 1988『「太平洋戦争」と「もう一つの太平洋戦争」―第二次大戦における日本と東南アジア―』、勁草書房。
鈴木 孝 1977『ビルマという国－その歴史と回想』国際 PHP 研究所。

武島良成 2003『日本占領とビルマの民族運動—タキン勢力の政治的上昇—』龍溪社。
田島高志 1997『ミャンマーが見えてくる』サイマル出版社。
竹山道雄 2008(102 刷)『ビルマの竪琴』、新潮社（新潮文庫）（元来は、1948 年に中央公論社から猪熊弦一郎の挿絵付きで刊行。新潮文庫としては 1959 年初版、1988 年に 75 刷改版)。
田村吉雄編 1953『秘録大東亜戦史ビルマ篇』富士書苑。
田辺寿夫 1991『ビルマで今、何が、起きているか？』梨の木舎。
田辺寿夫 1989『ドキュメントビルマ民主化運動』梨の木舎
田辺寿夫・根本 敬 2003『ビルマ軍事政権とアウンサンスーチー』角川書店。
津守 滋 2014『ミャンマーの黎明』彩流社。
中西嘉宏 2009『軍政ビルマの権力構造—ネー・ウィン体制下の国家と軍隊（1962~1988)』京都大学学術出版会。
根本 敬・田辺寿夫 2012『アウンサンスーチー—変化するビルマの現状と課題』角川書店。
根本 敬 2015『アウンサンスーチーのビルマ—民主化と国民和解の道』、岩波書店。
波多野澄雄 1996『太平洋戦争とアジア外交』東京大学出版会。
平川祐弘 2013『竹山道雄と昭和の時代』藤原書店。
広池俊雄 1971『泰緬鉄道—戦場に残る橋—』読売新聞社。
藤原岩市 2012『F 機関』、バジリコ株式会社（初版は、1979 年に原書房刊行)。
防衛庁防衛研究所戦史室編 1975『戦史叢書ビルマ攻略作戦』朝雲新聞社。
丸山静雄 1985『インド国民軍』、岩波書店（岩波新書)。
丸山静雄 1985『インパール作戦従軍記－新聞記者の回想—』岩波新書 269 。
宮本雄二 2012『激変ミャンマーを読み解く』東京書籍。
守屋友江（編訳)・根本 敬（解説）2010『ビルマ仏教徒 民主化蜂起の背景と弾圧の記録』明石書店。
森山康平・栗崎ゆたか（共著）1976『証言記録 大東亜共栄圏—ビルマ・インドへの道』新人物往来社。
山口洋一 1999『ミャンマーの実像 日本大使が見た親日国』勁草書房
山口洋一・寺井 融 2012『アウン・サン・スー・チーはミャンマーを救えるか？』マガジンハウス。
吉川利治 2011『泰緬鉄道—機密文書が明かすアジア太平洋戦争—』（初版 1995 同文館）雄山閣。
読売新聞社編 1979『昭和史の天皇』(9) [1980 同 (8) および (10)] 読売新聞社。

8．経済

尾高煌之助・三重野文晴編著 2012『ミャンマー経済の新しい光』勁草書房。

桐生 稔 1979『ビルマ式社会主義―自立発展への一つの実験』教育社。
桐生 稔・西澤信善 1996『ミャンマー経済入門 開放市場への胎動』日本評論社。
工藤年博編 2008『ミャンマー経済の実像―なぜ軍政は生き残れたのか』(アジ研選書 12) アジア経済研究所。
高橋昭雄 1992『ビルマ・デルタの米作村―「社会主義」体制下の農村経済』アジア経済研究所。
高橋昭雄 2000『現代ミャンマーの農村経済―移行経済下の農民と日農民』東京大学出版会。
高橋昭雄 2012『ミャンマーの国と民―日・緬比較村落社会論の試み』明石書店。
西沢信善 2000『ミャンマーの経済改革と開放政策―軍政 10 年の総括』勁草書房。
布田朝子 2010『ミャンマーの農村とマイクロファイナンスー貧困層によりそう金融プロジェクト』風響社。
藤田幸一編 2005『ミャンマー移行経済の変容―市場と統制のはざまで―』アジア経済研究所。

B. 外国語文献

1．ビルマ語からの翻訳書

ウー・ペーマウンティン著・大野 徹監訳 1992『ビルマ文学史』井村文化事業社。

ウ・フラ著・土橋泰子訳 2007『ビルマ商人の日本訪問記』連合出版。

キンキントゥー著・斉藤紋子訳 2014.『買い物かご』大同生命国際文化基金。

ジャーネージョー・マーマーレー著・原田正春訳 1978『血の絆』毎日新聞社。

ティッパン・マウン・ワ著・高橋ゆり訳 2001『変わり行くのはこの世のことわり－マウン・ルーエイ物語』株式会社てらいんく。

テインペーミン著・. 南田みどり訳 1988, 1989『東より日出ずるが如く』（上）（中）（下）井村文化事業社
マウン・ターヤ編・土橋・南田・堀田訳 1989.『12 のルビー ビルマ女性作家選』段々社。

マウンダウン・サヤドー著・池田正隆訳 2007『ミャンマー上座仏教史伝―タータナーリンガーヤ・サーダンを読む』法蔵館。

マァウン・ティン・河東田静雄訳 1992.『農民ガバ』大同生命国際文化基金。

マァウン・マァウウン・ピュー著・河東田静雄訳 1990.『初夏霞立つ頃』大同生命国際文化基金。

南田みどり編・訳 2010『テインペーミン短編集』大同生命国際文化基金。

南田みどり編訳 1995『ミャンマー現代短編集』（1）［同（2）1998］大同生命国際文化基金。

南田みどり 2001『ミャンマー現代女性短編集』大同生命国際文化基金。

南田みどり 2015『二十一世紀ミャンマー作品集』大同生命国際文化基金。

ルードゥ・ドー・アマ著・土橋泰子訳 1994『ビルマの民衆文化』新宿書房。

ミンテインカ著・高橋ゆり訳 2004『マヌサーリー』株式会社てらいんく。

2．欧文からの翻訳書

アウンサンスーチー著・土佐桂子・永井浩訳 1996『アウンサンスーチー ビルマからの手紙』毎日新聞社。

アウンサンスーチー・土佐桂子・永井 浩・毎日新聞外報部訳 2012『新ビルマからの手紙』（1997~1998 / 2011）毎日新聞社。

エマ・ラーキン著・大石健太郎訳『ミャンマーという国への旅』（原著：*Secret Histories-Finding Geoge Orwell in a Burmese Teashop*）昌文堂。

Chalku, Tack・根本尚子訳 .2008『歴史和解と泰緬鉄道―英国人捕虜が描いた収容所の真実―』朝日新聞出版。

バ・モウ・横堀洋一訳、1995（新版）、『ビルマの夜明け』、太陽出版。

ベネディクト・ロジャーズ・秋元由紀訳 2011 年『ビルマの独裁者 タンシェー知られざる軍事政権の全貌―』白水社。

ボ・ミンガウン（著）、田辺寿夫（訳編）. 1990.『アウンサン将軍と三十人の志士　ビルマ独立義勇軍と日本』東京：中公新書「

梁、ビンガム，ディビス編著・阿曾村邦昭訳・注 2012 年『メコン地域経済開発論』古今書院。

マイケル・アリス編・ヤンソン由美子訳 . 1991[『アウンサンスーチー著 自由』集英社。

マティン・スミス 1994『ビルマの少数民族－開発、民主主義、そして人権』（世界人権問題叢書 20 明石書店。

3．外国語原書

Adas, Michael. 1974. *The Burma Delta:Econimic and Social Change on An Rice Frontier1851-1941*.Wisconsin: University of Wisconsin Press.
Aung-Thwin. Michael. 1985 *Pagan-The Origin of Modern Burma*. Honolulu: University of Hawaii Press.
Aung-Thwin, Michael & Maitri Aung Thwin.2012. *A History of Myanmar since Ancient Time:Tradition and Transformation*. Reaktion Books.
Aung San Suu Kyi (ed. By Michael Aris).1991.*Freedom from Fear and other writings*. London: The Penguin Group.
Ba Maw. 1968. *Break-Through in Burma-Memories of A Revolution, 1939-1946.* New Heaven: Yale University Press.
Carey, Peter (ed.) 1997 *Burma–The Challenge of Change in a Divided Society*. Oxford: Macmillan Press Limited.
Charney, Michel W. 2006 *Powerful Learning - Buddhist Literati and the Throne in Burma's Last Dynasty 1752-1885*. Michigan: The Center for South and

Southeast Asian Studies, The Michigan University.
Charney, Michel W. 2009 *A History of Modern Burma.* Cambridge：Cambridge University Press.
Gravers,Mikael.1993. *Nationalism As Political Parania in Burma –An Essay on the Historical Practice of Power*. Surrey: Curzon Press.
Egreteau, Renaud and Jagan, Larry. 2003. *Soldiers and Diplomacy in Burma.* Singapore: NUS Press, National Singapore University.
Egreteau, Renaud and Robinnne, F.（eds.）2015, *Metamorphosis:Studies in Social and Political Change in Myanmar.* Singapore:NUS(National University of Singapore.
Hardie, Robert. 1985. *The Burma — Siam Railway* — The secret diary of Dr. Robert Hardie 1942-45. London: Imperial War Museum.
Hibbett, Howard.(Trl.)1966. *Harp of Burma* by Michio Takeyama. UNESCO.
Houtman, Gustaff.1999. *Mental Culture in Burmese Crisis Politics-Aung San Suu Kyi and the National League for Democracy*. Tokyo:Institute for the Studies for Languages and Cultures of Asia and Africa, Tokyo University of Foreign Studies. (Monnograph Series No.33).
Koenig, William J. 1990. *The Burmese Polity, 1752-1819*. Michigan: Center for South and Southeast Asian Studies, The University of Michigan.
Lieberman, Victor B. 1984. *Burmese Administrative Cycles • Anarchy and Conflict.* Princeton: Princeton University Press.
Mendelson, E. Michael. *Sangha and State in Burma- A Study of Monastic Sectarianism and Leadership*. ITHACA: Cornell University.
Maung Maung, Dr. *Law and Custom in Burma and the Burmese Family*. The Hague: Matinus Nijhoff.
Okamoto, Ikuko. 2008. *Economic Disparity in Rural Myanmar - Transformation under Market Liberalization*. Singapore: National University of Singapore (NUS) Press.
Pedersen, Marten B./Rudland, Emil./ May.R. J(ed.)2000 *Burma/ Myanmar — Strong Regime Weak State?* London: Crawford House Publishing.
Roger, Benedict. 2010. *Than Shwe — Unmasking Burma's Tyrant*. Chianmai: Silkworm Books.
Smith,Donald Eugene. 1965. *Religion and Politics in Burma.* Princeton: Princeton University Press.
Spiro, Melford E. *Buddhism and Society -A Great Tradition and its Buirmese Vicissitudes*. London:Geroge Allen & Unwin Ltd.
Steinberg, David. I. 2001.*Burma-The State of Myanmar.* Washington: Georgetown University press.
Stimson, Henry and Bundy, Mc George.1948. *On Active Services in Peace and War.* New York: Harper &Brothers Publishers.
Taylor,Robert H. 1987 *The State in Burma* Honolulu: University of Hawaii Press.
Taylor, Robert H. 2009. *The State in Myanmar*. London: Hurst Publishers Ltd.

That Myint-U.2006. *The River of Lost Footsteps -History of Burma*. New York: Farrar, Straus and Giroux.
Thompson, Julian. 2009. *Forgotten Voices of Burma-The Second World War's Foregotten Conflict*. The Random House Group Limited.
Turnell, S.2009. *Fiery Dragons :Moneylenders and Microfinance in Burma.* Nordic Institute of Asian Studies(Monograph No.114), NIAS Press.